1065

Wissenschaftlicher Beirat:
Reinhard Bader, Magdeburg
Lynne Chisholm, Brüssel
Thomas Deißinger, Konstanz
Dieter Euler, St. Gallen
Walter Georg, Hagen
Philipp Gonon, Zürich und Trier
Stephen Hamilton, Ithaca, New York
Walter Heinz, Bremen
Wolfgang Hörner, Leipzig
Wilfried Kruse, Dortmund
Lorenz Lassnigg, Wien
Antonius Lipsmeier, Karlsruhe
Evelies Mayer, Darmstadt
Wim Nijhof, Twente
Günter Pätzold, Dortmund
Jörg-Peter Pahl, Dresden
Nikitas Patiniotis, Patras und Athen
Georg Spöttl, Flensburg

Bildung und Arbeitswelt, Band 12

Geschäftsführende Herausgeber:
Dr. Uwe Lauterbach, Deutsches Institut für Internationale Pädagogische Forschung, Frankfurt am Main
Prof. Dr. Felix Rauner, Institut Technik und Bildung, Universität Bremen

Ludger Deitmer

Management regionaler Innovationsnetzwerke

Evaluation als Ansatz zur Effizienzsteigerung regionaler Innovationsprozesse

 Nomos Verlagsgesellschaft
Baden-Baden

Die Verantwortung für den Inhalt des Buches liegt beim Autor.

Der Text wurde nach den Regeln der neuen deutschen Rechtschreibung verfasst und korrigiert. Für dennoch auftretende Fehler bitten wir um Verständnis.

Redaktionelle Bearbeitung: Nevenka Moll

Die vorliegende Veröffentlichung lag dem Promotionsausschuss Dr. phil. der Universität Bremen als Dissertation unter dem Titel: „Der Beitrag von Arbeit und Technik-Verbundprojekten zur ‚lernenden Region' – untersucht an ausgewählten Projektbeispielen aus dem Bremer Landesprogramm Arbeit und Technik" vor.
Erster Gutachter: Prof. Dr. Felix Rauner
Zweiter Gutachter: Dr. Fred Manske
Das Kolloquium fand am 04.05.2001 statt.
Prüfer: Dr. Klaus Ruth, Prof. Dr. Friedhelm Eicker

Bibliografische Information Der Deutschen Bibliothek

Die Deutsche Bibliothek verzeichnet diese Publikation in der Deutschen Nationalbibliografie; detaillierte bibliografische Daten sind im Internet über http://dnb.ddb.de abrufbar.

ISBN 3-8329-0795-5

1. Auflage 2004
© Nomos Verlagsgesellschaft, Baden-Baden 2004. Printed in Germany. Alle Rechte, auch die des Nachdrucks von Auszügen, der photomechanischen Wiedergabe und der Übersetzung, vorbehalten. Gedruckt auf alterungsbeständigem Papier.

Vorwort

Die Regionalpolitik, vor allem die regionale Wirtschafts-, Arbeitsmarkt-, Forschungs- und Bildungspolitik, hat in den letzten zwei Jahrzehnten eine Entwicklung eingeleitet, die eine (Rück-) Besinnung auf die in den Regionen innewohnenden Kräfte unternimmt. Mit der gezielten Zusammenführung privater und öffentlicher Institutionen und der Förderung von regionsinternen und -externen Innovationsnetzwerken sollen die in der Region befindlichen endogenen Potentiale mobilisiert und besser genutzt werden. Im Zeitalter der Globalisierung und Internationalisierung sollen neue Antworten auf die drängenden Probleme, z.B. die Bereitstellung ausreichend qualifizierter Arbeitskräfte, gefunden werden.

In der Vergangenheit wurde die regionale Entwicklung schwerpunktmäßig durch die Bereitstellung einer physischen Infrastruktur unterstützt. So ging der Ausbau technologisch orientierter Forschungs- und Entwicklungseinrichtungen vonstatten, indem z.B. mehr oder weniger umfangreiche Technologieparks geschaffen wurden, um diese als „Motoren der regionalen Entwicklung" wirken zu lassen. Diese Politiken werden durch die Europäische Union (EU) und deren Sozial- und Strukturfondsprogramme auch in den Regionen selber vorangetrieben, jedoch steht diese Entwicklung an einem Wendepunkt.

Demzufolge verlagert sich die Förderung der regionalen Innovationssysteme von der Infrastrukturförderung hin zur Förderung der Zusammenarbeit zwischen den privaten und öffentlichen Akteuren auf Seiten von Wirtschaft, Wissenschaft, Aus- und Weiterbildung. Diese Förderstrategie, die mittlerweile unter Bezeichnung Clusterbildung bekannt ist, wird nunmehr als die wichtigste Triebfeder der regionalen Entwicklung von der nationalen und europäischen Förderpolitik erkannt. Clusterbildung bedeutet Vernetzung in einer „public-private" Partnerschaftsstruktur, wobei die einzelnen Bestandteile starke, miteinander verflochtene Querverbindungen aufbauen. Die Interaktionsformen sind unterschiedlich: Sie umfassen den Wissenstransfer in die Region, Verknüpfungen zwischen arbeits-, technik- und qualifikationsbezogenen Gestaltungselementen, zielgerichteten Aufbau bereichsübergreifender Kooperationsbeziehungen und eine Orientierung an den Arbeits- und Geschäftsprozessen der Region, die zur nachhaltigen Verbesserung des regionalen Innovationsmilieus beitragen sollen. Der interaktive Wissenstransfer zwischen Praxis und Theorie wird als ein effizienter Weg für die Sicherung und Steigerung des Wirtschaftswachstums und die Entwicklung, Schaffung qualifizierter Arbeitsplätze angesehen. Die zentrale Frage ist und bleibt, was muss bei dieser Entwicklung vorausschauend bedacht werden und wie können diese Prozesse gesteuert werden?

An diese neue, regionale Entwicklungsstrategie knüpft meine Arbeit an, indem untersucht wird, wie sich erfolgreiche Handlungsstrategien auf Seiten der regionalen Akteure mit Hilfe eines regionalen Förderprogramms herausbilden können. Dabei geht es mir schwerpunktmäßig um die methodische Frage, wie die dabei erzielten Nutzeneffekte evaluiert werden können. Viele Arbeiten zur regionalen Entwicklung konzentrieren sich vor allem auf makroökonomische Input/Output Betrachtungen, weshalb viele Förderprogramme die erzielten Nutzwerte bei den Kooperationsbeziehungen und -potentialen und die bei den Beteiligten eintretenden Lerneffekte als eine äußerst wichtige Dimension solcher Kooperationsbeziehungen kaum bzw. unzureichend ermitteln. Diese Arbeit möchte vor allem den Verlauf und die intendierten aber auch die nichtintendierten Nebeneffekte regionaler Innovationsprozesse untersuchen und erlaubt sich daher einen Blick in die „Black-Box" der Innovation.

Dazu werden die Innovationsprozesse innerhalb von 14 Verbundprojekten im Bremer Landesprogramm Arbeit und Technik analysiert und bewertet. Das Bremer Programm sieht seinen Beitrag zur Modernisierung der Region darin, durch die Förderung von Innovationsnetzwerken geeignete Fachkräfte auf Seiten öffentlicher Institutionen, wie Universitäten und Forschungseinrichtungen und Einrichtungen der beruflichen Aus- und Weiterbildung mit Vertretern privater Institutionen aus Betrieben von Industrie und Handwerk in konkreten Innovationsvorhaben miteinander forschen zu lassen. Ausgehend von einem für die Region als ertragreich festgestellten Thema werden Innovationsprozesse in Gang gesetzt, um neue, produktionsorientierte Dienstleistungen oder neue Produkte entstehen zu lassen. Damit ist für die Regionalpolitik die Hoffnung verbunden, die Gründung neuer und die Sicherung bestehender Unternehmen wie auch die Entwicklung in den Universitäten zu fördern, zum Nutzen der Region und seiner Bürger.

Ausgehend von den Befunden der Innovationsforschung und der Forschung über die regionale Innovationspolitik wird ein originärer Untersuchungsansatz erprobt. Dazu wird ein neues Verfahren zur Evaluation von Innovationsprojekten entwickelt. Die Wirksamkeit dieses interaktiven und akteursorientierten Evaluierungsinstrumentes, sowohl für die Fortentwicklung der Verbünde als auch für die Programmevaluation, wird deutlich. Mittlerweile konnte das Instrument auch in weiteren Projektfällen aus fünf europäischen Ländern erfolgreich zum Einsatz gebracht werden.

Ich weise nach, dass der Erfolg des Programms und damit auch ähnlich gelagerter Programme unter anderem von zwei Faktoren abhängt - einmal die strategische Ausrichtung eines solchen Programms auf die Förderung von „Clustern" die von verschiedenen Politikbereichen der Regionalpolitik mitgetragen werden. Damit ist die Einbindung eines solchen Programms in eine integrierte Regionalpolitik gemeint, die einen stimmigen Rahmen bildet. Der zweite Faktor besteht in der Konfiguration von Verbünden, die bewusst nicht nur die Wirtschaft alleine anspricht sondern auch die öffentlichen, regionalen *Lern- und Lehreinrichtungen* in die Innovationsprozesse aktiv mit einbindet: die Universitäten wie auch die Institutionen der Aus- und Weiterbildung. Hierzu ist ein integriertes Innovationsmanagement von Seiten eines regionalen Entwicklungsträgers, z.B. eines Projektträgers, von Nöten.

Die Arbeit liefert Empfehlungen, nach welchen Handlungsmaximen ein prozessorientiertes Innovationsmanagement seitens eines Projektträgers auszurichten ist, um nachhaltige Effekte für die regionale Strukturentwicklung zu erbringen. Nicht die Existenz des Netzwerkes als solches, sondern das kompetente Management von Netzwerkbeziehungen schafft die notwendigen Voraussetzungen für den Innovationserfolg. Dabei wird aufgezeigt, welche Entwicklungsfaktoren die regionale aufgezeigt, welche Entwicklungsfaktoren die regionale Verbundbildung unterstützen und wie ein prozessorientiertes Projekt- und Programmmanagement dies flankieren kann.

Dieser Band ist im Nachgang zu meiner langjährigen Mitwirkung in der Projektträgerschaft des Bremer Landesprogramms entstanden, welches in seiner Pilotphase vom Institut Technik und Bildung der Universität Bremen implementiert und wissenschaftlich begleitet wurde. Hier ist im besonderen meinen damaligen Kollegen im Projektträgerteam, Dipl. Soz. Albert Grützmann, Dr. Paul Oelhke und Dr. Richard Weingarten, Administrator für das Bremer Landesprogramm „Arbeit und Technik" beim Senator für Arbeit, für die vielen, konstruktiven Diskussionen über Handlungsstrategien im Programmmanagement zu danken.

Den eigentlichen Impuls zu der Arbeit haben die vielfältigen Evaluationsworkshops mit den über 200 Hauptakteuren des Programms gegeben. Insofern gilt mein Dank all denjenigen, die an dem Programm mitgewirkt haben. Durch ihre Bereitschaft zur kritischen Reflektion über das in den Vorhaben Erreichte konnten wichtige Einsichten in die verschiedenen Innovationsvorhaben gewonnen werden. An diesem Evaluationsprozess wirkten nicht nur Forscher, sondern auch Betriebspraktiker, Verbandsvertreter, Gewerkschafter, Manager, Handwerksmeister und Lehrer bzw. Dozenten aus Aus- und Weiterbildungseinrichtungen mit.

Auch die Anwendung und Erprobung des Evaluationsverfahrens wäre ohne die gute Zusammenarbeit mit dem Evaluationsteam nicht möglich gewesen. Mein Dank geht daher besonders an Prof. Dr. Egon Endres, Prof. Dr. Fred Manske und Dr. Klaus Ruth. Für manche kritische Diskussion habe ich Ihnen zu danken.

Die Arbeit wäre wohl nicht zustande gekommen, wenn nicht Prof. Dr. Felix Rauner, Sprecher des Instituts Technik und Bildung der Universität Bremen, mich in meiner Absicht bestärkt hätte, diese Arbeit zu Ende zu bringen und mich durch seinen konstruktiven Rat an wichtigen Stellen unterstützt hätte.

Ganz außerhalb des ITB hat mich Nevenka Moll bei der sprachlichen Durchsicht der Textentwürfe unterstützt und somit zur Lesbarkeit der umfangreichen Ausführungen beigetragen. Nicht zuletzt ist Christian Rose für die grafischen und textgestalterischen Arbeiten bei der Buchveröffentlichung zu danken.

Zu großem Dank bin ich auch meiner Ehefrau, Gisela Deitmer verpflichtet, die mir die entscheidenden Freiräume in der Schlussphase der Arbeit einzuräumen bereit war.

Ludger Deitmer

Inhalt

Vorwort		5
Inhalt	9	
Verzeichnis der Tabellen, Übersichten und Abbildungen		13
1	**Zum Forschungszusammenhang: Innovation und Region**	**17**
1.1	Untersuchungsgegenstand: der integrierte Innovationsansatz im Bremer Landesprogramm „Arbeit und Technik"	19
1.2	Zur Untersuchung der Programmwirkungen auf die Region	22
2	**Innovation und Raumentwicklung**	**27**
2.1	Zum Innovationsverständnis: terminologische Klärungen	28
2.1.1	Zum erweiterten Innovationsbegriff	28
2.1.2	Innovationsphasen	29
2.1.3	Schumpeters Beitrag zur heutigen Innovationsdebatte	31
2.1.4	Objektive versus subjektive Innovationen	35
2.1.5	Der Innovationsanstoß: „demand pull" oder „technology push"?	36
2.1.6	Zum Zusammenwirken von technischen, organisationalen und qualifikatorischen Innovationen	36
2.1.7	Zum erweiterten Innovationsverständnis im Bremer Landesprogramm „Arbeit und Technik"	37
2.2	Innovationsnetzwerke und Raumentwicklung: zur räumlichen Dimension von Innovationen	40
2.3	Innovationsnetzwerke und regionale Innovationsmilieus	43
2.3.1	Innovationsnetzwerke	43
2.3.2	Regionale Innovationsmilieus	49
2.3.3	Bezüge zum Bremer Landesprogramm „Arbeit und Technik"	52
3	**Innovation und Regionalpolitik**	**57**
3.1	Regionale Innovationspolitik: begriffliche Klärung	57
3.2	Region und System	59
3.3	Vier theoretische Erklärungsansätze regionaler Entwicklung	60
3.3.1	Neoklassischer Ansatz	61
3.3.2	Export-Basis-Modell	62
3.3.3	Polarisationstheorie	64
3.3.4	Theorie der endogenen Entwicklung	66
3.3.5	Der Einfluss der vier Ansätze auf die Regionalentwicklungspolitik, insbesondere auf das Bremer Landesprogramm „Arbeit und Technik"	67

3.4	Erfahrungen mit der innovationsorientierten Regionalpolitik	70
3.4.1	Europäische Regionalpolitik	71
3.4.2	Nationale Regionalpolitik	73
3.4.3	Empfehlungen der innovationsorientierten Regionalpolitik	76
3.4.4	Die „lernende Region" – ein neuer Denkansatz zur Regionalentwicklung?	79
3.4.5	Die Merkmale einer „lernenden Region"	80
3.6	Zentrale Problemfelder regionaler Innovationspolitik	83
3.6.1	Befunde zur Transformations- und Integrationsproblematik	85
3.6.2	Zur Verortung des Bremer Landesprogramms „Arbeit und Technik" und Hinweise zu seiner Untersuchung	88
4	**Der Untersuchungsansatz**	**93**
4.1	Zum methodischen Vorgehen	93
4.2	Das Hypothesenmodell und seine Anwendung	97
5	**Das neue Konzept der Programmevaluation**	**103**
5.1	Was heißt hier Evaluation? Versuch einer begrifflichen Klärung	103
5.2	Evaluationstypen: konzeptionelle Klärung	106
5.2.1	Die Ebenen der Programmevaluation	107
5.2.2	Wirkungs- und Implementationsforschung	110
5.2.3	Summative und formative Evaluation	112
5.2.4	Responsive und systemische Evaluation	114
5.2.5	Die Nutzwertanalyse	121
5.2.6	Leitkriterien nutzerorientierter Programmevaluationsdesigns	123
5.2.7	Resümee und Ziele der Programmevaluation	127
5.3	Die Akteure, Instrumente und das Verfahren der Programmevaluation	130
5.3.1	Zur Entwicklung der Instrumente	131
5.3.2	Die Akteure der Programmevaluation	132
5.3.3	Projektverlaufsphasen und Dimensionen des Innovationsprozesses: ein Modellschema	140
5.3.4	Das dreistufige Verfahren der Programmevaluation	143
5.3.5	Die Adaption der Nutzwertanalyse	148
5.3.6	Das Projektbewertungsinstrument Innovationsspinne	153
5.3.7	Die Stärken-Schwächen-Analyse	156
5.3.8	Projektintensivfallstudien und Projektmanagement-Reports	158
5.3.9	Die Akteurs-Soziogramme	158
5.3.10	Von der Projektevaluation zur Programmwirkungsanalyse	159

6	**Wirkungsanalyse des Programms**	**165**
6.1	Analyse der Gesamtinnovationsspinne im Hinblick auf die Programmwirkungen	168
6.2	Die Effekte der weichen Innovationsdimensionen im Hinblick auf die harten Innovationspotentiale und -strukturen	180
6.3	Analyse der Projektprozesse entlang typischer Verlaufsphasen	186
6.4	Bestimmung von „good"- bzw. „bad practice"-Projekten entlang der einzelnen Innovationsspinnen	195
6.5	Darstellung von vier Projektintensivfallstudien: der Projekte G und D (im Sinne von „good practice") sowie der zwei Projektfälle K und L (im Sinne von „bad practice")	198
6.5.1	Projekt G: soziale und technische Modernisierung im regionalen Backhandwerk	198
6.5.2	Projekt D: das regionale Kooperationsgefüge zwischen Endherstellern der Automobilindustrie und Zulieferbetrieben	207
6.5.3	Projekt L: anwenderorientierte Modernisierung von Werkzeugmaschinen	217
6.5.4	Projekt K: Entwicklung eines regionalen Zentrums für Automatisierungssysteme	223
6.6	Benchmark der vier Projektintensivfallstudien	230
6.6.1	Diskussion von drei Innovationsdimensionen, in denen die Projekte bessere Wirkungen erzielten	231
6.6.2	Untersuchung der drei Innovationsdimensionen, in denen die Projekte eher unzureichende Ergebnisse erzielten	239
6.7	Ein Zwischenfazit zur Wirkungsanalyse	251
7	**Der Beitrag von „Arbeit und Technik"-Projekten zur Region- Problemfelder im Innovationstransfer**	**255**
7.1	Zu den Besonderheiten des bremischen Innovationsmilieus	258
7.2	Erstes Transferproblem: gestaltungsorientierte Innovationsvorhaben sowie integrierte, regionale Innovationspolitik und regionales Innovationsmanagement	260
7.3	Zweites Transferproblem: zur Figuration der Projektverbünde	270
7.4	Drittes Transferproblem: zum Impuls für Innovationsvorhaben und zur Aufnahmefähigkeit regionaler Unternehmen für Innovationen	278
7.5	Viertes Transferproblem: zur transdisziplinären Bearbeitung integrierter Themenstellungen durch Wissenschaft und Forschung	292
7.6	Zur Transformation „weicher" Innovationsfaktoren in „harte" Innovationseffekte – ein Resümee	303

7.7	Stärken und Schwächen des Bremer Landesprogramms „Arbeit und Technik"	314
7.8	Fazit: der Beitrag von „Arbeit und Technik"-Projekten zur lernenden Region	318
8	**Zum Management und zur Steuerung regionaler Programme im Entwicklungsfeld von Arbeit, Technik und Qualifikation**	**321**
8.1	Entwicklungsfaktoren regionaler Verbundprojekte	321
8.2	Management regionaler Verbundprojekte	327
8.3	Die Programmevaluation im Rückblick	338
8.3.1	Erfahrungen aus der Sicht der Bilanzierungsteams	339
8.3.2	Einschätzungen der Teilnehmer	341
8.4	Fazit: Defizite und Handlungsbedarfe	342
9	**Literaturverzeichnis**	**345**

Anhang	**361**
Anhang 1: Leitlinien zum prozessorientierten Projektmanagement	361
Anhang 2: Leitlinien zur Auswahl von Projektvorschlägen	366
Anhang 3: Die vierzehn Projekte der Pilotphase des Bremer Landesprogramms „Arbeit und Technik" (im Zeitraum 1990 bis 1998)	370
Anhang 4: Zusammenfassende Darstellung der Ergebnisse von 14 Projektintensivfallstudien im Bremer Landesprogramm „Arbeit und Technik" in Form von Innovationsspinnen (Projekte A bis N)	375
Anhang 5: Der ursprüngliche Fragebogen zum Evaluationsverfahren mit Haupt- und Unterkriterien (Kriterienbäume)	382

Verzeichnis der Tabellen, Übersichten und Abbildungen

Abb. 2/1:	Netzwerkmodell	44
Tab. 2/2:	Matrix des strategischen Verhaltens von innovativen Unternehmen den unterschiedlichen Modellen räumlicher Innovationsdiffusion folgend	46
Tab. 2/3:	Drei regionale Netzwerktypen	48
Abb. 4/1:	Das Hypothesenmodell: Fünf Dimensionen „weicher" Innovationsfaktoren in ihrer Wirkung auf „harte" strukturrelevante Innovationseffekte	99
Abb. 5/1:	Programmforschung	106
Abb. 5/2:	Einsatz verschiedener Begleitinstrumente in der Projektgenese in den drei Projektphasen eines Projektlebenszyklus	141
Abb. 5/3:	Dreistufiges diskursives und konsensorientiertes Bilanzierungsverfahren	144
Tab. 5/4:	Die Tischvorlage bzw. die Fragebögen zum Evaluationsverfahren mit Haupt- und Unterkriterien (Kriterienbäume)	152
Abb. 5/5:	Innovationsspinne mit sechs Innovationsdimensionen	154
Tab. 5/6:	Stärken-und-Schwächen-Darstellung an einem Auswertungsbeispiel	157
Abb. 5/7:	Der soziographische Erhebungsbogen	162
Abb. 5/8:	Zusammenhang zwischen Programm- und Projektevaluation	164
Tab. 6/1:	Die sechs Innovationsdimensionen im Verhältnis zur erzielten Punktzahl und zu den erreichten Prozentualwerten: starke, mittlere und schwache Effekte der Innovationsdimensionen im Bremer Landesprogramm „Arbeit und Technik"	169
Abb. 6/2:	Die Gesamtspinne, die 14 Innovationsspinnen der Projekte umfasst	170
Tab. 6/3:	Verteilung der Häufigkeit der Nennung von niedriger, mittlerer und hoher Ausprägung auf den sechs Innovationsachsen bzw. -dimensionen des Programms	177
Abb. 6/4:	Zum Verhältnis der Innovationsdimensionen „dialogisch-partizipative Innovation" und „strukturinnovative regionale Effekte"	180

Abb. 6/5:	Zum Verhältnis zwischen den Innovationsdimensionen „Transferorientierung in die Region" und „strukturinnovative regionale Effekte"	181
Abb. 6/6:	Zum Verhältnis der Innovationsdimensionen „Qualifikation für Innovationsprozesse" und „strukturinnovative regionale Effekte"	182
Abb. 6/7:	Zum Verhältnis der Innovationsdimensionen „Arbeit und Technik als Einheit" und „strukturinnovative regionale Effekte"	183
Abb. 6/8:	Zum Verhältnis der Innovationsdimensionen „Prozessorientierung" und „strukturinnovative regionale Effekte"	184
Abb. 6/9:	Zusammenfassender Funktionsgraph: die Stärke der Wirkungseffekte der fünf Innovationsdimensionen bzw. -faktoren bzw. -variablen auf die strukturbildenden Effekte	185
Tab. 6/10:	Darstellung des Zusammenhangs zwischen dem Projekt und der Definition von Strategie und Ziel	191
Abb. 6/11:	Verhältnis zwischen den Innovationsdimensionen „Prozessorientierung" und „dialogisch-partizipative Innovation"	193
Abb. 6/12:	Das Verhältnis zwischen den Innovationsdimensionen „Prozessorientierung" und „Qualifikation für Innovationsprozesse"	194
Tab. 6/16:	Ranking der Projekte im Bremer Landesprogramm „Arbeit und Technik"	196
Abb. 6/17:	Kosten-Nutzen-Betrachtung	200
Abb. 6/18:	Gewichtung der projektbezogenen Wirkungen anhand der Hauptkriterien	201
Abb. 6/19:	Gewichtung der regionalen Wirkungen anhand der Hauptkriterien	202
Abb. 6/20:	Gewichtung und Bewertung der projektbezogenen Wirkungen anhand der Unterkriterien	203
Abb. 6/21:	Gewichtung und Bewertung der regionalen Wirkungen anhand der Unterkriterien	204
Abb. 6/22:	Zusammenfassende Bewertung (Stand nach 30 Monaten Projektlaufzeit)	206
Abb. 6/23:	Gewichtung der projektbezogenen Wirkungen anhand der Hauptkriterien	208
Abb. 6/24:	Gewichtung und Bewertung der projektbezogenen Wirkungen anhand der Unterkriterien	210
Abb. 6/25:	Gewichtung der regionalen Wirkungen anhand der Hauptkriterien	213

Abb. 6/26:	Gewichtung und Bewertung der regionalen Wirkungen anhand der Unterkriterien	214
Abb. 6/27:	Zusammenfassende Bewertung (Stand nach 32 Monaten Projektlaufzeit)	216
Tab. 6/28:	Stärken-Schwächen-Bewertung	220
Abb. 6/29:	Die Darstellung der Evaluationsergebnisse in der Innovationsspinne	222
Abb. 6/30:	Gewichtung der projektbezogenen Wirkungen anhand der Hauptkriterien	224
Abb. 6/31:	Gewichtung und Bewertung der projektbezogenen Wirkungen anhand der Unterkriterien	225
Abb. 6/32:	Gewichtung der regionalen Wirkungen anhand der Hauptkriterien	227
Abb. 6/33:	Gewichtung und Bewertung der regionalen Wirkungen anhand der Unterkriterien	228
Abb. 6/34:	Zusammenfassende Bewertung (Stand nach 20 Monaten Projektlaufzeit)	229
Tab. 6/35:	Vergleich der Ausprägungen (hoch/mittel/niedrig) der sechs Innovationsdimensionen zu den „good"- (G und D) und „bad practice"(K und L)-Projektfällen	231
Tab. 6/36:	Erfolgskriterien bei Projektverbünden	239
Tab. 6/37:	Schwachpunkte, die für das Scheitern von Verbundvorhaben maßgeblich sind	251
Tab. 7/1:	Zur Gewichtung und Bewertung der kooperationsorientierten Vernetzung zwischen Betrieben untereinander und zwischen Instituten und Betrieben aus der Sicht der Projektbeteiligten	273
Tab. 7/3:	Zur Gewichtung und Bewertung der Markteffekte in den untersuchten 14 Verbundprojekten aus der Sicht der Projektbeteiligten	283
Abb. 8/1:	Kriterien für „good practice"-Verbundvorhaben	337

1 Zum Forschungszusammenhang: Innovation und Region

Mit dem Entwicklungskonzept der „lernenden Region" bahnt sich zwischen dem Studium von regionalen Innovationsnetzwerken, dem Studium des technologischen Wandels und dem Forschungsfeld der Wirtschaftsgeographie als auch der Regionalökonomie eine neue Konvergenz an (Camagni 1991; Crevoisier/ Maillat 1991; Morgan 1997; Braczyk/ Cooke/ Heidenreich 1998). Ausgehend von diesem Forschungszusammenhang wird mit der vorgelegten Arbeit näher untersucht, ob eine Beziehung zwischen der Region und den in ihr stattfindenden Innovationsprozessen in einem regionalen Innovationsprogramm, hier dem Bremer Landesprogramm „Arbeit und Technik" und seinen Akteuren, besteht und welche Wirkungen dabei erzielt werden. Im Mittelpunkt der Untersuchung stehen dabei verschiedene Hypothesen, die sich durch die Diskussion verschiedener Theorien und Ansätze regionaler Entwicklung begründen lassen und die anhand der Evaluation des Bremer Landesprogramms exemplarisch überprüft werden. Dafür nutzt die Arbeit die Ergebnisse zweier Programmbilanzierungen und stützt sich auf Fallstudien regionaler Verbundprojekte (Rauner u. a. 1995; Deitmer u. a. 1997).

Das gegenwärtige Interesse von Seiten der Regionalpolitik richtet sich auf nachhaltige wirtschaftliche und soziale Entwicklungsprozesse. Die Förderung dieser Entwicklungsprozesse geschieht durch die Bereitstellung von Programmen zur Innovationsförderung, als dessen Teilmenge regionale Innovationsprojekte anzusehen sind. Von besonderem Interesse sind solche Projekte, die sich durch eine enge Kooperation zwischen privaten (Unternehmen, Verbänden) und öffentlichen Partnern (Behörden, Universitäten und Hochschulen, Schulen etc.) im Rahmen von „public-private-partnerships" auszeichnen. Besonders Projekte, die auf eine engere Verflechtung v. a. zwischen betrieblichen und wissenschaftlichen Frage- und Aufgabenstellungen unter einer ganzheitlichen und integrierten Perspektive zielen, werden mit großem Interesse untersucht (Fricke 1994; Naschold 1994; Ewers/ Brenck 1992).

Die Region ist im Zusammenhang mit Innovationsnetzwerken auch deswegen von Interesse, weil durch sie eine passendere Antwort auf den globalen (internationalen) Standortwettbewerb erwartet wird. Dabei wird auch die Frage diskutiert, ob die gegenwärtige Innovationspolitik zur Inangriffnahme der wirtschaftlichen und sozialen Probleme der vom Strukturwandel betroffenen Regionen ausreicht. Mit Innovationspolitik sind allgemein gesprochen alle regionalen Politikfelder gemeint. Sie müssen so innovieren, dass Regionalpolitik die Politikpotentiale integriert erfassen und ansprechen kann. Für wirtschaftsbezogene Innovationen – um die geht es hier besonders – wird allerdings vornehmlich die Integration der Politikfelder von Arbeitsmarkt-, Wirtschafts- und Bildungs- bzw. Wissenschaftspolitik anzusprechen sein.

Die Problematik unzureichender Diffusion bzw. einer mangelhaften Nachhaltigkeit von Forschungs- und Entwicklungsprozessen in die betriebliche und gesellschaftliche Praxis wird dabei in allen Untersuchungen gleichermaßen thematisiert. In diesem Zusammenhang wird eine zu geringe Adaptivität mit den eigentlichen Programmadressaten konstatiert – was auch als Anwenderlücke bezeichnet wird. Zur Überwindung dieser „Anwenderlücke" (Rauner 1988b) wurden neue Wege und Arrangements in der Zusammenarbeit zwischen öffentlichen und privaten Institutionen gesucht und erprobt. Eine höhere Interaktivität im Entwicklungsprozess soll gewährleisten, dass die Ergebnisse auch denjenigen zufallen, für die sie gedacht sind. Zur Verbesserung der „Kundenorientierung" dieser Programme wurden dialogisch-partizipative Aspekte in den Vorhaben besonders befördert (Fricke 1994). Die Ausgestaltung dieser Art von Verbundkooperationen im Rahmen von regionalen Programmen einschließlich ihres Managements und ihrer Steuerung wird damit umso wichtiger.

Bleibt man bei dem Bild der Anwenderlücke, stellen sich eine Fülle von Fragen für die Initiatoren und Träger solcher Entwicklungsprozesse, von denen im Folgenden zu nennen wären:
- Welche Voraussetzungen müssen gegeben sein, damit sich regionale Innovationsnetzwerke entwickeln können?
- Durch welche Mechanismen wird das Entstehen neuen Wissens auf Seiten der am Innovationsprozess beteiligten Personen am besten gefördert?
- Welche Erfahrungen wurden mit Entwicklungskonzepten wie dem der „lernenden" Region gemacht, und welche Barrieren stehen dem entgegen?
- Konnten sich die Projekte auf die realen Nöte und Bedarfe der Region beziehen?
- Konnten neue „Brücken" zwischen Wissenschaft, Bildung und betrieblichen Praxisbereichen gebildet und konnte dadurch die „Anwenderlücke" überwunden werden?
- Unter welchen Umständen kann es in den Programmen und seinen Verbundprojekten gelingen, einen dialogischeren Innovations-Transfer zu erreichen?

Von zentraler Bedeutung ist in diesem Zusammenhang die Frage, was ein „relativ erfolgreiches" Projekt – ich spreche im weiteren Verlauf auch von „good practice"-Projekten – von weniger erfolgreichen Projekten – ich spreche dann von „bad practice"-Projekten[1] – unterscheidet. Die Untersuchung der Voraussetzungen und Bedingungen für eine nachhaltige und wirksame Kooperation zwischen Wissenschaft und betrieblicher Praxis stellt somit ein bedeutsames Forschungsthema dar, von dessen Bearbeitung Hinweise für künftige Wege der anwenderorientierten, kooperativen Forschung innerhalb von Regionen zu erwarten sind.

---

1 Der Ausdruck „bad practice" ist dem Englischen entnommen und bezeichnet eine Vorgehens- oder Handlungsweise, die defizitäre bzw. der Projektsituation nicht angemessene und deshalb ineffektive Handlungsvollzüge enthält. Die Analyse der „bad practice"-Fälle kann einen gewissen Aufschluss über die richtige Vorgehensweise geben. Damit soll ein Vergleich mit (relativ) besseren und angemesseneren Fällen, eben den so genannten „good practice"-Projektfällen ermöglicht werden, welche sich durch effektive Handlungsvollzüge auszeichnen.

Im Folgenden wird das Beispiel des Bremer Landesprogramms „Arbeit und Technik", dem Untersuchungsgegenstand der Arbeit, skizziert und sein spezifischer Innovationsansatz dargelegt.

1.1 Untersuchungsgegenstand: der integrierte Innovationsansatz im Bremer Landesprogramm „Arbeit und Technik"

Die Grundzüge des Bremer „Arbeit und Technik"-Programms gehen zurück auf die Arbeit der Bremer Sachverständigenkommission „Arbeit und Technik", die im Juni 1984 berufen worden war. Die vom Bremer Wissenschafts- und Bildungssenator initiierte, also aus der regionalen Wissenschaftspolitik kommende Kommission empfahl seinerzeit, dass das Ziel aller künftigen „Arbeit-und-Technik"-Initiativen „die fachübergreifende Entwicklung und beispielhafte Umsetzung von Leitbildern einer sozialen und ökologischen Gestaltung von Arbeit und Technik in der Region Bremen" sein sollte (vgl. Bremer Sachverständigenkommission 1986b, 1988; Deitmer/ Grützmann/ Oehlke/ Rauner 1991; Rauner u. a. 1995)[2].

Folgende Kernelemente bestimmen das Leitbild einer fächerübergreifenden „Arbeit und Technik"-Forschung:

- Ein sozio-technisches Systemverständnis, das von der Möglichkeit und Notwendigkeit einer integrierten Gestaltung von Technik, Arbeits- und Qualifikationsprozessen ausgeht.
- Der Gestaltungs- bzw. Beteiligungsansatz, d. h. die Überzeugung, dass die Entwicklung eines komplexen Systems von Technik und Arbeit der Einbeziehung aller Akteure bedarf, was ausdrücklich die Technikanwender mit einschließt. „Begleitung ist als Prozess, Dialog und Gestaltung zu begreifen und betrifft Organisations- und Technikentwicklung, Technikbewertung, Techniknutzung und Produktentscheidungen gleichermaßen. [...] Hinzu kommt, dass diese Zusammenarbeit als Absprachen, Verständigungen und gemeinsame Lernprozesse (Selbstkoordination) zu entfalten sind" (Rauner u. a. 1995, 24). Dem Leitbild liegt also ein beteiligungsorientierter Innovationsansatz zugrunde.

---

2 Die Sachverständigenkommission Arbeit und Technik arbeitete bis Juni 1987. Sie führte mehrere interdisziplinäre Workshops durch und verfasste einen Zwischen- und einen Endbericht (Bremer Sachverständigenkommission 1986b und 1988). Diese interdisziplinäre Initiative geht zurück auf den Senator für Bildung, Wissenschaft und Kunst.

- Die Etablierung fach- und institutionenübergreifender regionaler Innovationsdialoge mit dem Ziel, überregionale Orientierungen mit regionalen Potentialen zu verbinden. Dieser Innovationsdialog nimmt die unterschiedlichen Voraussetzungen und Bedingungen ernst, mit denen die Akteure einen zielgerichteten Dialog führen können. Der Dialog benötigt sicherlich zu Beginn des Prozesses in besonderem Maße des Anstoßes und der Moderation und zielt darauf, dauerhafte Kooperationen zu stiften und innovatorische Bemühungen in der Region schrittweise zu institutionalisieren. Er verbindet verschiedene Akteure in unterschiedlichen Positionen und Verantwortlichkeiten. Facharbeiter, Meister, Geschäftsleiter, Wissenschaftler, Transferagenten, Kammerfunktionäre oder Ressortvertreter können als Individuen und als Entscheidungsträger zusammen, miteinander oder untereinander in einen Dialog treten.

Dieses Grundverständnis von „Arbeit und Technik" wurde mit Beginn der Projektträgerschaft des Landesprogramms 1990 in Fördermodalitäten übersetzt (Deitmer u. a. 1991; Projektträger 1991, 1994b; Senator für Arbeit und Frauen 1993). Zum einen sollten in den Anträgen solche Beteiligungsformen dargelegt werden, die die Erfahrungen und das Wissen der Beschäftigten in die Projektverläufe einbeziehen. „Neben der förmlichen Zustimmung des Betriebsrates ist dem Projektantrag ein Konzept vorzulegen, durch welche Beteiligungsformen (z. B. Interviews, Gesprächskreise, Weiterbildungskurse, Lernstatt, Gestaltungszirkel) die mittelbar und unmittelbar betroffenen ArbeitnehmerInnen und/oder ihre Vertretungen zu beteiligen sind" (Projektträger Arbeit und Technik 1991, 7). Ferner waren die Verbundvorhaben so anzulegen, dass die Spielräume bei der Arbeitsgestaltung genutzt werden konnten, um ganzheitliche Arbeitszuschnitte zu schaffen. Die technischen Entwicklungsaufgaben hatten sich an den Prämissen einer arbeitnehmergerechten Arbeitsgestaltung zu orientieren.

In den Vorhaben werden weiterhin die Bildungs- und Qualifizierungsprozesse eng mit den arbeitsgestalterischen Prozessen, aber auch mit jenen zur Entwicklung und Einführung neuer Techniken verzahnt. So besagt die Programmbroschüre: „Neue Formen beruflicher Bildung und Qualifizierung, wie Laborunterricht, Lernwerkstatt u. a., stärken Eigeninitiative, Kompetenz und Kreativität. Nur wenn diese Fähigkeiten im Produktionsprozeß genutzt werden, kann es gelingen, die Arbeit sozialverträglich und effektiv zu gestalten. [...] Der Arbeitsplatz muß gleichzeitig als ‚Lernplatz' gestaltet werden" (Senator für Arbeit und Frauen 1993, 7). Der arbeitsorientierte Innovationsansatz im Bremer Landesprogramm „Arbeit und Technik" ist integriert angelegt, da Technikentwicklung, Qualifikationsentwicklung sowie die Entwicklung von Arbeitsorganisation und Arbeitsinhalten nicht als voneinander isolierte und getrennt zu bearbeitende Innovationselemente verstanden werden. Die Projekte sollen durch ein Ineinandergreifen von organisatorischen, technischen und qualifikatorischen Maßnahmen gekennzeichnet sein (Deitmer u. a. 1991).

Die Themen und Gegenstände der Innovationen bzw. der Projekte werden im Landesprogramm an konkreten Problemen der Betriebe ausgerichtet; sie sind so angelegt, dass schon im Projektverlauf geeignete Formen einer Fortführung bzw. Verstetigung über den Förderzeitraum hinaus möglich werden. Das Programm förderte daher folgende Innovationsthemen (Projektträger 1991, 1993; Deitmer u. a. 1991; Rauner u. a. 1995, 9 ff.):

- Entwicklung und Bewertung von Arbeit-und-Technik-Konzepten, die mangels erprobter Modelle oder Prinzipien aus der Sicht eines Betriebes zu riskant sind;
- Entwicklung neuer technischer Systemkonzepte, die durch Nutzerbeteiligung und Qualifizierung erhöhten Kompetenz- und Organisationsanforderungen gerecht werden;
- Entwicklung ganzheitlicher Organisationsstrukturen im Betrieb mit lernfördernden Handlungsspielräumen, anspruchsvolleren Arbeitsvollzügen und erweiterten Entscheidungsmöglichkeiten für alle betrieblichen Ebenen;
- Entwicklung neuer Formen der Kooperation zwischen betrieblichen Anwendern/ Herstellern sowie Endfertigern und deren Zulieferern und den Gewerken des Handwerks;
- Erarbeitung zielgruppenspezifischer Qualifikationskonzepte, die in die Veränderungsmaßnahmen integriert sind und unterschiedlichen Lernvoraussetzungen und Arbeitsplatzbedingungen Rechnung tragen können.

Ein Strukturentwicklungsbeitrag ist der Programmphilosophie gemäß dann gegeben, wenn in die Lösungsentwicklungen auch solche Aspekte einbezogen werden, die über technische, qualifikatorische und organisatorische Einzellösungen hinausgehen. Sie sollen, ausgehend vom sozio-technischen Systemverständnis bzw. den Ergebnissen der Innovationsforschung, nicht nur auf technische Problemlösungen hin orientiert sein. Vielmehr soll durch eine intensive Beteiligung der Systemnutzer und -anwender am Entwicklungsprozess eine integrierte Lösung der betriebsorganisatorischen Problemstellung angestrebt werden.

Der Innovationsansatz fügt sich ein in eine neue Generation von Entwicklungsmaßnahmen zur nationalen „Humanisierung des Arbeitslebens" bzw. von „Arbeit und Technik"- Programmen (Fricke 1994; Oehlke 1990, 1994a; Scarpelis 1995).

Das Bremer Landesprogramm ist weiterhin durch einen regional bezogenen Ansatz der Entwicklungszusammenarbeit zwischen bestimmten regionalen Innovationsträgern gekennzeichnet. Dieser Ansatz wird im folgenden Abschnitt entfaltet.

1.2 Zur Untersuchung der Programmwirkungen auf die Region

Was ist nun das Besondere des regionalen Entwicklungsansatzes im Bremer Landesprogramm „Arbeit und Technik"? Ein wichtiges Merkmal in der Praxis des Landesprogramms war und ist es,[3] in besonderer Weise die regionale Kooperation zwischen Wirtschaft, Forschung, Wissenschaft, Bildung und Behörden zu befördern. Dazu wurde für das Programm eine Konzeption entwickelt, die Forschung und damit im Zusammenhang stehende Entwicklungen in verschiedenen Praxisfeldern als eine regionale Modernisierungsstrategie begriffen (Senator für Bildung, Wissenschaft und Kunst 1985; Senator für Bildung, Wissenschaft und Kunst 1999, Bremer Sachverständigenkommission 1986a, 1986b, 1988; Universität Bremen 1983, 1985, 1987, 1994; Rauner 1988a, 1988b, 1995; Fricke 1994). Im Rahmen dieser Strategie wird von einem komplexen Innovationsbegriff ausgegangen, um berufliches Lernen mit arbeitsorientierten und institutionellen Lernprozessen zu verknüpfen. Die Region wird als ein handlungsfähiges, sozio-ökonomisches Gebilde verstanden, das durch die Aktivierung der ihr innewohnenden Potentiale kollektive Lernprozesse erzeugen kann.

Die verschiedenen „Arbeit und Technik"-Projekte (siehe Anhang 3 mit den Themenstellungen der 14 untersuchten Projeke der Pilotphase des Bremer Landesprogramms) sind durch die Entwicklungszusammenarbeit zwischen verschiedenen regionalen Einrichtungen gekennzeichnet. Darin sollen „Arbeit und Technik"-Problemstellungen nicht nur unter technischen, sondern auch unter sozialverträglichen Gesichtspunkten gestaltet werden. Den Risiken und Chancen, die sich mit der Einführung neuer Technologien für die Beschäftigten und die Unternehmen ergeben, soll durch die Gestaltung von Arbeit begegnet werden. Zugleich sollen die Chancen für effizientere Organisationsformen in der Arbeit bzw. in den regionalen Unternehmen erhöht werden. Hierzu wird von einem im Bremer Landesprogramm und in Anlehnung an nationale Vorgängerprogramme entwickelten Ansatz, nämlich dem arbeitsorientierten, interaktiven und regionalen Innovationsansatz, ausgegangen (Senator für Arbeit und Frauen 1993; Projektträger „Arbeit und Technik" 1991).

Der spezifische „Arbeit und Technik"-Entwicklungsansatz des hier zu untersuchenden Programms verfolgt daher eine Aktivierung intraregionaler Potentiale, die die Grundlage für die sozio-ökonomische Entwicklung einer Region bilden sollen. Die „Arbeit und Technik"-Projekte sollen regionalpolitische Ausstrahlung besitzen und durch ihren Charakter als Verbundprojekte nicht nur Wissenschaft und betriebliche Praxis verknüpfen, sondern auch Transdisziplinarität herstellen und durch eine ausgeprägte betriebliche und zwischen-/ überbetriebliche Beteiligungsorientierung relevante Akteure einbeziehen.

---

3   Im Rahmen dieser Arbeit wird die Pilotphase des Bremer Landesprogramms „Arbeit und Technik" im Zeitraum zwischen 1990 und 1997 untersucht. Das Programm wird derzeit in einer neuen Trägerschaft im Rahmen der zweiten Programmphase fortgeführt.

Die „Arbeit und Technik"-Projekte des Bremer Landesprogramms unterscheiden sich von anderen Konzepten, wie z. B. dem der lernenden Region, indem gezielt Strukturentwicklungsabsichten in die Vorhaben eingebaut waren. Die Projektkonzeption des Programms zielt daher auf Strukturentwicklungsprojekte (Deitmer u. a. 1991; Rauner u. a. 1995). Insofern hatten die Projekte die Aufgabe, über die eigentlichen Projektziele hinaus als Katalysatoren im Prozess regionaler Innovation zu wirken und zur Bildung neuer innovativer Strukturen beizutragen (z. B. von Unternehmensgründungen, Geschäftsfelderweiterungen, aber auch strukturellen Neuerungen in der Wissenschaft sowie in Bildungseinrichtungen). Eine Aufspaltung in eine Projekt- und Transferphase soll ausdrücklich vermieden werden, um nicht in eine „Umsetzungsfalle" zu geraten. Die „Arbeit und Technik"-Verbundprojekte beabsichtigen, durch die Induzierung regionaler Lernprozesse eine Verbesserung des regionalen Milieus zu erreichen, an dessen Ende sich im Idealfall die zu verändernde Struktur herausgebildet hat. Das Landesprogramm geht davon aus, dass sich über Innovationsprozesse mit einer Vielzahl unterschiedlichster lokaler Innovationsträger noch am ehesten strukturbildende Effekte erzielen lassen, die mittel- bis langfristig die regionalen Innovationskapazitäten steigern. Die Verbundvorhaben sollen daher an konkreten Problemen der Betriebe ausgerichtet und so angelegt sein, dass schon im Projektverlauf geeignete Formen einer Fortführung bzw. Vermittlung in das regionale Umfeld, z. B. durch Teilnahme weiterer Betriebe, möglich werden (Deitmer u. a. 1991; Pollmeyer/ Weingarten 1992; Oehlke 1994b, 1994c).

Das Bremer Landesprogramm „Arbeit und Technik" unterscheidet sich von Projekttypen der nationalen Verbundforschung, wie sie z. B. in den einschlägigen Förderprogrammen der staatlichen Forschungsförderung angelegt sind. Die Absicht der nationalen Verbundforschung ist stärker auf die Bearbeitung umfassender Lösungen mit bundesweiter Ausstrahlung gerichtet und zielt auf die Entwicklung neuer nationaler Standards. Die nationalen Humanisierung-des-Arbeitslebens-(HdA)-Projekte und Modellversuche richten sich auf neue Erkenntnisse über Gestaltung von Arbeit oder auf eine modellhafte Erprobung neuer Arbeitsverfahren. Mit dem Projektabschluss liegen dann Ergebnisse in Form von Erkenntnissen vor, die etwa als gesetzliche Verordnungen oder Richtlinien im Kontext eines neuen Arbeitssystems umgesetzt werden – in Form eines Modells, über dessen Ausformung in einem vom Projekt abgetrennten Umsetzungsprozess verfügt wird (z. B. in Form eines Transferprojektes), und in Form von Produkten (z. B. in der Form eines Softwareproduktes), über deren Verwertung im Anschluss an das Projekt – und gesondert davon – zu entscheiden sein wird. Soweit es sich um Projektaufgaben handelt, die eine einfache „Umsetzung" erlauben, wie sie durch den Erlass einer staatlichen Verordnung oder Normvorgabe möglich ist, ist somit eine Trennung in eine Projekt- und Umsetzungsphase nicht nur denkbar, sondern auch sinnvoll (Deitmer u. a. 1991; Fricke 1994).

Die Forschungsakteure in den Vorhaben, z. B. Wissenschaftler regionaler Institute, sollen nicht nur auf „Begleitforschung" fixiert bleiben, sondern als gleichberechtigte Partner im arbeitsteiligen Innovationsprozess wirken. Das Landesprogramm kann damit in den Kontext der deutschen und europäischen Regionalpolitik und daraus resultierenden innovationspolitischen Konzepten gestellt werden, welche sich auf die Integration verschiedener Politikfelder beziehen (z. B. Industrie- und Wirtschaftspolitik, aber auch Bildungs- und Wissenschaftspolitik), (siehe u. a. Ewers/ Brenck 1992; Lundvall/ Borrás 1997; Bullmann/ Heinze 1997; Morgan/ Nauwelaers 1998; Braczyk u. a 1998; Scheff/ Gutschelhofer 1998; Wolfe/ Gertler 1998; Weber/ Soete 1999).

Die langfristigen Wirkungen der Verbundvorhaben auf die regionale Innovationsinfrastruktur sollten sein (Rauner u. a. 1995, 10 ff.):

– Bildung regionaler Innovationszentren für die Bearbeitung von „Arbeit und Technik"-Problemstellungen in der Region;
– Gründung neuer Unternehmen, Dienstleistungseinrichtungen bzw. Geschäftsfelderweiterungen;
– Etablierung und Verstärkung eines regionalen Innovationsdialoges mit erweiterten Innovationsbezügen zu zentralen Innovationsthemen;
– Herausbildung neuer Dienstleistungsfunktionen auf Seiten regionaler Innovationsträger (Forschungsinfrastruktur, dienstleistungsorientierte Unternehmen usw.). Diese sollten produktionsnah angelegt sein und bestehende betriebliche Innovationsbarrieren abbauen bzw. Voraussetzungen für neue Dienstleistungsmärkte schaffen.

Es stellt sich die Frage, unter welchen Umständen es in der Pilotphase des Programms und seinen Verbundprojekten gelingen kann, eine nachhaltige Entwicklungszusammenarbeit zwischen Wissenschaft, Bildung und Wirtschaft hervorzubringen.

Mit der vorliegenden Arbeit wird die Pilotphase des Bremer Landesprogramms „Arbeit und Technik" (1990 bis 1997) rückblickend analysiert, neu bewertet und in den Zusammenhang verschiedener Erklärungsansätze und Theoriemodelle regionaler Entwicklung und verschiedener regionalpolitischer Konzepte gestellt (z. B. Kondratieff 1926; Schumpeter 1961; Schätzl 1993; Ewers/ Brenck 1992; Fritsch u. a. 1998). Die Arbeit möchte damit einen Beitrag zu den Forschungsansätzen über regionale Innovationssysteme leisten (v. a. Camagni 1991; Cooke/ Morgan 1993, 1994; Morgan 1997; Lundvall/ Borrás 1997; Braczyk/ Cooke/ Heidenreich 1998). Im Besonderen wird untersucht, in welcher Weise das Bremer Landesprogramm auf die konzeptionellen Arbeiten zur „Lernenden oder auch Intelligenten Region" (etwa von Dobischat/ Husemann 1997; Braczyk/ Cooke/ Heidenreich 1998) Bezug nimmt.

Im Mittelpunkt der Untersuchung stehen dabei Hypothesen, die aus der Diskussion verschiedener Theorieansätze über regionale Innovationssysteme als bedeutsam eingeschätzt werden. Die Hypothesen erlauben den Bezug auf akteurszentrierte Sichtweisen im Hinblick auf die Transformation „weicher" Faktoren, wie z. B. Kompetenzbildung oder dem Aufbau bereichsübergreifender Kommunikationsbeziehungen, in „harte" Effekte zur regionalen Strukturentwicklung, wie z. B. der Gründung neuer Unternehmen oder Innovationszentren. Das geschieht mit Hilfe eines neuen Bewertungsansatzes, der es zulässt, individuelle bzw. konsensuale Bewertungen von Innovationswirkungen durch die Projektakteure zu bündeln. Dazu wird ein Visualisierungsinstrument, bestehend aus zentralen Entwicklungsdimensionen des Landesprogramms, eingeführt (Rauner u. a.

1995; Deitmer u. a. 1997). Mit Hilfe dieses, im Folgenden auch als Innovationsspinne bezeichneten Instrumentes kann untersucht werden, ob die vielfältigen „weichen" Faktoren des Bremer Landesprogramms auf die angestrebte Strukturentwicklung hinwirken konnten.

In Kapitel 2 werden verschiedene Beiträge der regionalen Innovationsforschung aufgegriffen, mit der Absicht, den regionalen Entwicklungsansatz des Bremer Landesprogramms tiefergehend zu verdeutlichen. In Kapitel 3 werden regionale Entwicklungsansätze im Kontext regionaler Innovationspolitik behandelt, um insbesondere die Voraussetzungen und Randbedingungen für regionale Entwicklungsprogramme mit einem erweiterten Innovationsansatz deutlich werden zu lassen. Diese beiden Kapitel bilden die Basis für die Entfaltung des methodischen Vorgehens in der Untersuchung (Kapitel 4). Anschließend werden die für die Arbeit entwickelten Methoden und Instrumente der Evaluation im Einzelnen begründet und dargelegt (Kapitel 5). Im Untersuchungsteil der Arbeit (Kapitel 6) wird die Wirksamkeit regionaler Innovationsprozesse mit Hilfe von 14 Fallstudien verschiedener Verbundprojekte aus der Pilotphase des Landesprogramms untersucht (siehe Anhang 3 und 4). Im Rahmen dieser Wirkungsanalyse werden erfolgreiche mit weniger erfolgreichen Projekten („good"- versus „bad practice"-Projekten) verglichen. Mit Hilfe des Hypothesenmodells werden die Bedingungen und Umstände für geglückte bzw. misslungene Innovationsprozesse beleuchtet und entsprechende Erfolgskriterien bestimmt. In Kapitel 7 werden zentrale Transferprobleme untersucht, um die Hypothesen in ihren Teilaspekten abschließend zu bewerten. Im letzten Kapitel der Arbeit (Kapitel 8) werden Schlussfolgerungen zum Management und zur Steuerung regionaler Verbundprojekte und Programme im Entwicklungsfeld von Arbeit, Technik und Qualifikation gezogen. Im Anhang 1 und 2 werden Leitlinien zur Auswahl und Begleitung von Verbundvorhaben beschrieben.

2 Innovation und Raumentwicklung

Auf die Beiträge der regionalen Innovationsforschung[4] wird in diesem Kapitel unter den drei Gesichtspunkten
- Innovationsverständnis,
- Innovation und Raumentwicklung,
- Innovationsnetzwerke und regionale Innovationsmilieus

zurückgegriffen, mit dem Ziel, die Bezüge zum Innovations- und Regionalansatz des Bremer Landesprogramms „Arbeit und Technik" weiter zu vertiefen. Trotz der Notwendigkeit für eine Theorie der Innovation in kleinen und mittleren Wirtschaftsunternehmen gibt es in der Wirtschafts- und Sozialwissenschaft noch kein eindeutiges begriffliches Instrumentarium (Meyer-Krahmer u. a. 1984; Ewers/ Brenck 1992; Pfirrmann 1991). Auf Grund der Fülle an Befunden zur Innovationsforschung und des fehlenden systematischen Rahmens können nur einige ausgewählte Beiträge und Befunde berücksichtigt werden. Es werden daher lediglich solche Beiträge der Innovationsforschung herausgegriffen, die den Zusammenhang zwischen Innovation, Innovationsprozessen und regionaler Entwicklung thematisieren. In den Beiträgen werden auch die Berührungspunkte mit dem Bremer Landesprogramm deutlich. Ziel ist es, eine annäherungsweise Bestimmung des Stellenwertes des Bremer Landesprogramms im Kontext dieser Ansätze vorzunehmen. In den Zusammenfassungen zu den jeweiligen Abschnitten (Abschnitt 2.1.7 und Abschnitt 2.3.3) wird daher die Bezugnahme auf das Bremer Landesprogramm herausgearbeitet. In diesem Zusammenhang werden auch wichtige Aspekte für die Wirkungsanalyse bestimmt.

---

4 Dabei steht dem Autor eine Fülle nationaler und internationaler Literatur zur Verfügung. Neben wirtschaftswissenschaftlichen und regional ökonomischen Ansätzen (Ewers/ Brenck 1992; Pfirrmann 1991) sind dies auch geographische Ansätze (Schätzl 1993, 1994a, 1994b; Cooke/ Morgan 1990, 1992, 1993, 1994). Zu nennen sind auch industriesoziologische, sozialwissenschaftliche Befunde und sozioökonomische Untersuchungen (z. B. Manske/ Mickler/ Wolf 1994; Manske/ Moon 1996; Manske 1994), die insbesondere das Kooperationsverhalten der Wirtschaft mit Forschungseinrichtungen, insbesondere im FuE-Prozess untersuchen (z. B. Endres/ Wehner 1996). Last but not least sind dies auch innovationstheoretische Arbeiten, die insbesondere neue Formen und Charakteristika arbeitsteiliger Forschung und Innovation im regionalen Kontext untersuchen (z. B. Freeman 1991, 1992, 1994; Camagni 1991; Lundvall/ Borrás 1997).

2.1 Zum Innovationsverständnis: terminologische Klärungen

In diesem Abschnitt wird der Begriff der Innovation unter verschiedenen Gesichtspunkten entfaltet. Dazu wird zunächst auf verschiedene Vorstellungen und Begriffe von Innovation eingegangen; anschließend wird das spezifische Innovationsverständnis des Bremer Landesprogramms „Arbeit und Technik" mit Bezug auf die Theorieansätze herausgestellt.

2.1.1 Zum erweiterten Innovationsbegriff

Der Innovationsbegriff ist vielschichtig und komplex, denn er bezeichnet nicht nur ökonomische, sondern auch soziale und naturwissenschaftlich-technische Neuerungsprozesse. Umfassendere Begriffsdefinitionen mit einem sozial- und wirtschaftswissenschaftlichen Bedeutungsgehalt können die gesellschaftliche Realität konsistenter erfassen als monokausale und in ökonomistischer Perspektive verengte Erklärungsansätze. Danach sind Innovationen nicht nur das Ergebnis ökonomisch verwertbarer technischer Erfindungen, sondern sie umfassen Sachverhalte, die auch auf soziale und organisationale Veränderungsprozesse bzw. Produktionsfunktionsveränderungen (Schumpeter 1961) hinweisen. Man könnte deshalb unter Innovationen in einem ganz weiten und neutralen Sinne auch schlicht Veränderungen verstehen – etwa die Realisierung „anderer" Arbeitsorganisationskonzepte (als Beispiel etwa Gruppenarbeit).

Traditionell wird Innovation immer noch mit einem nachweisbaren technologischen Fortschritt gleichgesetzt, und die schwerer zu erfassenden bzw. vorzeigbaren sozialen, organisationalen bzw. qualifikatorischen Wirkungsdimensionen auf den Innovationsprozess werden eher vernachlässigt. Dies führt zu einem linearen, transferorientierten Innovationsverständnis. Der erweiterte Innovationsbegriff versteht sich als zugehörig zu einem sozialen Prozess, in dem auch nicht-technische Innovationen gleichberechtigt mit technischen Innovationen wirken. In neueren Ansätzen der Innovationsforschung[5] erhalten auch Kontextgegebenheiten somit ihren Stellenwert, so dass zusammengenommen Innovation als ein komplexer und in hohem Maße interaktiver Prozess anzusehen ist (Morgan/ Nauwelaers 1998; Manske u. a. 2001). Innovationen entstehen demgemäß „durch Interaktionen von (individuellen und kollektiven) Akteuren, also in einem kooperativen, sozialen Prozess. Die Handlungen der Akteure werden von Interessen, Ressour-

---

[5] Die Innovationsforschung hat sich in den letzten Jahrzehnten erheblich entwickelt und bietet mittlerweile eine Fülle von wissenschaftlichen Beiträgen. Dazu haben verschiedene Disziplinen, vor allem aber die Ökonomie und die Soziologie, beigetragen. Ausgangspunkt moderner Innovationstheorie bzw. der Theorie des technischen und organisatorischen Wandels waren Defizite ökonomischer und soziologischer Theorien, die „technischen Fortschritt" entweder als exogen gegeben, quasi als Black Box, betrachteten oder aber als strukturell determiniert ansahen, strikt bestimmten innertechnischen oder ökonomischen Logiken folgend (vgl. Manske u. a. 2001; siehe auch Manske/ Moon 1996).

cen, Macht und Strategien angetrieben. Die handelnden Akteure sind in Strukturen eingebunden, die ihr Handeln gleichzeitig ermöglichen, ihren Handlungsmöglichkeiten gleichzeitig jedoch auch einen Rahmen setzen. Dies bedeutet, dass gehaltvolle theoretische Ansätze zur Analyse von Innovationsprozessen Struktur- und Akteurskonzepte miteinander verbinden müssen" (Manske u. a. 2001, 285).

Innovationen können vom Ergebnis oder vom Prozess her betrachtet werden. Die summativ rückblickende Betrachtungsweise (ex post) unternimmt den Versuch, Antworten auf Fragen nach den technischen, sozialen oder marktbezogenen Effekten einer Innovationsentwicklung zu geben. In einem erweiterten Innovationsverständnis ist daher davon auszugehen, dass die Effekte komplexer Natur sind und auf mehreren Ebenen wirksam werden können: z. B. Arbeitsplatzzunahme versus Arbeitplatzabbau; Höherqualifizierung versus De-Qualifizierung; Aufstieg von Regionen zu Kernregionen bzw. hochentwickelten Regionen versus Abnahme der Bedeutung einer Region in der globalen Raumhierarchie. Messbar wird der Erfolg einer technischen Innovation etwa daran, dass neue, veränderte Produkte sich „erfolgreich" absetzen lassen oder dass neue Produktionsverfahren oder Managementkonzepte zu Produktivitätssteigerungen führen. Eine aussagekräftige Rückbetrachtung kann letztlich erst nach der Diffusionsphase einer Innovation erfolgen. Lipsmeier kommt zu einer ähnlichen Einschätzung hinsichtlich der Wirkungsanalyse von Innovationen im Bildungswesen, hier von Modellversuchen im Bereich der Berufsbildung. „Den Erfolg oder Mißerfolg einer Maßnahme kann man eigentlich erst nach Abschluß der Maßnahmen, nach mindestens zwei- bis dreimaligen Durchlauf eines Programms und oft erst nach Jahren feststellen, also meistens erst nach dem Implementationsprozeß und nur partiell während des Implementationsprozesses" (Lipsmeier 1997, 24).

2.1.2 Innovationsphasen

Eine der weiteren möglichen Differenzierungen für den Prozess der Innovation ist seine Einteilung in verschiedene Phasen. Der Innovationsprozess wird demnach eingeteilt in die Phase der Invention[6] bzw. der eigentlichen Erfindung in ihrem Kern und der nachfolgenden Innovationsphase. Letztere umfasst die Planung, Produktion und Durchdringung der Innovation am Markt (Diffusionsphase). In der Diffusionsphase können darüber hinaus Verbesserungsinnovationen vorgenommen werden. Diese umschreiben einen wichtigen Umstand, denn Verbesserungen können schließlich dem Produkt zum Durchbruch am Markt verhelfen. Sie werden gelegentlich auch als inkrementale Innovationen bezeichnet. Dabei ist der inkrementale Innovationstypus für den deutschen Pro-

---

6 Wobei Mensch/ Uhlmann (zitiert nach Pfirrmann 1991) auch in diesem Zusammenhang von Basisinnovation oder auch von der radical innovation sprechen. Ich möchte im Folgenden diese Begriffe wg. ihrer geringeren Trennschärfe nur in Ausnahmefällen benutzen, nämlich dann, wenn sie von den zitierten Autoren verwendet werden.

duktionsstandort durchaus typisch. Innovationen liefern demgemäß weniger etwas per se Neues, vielmehr stellen sie eine kreative Neukombination von bereits Bestehendem dar; insofern wirken gerade Vernetzungsprozesse bislang getrennter Wissenskulturen als wegbereitend für Innovationsprozesse. Ebenso wie Innovationen definieren, was alt ist, ist das Vorangegangene Wegbereiter für Innovationen (vgl. Hellmer u. a. 1999).

Mit einer phasenmäßigen Differenzierung des Innovationsprozesses ließe sich eine zeitliche Zuordnung des Reifezustandes einer Innovation vornehmen, allerdings mit der Gefahr, dass die Innovation als allzu mechanistisch angesehen wird, nämlich als eine geordnete sequentielle Abfolge von isolierten Teilprozessen. Die Phasenzuordnung ist eine erste analytische Annäherung an einen höchst komplexen Sachverhalt. Eine genaue Abgrenzung ist schwierig, denn in allen Phasen wird in unterschiedlichem Maße innoviert. Es kann sogar dazu kommen, dass das alte Paradigma wieder auf den Kopf gestellt wird. Weiterhin wird eine lineare, transferorientierte Sicht auf Innovation suggeriert. Verschiedene neuere Innovationsansätze (z. B. Morgan 1997; Corbett/ Rasmussen/ Rauner 1991) gehen daher stärker von rekursiven und rückkoppelnden Effekten aus. Sie kritisieren das lineare, elitistische (im Sinne eines „heroischen Erfinders") Verständnis von Innovation, welches noch heute in den Köpfen wichtiger Entscheidungsträger vorhanden zu sein scheint.

„There are a number of fatal weaknesses in this model [the linear innovation model, L. D.], not least the absence of any feedback loops and the unwarranted disdain for certain kinds of knowledge. The absence of feedback loops meant that ‚upstream' activities like R&D, for example, would have little or no opportunity for learning about their effects on user communities (i. e. customers) a recipe for desaster" (Morgan 1997, 493).

Die Innovation wird hier als Lernprozess verstanden, der als eine aufsteigende Spirale mit wachsenden Resultaten anzusehen ist. Der Innovationsprozess setzt sich dabei aus Kettenreaktionen zusammen, bestehend aus interaktivem Lernen, Akkumulation von neuem Wissen bzw. neuen Erkenntnissen sowie der Erzeugung von Kapital und Human Resources. Die enge Kongruenz zwischen Innovations- und Lernprozess hat in den letzten Jahren eine erhebliche Aufwertung erfahren (z. B. bei Ruth 1995; Corbett/ Rasmussen/ Rauner 1991; Morgan 1997). Denn bei einer Innovation als Lernprozess müssen alle Stationen in der Entwicklungsgeschichte einer Innovation ernst genommen werden. Kooperatives Lernen zwischen den verschiedenen Innovationsträgern, z. B. forschenden Institutionen und Wirtschaftsunternehmen, wird dabei einer der wesentlichen „Schlüssel" zur Nutzbarmachung von vorhandenem und zur Generierung von neuem Wissen. Ganz so, wie Morgan es zum Ausdruck bringt: „The weakness, which is still prevalent in the western countries today, stems from an elitist conception of knowledge in which scientific knowledge is extolled, while lower forms of knowledge are undervalued" (Morgan 1997, 493).

Neben wissenschaftlichen Wissensbeständen greifen in einem interaktiven Innovationsprozess auch produktionsbezogene Wissensformen ein. Das bedeutet, dass das Planungs- und Konstruktionswissen gleichrangig mit dem Produktionswissen anzusehen ist. Lernprozesse zwischen Planung/ Konstruktion und Produktion sind in diesem Zusammenhang als ein Hebel zur Nutzbarmachung von vorhandenem und zur Generierung von neuem Wissen zu bewerten. Morgan betont den interaktiven lernbezogenen, alle Akteure umfassenden Innovationsprozess, der vielleicht am besten als ein dialogisch-partizipativer Prozess verstanden werden kann. Mit Bezug auf Lundvall und OECD-Erklärungen zu diesem Thema (Lundvall 1992; OECD 1993, 1997) stellt Morgan daher fest:

„There is now growing support for the view that innovation is an interactive process between firms and the basic science infrastructure, between the different functions within the firms, between users and producers on interfirm level and between the firm and the wider institutional milieu and that this process should be conceived as a process of interactive learning in which a wide array of institutional mechanisms can play a role" (Morgan 1997, 493).

Innovationsprozesse können somit nicht nur als arbeitsteilig, sondern auch als rekursiv beschrieben werden, „indem sich die Entwicklung einer neuen Technik nicht über verschiedene Phasen von der Ideenproduktion bis zur Implementation geradlinig durchsetzt, sondern [...] von zahlreichen Rückkoppelungsschleifen, Iterationen und Überschneidungen in allen Phasen der Innovation charakterisiert ist" (Manske u. a. 2001, 286). Dieser Zusammenhang betont die Bedeutung vertrauensbasierter Aushandlungsprozesse und die von Kooperationsbeziehungen zwischen Produzenten und Nutzern eines technischen Artefaktes.

Im Sinne der oben eröffneten Notwendigkeit eines erweiterten bzw. interaktiven Verständnisses von Innovation, welches sich in unterschiedlichen Zeitphasen vollzieht, möchte ich im Folgenden Schumpeters Beitrag zur heutigen Innovationsdebatte herausstellen. Die Arbeiten Schumpeters sind m. E. insofern wichtig, weil er als einer der ersten Ökonomen des letzten Jahrhunderts systematisch den Zusammenhang von Innovation und ökonomischem Wandel herausgearbeitet hat. Das Bedeutsame daran ist, dass er zwar in das Zentrum seiner Betrachtungen den technischen Wandel rückt, darüber hinaus aber auch den sozialen und institutionellen Wandel berücksichtigt.

2.1.3 Schumpeters Beitrag zur heutigen Innovationsdebatte

Nach Schumpeter sind Innovationen eine wesentliche Quelle ökonomischer Wachstumsprozesse. Innovationen sind der Schlüssel zur Gewährleistung von Wettbewerbsfähigkeit, und sie liefern Wachstumsimpulse zur Gestaltung der Zukunft in Wirtschaft, Wissenschaft und Gesellschaft. Wachstumsprozesse werden von Schumpeter als Produktion auf jeweils neuem Niveau verstanden. Er definiert daher Innovationen im Wesentlichen als die Aufstellung einer neuen Produktionsfunktion. Diese einfache wie offene Definition lässt es auch zu, Innovationen in einem umfassenderen Sinne zu verstehen. Nach Schumpeter sind damit nicht primär technologische Innovationen gemeint, sondern auch

Veränderungen der Organisationsformen (z. B. die Realisierung von Teamkonzepten im Produktionsprozess). Schumpeter erweitert bei seiner Analyse der kapitalistischen Entwicklungsdynamik den Innovationsbegriff, indem er technologische, organisatorische und institutionelle Elemente mit einbezieht. Innovationen gehen somit immer mit einem ökonomischen und sozialen Wandel einher (Schumpeter 1961).

Schumpeter (1964) untersuchte in der Frühphase seines Werkes unter anderem das Verhältnis von dynamischer Unternehmerpersönlichkeit (sog. heroischen Unternehmern) und Basisinnovationen. Ist eine solche Person mit bestimmten Eigenschaften ausgestattet und verfügt über Basisinnovation in ihrem unternehmerischen Zugriff, so kann dies die Ursache für Schwankungen in den Wirtschaftsleistungen der Unternehmen sein. In seinen späteren Werken untersuchte Schumpeter besonders den Stellenwert und die Bedeutung unternehmensinterner Forschungs- und Entwicklungslabors. Wichtig erscheint an dieser Stelle die Hervorhebung des Innovationsagenten, sei es an der Unternehmensspitze oder in den später institutionell erweiterten innerbetrieblichen Laboratorien, die die Impulse für inner- und außerbetrieblichen Wandel auslösen. Innovationen gehen demnach von Unternehmen und den darin inkorporierten Agenten aus.

Schumpeter verdeutlicht auch, dass Innovationen als evolutionärer Prozess nicht als ein von Diskontinuitäten und damit von Blockaden befreiter Prozess anzusehen sind. Seiner Auffassung nach sollten Innovationen als Prozesse verstanden werden, die mit erheblichen Unwägbarkeiten und Risiken verbunden sind. Demzufolge werden von ihm Innovationsprozesse als eher stoßweise und diskontinuierlich und weniger als zeitmäßig gleichverteilt angesehen. Bestimmte Wirtschaftssektoren und Räume treten dabei als besonders innovativ hervor. Damit widersetzt sich der Prozess von der Invention zur Innovation einer schematischen Planung. Innovation bedarf offensichtlich eines konstruktiven Regulativs, damit sie schließlich in neue Lösungen mündet. Ein solches Regulativ können mit der innovativen Idee in Konkurrenz stehende alternative Innovationsansätze sein. Nimmt man Schumpeter an dieser Stelle ernst, so kommt den Umfeldbedingungen von Unternehmen besondere Bedeutung zu, will man verstehen, warum einige Innovationen erfolgreich sind und einige nicht.

Heutzutage verschmelzen Produkt- und Prozessinnovationen immer mehr zu einer Einheit. Als besonders innovativ und damit auch wettbewerbsfähig gilt derjenige, der neue bzw. verbesserte Produkte schneller und kostengünstiger als die Konkurrenz auf den Markt zu bringen vermag. Damit schließt der Begriff der dauerhaften Innovationsfähigkeit unter Konkurrenzbedingungen besonders günstige, vor allem auch kollektive Lern- und Interaktionsprozesse zwischen den Akteuren ein. Innovationen sind daher zunehmend das Resultat der Zusammenarbeit zwischen verschiedenen Institutionen, z. B. zwischen Zulieferern und Endabnehmern, zwischen wissenschaftlichen Instituten und Betrieben oder zwischen Kunden und Produzenten. Eines der entscheidenden Probleme ist das der Kooperation zwischen den Institutionen bzw. Akteuren trotz konkurrenzhafter Verhältnisse. Aufgrund der Ausdifferenzierung der Institutionen bzw. ihrer Arbeitsteilung tauchen bei der kooperativen Innovation neue Schwierigkeiten auf. Besonders dann, wenn folgende Barrieren vorliegen: z. B. Hierarchisierung, soziale bzw. sprachliche Barrieren, Informations- und Wissensdefizite, Mangel an Reflexivität und als Folgen davon schwerfällige und ineffektive Organisationen, lange Entwicklungszeiten und damit verbundene hohe Kosten (Lundvall 1994; Morgan 1997; Manske u. a. 2001).

„Die Fähigkeit zu einer dauerhaft effektiven Produkt- und Prozessinnovation ist nur dann zu erreichen und zu sichern, wenn die zwischen einzelnen Institutionen und einzelnen Funktionsträgern entstandenen Barrieren beseitigt werden. Die Kooperation und die Kommunikation zwischen und in Organisationen muß verbessert werden. Über die entstandenen – und teilweise in Frage zu stellenden – Hierarchiestufen hinweg muß die Partizipation der verschiedensten Akteure bzw. Akteursgruppen an den Innovationsprozessen ermöglicht werden. Das ist – sehr verkürzt – die Hauptbotschaft der neueren Innovationsforschung" (Manske u. a. 2001, 284).

Schumpeter spricht bei den Erfindungen oder Basisinnovationen vom Rohmaterial, während die Innovation immer auch ökonomische Motive beinhalte. Erfinderische Akteure haben demnach eher erkenntnisorientierte Motive, während Innovatoren vor allem von ökonomischen Motiven auf Seiten der Innovationsagenten angeleitet werden. Für Schumpeter ist daher ebenso die bereits erwähnte Unterscheidung zwischen Erfindung oder auch Invention auf der einen Seite und Innovation auf der anderen Seite von großer Bedeutung. Inventionen liefern die Basis für Innovationen und haben demnach Bedeutung für die globalen Räume, den Weltmarkt. Die von ihnen ausgehenden Veränderungen können epochal und bahnbrechend sein. Sie können eine tiefgreifende Veränderung auf die Wirtschaft und ihre Sektoren ausüben und beeinflussen weitere gesellschaftliche Bereiche wie z. B. den Arbeitsmarkt oder auch das Bildungssystem. Alle Bereiche der Gesellschaft werden durchdrungen. Beispiele für Basisinnovationen sind: die Erfindung der Dampfmaschine, die Gewinnung von elektrischer Energie, die Telegraphie, die Mikroelektronik und die Bio- bzw. Gentechnologie. Solche Basisinnovationen treten in zyklischen Abständen auf und können lange Wachstumsschübe auslösen. Neue Märkte und Industrien können entstehen und sind auch in Folge dieser Entwicklung entstanden, alte können dadurch verschwinden. Bereits bestehende Märkte können tiefgreifend verändert werden (z. B. durch die Mikroelektronik oder Gentechnologie) (Schumpeter 1964).

Erfindungen stellen zunächst nur potentielle Innovationen bzw. Annahmen über mögliche Realisierungen dar. Häufig befinden sich die Ideen noch im Prototypenstadium, unklar ist, ob sie jemals einem größeren Kreis von Nutzern bzw. Konsumenten zugänglich gemacht werden können. Erst die Überführung einer Erfindung in eine ökonomisch relevante Markt-Praxis macht aus ihr eine Innovation. So ist es durchaus möglich, dass in der Diffusions- bzw. Adaptionsphase erheblich inoviert wird, insbesondere dann, wenn die Neuerung im einzelnen Unternehmen noch einmal neu angepasst wird. Pfirrmann kennzeichnet dies so: „Zum anderen sind mit der Adaption einer Neuerung, z. B. einer CNC-Maschine, Anpassungsprozesse verbunden, die über eine reine Organisations- oder Produktionsänderung hinausgehen können und unter Umständen individuelle (Weiter-)Entwicklungsarbeiten implizieren (Adaption)" (Pfirrmann 1991, 69).

Die Unternehmen tun dies, um die Innovation an die besonderen Gegebenheiten vor Ort anzupassen, und vollziehen dabei nicht selten mehr oder weniger große Innovationsleistungen. Die Diffusionsphase oder auch Adaptionsphase ist somit ein ganz eigener Schritt im Innovationsprozess und nicht mit Imitationsprozessen zu verwechseln. Mit der Adaption einer Neuerung findet also selber eine Innovation statt, indem die Neuerungen beim Übergang von einem Ort zu einem anderen, von einer Hand in eine andere, mehr oder weniger große Abwandlungen erfahren. Damit wird deutlich, dass das jeweilige Innovationsergebnis auf Grund seiner Einzigartigkeit sich nicht einfach 1:1 an einem anderen Ort bzw. in eine andere Institution übertragen lässt, sondern entsprechend den andersartigen Bedingungen in Unternehmen A oder B zu adaptieren ist. Der Begriff Adaption umfasst also die lokale und situationale Dimension von Innovationen und verdeutlicht, dass Diffusionsaktivitäten als ganz eigene Innovationsanstrengungen anzusehen sind. Nach Auffassung Schumpeters stellen Inventionen noch keine hinreichende Bedingung für die Entstehung von Innovationen dar – im Gegenteil, Innovationen sind auch ohne vorausgehende Erfindungen denkbar (Schumpeter 1961).

Mit „late adoptors" (Nieuwenhuis 2000) sind diejenigen Unternehmen gemeint, die versuchen, auch zu einem späteren Zeitpunkt noch Nutznießer eines gewissen Innovationsprozesses zu werden. Währenddessen passiert eine Fülle innovativer Schritte, an deren Bearbeitung vor allem kleine und mittlere Unternehmen beteiligt sind. Die Entwicklung und Einführung neuer Technologien kann somit auch in späten Phasen noch aus einer Fülle kleinschrittiger Veränderungs- und Anpassungsinnovationen bestehen und auch den Impuls für eine Invention abgeben (Schumpeter 1961).

Als Ergebnis dieser Diskussion kann nunmehr festgehalten werden, dass zwischen Erfindungen oder Inventionen und darauffolgenden Innovationen deutlich zu unterscheiden ist. Bei Innovationen kann nochmals zwischen adaptiven und inkrementalen Innovationen unterschieden werden (Camagni 1991). Diese Unterscheidung erscheint nützlich, weil der Innovationsfall noch deutlicher in seinem Stellenwert für die einzelne Region beleuchtet werden kann. Während Inventionen eher grundlagenorientierter Natur sind, tiefgreifende Forschungs- und Entwicklungsaufgaben bearbeiten und häufig in Forschungs- und Entwicklungszentren – also nicht auf einer arbeitsteiligen Praxis basierend – in den Laboren der Industrie, der Wissenschaft oder auch zwischen beiden entstehen, ist die adaptive und inkrementale Innovation dadurch gekennzeichnet, dass sie auf die eigentliche Invention aufsetzt und an unterschiedlichen Praxisorten, wie z. B. in der Produktion, stattfindet. Die Markteinführung ist das bestimmende Motiv, d. h., die Innovation soll immer auch in verschiedenen gesellschaftlichen Bereichen, z. B. der Wirtschaft, unmittelbare Anwendung finden. Sie basiert in der Regel bereits auf Erfindungen, wird aber im Kontext neuer Informationen (z. B. der Berücksichtigung von Kundenwünschen und Nutzergebräuchen) weiterentwickelt und an neue Gegebenheiten angepasst. Adaptive Innovation bezieht sich m. E. also stärker auf regionale oder lokale Anpassungsprozesse, während inkrementale Innovationen als Optimierungen bestehender Innovationen angesehen werden können. Mensch bezeichnet diesen Innovationstyp auch als Verbesserungsinnovation (Mensch, zitiert nach Pfirrmann 1991). Der inkrementale und adaptive Innovationstypus ist für den deutschen Produktionsstandort bedeutsam.

„Germans patterns of innovation – incremental innovation in high quality products – requires longterm capital, highly co-operative unions and powerful employer associations, effective vocational training systems and close long-term co-operation between companies and with research institutes and university departments" (Soskice, zitiert nach Hellmer u. a. 1999, 17).

Nach der Diskussion der verschiedenen begrifflichen Entfaltungsmöglichkeiten eines komplexen Innovationsbegriffs ist es notwendig, zwischen objektiven und subjektiven Innovationen zu unterscheiden. Sie verdeutlichen einen Umstand, der auch bei der Untersuchung des Bremer Landesprogramms von Bedeutung ist, nämlich die unterschiedlichen Sichtweisen auf Innovation.

2.1.4 Objektive versus subjektive Innovationen

Im Innovationsprozess ist zwischen subjektiven bzw. objektiven Sichtweisen zu unterscheiden. Was lokal im Unternehmen A oder in Institution B subjektiv als eine tiefgreifende Neuerung begriffen wird, muss nicht schon eine Neuerung im globalen Sinne sein. Abhängig von der Betrachtung wird zu unterscheiden sein, was als eine objektive bzw. subjektive Neuerung anzusehen ist. Im globalen Bezugsrahmen wird eine objektive Interpretation des Begriffs Innovation verlangt, der beinhaltet, dass eine Neuerung noch nirgendwo zur Anwendung gelangt ist. Gielow stellt deshalb fest, dass in vielen Untersuchungen eher der subjektive Innovationsbegriff zugrunde zu legen ist (Gielow, zitiert nach Pfirrmann 1991).

Die subjektive Sichtweise auf Innovation ist die Folgende (vgl. Manske u. a. 2001): Für einige Unternehmen oder Regionen stellt die bloße Imitation bereits vorhandener Technik eine Innovation dar. Man denke an die südostasiatischen „Tigerstaaten" – etwa Korea oder Taiwan –, die zu wirtschaftlich erfolgreichen Ländern geworden sind, indem sie in erster Linie Produkte herstellten, die aus der Perspektive der früh industrialisierten Länder keine Neuerungen darstellen (etwa Automobile, Schiffe etc.). Das ist ausgesprochen wichtig: Gerade aus der Perspektive von Regionen kann es sehr erfolgversprechend (und vielleicht auch die einzige realistische Strategie) sein, bereits bekannte Techniken herzustellen. Es gilt, was Ewers und Brenck festhalten: „Was als Neuerung angesehen wird, entscheidet schließlich der verwendete Referenzpunkt (z. B. ‚subjektiv neu' für das betrachtete Unternehmen, ‚objektiv neu' für die gesamte Volkswirtschaft)" (Ewers/ Brenck 1992, 311; ähnlich äußern sich Koschatzky/ Zenker 1999).

Einen weiteren wichtigen Aspekt für die Untersuchung von regionalen Innovationsprozessen stellt die Frage dar: Wer gibt den Anstoß für das Projekt, und welche Konsequenzen hat dies für den Ausgang/ Fortgang des Innovationsprozesses? Beruht die Ursache für das Innovationsvorhaben auf neuen technologischen Angeboten, oder kommt der

Anstoß durch einen geäußerten Bedarf von Seiten eines Kunden aus dem Marktgeschehen zustande?

2.1.5 Der Innovationsanstoß: „demand pull" oder „technology push"?

In der Innovationsliteratur ist u. a. vom so genannten „technology push" die Rede. So existieren zum Beispiel neue Verfahren und Fügetechniken auf Seiten der Materialforschung, die regionale oder nationale Diffusion dieser Neuerung in die Unternehmen gelingt jedoch nur suboptimal. Die Firmen sind interessiert und unternehmen gemeinsame Anstrengungen mit den Forschungseinrichtungen, diese Erkenntnisse in die eigene Praxis zu übersetzen bzw. entsprechende Lösungen zu entwickeln. Der Impuls ist hier eindeutig wissenschafts- und grundlagenbasiert angelegt. „Die Initialeffekte für Innovation entstehen in dieser Sichtweise durch wissenschaftlichen Fortschritt, der wesentlich durch Grundlagenforschung geschaffen wird" (Nelson, zitiert nach Pfirrmann 1991, 57). Bedeutsam ist das, was an neuer technologischer Wissensbasis den Unternehmen zur Verfügung gestellt werden kann. Die Ursache und der Anstoß für ein Vorhaben sind als „technology push"- Innovation anzusehen.

Der so genannte „demand pull"-Impuls erfolgt unmittelbar aus der Alltagspraxis z. B. eines Unternehmens. Das Unternehmen erhält eine Anregung bzw. einen Impuls für Innovationen durch die Auseinandersetzung mit seinem Marktumfeld, z. B. durch neue Marktanforderungen, indem es durch Marktbeobachtung und -analyse zu der Schlussfolgerung gelangt, eine Neuerung in seinem Geschäftsangebot einzuleiten. Impulse können zum Beispiel Äußerungen von Kunden sein, so dass innovationsorientierte Unternehmen solche Impulse aufgreifen und in eine entsprechende Innovation transformieren. Impulsgebend sind hier Kundenwünsche, die schnell aufgenommen und vom Unternehmen als neues Geschäftsangebot erfolgreich am Markt plaziert werden. Die aus der Praxis kommenden Innovationen können somit auch als „demand pull"-Innovationen verstanden werden.

Die vorangegangene Diskussion verdeutlicht, dass Innovation als kumulativer, interaktiver und rückgekoppelter Wissens- und Lernprozess verstanden werden kann. Solche Neuerungen können sowohl technischen als auch sozialen Charakter haben. Unterschiedliche Innovationsgegenstände können im Innovationsprozess behandelt werden. Die für diese Arbeit bedeutsamen Innovationsgegenstände werden im folgenden Abschnitt behandelt.

2.1.6 Zum Zusammenwirken von technischen, organisationalen und qualifikatorischen Innovationen

Die Ökonomen haben zwar die praktische Anwendung von technischen Erfindungen in das Zentrum dessen gestellt, was sie als Innovation begreifen. In hochentwickelten Industriegesellschaften reicht diese einfache und plausible Definition aber nicht aus, da Innovation mit technologischer Innovation gleichgesetzt wird. Vielmehr ist Innovation zu unterscheiden in:

- technologische Innovation,
- personale oder qualifikatorische Innovation,
- organisatorische Innovation und
- institutionelle Innovation.

Diese weit gefächerte Charakterisierung von Innovationsgegenständen hat Gründe. Zum einen wird der Zusammenhang von Innovation und Produktion betont, so wie es Schumpeter gesehen hat: „Innovation als das Aufstellen einer neuen Produktionsfunktion". Die Innovation hat unmittelbare Folgen für das Produktionsparadigma bzw. die damit verbundenen Routinen und Konventionen und verändert die Art und Weise, wie produziert wird. Dies hat zur Folge, dass zwischen Produkt bzw. Prozessinnovationen zu unterscheiden ist und damit die Innovation letztlich in der Verschmelzung von Innovation und Produktion zum Betrachtungsgegenstand wird. Neben der technischen Erfindung, die in ein neues Produkt einmündet, steht also die Veränderung und Verbesserung des Produktionsprozesses bzw. -verfahrens selber im Mittelpunkt der Betrachtung. Die beiden Innovationsfelder Produkt- und Prozessinnovation sind aber eng miteinander verzahnt und verschmelzen heute in der ökonomischen Praxis immer mehr zu einer Einheit. Hinzuweisen ist hier auf viele technologische Beispiele, die nicht nur eine technologische Veränderung, sondern sowohl organisationale als auch personale und institutionelle Veränderungen mit sich bringen. Ruth verdeutlicht dies am Innovationsbeispiel der Entwicklung und Einführung von NC-Werkzeug-Maschinen, was nicht nur eine Produktinnovation darstellte, sondern auch unmittelbar den Produktionsprozess in der metallverarbeitenden Industrie beeinflusst hat. Mit Bezug auf David Noble verweist er auf die organisationalen Entwicklungsprozesse in den Werkstätten und Büros, die auch in hohem Maße personale Neuerungen der Unternehmen erforderlich machten (Ruth 1995).

Innovationen sind demnach keine unabhängigen Prozessbereiche, sondern zusammengehörig. Eine sich wandelnde Produktion ist daher permanente Innovation, sie ist das Resultat der Zusammenarbeit verschiedener Institutionen, Beschäftigter und Berufsgruppen. Mit der institutionellen Ausdifferenzierung entstehen für die Innovation neue Möglichkeiten, gleichwohl bedeutet sie Arbeitsteilung zwischen den Innovationsträgern. Diese stellen neue Anforderungen an die Organisation des Innovationsprozesses: Ist er schwerfällig und ineffektiv, besteht die Gefahr, die Komplexität von Innovationen zu unterschätzen und nicht wettbewerbsfähig zu werden (Ruth 1995; Deitmer/ Attwell 1999; Rauner 1999a; Manske u. a. 2001).

Im folgenden Abschnitt werden die Bezüge der bisherigen Erörterung zum Landesprogramm verdeutlicht, mit dem Ziel, eine bessere Verortung im Kontext der oben eingeführten Begriffe der regionalen Innovationsforschung zu leisten.

2.1.7 Zum erweiterten Innovationsverständnis im Bremer Landesprogramm „Arbeit und Technik"

Das Bremer Landesprogramm „Arbeit und Technik" folgt einem erweiterten Innovationsverständnis. Hierbei sollen technische Innovationen mit sozialen Innovationen verknüpft werden. Die gemeinsame Grundlage für die „Arbeit und Technik"-Initiativen bildet die Gestaltbarkeit von Arbeit, Technik und Qualifikation auf mehreren Entwicklungsebenen. Die Projekte orientierten sich an der Leitvorstellung arbeitsorientierter Innovationsprozesse. „Sie sollen die Beziehung zwischen Gestalten und Anwenden qualitativ entfalten, so daß Arbeitsvorgänge und die damit verbundenen Arbeitsfähigkeiten als planbare, entscheidbare und zu verbessernde Prozesse in den betrieblichen Alltag eingehen" (Rauner u. a 1995, 10).

Die Phase, die im Rahmen des Bremer Landesprogramms „Arbeit und Technik" bearbeitet wurde, ist die Diffusions- bzw. Verbesserungsphase. Innerhalb dieser Phase wird zwar neues Wissen erarbeitet, oder es werden neue Erkenntnisse gewonnen; im Bremer Landesprogramm geschah dies aber auf Basis bereits andernorts gemachter Erfindungen, z. B. informationstechnischer Erkenntnisbausteine der Mikroelektronik oder softwaretechnischer Betriebssysteme oder Erkenntnisbausteine der Arbeitswissenschaft und der Organisationslehre wie etwa zum Thema Gruppenarbeitsmodelle, aber auch erforschter Zusammenhänge zwischen Lern- und Arbeitsprozessen. Die Innovationsprozesse waren dabei arbeitsteilig zwischen verschiedenen Institutionen z. B. der Wissenschaft und Wirtschaft angelegt. Ein erster Prototyp einer neuen Softwarelösung könnte das Ergebnis sein oder das Verfahrenskonzept zur sicheren Einführung neuer, klebtechnischer Fügetechniken (siehe die Themenstellungen der vierzehn betrachteten Vorhaben im Anhang 3). In solch einer Phase wird zwar nicht grundsätzlich Neues geschaffen, aber sie ist immer noch durch viele offene Fragen zur Adaption der Neuerung beispielsweise in die betriebliche Organisation[7] gekennzeichnet. Der Diffusionsprozess der Projekte des Landesprogramms wird weiter unten (in Kapitel 6) bei der Untersuchung der Projekte bzw. der Fallstudien in weitere vier bzw. drei Teil-Phasen unterteilt. Dies sind die Initiierungs- und Implementationsphase zum Anfang der Innovationsmaßnahme, die Umsetzungsphase und die von mir so genannte Verstetigungsphase, in der die Basis für die weitere Fortführung der Innovationsmaßnahme gelegt (z. B. Gründung eines Unternehmens bzw. Vorbereitung auf die Markteinführung) oder diese beendet wird bzw. eine andere Wendung nimmt (Rauner u. a. 1995).

Das Bremer Landesprogramm folgt dem Schumpeterschen Innovationsverständnis insofern, als bei den Innovationen immer auch von einer veränderten Produktionsfunktion ausgegangen wird. Dazu werden verschiedene Akteure in den arbeitsteiligen Innovationsprozess einbezogen, mit der Absicht, die geplante Innovation im betrieblichen Alltag

---

7   Beispielsweise wurde in einem der Projekte des Bremer Landesprogramms die Fügetechnik Industrielles Kleben in regionalen KMU thematisiert. Da diese Fügetechnik einen hochtechnologischen Charakter hat, worüber naturwissenschaftliche Institute umfassend forschen, ist ihre Einführung in die Betriebe mit komplexen Veränderungen verbunden. Dies hat Veränderungen auf Seiten der Kompetenzen der Mitarbeiter, der Organisationsabläufe, aber auch der Konstruktion und des Designs zur Folge. Die erfolgreiche Diffusion des Innovationsthemas „Kleben" in die regionalen Betriebe stellte die Innovation in diesem Vorhaben dar (Rauner u. a. 1995, 133 ff.).

erfolgreich zu praktizieren. „Die Nutzung neuer technologischer Möglichkeiten wie die Ausgestaltung vorhandener Produktivität wird verbessert, indem Gestaltungsinteressen und -motive verschiedener Innovationsakteure aufeinander bezogen werden" (Rauner u. a. 1995, 11). Schumpeter gebührt das Verdienst, den technischen Wandel in das Zentrum seiner Betrachtungen gestellt zu haben, doch hat er ihn in einem integralen Zusammenhang mit sozialen und institutionellen Veränderungsprozessen gesehen. Ohne sie kann technische Innovation nicht tragfähig werden. Im Bremer Landesprogramm „Arbeit und Technik" werden technische Veränderungen ebenfalls nicht isoliert betrachtet, sondern im Kontext sozialer Innovationsprozesse umgesetzt.

Schumpeters Arbeiten verdeutlichen auch die Bedeutung der Innovationsagenten, die die Innovation als Akteure tragen. „Heroische" Unternehmer, die in den Frühwerken Schumpeters einen zentralen Stellenwert einnehmen, spielen im Rahmen meiner Arbeit keine zentrale Rolle; vielmehr ist der Fokus auf arbeitsteilig und firmenübergreifend angelegte Akteursnetzwerke, bestehend aus regionalen Betrieben, Aus- und Weiterbildungsinstitutionen und Forschungsinstitutionen, gerichtet. Gleichwohl sind Personen bzw. einzelne Akteure wichtig. Denn Innovationsprozesse sind zunehmend Lern- und Kooperationsprozesse zwischen verschiedenen Wissensträgern. Innovationsprozesse finden in formellen und informellen Netzwerken statt, die von Organisationen bzw. Akteuren gebildet werden. Dieser Zusammenhang bestätigt sich auch in der Anlage des Landesprogramms (Rauner u. a. 1995).

Ferner möchte ich festhalten, dass die Innovationen im Bremer Landesprogramm sich von Inventionen abgrenzen lassen. Im Bremer Landesprogramm wird die Innovation als das Aufstellen einer neuen Produktionsfunktion gedacht, indem auch organisationale und qualifikatorische Innovationen mit zum Tragen kommen sollen. Das Programm unternimmt keine grundlegenden Neuerungen im Sinne der Grundlagenforschung, sondern versucht, andernorts vorgedachte technologische Rahmungen in einen anwendungsorientierten Kontext zu überführen. Der Gestaltungsansatz des Programms besagt, dass die Gestaltung der eingesetzten Technik eng verbunden ist mit der Organisation der Arbeit und den Kompetenzen der Beschäftigten (Senator für Arbeit und Frauen 1993b).

Das Bremer Landesprogramm geht deshalb eher von einem subjektiven Neuerungsverständnis aus. Das Programm fragt nicht danach, ob die Innovation eine „Weltneuerung" darstellt, sondern folgt einem akteursbezogenem Innovationsverständnis. Demnach können Neuerungen einen ökonomischen, technischen und sozialen Charakter haben. Diese Neuerungen können auch gefördert werden, wenn sie lediglich für eine Gruppe von Personen oder von Unternehmen oder sonstigen Einrichtungen ein Novum darstellen. Mit Blick auf die regionale Betrachtungsebene wird im Bremer Landesprogramm unter neu verstanden, was neu für die Region und die darin lebende Bevölkerung ist (allerdings mit der Einschränkung auf die arbeitende Bevölkerung), und zu regionalen Wohlfahrtsgewinnen beiträgt.

In Bezug auf die getroffene Unterscheidung zwischen „demand pull" oder „technology push" kann keine eindeutige Positionierung des Bremer Landesprogramms vorgenommen werden. Da beide Innovationsmuster im Bremer Landesprogramm zur Anwendung gelangten (wie auch die Projektintensivfallstudien zeigen, Rauner u. a. 1995, 99 ff.), ist zu untersuchen, welches die erfolgreichere Konstellation darstellte, wer den Impuls für eine Innovationsmaßnahme gegeben hat und was das für das Innovationsergebnis und den -verlauf an Konsequenzen bzw. Schlussfolgerungen zulässt.

Der Querschnittscharakter des Bremer Landesprogramms führt dazu, dass technologische, personale, organisatorische bzw. institutionelle Neuerungen im Zusammenhang angegangen werden. In den Projekten des Landesprogramms werden daher Technikgestaltung, Arbeitorganisation und Berufliche Qualifizierung eng aufeinander bezogen (Senator für Arbeit und Frauen 1993b) und durch technikgestaltende, qualifikations- und organisationsentwickelnde Maßnahmen im Zusammenhang organisiert. Damit findet die von Schumpeter herausgestellte Bedeutung der Produktionsfunktion ihre Entsprechung in der Anlage des Bremer Landesprogramms. In den Fördermodalitäten des Programms wird das Ineinandergreifen verschiedener Innovationsgegenstände integriert gedacht, allerdings in einer bestimmten Reihenfolge.

„Die Frage der Organisation der Arbeit ist daher in den Verbundvorhaben des Programms in einem ersten Schritt zu klären. Spielräume bei der Arbeitsgestaltung sollen genutzt werden, um ganzheitliche Arbeitszuschnitte zu schaffen. Im zweiten Schritt werden die technischen Arbeitsmittel ausgelegt. Eine kontinuierliche betriebsbezogene Weiterbildung läßt die Mitarbeiter zunehmend sicherer werden im Umgang mit den Techniksystemen" (Senator für Arbeit und Frauen 1993b, 6).

Im folgenden Abschnitt wird der Aspekt der Region mit dem im Abschnitt 2.1 dargelegten Innovationsverständnis in einen Zusammenhang gestellt. Dies geschieht deshalb, weil ich im Rahmen meiner Untersuchung insbesondere regionale Innovationsprozesse untersuche. Ich möchte mich vor allem mit den Effekten der Diffusion von Verbundvorhaben zwischen Kooperanden aus Wissenschaft, Bildung und Wirtschaftsbetrieben befassen. Im folgenden Abschnitt wird deshalb auch auf regionale Verbundkooperationen bzw. Innovationsnetzwerke (Camagni 1991) eingegangen.

2.2 Innovationsnetzwerke und Raumentwicklung: zur räumlichen Dimension von Innovationen

Die in diesem Abschnitt vorgestellten Erklärungsansätze basieren auf regionalökonomischen Wachstums- und Entwicklungstheorien, die grundlegende Makro-Betrachtungen von Raum und Innovation vornehmen und die versuchen, regionale Entwicklungen, ausgelöst durch Innovationen, zu erklären. Die Ansätze beziehen sich daher auf die räumliche Diffusion von Innovationen und ihre dadurch ausgelösten Raumentwicklungen. Alle Ansätze betonen, dass sich die Wirtschaft in einem ständigen Strukturwandel befindet und dass es im Zuge dieser Prozesse zu „intraregionalen, interregionalen und internationalen Verlagerungen ökonomischer Aktivitäten, mit weitreichenden Konsequenzen für die jeweilige Region in ihrer Stellung in der Raumhierarchie [kommt,

L. D.]. Regionen können demgemäß an Einfluß und Bedeutung verlieren als auch umgekehrt" (Schätzl 1993, 193).

In diesem Kapitel wird untersucht, welchen Erklärungsgehalt die Ansätze für ein besseres Verständnis regionaler Innovationsprogramme, wie dem des Bremer Landesprogramms, haben. Bevor die verschiedenen Ansätze vorgestellt und auf das Bremer Landesprogramm bezogen werden, soll die räumliche Dimension von Innovationen erläutert werden. Abschließend werden in einer Zusammenfassung die Bezüge zwischen den Theorien und dem Bremer Landesprogramm beschrieben.

Innovation wird also nicht nur als ein sozio-technischer Prozess, sondern als ein durch den geographischen Raum bzw. die Örtlichkeit oder auch Lokalität beeinflusster Prozess angesehen. Die Innovationsdynamik entfaltet sich auf Grund der Raumeigenheiten und -charakteristika (geographische Lage, Verfügbarkeit von humanen und technischen Ressourcen usw.) jeweils unterschiedlich. Es ist also nicht gleichgültig, wo die Innovation entsteht, da sie in sozio-graphische Ausgangs- und Randbedingungen eingebettet ist. Obwohl mit der verstärkten Nutzung der Informations- und Kommunikationstechnologien die räumlichen Barrieren eher überbrückt werden können, übt der Raum einen bedeutenden Einfluss auf die Art und Weise aus, wie Innovationen zustande kommen bzw. welchen Verlauf sie nehmen und zu welchem Ergebnis sie führen. Diesen Zusammenhang heben auch Morgan und Nauwelaers hervor.

„We want to challenge this view by arguing that the death of geography (on the regional influence for innovation) has been greatly exaggerated. Indeed the regional dimension might because of these developments [ICTs, L. D.] be less important for our understanding of innovation and development. Contrary to fashionable notions about techno-globalism, the technological activities of large firms remain overwhelmingly biased towards their home countries and regions. For example, a study of patenting data for the world's largest firms found that 89 % of their technological activities were performed in their home country in the second half of the 1980s and this was constructed as an important case of non-globalisation" (Morgan/ Nauwelaers 1998, 14).[8]

Der von Morgan und anderen vertretene Ansatz über regionale Innovationssysteme bemüht sich daher um eine räumlich angeleitete Rezeption von Innovation. Diese versteht Raum aber nicht nur im Sinne von abstrakten Standortfaktoren (z. B. der Verfügbarkeit

---

8   Das Interview mit Daimler-Benz Chef Schremp bestätigt die Bedeutung kultureller und sozialer Wurzeln für multinationale Unternehmen beispielhaft. Frage des Interviewers: „Verlegen Sie doch Ihren Firmensitz nach New York." Antwort Schremp: „Nein, das glaube ich nicht. Wir leben ja schon teilweise in einer virtuellen Welt. Vergessen Sie aber trotzdem bitte eines nicht, ich glaube, es ist schon wichtig zu wissen, wo unsere Wurzeln sind. Unsere Wurzeln sind hier in Stuttgart, deswegen bleibt die Zentrale der DaimlerChrysler AG in Stuttgart. Von hier aus wird gelenkt, allerdings in einer dezentralen Organisation" (Stern-Interview im Heft Nr. 42, 12. 10. 2000, 226).

an Gewerbeflächen, Verkehrsinfrastrukturen, Arbeitskräftepotentialen, Förderbedingungen, Dienstleistungsinfrastrukturen usw.), sondern als ein katalytisches Ferment für die Beförderung oder Behinderung von Innovationsprozessen. Innovationsprozesse in Netzwerken von Betrieben und wissenschaftlichen Einrichtungen können in einigen Räumen besser entstehen als in anderen. Demzufolge wird auch von entwickelten oder „core regions" bzw. Kernregionen oder „less-favoured regions" oder randständischen Regionen gesprochen. Basis dafür ist ein aus der „lernenden Ökonomie" (Lundvall 1994) angelehntes sozio-ökonomisches, ganzheitliches Prozessverständnis von Lernen, Organisation, Region und Innovation. „With the advent of evolutionary political economy, however, this undersocialized, spaceless conception is being replaced by a richer, more realistic conception in which innovation is conceived as a socially embedded and spatialstructured process" (Morgan/ Nauwelaers 1998, 12; aber auch Lundvall 1994; Lundvall/ Borrás 1997). Innovation wird somit als ein sozial eingebetteter und durch den Raum strukturierter Prozess verstanden.

In neueren Untersuchungen zum räumlichen Bezug von Innovationen hat Saxenian allerdings die Bedeutung des regionalen Umfeldes auch für Großunternehmen festgestellt. Sie untersucht die Entwicklung der Region Silicon Valley im US-Staat Kalifornien, indem sie die Rolle großer Unternehmen als Initiatoren und Promotoren von Produktionsnetzwerken mit kleinen und mittleren Softwareentwicklern und -produzenten hervorhebt.

> „The new generation of Silicon Valley computer firms such as Sun Microsystems and Silicon Graphics responded to rising development costs, shrinking product cycles, rapid technological change by building production networks from the bottom up. [...] Silicon Valley-based computer makers often preferred local suppliers, particulary for technologically complex or customized parts. This desire for geographic proximity was not reducible to cost considerations. Most saw advantages of timely delivery but also recognized that it was difficult to create over long distances the trust und teamwork needed for collaborative supplier relations" (Saxenian 1995, 141 ff.).

Großunternehmen kreieren regionale Innovationsnetzwerke, um die Transformation von Inventionen in Innovationen besser zu realisieren und um damit die im Innovationsprozess auftretenden Unsicherheiten und Unwägbarkeiten besser steuern zu können. „It provided the advantage of speed, as local firms learned about market changes before other did. And it facilitated the frequent face-to-face communications needed for successful collaboration, while also intensifying competitive rivalries" (ebenda, 141 ff.). Saxenian unterstreicht damit die Bedeutung des regionalen Umfeldraumes für den Verlauf der Innovationsentwicklung. Der regionale Unterstützungsraum ist für die Unternehmen wichtig. Saxenians Arbeiten belegen, dass vor allem die Strategien der Unternehmen der Auslöser für kooperative Entwicklungen in den Regionen sind.

Die Sichtweise, den Motor für Innovationen nicht nur allein auf der einzelbetrieblichen Ebene zu sehen, sondern einem Netzwerk von Beziehungen zwischen Innovationsakteuren verschiedener Organisationen die wesentliche Rolle zur Innovationsgenerierung zuzusprechen, hat sich in den letzten Jahren zunehmend durchgesetzt. Diesem Zusammenhang widmet sich der nächste Abschnitt.

2.3 Innovationsnetzwerke und regionale Innovationsmilieus

Im Zentrum dieses Teils stehen interorganisationale Innovationsperspektiven. Die Betrachtung richtet sich dabei auf die Innovation in Netzwerken, die sich aus Institutionen des öffentlichen und privaten Sektors, bestehend aus Forschungseinrichtungen, Aus- und Weiterbildungsinstitutionen und Wirtschaftsunternehmen nebst den verbandlichen Interessenvertretungen (Gewerkschaften, Verbänden und Kammern), zusammensetzen. Anschließend wird auf regionale Innovationsmilieus eingegangen, die in gewisser Weise durch Innovationsnetzwerke beeinflusst werden.

2.3.1 Innovationsnetzwerke

Derartige Netzwerke und daraus erwachsende Verbundkooperationen oder auch „Development Coalitions" (Ennals/ Gustavsen 1998) initiieren, modifizieren und steuern die Entwicklungsrichtung und -geschwindigkeit von Innovationen weit stärker, als dies vor wenigen Jahren noch wahrgenommen wurde. Der Staat in seinen Politikfeldern Wirtschaft, Arbeit, Bildung und Wissenschaft und vor allem die öffentlichen Forschungseinrichtungen der Universitäten und Fachhochschulen bzw. Institutionen der beruflichen Bildung sowie die in Deutschland tragenden verbandlichen Strukturelemente werden als die entscheidenden Institutionen angesehen, die die Innovationspraxis beeinflussen bzw. prägen (Dosi et al. 1988; Freeman 1991, 1992, 1994; Ruth 1995; Camagni 1991). Diese Innovationspraxis ist auf einer arbeitsteiligen Vorgehensweise aufgebaut, in der jede Innovationssituation aus wirtschaftlichen und sozialen Verflechtungen besteht. Dies hat zur Konsequenz, dass die Arbeitsteiligkeit der Akteure im Innovationsprozess nicht nur auf der Ebene zwischen Wissenschaft und Betrieb angesiedelt ist, sondern auch weitere Akteure z. B. auf der Ebene der beruflichen Aus- und Weiterbildung oder auch weiterer öffentlicher Institutionen (z. B. Betrieblicher Wirtschaftsförderung oder Gewerbeämter, um nur zwei zu nennen) in die Betrachtung des Innovationsgeschehens einbezogen werden. Ein solches Verständnis drückt nach Ruth eine Rückbesinnung auf Schumpetersche Theorieansätze aus, in der der „lange Zeit als unbestimmte Residualgröße vernachlässigte Innovationsprozeß zwischen den Innovationsträgern eine wesentliche Rolle in der Erforschung von ökonomischer Entwicklung und regionaler Wettbewerbsfähigkeit" zugemessen wird" (Ruth 1995, 39).[9]

---

9 Neben den Standardtheorien ökonomischer Wachstumsprozesse hat sich innerhalb der Innovationstheorie diese Forschungsrichtung etabliert. Sie wird auch unter dem Stichwort „National Systems of Innovation (NIS)" diskutiert. Ich verweise hier nur am Rande darauf, weil ich die nationale Ebene, auf der Innovationen einer systematischen Beeinflussung und Steuerung
Fortsetzung der Fußnote auf der nächsten Seite

Als einer der Begründer des Modells der Erbringung von Innovationen in Netzwerken gilt Häkansson (Häkansson, zitiert nach Ratti 1991). Nach Häkansson besteht ein Netzwerk (siehe Abb. 2/1) aus den Akteuren (denjenigen, die Innovationsaktivitäten organisieren bzw. kontrollieren), den Maßnahmen oder Aktivitäten (unterschieden in die Kategorien Transformation und Transaktion) und Ressourcen (physisch, finanziell und human). Diese Variablen sind miteinander verbunden und positiv, wenn eine Maßnahme auch andere anreizt; negativ, wenn diese andere davon abhält, Ähnliches zu tun. Demgemäß gibt es Situationen enger Kooperation und Interaktion zwischen den Innovationsakteuren, aber auch Konfliktbeziehungen oder auch Störungen bei den Akteursbeziehungen.

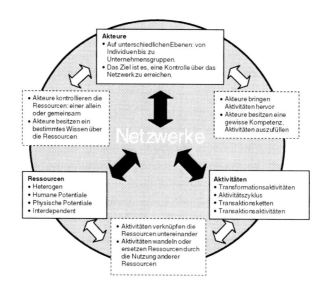

Abb. 2/1:   Netzwerkmodell (Quelle: Häkansson in der Darstellung bei Ratti 1991, 81)

Eine vierte Dimension ist die Umfelddimension, die räumlich verfasst ist und in bestimmter Weise auf Netzwerkbeziehungen der Unternehmen untereinander und mit dritten (z. B. wissenschaftlichen Einrichtungen) einwirkt.

---

unterliegen, als gegeben voraussetze. Führende Protagonisten der Forschung über nationale Innovationssysteme sind Dosi, Freeman, Nelson, Silverberg und Soete (Dosi/ Freeman/ Nelson/ Silverberg/ Soete 1988). Ein nationales Innovationssystem wird wie folgt definiert: „a set of institutions whose interactions determine the innovative performance" (Nelson, zitiert nach OECD 1997, 10).

Ratti hat nun das Netzwerkmodell auf Unternehmen unterschiedlicher Größe und Strategien bezogen (siehe dazu die unten stehende Tabelle 2/2). Nach Ratti (Ratti 1991) können nunmehr unterschiedliche Räume in Zusammenhang mit regionalen Netzwerken aus der Sicht eines Unternehmens definiert werden: der Marktraum, der Produktionsraum und die das regionale Umfeld definierenden Räume.

„This spatial structure will provide a network of relationships functional to the production activity resulting in a larger and more complete ‚environment'. The characteristics of the spatial dimension of the network can be very different, starting with a discontinues space, going on to a hierarchic space, ending with a qualified space, contiguous, in terms of regions or a system" (Ratti 1991, 82).

Diese drei Räume, von Ratti als der Lebensraum eines Unternehmens aufgefasst, üben einen unterschiedlichen Einfluss auf die Innovationsleistungen der Unternehmen aus und haben unterschiedliche Innovationstypen zur Folge.

Diesen Räumen werden drei Diffusionsmodelle räumlicher Innovation gegenübergestellt: das hierarchische Modell (1); das Modell räumlicher Arbeitsteilung (2) und das Netzwerkmodell (3). In Modell 1 erfolgt die Diffusion von den Zentren ausgehend in das regionale Umfeld bzw. in weitere Regionen hinein. Es wird davon ausgegangen, dass Unternehmen in peripheren Regionen systematisch geringere Innovationsleistungen aufweisen. Demnach sind in dichten Agglomerationsräumen die Chancen für das Weitertragen von Informationen und Wissen über Innovation höher als in weniger dichten Räumen. Eine Adaption bzw. Übernahme von Innovationen bzw. das Wirksamwerden von Innovationsanreizen wird in den Kernregionen gesehen. Von dort aus wird ein Effekt in peripheren Regionen erzielt. In Modell 2 wird vor allem das Verhältnis von Großunternehmen und seinen Filialen als auch seines Geflechtes von Beziehungen in vor- und nachgelagerten Lieferanten und Abnehmern in den Blick genommen. Eine transregionale Arbeitsteilung wird von Seiten der Großunternehmen so aufgebaut, dass diejenigen Orte für die Produktionsstätten ausgewählt werden, die die besten Bedingungen für die Produktion (Kosten, Personal, Transportinfrastruktur usw.) bieten. Im Netzwerkmodell 3, so Ratti, übt der „supporting space" eine über dem „market und production space" stehende Bedeutung aus. „In this model, the supporting space takes the lead over market space and production space. In fact, the necessity to define and manage some modes of cooperation becomes vital for an ‚incremental innovation'" (Ratti 1991, 84).

Sein Vergleich der drei Erklärungsansätze räumlicher Diffusion von Innovationen führt mich zu der Auffassung, dass die Netzwerkbeziehungen besonders für die kleinen und mittleren Unternehmen vom regionalen Umfeld mitbeeinflusst werden und in engem Zusammenhang mit inkrementaler Innovation stehen.

Diffusionsmodell räumlicher Innovation / Lebensraum des Unternehmens	hierarchisches Modell	Modell räumlicher Arbeitsteilung	Netzwerkmodell
Marktraum	**Die unternehmerischen Strategieentscheidungen werden ausschließlich durch den Marktraum beeinflusst.**	Der Marktraum ist der räumlichen Arbeitsteilung untergeordnet.	Der Marktraum wird durch Nischen und qualifizierte Subkontraktorenbeziehungen beeinflusst.
Produktionsraum	Die Produktionsraum-charakteristika sind dem Marktraum untergeordnet.	**Das strategische Verhalten findet vor allem auf dieser Ebene seinen Ausdruck (radikale Innovation für Filialen von Großunternehmen).**	Hohe Qualifikation und Integration im Produktionsraum.
Unterstützungsraum	Das unternehmerische Umfeld wird implizit durch die verschiedenen Ebenen der urbanen Raumhierarchie bereitgestellt.	Im Fall von Großunternehmen hat der umgebende Raum eine nicht räumliche Charakteristik, denn er wird internalisiert. Für SMEs ist er zwar bedeutsam, aber schwach oder von untergeordneter Bedeutung.	**Das Netzwerkmilieu ruft adaptive /inkrementale Innovationen auf Seiten der kleinen und mittleren Unternehmen in der Region hervor.**

Tab. 2/2: Matrix des strategischen Verhaltens von innovativen Unternehmen den unterschiedlichen Modellen räumlicher Innovationsdiffusion folgend (Quelle: Ratti 1991, 83)

Nach Ratti sind nun folgende drei Typen von Kooperationen zwischen Unternehmen in der Region von Bedeutung:
(1) Horizontale Kooperation im Rahmen der Produzenten-Abnehmer- bzw. Kunden-Beziehungen (seller-buyer). (2) Horizontale, aber wettbewerbsorientierte Kooperationen

zwischen „fundamentally competing enterprises in their attempt to find reciprocal advantageous points" (Ratti 1991, 84) und schließlich (3) horizontale Kooperation zwischen komplementär aufeinander ausgerichteten Unternehmen. Im Netzwerkmodell spielt die Region eine wichtige Rolle, da die Firmen zu kooperativem Verhalten angehalten werden und versuchen, wie in (3) skizziert, sich komplementär mit ihren Innovationen auszurichten. Saxenian hat dieses Kooperationsverhalten studiert und stellt fest: „By focusing on what they did best and purchasing the reminder from specialist suppliers, they created a network system that spread the costs of developing new technologies, reduced product-development times, and fostered reciprocal innovation" (Saxenian 1995, 145). Die Suchprozesse bzw. Selbstfindungsprozesse können von regionalen Innovationsförderprogrammen gestützt werden.

„In other words, politics of development considering the spaces, should worry about a global and systematic interpretation of functional spaces of enterprises. Moreover, it is important to frame decisions that are likely to have hierarchic impact on the spatial structure. Finally, decision makers should favour a better evaluation of regional potential as a lower scheme of an economy becoming more and more worldwide" (Ratti 1991, 86).

Insgesamt treffen wir auf mehrere Netzwerktypen. Während Rattis und Saxenians Betrachtungen sich vor allem auf die ökonomischen Verflechtungen in betrieblichen Netzwerken (Typ III) konzentrieren, möchte ich im Folgenden zwei weitere Typen von Netzwerken herausstellen und erläutern.

Während Typ I und II nicht nur regionale Wirtschaftsunternehmen, sondern auch Wissenschafts- und Bildungsträger (einschließlich intermediärer Instanzen wie Kammern, Berufsverbände und Gewerkschaften) umfassen und häufig durch öffentlich-private Finanzierungsmodelle und -strukturen[10] gestützt werden, ist der Netzwerktyp III, die zwischenbetrieblichen Zuliefenernetzwerke, vor allem im privatwirtschaftlichen Bereich angesiedelt und zielt auf die optimierte Versorgung mit Gütern und Dienstleistungen. Hier dominieren Marktbeziehungen entlang der Wertschöpfungskette[11], die mehr oder weniger direkt durch globale Konkurrenzbeziehungen und dominierende Marktstellungen (Weltmarktpreise, internationale Standards) beeinflusst werden. Industrielle Endabnehmer bestimmen Art und Qualität der Beziehungen und Schnittstellen zwischen den Zulieferunternehmen und deren Leistungserbringung. Allerdings wird auf Grund aktueller Entwicklungen die Rolle der Zulieferer zunehmend erweitert. Sie sollen nun nicht nur Lieferanten von Gütern und Teilkomponenten sein, sondern auch Know-how-intensive

---

10   Diese sehen so aus, dass die Partner immer konkrete Eigenanteile (in der Regel 50 %) in die Partnerschaft einbringen müssen.

11   Eine Orientierung an Wertschöpfungsketten erfordert eine systematische Berücksichtigung von Kunden-Anwender- oder (Sub-)Lieferanteninteressen und -beziehungen.

Dienstleistungen anbieten. Von ihnen wird erwartet, dass sie sich an der Produktinnovation durch eigene Entwicklungsbeiträge beteiligen. Dadurch entsteht ein gewisser Zwang zur organisatorischen und qualifikatorischen Erneuerung, was die Betriebe herausfordert. Nicht alle Betriebe sind jedoch derartigen Anforderungen gewachsen. Daher ist es für die Zulieferer notwendig, sich nach branchenübergreifenden Kooperationspartnern umzusehen (Endres/ Wehner 1996a, 1996b). Hier bieten sich u. a. wissenschaftliche Institutionen in den Regionen an.

	Netzwerktypen	**Netzwerkfunktion**
Typ I	*Lern- und Ausbildungsnetzwerke*	Entwicklung von Servicenetzwerken für Aus- und Weiterbildungsprozesse und Lernortkooperationen, z. B. um neue Lernangebote zu erschließen, sowie die Entwicklung der Humanressourcen in einer Region
Typ II	*Forschungs- und Innovationsnetzwerke zwischen Industrie und Wissenschaft*	Entwicklung neuer Produktionsstandards; Entwicklung neuer Verfahren und Dienstleistungen; Entwicklung von Basisinnovationen
Typ III	*Zwischenbetriebliche Zulieferernetzwerke*	Innovationen bei den betrieblichen Akteuren und Anpassung an neue Markt- und Produktionsanforderungen; optimierte Versorgung mit Gütern und Dienstleistungen

Tab. 2/3:   Drei regionale Netzwerktypen

Da Innovationen als interaktive Prozesse zwischen Institutionen der Wissenschaft und Bildung und Wirtschaftsunternehmen angesehen werden, wird aus regionaler Perspektive versucht, eine engere Verbindung zwischen den Netzwerken I bzw. II und III herzustellen. Denn Typ I und II beinhalten Netzwerke branchenübergreifender Art, an denen verschiedene institutionelle Akteure, v. a. aus der Wissenschaft und Aus- und Weiterbildung, mitwirken. Diese Netzwerke können unterschiedlich konkrete bzw. intensive Verbundformen bilden. Im Rahmen der Vernetzung der Netzwerke wären nun reine Infomationsnetzwerke, in denen vor allem wechselseitige Kenntnisnahme und Informationen über die jeweils eigenen Aktivitäten stattfinden, denkbar. Die Kenntnisnahme potentieller Dienstleistungsanbieter und -nachfrager in der Region ist hier noch vorherrschend. Im Rahmen von Lernnetzwerken finden dagegen gemeinsame Lern- und Erfahrungsprozesse statt, die für die beteiligten Akteure zu neuen Kompetenzen führen sollen. Innovationsnetzwerke stellen die höchste Form der Zusammenarbeit im Netzwerk dar, indem konkrete Innovationsprozesse (neue Produkte, krete Innovationsprozesse (neue Produkte, eine neue Dienstleistungsinfrastruktur) durchgeführt werden (Huggins 1997; Stahl 1999; Nyhan/ Attwell/ Deitmer 1999).

Als Ergebnis der Diskussion scheint eine Klassifikation der Netzwerke (gemäß der von Simmie 1997) in Informations-, Wissens- und Innovationsnetzwerke hilfreich zu sein. Alle drei sind von großer Relevanz für die Bestimmung vorhandener regionaler Innovationspotentiale. Am einfachsten sind Informationsnetzwerke abzugrenzen, während Innovationsnetzwerke, die hier als unsere Verbundprojekte aufzufassen wären, am stärksten interaktiv und am schwierigsten zu implementieren sind. Dazwischen liegen Wissens- oder Lernnetzwerke, die als ein Schlüsselinstrument regionaler Entwicklungsstrategien aufzufassen wären. „Sie erhalten zunehmend den Wert eines wichtigen Standortfaktors, insbesondere dann, wenn sie den Zugang zu wissenschaftlichen Wissensnetzwerken gewährleisten" (Fritsch u. a. 1998, 246).

Soweit zu den netzwerktheoretischen Überlegungen; sie werden in den folgenden Abschnitten noch einmal aufgegriffen und zur Verdeutlichung der im Bremer Landesprogramm versammelten Netzwerktypen herangezogen. Im Folgenden wird das Netzwerkkonstrukt am Begriff der regionalen Innovationsmilieus vertieft. Mit dem Milieubegriff wird es möglich, die Wirksamkeit von Netzwerken im Hinblick auf die Generierung und Wirksamkeit von Innovationen auf die Region genauer zu bewerten.

2.3.2 Regionale Innovationsmilieus

Camagni und die mit ihm verbundene Forschungsgruppe GREMI[12] verweisen auf den Zusammenhang von Innovationsprozessen und institutionellen Akteuren unter einer regionalen Komponente. Die Forschungsarbeiten dieser Gruppe stellen das regionale Milieu als einen Generator für Innovation bzw. innovatives Verhalten heraus.

1. Kollektive Lernprozesse zwischen F&E und Wirtschaftsunternehmen können das lokale bzw. regionale Kreativitätspotential erhöhen und damit die Bereitschaft und Fähigkeit zur Produktinnovation (vorwiegend durch inkrementale, seltener radikale Innovationsfälle) oder auch zur technologischen Entwicklung (vor allem durch kreative Anpassungsinnovationen führender Technologieentwicklungen auf die Bedürfnisse lokaler Industrien) befördern. Synergieeffekte stellen sich ein und helfen mit, die lokalen Entwicklungspotentiale und -energien besser aufeinander zu fokussieren bzw. untereinander zu verzahnen.

2. Den Innovationsprozessen und den der technologischen Entwicklung innewohnenden Unsicherheiten und Risiken kann entgegengewirkt werden durch bessere Wirkungsabschätzung von Firmenentscheidungen, durch eine leichtere Übersetzung technologischer Innovation in die betriebliche Alltagspraxis sowie durch eine bessere Kontrolle ü-

---

12 Gemeint sind die Forschungsarbeiten der Forschungsgruppe GREMI (Groupe de Recherche Europeen sur les Milieux Innovateurs) (Camagni 1991). Für die deutsche Rezeption siehe auch Läpple 1998.

ber weitreichende Firmenstrategien. Dabei wird Kooperation als eine strategische Ressource der Unternehmen auch unter regionalen Bezügen neu belebt. Die Frage ist allerdings, mit wem kooperiert werden soll, wenn es darum geht, das innovative Potential der Unternehmen zu entwickeln.

Camagni definiert in Anlehnung an Crevosier/ Maillat das innovative Milieu ausgehend von komplexen Netzwerken, bestehend aus formellen und vor allem auch informellen Beziehungen in einem begrenzten geographischen Raum. Das Milieu findet seinen Ausdruck in einem spezifischen regionalen Image, welches eine innere Verflechtung der Innovationsakteure unterstützt und welches bei den Beteiligten kollektive Lernprozesse mit guten Synergieeffekten hervorbringt (Camagni 1991; Crevosier/ Maillat 1991).

„Furthermore and more ambitiously, if the function of both the innovative milieu and the co-operative networks can be achieved by the reduction of static and dynamic uncertainty that permeates and hampers the process of technical change, this milieu concept and their related operators will allow us to achieve a clearer perception of the role of territorial relationships in economic dynamics and open up the way for a new dynamic theorisation of economic space" (Camagni 1991, 6).

Morgan liefert eine interessante Ergänzung zum Innovationsnetzwerkbegriff Camagnis, indem er den Aspekt der Institution im Innovationszusammenhang hervorhebt:

„[Innovation] is shaped by a variety of institutional routines and social conventions [...] For many of these writers the most elementary form of a business institution is a production routine, that is a habitual pattern of behaviour embodying knowledge that is often tacit and skill-like. Conventions and routines may help to regulate economic life, by reducing uncertainty for example, but, being cultural artifacts, they are anything but uniform in character" (Morgan 1997, 493).

Dahinter verbirgt sich eine Sichtweise, die sich vor allem auf das weiter unten noch zu vertiefende Konzept der lernenden Ökonomie der Aarlborg Gruppe von Lundvall (Lundvall 1992, 1994; Lundvall/ Borrás 1997) bezieht. Danach beeinflussen soziale Institutionen[13] bzw. soziale Organisationen und damit auch deren Konventionen, Routinen, Kompetenzen und Kooperationsbeziehungen die Art und Weise, wie innoviert wird. So regulieren Konventionen und Routinen den Alltag im Wirtschaftsunternehmen und helfen den Akteuren, gegen Unwägbarkeiten und neue Herausforderungen am Markt besser gewappnet zu sein. Innovationen können diese Konventionen und Routinen verändern bzw. in Frage stellen. Insofern gibt es in den Unternehmen das Bestreben, an bewährten Routinen festzuhalten. Die mit der Innovation verbundenen Herausforderungen und Risiken für die Unternehmensorganisation müssen aufgefangen werden. Innovationsnetzwerke bieten die Chance, gewisse Risiken abzufedern. In einer

---

13 Soziale Institutionen sind Wirtschaftsunternehmen, Verbände, Vereine, Kammern, aber auch Bildungs- und Forschungsinstitutionen. Die Institutionen des Arbeits- und Gesundheitsschutzes können ebenfalls den sozialen Institutionen zugerechnet werden.

werke bieten die Chance, gewisse Risiken abzufedern. In einer stärker vernetzten und interaktiven Innovationslandschaft spielen daher die organisatorischen Rahmenbedingungen zwischen den regionalen Innovationsträgern für erfolgreiche Innovationen eine wichtige Rolle. Diese Rahmenbedingungen werden in besonderer Weise von den regionalen Institutionen bzw. Organisationen beeinflusst, insbesondere ist die Berücksichtigung von vor- und nachgelagerten Bereichen entlang der Wertschöpfungskette bzw. entlang von Geschäftsprozessen von großer Bedeutung. Insbesondere die Kunden-, Anwender- und Lieferantenbeziehungen üben einen großen Einfluss auf die Hervorbringung von Innovationen aus.

Für die Erzeugung von Innovationen nach dem Netzwerkverständnis sind nicht nur die zwischenbetrieblichen Beziehungen von Bedeutung, sondern auch die innerbetrieblichen Beziehungen. So macht es beispielsweise einen Unterschied, ob der Innovationsprozess in einem Handwerksbetrieb oder in einem mittelständischen Industriebetrieb untersucht wird. Die Mitarbeiter werden vermutlich in unterschiedlicher Weise agieren und reagieren. Jede dieser Institutionen folgt eigenen Gesetzmäßigkeiten,[14] die sich auch durch bestimmte Konventionen und Routinen auszeichnen. In beiden Fällen wird daher der Innovationsprozess schon aus organisatorischen und etatmäßigen Gründen jeweils anders aussehen. Im Handwerksbetrieb ist der Innovationsprozess vermutlich stärker inkremental und auch informell ausgerichtet, während im Industriebetrieb der Innovationsprozess anderer Natur ist und nicht vor tiefgreifenden Umbrüchen halt macht.

Institutionen haben jeweils einen bestimmten Charakter und sind nicht uniformiert. Sollen Innovationen in einer bestimmten Qualität befördert werden und erfolgreich in der Organisation implementiert werden, so kommt es darauf an, das informelle Regelwerk und die sozialen Mechanismen zu kennen, um besser zu verstehen, warum Innovationen in einem Betrieb stattfinden, in einem anderen aber nicht. Putnam spricht in diesem Zusammenhang von der Entwicklung des sozialen Kapitals, welches er gleichberechtigt neben das physische Kapital stellt.

„By analogy with notions of physical capital and human capital – tools and training that enhance individual productivity – social capital refers to features of social organisations, such as networks, norms and trust, that facilitate co-ordination and co-operation for mutual benefit. Social capital enhances the benefits of investment in physical and human capital and is coming to be seen as vital ingredient in economic development around the world" (Putnam 1993, 38).

Welche Bedeutung haben nun die in Ansätzen dargestellten Zusammenhänge zwischen Innovation, Raumentwicklung und Netzwerken für den spezifschen regionalen Innovationsansatz im Bremer Landesprogramm „Arbeit und Technik"? Die Klärung dieser Frage soll im folgenden Abschnitt erfolgen.

---

14 Siehe auch Hildebrandt (Hildebrandt/ Seltz 1989), der von der betrieblichen Sozialverfassung eines Unternehmens spricht.

2.3.3 Bezüge zum Bremer Landesprogramm „Arbeit und Technik"

Die Beiträge der Innovationsforschung über Innovationsnetzwerke und Raumentwicklung sind für das Bremer Landesprogramm insofern von Bedeutung, als sie es erlauben, den regionalen Entwicklungsansatz differenzierter zu beschreiben.

Zum einen kann hervorgehoben werden, dass die Innovationsgegenstände in den Verbundprojekten des Programms von den in der Theorie der langen Wellen festgestellten Innovationszyklen beeinflusst werden. Bestimmte Inventionen oder auch Basisinnovationen beeinflussen die Wahl der Innovationsthemen in den Innovationsnetzwerken. Für die Projekte im Landesprogramm sind es schwerpunktmäßig die Informations- und Kommunikationstechnologien, die unter einem arbeitsorientierten Innovationsverständnis adaptiert werden (Rauner u. a. 1995). Die Verbundprojekte beabsichtigen, die andernorts bereitgestellten technologischen Potentiale zu nutzen bzw. anzupassen und zu diffundieren. Das Programm nimmt damit Bezug auf die in ihren Grundzügen vorgedachten Basisentwicklungen und beabsichtigt, diese im Rahmen seiner Projekte in erfolgreiche betriebliche Anwendungen zu transformieren. „Gleichzeitig sollen die Verbünde an neue und neueste technologische Entwicklungen und technisch-soziale Problemlagen herangeführt und mit anderweitig vorgeschlagenen innovatorischen Aufgaben konfrontiert werden" (Rauner u. a. 1995, 14). Das Bremer Landesprogramm knüpft daher an die aus den Kernregionen kommenden Basisinnovationen an.

Die vorgestellten Theorien verdeutlichen, dass das Bremer Landesprogramm mit seiner Orientierung auf die Wirtschaftsregion Bremen sich in einem von Außeneinflüssen abhängigen Raum bewegt. Die von den Kernregionen ausgehenden Basisinnovationen bzw. Erfindungen und die davon angestoßenen Innovationsprozesse beeinflussen die Auswahl der Innovationsgegenstände in den Projekten des Landesprogramms, vor allem dann, wenn das Programm nachfrageorientiert angelegt wird und wie beim Bremer Landesprogramm sich den regionalen Problemen der Betriebe aus der Wirtschaftsregion Bremen verpflichtet sieht. Dabei ist im Bremer Landesprogramm zu berücksichtigen, dass die Wirtschaftsregion Bremen als eine dem Strukturwandel folgende Region anzusehen ist. Sie gehört nicht zu den zentralen impulsgebenden Kernregionen, sondern sie ist eher eine Region, die durch einen gewissen Nachholbedarf hinsichtlich der Strukturanpassung gekennzeichnet ist[15] (Rauner u. a. 1995). Daher sind die Projekte auch so angelegt, dass sie regionalbezogene Wirkungen nach sich ziehen.

---

15 Auf die besonderen Strukturdaten (u. a. die wirtschaftliche Rahmenbedingungen, Strukturmerkmale des Arbeitsmarktes, Verkehrs-, Siedlungsstruktur- und Beschäftigungsentwicklung und die FuE-Infrastruktur) zur Region Bremen wurde in der Verwirklichung des Landesprogramms Bezug genommen. Kurzgefasst ergeben die Daten folgendes Bild: Vergleichsweise langsame Bevölkerungsentwicklung mit relativer Überalterung; Verluste im Wirtschaftswachstum und eine Abkoppelung von der Bundesentwicklung seit den 80er Jahren; vergleichsweise über dem Durchschnitt liegende Arbeitslosenquote; Dominanz von Filialen von Großbetrieben, die als „verlängerte Werkbänke" arbeiten; damit die Außensteuerung regiona-

Fortsetzung der Fußnote auf der nächsten Seite

Die vorgestellten Erklärungsansätze zur räumlichen Innovationsdiffusion verdeutlichen, dass Innovationen in einen arbeitsteiligen Entwicklungsprozess eingebettet sind. Innovationen finden im Kontext von Entwicklungskooperationen statt. Innovationsprozesse werden deshalb über netzwerkartige Beziehungen zwischen z. B. technikerzeugenden (z. B. Herstellern), -verwendenden (Techniknutzern) und -regulierenden Sozialsystemen (z. B. normgebenden Institutionen der Arbeitsgestaltung) hervorgebracht. Technische Innovationen werden daher im Bremer Landesprogramm durch Innovationen in qualifikatorischer und organisatorischer Hinsicht begleitet. Diese Netzwerke werden in den Markt-, Produktions- und Unterstützungsraum eingebettet.

Dieses Gesamtverständnis wird auch bei der Orientierung des Programms auf das spezifische regionale Innovationsmilieu in Bremen sichtbar: „Der Projektträger Arbeit und Technik hat für seinen regionalen Innovationsansatz das Konzept der regionalen Innovationsmilieus adaptiert" (Rauner u. a. 1995, 27). Damit greift das Bremer Landesprogramm bzw. dessen Projektträger auf die hier vorgestellten Erklärungsansätze zurück, vor allem auf die der Forschungsgruppe GREMI (Camagni 1991; Crevoisier/ Maillat 1991; Ratti 1991). Allerdings wird zu untersuchen sein, ob es gelungen ist, eine Orientierung auf die regionalen Milieus in den verschiedenen Verbundvorhaben zu erreichen.

Das Bremer Landesprogramm verfolgt ein Verständnis regionaler Innovation, nach dem die regionale Innovationsstruktur entwickelt werden soll und die Innovationsprozesse nicht die vorhandenen Strukturen konservieren sollen, „sondern neue Netzwerke und Kooperationsbeziehungen entwickeln, die den regionalen Kompetenzen und Potentialen längerfristige und neue Impulse geben" (Rauner u. a. 1995, 11). Das Bremer Landesprogramm ist daher vor allem auf die Region ausgerichtet und soll an den konkreten Problemen der regionalen Betriebe anknüpfen und so angelegt sein, „daß schon im Projektverlauf eine Projektperspektive bis hin zu geeigneten Formen einer Fortführung bzw. Verstetigung der Ergebnisse deutlich wird" (Rauner u. a. 1995, 13).

Der dargelegten Bedeutung von Netzwerken oder auch institutionenübergreifenden Kooperationen im Innovationsprozess wird auch in der Anlage der Projekte im Bremer Landesprogramm Rechnung getragen. Die Beziehungen in den Netzwerken benötigen ein Mindestmaß an Vertrauen bzw. Konsens, sollen sie nutzbringend sein. Das gemeinsame Anliegen ist der Motor dafür, ob die mit der Arbeitsteiligkeit verbundenen Barrieren überwunden werden können. Die vorgestellten Ansätze verdeutlichen, dass Hierarchien eher ein Hindernis für Innovationen darstellen. Wechselseitige Lernbereitschaft und heterarchische Strukturen in den Netzwerkbeziehungen sind die besten Vorausset-

---

ler Innovation und unter dem Durchschnitt liegende industrielle FuE-Anstrengungen; FuE-Institutionen noch zu wenig in der Region engagiert; Übergewicht an Problembranchen (z. B. Werften); ausgeprägte Mittelstandsschwäche, was an weniger Klein- und Mittelbetrieben als im Bundesdurchschnitt zum Ausdruck kommt; hoher Anteil an hafen- und verkehrsbezogenen Dienstleistungen; ungünstige Lage zwischen Hamburg und Hannover im Zuge der deutschen Einigung (Rauner u. a. 1995, 28 und 31).

zungen dafür, damit Innovationsprozesse in Netzwerken erfolgreich gestaltet werden können. Beim Bremer Landesprogramm wird zu untersuchen sein, in welchem Ausmaß es gelungen ist, einen Konsens über das gemeinsame Anliegen herzustellen. Die Konzipierung eines sozio-technischen Systemansatzes im Programm (siehe Abschnitt 1.1) soll durch räumliche Nähe gestützt werden und eine enge kontinuierliche Zusammenarbeit befördern, auch über institutionelle Grenzen von Einrichtungen der Wirtschaft, Wissenschaft und Bildung hinweg. Die Kooperation zwischen den Einrichtungen wird zum prägenden Merkmal und soll als Impulsgeber für die Hervorbringung von Innovation genutzt werden. Damit ist das Programm mit Bezug auf die Netzwerktypen (Abb. 2/3) als eine Mischform zwischen den betrieblichen und bildungsbezogenen Netzwerken anzusehen. Die im Typus III dargelegten Zulieferernetzwerke werden durch wissenschaftliche (Typ I) und ausbildungsbezogene (Typ II) Netzwerke bzw. um die Akteure aus diesen Netzwerken ergänzt.

Im Bremer Landesprogramm bearbeiten die Kooperationsprojekte einen spezifischen Innovationsgegenstand in der Weise, dass für die organisatorischen und qualifikatorischen Bedingungen und Auswirkungen einer Innovation notwendige Voraussetzungen und Effekte immer auch mitbedacht bzw. mitbearbeitet werden. Damit erweitert sich der Problemlösungshorizont einer Innovation, z. B. einer Technikentwicklung, um die übergreifenden Gesichtspunkte. Dies sind dann z. B. Fragen nach der Qualifizierung von Technikbenutzern bzw. Fragen nach der Gestaltung von Organisationsabläufen bzw. nach gesundheitlicher Risikoprävention oder auch Fragen nach der ökologischen Verträglichkeit, die in die Innovation eingebettet werden. Zusammenfassend wird hier auch vom Gestaltungszusammenhang gesprochen, da sich die monokausale Beantwortung von technologischen Fragestellungen um arbeitsgestalterische, personale, organisatorische bzw. ökologische Aspekte erweitert (Bremer Sachverständigenkommission „Arbeit und Technik"; Deitmer/ Grützmann/ Oehlke/ Rauner 1991; Pollmeyer/ Weingarten 1992; Rauner u. a. 1995). Die vorgestellten Erklärungsansätze regionaler Innovation und ihrer Diffusion verdeutlichen die Bedeutung der Region für die kleinen und mittleren Unternehmen. Das Netzwerkmodell und die Diffusion von Innovation über Netzwerke (siehe Abb. 2/1 und 2/2) verdeutlicht, dass der regionale Raum von den KMU eine Anpassung im Innovationsverhalten erfordert. Adaptive und inkrementale Innovationen werden auf Seiten der KMU in der Region herausgefordert, um den aus dem Markt und Produktionsraum hervorgehenden Veränderungen standzuhalten. Das Bremer Landesprogramm hat sich daher vor allem auf die kleinen und mittleren Unternehmen aus Industrie-, Handwerks- und den Dienstleistungsbranchen konzentriert.

„Dies gilt besonders für kleine und mittlere Unternehmen, da diese selten über ein derart umfassendes ‚Arbeit und Technik-Know-how' verfügen. Insbesondere durch die Entwicklung und Erprobung von Gestaltungsalternativen sollen die spezifischen Stärken der Klein- und Mittelbetriebe besser genutzt und innovatorische Kompetenzen entwickelt werden" (Rauner u. a. 1995, 13).

Außerdem wird im Bremer Landesprogramm die Prozessorientierung bei der Zusammenstellung der Innovationsnetzwerke betont. Dazu werden Innovationsnetzwerke den Verflechtungen bei den Kunden-, Anwender- oder Lieferantenbeziehungen gemäß zusammengestellt. Bei der institutionellen Zusammensetzung in diesen Verbundprojekten findet eine Orientierung an Wertschöpfungs- bzw. Geschäftsprozessen statt, was eine Berücksichtigung von Kunden-, Anwender- oder (Sub-)Lieferanteninteressen und -beziehungen notwendig macht. Die Wirkungsanalyse des Programms wird den Untersuchungsaspekt Prozessorientierung aufgreifen müssen und zu untersuchen haben, ob es gelungen ist, diese Orientierung wirksam werden zu lassen.

Der im folgenden Kapitel zu beleuchtende Zusammenhang ist dem Verhältnis von Innovation und Regionalpolitik gewidmet. Dabei wird Regionalpolitik als Rahmensetzung für das Innovationsverhalten der regionalen Innovationsträger verstanden und in seinen verschiedenen Einflussmöglichkeiten auf der Basis verschiedener Ansätze und Erfahrungen diskutiert.

3 Innovation und Regionalpolitik

Der Schwerpunkt dieses Kapitels liegt auf theoretischen Erklärungsansätzen und praktischen Konzeptionen und Erfahrungen der Regionalpolitik mit der Förderung von Innovationsprozessen. Die Wirksamkeit regionalpolitischer Bemühungen zur Innovationsförderung und Regionalentwicklung wird unter Rückgriff auf die Untersuchungsbefunde verdeutlicht, um zum einen das Bremer Landesprogramm im Kontext dieser Ansätze besser zu verorten und zum anderen Hinweise für das methodische Vorgehen in der Wirkungsanalyse des Bremer Landesprogramms zu geben (das methodische Vorgehen wird in Kapitel 4 und 5 entfaltet, die Wirkungsanalyse in Kapitel 6 und 7 vorgenommen).

Insgesamt kann festgestellt werden, dass die wirtschaftliche Wachstums- und soziale Wohlfahrtsentwicklung einer Region von einer Fülle von Determinanten und Faktoren abhängig ist. Es ist bisher nicht gelungen, diese Determinanten und Faktoren in eine allgemein gültige, regionalpolitische Entwicklungstheorie zu integrieren, die sich auf hinreichenden empirischen Studien gründen kann. Unterschiedliche Theorien und Schulen der Wirtschafts- und Politikwissenschaft liefern immer nur eingeschränkte Erklärungsansätze und -modelle für die Wirkungsweise von Innovationen auf die Region und sind damit in ihrer Reichweite für die praktische Politikgestaltung auf der regionalen Ebene beschränkt. Hinzu kommt auch, dass die Ansätze nur zum Teil kompatibel sind. Trotzdem können Konzepte ausgewählt werden, die die Verkettungen der Projekte bis in die Wirtschaftsstruktur, Politik als auch Gesellschaft zumindest ansatzweise erklären. Darin wird häufig eine grob vereinfachende Makroperspektive eingenommen, die es nicht ohne weiteres erlaubt, mikro-perspektivische Betrachtungen über günstige Handlungskonstellationen auf der unmittelbaren Projektebene vorzunehmen. Dennoch soll in diesem Kapitel der Versuch unternommen werden, begünstigende und hemmende Bedingungen für komplexe Innovationen herauszustellen, mit dem Ziel, entsprechende Gestaltungshinweise zu erhalten und das konzeptionelle Fundament für besser entfaltete Programmförderpolitiken zu bilden. Im nächsten Abschnitt wird zunächst eine begriffliche Klärung von Innovations- und Regionalpolitik vorgenommen.

3.1 Regionale Innovationspolitik: begriffliche Klärung

Der Begriff der Innovationspolitik hat in den zurückliegenden beiden Dekaden in der Bundesrepublik Deutschland und in Europa eine vielfältige Verbreitung erfahren. Kaum ein Politikfeld, welches sich nicht dieses Begriffs bedient. Ob Sozial- oder Bildungs- oder auch Wirtschaftspolitik, in all diesen Feldern findet das neue „Zauberwort" gleichermaßen Anwendung. Mit staatlicher Innovationspolitik sind v. a. reformerische Maßnahmen oder auch Handlungsprogramme gemeint, die auf eine Veränderung des Statusquo in einem gesellschaftlichen Handlungsfeld zielen. Die bestehenden Aktionsformen und gesetzlichen Grundlagen, die für den Vollzug eines Politikfeldes maßgeblich sind, sollen revidiert und so verändert werden, dass neue Verhaltensweisen auf Seiten der Akteure und ihrer Institutionen wirksam werden. Dies beinhaltet institutionelle Neustrukturierungen, indem die verfassungsmäßige Struktur der Institution neu formuliert und abgeändert wird. Das gewohnheitsmäßige, traditionelle Handeln soll auf der individuellen Ebene im Hinblick auf neue Handlungsweisen auf Seiten der Akteure, die in privaten und öffentlichen Institutionen wirken, verändert werden. Es ist dabei an eine Beziehung zwischen Struktur und Individuum zu denken. Zum einen sind damit die konkreten Ausformungen institutionalisierter Innovationsprozesse gemeint und zum anderen die auf der individuellen Ebene sich abzeichnenden neuen Verhaltensdispositionen – die ggf. als innovativ bezeichnet werden können. Innovationspolitik sollte sich also beiden Ebenen zuwenden bzw. aus diesem Blickwinkel bewertet werden: der akteursbezogenen Ebene als auch der strukturellen bzw. institutionellen Ebene. Dies ist insbesondere dann wichtig, wenn man sich mit regionaler Strukturpolitik als Ausfluss von Innovationspolitik auseinander setzen möchte (Eichener 1994).

Der Begriff der Regionalpolitik ist nicht eindeutig definiert, wird aber häufig gleichgesetzt mit regionaler Wirtschaftspolitik. Gemäß diesem Politikfeld sollen die wirtschaftlichen Aktivitäten und Strukturen in den Regionen geordnet und beeinflusst werden. Zu bedenken ist hierbei, dass Regionen kein festumrissenes Gebilde darstellen. Ich beziehe mich dabei auf die Definition von Koschatzky und Zenker, wonach Regionen zuvorderst einen Handlungsrahmen für „Menschen mit gleichem kulturellen Hintergrund und Problemverständnis darstellen sowie Kontakte ermöglichen, für die eine räumliche Nähe zwischen den Partnern eine wichtige Voraussetzung ist" (Koschatzky/ Zenker 1999, 2). Regionen müssen daher nicht mit den politischen Grenzen eines Bundeslandes übereinstimmen, sie können sowohl kleiner als die politischen Grenzen eines Bundeslandes (vor allem bei Flächenländern) sein, sie können diese aber auch überschreiten (insbesondere bei Stadtstaaten). Im Fall des Bremer Landesprogramms ist der Wirtschaftsraum Bremen gemeint, der nicht mit den relativ engen Grenzen eines Stadtstaates, wie Bremen, zusammenfällt.

Regionale Innovationspolitik geht dabei von der Fähigkeit einer Region aus, Innovationen hervorzubringen bzw. sie in Betrieben oder auch anderen Einrichtungen, wie Universitäten und anderen Bildungseinrichtungen, zu übernehmen (Ewers/ Brenck 1992). Im Sinne arbeitsteiliger Innovation zielt sie im Wesentlichen auf einen interregionalen Wissenstransfer, der durch die Schaffung neuer Einrichtungen oder neuer Strukturen in der Form von Kristallisationskernen regionaler Innovation verbessert werden soll. Regionale Innovationspolitik geht von der Annahme aus, dass es einen Engpass weniger bei der Finanzierung von Investitionen als vielmehr bei dem Wissen um Innovationen und ihre Anwendung gibt (Spehl 1995). Als innovative Regionen werden diejenigen Raumgebilde bezeichnet, in denen unterschiedliche Akteure aus Wirtschaft, Wissenschaft, Bildung und Administration kooperieren und im Rahmen dieser Kooperation technische, organisatorische oder gesellschaftliche Neuerungen entwickeln, die es bisher in der Region oder sogar außerhalb ihrer Grenzen noch nicht gibt (Koschatzky/ Zenker 1999). Damit erweitert sich der Rahmen der Regionalpolitik und geht über die Wirtschaftspolitik hinaus. Dies führt zu einem neuen Verständnis von Region und Entwicklung, welches im folgenden Abschnitt thematisiert wird.

3.2 Region und System

Mit Freeman und Lundvall/ Borras (Freeman 1991; Lundvall/ Borras 1997) möchte ich die Region nicht nur als politische Einheit begreifen, die sich auf kulturelle oder auch landsmannschaftliche Identitäten stützt. Vielmehr geht es mir um die Charakterisierung von Region als eines agilen Systems, welches in der Lage ist, aus sich selbst heraus Veränderungen und Neuerungen hervorzubringen: Region als aktives und innovatives System. In einem systemischen Verständnis wird Region durch die Art und Weise seiner Interaktion und des Kommunikationsverhaltens zwischen Wissensproduzenten, Disseminatoren und Anwendern charakterisiert. Entwickeltere Regionen sind danach durch ein hohes Maß an Verflechtungen bzw. Interaktionsprozessen gekennzeichnet. Solche Verflechtungen bestehen zwischen Kunden, Nutzern, Zulieferern, kleinen und mittleren Unternehmen, Dienstleistern, Forschern und Wissenschaftlern, Bildungskräften usw. Systemisch wirkende Ansätze der Regionalpolitik basieren auf der Annahme, dass Innovationsprozesse als interaktive Prozesse zwischen den verschiedenen regionalen Institutionen anzusehen sind. Integrativ sind solche Ansätze zu nennen, die in der Lage sind, die formellen und informellen Verflechtungen besser zu integrieren und damit ein kreatives und innovatives Umfeld für Lernprozesse in der Region in optimaler Weise zu sichern oder auch neu zu entfalten. „It is not difficult to accept that these robust regions enjoy strong ‚untraded interdepencies', that their core activities, being sensitive to pockets of tacit knowledge, are not as locationally mobile as the less strategic investments that abound in other, more peripherical regions" (Morgan 1997, 495). Regionen, die in der Lage sind, sich integrativ-systemisch zu entfalten, können somit als robuste und vitale Regionen bezeichnet werden. Sie sind aus eigenen Kräften heraus in der Lage, sich Veränderungen im Umfeld der Region zu stellen.

Wenn also Marktanforderungen sich verändern oder interregionale Beziehungen gestört werden, so ist in einem enger verflochtenen regionalen System, welches durch weiche Verflechtungen in großer Anzahl gekennzeichnet ist und somit über die spezifische Stärke weicher Beziehungen verfügt, eine geringere Verwundbarkeit gegeben. Mit Bezug auf die Systemtheorie wird ein regionales System durch seine Teile, seine Funktionen und durch seine Beziehungen beschrieben. Der Gedanke der Redundanz ist für dieses systemische Konzept bedeutsam. Es wird davon ausgegangen, dass Redundanzen durch die hohe Anzahl der Teile, seine Funktionen und seine Beziehungen gekennzeichnet sind (Grabher, zitiert nach Hofmaier 1998). Damit müssten also Regionen mit einer hohen Dichte an kleinen und mittleren Unternehmen und einem dichten Netz von innovativen Dienstleistern (z. B. FuE-Instituten oder Aus- und Weiterbildungseinrichtungen) mit einem breit aufgefächerten Angebot an Produktions- und Dienstleistungsangeboten und einem hohen Maß an geschäftlichen und nicht-geschäftlichen Beziehungen die Erfolgreicheren sein. Diese systemische Betrachtung von Region kann auch von folgender Leitvorstellung geprägt sein: Vorstellbar ist ein entsprechend dicht gewebter Teppich mit einer hohen Anzahl von Knotenpunkten, die es weniger gut erlauben, den Webteppich zu zerreißen bzw. ihn zu zerstören. Wenn Turbulenzen auf den Märkten und damit die Anforderungen zunehmen, so kann eine dermaßen verflochtene Region als weniger verwundbar gelten: „In this perspective, a prerequisite for regional development – or perhaps also as a result of this process – is a tight network of multiple relations between units in a region" (Hofmaier 1999, 111).

Beispielhaft können relativ erfolgreiche Verlaufsformen enger regionaler Verflechtungen in ausgewählten Regionen Europas studiert werden: z. B. Baden-Württemberg, Bayern, Tampere (Finnland), Smaland (Schweden), Aalborg (Dänemark) und Katalonien (Spanien) (Braczyck/ Cooke/ Heidenreich 1998; Hofmaier 1999). In diesen Regionen werden technologische Innovationen angeregt, die auf der Ressourcenmobilisierung der endogenen Potentiale beruhen. Die Aufgabenstellung einer dem systemischen Verständnis folgenden regionalen Innovationspolitik besteht zum einen in der bestandsorientierten Innovationsförderung in der Region (Bestandspflege), zum anderen aber im regionalen Ausbau (Veränderung und ggf. Expansion des regionalen Produktions- bzw. Dienstleistungsprofils). Diese Art von regionaler Innovationsförderung bezieht verschiedene Politikfelder mit ein. Folgende Politikebenen werden angesprochen:
- Bildungspolitik (vor allem auch Berufsbildungspolitik) im Sinne einer integrierten Aus- und Weiterbildungspolitik,
- Forschungs- und Wissenschaftspolitik,
- Wirtschaftspolitik bzw. Industriepolitik,
- Arbeitsmarktpolitik.

Zur Vertiefung der bisher skizzierten Überlegungen über theoretische Modelle regionalökonomischer Entwicklung werden im nächsten Abschnitt vier theoretische Ansätze regionaler Entwicklung skizziert, um ein besseres Verständnis des Landesprogramms zu ermöglichen. In der Zusammenfassung werden die Zusammenhänge zwischen diesen Ansätzen und dem Landesprogramm herausgestellt.

3.3 Vier theoretische Erklärungsansätze regionaler Entwicklung

Im Folgenden werden vier entwicklungstheoretische Ansätze skizziert, die das Spektrum unterschiedlicher Positionen regionaler Entwicklung markieren und innovationspolitische Grundsätze widerspiegeln. Es soll herausgefunden werden, wo die Ansätze neue Impulse zur Konzeption regionalpolitischer Maßnahmen liefern. Es geht um den neoklassisch inspirierten Ansatz eines regionalen Wachstumsmodells, die Export-Basis-Theorie, die Polarisationstheorie und die Theorie der endogenen Entwicklung. Abschließend wird geklärt, wo das Bremer Landesprogramm hinsichtlich seines regionalpolitischen Verständnisses zu verorten ist.

3.3.1 Neoklassischer Ansatz

Der neoklassisch inspirierte Zweig der regionalen Wachstumstheorien überträgt die Prämissen gesamtwirtschaftlicher Wachstumsmodelle auf die regionale Ebene. In diesem Modell wird davon ausgegangen, dass Wachstum im Wesentlichen von Technologien ausgelöst wird. Es beinhaltet die Annahme, dass der „technische Fortschritt" in allen Regionen im gleichen Maße verfügbar sei und auf Grund des Gleichgewichtstheorems quasi im Laufe der Zeit zu einem Ausgleich bei Differenzen in den regionalen Entwicklungsständen führe. Kurzum, der Interventionsmechanismus ist der freie Markt, der zu einem Ausgleich bei regionalen Unterschieden, z. B. beim Pro-Kopf-Einkommen führt. Der Staat habe sich bei der Innovationsförderung auf die Schaffung hoheitlicher Aufgaben zu beschränken, z. B. auf die Garantie und Überwachung eines möglichst barrierefreien Handelsaustausches und der für alle Wirtschaftsakteure gleichermaßen gültigen Rechtsgrundlagen. Als Beleg für das Funktionieren eines solchen Wachstumsansatzes werden häufig Untersuchungen aus den USA angegeben, denen zufolge die amerikanischen Bundesstaaten mit den niedrigsten Pro-Kopf-Einkommen die höheren Wachstumsraten hatten. Dies führe dann dazu, dass diese Regionen im Laufe der Zeit Vorteile erwirtschaften, die es ihnen erlauben, einen Anschluss an die wirtschaftliche Entwicklung und die allgemeine Wohlfahrt zu finden. Über den Preismechanismus fände ein Ausgleich statt. Gleichwohl ist die Neoklassik, so die Kritik, mit ihren restriktiven Annahmen, wie: vollständige Verfügbarkeit aller relevanten Informationen bei den Wirtschaftssubjekten, Anonymität der Wirtschaftssubjekte, Vollbeschäftigung usw., kaum in der Lage, die komplexe Realität in den Regionen zu erfassen. Die Prämissen des globalen Wachstumsmodells werden bruchlos auf die Region übertragen und unterstellen einen in allen Regionen gleichermaßen verfügbaren technischen Fortschritt (Schätzl 1993; Ewers/ Brenck 1992).

Auch Fritsch (1995) kritisiert den Ansatz rein marktwirtschaftlicher Betrachtung von Innovationen. Er stellt im Rahmen einer Studie über Forschungsergebnisse zu Innovationsprozessen in den USA fest, dass der Markt bei der Allokation von Infomationen im Rahmen von arbeitsteiligen Innovationsprozessen (z. B. einem Netz von Betrieben und FuE-Einrichtungen) versagt. Fritsch erklärt dies aus der Begrenztheit und Starrheit ökonomischer Modelle, wie dem Gleichgewichtstheorem. Erklärt wird dies von ihm dahingehend, dass der Informationsanbieter den Wert der Innovation besser einschätzen kann als der Nutzer, der Nachfrager jedoch den Nutzen bei komplexen Innovationssituationen erst dann halbwegs sicher abschätzen kann, wenn er über gewisse notwendige Informationen verfügt. Hat man aber erst einmal die Information, entfällt der Anreiz für den Nachfrager, sie käuflich zu erwerben. Patente oder urheberrechtliche Bestimmungen werden in diesem Zusammenhang von Fritsch als ein unvollständiger Schutz bei Innovationsprozessen angesehen. Viele universitäre Erfindungen bieten nur einen unvollständigen Schutz; des Weiteren kann bei Vorliegen eines Patentes der Innovator nur schwer verhindern, dass das von ihm erzeugte Wissen ohne Gegenleistung genutzt wird. Fritsch geht davon aus, dass arbeitsteilige Innovationsprozesse nur in geringem Maße über

Marktprozesse ausgetauscht werden können. Ferner kann nachgewiesen werden, dass viele Produkte durch nicht-marktliche Spillover-Effekte[16] befördert werden. Dies belegt auch z. B. Mansfield für die USA, wo etwa 10 % der im Zeitraum 1975–85 kommerziell eingeführten neuen Produkte ohne entsprechende Universitätsforschung nicht oder erst wesentlich später hätten eingeführt werden können (Mansfield, zitiert nach Fritsch 1995).

Das neoklassische Modell ist zum Teil zu indifferent, da es z. B. den Zusammenhang von Lohndifferenzen und interregionaler Mobilität von Arbeit nur unvollständig erklärt. Vielmehr sind weitere Innovationskriterien bedeutsam: z. B. die Kooperativität der regionalen Innovationsträger untereinander, die vorhandenen Innovationspotentiale und -kompetenzen, aber auch die regionale Wohn- und Lebensqualität, die Qualität der Arbeitsplätze usw. Ähnlich sehen es Morgan und Nauwelaers:

> „The standard neo-classical theory has three key attributes: first, it assumes rational, maximising behaviour by agents with given and stable preferences; second, it focuses on equilibrium states; and third, it severely under-estimates chronic information problems on the part of economic agents. [...] What this means is that neo-classical theory takes as resolved some of the largest questions in innovation and economic development, like how firms come to know what they know, that is how they learn" (Morgan/ Nauwelaers 1998, 8 ff.).

Nach Morgan und Nauwelaers geht es also letztlich darum, den makroökonomisch orientierten Erklärungsansatz durch eine mikroökonomisch orientierte Innovationsforschung zu erweitern. Das nachfolgend dargestellte Export-Basis Modell berücksichtigt vor allem den Stellenwert exportorientierter, regionaler Unternehmen für die Regionalentwicklung.

3.3.2 Export-Basis-Modell

Bei den Export-Basis-Modellen geht der entscheidende Wachstumsmechanismus von den Entwicklungsimpulsen des Exportsektors, d. h. von der außerregionalen Nachfragexpansion, auf die Region aus. Aufbauend auf den Gedanken Werner Sombarts (1907) zum Wesen der Städtebildung entwickelten Richard Andrews (1953) für Städte sowie James Duesenberry und Douglas North für Regionen Export-Basis-Modelle (North 1955; Duesenberry 1950).

Duesenberry verdeutlicht die Zusammenhänge am Beispiel zweier Regionen. Demgemäß gibt es eine Region 1, die erst kürzlich besiedelt, agrarisch strukturiert, wirtschaftlich noch wenig entwickelt ist. Region 1 produziert über den Eigenbedarf hinaus Agrarprodukte, die nach Region 2 – schon länger besiedelt, industrialisiert, mit höherem Ent-

---

16 Die Nutzung einer Innovation ohne Entgelt für den Innovator bezeichnet man auch als Spillover-Effekt. Der Personaltransfer von Absolventen der Berufsbildung oder Hochschulen in die Region wäre beispielsweise solch ein Spill-Over-Effekt.

wicklungsniveau – exportiert werden. Dies führt zu einem Einkommensanstieg in Region 1, gleichzeitig vermindert sich infolge des verschärften Wettbewerbs das Einkommen der Landwirte in Region 2. Durch den Anstieg des Einkommens in Region 1 erhöht sich die Nachfrage nach Industrieprodukten, die in dem agrarisch strukturierten Gebiet nicht befriedigt werden kann; die Industriegüter müssen aus Region 2 importiert werden. Diese erhöhte Nachfrage nach Industriegütern löst in Region 2 einen Multiplikatoreffekt aus, welcher einen Anstieg der Realeinkommen hervorruft, der den ursprünglichen Einkommensrückgang im Agrarsektor übersteigt (Duesenberry 1950, 99). In beiden Regionen erhöht der Außenhandel das Einkommen, dadurch werden zusätzlich in Wirtschaftsbereichen, die den lokalen Markt versorgen, positive Wachstumsimpulse induziert. Duesenberry nimmt an, dass vergleichbare Entwicklungsprozesse zu Beginn der Industrialisierung auch in England und Deutschland stattgefunden haben. Durch interregionale Arbeitsteilung, d. h. Außenhandel, wird die Produktivität der in der Region verfügbaren Produktivitätsfaktoren und damit der regionale Wohlstand erhöht.

Schätzl fasst die Überlegungen von North wie folgt zusammen:

„North sieht im Export von Gütern und Dienstleistungen die entscheidende Determinante des regionalen Wirtschaftswachstums. [...] Ausgangspunkt ist die Subsistenzwirtschaft. Durch die schnelle Expansion des Exports einer zunächst begrenzten Anzahl von Rohstoffen in weiterentwickelte Gebiete entsteht die Basis für einen regionalen Wachstumsprozeß. Die Einkommen aus Exporten werden zum Teil verwendet zum Ausbau einer exportorientierten Infrastruktur und zur Erweiterung und Verbesserung der Exportbasis. Die hierzu benötigten Güter und Dienste werden vom außerregionalen Markt (z. B. Investitionsgüter), aber auch vom lokalen Markt (z. B. von den Zulieferbetrieben) bezogen" (Schätzl 1993, 143 ff.).

Dabei wird unterschieden zwischen Einkommen aus Exportaktivitäten (basic-Sektor) und Einkommen aus dem regionalen Markt (non-basic-Sektor). Erstere reichen über die regionalen Grenzen hinaus, sie bilden die Grundlage und bestimmen die Entwicklung einer Region. Die Anhänger des Export-Basis-Modells vertreten die Ansicht, dass sich allein aus der Entwicklung der Exportaktivitäten die Entwicklung der Gesamtbeschäftigung und der Gesamtbevölkerung in einer Region ermitteln lässt. Als Relation von „basic"- zu „non-basic"-Beschäftigten zu Gesamtbeschäftigten zu Gesamtbevölkerung wird das Verhältnis 1:2:3:6 genannt. Obwohl als Erklärungsansatz für das Wachstum einzelner Regionen durchaus hilfreich, wird die Vernachlässigung der Angebotsstruktur einer Region als Einschränkung dieses Denkansatzes gewertet, da die Exportnachfrage als entscheidend angesehen wird (Schätzl 1993). Impulse durch inter- und intraregionale Nachfrage blieben unbeachtet. Letztlich könne die Regionalpolitik sich lediglich auf die Förderung exportorientierter Wirtschaftsunternehmen konzentrieren. Ich bin mit Schätzl der Meinung, dass die Entwicklung des Exportsektors einer Region nicht zuletzt von einem leistungsfähigen lokalen Sektor abhängt (z. B. vertreten durch das regionale Handwerk sowie produktionsorientierte Dienstleister). Trotz gewisser Schwächen kann diese Theorie regionaler Entwicklung eine partielle Erklärung für das Wirtschaftswachstum einzelner, relativ kleiner Regionen liefern und damit als Entscheidungshilfe für die staatliche Regionalpolitik dienen (Kistenmacher 1970).

3.3.3 Polarisationstheorie

Der dritte bedeutende Ansatz der regionalen Wachstumstheorie ist die Polarisationstheorie. Sie betont die Bedeutung regionaler Innovationsunterschiede und die Rolle von Städten bzw. von Verdichtungsräumen, wie z. B. des deutschen Ruhrgebiets, für den Prozess der wirtschaftlichen Entwicklung. Diese Agglomerationen werden als Quelle für Innovationen und als Motoren der gesamtwirtschaftlichen Entwicklung einer Nation angesehen. Ökonomisch betrachtet besteht ein Gleichgewichtsstreben, die durch die polaren Kräfte der einzelnen Wirtschaftsstandorte hervorgebrachten Gegensätze auszugleichen. Nach Schumpeter setzten Innovationen – z. B. die Produktion neuer Güter, der Einsatz neuer Produktionsmethoden, aber auch organisatorische Neuerungen – eine Entwicklung der Wirtschaft in Wellenform in Gang (siehe auch Abschnitt 2.2.2). Auf Grund von Basisinnovationen bzw. Inventionen, die in bestimmten Regionen ihren Ausgangspunkt nehmen, bilden sich Leitbranchen heraus, die zu Wachstumspolen heranwachsen. Perroux bezeichnet solche Wachstumspole auch als motorische Einheiten, um den dynamischen Gehalt von Raumentwicklungen herauszustellen (Perroux 1964). Diese motorischen Einheiten sind gemessen am Marktanteil auf Grund ihrer quantitativen Größe (z. B. das lokale Werk eines bedeutenden Automobilherstellers) bedeutend und verzeichnen überdurchschnittliche Wachstumsraten. Sie stellen global gesehen das Zentrum übergreifender Raumeinheiten dar. (Siehe auch die engen Bezüge der Polarisationstheorie zur Theorie der langen Wellen (Abschnitt 2.2.2).) Auf Grund der Verhandlungsmacht üben die in der Leitbranche befindlichen Unternehmen Anstoß- bzw. Bremseffekte für andere Unternehmen aus, die deren wirtschaftliches Wachstum positiv oder negativ beeinflussen. Perroux's Untersuchung ist bedeutsam, auch wenn er die Effekte auf die Regionen noch nicht betrachtet. Es gibt vielfältige Versuche, die sektoralen Pole um die räumliche Dimension zu erweitern (Schätzl 1993, 153).

Die sektoralen Pole um die räumliche Dimension zu erweitern, diesen Versuch unternehmen vor allem Gunnar Myrdal und auch Alfred Hirschmann (Myrdal 1957; Hirschmann 1958). Myrdal legt plastisch dar, warum es eine räumliche Differenzierung in Wachstumszentren und zurückgebliebenen Regionen gibt. Seine Arbeiten sind geeignet, kumulative Wechselwirkungen von Unternehmen sowie weitere regionale Institutionen zu verstehen.

Das Beispiel von Myrdal verdeutlicht die Verursachung kumulativer sozioökonomischer Effekte, ausgelöst durch die wirtschaftliche Entwicklung:

> „In einer Gemeinde brennt eine Fabrik ab, die einen größeren Teil der Erwerbstätigen einer Region beschäftigte. Aus hier nicht zu diskutierenden Gründen wird die Fabrik nicht am ursprünglichen Standort, sondern in einer anderen Gemeinde neu errichtet. Dieses Zufallsereignis ist der auslösende Faktor für nachfolgende Prozesse. Der unmittelbare Effekt der primären Veränderung ist, daß die Beschäftigten der Fabrik ar-

beitslos werden und ihre Einkommensverminderung zu einer reduzierten Nachfrage nach Gütern und Diensten führt. Gleichzeitig entfällt die Nachfrage der Fabrik nach lokalen Input-Gütern und Dienstleistungen. Die bislang die Fabrik und ihre Beschäftigten versorgenden Wirtschaftsbereiche der Gemeinde erleiden Einkommenseinbußen und müssen ebenfalls Arbeitskräfte entlassen und ihre Input-Einheiten verringern. Die Folge ist die Abwanderung eines Teils der Erwerbslosen; einige nicht mehr voll ausgelastete Zulieferer und Dienstleistungsbetriebe müssen die Produktion einstellen oder ebenfalls abwandern. Ein Mechanismus der zirkulären Verursachung mit kumulativen Folgen ist in Gang gesetzt" (Myrdal 1957, 154–155).

Von den Regionen gehen nach Myrdal entweder Entzugseffekte oder Ausbreitungseffekte aus, was mit Hilfe der Medien Arbeitskräfte, Kapital und technischer Fortschritt geschieht. Entzugseffekte sind dabei all jene negativen Effekte, die ein regionales Zentrum in anderen Regionen ausübt. Die Arbeitskräfte ziehen in die Zentren, in denen günstigere Kapitalrenditen erzielt werden. Die Zentren erhöhen ihr Produktionspotential bei gleichzeitiger Reduzierung des Volumens in den rückständigen Regionen. Ausbreitungseffekte sind positive Einwirkungen der Zentren durch neues technisches Wissen, Befriedigung von Gütern (z. B. Agrarprodukten und Rohstoffen) in den randständischen Gebieten.

Hirschmann vertritt eine sektorale und regionale Polarisationshypothese, die in vielfacher Hinsicht in enger Beziehung zu den Aussagen Myrdals steht. Auch bei ihm wird die wirtschaftliche Entwicklung als Kette von sektoralen Ungleichgewichten angesehen. Die prägenden Sektoren liefern die Wachstumsimpulse für weitere Branchen. Dies geschieht ähnlich wie bei Perroux und Myrdal durch Rückkoppelungseffekte. Hirschmann ist der Ansicht, dass eine unvermeidbare Begleiterscheinung des Wirtschaftswachstums eine interregionale Ungleichgewichtigkeit ist. Zur Erklärung der räumlichen Differenzierungsprozesse bedient sich Hirschmann eines Zwei-Regionen-Modells.

Hierbei wird von einer wachsenden Nordregion ausgegangen. Diese wird einer zurückgebliebenen Südregion gegenübergestellt. Es werden positive Sickereffekte (trickling down effects) und negative Polarisationseffekte (polarisation effects) von Nord nach Süd übertragen. In einer ersten Phase sind die Polarisationseffekte stärker als die Sickereffekte. In der Nordregion werden Ersparnisse auf Seiten der dortigen Unternehmen erzielt. Die Folge ist eine Verschärfung der räumlichen Ungleichgewichte. Aufgrund der Konzentration ökonomischer Aktivitäten erwartet Hirschmann, dass mit der Zeit ökonomische, z. B. in Form von Agglomerationsnachteilen, und politische Gegenkräfte auftreten. Diese wirken in Richtung Abbau interregionaler Einkommensunterschiede. Im Laufe der Zeit verstärken sich die positiven Sickereffekte kontinuierlich und übertreffen die Polarisationseffekte. Dies führt zu einem räumlichen Gleichgewicht. In der Nord- und Südregion können sich daher langfristig gleiche Einkommens- und Wohlfahrtsverhältnisse einstellen. Hirschmann ist also der Meinung, dass nach einer Phase ungleichgewichtiger Entwicklung so genannte „counter-balancing-forces" wirken, womit ein Abbau interregionaler Unterschiede erreicht wird (Hirschmann 1958; Schätzl 1993,

158). Leider ist auch dieses Modell eher ein Erklärungsmodell und kaum operationalisiert (Ewers/ Brenck 1992).

Die Polarisationstheorie regt somit vor allem zu Input-Output-Betrachtungen an, indem sie die komplexen indirekten Veränderungen, ausgelöst durch innovative Veränderungen im positiven oder auch negativen Sinne, als möglich annimmt. Die Theorie verdeutlicht, dass auch bei erfolgreicher Innovation in den Unternehmen negative Beschäftigungseffekte eintreten können. Gleichwohl heben die Arbeiten an dieser Theorie die Bedeutung der sozialen Komponente hervor, indem sie auf die Fähigkeit zur Kooperation und zur Konfliktregulierung verweisen, wobei der Staat bzw. die regionale Entwicklungspolitik eine wichtige Moderatorenfunktion einnimmt. Morgan und Nauwelaers heben mit Bezug auf Hirschmann hervor: „This reinforces our earlier point about the importance of the framework for interaction, the formal regulations and informal norms under which public and private agents interact in a more or less mutually beneficial way, a framework which is largely shaped by the state" (Morgan/ Nauwelaers 1998, 7).

Im Folgenden beschäftige ich mich mit der endogenen Entwicklungstheorie, die auch für den weiteren Verlauf der Untersuchung, u. a. auch die praktizierten Politikkonzepte, bedeutsam ist.

3.3.4 Theorie der endogenen Entwicklung

Während die Export-Basis-Theorie die außerregionale Nachfrage als entscheidende Determinante der regionalen Wirtschaftsentwicklung ansieht und die Polarisationstheorie von den Einflüssen durch interregionale Wachstumspole ausgeht, wird in der Aktivierung der intraregionalen Potentiale die wirksamere Grundlage für die sozioökonomische Entwicklung einer Region gesehen. Die Theorie der endogenen Entwicklung will durch die Nutzung intraregionaler Potentiale dem Entwicklungsrückstand einer Region entgegenwirken. Nicht die exogenen Wachstumspotentiale werden in den Mittelpunkt gestellt, sondern die synergetische Mobilisierung der inneren Kräftepotentiale. Folgende Teilpotentiale werden betrachtet: Kapital-, Arbeitskräfte-, Infrastruktur-, Flächen-, Umwelt-, Markt-, Entscheidungs- sowie sozio-kulturelles Potential. Es wird davon ausgegangen, dass sich die Teilpotentiale hinsichtlich ihrer Qualität und Quantität unterscheiden. In diesem Zusammenhang wird nach den spezifischen Fähigkeiten und Begabungen der jeweiligen Teilpotentiale einer Region gefragt und das Erkennen der regionsspezifischen Alleinstellungsmerkmale thematisiert. Aufgabe einer endogen orientierten Regionalentwicklungspolitik wäre es folglich, regionsspezifische Stärken zu erkennen und durch Zusammenwirken in der Region verfügbare Potentiale zu fördern. Durch Vernetzung der verschiedenen Teilpotentiale sollen synergistische Wechselwirkungen entstehen, die zum Gesamtwohl der Region wirken. Im Rahmen der in den drei vorausgehenden Abschnitten skizzierten wirtschaftspolitischen Förderansätze steht die Gewährung externer Hilfen im Mittelpunkt, z. B. von Subventionen oder die Bereitstellung einer entsprechenden Infrastruktur: Erschließung von Gewerbeflächen und Verkehrswegen. Der regionalökonomische Ansatz der endogenen Potentialentwicklung versteht sich dagegen entweder als

Alternative oder als Ergänzung zu vorherrschenden Ansätzen. Seinen Ursprung hat er in der Kritik an zu einseitigen Betonungen interregionaler Interaktionen in den regionalen Entwicklungstheorien, einschließlich der Ernüchterung über die „Erfolge" einer auf außenorientierte Wachstumsimpulse angelegten Regionalpolitik. Ferner zwingen die sich eher verringernden finanziellen Spielräume für einen interregionalen Ressourcentransfer (z. B. Länderfinanzausgleich, europäische Förderfonds, die sich in ihren Zieldefinitionen verschieben) die Akteure zum Umdenken. Dies führte insbesondere für Altindustriegebiete oder benachteiligte Regionen („less favoured regions") zu der Erkenntnis, dass eine Aktivierung und Neuorientierung der in der Region vorhandenen Kräfte und Humanressourcen notwendig ist (Ewers/ Brenck 1992; Schätzl 1993).

Dieser Ansatz basiert auf der Annahme, dass eine intensive Verflechtung und Interaktion der Teilpotentiale des Arbeitskräfte-, Infrastruktur-, Flächen-, Umwelt- sowie des soziokulturellen Potentials in der Region zu neuen Synergieeffekten führe (Hahne 1985). Die Entwicklung unternehmens- und branchenspezifischer technologischer Innovationen und Dienstleistungen soll durch die vermehrte Nutzung der regionalen Forschungs- und Entwicklungskapazitäten regionaler Universitäten und Forschungsinstitute befördert werden. Durch Kooperation zwischen den Innovationsträgern soll ein vergrößerter Nutzen für alle beteiligten Akteure, einschließlich der Region insgesamt, entstehen.

3.3.5 Der Einfluss der vier Ansätze auf die Regionalentwicklungspolitik, insbesondere auf das Bremer Landesprogramm „Arbeit und Technik"

In den oben dargestellten Erklärungsansätzen bzw. Theoriebausteinen geht es um die Kernfrage, ob die wirtschaftliche Entwicklung im räumlichen Kontext allein durch Markt und Wettbewerb gesteuert werden sollte oder ob dies durch politische Eingriffe und Rahmensetzungen (z. B. staatliche Intervention in das Marktgeschehen) zu erfolgen hat. Alle theoretischen Denkansätze haben jeweils mehr oder weniger ausgeprägte Konkretionen regionalpolitischer Entwicklungskonzepte zur Folge gehabt, wobei der Markt-Ansatz politisch gesehen die zurückhaltendste Position in der regionalen Entwicklungspolitik einnimmt. Von den Verfechtern des Marktregulationsansatzes werden Zweifel geäußert, ob die staatliche Politik wirklich zum Wohl der unterstützten Regionen wirkt. Einige Stimmen behaupten nach wie vor, dass staatliche Interventionen der wirtschaftlichen Entwicklung einer Region eher schaden. Dies vor allem dann, wenn lenkend in den Wirtschaftsprozess eingegriffen wird. Demnach stellen „direkte Förderungen einer Technik oder einer Gruppe von Unternehmen wettbewerbsverzerrende Diskriminierungen dar und veranlassen die Unternehmen zu einer Subventionsempfänger-Mentalität und damit zu Innovationsattentismus, falls die Förderung ausbleibt" (Ewers/ Brenck 1992, 326). Es gilt also zu unterscheiden zwischen marktorientierten und stärker interventionistischen Konzepten, die in enger Verbindung stehen zur Debatte über Marktversagen versus Staatsversagen (vgl. Fritsch 1995; Ewers/ Brenck 1992).

Als Ausfluss der Polarisationstheorie bzw. der Export-Basis-Theorie kann vor allem die infrastrukturorientierte und ausgleichsorientierte Regionalpolitik angesehen werden.

Sie hat vor allem die Schaffung einer unternehmensnahen Infrastruktur, z. B. Technologie-Transfer-Förderzentren, im Blick. Es wird eine bestimmte öffentliche Infrastruktur geschaffen, und die technologieorientierte Informationsbeschaffung und Beratung von Unternehmen wird gefördert. So werden nach dem Export-Basis Ansatz vor allem export-orientierte Unternehmen durch gezielte Beratungen oder auch durch direkte Hilfen gefördert. Hätte allerdings der Erklärungsansatz der Export-Basis-Theorie bei der regionalpolitischen Ausgestaltung des Bremer Landesprogramms „Arbeit und Technik" Pate gestanden, hätte eine große Anzahl der durchgeführten Innovationsvorhaben in der Pilotphase nicht gefördert werden können. Viele der am Programm teilnehmenden Unternehmen, wie z. B. die im Programmschwerpunkt „Neue Technologien im Handwerk" geförderten, waren zum Zeitpunkt der Förderung nicht exportorientiert und sind es bis heute nicht. Gleichwohl neigen Förderer auch dazu, Förderkonzepte anderer Regionen zu importieren, was zwar Aktivität signalisiert, aber häufig nicht von Originalität geprägt ist. „Analysen der sprunghaften Verbreiterung kommunaler Technologieparks, Förderagenturen bzw. Transferzentren bestätigen die Berechtigung dieser ordnungspolitischen Bedenken" (Staudt, zitiert nach Ewers/ Brenck 1992, 336). Häufig liegt dies auch daran, dass die Risiken von strukturpolitischen Entscheidungen auf Seiten der Administratoren nicht von diesen getragen werden müssen, sondern auf Unternehmen oder Steuerzahler abgewälzt werden können. Die Regionalökonomen sprechen auf Grund dessen nicht umsonst von einer fehlenden Anreizstruktur staatlicher Stellen, zudem mangele es ihnen häufig an notwendigen Informationen bez. einer geschäfts- und arbeitsprozessorientierten Entwicklung (Ewers/ Brenck 1992, 336).

Doch muss vor allzu großen Hoffnungen beim Stichwort des In-Beziehung-Setzens zwischen den hier vorgestellten entwicklungstheoretischen Ansätzen und dem des Bremer Landesprogramms gewarnt werden. Fast alle Ansätze sind anwendungsorientierte Ableitungen theoretischer Denkschulen und Ansätze. Alle theoretischen Ansätze sind eher von Makro-Indikatoren abhängig, die kaum greifen, wenn man sich über Intensivfallstudien den besonderen Problemlagen einer engeren Kooperation zwischen regionalen wissenschaftlichen Akteuren und Wirtschaftsbetrieben nähern möchte. Sie tragen zum Erklärungsansatz der vorliegenden Arbeit nur bedingt bei. Trotzdem tragen die skizzierten Theorieansätze dazu bei, das folgende Handlungskonzept einzuordnen und besser zu verstehen. Denn eines ist sicher: Es gibt eine Fülle von unterschiedlichen regionalpolitischen Handlungsansätzen, die von den Fachpolitiken, sei es nun der Wirtschaftspolitik, der Arbeitsmarktpolitik oder der Bildungs- und Wissenschaftspolitik, ersonnen worden sind. Aber sie sind unzulänglich aufeinander bezogen. Obwohl sie gewisse Ähnlichkeiten aufzeigen, gibt es häufig einen unzureichend reflektierten Gesamtrahmen der verschiedenen Ansätze. Es gibt sozusagen das Problem insularer Lösungsansätze – das „bridging" fehlt.

Das Bremer Landesprogramm nimmt regionalpolitisch gesehen vor allem Bezug auf die Theorie der endogenen Entwicklung. Der regionale Entwicklungsansatz des Bremer Landesprogramms lässt sich solchen regionalpolitischen Handlungskonzepten zuordnen, die auf die Entwicklung der endogenen Potenziale abzielen. Wie weiter oben dargelegt, besagt der Ansatz der endogenen Entwicklung, dass die regionale Entwicklung vom Ausmaß, von der Nutzung und der Intensität der Verflechtung der intraregional vorhandenen Potentiale und der regionalen Innovationsträger abhängig ist. Durch die Aktivierung der endogenen Entwicklungspotentiale soll der Entwicklungsrückstand einer Region überwunden und die Kohärenz zu prosperierenden Regionen hergestellt werden (vgl. u. a. Hahne 1985; Lundvall/ Borrás 1997; Simmie 1997). Das Bremer Landesprogramm ist in seinem inhaltlichen Zuschnitt und seinen förderpolitischen Merkmalen so ausgestattet, dass es von regionalpolitischen Zielen und Vorgaben ausgeht. Neben dem ganzheitlichen Systemansatz für die Gestaltung von Arbeit und Technik zeichnet sich das Landesprogramm also durch seine Regionalorientierung aus. Dazu wird mit dem Programm eine Querschnittsfunktion zwischen den Politikbereichen Arbeit, Wirtschaft und Bildung/ Wissenschaft angestrebt.

Im Bremer Landesprogramm geschieht dies durch die Aktivierung von endogenen Innovationspotentialen und -ressourcen, indem eine Zusammenarbeit zwischen den regionalen Innovationsakteuren aus Wirtschaft und Wissenschaft bzw. Bildung forciert werden soll (Rauner u. a. 1995, 26). Der endogene Entwicklungsansatz des Bremer Landesprogramms nimmt also vor allem Bezug auf den konkreten Bedarf aus der Region Bremen und die in ihr wohnenden Innovationsträger. Das heißt, es wird von den spezifischen Stärken und Schwächen der Region ausgegangen. „Die entsprechenden Planungsempfehlungen, die im Landesprogramm berücksichtigt werden, heben ab auf Maßnahmen zur Schaffung eines besseren Innovationsklimas in der Region. Hierfür sollen bessere Nutzungen der Humanressourcen und auch innovationorientierte Kooperationsverbünde angestrebt werden" (Rauner u. a. 1995, 29). Die Programmverantwortlichen sind der Meinung, dass dies nicht am Markt vorbei geschehen darf, aber auch nicht dem Markt allein überlassen werden sollte. Vielmehr soll die Zusammenarbeit von Innovationsentwicklern und -anwendern gefördert werden.

> „An die Stelle separater Entwicklungsforschung bzw. einer strikten Trennung von grundlagen- und anwendungsorientierter Wissenschaft mit nachfolgender Umsetzung tritt die Integration von Planung, Durchführung und Ergebnistransfer im Forschungsauftrag. Hinzu kommt, daß diese Zusammenarbeit als Absprachen, Verständigungen und gemeinsame Lernprozesse (Selbstkoordination) zu entfalten ist" (Rauner u. a. 1995, 24).

Das Bremer Landesprogramm orientiert sich dabei nicht so sehr an ausgleichsorientierten regionalen Ansätzen, sondern verfolgt einen Entwicklungsansatz, der aus der Region selber kommt und vielmehr zur Profilierung der regionalen Besonderheiten beitragen soll. Dieser endogen zu verstehende Entwicklungsansatz baut auf Synergien zwischen privaten und öffentlichen Einrichtungen auf; er orientiert sich an vereinbarten Kernentscheidungen der Region und setzt demgemäß bei den individuellen Stärken einer Region an. Eine effiziente Regionalpolitik wird also nicht in der Förderung einzelner Unternehmen gesehen, sondern in der regionalpolitischen Förderung innovativer Strukturen.

Das Bremer Landesprogramm wird von einem regionalpolitischen Verständnis geleitet, wozu die Schaffung eines innovativen Umfeldes für potentiell innovationswillige Unternehmen gehört. Das Programm geht davon aus, dass es dabei nicht allein auf eine physische Infrastruktur ankommt, sondern auch auf Kooperationsprozesse zwischen den regionalen Innovationsträgern.

„Das Landesprogramm kann ein regionales innovatives Milieu fördern, in dem auch solche Arbeits- und Technikentwicklungen wirksam werden, die nicht in Heller und Pfennig aufzurechnen sind. Hierzu sind inner- und zwischenbetriebliche Beteiligungsprozesse zu aktivieren, mit denen die produktivitätstrelevanten Beziehungen zwischen Arbeitnehmern, Vorgesetzten, Unternehmern, Behörden und Forschern intensiviert werden" (Rauner u. a. 1995, 21).

Das Bremer Landesprogramm orientiert sich an einer innovationsorientierten Regionalpolitik, die vor allem von der regionalen und kommunalen Ebene vorangetrieben werden soll. Daher kann bei dem Beispiel des Bremer Landesprogramms auch von einer „Regionalisierung der Regionalpolitik" gesprochen werden. Eine solche Ausrichtung kann dazu beitragen, „den zur Zeit bestehenden Wettbewerb der Regionen um Fördermittel, Prestigeobjekte und ansiedlungswillige Unternehmen durch einen Wettbewerb um die effizienteste Verwendung vorgegebener Budgets zu ersetzen" (Soltwedel, zitiert nach Ewers/ Brenck 1992, 338).

Die vorgestellten Erklärungsansätze machen auch deutlich, dass sie sich nur begrenzt für die empirische Untersuchung von regionalen Programmen, wie dem des Bremer Landesprogramms „Arbeit und Technik", eignen. Sie können m. E. höchstens als Orientierungsrahmen bei der Ex-ante-Abschätzung der möglichen Wirkungen von regionalen Programmen zu Rate gezogen werden. Für makroökonomische Input-Output-Betrachtungen im Rahmen von interregionalen Vergleichen sind sie jedoch gut verwendbar, da sie entweder die Angebots- oder Nachfrageseite regionaler Wachstumsprozesse betonen.

Bedingt durch einen erheblichen Bedeutungszuwachs der Regionalpolitik hat sich der Wettbewerb um die Verteilung von Fördermitteln noch weiter zugespitzt. So haben sich in vielen Fällen Mitnahmeeffekte ergeben, ohne die Wirksamkeit bzw. Nachhaltigkeit einer sorgfältig instrumentierten Regionalpolitik zu erzielen. Im Folgenden wende ich mich den Erfahrungen mit verschiedenen praktischen regionalpolitischen Ansätzen zu, um diese in ihrem Bezug auf das Bremer Landesprogramm zu untersuchen.

3.4   Erfahrungen mit der innovationsorientierten Regionalpolitik

Im folgenden Abschnitt werden konkrete Erfahrungen mit der europäisch induzierten Regionalpolitik und der innovationsorientierten Regionalpolitik diskutiert (Ewers/ Brenck 1992). Beide regionalpolitischen Ansätze gehen von einer stärkeren Integration verschiedener regionaler Fachpolitiken aus und kommen dem hier zu untersuchenden Bremer Landesprogramm „Arbeit und Technik" nahe.

3.4.1 Europäische Regionalpolitik

Auf der europäischen Ebene bzw. auf Seiten der europäischen Kommission ist eine an Bedeutung zunehmende, europäisch angeleitete Regionalpolitik entstanden. Der europäische Ansatz versucht, benachteiligte Regionen (ländliche Regionen, vom Strukturwandel besonders betroffene Regionen) an die Entwicklungsstandards weiter vorne liegender Regionen heranzuführen. Solches Nachholen ist vor allem ausgleichsorientiert angelegt und soll durch schnelleres Wachstum bzw. durch die verstärkte Nutzung v. a. innovativer Technologien in Industrie, Mittelstand und Dienstleistungsbereichen in den noch zurückliegenden Regionen erreicht werden. Im Zentrum der regionalpolitischen Fördermaßnahmen steht zunehmend die regional ausgerichtete Innovationsförderung, wobei insbesondere die Wissenschafts- und Technologiepolitik von Belang ist. Im Vergleich zu den USA und Japan liegen die europäischen Unternehmen vor allem bei der Anwendung von Spitzentechnologien zurück; daher hat die Technologieförderung in der europäischen Regionalpolitik besonderes Gewicht. Durch vielfältige Maßnahmen soll ein effizienterer Transfer von technologischen Innovationen in die europäischen Regionen erreicht werden.

„The importance of innovation is also reflected in a shift of focus in regional policy away from purely economic issues and towards science and technology concerns. In development terms the challenge will be to overcome the knowledge transfer problem. [...] Relative to Japan and the US, the EU has a poor record of converting scientific and technological knowledge into commercial successful products and services, that is an inability to transfer knowledge from laboratory to industry and from firm to firm. At bottom the EU lacks a robust networking culture, that is the disposition to collaborate to achieve mutually beneficial ends" (Morgan 1997, 492).

Dieser Grundgedanke wurde auch von der europäischen Kommission in der Überarbeitung ihrer regionalen Entwicklungspläne aufgenommen, den sie so formuliert:

„If the old regional policy was about opening roads, he said, the new approach was mainly about opening minds. That is to say, traditional regional policy has been about building physical infrastructure, while new accent is on building social capital, that is a relational infrastructure for collective action based upon trust, reciprocity and the disposition to collaborate for mutually beneficial ends, the so called ‚intangible factors' which are deemed to play such an important role in innovation and economic development today" (Commission of the European Communities (CEC), zitiert nach Morgan/ Nauwelares 1998, 7 ff.; aber auch in derselben Traditionslinie: CEC 1995 (Green Paper); CEC 1996 (Action Plan for Innovation)).

Mit diesem Wandel des Verständnisses zu einer für Europa angemessenen, regionalen Entwicklungspolitik hebt die Europäische Kommission die noch bestehenden Unterschiede zwischen den entwickelten und weniger entwickelten Regionen bezüglich ihrer wirtschaftlichen und sozialen Situation hervor. Morgan zeigt die Unterschiede im Detail:

> „The broad contours of inter-regional inequalities in Europe are familiar enough and the gap between the richest and poorest regions remain stubbornly large. As regards income per head, for example, the gap between the top 25 and bottom 25 regions was relatively unchanged between 1983–1993. On the unemployment front the 25 worst-affected regions had an unemployment rate averaging 22.4 % in 1995, nearly five times the average for the 25 least-affected regions" (EC reports, zitiert nach Morgan 1997, 498; siehe aber auch CEC 1994, 1995 und 1996).

Unter den über 80 EU-Regionen werden demgemäß auch die schwachen Regionen als so genannte „less-favoured regions" bezeichnet. Morgan (1997a) stellt bei ihnen, neben einem infrastrukturellen (Straße, Eisenbahn, Telekommunikationsinfrastruktur etc.) und technologischen Defizit (geringe Ausgaben für FuE, geringe Patentanmeldungen) vor allem Schwächen bei den weichen Innovationsfaktoren, dem sozialen Humankapital (weniger qualifizierte Arbeitskräfte, mangelnde Führungsstrukturen), und institutionellen Kapazitäten (z. B. geringe Dienstleistungsorientierung, geringer Grad an Kooperationen, Schwächen in den regionalen Politikbereichen), fest.

Bis zu Anfang der 90er Jahre waren die Fördermaßnahmen allerdings stark auf prosperierende EU-Regionen bzw. Raumagglomerationen mit städtischen Großräumen im Kern (z. B. Groß-London, Rotterdam/ Amsterdam, Ile de France, Frankfurt, Stuttgart, München, Lyon/ Grenoble, Turin und Mailand) bzw. auf entsprechende Unternehmen und Forschungseinrichtungen konzentriert.

> „In other words the first generation EU programmes could be criticised for not paying sufficient regard to the social, institutional and commercial dimension of innovation. And, to the extent that low RTD[17] activity was defined as a supply-side problem, the solution sometimes ended up as a cathedral in the desert, i. e. facility was massively under utilised by local firms in the regions. [...] It is not simply the presence of units of RTD infrastructure, but of the degree of interaction between them which is the most significant factor in local innovation" (CEC, zitiert bei Morgan 1997, 497).

Die Europäische Kommission stellt in ihren neuen Research Technology Plan Guidelines (CEC 1994) somit auch folgende Aspekte in den Mittelpunkt ihrer regionalpolitischen Überlegungen:

---

17 RTD = Research, Technology and Development.

(1) Der „bottum-up approach" legt den Schwerpunkt auf nachfragebezogene Anforderungen von Seiten der kleinen und mittleren Unternehmen (KMU) in den betreffenden Regionen, die durch einen regionalen Innovationsdialog zwischen Forschung und Wirtschaft vorangetrieben werden sollen.

(2) Der „regional approach" strebt eine regionale Konsensbildung in Bezug auf die kurz- und langfristige Priorisierung regionaler Entwicklungsmaßnahmen an.

(3) Der „strategic approach" soll die richtigen kurzfristigen Maßnahmen bestimmen, die sich in übergeordnete, langfristig orientierte Planleitvorstellungen einordnen lassen.

(4) Ein „integrated approach" soll die Bemühungen des öffentlichen Sektors mit denen des privaten Sektors verbinden. Ziel ist hier die Bildung von „public-private-partnerships (ppp's)" mit dem gemeinsamen Ziel der Erhöhung von regionaler Produktivität und Wettbewerbsfähigkeit.

(5) Der „international approach" bezieht die regionalen Leitvorstellungen und Maßnahmen aus einer Analyse der globalen ökonomischen und sozialen Trends, wozu auch die Vorstellung einer interregionalen Kooperation im nationalen, europäischen und internationalen Kontext gehört.

In diesen Diskussionszusammenhang kann beispielhaft das Forschungsprogramm zur innovationsorientierten Regionalpolitik (das nachfolgend näher betrachtet wird), der Programmansatz des Bremer Landesprogramms „Arbeit und Technik"[18] und weitere, auf regionale Innovationsförderung ausgerichtete Fördermaßnahmen, wie sie im Konzept der lernenden Region in Abschnitt 3.4.4 ff. diskutiert werden, gestellt werden. Warum? Zum einen waren und stehen die Ziele dieser Programme in Konkordanz mit den oben aufgestellten fünf Leitlinien der „regional technology plan guidelines" der EU, und zum anderen wurden diese Regionalansätze mittlerweile auf recht breiter empirischer Basis evaluiert (Ewers/ Brenck 1992; Rauner u. a. 1995; Deitmer u. a. 1997). Auch aus nationaler Perspektive liegen praktische Erfahrungen mit regionalen, innovationspolitischen Maßnahmen vor, die im folgenden Abschnitt behandelt werden.

3.4.2 Nationale Regionalpolitik

Die innovationsorientierte Regionalpolitik ist seit den siebziger Jahren in der Bundesrepublik mit einer Fülle von regionalen Fördermaßnahmen entstanden; sie geht von der Prämisse aus, dass nur innovative und anpassungsfähige Unternehmen sich im Strukturwandel behaupten können. Die innovationsorientierte Regionalpolitik betrachtet somit aus nationaler bzw. regionsübergreifender Perspektive das regionale Gefälle mit der Ab-

---

18 Das Bremer Landesprogramm wurde zu erheblichen Teilen aus Mitteln der für das Land Bremen verfügbaren Ziel-2-Fonds der Europäischen Kommission finanziert. Hierbei gelang es den Verantwortlichen in den Senatsverwaltungen Arbeit und Wirtschaft, Mittel des europäischen Sozialfonds (ESF) und des Strukturentwicklungsfonds (EFRE) mit Landeskomplementärmitteln zusammenzuführen (Pollmeyer/ Weingarten 1992).

sicht, die Differenzen zwischen innovationsstarken und innovationsschwachen Regionen abzubauen. Durch die Gewährung von Förderzuschüssen sollen insbesondere kleine und mittlere Betriebe in die Lage versetzt werden, regionale Innovationsdefizite und -engpässe zu beseitigen (Ellwein/ Bruder, zitiert nach Ewers/ Brenck 1993).

Die innovationsorientierte Regionalpolitik ging seinerzeit von drei grundlegenden Prämissen (Ewers/ Brenck 1993) aus:
1. Zwischen der wirtschaftlichen Entwicklung einer Region und der Innovationsfähigkeit der regionsansässigen Unternehmen besteht ein enger, positiver Zusammenhang.
2. Die Standortfaktoren (z. B. regionaler Arbeitsmarkt, Forschungs- und Wissenschaftsinfrastruktur) beeinflussen das Innovationsverhalten der Akteure.
3. Die Stellung der einzelnen Region in der Raumhierarchie übt einen Einfluss auf die Innovationsfähigkeit der regionsansässigen Unternehmer aus, d. h., die Disparitäten bei der regionalen Entwicklung müssen demnach auch zu Disparitäten bei der Erzeugung oder Übernahme von Innovationen führen. Unternehmen in peripheren Regionen weisen demnach systematisch geringere Innovationsleistungen auf, verglichen mit ähnlichen Unternehmen in entwickelteren Regionen.

Der Schlüssel zur Aktivierung regionaler Entwicklungspotentiale wird in den Synergieeffekten gesehen, die bei der gezielten Zusammenführung verschiedener Ressourcen erzielt werden. Mit der Regionalisierung und Dezentralisierung der staatlichen Wirtschafts- und Technikförderung wird eine erhöhte Effektivität und Effizienz erwartet. Die Forschung über innovationsorientierte Regionalentwicklung von Ewers/ Brenck hebt die Bedeutung der Standortfaktoren für die Innovationstätigkeit der regionalen Unternehmen hervor und wird durch zwei Einflussgrößen bestimmt:
- Die Ansiedlungs- und Abwanderungsentscheidungen von Unternehmen beeinflussen das Innovationspotential einer Region unmittelbar. Hier fließen langfristige Erwartungen der Unternehmen in die Markt- und Produktionsentwicklung ein, obwohl häufig auch höchst individuelle Regionspräferenzen des Unternehmers wirksam werden können.
- Umfeldorientierte bzw. regionale Einflussgrössen, wie die Präsenz von FuE-Einrichtungen, wirken sich auf die Innovationstätigkeit des regionsansässigen Unternehmens positiv aus.

Die Untersuchungen machen deutlich, dass regionale Innovationsorientierung durch die Menge der Innovationsstimuli bzw. der Qualität der Innovationsangebote zur Befriedigung der im Verlauf von Innovationsprozessen auftretenden Innovationsbedürfnisse, durch die Qualität und quantitative Verfügbarkeit des Arbeitskräfteangebotes sowie der in der Region verfügbaren finanziellen Ressourcen – seien es zinsgünstige Kredite oder Förderhilfen – positiv beeinflusst wird. Ewers, Brenck und andere gehen davon aus, dass das regionale Umfeld begünstigend oder hemmend auf innovatives oder auch experimentelles Handeln (die Entwicklung neuer Produkte, neuer Organisationsformen usw.) innerhalb der in der Region befindlichen Unternehmen wirken kann (Ewers/ Brenck 1993).

Weitere Untersuchungen von Kneißle/ Zündorf (1994) belegen, dass solches Handeln wesentlich von der Qualität und Quantität der Außenkontakte mit der Unternehmensumwelt abhängt.

Die Einflussgröße der Regionen auf die Innovationsfähigkeit der regionsansässigen Unternehmen hat Ewers (Ewers/ Brenck 1992) in seiner Untersuchung des Programms zu innovationsorientierter Regionalentwicklungsförderung zusammenfassend so präzisiert. Demnach

„kann die Grundhypothese der ‚Innovationsorientierten Regionalpolitik', die eine geringere Innovationsleistung der Unternehmen in peripheren Regionen postuliert, wohl nicht aufrechterhalten werden. [...] Die für die Bundesrepublik ermittelten regionalen Unterschiede beim Anteil innovierender Unternehmen resultieren weniger aus aktuellen Hemmnissen [...], sondern aus der regional disparitären Verteilung innovierender Unternehmen. [...] Es wird allerdings unterstellt, daß der Verdichtungsgrad einer Region tatsächlich für zumindest einige Innovationen von Bedeutung ist. [...] Da die Neugründungen (spin-offs) zumeist in den Regionen stattfinden, in denen die Neuunternehmer bisher schon tätig waren (Nutzung bestehender Netzwerke, sozialer Bindungen), ergibt sich automatisch eine Verstärkung einmal bestehender Disparitäten" (Ewers/ Brenck 1992, 330 ff.).

Das von Ewers und Brenck gezogene umfassende Resümee der innovationsorientierten Regionalpolitik verdeutlicht m. E. die Bedeutung von industriellen Komplexen oder industriellen Distrikten für die Innovationsleistungen von Unternehmen. Auf eine einfache Gleichung – die etwa lautet: ‚Je differenzierter der regionale Arbeitsmarkt oder je mehr Technologieförderung, desto höher die Innovationsleistung' – lässt sich der Zusammenhang zwischen den Standortfaktoren und der Innovationsorientierung der Unternehmen allerdings nicht reduzieren. Die Erkenntnis von Ewers und Brenck lautet daher, ähnlich wie in der europäischen Regionalpolitik sichtbar, dass vor allem die Beziehungsgeflechte zwischen den Unternehmen mit ihrem regionalen Umfeld von Bedeutung sind. Die Bedeutung der Förderung kleiner und mittlerer Unternehmen wird hervorgehoben. „Die Notwendigkeit einer selektiven Förderung, orientiert an Kriterien der Wirtschaftlichkeit, läßt eine hocheffiziente Teilmenge kleiner Unternehmen als die eigentlichen Adressaten einer innovationsorientierten Regionalpolitik erscheinen" (Pfirrmann 1991, 231).[19] Insbesondere die in einer Region hauptsächlich repräsentierten Branchen und Cluster sind ein Ansatzpunkt für eine regionsspezifische Förderung. „Der Individualität der Innovationsaktivität kann eine innovationsorientierte Politik nur mit einer Individualisierung der Förderung und damit der Lösung betriebsspezifischer Probleme begegnen" (Ewers/ Brenck 1992, 335). Auch periphere Regionen können demnach genauso stark innovieren; entscheidend sind die unternehmerischen Strategien,

---

19 Dieses Resümee von Pfirrmann (1991) basiert auf der empirischen Analyse der Forschungs-, Entwicklungs- und Innovationstätigkeit kleiner und mittlerer Unternehmen in den Regionen der Bundesrepublik im Zeitraum 1978–1984.

ren; entscheidend sind die unternehmerischen Strategien, um auf Marktveränderungen zu reagieren. Allerdings, so die abschließende Erkenntnis zahlreicher Studien über diesen Politikansatz, können die unternehmerischen Strategien durch das regionale Umfeld positiv bzw. negativ beeinflusst werden. Die Untersuchungen der verschiedenen Maßnahmen im Rahmen dieses regionalen Entwicklungsansatzes mündeten in die Formulierung von Politikempfehlungen ein, die auch für die Positionierung und Bewertung des Bremer Landesprogramms im Kontext regionalpolitischer Ansätze bedeutsam sind. Im Folgenden werden daher die zentralen Empfehlungen der innovationsorientierten Regionalpolitik im Kontext des Landesprogramms betrachtet.

3.4.3 Empfehlungen der innovationsorientierten Regionalpolitik

Das vorangegangene Kapitel hat verdeutlicht, dass eine quantitative Prognose, ja selbst eine Ex-post-Abschätzung der Wirkungen einer Innovation auf der regionalen Ebene schwierig ist (Ewers/ Brenck 1992). Gleichwohl liegen einige Untersuchungen der regionalen Innovationsforschung zur regionalen Innovationsförderpolitik vor. Eine Studie von Pfirrmann (Pfirrmann 1991) stellt fest, dass die verschiedenen Innovationsstudien auf unterschiedlichen Ebenen angesiedelt sind: nämlich auf betrieblicher, regionaler, nationaler oder globaler Ebene. Häufig werde die Frage nach der Qualität der Innovation ausgeblendet. Er kommt zu dem Schluss, dass

> „die vorgestellten Studien im Hinblick auf konzeptionelle und methodische Behandlung des Innovationsbegriffes [sich, L. D.] zum Teil sehr deutlich voneinander unterscheiden und Aussagen zur Bedeutung standörtlicher Einflußfaktoren nicht ohne weiteres verallgemeinert werden können. Abgesicherte Schlußfolgerungen können auf Grund bestimmter Differenzierungen und widersprüchlicher Ergebnisse sowie angesichts offensichtlicher und nicht auszuschließender methodischer Verzerrungen der Resultate nicht vorgenommen werden" (Pfirrmann 1991, 48).

Die Studien zur innovationsorientierten Regionalpolitik sprechen danach Empfehlungen aus (Ewers/ Brenck 1992; Pfirrmann 1991; Staudt 1996):
- Zur Förderbedürftigkeit innovierender Unternehmen: Die Förderung sollte demnach vor allem auf solche Unternehmen konzentriert werden, die über günstige Voraussetzungen (z. B. ausreichende Innovations- und Problemlösungskompetenzen, hohe Eigenanteile, eigene FuE-Aktivitäten) für die Umsetzung der Fördermaßnahme verfügen (Vorrang der Förderwürdigkeit vor der Förderbedürftigkeit). Empfohlen wird die Abkehr von einer flächendeckenden Förderpraxis (Abkehr vom „Gießkannenprinzip". Statt auf die Aktivierung nur schwach innovierender Unternehmen zu setzen, sollte die Förderung auf bereits innovierende Unternehmen hin konzentriert werden.
- Zur Individualität der Innovationsgegenstände: Der Innovationsgegenstand sollte einen bestimmten Reifegrad erreicht haben, damit sich die Akteure nicht in schwer abschätzbare Innovationsprozesse zwischen Unternehmen und Wissenschaft mit

ungewissem Ausgang stürzen (Staudt 1996). Darüber hinaus sollte sich die Innovationsförderung nicht nur auf technische Innovationen beziehen, sondern sie müsste weiter gefasst werden. Sonst würden ansonsten für die Region wichtige Erfolgspotentiale und zahlreiche Unternehmen von vornherein von der Förderung ausgeschlossen.

- Zur Auswahl der Innovationsgegenstände: Bezüglich des Innovationsgegenstandes weist die innovationsorientierte Regionalpolitik ein weiteres Dilemma auf, nämlich die Frage, welche Technologien bzw. welche Unternehmen bzw. Projekte gefördert werden sollen. Es sollen daher vorab bedarfsklärende Untersuchungen angestrebt werden, um die allgemeinen und regionalen Problemlagen zu bestimmen. Ein regionaler Innovationsdialog kann durch seine kommunikative Basis auf die drängenden Problemsituationen in der Region aufmerksam machen. Im Übrigen ist eine gewisse Offenheit bei der Auswahl der Themen durch die Auswahlkommissionen bzw. Programmbeiräte an den Tag zu legen, da viele innovative Potentiale vorab kaum erkannt werden können. Es ist und bleibt die Aufgabe der Unternehmen, nach rentablen Innovationschancen zu suchen; sie kann kaum von staatlichen Stellen übernommen werden. Trotzdem können die politischen Instanzen über die Regionalpolitik indirekt Einfluss auf die Unternehmen nehmen, indem sie das Umfeld der Unternehmen verändern.

- Zur Bedeutung der Interaktion zwischen öffentlichen und privaten Innovationsträgern: Der Einfluss der quantitativen Standortfaktoren (Dichte an Transferstellen, Bildungseinrichtungen, FuE-Einrichtungen, Verkehrsinfrastruktur usw., im Wesentlichen also Agglomerationseffekte) auf das Innovationsverhalten der regionalen Akteure wird meistens überschätzt. Die Qualität der Interaktion zwischen Forschungs- und Bildungseinrichtungen und den regional ansässigen Unternehmen übt dagegen einen erheblichen Einfluss auf die Innovationssituation in den betroffenen Regionen aus. Im Mittelpunkt der zu bewältigenden Probleme steht das Transformationsproblem, ob es zu einem Austausch zwischen verschiedenen Wissensdomänen von wissenschaftlichen und wirtschaftlichen Einrichtungen kommt – oder auch nicht! Dies kann dann zu einem Anstieg der Innovationsleistungen auf Seiten der FuE-Einrichtungen und der Unternehmen führen.

- Zur dezentralen Organisation der innovationsorientierten Regionalpolitik: Im Rahmen einer künftigen innnovationsorientierten Regionalpolitik sollte die Förderung stärker dezentralisiert und stärker auf die Lösung betriebsspezifischer Probleme konzentriert werden (Regionalisierung der Regionalpolitik). Dies läuft vor allem auf eine Strategie der Orientierung der Regionen auf ihr endogenes Potential hinaus, was sich nicht in eine zentral koordinierte Regionalpolitik einpassen lässt. „Innovationsorientierte Regionalpolitik kann daher sinnvoll nur auf der regionalen und kommunalen Ebene betrieben werden. [...] Dabei muß der Wettbewerb als Entdeckungs- und Sanktionsverfahren etabliert werden" (Ewers/ Brenck 1992, 337).

- Durch Rückkoppelungsmechanismen zur Erfolgskontrolle: Es sollte eine verstärkte Mittel- und Erfolgskontrolle bei den Projektnehmern durchgeführt werden, d. h., bei

Fehlentwicklungen sollte negativ und bei erfolgreichem Mitteleinsatz dagegen positiv sanktioniert werden. „Dazu ist es nötig, den dezentralen Ebenen weitgehende Freiheiten bei der Gestaltung ihrer Wirtschaftsförderung einzuräumen, um so einen regionalen Suchprozeß nach der effizientesten Form der Förderung in Gang zu setzen. Dies wird aber nur zu sinnvollen Ergebnissen führen, wenn ein Rückkoppelungsmechanismus besteht, der regionale Entscheidungsträger direkt mit den Auswirkungen ihrer Mittelverwendungsentscheidungen konfrontiert, sie also bei Fehlentwicklungen negativ, bei erfolgreicher Mittelverwendung dagegen positiv sanktioniert" (ebenda).

- Keine Förderung einzelner Unternehmen und Technologien: Eine innovationsorientierte Regionalpolitik sollte nicht bei der Förderung einzelner Techniken oder Unternehmen stehen bleiben, sondern bemüht sein, regionsinterne innovative Verbundstrukturen zu schaffen. Die Verbundthemen sollten sich an regionalen Präferenzen und Engpässen orientieren. Außerdem sollte der Zugang zu staatlichen oder privaten Innovationsdienstleistern erleichtert werden, damit die Unternehmen bei komplexen Modernisierungsmaßnahmen stärker auf ein professionelles Umfeld in ihrer Region zurückgreifen können (Ewers/ Brenck 1992, 336).

Das Bremer Landesprogramm „Arbeit und Technik" hat die Empfehlungen der Studien zur innovationsorientierten Regionalpolitik nicht unmittelbar genutzt, trotzdem ist es von Interesse, das Programm zu den obigen Empfehlungen in Beziehung zu setzen. Zuerst zu den Übereinstimmungen mit den Förderempfehlungen (Rauner 1995 u. a., 76 ff.): Das Bremer Landesprogramm ist auf der regionalen Ebene entstanden, wobei die Programmziele und Fördermodalitäten im Dialog zwischen den Programmorganisatoren und der politischen Ebene, hier den adminstrativ-politischen Vertretern der Arbeits-, Wirtschafts- und Wissenschaftspolitik, festgelegt wurden. Alle Vertreter, wie Programmbeirat[20] und Projektträger, sind auf der regionalen Ebene zu verorten. Es fand keine Förderung einzelner Unternehmen statt, sondern es wurden regionale Innovationsverbünde befördert. Bei der Auswahl und der Risikoabschätzung der Innovationsgegenstände in den Vorhaben stand das Landesprogramm vor einer ähnlichen Problematik wie das Programm der innovationsorientierten Regionalpolitik. Die Entscheidungen wurden allerdings durch die Beratung des Projektträgers und die umfängliche, teilweise zweifache Beratung durch das Auswahlgremium, hier dem Programmbeirat, abgesichert. Nun zu den deutlichen Abweichungen: Der Förderwürdigkeit wurde kein Vorrang vor der Förderbedürftigkeit eingeräumt. Es wurde nicht geprüft, ob die Firmen über günstige Voraussetzungen für eine Teilnahme in den Vorhaben (eigene FuE) verfügten. Vielmehr stand bei der Förderstrategie des Bremer Landesprogramms die zu verändernde Situation einer von

---

20 Wobei der Programmbeirat in der Pilotphase des Programms (1990–1995) mit regionalen Vertretern verschiedener lokaler Organisationen (z. B. Arbeitgeber- und Arbeitnehmerverbänden), regionalen Vertretern der Wissenschaft und externen Experten besetzt war.

Strukturveränderungen betroffenen Region und der in ihr befindlichen Betriebe, vor allem auf Seiten der regionalen KMU, im Vordergrund. Daher wurden auch solche regionalen Firmen in die Verbünde aufgenommen, die geringe Voraussetzungen (interne FuE) zur Innovation aufwiesen. Erfolgskontrollen und entsprechende Rückkoppelungsmechanismen wurden nicht begleitend aufgebaut, sondern fanden eher zum Ende der Pilotphase statt.

Im Hinblick auf die Erfahrungen europäischer und der nationalen, innovationsorientierten Regionalpolitik kann festgestellt werden, dass einer ressortübergreifenden Innovationspolitik für das Gelingen der innovationspolitischen Maßnahmen in der Region entscheidende Bedeutung zukommt. Daher wende ich mich im Folgenden einem neuen Denkansatz der Regionalentwicklung zu, dem Konzept der „lernenden Region".

3.4.4 Die „lernende Region" – ein neuer Denkansatz zur Regionalentwicklung?

Einen relativ neuen Denkansatz in der Regionalentwicklung, der insbesondere in regionalen bzw. europäischen Bildungsoffensiven vielfältigen Gebrauch gefunden hat, markiert das Konzept der „lernenden Region". Dieses Konzept korrespondiert mit dem Ansatz „regionaler Innovationsmilieus" (Camagni 1991; Läpple 1998). Lernende Regionen[21] sind durch eine Fülle von institutionenübergreifenden Interaktions- und Lernprozessen gekennzeichnet. Die Interaktionsbeziehungen bauen auf den vorhandenen endogenen Potentialen in regionalen Institutionen auf und sind durch dichte Vernetzungen zwischen betrieblichen und bildungsbezogenen, wissenschaftlichen und beruflichen Einrichtungen gekennzeichnet. Folgende Akteure und deren Institutionen werden in diesem Ansatz zusammengeführt: Neben den Institutionen der beruflichen Aus- und Weiterbildung sind dies die regionalen Unternehmen sowie die in den Regionen befindlichen Forschungs- und Entwicklungseinrichtungen auf Seiten der Hochschulen und Universitäten. Hinzu kommen noch Einrichtungen, die als verbandliche bzw. kooperatistische Organisationen verstanden werden können und die Interessen entweder von Betrieben, Branchen oder Berufen (wie Kammern, Innungen, Berufsverbänden und dergleichen) verkörpern. Die Netzwerke basieren auf lokaler Nähe, Face-to-face-Beziehungen und streben einen ganzheitlichen Charakter in ihren Maßnahmenkatalogen an. Das Modell der „lernenden Region" richtet sich vor allem auf die Effizienz der Ressourcenausnutzung und die Effektivität der Zusammenarbeit in einer Region, um Klein- und Mittelbetriebe bei

---

21 Das prozedurale Leitbild von der „lernenden Region" lehnt sich an die Prinzipien einer „lernenden Organisation bzw. des lernenden Unternehmens" an. Solche Unternehmen sind durch die systematische Förderung des Lernens bei ihren Mitarbeitern gekennzeichnet. Wesentlicher Ausdruck dieses Organisationsentwicklungsmodells ist die dialogische Ausrichtung der Veränderung von Organisationsabläufen. Im Ansatz zum „lernenden Unternehmen" wird unterstellt, dass das Unternehmen über die personellen Potentiale als permanente Quelle von Innovation und Veränderung zumindestens zum Teil selber verfügt (vgl. Stahl 1994, 23; Koch 1994, 42 f.).

Innovationen, und damit bei der Schaffung von Arbeitsplätzen, durch verstärkte und verbesserte Qualifizierung der Arbeitnehmer zu unterstützen.

Das Leitbildkonzept soll eine bessere Entwicklung der regionalen Humanressourcen bewirken, damit spezifische regionale Problemlagen, z. B. personelle Engpässe, durch die Induzierung von Lernprozessen angegangen werden können. Personelle Kapazitätsengpässe in unterschiedlichen Institutionen, sei es nun beispielsweise in den regionalen Betrieben oder auf Seiten von Aus- und Weiterbildungseinrichtungen, sollen abgebaut werden. In Abgrenzung zu den oben stehenden Ansätzen der Regionalentwicklung steht hier der Aspekt des „Lernens", damit auch der des Wissenszuwachses, im Mittelpunkt – sowohl auf der individuellen als auch auf der institutionellen Ebene (vgl. Faulstich 1997, 149 f.; Heidegger/ Rauner 1997, 24 f.). Es geht vor allem um Überlegungen zur bedarfsorientierten Qualifizierung und regionalen Beschäftigungsförderung (Dobischat/ Husemann 1997). Aus europäischer Sicht wird der Ansatz auch als ein integrierter Ansatz verstanden, der mehrere regionale Politikfelder, wie die Wirtschafts-, Arbeitsmarkt-, Aus- und Weiterbildungs- sowie Wissenschaftspolitik, miteinander verknüpfen soll (z. B. Nyhan u. a. 1999; Lundvall/ Borrás 1997).

In lernenden Regionen geht es nicht um re-aktives Lernen, wobei die Handlungsträger auf Notwendigkeiten von außen reagieren (auf neue Gesetze, mehr Wettbewerb oder auch Strukturwandel), sondern es geht um aktives, gestaltendes Tun auf Seiten der regionalen Innovationsträger. Dies soll sowohl für die Entwicklung der einzelnen Träger als auch für die der Region von Nutzen sein. Auch wenn zwischen privatem und öffentlichem Nutzen unterschieden werden muss, soll eine Balance zwischen diesen beiden Interessensphären versucht werden. Durch dialogische Vernetzung zwischen den regionalen Innovationsträgern soll aber auch ein nachhaltigerer Beitrag zur Regionalentwicklung geleistet werden. Die entscheidende Fragestellung für dieses Leitbildkonzept lautet: Wie können regional basierte Lernprozesse initiiert, vollzogen, optimiert und institutionalisiert werden? Obwohl konzeptionelle Differenzen bestehen, verfolgt dieser Ansatz eine ähnliche Zielstellung wie das Bremer Landesprogramm „Arbeit und Technik". Dies soll in den folgenden Abschnitten näher erläutert werden, nicht zuletzt um Barrieren im Vernetzungsprozess zu verdeutlichen.

3.4.5 Die Merkmale einer „lernenden Region"

Im Rahmen des von Cooke und Morgan und weiteren internationalen Vertretern (z. B. Saxenian 1994; Camagni 1991) verwandten Begriffs der „lernenden Region" wird insbesondere auf die Bedeutung der regionalen Aus- und Weiterbildungseinrichtungen und wissenschaftlichen Einrichtungen verwiesen:

> „The key element of an learning region include a dense network of public and private industrial support institutions, high grade labour market intelligence and related vocational training mechanisms, rapid diffusion of technology transfer, a high degree of interfirm networking and receptive firms well disposed towards innovation and learning" (Cooke/ Morgan 1993, 562; Saxenian 1994, 161–6).

Damit wird der Verflechtungsgrad zwischen den regionalen Institutionen als Beleg für die Robustheit der regionalen Ökonomie genommen. Wolfe und Gertler verweisen in diesem Zusammenhang auf die „lernende Organisation":

> „These regional models are based on learning organisations, constantly concerned with enhancing their ability to function as repositories of knowledge and ideas, and provide an underlying environment or infrastructure which facilitates the flow of knowledge, ideas and learning" (Wolfe/ Gertler, zitiert nach Braczyk u. a. 1999, 101).

In dem von den zitierten Wissenschaftlern vertretenen „Regional Innovation System"-Konzept wird dargelegt[22], dass bei der Netzwerkbildung von zwei konstitutiven Momenten auszugehen ist: (1) der Bildung von Vertrauen, das sich unter Beweisstellung von (2) Kompetenz auf Seiten der lokalen oder regionalen Akteure entwickelt. „This refers much more than technical skills, among other things it highlights the importance of shared cognitive framework within the firm and the ability to transfer knowledge across functions throughout the firms" (Morgan/ Nauwelaers 1998, 9).

In Anlehnung an den Definitionsversuch von Gnahs (1998, 26) können die Merkmale einer lernenden Region wie folgt skizziert werden:

- Die lernende Region besitzt eine eigene Identität bzw. basiert auf einem je spezifischen konkreten Leitbild; sie ist aus den Strukturbesonderheiten der Region abgeleitet; sie basiert auf konkreten Entwicklungszielen und knüpft an regionale Stärken an.
- Die lernende Region orientiert sich an gelungenen Beispielen regionaler Entwicklung und ist erfahrungsorientiert; gleichwohl strebt sie wegen der Besonderheiten eine Pionierrolle an. Der Ansatz ist offen für externe Beratung und damit offen für neue Ideen (Innovation von „unten"), vermeidet aber Kopien andernorts entstandener Entwicklungsbeispiele.
- Die lernende Region basiert auf Netzwerken regionaler Akteure, die sich an einem konkreten Leitbild orientieren und die ähnliche Interessen verfolgen. Diese Netzwerke basieren auf organisatorischen Basisstrukturen, die kontinuierliches Arbeiten unterstützen.
- Die Maßnahmen im Konzept der lernenden Region sind so angelegt, dass sie potentiell allen regionalen Akteuren offen stehen bzw. nicht ausschließlich den Partialinteressen bestimmter Akteursgruppen (z. B. ortsansässiger Großunternehmen) unterworfen sind.

---

22 Hierbei handelt es sich um umfangreiche Studien von 14 europäischen, japanischen und amerikanischen Regionen. Darin wird Bezug genommen auf Theoriemodelle der evolutionären Wirtschaftsentwicklung (Hirschmann 1958; Piore/ Sabel 1985; Lundvall 1994; Sabel 1992, 1993).

Die genannten Merkmale einer lernenden Region machen deutlich, dass das Konzept der lernenden Region nicht von einem trennscharf zu definierenden Begriff ausgeht, sondern mehr als eine Orientierungslinie anzusehen ist; es enthält eine akzentuierte Aufforderung zum Handeln regionaler Akteure (Gnahs 1998, 26).

Mit diesem Konzept erhalten nicht nur formell organisierte, sondern auch informelle Lernprozesse zwischen Institutionen auf regionaler und lokaler Ebene einen eigenen Stellenwert. Es geht darum, Lernprozesse durch einen regionalen Innovationsdialog zu etablieren, der in ein breites Selbstverständnis mündet, das von verschiedenen Institutionen getragen wird. Neben einer Steigerung von regionalen Selbstbeobachtungs- und Selbstbeschreibungsaktivitäten soll ein reflexiver Umgang mit strukturellen Stärken und Schwächen der Region verwirklicht werden. „Wissen" (in seinen unterschiedlichen Formen von technologischem Expertenwissen über Koordinationswissen bis hin zu impliziten Wissensformen) erlangt damit als Motor und Koordinator regionaler Entwicklungszusammenhänge eine zentrale Funktion.

Für die vergleichende Analyse des Bremer Landesprogramms „Arbeit und Technik" mit anderen Ansätzen erscheint es daher sinnvoll, sich mit den neueren Entwicklungen zur Regionalisierung der Wirtschaftsförderung auseinander zu setzen. Dabei wird der Versuch unternommen, zwischen den verschiedenen Teilsystemen der Wirtschaft, der Bildung und der Wissenschaft eine nachhaltigere und wirksamere Netzwerkbildung zu befördern. Die regionalen Innovationsträger sollen lernen, ihre Probleme durch Kooperation untereinander selber zu lösen. Untersuchungen zur lernenden Region zeigen, dass es ganz unterschiedliche Formen der Kooperation mit verschiedensten Akteuren und Kommunikationsstrukturen geben kann (Nyhan u. a. 1999; Hofmaier 1999; Stahl 1994b, 1999). Diesem Sachverhalt wendet sich der folgende Abschnitt zu.

Der Ansatz der lernenden Region ist, wie schon oben angedeutet, nicht nur theoretischer Natur, sondern hat mittlerweile in Europa in vielen Beispielen seine mehr oder weniger ausgeprägte Verwirklichung gefunden. Es soll hier nicht auf die vielen Beispielsammlungen im Einzelnen eingegangen werden, vielmehr soll der Versuch unternommen werden, die in der Literatur genannten Beispiele resümierend zu charakterisieren. In der Regel sind die Initiativen aus konkreten Problemlagen entstanden, z. B. wegen Lehrstellenmangels, überdurchschnittlich hoher Arbeitslosigkeit in der Region oder schwacher bzw. monostrukturierter Wirtschaftsstrukturen (z. B. Kohle/ Stahl-Regionen, Schiffbau-Regionen). Die Konzeptbeispiele zur lernenden Region verbinden etwa die Qualifizierung der Arbeitnehmer in einer Region mit anderen strukturpolitischen Aspekten, wie solchen der Arbeitsmarkt-, Wirtschaftsförderung und Bildungspolitik. Dadurch sollen die regionalen Ressourcen optimal genutzt werden.

Mit Beginn der siebziger Jahre wird in der deutschen Diskussion zur regionalen Weiterbildungspolitik über Möglichkeiten und Grenzen regionaler Kooperationen nachgedacht, ohne dass es jedoch lange Zeit in einem nennenswerten Umfang zur Umsetzung der Ziele, Vorschläge und Modelle kam (vgl. Bocklet 1975; Faulstich/ Teichler/ Bojanowski/ Döring 1991). Seit den neunziger Jahren gibt es zunehmend regionale Weiterbildungsverbünde. Ziel dieser Verbünde ist es, den Wirkungsgrad der Weiterbildungsmaßnahmen zu erhöhen, so dass das regionale Angebot adressatengerechter, effizienter, umfassender und vor allem auch qualitativ anspruchsvoller gestaltet werden kann. Die Komplementarität der Einzelmaßnahmen untereinander soll erhöht werden (vgl. Gnahs 1994; Döring 1995, 165 ff.; Faulstich 1997, 149 f.; Foders 1998, 27 ff.). Leider waren die Erfahrungen damit nicht immer positiv. Eine verbreitete Erfahrung liegt darin, dass die Akteure durch Kooperationen Zeit und Geld verlieren, ohne einen erkennbaren Nutzen zu haben. Zusätzlich stellte sich bei ihnen häufig das Empfinden ein, von ihren Partnern ausgenutzt zu werden. Eine Veränderung dieser Situation ist nach Geißler (1997, 85) nur möglich, wenn die Institutionen im Rahmen eines verbreiteten und durchgesetzten Ansatzes von Organisationslernen an einer vernünftigen Kooperation interessiert sind, bei welcher die Partner als Subjekte anerkannt werden und ihre Subjekthaftigkeit gefördert wird. Geschieht dies, bilden die auf diesem Prinzip basierenden Kooperationen den Nukleus einer lernenden Region. So entstehen keine Kooperationsverlierer, sondern der gegenseitige Nutzen wird befördert und herausgearbeitet.

Die regionalisierten Weiterbildungsmodelle scheinen immer dann besonders erfolgreich zu sein, wenn eine Verknüpfung mit anderen Politikfeldern vorgenommen wurde. Insbesondere dann, wenn eine Verzahnung mit den Instrumenten bzw. Teilprogrammen der regionalen Wirtschaftsförderung gelingt. Die Beispiele verdeutlichen auch, dass der Impuls für die Initiierung dieser Modelle sowohl aus der Region selber als auch in vielen Fällen von außen erfolgte – z. B. durch eine beratende Unterstützung von außen (vgl. Faulstich/ Teichler/ Döring 1996, 117 ff.; Gnahs 1994, 3 ff.).

Zusammenfassend handelt sich also bei diesen Konzepten um Maßnahmen und Aktionen, die es den Individuen erlauben sollen, stärker strategisch und strukturorientiert zu denken und zu handeln, um damit einen Beitrag zur Modernisierung der Wirtschaft, zur Beschäftigungssicherung, zur Bewältigung sozialer Probleme und schließlich zur Pflege der lokalen Kultur zu leisten. Bisher ungenutzte Möglichkeiten zur wirkungsvollen regionalen Selbstgestaltung sollen entdeckt, erprobt und umgesetzt werden (Geißler 1997, 85). Im Konzept der „lernenden Region" findet daher eine Orientierung auf prozedurale Zielsetzungen statt, mit dem Zweck, neue strukturpolitische Aktivitäten in der Region zu verankern. Unterstellt wird, dass in einer Region durch das unkoordinierte Nebeneinander von Aktivitäten Potentiale verschenkt werden, die durch eine stärkere Zusammenarbeit mobilisierbar wären. Der Initiierung bzw. Moderation dieser Zusammenarbeit kommt also eine Schlüsselrolle bei der regionalpolitischen Neuorientierung zu (vgl. Döring/ Jantz/ Meßmer 1997, 387 ff.; Stahl 1994a, 1994b; Stahl/ Nyhan/ D`Aloja 1993).

3.6 Zentrale Problemfelder regionaler Innovationspolitik

Im Folgenden werden drei Problemfelder regionaler Innovationspolitik dargestellt. Die Problemfelder ergeben sich auch aus den praktischen Erfahrungen mit den oben vorgestellten regionalpolitischen Praxisansätzen. Diesen zentralen Problemfeldern müssen sich gleichermaßen alle regionalpolitischen Innovationsmaßnahmen stellen – in diesem

Zusammenhang auch die Entwicklung des Bremer Landesprogramms (Rauner u. a. 1995a, 21 ff.).

- *Potentialproblematik:* Es wird auf betrieblicher und wissenschaftlicher Ebene zu wenig Forschung und Entwicklung betrieben, als dass ein ausreichender Impuls für eine innovative Kooperationspraxis entsteht. Dies ist in Regionen, die sich im Strukturwandel befinden und kaum über ein ausgeprägtes Beziehungsgeflecht verfügen, ein großes Problem. Die in der Region verfügbaren Potentiale reichen nicht aus, um von innen heraus einen Veränderungsprozess anzustoßen. Daher wird es notwendig sein, regionale Potentiale mit überregionalen Impulsen und Orientierungen zu verknüpfen. Hierzu sind konkrete Verbindungslinien zwischen der ‚Binnensicht' der Betriebe, der Konfiguration von Projektveränderungsmaßnahmen und daraus erwachsenden, regionalen Innovationsstrukturen herzustellen. Dabei ist bei den bestehenden Verflechtungen zwischen Kunden, Nutzern, Produzenten, Zulieferern, Endabnehmern, aber auch zwischen produktionsorientierten Dienstleistungen, Forschungs- und Ausbildungseinrichtungen anzusetzen.
- *Transformationsproblematik:* Die Notwendigkeit für Veränderungen auf Seiten der Unternehmen und wissenschaftlichen Institute kann zwar die Basis dafür bilden, dass einzelne innovative Lösungsansätze in Zusammenarbeit mit wissenschaftlichen Instituten entstehen. Die so entstandenen innovativen Insellösungen bieten aber noch keine Gewähr dafür, dass sie sich automatisch in die Region hinein verbreiten. Es geht bei den Insellösungen darum, zu Spill-over-Effekten zu gelangen, die den innovativen Impuls der Vorreiterprojekte weiterführen, damit weitere Veränderungen in der Region oder auch nur innerhalb des betreffenden wirtschaftlichen Sektors angeregt werden.
- *Integrationsproblematik:* Die Integrativität und Koordiniertheit der innovationspolitischen Politikfelder ist noch nicht in einem Maße vorhanden, dass sie sich in ihrer Wirksamkeit wechselseitig stützen könnten. Die Politikfelder umfassen die Wirtschaftsförderung für Industrie, Handwerk, Handel und Dienstleistung, die Arbeitsmarktpolitik, die Wissenschafts- und Bildungspolitik, aber auch Politikfelder, die je nach Branche und Nähe zum gewählten innovationspolitischen Thema im Zusammenhang stehen, wie die kommunale Umwelt-, Bau- oder Gesundheitspolitik. Im Rahmen der Regionalpolitik findet zwar ein extensiver Ausbau der wissenschaftlichen Forschungs- und Entwicklungsinfrastruktur statt, häufig stellt sich aber das Problem ein, dass bestimmte Politikfelder in die infrastrukturell orientierten Investitions- und Innovationsmaßnahmen nicht einbezogen bzw. darin unzureichend integriert werden. Im Gegensatz dazu wird unter dem Leitbild der „lernenden Region" von einem umfassenden Innovations- und Lernbegriff ausgegangen, der die oben genannten Politikfelder miteinander verzahnt (Dobischat/ Husemann 1997). Deshalb ist eine abgestimmte regionale Politik und ein damit verbundenes Innovationsmanagement notwendig, um nachhaltige – und damit strukturinnovative – Veränderungsprozesse anzustoßen.

Im Folgenden wird auf die Transformations- und Integrationsproblematik vertiefend eingegangen. Die Potentialproblematik wird jedoch nicht weiter vertieft. Die Transformations- und Integrationsproblematik berührt dagegen den transferorientierten Ansatz des Bremer Landesprogramms unmittelbar. Ein wichtiges Programmziel stellt die Bewältigung der Transformations- und Integrationsproblematik dar (Rauner u. a. 1995, 22 ff.; Rauner/ Riedel 2000; Deitmer/ Gerds 1999, 2001; Deitmer/ Eicker 2001). Der Zusammenhang wird daher im folgenden Abschnitt thematisiert.

3.6.1 Befunde zur Transformations- und Integrationsproblematik

Es kann festgehalten werden, dass die Entstehung von Innovationen in der Regel mit einem bedeutenden Ausmaß an Interaktion und Arbeitsteilung zwischen den verschiedenen Innovationsträgern und ihren Organisationen verbunden ist: Arbeitsteilung zwischen den Unternehmen untereinander oder Arbeitsteilung zwischen Unternehmen und anderen Einrichtungen wie Universitäten, Fachhochschulen oder Forschungsinstituten und der beruflichen Aus- und Weiterbildung (dies wird auch von der Innovationsforschung bestätigt: van Hippel, zitiert nach Fritsch 1995; Lundvall 1994 und Manske u. a. 2001).

Im Folgenden werden daher zentrale Probleme des Informations- und Wissenstransfers insbesondere an dem von van Hippel (1988) vorgestellten Begriff der „sticky information" sowie des damit verwandten Konzeptes der „absorptiven Kapazität" (Cowin/ Lewinthal, zitiert nach Nicholls-Nixon 1995) herausgestellt. Mit van Hippel gehe ich davon aus, dass es in einem arbeitsteiligen Innovationsprozess ein Transformationsproblem bei der Übermittlung von neuen Erkenntnissen und Wissen, die z. B. im Wissenschaftssystem als Basiserkenntnis gewonnen wurden, in betriebliche Anwendungsprozesse gibt. Van Hippel führt dazu aus, dass F&E-bezogenes Wissen an Erfahrungen gebunden ist. Er spricht hierbei von „stickiness" bestimmter Informationen. Beispielsweise gilt dies für neue Produkte, die stark von den Anwendungsbedingungen des Nutzers abhängig sind. Der Test von Prototypen (z. B. in der Softwareentwicklung) und seine rekursive Entwicklung wird überhaupt erst möglich, wenn eine gewisse dialogische Verständigung zwischen Entwicklern und Nutzern bzw. Anwendern stattfindet. Grundsätzlich ist dies an die Fähigkeit und Bereitschaft der Innovationsakteure gebunden, innovieren zu wollen und zu können. Denn gleichzeitig bewegen sich die Unternehmen, aber auch die Weiterbildungsträger untereinander, nach wie vor als Konkurrenten auf dem Markt, so dass erhebliche Barrieren bei der regionalen Innovation absehbar sind.

Cohen und Levinthal sprechen von der Fähigkeit zur Aufnahme und Verwertung von Informationen, von „absorptive capacity, an ability to recognise the value of new information, assimilate it, and apply it to commercial ends" (Cohen/ Levinthal, zitiert nach Nicholls-Nixon 1995, 1 ff.). Mit „absorptive capacity" ist die Fähigkeit gemeint, die Anwendungspotentiale technologischer Innovationen auch in die eigene Organisation zu übersetzen und daraus kommerziellen Nutzen zu ziehen. Damit sind Transformationsprozesse angesprochen, bei denen es den Firmen gelingt, die Innovationen in den eigenen Geschäftsprozess zu integrieren.

„For example, it is possible that even though a firm possesses the absorptive capacity needed to develop the upstream technological capabilities critical to the new regime, it will be unable to retain its competetive position in the long term because it has failed to adapt its downstream acitivities (e. g. marketing and manufacturing) to the competetive requirements of the new paradigm" (Nicholls-Nixon 1985, 4).

Die Transformations- und Integrationsproblematik verdeutlicht, dass Innovationen immer auch tiefgreifende Veränderungen im Produktionssystem des betreffenden Unternehmens nach sich ziehen.

„When firms face a shift in the prevailing technological paradigm, they must adapt both their ‚knowledge base' and their ‚knowledge network', defined as the array of external organisations with which the firm is cooperationg to develop knowledge or from which it is drawing existing knowledge [...] In this context, the need to establish external linkages, as a vehicle for adapting the firm's technological knowledge base, becomes imperative for competitive survival" (ebenda, 5).

Denn wenn Arbeitsteilung zwischen derartigen Organisationen existiert, findet Kooperation statt, die an eine neue Interaktions- und Dialogfähigkeit der beteiligten Akteure gebunden ist. Der Prozess der Ausdifferenzierung im Innovationsprozess ist somit Voraussetzung und Dilemma der technologischen Entwicklung.

Zusammenfassend möchte ich einige Merkmale der Transformations- und Integrationsproblematik mit Hilfe der Befunde aus der Innovationsforschung zusammentragen.

– Ohne strategisches Orientierungs- und Überblickswissen keine Transformation. Information und Wissen sind verteilt. Sie sind nicht nur an einzelne Personen gebunden, sondern werden darüber hinaus auch in technischen Systemen und Dokumenten aggregriert. Umfassendes Überblickswissen wird benötigt, um „Herr der Lage" zu werden. Damit eng verbunden ist der Besitz strategischen Wissens, womit das Navigieren in den umfassenden Wissensfeldern gemeint ist. Information und Informiertsein stellen einen Dualismus dar, der mit bestimmten Barrieren und Hindernissen einhergeht. Derartige Wissensphänomene können mit sektoralem Wissen allein nicht hinreichend beschrieben werden. So wird zunehmend auch Wissen aus Nachbarbranchen verlangt. Es ist zwar oft von der Informationsgesellschaft die Rede, in vielen Bereichen gibt es aber keine informierte Gesellschaft, sondern bestenfalls eine informationell verwirrte Gesellschaft!

– Ein Wissensaustausch wird durch Urheberschaften erschwert. Es werden Entgelte erhoben, damit andere an neues Wissen gelangen. Es gibt also so etwas wie einen Widerstand des Infomationsbesitzers gegen die Weitergabe. Wissen ist nämlich immer an eine geistige Urheberschaft gebunden, die der Informationswissende nicht ohne weiteres preisgibt – allenfalls dann, wenn er selber durch die Informationsweitergabe einen Nutzen erfährt. Dies ist bei einem geplanten Wissensaustausch im Rahmen eines Innovationsvorhabens zu berücksichtigen, was die Notwendigkeit der Bestimmung von Regelungen hinsichtlich des neu zu erwerbenden Wissens beinhal-

tet. Es werden Kooperationsregelungen notwendig, die die Urheberschaft des Wissens klären und festlegen, wie neu entstehendes Wissen gegen eine missbräuchliche Nutzung durch unbefugte Dritte geregelt werden kann.
- Der Erfahrungsbezug im Innovationsprozess erschwert den Transfer. Viele Informationen über Innovationen sind nur eingeschränkt dokumentierbar. Damit ziele ich auf die „tacidness" bestimmter Arten von Informationen ab, die nur über Erfahrung und direkte Interaktion weitergegeben werden können. Darüber hinaus sind die Komplexität und der Umfang des erforderlichen Wissens ein weiterer Aspekt, der die Transferierbarkeit bzw. Generierbarkeit von neuem Wissen betrifft.
- Zur strukturellen Eingebundenheit der Innovationsakteure. Die handelnden Akteure sind in Strukturen eingebunden, die ihr Handeln gleichzeitig ermöglichen und beschränken, indem sie ihren Handlungsmöglichkeiten einen Rahmen setzt. Dies bedeutet nicht zuletzt, dass gehaltvolle theoretische Ansätze zur Analyse von Innovationsprozessen Struktur- und Akteurskonzepte miteinander verbinden müssen. Zu den strukturellen Faktoren gehören z. B. kulturelle Gegebenheiten – etwa von Regionen oder Nationen. Die Forschung zu regionalen und nationalen Innovationssystemen hat die Bedeutung solcher Faktoren herausgearbeitet (vgl. auch den Begriff des Innovationsmilieus bei Crevoisier/ Maillat 1991 sowie den Industriekulturansatz und dazu Ruth 1995).
- Die Partner im Innovationsprozess müssen über komplementäres Vorwissen verfügen. Partnerschaft im Innovationsprozess bedeutet, dass für eine erfolgreiche Innovation die andere Seite immer auch – Fritsch (1995) spricht von der Empfängerseite – einen gewissen Wissensstand erreicht haben muss, um im Innovationsprozess beurteilen zu können, ob das Wissen für sie von Nutzen sein kann. Ist der Wissensstand auf einer Seite unzureichend, so kann die erfolgreiche Transformation von Wissen in neues Wissen erheblich behindert oder sogar verunmöglicht werden. Sollen also arbeitsteilige und bereichsübergreifende Innovationsprozesse gelingen, so ist auf beiden Seiten ein gewisses Know-how vonnöten. Pfirrmann bestätigt diesen Zusammenhang und bezieht ihn auf die Anlage von Programmen zur regionalen Innovationsförderung, wenn er resümierend feststellt: „Vor dem Hintergrund der geringen Relevanz unternehmensexterner Einflußgrößen auf den [Innovationsprozess im Unternehmen, L. D.] erscheint eine Vielzahl von Förderprogrammen, die direkt oder indirekt auf die Inputseite des Innovationsprozesses zielen, verfehlt. Von höherem Wert für die Entwicklung der Region wären Maßnahmen, die dafür sorgen, daß FuE-Projekte erfolgreich abgeschlossen werden. Das kann kurzfristig in technischer Hinsicht über Beratungen und die Identifizierung von technischen Problemlösungsstrategien geschehen, in wirtschaftlicher Hinsicht über die Analyse von erfolgversprechenden Vermarktungsstrategien. Es sollte dazu führen, daß die Unternehmensorganisation, die Art der Produktion, das Innovationsmanagement und Wettbewerbsstrategie gezielt auf den erfolgreichen Abschluß von FuE-Projekten bzw. Innovationsvorhaben ausgerichtet werden. Die Problemlösungskompetenz bei den Unternehmen selber muß ausgebaut werden!" (Pfirrmann 1991, 230)

- Wissenentwicklung als dialogischer Prozess. Innovationen entstehen nicht nur durch das additive Zusammenführen von komplementären Wissensbereichen – z. B. solchen wissenschaftlicher und mehr praktischer Art, sondern durch die Integration von Wissen. Dies verdeutlicht die Notwendigkeit wechselseitiger Lernprozesse, die sich auf einen Prozess der Kommunikation stützen. Der Prozess der Kommunikation „erzeugt" neues Wissen gleichsam durch die Möglichkeit, etwas durch Probehandeln und nachfolgendes Reflektieren bzw. Bewerten zur Sprache bzw. zum Ausdruck zu bringen (Nonaka/ Takeuchi, zitiert nach Manske u. a. 2001). Allerdings ist die Zeitabhängigkeit im dialogischen Entwicklungsprozess zu betonen; hierzu Nicholls-Nixon: „This is because it takes time for managers in both organiszations [F&E-Organisationen und Unternehmen, L. D.] to learn each others culture's, establish a common language for communication, and develop effective communication mechanisms to facilitate information exchange and deal with conflict resolution" (Nicholls-Nixon 1995, 8).

Die Innovationsforschung verdeutlicht damit den erheblichen Aufwand an personellen und materiellen Ressourcen, wenn die oben genannten Zusammenhänge berücksichtigt werden sollen und es zu einer Transformation von altem in neues Wissen kommen soll. Zum einen kann dies mit den komplexen Eigenheiten innovationsrelevanter Informationen erklärt werden, zum anderen mit der räumlichen Situiertheit und Kontextgebundenheit der Wissensanbieter und -nachfrager verdeutlicht werden. Den Barrieren in Innovationsprozessen, welche an den Begriffen „stickiness" und „absorptive capacity" erläutert wurden, müsste durch personale und organisationale Maßnahmen begegnet werden. Als wichtig gilt dabei, so die Befunde der Forschung, dass das organisationale und technologische Lernen sowohl innerhalb von konkreten Wertschöpfungsketten der Wirtschaftsunternehmen als auch gezielten Erweiterungen innerhalb von Innovationsverbünden als relevant anzusehen ist.

3.6.2 Zur Verortung des Bremer Landesprogramms „Arbeit und Technik" und Hinweise zu seiner Untersuchung

Abschließend kann festgehalten werden, dass der spezifische Innovations- und Regionalansatz des Bremer Landesprogramms mit lernökonomischen, evolutionären Entwicklungsansätzen (Lundvall 1994; Morgan 1997) als auch dem Ansatz der „lernenden Region" verwandt ist, wobei eine Verknüpfung zwischen Innovations-, Arbeits- und Lernprozessen auf der einen Seite und Regionalökonomie, -politik und -entwicklung auf der anderen Seite angestrebt wird. Das Bremer Landesprogramm ist in regionalpolitischer Entwicklungsabsicht angelegt, indem es sowohl auf die akteursbezogene als auch auf die strukturbezogene Ebene regionaler Innovationsprozesse abzielt und letztlich einen dritten Weg zwischen einem neo-liberalen Laisser-faire-Vorgehen und einem planungsorientierten bzw. dirigistischen Entwicklungsvorgehen einschlägt. Allerdings geht der Programmansatz des Bremer Landesprogramms über die in Kapitel 3 dargestellten Entwicklungsansätze, wie z. B. dem der lernenden Region, durch seine programmatische Konkretisierung hinaus, da jedes Vorhaben mit konkreten Strukturentwicklungsabsichten verknüpft ist. Das Programm zielt daher auf Strukturentwicklungsprojekte (Deitmer u. a. 1991; Rauner u. a. 1995).

Das Bremer Landesprogramm „Arbeit und Technik" unterscheidet sich weiterhin von den in den vorangegangenen Kapiteln 2 und 3 bisher vorgestellten Ansätzen durch seinen integrierten Entwicklungsansatz, der einem erweiterten Innovationsverständnis folgt, wobei technische Innovationsprozesse mit organisatorischen und qualifikatorischen verknüpft werden.

Auf Grund ihrer Regionalorientierung werden die Projektthemen des Bremer Landesprogramms auch aus subjektiver Perspektive in Bezug auf den zu wählenden Innovationsgegenstand verfolgt. Das heißt, es wird von einer konkreten Nachfrage auf Seiten der regionalen Innovationsnutzer ausgegangen, indem z. B. verschiedene regionale Unternehmen ein gemeinsames Innovationsdefizit feststellen und für dessen Problemlösung weitere Interessenten auf Seiten von regionalen Forschungseinrichtungen in einen arbeitsteiligen Innovationsverbund einbeziehen wollen. Die innovationsbezogenen Probleme der Unternehmen bilden den Ausgangspunkt für die Anlage der Projekte. Es geht also weniger um Inventionen dergestalt, dass die Idee, das neue Produkt oder das neue Organisationsprinzip grundsätzlich neu sein muss, sondern mehr um Diffusion und Adaption. Allerdings soll der Innovationsgegenstand grundsätzlich neu für die Region und die darin befindlichen Betriebe sein.

Als regionalpolitische Herausforderung steht im Mittelpunkt des „Arbeit und Technik"-Programmansatzes die Transformations- und Integrationsproblematik. Beides liefert den Kernansatz für die Untersuchung der Programmwirkungsanalyse in den folgenden Kapiteln, nämlich die zu überprüfende Annahme, dass es bei regionalen Innovationsprozessen in den Verbundvorhaben des Programms um eine Transformation von weichen akteursbezogenen Entwicklungsprozessen hin zu strukturrelevanten, institutionellen Neuerungen bzw. Veränderungen geht. Die Diskussion der Forschungsbefunde zu diesem Sachverhalt (Abschnitt 3.7) macht deutlich, dass besonders auf das Management und die Steuerung der Transformationsprozesse in vernetzten, gleichwohl räumlich akzentuierten Innovationsorten das Augenmerk zu richten ist. Hierbei kann das praktische Vorgehen für die Innovationsakteure nicht aus der Theorie abgeleitet werden. Vielmehr sollten verschiedene erfolgreiche, aber auch weniger erfolgreiche Praxisfälle untersucht werden, um Barrieren bzw. Hemmnisse und förderliche Bedingungen bzw. Einflüsse sowohl innerhalb von Projekten und im regionalen Umfeld zu identifizieren und für das Innovationsmanagement in Form von Handlungsempfehlungen aufzubereiten. Genau diesem Sachverhalt widmet sich die vorliegende Arbeit.

Das Bremer Landesprogramm eignet sich in besonderer Weise für die Untersuchung der Integrations- und Transformationsproblematik, da die „Arbeit und Technik"-Programmatik ausdrücklich auf die Entwicklung nachhaltiger regionaler Strukturen angelegt war. Regionale „Arbeit und Technik"-Projekte verfolgen eine doppelte Zielsetzung: Danach ist jedes einzelne Verbundvorhaben nicht nur durch seine Projektziele auszuweisen, sondern auch durch seine Katalysatorfunktion, die ihm für die Herausbildung innovativer Strukturen in der Region zukommt.

Die Erfahrungen mit den oben vorgestellten Entwicklungsansätzen zeigen außerdem, dass für ein Gelingen des Landesprogramms verschiedene Randbedingungen im regionalen Umfeld notwendig sind. Zum einen ist dies die Notwendigkeit einer integrierten, regionalen Innovationspolitik, die die Begrenzungen fachpolitischer Sichtweisen im Sinne von gemeinsam getragenen Kernentscheidungen überwindet, und zum anderen ist dies die Notwendigkeit eines integrierten Innovationsmanagements. Das Innovationsmanagement soll insbesondere bei der Zusammenstellung der Innovationsverbünde wirksam werden und zwischen regionalpolitischen Profilbildungen und der konkreten Projektentwicklungsebene vermitteln. Weiterhin wird auf die Voraussetzung der Zusammenführung hinreichend kompetenter Problemlösungspartner von Seiten der Universitäten, Forschungs- und Bildungseinrichtungen in den Projektkonsortien verwiesen. Deren integrierte Problemlösungskompetenz ist gefragt, indem sie in der Lage sein sollten, das Thema der fachübergreifenden Arbeit-und-Technik-Forschung hinreichend kompetent zu bearbeiten. Eine weitere Bedingung stellt die gelungene Figuration der Verbünde dar, d. h. die Zusammenführung der richtigen Partner. Diese Randbedingungen liegen somit vor allem im Unterstützungsraum der Region und bei den verfügbaren Innovationsträgern.

Die vertiefte Diskussion der Transformationsproblematik im vorangegangenen Kapitel hat gezeigt, dass das Gelingen arbeitsteiliger Innovationsprozesse zwischen den regionalen Akteuren und Institutionen von verschiedenen Aspekten abhängig ist. Ein gelungener Transformationsprozess beinhaltet auch wirksame „weiche" bzw. informelle Prozesse (soft-facts). Die weichen Prozesse tragen die Interaktion zwischen den am Entwicklungsgegenstand arbeitenden Akteuren. Es müssen bestimmte Voraussetzungen erfüllt sein, damit die Übermittlung in einer Weise stattfindet, dass von einem gelungenen Transfer gesprochen werden kann. Das Scheitern des Transferprozesses ist daher häufig auf die oben skizzierten Interaktionsprobleme und -barrieren zurückzuführen.

Die in Kapitel 2 und 3 dargelegten Zusammenhänge zeigen, dass bei der Analyse des Bremer Landesprogramms das Verhältnis von weichen Prozesselementen auf der Akteursebene und harten strukturbezogenen Effekten untersucht werden sollte. Ausgehend von der Transfomationsproblematik sind folgende Sachverhalte im Untersuchungsansatz zu berücksichtigen:

- Bei der kooperationsorientierten Vernetzung sind weiche Prozesse bedeutsam, was an der interaktiven Qualität der bereichsübergreifenden Kommunikationsbeziehungen deutlich wird und am Aufbau dialogisch-partizipativer Interaktionsbeziehungen gemessen werden kann.
- Eine wirksame Innovation benötigt die Praktizierung eines erweiterten Innovationsverständnisses, wobei die Gestaltung von Arbeit und Technik als Einheit praktiziert werden kann.
- Die Gestaltung regionalwirksamer Innovationsprozesse wird durch die Orientierung an den Wertschöpfungs- bzw. Geschäftsprozessen auf Seiten von Herstellern, Ent-

wicklern und Anwendern tragfähig. Dabei ist zu überprüfen, ob eine systematische Berücksichtigung von Kunden-, Anwender- oder Lieferanteninteressen und -beziehungen gelingt.

Die regionalpolitischen Ansätze in Kapitel 3 haben verdeutlicht, dass die im nächsten Kapitel vorzunehmende Wirkungsanalyse in ihrem methodischen Vorgehen auf der Ebene der Projekte selbst ansetzen sollte. Die Ansätze verdeutlichen den Bedarf an einer vergleichenden, lernökonomisch orientierten Innovationsforschung, in der akteursbezogene Prozesse mit strukturbezogenen Effekten in Beziehung gesetzt werden. Ähnlich sehen es Ewers/ Brenck:

„Eine problemadäquate Aggregration muß daher von ‚unten nach oben' erfolgen, also durch die Zusammenfassung von Unternehmenseinheiten, die im Hinblick auf innovationsrelevante Tatbestände als homogen [oder sich in Form von Projektverbundstrukturen vollziehen, L. D.] angesehen werden können. [...] Das Grundschema des situativen Ansatzes scheint daher als Ausgangspunkt der weiteren theoretischen und empirischen Forschung besonders geeignet. Methodisch muß zudem eine Vereinheitlichung der Untersuchungsmethoden und des Innovationsbegriffes im Vordergrund stehen, um so eine wirkliche Vergleichbarkeit der Untersuchungen zu erzielen" (Ewers/ Brenck 1992, 333).

Die Untersuchung widmet sich daher zentralen Problemfeldern regionaler Innovationspolitik und in besonderer Weise der Transformations- und Integrationsproblematik (siehe Abschnitt 3.6).

Dadurch kann man m. E. tiefergehend Auskunft über erfolgreiche bzw. hinderliche Faktoren und Barrieren regionaler Innovationsprozesse im Rahmen von Verbundvorhaben erhalten, als dies aufgrund der Erfahrungen mit den Ansätzen der „innovationsorientierten Regionalentwicklung" und denen der „lernenden Region" der Fall ist.

Angesichts der in Kapitel 2 und 3 durchgeführten Erörterungen kann nun zusammenfassend festgestellt werden, dass mit den dort vorgestellten Ansätzen noch keine Empfehlungen für das methodische Vorgehen im Rahmen der Untersuchung des Bremer Landesprogramms ausgesprochen werden können. So liefert das prozedurale Leitbild der „lernenden Region" zwar konzeptionelle Orientierungen, die sich auf das Bremer Landesprogramm beziehen lassen, aber noch keinen brauchbaren Untersuchungsansatz, so dass für den weiteren Fortgang der Untersuchung ein hypothesengeleitetes Vorgehen vorgeschlagen wird. Die angestellten Überlegungen liefern allerdings Hinweise darauf, welche Untersuchungsdimensionen in den Hypothesenansatz einfließen sollten.

Im nachfolgenden Kapitel 4 wird dazu das methodische Vorgehen unter Nutzung der in Kapitel 2 und 3 entfalteten Wirkungsaspekte vorgestellt und in ein Hypothesenmodell (Abschnitt 4.2) überführt.

4 Der Untersuchungsansatz

Der hier gewählte und im Folgenden zu entfaltende Untersuchungsansatz soll die Wirksamkeit regionaler Innovationsprozesse aus der Perspektive der regionalen Akteure bzw. der einzelnen Projekte beleuchten. Die in Kapitel 2 und 3 vorgestellten Erklärungsansätze und regionalpolitischen Entwicklungsmodelle machen zwar inter-, intraregionale und internationale Zusammenhänge aus einer umfassenden Perspektive deutlich, eignen sich aber nur eingeschränkt zur Erklärung von dynamischen Veränderungen zwischen Akteuren und Strukturen.

Es geht im Untersuchungsansatz darum, eine Mikroperspektive in der Wirkungsanalyse des Programms einzunehmen, also aus der Situation des einzelnen Projektes heraus einen Vergleich zwischen den Projekten vorzunehmen und generalisierende Aussagen über die Wirksamkeit auf das regionale Umfeld zu treffen. Als Untersuchungsfokus wird in diesem Kapitel ein Hypothesenmodell entwickelt, um abschätzen zu können, welche projekt- und regionalbezogenen Auswirkungen regionale Projektvorhaben nach sich ziehen. Ausgehend vom individuellen Projekt bis hin zum Programm in seiner Gesamtheit soll gefragt werden, in welcher Weise das Bremer Landesprogramm mit seinen strukturentwickelnden Zielen (siehe die Zielentfaltung zum Programm in Abschnitt 1.1 und 1.2) in die Region hineinwirken konnte. Die Untersuchung ist empirisch ausgerichtet und nutzt das Material bzw. Fallstudien durchgeführter Programmbilanzierungen (Rauner u. a. 1995; Deitmer u. a. 1997). Im Folgenden werden zunächst die in Kapitel 2 und 3 vorgestellten Ansätze im Hinblick auf ihre methodische Verwertbarkeit resümiert, und es wird das methodische Vorgehen begründet.

4.1 Zum methodischen Vorgehen

Die in Kapitel 2 vorgestellten Innovationsstudien und Entwicklungstheorien basieren in der Regel auf Input- bzw. Output-Betrachtungen. Die Indikatoren werden in Form von Zahlen bzw. metrischen Messgrößen auf der Basis statistischer Analysen gewonnen. So liefert eine Betrachtung der Innovationsstudien ein eher unheitliches Bild, denn sie sind in ihrem methodischen Vorgehen verschieden und stellen folglich wenige miteinander in Beziehung zu setzende Aussagen bereit. Wiig und Wood stellen fest:

> „A major problem however, is to build an adequate empirical and methodical basis for conceptual frameworks on regional innovation systems. Much existing work is marked by the overall lack of comparable and comprehensive empirical evidence and the absence of a developed theory that might provide a framework for further work in this area" (Wiig/ Wood 1997, 67).

Generell lässt sich sagen, dass makro-ökonomische Erklärungsansätze trotz einer Fülle von Untersuchungsbefunden nicht aussagekräftig genug sind, um die Diffusion von Innovationsprozessen hinreichend differenziert zu untersuchen und z. B. hemmende bzw. begünstigende Einflüsse für Veränderungsprozesse auf der Ebene der Akteursbeziehungen zu identifizieren. Bis heute fehlt es an einer überzeugenden und allgemein akzeptierten Integration des Innovationsprozesses in die ökonomische Theorie (Ewers/ Brenck 1992, 313). Diese mangelnde theoretische Geschlossenheit und mangelnde empirische Fundierung führt in meiner Arbeit zur Formulierung von Hypothesen.

Eines der Probleme, denen ich mich unter anderem zuwenden möchte, sind die Kriterien, an denen eine Bewertung von Projektmaßnahmen vorgenommen wird. Die Kriterien sind in fast allen ökonomischen Untersuchungsansätzen aus statistischen Vergleichsanalysen (metrischer Orientierung) abgeleitet und überdies kaum auf Regionen ausgerichtet. So wird auch in anderen Ländern festgestellt: „The main existing science and technology indicators, nameley R&D data [like number of RuD experts employed, L. D.], patents data and bibliometrics, are often irrelevant to regions" (Wiig/ Wood 1997, 69). Ein ähnlicher Befund wird, insbesondere für die deutsche Situation, von Eickelpasch, Koschatzky, Gehrke u. a. in einer kürzlich fertiggestellten Studie über regionale Innovationsindikatoren und -potentiale[23] im Auftrag des deutschen Bundesforschungsministeriums festgestellt (vgl. BMBF-Studie über regionale Innovationspotentiale in Deutschland und Europa (DIW 2000)).

Auf Grund dieser Diskussion lassen sich zusammenfassend folgende methodische Einschränkungen hinsichtlich der in Kapitel 2 und 3 vorgestellten Ansätze benennen:

– Die Ansätze sind eher makro-analytisch ausgerichtet und bedienen sich im Wesentlichen hoch-aggregierter Daten (sog. Input-Indikatoren, z. B. Anzahl der Beschäftigten im FuE-Bereich, Anzahl der erworbenen Patente). Insofern sind die Befunde qualitativ gesehen nicht sehr ergiebig und lassen nur grobe Trendaussagen zu.
– Die in den Ansätzen verwandten Daten sind im Wesentlichen metrischer Natur bzw. von zahlenmäßiger Beschaffenheit und lassen eine Wirkungsanalyse lediglich in quantitativer Form zu. Deswegen kommt es bei den Ansätzen meistens nur zu Input-Output-Betrachtungen.
– Die dargelegten Ansätze können die Beweggründe, Strategien und Lernprozesse der betroffenen Akteure im regionalen Innovationsprozess, also die Frage nach dem „Warum", „Wieso" und „Weshalb", nur unzureichend beantworten.
– In den Ansätzen kann nicht erklärt werden, wie es zu gelungenen Transformationsprozessen im Wechselverhältnis von „weichen" Innovationsprozessen – z. B. Lernprozessen – zu „harten" Innovationseffekten – z. B. neuen institutionellen Strukturen und Arrangements – kommt. Die Ansätze sind daher im Wesentlichen für deskriptive und eher statische Betrachtungen nützlich, sie sind für dynamische Betrachtungen, wie bei Lern- und Kooperationsprozessen innerhalb von Innovationsprojekten, nur eingeschränkt tauglich.

---

23 BMBF-Studie des DIW, ISI, NIW, IfW über die regionale Verteilung von Innovationspotentialen in Deutschland und Europa (DIW 2000).

Um die Frage nach den Wirkungen bei arbeitsteiligen Innovationsprozessen innerhalb von Verbundprojekten und über verschiedene Innovationsfälle hinweg zu beantworten, bedarf es vielmehr qualitativer Analysen, die über quantitative Betrachtungen hinausgehen. Nur mit einer qualitativen Analyse kann es m. E. gelingen, den hier interessierenden Zusammenhang zwischen der Region und den Innovationsprozessen auf der Akteurs- und Projektebene zu erhellen. Damit sind die im regionalen Umfeld vorhandenen Rahmenbedingungen und Erfolgsfaktoren gemeint, die zu erfolgreichen Transformationsprozessen zwischen wissenschaftlicher und wirtschaftlicher Handlungspraxis führen. Ausgangsmaterial für die Untersuchung sind daher qualitativ angelegte Fallstudien der Projekte aus der Pilotphase des Bremer Landesprogramms.

Das methodische Vorgehen der Arbeit hat den Prozess zwischen dem „Input" der im Programm vorgenommenen Projektmaßnahmen und dem „Output" im Sinne erzielter Veränderungen bei den Akteuren, den Innovationsgegenständen und der Organisation des Innovationsprozesses genauer zu untersuchen. Dazu werden verschiedene „Through-Put"-Kriterien für die Evaluation der Maßnahmen projektübergreifend benutzt. Diese qualitativen Kriterien (die Kriterien werden in Abschnitt 5.3.6 als Innovationsdimensionen im Einzelnen erläutert und in eine neue Darstellungsform, die Innovationsspinne, überführt) lassen eine projektübergreifende und zugleich mikroanalytisch angeleitete Untersuchung der Effekte von regionalen Verbundvorhaben zu. Dazu werden die empirischen Ergebnisse von 14 Fallstudien genutzt und in der Wirkungsanalyse des Programms (Kapitel 6) untersucht. Ausgehend von den Zielen des Bremer Landesprogramms werden die Kriterien abgeleitet und als Katalysatoren im Prozess regionaler Veränderung als Variable operationalisiert.

Die Entwicklung eines regionalen Innovationsmilieus wird als Prozess der Transformation von „weichen" Innovationsfaktoren in „harte", strukturrelevante Innovationseffekte gedacht. Ich möchte daher mit einem Modell der Transformation „weicher" Faktoren in „harte" Effekte und Potentiale operieren und daran meine Untersuchung von Innovationsprozessen orientieren.

Unter „weichen" Innovationsfaktoren werden folgende Aspekte verstanden:
– Lernen in Geschäfts- und Arbeitsprozessen und damit die Orientierung an Wertschöpfungs- und Geschäftsprozessen unter Berücksichtigung von Kunden-, Anwender- oder (Sub-)Lieferanteninteressen und -beziehungen (oder auch Prozessorientierung der Projekte genannt);
– die Entwicklung von zielgerichteten, bereichsübergreifenden Kooperationsbeziehungen (dialogisch-partizipative oder auch interaktive Innovation) zwischen den regionalen Akteuren, die eine integrierte Bearbeitung von Organisations-, Bildungsprozessen und Technikgestaltung (Variablen der Gestaltung von Organisation, Technik und Qualifikation als Einheit) zulassen;
– die nachhaltig wirksame Befähigung der regionalen Akteure, Innovationsprozesse durchzuführen (Variable der Eigenkompetenz);
– die Nutzbarmachung von Projekterkenntnissen für die Region (Variable der Transferorientierung in die Region).

Unter „harten", strukturrelevanten Innovationsfaktoren werden vor allen Dingen die vielfältigen Formen der Institutionalisierung dauerhafter, regionaler Kooperationsbeziehungen verstanden, wie z. B. die
- Etablierung eines dauerhaften, regionalen Innovationsdialogs; oder die
- Gründung neuer technologieorientierter Unternehmen und Dienstleistungseinrichtungen.

Ein hypothesengeleitetes Vorgehen soll die eingangs formulierten Fragen (siehe Abschnitt 1.1) beantworten helfen, unter welchen Bedingungen und Konstellationen Innovationsprozesse behindert bzw. befördert werden. Ein hypothesengeleitetes Vorgehen ermöglicht es, die in Kapitel 2 und 3 vorgestellten Erklärungsansätze in Teilen zu nutzen und zu verstehen, wie es zu einem innovativen, regionalen Milieu im Sinne einer „lernenden" Region kommt. Es stellt sich somit die zentrale Frage, wie durch „weiche" Faktoren, ausgelöst von Lernprozessen in regionalen Verbundprojekten, strukturelle Effekte in den Regionen erreicht werden können.

Dem oben dargelegten Transformationsverständnis gemäß wird also untersucht, welche Auswirkungen die vielfältigen Lern- und Dialogprozesse im Rahmen von Projektkooperationen auf die regionale Entwicklung bzw. das regionale Innovationsmilieu haben. Es soll herausgefunden werden, ob und unter welchen Bedingungen strukturbildende Effekte durch eine breite Beteiligung und Aktivierung verschiedener Akteure in Projektmaßnahmen erzeugt werden können. Dazu wird unterstellt, dass die Erhöhung der Innovationsfähigkeit von Personen aus Wirtschaft, Bildung und Wissenschaft die Grundlage für die Entwicklung strukturbildender Maßnahmen darstellt. Die deutliche Zunahme an innovativen Dialogen zwischen den Akteuren soll eine nachhaltige Verknüpfung regionaler Entwicklungsträger bewirken und sich wie ein beteiligungsorientierter und institutionenübergreifender Organisationsentwicklungsprozess zum Nutzen der Region entfalten können. Soweit zur Begründung für ein hypothesengeleitetes Vorgehen als Konsequenz aus der eingeschränkten Verwertbarkeit der in Kapitel 3 vorgestellten Ansätze.

Ich hatte in Kapitel 3 bereits festgehalten, dass das Konzept der „lernenden Region" eher als ein Denkansatz bzw. als ein prozedurales Leitbild zu verstehen ist. Dieser Denkansatz entfaltet den begrifflichen Rahmen der Arbeit und liefert ein gutes Gesamtverständnis dafür, was unter einem Konzept einer lernprozessorientierten Regionalpolitik zu verstehen ist. Dennoch erbringt der Ansatz noch keine Operationalisierung für das Untersuchungsdesign der Arbeit. Dies begründet weiterhin ein hypothesengeleitetes Vorgehen. Der Ansatz der „lernenden Region" erklärt aber auch, warum in der Hypothese von einem Transformationsverständnis ausgegangen wird. Mit dem Denkansatz der „lernenden Region" gehe ich davon aus, dass mittels arbeitsteiliger und dennoch kooperativer Innovationsprozesse kollektive Lernprozesse der Projektakteure möglich sind. Damit soll eine Steigerung der Selbstbeobachtungs- und Selbstbeschreibungsfähigkeit und ein reflexiver Umgang mit strukturellen Stärken und Schwächen der Region, die vor allem durch weiche Prozesse angestoßen bzw. erzeugt werden, möglich werden. Kurzum, die Beschäftigung mit dem Konzept der „lernenden Region" ist hilfreich, da es den Orientierungsrahmen für die Entfaltung des rungsrahmen für die Entfaltung des im Folgenden dargelegten Hypothesenmodells liefert.

Auf Grund der Heterogenität im methodischen Vorgehen kann es in der Wirkungsanalyse des Bremer Landesprogramms vorerst nur bei einer singulären Falluntersuchung bleiben – es gibt keine passenden Vergleichsuntersuchungen. Das hier gewählte spezifische Untersuchungsdesign als auch die vielfältigen, methodischen Probleme lassen keine Bestimmung von Vergleichsregionen oder -programmen zu. Trotzdem erwarte ich, einen gewissen substanziellen Zugewinn zu erlangen, vielleicht im Sinne dessen, wie es Wiig/Wood in ihrer Fallstudie formuliert haben: „to [get, L. D.] a further theoretical and empirical understanding of regional innovation systems and to establish and test a research methodology that may be used in future regional innovation studies" (1997, 67). Im folgenden Abschnitt wird das Hypothesenmodell entfaltet.

4.2 Das Hypothesenmodell und seine Anwendung

Die Wirkungsanalyse des Programms hat aus den genannten Gründen qualitativ vorzugehen und von den Entwicklungsprozessen auf der Ebene der Projektakteure auszugehen. Benötigt werden Daten über die Effekte qualitativer Prozesse sowohl hinsichtlich der Qualität der hervorgebrachten Innovationsleistungen als auch der Qualität der kooperationsorientierten Vernetzung zwischen den verschiedenen Projektpartnern. Solch ein Vorgehen setzt eine aktive Beteiligung der Akteure bei der Bewertung von Prozessen voraus, insbesondere dann, wenn mehrere Akteure am Innovationsgeschehen beteiligt sind. Es gilt zu untersuchen, was die Beteiligten im Projekt gelernt haben, welchen Erkenntnisfortschritt sie erzielt haben und welcher Nutzen hinzugewonnen werden konnte. Das Erfassen und Bewerten qualitativer Prozesse erfordert den Einsatz qualitativer Methoden. Für das Vorgehen ist daher ein dialogisches und akteurszentriertes Untersuchungsdesign gewählt worden (zur Herleitung des gewählten methodischen Vorgehens möchte ich auf Kapitel 5 verweisen), es ist am empirischen Material des Bremer Landesprogramms zu überprüfen.

Um eine qualitative Wirkungsanalyse vornehmen zu können, ist auf das einzelne Projekt und seine regionalen Effekte Bezug zu nehmen. Die Wirkungsanalyse hätte daher auf zwei Ebenen zu erfolgen: auf der Ebene des unmittelbaren Projektbezuges – d. h. ausgehend von den Projektzielsetzungen und erreichten Projektwirkungen, gemessen an verschiedenen, variablen Innovationsfaktoren – und auf der Ebene regionaler Effekte – d. h. anhand der tatsächlich hervorgerufenen Struktureffekte.[24]

---

24 Während die projektbezogenen Wirkungen als Erfolgskriterium für die Akteure im Projekt selber anzusehen sind, stellen die regionalen Effekte des Bremer Landesprogramms das primäre Erfolgskriterium für den Programmförderer, hier die senatorischen Dienststellen, den Programmbeirat und den Projektträger dar.

Ausgehend von diesen Erörterungen wird ein hypothesengeleitetes Vorgehen wie folgt vorgeschlagen:
Die Entwicklung eines regionalen Innovationsmilieus und der regionalen Innovationspotentiale mittels integrierter Innovationsprogramme basiert auf einem Prozess der Transformation von fünf Dimensionen „weicher" Innovationsfaktoren mit folgenden Bewertungsvariablen:
1. *Variable „dialogisch-partizipativen Innovation"*, worunter ein zielgerichteter Aufbau bereichsübergreifender Kooperationsbeziehungen verstanden wird
2. *Variable „Arbeit und Technik als Einheit"*, worunter die integrierte Gestaltung von Organisation, Technik, Qualifikation als Einheit verstanden wird
3. *Variable „Qualifikation für Innovationsprozesse"*, worunter die Befähigung aller Projektpartner zur eigenständigen und selbstverantwortlichen Durchführung von Innovationsprozessen verstanden wird
4. *Variable „Prozessorientierung"*, womit das Lernen in Geschäfts- und Arbeitsprozessen und damit eine Orientierung an Wertschöpfungs- und Geschäftsprozessen unter Berücksichtigung von Kunden-, Anwender- oder (Sub-)Lieferanteninteressen und -beziehungen (Variable der Prozessorientierung) gemeint ist
5. *Variable „Transferorientierung"*, womit die nachhaltige Bemühung der Projektakteure für die Nutzbarmachung von Projekterkenntnissen für die Region gemeint ist,

in „harte", strukturrelevante Innovationseffekte mit einer deutlich wahrnehmbaren Verbesserung der regionalen Potentiale, was in vielfältigen Formen einer Institutionalisierung regionaler Kooperationsbeziehungen zum Ausdruck kommen kann.
Messbare Potential- und Struktureffekte wären hierbei beispielsweise:
– die Etablierung dauerhafter regionaler Innovationsdialoge mit thematischer Zentrierung,
– die Gründung neuer technologieorientierter Unternehmen und Institute,
– die Errichtung von Innovations-, Kompetenz- und Demonstrationszentren oder Gütegemeinschaften,
– aber auch die Übernahme von Innovationsresultaten von regionalen Innovationsprojekten in die Institutionen der Projektakteure, hier vor allem der betrieblichen Partner. Denkbar wäre zum Beispiel, dass die Betriebe das Innovationsprodukt bzw. -verfahren in ihre Betriebsorganisation aufnehmen bzw. ihre Geschäftsfeldaktivitäten erweitern.

Der Untersuchungsansatz

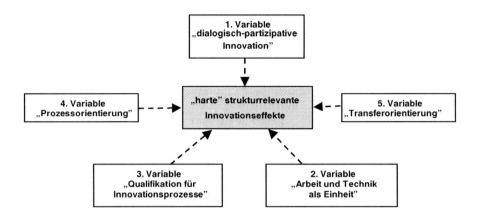

Abb. 4/1: *Das Hypothesenmodell: Fünf Dimensionen „weicher" Innovationsfaktoren (Variable 1. bis 5.) in ihrer Wirkung auf „harte" strukturrelevante Innovationseffekte*

Ausgehend von dieser Hypothese soll untersucht werden, warum ein hoher Grad an Transferorientierung in die Region nicht automatisch zu nachhaltigen strukturinnovativen Effekten führt und zu einer Verbesserung des regionalen Innovationsmilieus beiträgt.

Dies geschieht methodisch in der Weise, dass die genannten fünf Dimensionen „weicher" Innovationsfaktoren in fünf Bewertungsvariable übersetzt werden. Hinzu kommen Einschätzungen des Bilanzierungsteams beim Projektträger auf der Basis von weiteren Informationen (Beobachtungsprotokollen, Projektberichten, aber auch der Analyse des Evaluationsergebnisses in Form von Projektintensivfallstudien, siehe dazu die Beschreibung des dreistufigen Verfahrens zur Evaluation in Abschnitt 5.3.3). All das mündet ein in mehr oder weniger ausgefüllte Innovationsspinnen (siehe dazu die zusammenfassende Darstellung der verschiedenen Innovationsspinnen als Ergebnis der Evaluationen in den untersuchten Projektverbünden des Bremer Landesprogramms im Anhang). Die einzelnen Bewertungsvariablen finden sich auf den Achsen der Innovationsspinne (zur Erläuterung des Projektbewertungsinstruments Innovationsspinne siehe Abschnitt 5.3.6) wieder. Die Wirksamkeit der einzelnen Verbundnetzwerke werden somit mit Hilfe von Innovationsspinnen aggregiert, so dass die einzelnen Bewertungsvariablen im Hinblick auf ihre strukturrelevanten Innovationseffekte differenziert untersucht werden können. Die starke, mittlere bzw. schwache Ausprägung einzelner Bewertungsvariablen anhand der Innovationsspinne können auf ihre Gründe hin untersucht werden, um Aussagen zur Wirksamkeit der Transformationshypothese zu ermöglichen. Das von mir in Zusammenarbeit mit den Bilanzierungsteams entwickelte und im nächsten Kapitel weiter entfaltete methodische Instrumentarium (Rauner u. a. 1995; Deitmer u. a. 1997) lässt es zu, die Wirksamkeit der Verbundnetzwerke zu vergleichen und Aussagen über die genannten Innovationsfaktoren vorzunehmen.

Das Hypothesenmodell wird anhand von 14 Verbundprojekten aus dem Bremer Landesprogramm überprüft. Die Basis dafür bildet die jeweilige Innovationsspinne der einzelnen Projektbewertungen. In Kapitel 6 der Wirkungsanalyse des Programms findet ein Vergleich von Projektintensivfallstudien anhand der Innovationsspinnen (u. a. ein Vergleich bzw. Benchmark von „good practice"- zu „bad practice"-Projekten) statt. (Zur Detailierung des Vorgehens bei der Wirkungsanalyse siehe auch die Einleitung in Kapitel 6.)

Ausgehend von dieser Kernhypothese bzw. Transformationshypothese lassen sich nun folgende vier Teilhypothesen ableiten. Sie können aus der Diskussion der Erfahrungen mit innovationsorientierter Regionalpolitik als wichtige Konstellationen bestimmt werden. Die Berücksichtigung dieser vier Konstellationen ist bedeutsam, um vor allem die Transformations- und Integrationsproblematik zu überwinden. Sie werden als Randbedingungen gefasst und sind insofern wirkungsmächtig, als sie die Transformationsprozesse von weichen Faktoren zu harten Effekten behindern bzw. befördern können:

1. *Erste Teilhypothese regionalpolitischer Voraussetzungen.* Das gestaltungsorientierte Konzept von „Arbeit und Technik" lässt sich als nachhaltiges – und damit strukturinnovatives – regionales Innovationsprogramm nur dann erfolgreich implementieren, wenn es durch eine integrierte regionale Innovationspolitik und ein entsprechendes Innovationsmanagement gestützt wird.
2. *Zweite Teilhypothese zur Figuration der Projektverbünde.* Wesentliche Katalysatorfunktionen für das Gelingen dieses Transformationsprozesses stellt die Figuration[25] der Projektverbünde dar. Damit ist die Zusammenführung geeigneter Projektpartner gemeint, die den Verlauf des Transformationsprozesses begünstigen bzw. blockieren können.
3. *Dritte Teilhypothese zum Impuls für das Vorhaben.* Verbundprojekte, die von bestehenden Akteursbeziehungen angestoßen werden, in denen bestehende Kooperationen erweitert werden, deren Definition von Strategie und Zielen in dauerhafter Kommunikation erarbeitet und von einem Leader getragen werden, arbeiten im Projektverlauf in funktionierenden Projektverbünden, mit einer hohen, zielgerichteten, dialogisch-partizipativen Innovationsstrategie und mit einer starken Prozessorientierung. Projekte mit nur einem Initiator, mit hauptsächlich initiierten Kooperationen, mit von außen wesentlich beeinflusster Strategie und Zielsetzung, arbeiten im Projektverlauf in zum Teil nicht genutzten oder sogar ge-

---

25 Der Begriff der Figuration geht zurück auf Norbert Elias und wurde seither von verschiedenen Autoren aufgegriffen (Bullmann/ Heinze 1997; Eichener 1994). Es geht um die Aufgabe, die Projektverbünde richtig zusammenzustellen, d. h. solche Akteure aus Betrieben und Wissenschaft bzw. Bildung zusammenzubringen, die nötig sind und auch zusammenpassen.

störten Verbünden, mit einer geringer ausgeprägten dialogischen Partizipation sowie mit einer geringeren Prozessorientierung.

4. *Vierte Teilhypothese zur transdisziplinären Bearbeitung intergrierter Themenstellungen.* Der Faktor „Wissenschaft und Forschung" lässt sich nur dann nachhaltig in den Transformationsprozess von „weichen" in „harte" Innovationseffekte integrieren, wenn das Thema der regionalen Arbeit-und-Technik-Forschung als ein fächerübergreifendes Thema in den Wissenschafts- und Forschungsstrukturen der Region verankert wird.

Es soll nachgewiesen werden,[26] dass eine Nutzbarmachung von Projektergebnissen im Sinne der Transformationshypothese (Kernhypothese) immer auch die in den vier Teilhypothesen niedergelegten Voraussetzungen bzw. Randbedingungen benötigt, um erfolgreich zu wirken.

Die Teilhypothesen werden über die Innovationsspinnen hinaus vor allem durch die Nutzung eines in den Evaluationsworkshops bearbeiteten Fragebogens beleuchtet (zum besseren Verständnis der Kriterien siehe den Fragebogen aus der Nutzwertanalyse mit seinen Haupt- und Nebenkriterien in Tabelle 5/4 und die Erläuterungen im nachfolgenden Abschnitt 5.3.4). Dieser im Fragebogen enthaltene, der Nutzwertanalyse entlehnte Kriterienbaum beschreibt Haupt- und Unterkriterien, mit denen die Teilhypothesen im Hinblick auf ihre Wirksamkeit analysiert werden können. (Zu den einzelnen Teilhypothesen werden folgende Ergebnisdaten der Nutzwertanalyse genutzt; zu Teilhypothese 1.: im Wesentlichen mit Bezug auf die Abstimmungspraxis im Programm; zu Teilhypothese 2.: u. a. unter Bezug auf das Hauptkriterium der „kooperationsorientierten Vernetzung"; zu Teilhypothese 3.: u. a unter Bezug auf das Hauptkriterium „Markteffekte"; zu Teilhypothese 4.: u. a. unter Bezug auf das Kriterium der „Kooperation zwischen Betrieben und Instituten".)

Die Transformationshypothese und ihre Teilhypothesen werden auf dieser Basis in Kapitel 7 einer intensiven abschließenden Diskussion unterzogen, mit dem Ziel, die Kernhypothese und ihre Teilhypothesen zu verifizieren bzw. zu falsifizieren. Dort werden die Umstände und Konstellationen, die zu einem gelungenen Innovationstransfer führten, als auch die Gründe für das Scheitern des Innovationstransfers ausführlich diskutiert. Damit können Hinweise zur Weiterentwicklung und Steuerung von Programmen gegeben werden, was auch Leitlinien und Empfehlungen für das Management und die Steuerung regionaler Verbundvorhaben im Rahmen von Programmen (siehe Kapitel 8) beinhaltet.

---

26 Die umfangreichen Programmevaluationen sowie die Projektdokumentation durch den Projektträger erlauben es, die Hypothesen zu untersuchen (Bremer Sachverständigen- kommission 1986a, 1986b, 1988; Deitmer u. a. 1991; Projektträger Arbeit und Technik 1993, 1995a, 1995b; Deitmer/ Rauner 1995; Deitmer 1995; Deitmer/ Grützmann 1995; Rauner u. a. 1995; Deitmer u. a. 1997).

Um den Anforderungen einer gleichzeitig akteurs-, prozess- und wirkungsbezogenen Analyse und Bewertung des Landesprogramms und seiner Projekte gerecht zu werden, wird das Instrumentarium zur Programmevaluation im nächsten Kapitel, ausgehend von einer grundsätzlichen Betrachtung bei der Programmevaluation, entfaltet. Dazu werden verschiedene Evaluationstypen, die in Beziehung zu dem hier gewählten Evaluationsansatz stehen, näher behandelt, und es wird eine theoretische Einschätzung und Einordnung des Ansatzes vorgenommen.

5 Das neue Konzept der Programmevaluation

In diesem Kapitel wird das hier gewählte Programmevaluationsverfahren ausgehend von verschiedenen Evaluationstypen begründet und detailliert beschrieben. Zum einen soll damit eine theoretische Fundierung geleistet und zum anderen Leitkriterien für das Design der Programmevaluation gewonnen werden. Nachfolgend werden die Akteure der Evaluation, die einzelnen Instrumente und Verfahrensschritte detailliert entfaltet. Es sei an dieser Stelle noch einmal betont, dass ein allgemeiner Mangel an geeigneten Evaluationsverfahren für das aktive Monitoring von regionalen Verbundvorhaben besteht. Um den Anforderungen einer gleichzeitig prozess- und wirkungsbezogenen Analyse und Bewertung der Vorhaben gerecht zu werden, war es daher erforderlich, ein originäres Verfahren zu entwickeln.

Mit dem Begriff Evaluation wird ein komplexer Sachverhalt umschrieben, der allgemein-sprachlich die umfassende Analyse und Bewertung einer Fülle von Veränderungsprozessen in der Gesellschaft bezeichnet. Die Evaluationstätigkeit meint nichts anderes als die Bewertung dieser Prozesse: Irgendetwas wird von irgendjemandem nach irgendwelchen Kriterien in irgendeiner Weise bewertet. Diese einfache Definition bedarf aber wegen ihrer unbestimmt-weiten Bedeutung der Präzisierung, was in den nächsten Abschnitten unter Bezugnahme auf ausgewählte Ergebnisse der Evaluationsforschung geschehen soll (Kromrey 1995).

5.1 Was heißt hier Evaluation? Versuch einer begrifflichen Klärung

Um in dem hier interessierenden Feld der Evaluation von Handlungsprogrammen zu bleiben, wird nicht „irgendetwas" evaluiert, sondern es werden ganze Programme oder Programme in Teilbereichen bzw. Programmelementen evaluiert.[27] Zweitens führt nicht „irgendjemand" diese Evaluationen durch, sondern bestimmte, vorher autorisierte Personen. Diese Personen können externe Sachverständige oder auch Evaluatoren sein (z. B. Teams von empirischen Forschern oder auch Experten des zu bewertenden Sachverhaltes wie etwa Fachwissenschaftler oder Fachgutachter). Denkbare Evaluatoren sind auch die programm- bzw. projekttragenden Institutionen (Programm- bzw. Projektträger) selber,

---

27 So können auch ganze Organisationen (etwa wissenschaftliche Einrichtungen im Hinblick auf ihre Funktionsfähigkeit) auf ihre Effizienz hin bewertet oder die Zufriedenheits- bzw. Unzufriedenheitsäußerungen bestimmter Klienten- und Zielgruppen (etwa Wahlresultate) genauer analysiert werden. Im Bildungsbereich kann die Evaluation z. B. zur Überprüfung und Messung der Wirksamkeit unterrichtlicher oder schulorganisatorischer Maßnahmen (etwa neuer Unterrichtsmethoden) genutzt werden. Letztlich gibt es kaum einen gesellschaftlichen Aktivitätsbereich, den man nicht evaluieren kann.

die die von ihnen mitinitiierten oder betreuten Projektmaßnahmen auf ihre Wirksamkeit hin, zum Beispiel im Hinblick auf die intendierten oder auch nicht intendierten Effekte, überprüfen möchten. Der Expertenbegriff ist allerdings nicht eng zu fassen: Auch die von diesen Maßnahmen betroffenen Projektakteure können am Bewertungsprozess selber aktiv beteiligt werden oder im Rahmen einer selbst organisierten Evaluation diese Bewertungen selber vornehmen (Selbstevaluation).

Ferner orientiert sich die Evaluation nicht an „irgendwelchen" Kriterien, sondern sie ist an sorgfältig vorab zu bestimmenden Messkriterien bzw. Indikatoren[28] zu entwickeln. Die Indikatoren stellen damit den Gradmesser dar, an dem sich die Wirksamkeit der Bewertung ausrichtet; sie geben sozusagen die Blickrichtung vor, mit der die Evaluatoren den zu evaluierenden Sachverhalt betrachten. Bei einer wissenschaftlich angeleiteten Evaluation wird nun nicht irgendwie vorgegangen, sondern die Vorgehensweise bzw. die Verfahrensschritte der Evaluation werden vorab genau geplant und festgelegt. Sie werden letztlich „objektiviert" und in einem entsprechenden Evaluationsdesign verbindlich für alle Beteiligten festgelegt. Abweichungen vom ursprünglichen Vorgehen können somit dokumentiert bzw. bei der abschließenden Auswertung berücksichtigt werden. Wenn wir also von Evaluation sprechen, haben wir es mit der Kombination von mehreren Aspekten zu tun: mit Verfahren, Kriterien, Indikatoren, Evaluatoren, den Evaluationsakteuren und dem zu untersuchenden Innovationsgegenstand (Evaluandum).

Unterschiedliche Evaluationsdesigns sind nunmehr in der Evaluationspraxis möglich. Die Spannweite der Evaluationsmaßnahmen reicht von Kurzevaluationen bis hin zu mehrjährigen, am gleichen Evaluationsgegenstand wiederholt durchgeführten Evaluationsstudien.

In diesem Zusammenhang dient die Evaluation der Überprüfung der Nützlichkeit von Handlungsprogrammen. Nach Hellstern und Wollmann sind Programme komplexe Handlungsmodelle, die auf die Erreichung bestimmter Ziele im gesellschaftlichen Raum ausgerichtet sind. Sie beruhen auf bestimmten, den Zielen angemessen erscheinenden Handlungsstrategien, für deren Abwicklung finanzielle, personelle und sonstige Ressourcen bereitstehen (Hellstern/ Wollmann 1983).

Bei der Prüfung der Nützlichkeit von Programmen stehen drei interdependente Dimensionen zur Disposition: die Programmziele, die Maßnahmen und die Projekte sowie die damit verbundenen Programmeffekte. Neben diesen drei Dimensionen muss sich eine Programmevaluation auch mit dem die Programme umgebenden Umfeld auseinander setzen bzw. es in das Untersuchungsdesign mit einbeziehen. Aufgrund des komplexen Charakters von Projekten und Programmen können sie nicht von ihren Umfeldeinflüssen abgeschirmt oder isoliert werden, besonders dann nicht, wenn sie auf die Veränderung

---

28 Wobei zwischen Kritierien und Indikatoren zu unterscheiden ist. Die Kriterien geben die Betrachtungsrichtung vor, woraufhin ein Innovationssachverhalt bewertet wird. Mit Indikatoren, die selber wiederum aus Kriterien abgeleitet werden, liegt ein operationalisierter Maßstab vor, der hinsichtlich seines Erfüllungsgrades skaliert bzw. gemessen werden kann.

konkreter gesellschaftlicher Praxis ausgerichtet sind (siehe auch Abbildung 5/1). Mit Evaluationen erhalten wir also eine Fülle von Daten, die so zu systematisieren sind, dass sie begründete Bewertungsurteile ermöglichen. Gleichzeitig, und dies sollte hier nicht vergessen werden, müssen die Evaluationen so einfach sein, dass sie mit den für die Evaluation zur Verfügung stehenden Ressourcen (Zeit und Geld) in Einklang gebracht werden. Kurz, Evaluationen müssen handhabbar sein, im methodischen Vorgehen fexibel sein und eine begründete Evidenz im Bewertungsurteil über den Untersuchungsgegenstand bzw. das Evaluandum ermöglichen (Kempfert/ Rolff 1999).

In allen Evaluationsverfahren kommen zwar Verfahren und methodische Ansätze der empirischen Sozialforschung zur Anwendung, ihre Methoden selber stehen aber nicht im Untersuchungsmittelpunkt. Nicht „die Logik einer auf Erkenntnisgewinnung, Verallgemeinerung und Übertragbarkeit ausgerichteten Wissenschaft" steht im Mittelpunkt, „sondern die Handlungslogik eines auf den ‚Erfolg' seines Tuns ausgerichteten Praxisprojektes, häufig eines staatlich-administrativen oder von sozialen Organisationen getragenen Interventionsprogrammes" (Mayntz 1989, zitiert nach Kromrey 1995, 315). Die Evaluation ist nicht mit wissenschaftlicher Forschung gleichzusetzen und stellt die Gütekriterien der Verwendbarkeit und Nützlichkeit der Evaluationsergebnisse in den Vordergrund. Sie stellt somit eine Form der Praxisforschung dar, verlangt aber professionelle Handhabung und sollte wissenschaftlicher Genauigkeit genügen. Das Ziel der Evaluation ist es, herauszufinden ob das Projekt seine Ziele erreichen konnte. Ausschlaggebend für die Ausrichtung der Evaluation sind daher der zu untersuchende Gegenstand und die zur Verfügung stehenden Ressourcen.

Letztlich kann von *der* Methodik der Evaluation nicht die Rede sein (vgl. auch Shadish u. a. 1991, der die bedeutsamen Evaluationsmethodiken vergleichend bewertet), vielmehr sehen sich die Evaluatoren und Auftraggeber von Evaluationsvorhaben mit einer Vielfalt von Aufgaben und Rahmenbedingungen bei der Auswahl für ein geeignetes Evaluationsdesign konfrontiert. Der zu evaluierende Sachverhalt kann schon lange bestehen oder gerade erst realisiert worden sein; er kann sehr umfassend und abstrakt oder eng umgrenzt und konkret sein. Die Bewertungskriterien können sich auf die Wirkungen und Nebenwirkungen der Maßnahmen des Programms richten, auf die Art und Effizienz der Durchführung, auf die Eignung und Effektivität der gewählten Maßnahmen für die Ziel-Erreichung sowie auf die Angemessenheit und Legitimierbarkeit der Ziele selbst. Schließlich kann die Evaluationsaktivität programmbegleitend sein oder erst zum Abschluss des Programms einsetzen; sie kann auch so angelegt sein, dass sie wenig Einfluss auf den Verlauf des Programms ausübt oder im Gegenteil so ausgerichtet sein, dass jede gewonnene Information unmittelbar rückgekoppelt wird und somit direkt Konsequenzen für das Programm ausübt (Kromrey 1995, 314). Eine alle Aspekte umfassende Evaluation ist in den seltensten Fällen realisierbar; vielmehr wird jedes Evaluationsvorhaben bestimmte Schwerpunkte setzen müssen.

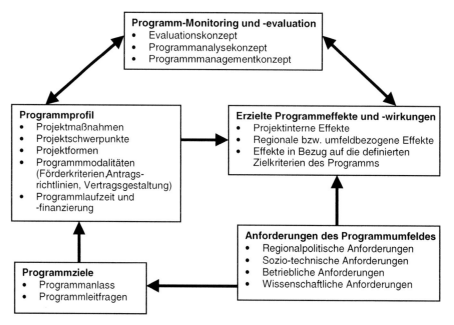

Abb. 5/1:   Programmforschung (nach Kromrey 1995, 315)

Dies führt zu unterschiedlichen Evaluationstypen, abhängig davon, welche der in Abbildung 5/1 angesprochenen Dimensionen und Zusammenhänge den Kern der Evaluations-Fragestellung charakterisieren bzw. welche Art des forscherischen Herangehens bestimmend ist (Kromrey 1995, 333).

5.2   Evaluationstypen: konzeptionelle Klärung

Im Folgenden werden verschiedene bedeutsame Typen der Evaluationsforschung untersucht, um den hier gewählten Ansatz der Programmevaluation theoretisch zu verankern und ein besseres Verständnis der methodischen Anforderungen zu ermöglichen. Der spezifische Evaluationsansatz zum Bremer Landesprogramm orientiert sich unter anderem am Konzept der Programmforschung (Rossi u. a. 1973). In der amerikanischen Evaluationstradition wurde über viele hinweg Jahre eine Konzeption zur umfassenden Programmevaluation entwickelt. Nach Rossi/ Freeman, den wichtigen amerikanischen Vertretern der Programmevaluation, bestünde eine solche „comprehensive evaluation" in einer „systematischen Anwendung rationaler Methoden, um die Konzeptualisierung und Planung, Implementierung und Nützlichkeit eines sozialen Interventionsprogramms zu untersuchen" (Rossi/ Freeman 1973). Hierbei gelangen sozialwissenschaftliche Methoden zur Anwendung; schließlich handelt es sich bei der Evaluationsforschung um eine

Art anwendungsorientierter empirischer Sozialforschung, wobei nicht der theoretische Erkenntnisgewinn bzw. die Verallgemeinerung im Mittelpunkt steht, „sondern die Handlungslogik eines auf den Erfolg seines Tuns ausgerichteten Praxisprojektes, häufig eines staatlich-administrativen oder von sozialen Organisationen getragenen Interventionsprogramms" (Kromrey 1995, 315). Sie beträfe die Beantwortung von Fragen nach der Art, dem Ausmaß und der Verteilung des jeweiligen Problems, den Zielen und der Angemessenheit des Programms, dem planmäßigen Ablauf der Intervention, dem Ausmaß, mit dem die beabsichtigten Änderungen bei der Zielpopulation erreicht werden, den Nebenwirkungen sowie der Nützlichkeit des Programms entsprechend Kosten-Effektivitäts- bzw. Kosten-Nutzen-Analysen (Kösel/ Nowack, zitiert nach Kromrey 1995).

Es wird insgesamt deutlich, dass Evaluationsverfahren vor allem als Analyse-Instrument verstanden und genutzt werden und kaum den Anspruch haben, eine theoriegeleitete Wissenschaft darzustellen. In der Regel werden sie als Quelle im Prozess der Konzeptualisierung neuer forschungs- und technologiepolitischer Fördermaßnahmen verwendet (Kuhlmann 1995, 91–111). Zunehmend werden sie aber auch so konzipiert, dass sie nicht nur den politischen Trägern der Programme nützliche Informationen liefern, sondern mit der Anwendung reflexiver Methoden auch den Projekten innerhalb eines Programms selber eine Orientierungshilfe bieten (Rauner u. a. 1995, 37–45). Dazu wird eine aktive und intensive Beteiligung der Programmbetroffenen (der Projektnehmer bzw. des Projektteams selber) angestrebt. In einem neueren Verständnis der „Empowerment Evaluation" soll Evaluation auch als Medium für selbstorganisiertes Lernen für die Evaluationsbetroffenen verstanden werden: "it has an unambigous value orientation – it is designed to help people to help themselves and improve their programs using a form of self-evaluation and reflection" (Fetterman 1996, 5).

Auf diese Überlegungen wird u. a. im Verlauf der Diskussion über Programmevaluation Bezug genommen. Im folgenden Abschnitt werden die Ebenen der Programmevaluation diskutiert.

5.2.1 Die Ebenen der Programmevaluation

Programmforschung geht über die Evaluation eines einzelnen Projektes hinaus (wie sie typischerweise im Konzept der wissenschaftlichen Begleitung von Projekten angelegt ist; siehe auch zur Diskussion Dehnbostel (1995) und Lipsmeier (1997)), sie betrachtet übergreifend ein Bündel oder auch ein Set von Projekten, wie sie sich hier durch unterschiedlich ausgerichtete Verbundvorhaben in vier thematischen Schwerpunktfeldern des Bremer Landesprogramms ergeben. Die Programmevaluation stellt daher, wie Kromrey meines Erachtens richtig feststellt, eine äußerst komplexe und anspruchsvolle Aufgabe für den Evaluator oder das Evaluationsteam dar. Im Mittelpunkt der Evaluation stehen die Effekte und Wirkungen eines Programms.

Kromrey (1995, 333) weist auf ein Dilemma heutiger Programmplanung und -evaluation hin, wonach neuere Programmplanungen nicht von einem Verständnis vollständiger und rationaler Planung ausgehen können. Sie haben nicht mehr die gleiche

Gültigkeit wie noch in den 70er Jahren, wo von einem technokratischen Leitbild ausgegangen wurde. Jenes Leitbild war von einer perfekten Steuerung gesellschaftlicher Prozesse und Situationen geprägt, wonach es gelingen kann, alle zu erwartenden, gesellschaftlichen oder betrieblichen Problemstellungen vollständig vorausschauend zu planen.

„Nach diesem alten Leitbild war ausgehend von sozialen Problemen, die systemimmanent lösbar erscheinen – auf der Basis einer Gegenüberstellung von Ist-Analyse und Soll-Zustand-, ein Handlungsprogramm zu entwerfen und zu implementieren; dieses ist begleitend und/oder abschließend auf seinen Erfolg zu überprüfen und gegebenenfalls für die nächste Programmperiode zu modifizieren" (Kromrey 1995, 333).

Zunehmend werden daher in jüngerer Zeit empirische Informationen und wissenschaftliches Know-how schon bei der Programmplanung zu Rate gezogen.

An dieser Stelle soll verdeutlicht werden, dass ein vorausschauend geplantes, letztlich mit dem Programmstart fertig geplantes und schon verfügbares Evaluationskonzept zur Programmforschung im hier zu untersuchenden „Arbeit und Technik"-Programm nicht vorhanden war. Das lag daran, dass nicht von umfassenden Voraussetzungen und vollständig verfügbaren bzw. hinreichenden Randbedingungen, z. B. eines präzise gefassten Programmentwicklungsauftrages mit einem festen Investitionsetat, ausgegangen werden konnte. Von der Perfektion rationaler bzw. vorausschauender Programmplanung musste sich somit auch die Entwicklung des hier dargestellten Bremer Landesprogramms „Arbeit und Technik" verabschieden. Das hatte Folgen für die Evaluation des Programms, welche von nicht hinreichenden Voraussetzungen über den Untersuchungsgegenstand – hier die Wirkungsweise des Programms – auszugehen hatte. Am Anfang stand nicht ein „fertiges" Programm, dessen Implementation und Wirksamkeit nur noch zu überprüfen war, sondern eine zunächst vage Programmidee, die Schritt für Schritt durch erste Pilotprojekte konkretisiert wurde. Die Evaluationsmethodik ist somit nicht zum Programmstart 1990 entwickelt worden, sondern wurde in den späteren Umsetzungsphasen (von 1994 bis 1997) des Programms bestimmt. Sie war also wesentlicher Bestandteil des gesamten Entwicklungsprozesses und sollte unter anderem dazu dienen, über die Fortführung bzw. Modifizierung des Programms zu befinden. Häufig war die Evaluationsmethodik auch „Geburtshelfer" einer Idee und bot Hinweise für lohnenswert erscheinende neue Investitionen in regionale Innovationsprozesse.

Das Konzept der Programmevaluation stellt eine begründete Mischform verschiedener Elemente unterschiedlicher Evaluationstypen bzw. -ansätze dar. Explizit nimmt das Konzept Bezug auf drei im Folgenden weiter zu entfaltende Ansätze: die responsive Evaluation, die systemisch angeleitete Evaluation sowie die Nutzwertanalyse. Weitere Teilinstrumente, die sich in das Gesamtkonzept der Programmevaluation einflechten, sind: die Stärken-Schwächen-Analyse, die Innovationsspinne, die Dokumentation in so genannten Projektintensivfallstudien/ Projektmanagementreports als auch die Konzipierung entsprechender Evaluationsworkshops. Hinzukommen schriftliche Befragungen der

Projekte und Interviews mit Projektnehmern und Programmbeiratsmitgliedern aus dem Bremer Landesprogramm (im Einzelnen in Rauner u. a. 1995, 37 ff.).

Alle drei Ansätze werden nicht in ihrer Reinform übernommen, sondern für das Konzept der Programmevaluation adaptiert. Es war die Absicht der verantwortlichen Evaluationsteams, den Anforderungen einer gleichzeitig akteurs-, prozess- und wirkungsbezogenen Analyse gerecht zu werden. Die unterschiedlichen Instrumente tragen auf je spezifische Weise zur Gesamtbilanzierung bei. Die Gesamtbilanzierung ist somit als eine Mehrebenen-Evaluation anzusehen und beabsichtigt, verschiedene Programmakteure zu informieren: die politischen Instanzen, den das Programm begleitenden Programmbeirat sowie die in den Projekten versammelten Projektbeteiligten einschließlich der wissenschaftlichen Begleitung.

Folgende drei Ebenen sind bei der Programmevaluation zu unterscheiden bzw. angesprochen:

- Politikebene: Hierher gehört das Interesse der Auftraggeber und der Öffentlichkeit, über die Programmeffekte möglichst umfassend informiert zu werden. Das Evaluationsverfahren stellt eine Informationsressource für die weitere Programmfortentwicklung und -fortführung dar.
- Forschungsebene: Hierher gehören Beiträge zur regionalen Innovationsforschung und zu den Wirkungen und Implementationsformen von regionalen „Arbeit und Technik"-Programmen. Einen Zusammenhang dem sich insbesondere die hier vorliegende Arbeit widmet
- Projektebene: Die Projekte möchten umfassend Auskunft darüber erhalten, wie ihr Projekt in das Programmumfeld einwirkt bzw. wie das Projekt im Programmkontext zu positionieren ist. Selbst wenn die Veränderungsprozesse sorgfältig konzipiert und gemanagt werden, entsteht häufig bei der Projektdurchführung eine unterschiedliche Zielwahrnehmung durch die unterschiedlichen Akteure und die ihnen zugrunde liegenden Interessen. In der Regel sind mehrere Aspekte bei der Programmevaluation von Interesse: Verläufe, bisherige Ergebnisse, Zielorientierung usw. Mit der Projektevaluation wird die Informationsbasis für die Beurteilung der Wirksamkeit im Rahmen des Programms geschaffen. Dazu gehört auch die Analyse des Umfeldes, in das die Projekte eingebettet sind.

Mit der Mehrebenenevaluation kann eine Fülle von Fragen beantwortet werden. Insofern können die im Folgenden dargelegten Fragen nur eine Auswahl darstellen:

- Wie kann eine Reihe von Projekten mit einem übergreifenden Evaluationsdesign untersucht werden?
- Wie können Programmevaluationen für verschiedene Akteursgruppen nutzbar gemacht werden?
- Wie werden erfolgreiche Projekte implementiert?
- Welche Faktoren und Umfeldbedingungen wirken sich begünstigend auf die Entwicklung erfolgreicher Projekte aus?
- Wie kann die interne und externe Wirksamkeit von Projekten erhöht werden?

- Wurden die Programmziele erreicht bzw. sind die Ziele erreichbar?
- Wurde die Zielgruppe des Programms erreicht?
- Welche direkten und indirekten Wirkungen des Programms sind absehbar?
- Welche unbeabsichtigten Wirkungen hat das Programm erzeugt?
- Sind Implementation und Verwaltung des Programms effizient?
- Wo werden die Grenzen der Steuerbarkeit von Innovationsprozessen gesehen?
- Ist das Programmdesign geeignet?
- Wurden auch außerhalb der Programmmaßnahme, z. B. im ungeförderten Raum, ähnliche Veränderungen erzielt?

Um den Fragenkatalog auch in Hinsicht auf die forschungsleitenden Hypothesen hier genauer einzugrenzen, werden im Folgenden verschiedene Typen der Evaluationsforschung eingehender betrachtet; dies soll anschließend eine bessere Positionierung und Einordnung des spezifischen Evaluationsdesigns zum Bremer Landesprogramm „Arbeit und Technik" und seiner zentralen Fragestellungen erleichtern.

5.2.2 Wirkungs- und Implementationsforschung

Eine wichtige Unterscheidung bezieht sich auf den Gegenstand der Evaluation. Stehen die Effekte oder Wirkungen eines Programms im Vordergrund der Betrachtung so spricht man von einer Wirkungsanalyse. Diese umfasst alle beabsichtigten und auch unbeabsichtigten Wirkungen des Programms. Wie weiter oben dargelegt, ist eine derart umfassende Wirkungsanalyse in der Regel wegen des damit verbundenen Aufwandes wenig sinnvoll. Häufig wird daher nicht das gesamte Wirkungsfeld betrachtet, sondern es werden lediglich bestimmte Zielkriterien auf der Basis von Annahmen und Hypothesen genauer untersucht.

Von Implementationsforschung spricht man dann, wenn nicht schwerpunktmäßig die Effekte und Wirkungen beleuchtet werden, sondern eine systematische Untersuchung der Veränderungsprozesse im Mittelpunkt stehen soll. Untersucht wird die Planung, Durchsetzung und der Vollzug von Maßnahmen, wobei die gesellschaftlichen und sozialen Probleme, die zur Implementation des Programms führten, mit reflektiert werden.

„Die Analyse des Zustandekommens und der Legitimierung der Programmziele, ihre Präzisierung und Systematisierung, das Herausarbeiten von Zielkonflikten und die Möglichkeit ihrer Auflösung sind wichtige Aufgaben. Untersucht werden auch die für die Problemlösung vorgesehenen Maßnahmen, ihre Eignung für die Zielerreichung, der Weg der Ziel-Erreichung über Zwischenetappen und Zwischenziele als auch die Rahmenbedingungen für die Durchführung einschließlich der Veränderung im Programmvollzug" (Kromrey 1995).

Zu betrachten sind bei diesem Typus von Evaluationsforschung neben der Ausstattung mit finanziellen und personellen Ressourcen auch die Einflüsse, die von den spezifischen Kompetenzen der beteiligten Akteure ausgehen.

Das hier gewählte Design ist verstärkt auf die Fragen nach den Wirkungen und Effekten des Bremer Landesprogramms „Arbeit und Technik" angelegt und untersucht insbesondere die Frage nach der regionalen Wirksamkeit bei strukturell angelegten Veränderungsprozessen, ausgelöst durch ein Bündel von Verbundprojekten (siehe auch Kapitel 4 und die Entfaltung der untersuchungsleitenden Hypothesen). Entscheidend für die Betrachtung ist der relative Erfolg von Maßnahmen im Vergleich zu weniger erfolgreichen Maßnahmen. Unter Effektivität wird hierbei verstanden, dass die Wirksamkeit von Projektmaßnahmen hinsichtlich der eingangs formulierten Ziele untersucht wird. Eine Projektmaßnahme ist umso effektiver, je schneller und umfassender sie ein vorgegebenes Ziel erreicht und je weniger unerwünschte Nebenwirkungen sie auslöst. Effizienz dagegen betont den Aspekt der Wirtschaftlichkeit des projektmäßigen Ressourceneinsatzes. Eine Maßnahme ist umso effizienter, je weniger Ressourcen für die Zielerreichung notwendig sind. Oder mit anderen Worten: je weniger es kostet, das Ziel zu erreichen. Bei der weiter unten vorgenommenen Programmanalyse geht es daher im Wesentlichen um die Effektivität der Programmmaßnahmen.

Eine systematische Untersuchung der Implementationseffekte des Bremer Landesprogramms kann hier jedoch nicht geleistet werden, dies wäre in einem anderen Untersuchungsdesign vorzunehmen. Im Mittelpunkt der Untersuchung steht vielmehr die Wirksamkeit von „weichen" Innovationsprozessen für sog. „harte" strukturrelevante Innovationsprozesse. Dabei steht die Frage nach der Nachhaltigkeit von Veränderungsmaßnahmen mit im Zentrum der Betrachtung. Nachhaltigkeit wird im Hinblick auf regionale Effekte anhand von sechs zentralen Innovationskriterien untersucht (siehe dazu auch die Innovationsspinne). Vierzehn Projektintensivfallstudien bzw. ihre Innovationsspinnen (siehe in Abschnitt 5.3.6 die Darstellung aller Innovationsspinnen) sollen dahingehend untersucht werden, unter welchen Bedingungen die jeweiligen Verbundvorhaben zu einem relativen Erfolg führten. Neben der Nachhaltigkeit ist die Frage nach der Transferierbarkeit der Prozesse im Blickpunkt des Interesses. Ziel ist es, solche Umstände herauszufinden, welche einen Transfer im Sinne einer Transformation der Innovationsprozesse auf andere Situationen befördern oder behindern. Für die Transferierbarkeit von Innovationsprozessen stellen sich folgende Fragen: Versprechen die Ergebnisse eines erfolgreichen regionalen Innovationsvorhabens hinreichende Möglichkeiten und Anregungen, so dass zu erwarten ist, dass andere sie für die Bewältigung zukünftiger Innovationsaktivitäten transformieren können? Oder sind die Bedingungen für einen Transfer der Innovation andernorts derart verschieden, dass eine Übertragung wenig sinnvoll erscheint? Handelt es sich um eine spezifische Innovation für einen eingegrenzten Bereich, ist für einen Transfer von Projektergebnissen zu entscheiden, ob und wo er vernünftigerweise stattfindet. (Siehe dazu auch die Ausführungen von Heidegger/ Laske 1997 und Höpfner/ Bremer 1996 zur Transformationsevaluation.[29])

---

29 Transformationsrevaluation richtet sich verstärkt auf die Bewertung der Transferierbarkeit des Gestaltungsansatzes in der Berufsbildungspraxis. Sie ist in mehreren Modellversuchen
Fortsetzung der Fußnote auf der nächsten Seite

5.2.3 Summative und formative Evaluation

Eine weitere Differenzierung und Einordnung des gewählten Evaluationsansatzes lässt sich hinsichtlich des gewählten Zeitpunktes der Evaluation vornehmen. Generell kann zwischen einer summativen bzw. abschließenden und einer formativen bzw. begleitenden Evaluation unterschieden werden. Die formative Evaluation meint die regelmäßige Rückkoppelung von Ergebnissen der Programmevaluation an das Projekt bzw. an die zu untersuchende Maßnahme. Die Nützlichkeit der erhobenen Evaluationsergebnisse soll auch für die im Handlungsprozess Aktiven gegeben sein. Mit der formativen Evaluation wird ein Element der Optimierung des Programms und seiner Projekte im Prozess ihrer Entwicklung angestrebt. Dies setzt explizit, wie im Rahmen der Evaluation des Bremer Landesprogramms geschehen, die aktive Beteiligung der Projektakteure im Evaluationsverfahren voraus (Rauner u. a. 1995). Damit wird der Sachverhalt des Programms (seine Ziele, Maßnahmen, Effekte) um die Perspektive der Betroffenen oder auch der Projektakteure selber erweitert. Das das Programm umschließende Umfeld stellt eine wichtige Referenzgröße dar, welche von den am Programm beteiligten Akteuren und ihren Institutionen repräsentiert wird. Evaluation erweitert sich über die Wirkungsforschung hinaus zu einem allgemeinen Konzept von „Einsatzforschung" (Wersig 1985), die sich um ein Verstehen der Innovationsprozesse bemüht. Zu einem solchen Verständnis der Evaluationsprozesse gehört, sich auf die Subjektivität der am Innovationsprozess beteiligten Akteure einzulassen. Diese Evaluation kann auch als „formative oder gestaltende" Bewertungsart bezeichnet werden. Nach Abschluss typischer Verlaufsabschnitte eines Projektes (z. B. Startphase, Umsetzungsphase, Reflexions- und Sicherungsphase) werden die Zwischenergebnisse einer Bewertung sowohl durch die Projektaktiven als auch durch Evaluatoren unterzogen. Die Aufgabe einer solchen Evaluation im Prozessverlauf besteht in der optimalen Abstimmung von Zielen und Maßnahmen auf das vorgesehene Einsatzfeld.

Dem Verständnis einer formativen Evaluation gemäß stünde damit nicht gleich zu Beginn das in allen Einzelheiten geplante „fertige" Programm, dessen gelungene Implementation und Wirksamkeit es nur noch zu überprüfen gilt. Vielmehr leistet die Evaluation selber wesentliche Schritte zur reflexiven Präzisierung des Programms. Sie formt das Programm und leistet Hinweise und Steuerungsinformationen für seine Ausgestaltung, indem es „von der Aufarbeitung und Präzisierung von Problemwahrnehmungen und Zielvorstellungen über eine zunächst vage Programmidee, über die Entwicklung geeignet erscheinender Maßnahmen und deren Erprobung bis zu einem auf seine Güte und Eignung getesteten endgültigen Konzept gelangt" (Kromrey 1995, 333). Die Evaluation ist Bestandteil der Aktion der Innovierenden, indem sie die reflexiven Phasen im Pro-

---

der Berufsbildung entstanden und beinhaltet Methoden der „formativen" Evaluation. Die Transformationsevaluation versteht sich als „bottom-up-approach", der die Handelnden (hier vor allem Lehrer und Schüler) explizit in den Bewertungsprozess mit einbezieht, um von unten gesteuerte Prozesse anzuregen.

jektverlauf strukturiert und anleitet. Sie ist wesentlicher Bestandteil des Entwicklungsprozesses, in welchem ihr auch die Funktion einer Qualitätsentwicklung und -sicherung zukommt. Die Evaluation wird zum Bestandteil des Innovationsprozesses und ist mit diesem viel enger verflochten als in einer distanzierten, rein empirisch angelegten Betrachtung. Das Interesse an nützlichen Informationen steht bei diesem Ansatz eindeutig im Mittelpunkt und wird selber Teil des Innovationsprozesses.

Ein eher pragmatisch angelegter Typus von Evaluation wird häufig dem Vorwurf ausgesetzt, nicht wissenschaftlich zu sein. Im Methodenpragmatismus wird ein Indiz für mindere Güte gesehen. So sehen es auch Winteler, Krapp und Will: „Evaluation der ‚leichten' Hand – die einfacher konzipierte Version innerhalb dieses Prototyps legt weniger Wert auf ausgefeilte Methoden und Instrumente [, sie, L. D.] reduziert den wissenschaftlichen Anspruch zugunsten von Machbarkeit rascher Verfügbarkeit von Daten. Die Nähe zum Geschehen wird durch eine geringere Aussagekraft der Befunde erkauft" (Will u. a., zitiert nach Ehrlich 1995, 35).

Eine Lösung dieses Problems kann durch einen Perspektivwechsel geschehen, indem verstärkt eine intersubjektive Absicherung der vielleicht sehr stark subjektiv bestimmten Einschätzungen im Evaluationsprozess gesucht wird.

Was ist nun eine summative Evaluation? Nach Kromrey (1995, 313 ff.) ist damit ein zusammenfassendes bzw. abschließendes Urteil über die bewirkten Effekte einer Programmmaßnahme gemeint. Bei einer summativen Evaluation sind Anfang und Ende der Forschung klar definiert, wobei auf die folgenden Fragestellungen eine Antwort gesucht wird: Welche Wirkungen sind durch die Projektmaßnahmen erzielt worden? Traten außer den geplanten Ergebnissen auch noch andere Begleiteffekte auf? Eine die Auftraggeber interessierende zentrale Fragestellung könnte lauten: Hat das Programm seine Ziele erreicht? Welche Wirkungen wurden hinsichtlich der Innovationsgegenstände, der Kompetenzen der Akteure und ihrer Kooperationsbeziehungen erreicht? Sind die gewünschten Effekte auch nachhaltig wirksam? Welche Schlussfolgerungen lassen sich für die Organisation künftiger Prozesse sowohl auf der Projekt- als auch auf der Programmebene ziehen? Wie müssen die Förderinstrumente beschaffen sein? Welche politischen Umfeldbedingungen sind notwendig, damit zukünftige Programme wirksam werden können? Wie muss das Management von Programmen zukünftig aussehen?

In vielen Fällen sind summative Evaluationen als Informationsbasis für die Entscheidung über die Fortführung bzw. Modifizierung künftiger Programmmaßnahmen im Untersuchungsfeld anzusehen. Die vorliegende Untersuchung kann auch als eine summative Bewertung von Programmeffekten verstanden werden, wobei die Projekte mehrfach bewertet wurden.

Im Evaluationsverfahren zum Bremer Landesprogramm wird eine projektunterstützende Evaluationsform (Kromrey spricht auch vom „Helfer- und Beratermodell" der Evaluation (Kromrey 1995, 332)) gewählt, die gewährleisten soll, dass bereits bei der Durchführung des Projektes Zwischenergebnisse der Evaluation in den Innovationsprozess und damit direkt an die Projektnehmer zurückfließen. Das hier vorliegende Konzept der Programmevaluation im Rahmen dieser Untersuchung basiert daher auf formativ erhobenen Evaluationsprozessen, deren Ergebnisse auch durch einen Prozess der Selbst- und Fremdevaluation der beteiligten Programmakteure zustande gekommen sind: durch das Bilanzierungsteam beim Projektträger, die Projektnehmer und den Programmbeirat. Insofern stellt die Arbeit einen Kompromiss zwischen summativer, abschließender Bewertung und formativen Prozessen dar. Im Folgenden werden zwei Evaluationsansätze, die responsive und die systemische Evaluation, rezipiert, die für die hier vorgenommene Programmevaluation von Bedeutung sind.

5.2.4 Responsive und systemische Evaluation

Von Beginn an wurde die Evaluationsforschung mit den verschiedensten ihr zugeschriebenen Defiziten konfrontiert, wovon die so genannte Nutzungskrise[30] am spektakulärsten ist. Als Lösung des Problems der ungenügenden Nutzung von Evaluationsergebnissen werden spätestens seit den 80er Jahren sog. nutzerorientierte Evaluationsdesigns entwickelt und angewendet. Derartige Konzepte bescheiden sich allerdings allzu oft damit, die Ergebnisse nach erfolgter Evaluation an die vermeintlichen Nutzer zurückzumelden. Ungeklärt ist dabei die Frage, wer eigentlich die Nutzer sind. Sind es die Auftraggeber, die politischen Entscheidungsträger oder die unmittelbar betroffenen „Stakeholder", d. h. die untersuchten Akteure, Organisationen und Netzwerke? Eine Lösung dieser Frage ist sicher nicht ohne Einfluss auf die zu wählenden bzw. zu entwickelnden Evaluationsmethoden. Es ist daher notwendig, zwei nutzerorientierte Evaluationsverfahren – die responsive und die systemisch angeleitete Evaluation – näher zu reflektieren, damit deutlich wird, wie der hier gewählte Programmevaluationsansatz genauer verortet werden kann. Mit beiden Ansätzen steht der hier gewählte Programmevaluationsansatz in enger Beziehung.

Die responsive Evaluation hat sich in den siebziger und achtziger Jahren in den USA zu einem stark nachgefragten Evaluationstyp herausgebildet und fungiert als Sammelbegriff für unterschiedlich formalisierte Ansätze. Diesen Ansätzen ist ein Vorgehen gemeinsam, das in doppeltem Sinne „responsiv" ist: Es ist empfänglich und empfindlich für Signale und Interessenlagen relevanter Beteiligtengruppen am Innovationsprozess. So lässt sich dieser Typus von Evaluation auch als situativer, nutzerorientierter und dialogischer Ansatz charakterisieren. Prägend für die relativ starke Verbreitung dieses Ansatzes ist seine Praxisbezogenheit, mit dem Ziel der Erbringung nützlicher Informationen und Hinweise zur Verbesserung der Praxis in Innovationsvorhaben. Das setzt die aktive Beteiligung der in den Projekten Handelnden voraus und läuft auf im Vergleich zu anderen Evaluationskonzepten geringere theoretische und methodische Ansprüche hinaus. In ihrer radikalsten Form ist die responsive Evaluation methodisch nicht abgeschlossen und vorab nicht durch eine bestimmte Vorgehensweise festgelegt. Sie wird gesteuert durch

---

30 Vgl. Kuhlmann (1998), der die Debatten um verschiedene Evaluationsverfahren und die Nutzungskrise ausführlich dargestellt hat.

die Interessen derjenigen Gruppen, die aktiv am Projekt oder Programm beteiligt sind. Deren Informationsinteressen, Anliegen und Konfliktthemen sind zugleich die Steuerungskriterien im Evaluationsprozess (Ehrlich 1995, 36 sowie Dehnbostel 1995). Während des gesamten Evaluationsprozesses werden die Ziele, Themen und Fragestellungen der Beteiligten bestimmt, überprüft und revidiert. Die zusammenkommenden Informationen werden durch qualitative Erhebungsmethoden bewertet. Dabei werden Interviews und Gruppendiskussionen durchgeführt. Weitere Erhebungsmethoden nach Shadish u. a. sind „observation, examination of documents, unobstructive measures, investigative journalism, resulting in a case report that is complex, holistic and involves many variables not easily unconfounded, writing is informal, with verbatim quotations, illustrations, allusions, and metaphors" (Shadish u. a. 1991, 270 ff.).

Nach Beywl dient die responsive Evaluation der Beschreibung und Beurteilung des Wertes eines Objektes, also seiner Verwendbarkeit für die Praxis. Die Hinweise und Empfehlungen, die gemeinsam zwischen Evaluator (der mehr die Rolle eines Beraters oder Moderators einnimmt) und den Projektakteuren im Sinne einer Zielvereinbarung entstehen, zielen immer auf die Verbesserung des zu evaluierenden Curriculums, des bildungs- oder arbeitspolitischen Programms oder eines anderen beabsichtigten und strukturierten Maßnahmenbündels (Beywl, zitiert nach Dehnbostel 1995, 84). Quantitative Verfahren spielen eine weniger wichtige Rolle. Die responsive Evaluation nähert sich dem Innovationsgegenstand in der Regel durch qualitative Verfahren (siehe oben). Befragungen oder Inhaltsanalysen zwar werden durchgeführt, dies geschieht aber vornehmlich gemäß einer induktiven Vorgehensweise, mit dem Resultat der Entwicklung einer Fallstudie. Der Evaluator beschäftigt sich mit dem Evaluandum in fragender Vorgehensweise ohne allzu große Vorannahmen. Das stellt an den Evaluator gewisse Anforderungen hinsichtlich seiner moderierenden und beratenden Funktion. Er wird, wie es Ehrlich ausdrückt, vom „distanziert beobachtenden Sozialwissenschaftler zum verwickelten Evaluator" (Ehrlich 1995). Nicht die „Logik der Wissenschaft" dominiert, sondern die „Logik der Evaluation", der im Gegensatz zum rationalistischen Wissenschaftsverständnis in der responsiven Evaluation ein „naturalistisches Paradigma" zugrunde liegt. Im Gegensatz zu wissenschaftszentrierten Evaluationsverfahren, für die sich häufig die Frage nach ihrer praktischen Verwendbarkeit stellt, orientiert sich das responsive Untersuchungsverständnis an der Praxis selber und beleuchtet die gegebene Ist-Situation. Es möchte damit latent vorhandenes, neues Wissen mit allen Beteiligten zu Tage fördern, entwickeln und somit die Innnovationsprozesse transparenter und produktiver gestalten.

Methodisch geht die responsive Evaluation ähnlich vor wie die Aktionsforschung (action research, Handlungsforschung), da sie in ihrem Ablauf „iterativ, schleifenartig [...] als fortwährendes Fragestellen, Antworten, Bewerten, Informieren und Aushandeln" (Beywl 1991, 273) angelegt ist. Kromrey benennt dabei drei Phasen – Gegenstandsbestimmung, Informationssammlung und Ergebniseinspeisung –, welche wiederholt zu durchlaufen sind. Damit ergibt sich bildhaft betrachtet eine aufsteigende „Wendeltreppe" oder auch „Helixstruktur". Die Zweckbestimmung dieses Entwicklungskonzeptes liegt in der Verbesserung der Innovationsprozesse unmittelbar an ihrem Ort des Entstehens und

Werdens. In gewisser Weise werden die Verbesserungsprozesse aus der Praxis für die Praxis des Innovationsalltages gewonnen. Nach Kromrey (1995) ist allerdings die responsive Evaluation von der Handlungsforschung selber zu unterscheiden. Aktionsforschung ist explizit interventionistische Forschung, da die Forscher parteiisch, im Sinne eines Koalitionspartners bestimmter Gruppen (z. B. Facharbeiterebene versus Managementebene), auftreten. Die Motivation der Forscher ist darauf gerichtet, die Subjekt-Objekt-Beziehung zwischen sich und den „Beforschten" aufzuheben und im Projekt gemeinsam die Handlungspotentiale aller Akteure zu erhöhen. Responsive Evaluatoren verstehen sich dagegen eher als Moderatoren im Diskurs der am Projekt beteiligten Gruppen.

Welches sind nun die Kritikpunkte an der responsiven Evaluation? Zum einen stellt sich die Frage nach der Übertragbarkeit der Ergebnisse. Ist diese auf Praxis ausgerichtete Evaluationsmethode überhaupt verallgemeinerungs- und transferfähig? Kann sie überhaupt wissenschaftlich abgesicherte Erkenntnisse und Befunde erbringen? Aus der Sicht einer Programmevaluation ist sie alleine nicht tragfähig, weil sie sich vor allem auf die Projektebene bezieht und nur das Projekt selber im Blick hat. Ein Vergleich mit bzw. eine Überprüfung an übergeordneten Zielen wird nicht angestrebt und ist nicht beabsichtigt. Dieser Ansatz richtet sich pragmatisch auf die Praxis und kann damit insbesondere für die Transformation von Befunden aus dem Projekt nur sehr eingeschränkt genutzt werden. So stellen Will u. a. fest:

„Der offensichtliche Vorteil, nahe am Geschehen und in der Atmosphäre eines Projektes zu sein, weniger Widerstände hervorzurufen und praxisnähere Antworten zu erhalten, wird allerdings auch hier durch die geringere Aussage- und Überzeugungskraft der gewonnenen Befunde erkauft [...] Die Überbetonung subjektiver Wahrnehmungen und die Vernachlässigung methodischer Kriterien bzw. die Frage nach den eigentlichen Ursachen [...] [geben, L. D.] Anlaß zur Kritik" (Will u. a. 1987, 29).

Hinzu kommt, dass es bei möglichen Rollenüberschneidungen zwischen Evaluatoren und Projektnehmern möglicherweise schwierig sein dürfte, zu einer ggf. distanzierten Betrachtung des Projektes zu gelangen. Es besteht die Gefahr, dass dieser Evaluationstyp zu einem Verlust innovatorischer Perspektiven führt. Zu sehr besteht die Engführung auf einen gesellschaftlichen bzw. betrieblichen Mikrobereich, der sich in übergeordneten Zielsystemen (wie z. B. aus den Programmen abgeleiteten Zielen) nur ungenau verorten bzw. in Beziehung setzen lässt (Dehnbostel 1995). Besonders dann, wenn die wissenschaftlichen Begleitpartner im Projekt selber eine aktive Rolle einnehmen und somit auf die Entwicklungsergebnisse selber Einfluss nehmen.

Weiterhin stellt sich dabei das Problem ein, dass v. a. mit einer methodischen Variante, nämlich der Fallstudie, gearbeitet wird. Dies stellt für die Evaluation von Programmen ein besonderes Problem dar, weil man erstens von Vorannahmen, eben dem spezifischen Programmdesign mit expliziten Zielen und Projektformen, auszugehen hat und zweitens nach einer Evaluationsmethode sucht, die vielfache methodische Zugänge zur Erklärung der Programmeffekte zulässt. Dabei bewegt man sich zwar nahe am Geschehen auf der Mikroebene des Projektes, aber man liefert auch weniger Hinweise und Informationen hinsichtlich der Transformation von Ergebnissen und Erfahrungen aus einem Innovationsprojekt in ein anderes. Diese Problematik stellt sich meines Erachtens nicht nur auf der Programmmanagementebene, sondern es stellt sich auch den Projekten selbst, die möchten, wie aus der Evaluationspraxis allgemein bekannt, dass ihre Ergebnisse transferfähig sind – sowohl intern innerhalb der eigenen Organisation als auch extern zum Nutzen Dritter (so genannter „late adopters"). Die responsive Evaluationsmethode thematisiert dies leider nicht in der Weise, wie es bei aller Nutzerorientierung zu erwarten wäre. Bedeutsam ist vor allem, was die Projektakteure als wichtig ansehen; Aspekte, die außerhalb der Region oder Projektlogik liegen, werden meist nicht gesehen bzw. dem Leser der Fallstudie überlassen. Shadish u. a. bringen dies auf den Punkt:

> „Stakes approach focuses attention on the crucial importance of reflecting local stakeholder values; empowers the stakeholders to value the worth of their own programms. [...] But his approach ignores the values of some other important stakeholders [z. B. Programmverantwortliche, politische Instanzen und staatliche Stellen, die gewisse normative Vorgaben repräsentieren, L. D.] who are distant from the programm but who have legitimate interests in it [...] this provides a less critical perspective on the value of the program than if prescriptive ethical theories were considered" (Shadish u. a. 1991, 307).

Gleichwohl stellt die responsive Evaluation in ihrer dialogischen Orientierung auf die Projektnutzer einen deutlichen Zugewinn für gängige Evaluationsverfahren dar. Wie Lipsmeier richtig feststellt, wird die Nützlichkeit und soziale Verantwortbarkeit von Evaluation durch deren Prozesshaftigkeit und Kommunikationsorientierung erhöht (Lipsmeier 1997). Als Vorteil stellt er vor allem heraus, dass die Beteiligten selber zu aktiven Kommunikationspartnern im Evaluationsprozess werden. Eine Einbettung und pragmatische Verknüpfung dieses Ansatzes in das hier verfolgte Konzept der Programmevaluation erscheint daher sinnvoll. Die Fähigkeit zur Selbstreflektion wird bei den Projektbeteiligten verstärkt herausgefordert. Die naturalistische Orientierung ist nach Shadish u. a. vor allem vorteilhaft für die Exploration neuer Erkenntnisse über praktische Veränderungsprozesse: „Its premier strenght is in facilitating naturalistic generalisation but it is also more ‚expansonist than reductionist' and advantogeous for theory building and ‚for exploration' as opposed to theory conformation and hypothesis testing" (Shadish u. a. 1991, 314). Nach Shadish u. a. handelt es sich bei der naturalistischen Generalisierung um folgendes Grundverständnis der responsiven Evaluation:

> „Responsive evaluation using case study methods give readers vicarious experience of the evaluand in context, detailing situations in which the reader usually has no first hand experience. The reader, not the researcher, provides reference population and comparison groups. The researcher describes the new case in ways that faclitate reader interpretation. The evaluator interprets, but considers facilitating the readers

intuitive analysis and generalization to be of equal responsibility" (Shadish u. a. 1991, 271).

Jeglicher Vergleich zwischen Projektsituationen wird damit sehr schwierig, weil ja jeder Fall verschieden ist und in seinem Charakter einmalig und besonders. Nicht der Evaluator schafft Verbindungen, sondern der Leser. Diese Methode hat große Beziehungen zur Fallstudienmethode oder zum investigativen Journalismus, aber auch zur Handlungsforschung.

An dieser Stelle stellt sich die Frage, wie sich das hier angewandte Verfahren der Programmevaluation des Bremer Landesprogramms zur responsiven Evaluation verhält. Deutlicher gemeinsamer Bezugspunkt ist das unterstützende Verständnis, um das sich das Evaluierungsteam aus der Sicht des Programms oder Projektträgers bemüht. Die programmbezogene Evaluation soll sich schließlich auch für die Akteure in den evaluierten Projekten positiv auswirken. Das bietet sich vor allem aus Programmsicht an. So kann sich aus der Perspektive des Trägers, der in der Regel mehrere Projekte zu betreuen hat, eine befruchtende Bezugnahme auf Nachbar-Projekte ergeben. Das primäre Ziel ist demnach nicht die Bildung einer Rangfolge im Sinne relativ erfolgreicher bzw. nicht erfolgreicher Projekte; vielmehr geht es um das Aufzeigen von Lernmöglichkeiten in einem anderen Projekt, von projektspezifischen Stärken und Schwächen und darum, wie die Projektbeteiligten solche Entwicklungen einschätzen. Dabei können leichter gezielte Anstöße aus der Sicht eines einzelnen Projektes gegeben werden. Ähnlich der responsiven Vorgehensweise wird der Evaluator eine stärker moderierende Rolle im Sinne eines distanzierten Handlungsforschers wahrnehmen (Heidegger/ Laske 1997). Gleichwohl ist der gravierende Nachteil der responsiven Evaluation für die Konzeption einer projektübergreifenden Programmevaluation nicht außer Acht zu lassen: Er liegt in seiner Orientierung auf den einen Projektfall – deswegen auch die Orientierung auf Fallstudien, welche so spezifisch sind bzw. vor allem die Ist-Situation abbilden, dass eine Erklärung ihres Transfergehaltes oder auch der Vergleich mit anderen Projekten sehr schwierig ist. Damit ist die responsive Evaluation zwar empfindlich gegenüber dem Anliegen der Projekte, aber eher unempfindlich gegenüber dem Anliegen des übergeordneten Programms und den mit ihm verbundenen Vorannahmen und Zielsetzungen. Das Programm geht schließlich von Standards aus, die es in seinen Zielen erreichen möchte: Außer um Professionalisierung und eine neue Innovationspraxis geht es um den Transfer der Projektergebnisse – alles in allem um eine höhere Effektivität. Genau diesen Sachverhalt untersucht die responsive Evaluation in nicht hinreichendem Maße. Sie ist deshalb nur bedingt für die Konzipierung einer Programmevaluation nutzbar; sie kann allerdings in Teilaspekten im Evaluationsdesign berücksichtigt werden. Die Konzeption bedarf der Erweiterung um systemische Betrachtungsweisen, womit es m. E. besser gelingt, über das einzelne Projekt hinauszugehen, und es erlaubt, die Programmziele als Evaluationskriterien aufzunehmen. Ich beziehe mich damit auf eine „pre-ordinate" Evaluation; sie ist, wie Shadish u. a. es umreißen, „determined by the evaluator early in the evaluation, and imposed on the program based upon on a priori plan" (Shadish u. a. 1991, 270). Mit dem nachfolgend umrissenen systemischen Verständnis von Evaluation nähere ich mich diesem Vorgehen. Hiermit erscheint es möglich, sowohl vom Nutzer als auch vom Programm auszugehen.

Auch der zweite hier interessierende Ansatz, die systemisch orientierte Begleitforschung bzw. systemische Evaluation, geht von der Handlungsforschung aus. Die systemische Forschung ist allerdings nicht in demselben Maße entwickelt worden wie die responsive Evaluation – schon gar nicht als fester Evaluationstyp. Sie hat jedoch in den Sozialwissenschaften zunehmend an Einfluss gewonnen. In der allgemeinen Systemtheorie wird ein Paradigmenwechsel angezeigt, nämlich die „Umstellung von offenen Systemen auf sich selbst organisierende, selbstreferentiell geschlossene Systeme". Nach dem Verständnis von Luhmann wird die Idee der Machbarkeit, der Steuerungsmöglichkeit und der grundsätzlichen Beeinflussbarkeit der biographischen Struktur eines Menschen von außen eingeschränkt. Die neuere Systemtheorie weist das Verständnis einer äußeren Einflussnahme auf die Individuen zurück: weil die Grundlage solchen Denkens mechanistisch sei und es vor allem von der Annahme ausgehe, dass das lebende System nach kausal-linearen Gesetzen von außen steuer- und determinierbar wäre (Kösel 1991).

Ein derartiges Verständnis kritisieren auch Heidegger und Laske als mechanistisch, das sie im Behaviorismus stark ausgeprägt sehen. Sie verweisen auf naturwissenschaftliche Erklärungsformen, die nicht geeignet erscheinen, um auf Menschen übertragen zu werden. Das kausal-objektive Erklärungsmuster, das sich aus den Naturwissenschaften ableitet (und deshalb oft auch als Physikalismus in den Human-/ Sozialwissenschaften bezeichnet wird), wird ihrer Ansicht nach der Komplexität menschlichen Handelns und Denkens nicht gerecht. Sie verweisen darauf, dass naturwissenschaftliche Denkschemata in der Arbeitswissenschaft wenig hilfreich seien. Denn ein Verstehen menschlichen Handelns müsse die Intentionalität von Menschen, sei sie bewusst oder unbewusst, mit einbeziehen. Das heißt, man kann Menschen erst verstehen, wenn man ihre auf die Zukunft gerichteten Zielvorstellungen mit einbezieht (Heidegger/ Laske 1997). Dies ist die Bewertung einer Gegebenheit nach dem Denkmuster des Reflektierens im Blick zurück nach vorn.

Eine systemische Betrachtungsweise versucht daher, das vereinfachte „black-box"-Denken zu überwinden und eine deutlich andere Betrachtungsweise über das Lernen und Verhalten von Menschen zu entwickeln. Nach Auffassung von Kösel (1991) sind Lernprozesse vor allem in eine Systemumwelt bzw. ein entsprechendes Lernarrangement einzubetten, wozu eine entsprechende Lernkultur benötigt wird, um zu einer neuen Form des arbeitsplatzbezogenen Lernens bzw. der Habitusbildung zu gelangen. Das Menschenbild der neueren Systemtheorie wird von den Überlegungen des Radikalen Konstruktivismus im Verständnis von Maturana und Varela und der Kulturanthropologie Batesons beeinflusst (ebenda, 162 ff.). In beiden Ansätzen kommt der Autonomie der Akteure ein hoher Stellenwert zu. Maturana und Varela gelangen im Rahmen ihrer neurobiologischen Forschungen zu der Erkenntnis, dass der Mechanismus, der Lebewesen zu autonomen Systemen macht, die Autopoiesie ist. Danach reproduzieren sich Menschen andauernd selbst. Ihr Organismus bzw. das Nervensystem wird durch seine eigene, innere Struktur geprägt. Interaktionen mit der Umwelt kommt vor allem eine auslösende bzw. impulsgebende, keineswegs eine gestaltende Funktion zu. Menschen sind damit durch ihre Struktur und ihren permanenten Selbsterzeugungsmechanismus determiniert (Kösel 1991). An die Stelle von Subjektautonomie und lebensweltlichen Kommunikationsstrukturen tritt die Systemautonomie.

Für die Programmevaluation ist das systemisch angeleitete Verständnis hilfreich, weil es die Bedeutung lebendiger Strukturen so verstehen könnte: Lebende Systeme sind strukturdeterminiert, selbstreferentiell und selbstorganisierend. Der Austausch zwischen den lebenden Systemen wird durch strukturelle Kopplungen möglich. Diese werden durch Interaktionen initiiert und durch konsensuelle Sichtweisen der Akteure situativ gekoppelt. Dieses konstruktivistische Verständnis baut auf selbstorganisierten und autopoietischen Systemen auf. „Statt der Suche nach Wahrheit wird die Nützlichkeit von Wissen, seine Bedeutung für Problemlösungen und die Intersubjektivität von Erfahrungen betont" (Kösel, zitiert nach Dehnbostel 1995, 87). Ich möchte daher den systemischen Ansatz als systemisch erweiterte Handlungsforschung begreifen, indem die Wissenschaft verändernd in die Praxis von Arbeit - Technik - Bildung-Entwicklungen eingreift. Der systemische Ansatz impliziert eine gleichberechtigte Beziehung zwischen Forschern und Praktikern, wobei die Praktiker nicht als Objekte oder Versuchspersonen anzusehen sind, sondern als Partner und Subjekte. Forscher und Praktiker stehen im gleichberechtigten und herrschaftsfreien Diskurs miteinander. Nach Kösel gelten für ein solches Verständnis folgende drei Ziele: „1. Direktes Ansetzen an konkreten, sozialen Problemstellungen; 2. Veränderung der Praxis im Entwicklungsprozeß; 3. Gleichberechtigter Diskurs zwischen den Experten verschiedener Praxisgemeinschaften" (Kösel 1993, 25).

Welche Vorteile entstehen durch eine solche Sichtweise für das Konzept der Programmevaluation? Die Verbundvorhaben im Rahmen des Bremer Landesprogramms sind durch institutionell übergreifende neuartige Innovationsnetzwerke und -verbünde gekennzeichnet. Eine systemische Sichtweise ermöglicht, das Geflecht der Beziehungen zwischen den Netzwerkpartnern besser zu verstehen. Die Austauschbeziehungen zwischen den Projektpartnern aus Industrie, Bildung und Forschung könnten in ihren verschiedenen Kopplungsmöglichkeiten, im Sinne sich neu herausbildender Kooperationsbeziehungen, verdeutlicht werden. Die Abweichungen und Übereinstimmungen in den Strategien der Personen aus den drei genannten Sphären können sichtbar, aufeinander abgestimmt und für die aktive Ausgestaltung der Netzwerke genutzt werden. Eine netzwerkanalytische Sicht der Verbundvorhaben aus ihrer inneren Situation heraus als auch aus externer Sicht im Kontext eines Programmrahmens wird erleichtert.

Die Verbünde können als selbststeuernde Netzwerke bzw. als „autopoietische soziale Systeme" aufgefaßt werden. Für den hier gewählten Evaluationsansatz setzt dies voraus, daß die Netzwerke in ihrem lokalen bzw. regionalen Umfeld reflektiert werden. Durch eine angeleitete Selbstevaluation der Netzwerkakteure, mit Bezug auf übergeordnete Zielkriterien, kann die distanzierte Sichtweise oder auch Fremdbewertung durch Experten erweitert werden. Neben der teilnehmenden Beobachtung durch die Evaluatoren wird vor allem die Gruppendiskussion eingeplant. In der Gruppendiskussion ginge es um die

Rekonstruktion der eigenen Erfahrungen und des darauf bezogenen Verhaltens der Netzwerkpartner. Diese Form der Reflexion über die Sichtweisen der Netzwerkpartner ermöglicht es, die Untersuchung „dicht am Verhalten anzusiedeln"; „sie ist damit herkömmlichen Standardmethoden, wie Fragebogen und Interviews, deutlich überlegen" (Kösel 1993, 25).

Zusammenfassend lässt sich sagen, dass heute nutzer- und beteiligungsorientierte Evaluationsverfahren, wie sie zuvor mit dem systemischen und dem responsiven Ansatz skizziert wurden, an Bedeutung gewinnen. Die Programmevaluation des Bremer Landesprogramms zeichnet sich durch eine qualitative Weiterentwicklung der Programmevaluation unter Bezugnahme auf responsive und systemische Evaluationsansätze aus.

Im Folgenden wird ein weiterer Evaluationstyp, die Nutzwertanalyse, vorgestellt, womit eine stärker nutzenbezogene Betrachtung des Innovationsgeschehens möglich wird. Dieses Bewertungsverfahren, welches der erweiterten Wirtschaftlichkeitsrechnung zuzurechnen ist, stellt sich für die Evaluation des Bremer Landesprogramms als bedeutsam dar, da es eine nutzenorientierte Bewertung von Innovationsprojekten ermöglicht und die Kosten-Nutzen-Betrachtung erweitert. Da das Wirkungsfeld des Bremer Landesprogramms unmittelbar in den Wirtschaftsraum hineinreicht, ist die Bewertung seiner Nutzeneffekte von besonderem Interesse.

5.2.5 Die Nutzwertanalyse

Die Nutzwertanalyse ist ein Verfahren zur Bewertung von staatlichen, aber auch privatwirtschaftlichen Projekten, deren Nutzen nicht in monetären Größen bestimmt werden kann. Sie wird im Folgenden in die sog. Cost-Benefit-Analyse eingeordnet. Die Nutzwertanalyse ist neben der Nutzen-Kosten-Analyse und der Kosten-Wirksamkeits-Analyse das dritte Verfahren, das zur Untersuchung der Wirtschaftlichkeit öffentlicher Projekte entwickelt worden ist (vgl. zum Folgenden Hanusch 1987).

Die traditionelle Nutzen-Kosten-Analyse ist das bekannteste Verfahren zur Bewertung öffentlicher Vorhaben. Ihr liegen neoklassische Preis- und Wohlfahrtstheorien zugrunde. Nach dem neoklassischen Paradigma wird bekanntlich bei vollkommener Konkurrenz ein Optimum der gesellschaftlichen Wohlfahrt erreicht (Pareto-Optimum). Mit dem Konzept der externen Effekte wird dann allerdings konzediert, dass die sich selbst überlassene Marktwirtschaft kein Pareto-Optimum liefert, denn die sozialen Kosten und sozialen Erträge sind aus der Wirtschaftsrechnung der disponierenden Wirtschaftssubjekte ausgeschlossen und betreffen andere Personen als die Verursacher. Dies ist sozusagen die Legitimierung eher systemkonformer Eingriffe des Staates in den Markt mit dem Ziel, die gesamtgesellschaftliche Entwicklung zu einem Optimum zu steigern. Typische Aufgaben sind die Versorgung der Gesellschaft mit öffentlichen Gütern, die zwar einen hohen Nutzen aufweisen, deren private Bereitstellung aber über den Markt nicht erfolgen kann, weil sie am Markt gleichsam nicht handelbar sind. Ein klassisches Beispiel dafür ist der Deich, für dessen Nutzung ein Marktpreis nicht erhoben werden kann. Ein anderes Beispiel ist die Bereitstellung einer Bildungs- und Forschungsinfrastruktur, worin sich ein Forschungsprogramm wie das Bremer Landesprogramm „Arbeit und Technik" bewegt. Das spezifische Vorgehen der Nutzen-Kosten-Analyse besteht nun darin, dass mit ihr versucht wird, für die durch den Marktmechanismus nicht feststellbaren monetären Kosten- und Preisgrößen gleichwohl quantitative Werte (monetäre Nutzen und Kosten) zu simulieren. Damit sollen für die notwendigen staatlichen Maßnahmen Instrumente für eine ökonomisch rationale Entscheidung bereitgestellt werden.

Die Kosten-Wirksamkeits-Analyse ist im Vergleich zur Nutzen-Kosten-Analyse in gewisser Weise realistischer, weil sie nur noch die Kosten staatlicher Projekte monetär bestimmen will, den Nutzen aber nicht mehr. Die Outputeffekte werden bei dieser Methode in physischen Größen bewertet. Außerdem wird nicht versucht, unterschiedliche physische Einheiten zu einem Gesamtmaß zu vereinen. Der politische Entscheidungsprozess ist damit wesentlich offener als bei der Nutzen-Kosten-Analyse, die idealiter ja eine monetäre Bewertung eines öffentlichen Projekts ermöglicht, welche objektiv zu sein scheint. (Freilich stellt diese Methode eigentlich nichts weniger als die Quadratur des Kreises dar, weil für Dinge, die der Markt nicht bewerten kann, dennoch Marktpreise gefunden werden sollen.)

Die Nutzwertanalyse ist einerseits eine Weiterentwicklung der Kosten-Wirksamkeits-Analyse, da mit ihr versucht wird, die physischen Einheiten zu einem Gesamtmaß zu vereinen: durch die Angabe von Gesamtwirksamkeiten oder Nutzwerten (vgl. Zangemeister 1993). Andererseits überschreitet sie allerdings die bisher skizzierten Methoden am konsequentesten, weil sie nämlich die Kosten im Grunde vernachlässigt. Sie geht davon aus, dass die Kosten von Vorhaben mehr oder weniger gleich hoch sind; bei einer Projektförderung kann das auch annähernd gewährleistet werden. Somit kann man auf die problematische Monetarisierung von Projektwirkungen in der Tat weitgehend verzichten. Allerdings soll hier auch ganz deutlich betont werden, dass jede realistische monetäre Bewertung von Ergebnissen des Programms „Arbeit und Technik" bzw. eines Projekts noch verfrüht ist. Die Ergebnisse des Programms bewegen sich noch im vorwettbewerblichen Raum, wobei noch nicht mit Preisen operiert wird.

Da ich der Nutzwertanalyse zur Evaluierung von Projekten und damit auch des Programms einen hohen Stellenwert zuweise, sollen die Schritte des Verfahrens kurz vorgestellt werden, wobei dann auf das Bremer Programm eingegangen wird, wenn es sinnvoll bzw. notwendig erscheint (vgl. dazu Hanusch 1987, 167 f.). Es ist anzumerken, dass Hanusch das Verfahren ganz allgemein beschreibt, während es um ein bestimmtes Programm geht.

Zur Zielanalyse: Zunächst müssen die Ziele der öffentlichen Projekte vollständig, widerspruchsfrei und operationalisierbar definiert werden. Das war – bezogen auf das „Arbeit und Technik"-Programm – in Bremen die Aufgabe des Programmbeirats, des Projektträgers und der senatorischen Behörden.
  (1) Erfassung von bedeutsamen Nebenbedingungen.
  (2) Bestimmung von Handlungsalternativen (im Bremer Landesprogramm sind das unterschiedliche Projekte, die um Fördermittel konkurrieren).

(3) Ermittlung von Dimensionen der Wirksamkeit von Projekten (Teilwirksamkeiten, das sind die Haupt- und Unterkriterien der Nutzwertanalyse).
(4) Die einzelnen Teilwirksamkeiten sind innerhalb einer einheitlichen kardinalen Skala in Zielerfüllungsgrade umzuformen (Ermittlung der Zielerfüllungsgrade).
(5) Gewichtung der Zielerfüllungsgrade.
(6) Aggregation zum Gesamtnutzen.

Die Nutzwertanalyse ist also eine Art von erweiterter Wirtschaftlichkeitsanalyse bzw. ein Verfahren zur (Selbst-)Einschätzung von Projekten, das im Wesentlichen aus der Kritik an der inhaltlichen Begrenzung von Nutzen-Kosten-Analysen erwachsen ist. Die Begrenztheit der Nutzen-Kosten-Analyse wird immer dann zum Problem, wenn im Rahmen von F&E-Vorhaben nur ein Teil der Wirkungskriterien in Marktpreisen bestimmbar ist. Kosten und Erträge schließlich, die weder monetär noch quantitativ exakt zu erfassen sind – so genannte „intangible assets" –, sondern sich nur qualitativ erfassen lassen, können in der klassischen Nutzen-Kosten-Analyse nicht berücksichtigt werden (Schätzl 1993, Bd. 3, 56–58). Die Nutzwertanalyse kann dagegen angewendet werden, wenn es um die Bewertung komplexer Sachverhalte geht. Durch gestufte Bewertungen lassen sich die Zielerreichungsgrade, z. B. bei unterschiedlichen arbeits- und menschengerechten Gestaltungslösungen, vergleichen (vgl. Zangemeister 1993).

In den vorangegangenen Kapiteln wurden adäquate Evaluationstypen beschrieben, die für die Konzeption einer umfassenden, die Projekte und die Intentionen ihrer Akteure einschließenden Evaluation herangezogen werden können. Für die Konzeption eines akteurzentrierten Evaluationskonzeptes sind es vor allem die responsive Evaluation, der systemisch orientierte Evaluationsansatz und die Nutzwertanalyse. Welches sind nun die adäquaten Leitkriterien zur Konzipierung eines nutzerorientierten Evaluationsdesigns? Dazu wird im Folgenden Stellung genommen.

5.2.6 Leitkriterien nutzerorientierter Programmevaluationsdesigns

Löst man sich von den Ansätzen der neoklassischen ökonomischen Theorie und betrachtet Innovation als einen Prozess, der durch Unsicherheit, häufig konflikthafte Akteurskonstellationen und unerwartete Resultate gekennzeichnet ist, dann sprechen allein diese Konstellationen für ein prozessbegleitendes und nutzerorientiertes Evaluationsdesign. Wenn Innovationsprozessen darüber hinaus eine regionale Dimension zugeschrieben werden kann bzw. muss, dann soll gerade die spezifische Qualität regionaler Innovationsdiskurse evaluiert werden. Zu erforschen sind dann die persönlichen und institutionalisierten Akteursbeziehungen in der Region, die Qualität der Kommunikation oder die Entwicklung der Kooperationsbeziehungen im Rahmen von regionalen Innovationsprozessen.

In der amerikanischen „Evaluation Community" hat inzwischen unter den Labels „Empowerment Evaluation", „Fourth Generation Evaluation" oder auch „Participatory Evaluation" eine nutzerorientierte Konzeption für die Untersuchung von Innovationsprozessen unter Nutzung des oben skizzierten reponsiven und systemischen Evaluationsver-

ständnisses stärkere Verbreitung gefunden. Danach wird Evaluation als Medium für selbstorganisierte Lernprozesse zwischen den beteiligten Akteuren verstanden (vgl. zur umfassenden Rezeption dieser Ansätze Kuhlmann 1998, 110 f.):
- Evaluation wird als Verfahren der strukturierten Präsentation und
- Konfrontation von (teilweise widerstreitenden) Akteursperspektiven konzipiert.
- Der Moderator unterstützt den Auseinandersetzungsprozess im Verhandlungsrahmen.

Das Evaluationsziel so genannter Empowerment-Ansätze in der Evaluationsforschung und -praxis ist daher nicht die „objektive" Dokumentation, Analyse und Bewertung von Sachverhalten und Resultaten aus einer einzelnen Akteursperspektive (z. B. des Evaluators als Wissenschaftler, Administrator oder „Praktiker"), sondern auch die Stimulation von Lernprozessen zwischen den Akteuren und die Überwindung verfestigter Akteursorientierungen. Solchen Ansätzen kommt es nicht in erster Linie darauf an, mittels der Evaluation zu prüfen und Kontrolle auszuüben, sondern der Evaluationsprozess soll genutzt werden zur Verbesserung bzw. Stützung der Selbststeuerung und Selbstbestimmung der betroffenen Akteure im regionalen Innovationsprozess, was in aller Regel die (politischen) Auftraggeber nicht ausschließt.

Einem neueren Verständnis von „Evaluation als Medium" zufolge geht es nicht mehr nur darum, zu untersuchen, wie die Dinge sind und wie sie funktionieren bzw. für einen Auftraggeber definierte Funktionen zu übernehmen und gewünschte Produkte herzustellen. Man geht vielmehr davon aus, dass soziale Realität nicht unabhängig vom Beobachter ist und dass sie von den in einer „Arena" handelnden Akteuren konstruiert wird. Nicht eine einzelne Person oder Gruppe gilt als der „decision maker"; „Entscheidungen erfolgen eher als fortlaufender Prozess, in welchem konkurrierende Akteure interaktiv Konsens erzielen oder auch nicht. Evaluationsergebnisse sind dabei eine Information unter vielen. Hier tritt also der Evaluationsprozess, genauer die ablaufende Kommunikation, im Verlauf in den Vordergrund. Der mediale Charakter des Evaluationsverfahrens wird pointiert" (Kuhlmann 1998, 108).

Zugespitzt formuliert: Das Medium wird zur Botschaft. Als Multiperspektivenanalyse strebt die Programmevaluation nicht „objektive", abschließbare Messungen von Programmwirkungen an, sondern bemüht sich eher um „Objektivierung" mehrwertiger, aus unterschiedlichen Perspektiven verschiedenartig interpretierbaren Prozessinformationen als Infusion in das Verhandlungssystem. Programmevaluation fungiert als Medium der Diskussion (vgl. Kuhlmann 1998).

Dieses Evaluationsverfahren versteht sich somit nicht in erster Linie als „Kontrolle und Prüfung" und auch nicht als „Besorgung der Geschäfte des Auftraggebers oder der Betroffenen", sondern als „Empowerment" oder auch als Befähigung der Projektakteure. Dadurch sollen Reflexions- und Selbststeuerungsfähigkeit, Lernfähigkeit und Selbstbestimmung der Beteiligten gefördert werden. Damit könnte ein Beitrag geleistet werden zum Aufbau eines Innovationsnetzwerkes, in welchem die Beteiligten mit- und voneinander lernen. Gegenstand solcher Moderationsworkshops könnten sein: Behebung von Informationsdefiziten, reflexive Neuorientierung bzw. Vergewisserung der eigenen

Informationsdefiziten, reflexive Neuorientierung bzw. Vergewisserung der eigenen Stärken und Schwächen („Re-Framing verfestigter Akteursperspektiven" (Kuhlmann 1998)), Herstellung eines Zielkonsenses, Festlegung von Indikatoren der Zielerreichung, Beschluss von Maßnahmen. Sicherzustellen wäre hierbei auch, dass der Evaluator nicht der Gefahr des „Going Native", d. h. der distanzlosen Identifikation mit seiner Moderatorenrolle, erliegt. Ebenso wäre die Balance zwischen Auftraggeber- und Betroffenenverpflichtung immer wieder herzustellen. Im Hinblick auf die Nachhaltigkeit von Projekten wäre zu fragen, ob deren Ergebnisse weiterhin als nachzuahmende Beispiele gelten können oder ob sie eher Anlass zu einer kritischen Reflexion der Projektpraxis geben. Im letzteren Falle wäre auch die Dokumentation des Projektprozesses mit all seinen Schwierigkeiten, Umwegen, Widerständen, Suchbewegungen, d. h. mit seinem gesamten situativen Kontext, unerlässlich. Vieles spricht dafür, dass Nachhaltigkeit nicht durch mechanistische Übertragungsversuche von innovativer Praxis, sondern nur durch den Aufbau eines „innovativen Milieus" realisiert werden kann (vgl. Manske u. a. 2001).

Welche Einsichten lassen sich nun zusammenfassend aus den Erfahrungen mit „Empowerment"-Evaluationsansätzen für die Evaluation regionaler Innovationsnetzwerke gewinnen?

Jedes Verbundvorhaben, insbesondere solche, die eine Arbeitsteilung zwischen Institutionen der Wirtschaft und der Wissenschaft bzw. Bildung praktizieren, benötigen eine regelmäßig stattfindende Evaluation, wofür entsprechende Zeiträume und Ressourcen bereitzustellen sind. Sorgfältig geplante Evaluationen sollten eine qualifizierte Moderation, die in der Regel von außen kommt, zulassen. Bei aller Bereitschaft der Projektakteure zur Selbstevaluation sind Projektevaluationen auf eine initiierende und qualifizierte Unterstützung von außen angewiesen. Auf Grund der begrenzten Planbarkeit eines durch Unwägbarkeiten und Unsicherheit geprägten Innovationsprozesses treten im Prozess der Projektentwicklung immer auch neue Gesichtspunkte auf. Auf Grund der verschiedenen Interessenlagen der verschiedenen Akteurslager treten dann mit der Zeit neue Interpretationen der Projektziele hervor. Solche Zielverschiebungen bedürfen der Thematisierung und Re-Interpretation durch die Beteiligten, was wiederum die Relevanz einer von Zeit zu Zeit zu veranschlagenden systematischen Evaluation anhand von Kritierien verdeutlicht. Die Beteiligten müssen sich darüber im Klaren werden, wo sie stehen, wo sie hinwollen und in welcher Weise sie von den vormals begründeten Zielvorgaben abweichen wollen und müssen.

Neben der oben skizzierten Erkenntnis, dass ein aktiv moderierendes, prozessbegleitendes Monitoring die besten Chancen hat, die Nutzer bzw. Betroffenen aktiv zu unterstützen, lassen sich nunmehr Leitkriterien für ein Evaluationsdesign angeben, was auch der Erhöhung des Selbstreflexionsniveaus unter den Beteiligten ausreichend Rechnung trägt.

Zusammenfassend lassen sich folgende allgemeine Leitkriterien beschreiben:
- *Partizipation:* Durch die Beteiligung aller Betroffenen an allen Phasen der Evaluation sollte die Verpflichtung gegenüber und die Identifikation mit den Evaluationsergebnissen sichergestellt werden und die Interessendivergenz (besonders zwischen

Auftraggebern und Betroffenen) wenn nicht aufgehoben, so doch ausbalanciert werden. Damit wird auch die Fähigkeit angesprochen, solche so genannten „multiple skills" in Form grenzüberschreitender Kommunikation zu entwickeln, um ein tieferes Verständnis zwischen den Partnern am Evaluationsprozess zu ermöglichen. Der Gedanke der Partizipation intendiert, auch nicht oder bisher wenig integrierte Akteursgruppen oder Personen in den Evaluationsdialog einzubeziehen.

- *Diskursivität:* Bei der Durchführung von Evaluationen wird Wert auf Gesprächsorientierung gelegt. Sie soll von vornherein eine relativ kommunikative Symmetrie in die Evaluationssituation bringen. Die Ergebnisse der Evaluation werden mit den Projektakteuren intensiv durchgesprochen, einerseits, um mögliche Missverständnisse zwischen Evaluator und den Evaluanden frühzeitig aufzudecken, und andererseits, um eine Rückspiegelung der Befunde zu erreichen. Im Rahmen einer diskursiven und akteurszentrierten Evaluation kommt es ferner darauf an, ein tieferes Verstehen der möglicherweise subjektiven Sichtweisen zu ermöglichen und zu erzielen. Hierbei kommt auch das Problem des Evaluators zum Vorschein, dass darin besteht, als Handlungsforscher bei aller (mittleren) Distanz von sich aus in der Lage zu sein, die Situation und die Äußerungen der Beteiligten unvoreingenommen wahrzunehmen (vgl. auch die umfassende Darstellung der Rollenkonflikte des Evaluators bei der gestaltungsorientierten Evaluation bei Heidegger/ Laske 1997 sowie die Problematik objektiver Evaluationen bei Kuhlmann 1998).

- *Reflexivität:* Durch die Initiierung bzw. Stärkung von Innovationsdiskursen soll die Kommunikation unter den beteiligten Akteuren verbessert werden, um Freiräume für (selbstkritische) Re-Interpretationen und Selbstreflexionen (über eigene Stärken und Schwächen) zu schaffen. Eintretende Lerneffekte sollten eine reflexive Neuorientierung (Re-framing) der Beteiligten auf ihre Stärken und Schwächen und auf ihre gemeinsamen und individuellen Projektziele hin befördern und die Voraussetzung für eine Erhöhung der Selbststeuerungs- und Selbstevaluationsfähigkeit ermöglichen. Mit einer gut ausgeprägten Reflexivität kann auch die Fähigkeit zur angestrebten selbständigen Durchführung von Innovationsprozessen erhöht werden. Es geht also darum, die Kluft, die zwischen Wissen und Aktion entsteht, zu schließen, indem die Akteure ihren eigenen Innovations- bzw. Veränderungsprozess erforschen.

- *Multiperspektivität:* Damit wird die Absicht bei der Evaluation umschrieben, unterschiedliche bzw. heterogene Sichtweisen von unterschiedlichen Adressatengruppen zuzulassen. Durch eine multiperspektivische Sichtweise und Betrachtung des Evaluandums – hier eines Programms – lässt sich die Gefahr der Fehlinterpretation vermindern. Im Bremer Landesprogramm betrifft das die im nachfolgenden Kapitel angesprochenen Programmakteure, die in den Prozess der Evaluation mit einbezogen waren. Multiperspektivität sollte daher unbedingt zur Verfahrenskultur einer systematischen Evaluation gehören: Dabei geht es darum, nicht nur sich selbst oder die Gruppe in einem Prozess der Selbstevaluation zu bespiegeln, sondern auch Bereitschaft dafür zu zeigen, sich von Dritten fremdevaluieren zu lassen. Dabei sollte auf Triangulation Wert gelegt werden: das heißt von mehreren Winkeln aus zu

schauen und mehrere Gesichtspunkte bzw. Methoden zur Datenerhebung zuzulassen (siehe auch Kempfert und Rolff 1999).
- *Nachhaltigkeit:* Das primäre Ziel liegt in der Herstellung bzw. Förderung nachhaltiger Strukturen, d. h. bei geförderten Projekten: Eigendynamik über den Förderzeitraum hinaus, Verbesserung der eigenen Innovationskompetenz, strukturwirksame Effekte sowie insgesamt Beiträge zur Verbesserung des Innovationsmilieus. Nachhaltigkeit kann insbesondere durch regelmäßige Evaluationen erhöht werden, indem dadurch Lernprozesse zwischen den Beteiligten initiiert werden.

Es geht also im Kern um einen hermeneutischen Diskurs, in den, neben dem Organisator des Evaluationsprozesses, die von der Evaluation Betroffenen eintreten. Es tritt also auch der Evaluationsprozess selbst in den Vordergrund, womit der mediale Charakter des Evaluationsverfahrens betont wird und ein Lernprozess für alle Beteiligten stattfinden kann. Im Grunde entspricht diese Art der Evaluation einem Prozess des kommunikativen Lernens, des Hinterfragens und des Bewusstmachens. Der Evaluator ist dabei weniger als der eigentliche Bewerter der Innovationsmaßnahmen anzusehen, sondern eher als Moderator des Prozesses zu sehen. Oder, wie Patton es in Anlehnung an die oben genannten amerikanischen Evaluationsansätze, zugespitzt formuliert hat: „Der erfahrene Evaluator betrachtet vor allem die Perspektive der Betroffenen und ihre Erfahrungen und hilft ihnen, diese zu erkennen und zu bewerten" (Patton, zitiert nach Kuhlmann 1995, 110).

Das Verfahren der hier zu konzipierenden Programmevaluation bezieht sich im Kern auf die Nutzwertanalyse, die responsive Evaluation und den systemischen Evaluationsansatz, mit dem Ziel, die Effekte von regionalen Projektmaßnahmen zu untersuchen und der Frage nachzugehen, welchen ursächlichen Beitrag bestimmte Handlungssituationen, Projektkontexte und Projektentstehungsbedingungen auf den Projektverlauf ausüben. Unter Berücksichtigung der obigen Leitkritierien wird der Versuch unternommen, die Projekte von ihrer inneren Entwicklung her mit den Akteuren diskursiv zu bewerten. Im Folgenden wird das gewandelte Verständnis von Evaluation in der Innovationspraxis zusammengefasst. Daraus folgend werden die Ziele der hier vorgenommenen Programmevaluation abgeleitet.

5.2.7 *Resümee und Ziele der Programmevaluation*

In den letzten zwei Jahrzehnten hat in der Theorie und Praxis von Evaluationen der öffentlich geförderten Forschungs-, Technologie-, Entwicklungs- und Innovationspolitik ein umfassender Wandel stattgefunden. Zusammenfassend möchte ich die Hauptgesichtspunkte einer gewandelten Evaluationspraxis wie folgt benennen:

(1) Evaluation ist nunmehr nicht nur Legitimationsinstanz vergangener Maßnahmen (past action) und ihrer Wirkungen, sie soll auch dem umfassenden Verständnis von Innovation dienen und in der Lage sein, nützliche Informationen für weitere Zukunftspläne künftiger Innovationsprogramme und -projekte zu liefern.

(2) Damit zusammenhängend wurde der Fokus der Evaluation erweitert: „from a narrow focus on quality, economy, efficiency and effectiviness, and towards a more all-embracing concern with additional issues, such as the appropriateness of the past actions and a concern with performance improvement and strategy development" (Guba/ Lincoln, zitiert nach Kuhlmann 1998, 107).

(3) Solche neuen Rollenzuschreibungen haben auch Einfluss auf den Charakter der Evaluation selbst; sie ist nicht mehr als „externe ex-post oder ex-cathedra activity" anzusehen, sondern sie wird zum integralen Bestandteil sozialer Prozesse von Innovation und Wissenschaft bzw. anwendungsbezogener Forschung (Barre, zitiert nach Kuhlmann 1998).

(4) Evaluation verlässt den Boden „objektiver und neutraler Wahrheiten" und lässt ein neues methodologisches Verständnis entstehen. Fetterman (Fetterman u. a. 1996) bringt dies folgendermaßen zum Ausdruck: „approaches to evaluation have evolved away from a purist model of ‚objective neutrality' characterised by independent evaluators producing evaluation outputs containing evidence and argument but no recommendations; to more formative approaches in which evaluators act as process consultants in learning exercises involving all relevant stakeholders (Project participants, Administrative institutions from national, regional or local state governments, industry, citizen groups, NGOs ...) providing advice and recommendations as well as independent analysis; this has led to more flexible and experimental approaches for the construction of integrated policy portfolios, and to even greater demands for well specified systems of monitoring, evaluation and benchmarking to aid analyses and feedback into strategy development" (zitiert nach Kuhlmann 1998, 108).

Die Diskussion in den vorangegangenen Kapiteln hat hoffentlich die Notwendigkeit eines erweiterten Verständnisses von Evaluation, welches ich für die hier vorgesehene Programmevaluation veranschlagen möchte, deutlich gemacht. Zwischen Evaluation und Strategie ist ein neuer Brückenschlag vorgenommen worden, indem die Evaluation als Informationsquelle für die Strategie- und Zukunftsdebatte dienen soll. Sie liefert mithin den Strategiediskussionen wichtige Informationen. Das geschieht durch eine reflexive Vorausschau und kann dadurch zu besser reflektierten Entscheidungen in der Innovationspraxis von Industrie, Wissenschaft und Politik führen, mit dem Ziel, zur Verbesserung sozialer und gesellschaftlicher Verhältnisse beizutragen.

Auf der Basis des dargelegten neuen Verständnisses von Evaluation und der skizzierten Evaluationsansätze (Rauner u. a. 1995, 37 f.; Deitmer u. a. 1997, 18 f.; Kuhlmann 1998, 111; Deitmer/ Attwell 1999, 58 f.; Manske u. a. 2001) können die drei folgenden Aspekte für die Evaluation von Verbundprojekten übertragen werden:

1. *Evaluation wird als ein Verfahren der strukturierten Bewertung und Gewichtung von unterschiedlichen Akteursperspektiven in FuE - Verbundprojekten* konzipiert. Der Evaluationsprozess unterstützt die betroffenen Akteure, weshalb auch von „empowerment" oder „participatory evaluation" gesprochen werden kann.

Der Schlüsselbegriff dieser Art der Evaluation bedeutet somit Verhandlungen in den Akteursarenen von FuE-Netzwerken. Zu Entscheidungen kommt es durch einen interaktiven Prozess zwischen den Akteuren, die aus unterschiedlichen organisationellen Kontexten stammen und z. T. auch unterschiedliche Interessen verfolgen bzw. Perspektiven einnehmen. Ziel hierbei ist es, zu einem Konsens oder auch Dissens zwischen den Akteuren zu gelangen. Das Evaluationsverfahren zielt damit auf ein „re-framing" (Schön/ Reich, zitiert nach Kuhlmann 1998, 111) der Akteursperspektiven. Die Akteure sollen neue Einsichten gewinnen können und in ihrer Bereitschaft unterstützt werden, von anderen zu lernen und ggf. die eigenen Handlungsentscheidungen zu revidieren. Es wird also die „Bereitschaft organisierter und individueller Akteure ...[unterstützt], die Rationalitätskriterien anderer Akteure gelten zu lassen, diese in begrenztem Umfang verstehen zu wollen, letztlich also lernbereit zu sein" (Kuhlmann 1998, 83).

2. *Der Evaluator oder das Bilanzierungsteam agiert als „facilitator", er unterstützt die Moderation der Auseinandersetzungen zwischen den Akteuren im Verhandlungssystem.* Der Evaluator beachtet die Perspektiven der Betroffenen mit ihren Erfahrungen und hilft ihnen, sich diese Bewusst zu machen und zu bewerten. Er agiert somit als Lernressource, indem er auch seine eigenen Einschätzungen in die Evaluation mit in den Verhandlungsprozess einbringt. "An evaluator does not and cannot empower anyone; people empower themselves, often with assistance and coaching. This process is fundamentally democratic. It invites (if not demands) participation, examining issues of concern to the entire community in an open forum" (Fetterman, zitiert nach Kuhlmann 1998, 106). Der Evaluator begibt sich also selber in den Verhandlungsprozess und sorgt dafür, dass eine Mehrperspektivität unter den Akteuren möglich wird bzw. die Spielregeln im Bewertungsprozess eingehalten werden. Er befindet sich also nicht außerhalb der zu betrachtenden Akteurarena, womit die Dualität zwischen Beobachtern und Beobachteten weitgehend aufgegeben wird (Guba/ Lincoln zitiert nach Kuhlmann 1998, 107).

3. *Das Evaluationsziel ist nicht allein die Bewertung von Sachverhalten aus einer einzelnen Akteursperspektive, sondern die Erzeugung von Lernprozessen zwischen den Akteuren.* Die Evaluation wird als eine Mehrperspektiven-Analyse verstanden, die nicht „objektive" Messungen von Programmwirkungen anstrebt, sondern sich um die „Objektivierung" mehrdeutiger, aus unterschiedlichen Perspektiven verschiedenartig interpretierbaren Prozessinformationen als Infusion in das Verhandlungssystem bemüht. Der Evaluationsprozess wird hiermit als Medium der Moderation verstanden.

Es spricht demnach vieles dafür, regionale Innovationsnetzwerke prozessunterstützend zu evaluieren und dabei die oben genannten drei Aspekte zu berücksichtigen. Dieses Evaluationsverständnis kommt im Evaluationsverfahren des Bremer Landesprogramms „Arbeit und Technik" zum Ausdruck. Das Evaluationsdesign sah dort moderierte

Workshops vor, die einen Diskussions-Stimulus (Kriterienbaum) vorgaben, der zu einer diskursiven, letztlich konsensorientierten Auseinandersetzung der Beteiligten über die Projektziele u. Ä. anregen sollte. In diesem Vorgehen wird sowohl eine subjektbezogene Gewichtung und Bewertung des Projektfortschritts durch die Programmakteure vorgenommen als auch eine um weitere Aspekte ergänzte objektivierte Projektbewertung. Die Moderation erlaubte es, bestehende Kommunikationsdefizite transparent zu machen und sie zur Grundlage einer reflexiven Neuorientierung der Beteiligten (ihrer gemeinsamen Projektziele etc.) werden zu lassen (Re-framing institutioneller Akteursperspektiven). Im Idealfall sind solche reflexiven Prozesse Grundlage individueller und kollektiver Lernprozesse, sie erhöhen die Selbststeuerungskompetenz der Netzwerke.

Aus den genannten Zusammenhängen können einzelne Zielebenen der Programmevaluation skizziert werden:

– Projektübergreifende Bilanzierung einer Reihe von Modellversuchen in ihrem Prozessverlauf (mehrfache Zwischenbilanzierung) und Untersuchung des Bezuges und des Beitrages der verschiedenen Projekte zum Programm;
– Untersuchung der Wirksamkeit der Programmziele, um Hinweise für die weitere Programmentwicklung zu erhalten;
– Unterstützung der Verbundvorhaben aus der Sicht aller Beteiligten: Verbesserung der Selbstreflexion und Projektkooperation und Hinweise zum Projektfortgang im Sinne der Projektziele (Realisierung eines Helfer- und Beratermodells);
– Differenzierter Beitrag zur regionalen Innovationsforschung und damit Erzeugung neuen Wissens über das Management und die Steuerung von regionalen Innovationsprozessen.

Während die konzeptuellen Grundlagen des Bremer Landesprogramms in einem langen Vorlauf (siehe auch die Ausführungen zum Bremer Landesprogramm „Arbeit und Technik", Bremer Sachverständigenkommission „Arbeit und Technik" 1988) und in Auseinandersetzung mit anderen Förderprogrammen, wie zum Beispiel dem Bundesprogramm „Arbeit und Technik", entwickelt wurden, mussten der Projektträger und sein Bilanzierungsteam besonders für die regionale und ganzheitliche Anlage des Programms neue Instrumente und Verfahrensweisen entwickeln. Die Akteure, Instrumente und das Verfahren der Programmevaluation werden im nächsten Abschnitt vorgestellt.

5.3 Die Akteure, Instrumente und das Verfahren der Programmevaluation

Die Programmevaluation sollte in umfassender Weise einer akteurs-, prozess- und wirkungsbezogenen Analyse des Programms und damit dem in den vorangegangenen Abschnitten entfalteten Verständnis von Evaluation gerecht werden. Das im Folgenden detailliert beschriebene Instrumentarium zur Programmevaluation sollte es erlauben, die innovative Qualität von Verbundprojekten bzw. Innovationsnetzwerken zu bestimmen.

5.3.1 Zur Entwicklung der Instrumente

Die durch die Programmkonzeption vorgegebenen allgemeinen Förderkriterien wurden hierbei weitestgehend operationalisiert, so dass sie sowohl von den Projektbeteiligten als auch von Seiten des Projektträgers oder eines autorisierten Bilanzierers als externem Evaluator nach dem erreichten Grad gewichtet und bewertet werden konnten. Diese Vorgehensweise sollte zum einen generell eine Evaluation auf der Projektebene garantieren, sie sollte zum anderen garantieren, dass man auf der Programmebene – und damit der Politik- und Programmforschungsebene – zu Aussagen gelangte. Damit wurde der im vorangegangenen Kapitel skizzierten Mehrebenen-Evaluation entsprochen.

Das Evaluationskonzept sollte einem erweiterten Ansatz Genüge tun, indem sowohl die „harten" als auch die „weichen" Zielkriterien an ihrem Erreichungsgrad von den Akteuren selber gemessen werden können. (Zum Verständnis von „harten" bzw. „weichen" Zielkriterien siehe die eingangs dargelegten forschungsleitenden Hypothesen in Abschnitt 4.2.) Die Zielkriterien sollten es erlauben, neben den Projekten, in denen der Transformationsprozess von „weichen" in „harte" Innovationsfaktoren gelungen ist, auch jene Projekte einer Analyse zu unterziehen, in denen dies nicht bzw. nur unzureichend gelang.

Mittels dieses Instrumentariums wurden im Rahmen der ersten Bilanzierungsphase (1995) seinerzeit 11 sowohl abgeschlossene als auch in Arbeit befindliche Projekte evaluiert. Hierbei wurde zum einen geprüft, in welchem Maße das jeweilige Projekt die Ziele des „Arbeit und Technik"-Programms erfüllt (Wirkungsanalyse), zum anderen wurde untersucht, inwieweit die verschiedenen Akteure in den Projektablauf eingebunden sind (akteursbezogene Prozessanalyse) (vgl. Rauner u. a. 1995, 37–45). Für die Bilanzierung der ersten Programmphase wurden verschiedene Evaluationsinstrumente entwickelt (u. a. die Instrumente der Nutzwertanalyse und der Innovationsspinne, siehe Abschnitt 5.3.5 und 5.3.6). Sie haben sich bewährt und wurden deshalb in überarbeiteten Fassungen auch für die zweite Bilanzierungsphase (1997) genutzt. Ergänzend wurden die „Stärken-Schwächen-Analyse" und der „Projektmanagementreport" eingeführt und erprobt (siehe Abschnitt 5.3.7 und 5.3.8). Diese einzelnen Evaluationsbausteine wurden, wie ich im Folgenden zeigen werde, in einem dreistufigen, konsensorientierten Verfahren (siehe Abschnitt 5.3.4) mit dem Ziel verwendet, gleichsam in ihrer Summe zu einer intersubjektiv abgesicherten Gesamtbilanzierung der Projekte zu gelangen.

In die Projektevaluation konnten nicht alle Projekte einbezogen werden, berücksichtigt wurden jedoch vor allem die in der Pilotphase begonnenen und abgeschlossenen 14 Verbundvorhaben. Insgesamt hatte das Programm über 25 Projekte in seiner Pilotphase initiiert bzw. in ihrem Enstehungsprozess beratend unterstützt. Die Nichtberücksichtigung erklärt sich dadurch, dass einige Projekte wie zum Beispiel das ZAHM-Projekt, das

BSAG-Projekt oder das HIZ-Projekt[31] im Bilanzierungszeitraum noch nicht in die Förderung aufgenommen werden konnten oder einfach noch nicht begonnen hatten. Die empirische Basis für die Programmevaluation stellen die im Zeitraum zwischen Anfang 1995 und Ende 1996 durchgeführten Evaluationen in ausgewählten Projekten des Landesprogramms dar. Die Evaluationen in den Projekten wurden in Intensivfallstudien bzw. Projektmanagementreports dokumentiert (Rauner u. a. 1995; Deitmer u. a. 1997). Insgesamt stehen der programmbezogenen Wirkungsanalyse 14 Projektintensivfallstudien zur Verfügung. In den nächsten Abschnitten werden das Evaluationsverfahren, seine verschiedenen Instrumente und seine Adressaten erläutert. Begonnen wird mit einer Skizzierung der Akteure bzw. Akteursgruppen im Programm, die direkt oder auch indirekt am Evaluationsprozess beteiligt sind (Abschnitt 5.3.2). Bevor der prinzipielle Ablauf des dreistufigen diskursiven Evaluationsverfahrens beschrieben wird (Abschnitt 5.3.3), werden typische Verlaufsphasen eines Projektes skizziert und den Dimensionen des Innovationsprozesses in einem Modellschema gegenübergestellt (Abschnitt 5.3.4). Im Anschluss daran werden die zentralen Evaluationsbausteine erörtert: die Adaption der Nutzwertanalyse (Abschnitt 5.3.5), die Konzeption der Innovationsspinne (Abschnitt 5.3.6) und die Stärken-Schwächen-Analyse (Abschnitt 5.3.7). Es folgt die Anlage der Projektintensivfallstudien und des Projektmanagement-Reports, an der verdeutlicht werden soll, wie die einzelnen Evaluationsbausteine dokumentiert werden; außerdem wird der Projektmanagementreport zeigen, in welcher Weise er selbst Evaluationsinstrument ist (Abschnitt 5.3.8). Abschließend wird auf das Konzept der Verknüpfung zwischen Projekt- und Programmevaluation eingegangen (Abschnitt 5.3.9).

5.3.2 Die Akteure der Programmevaluation

Dieser Abschnitt handelt von den Akteuren, die direkt am Projektgeschehen beteiligt sind, und von denjenigen, die auf der Progammmanagementebene daran indirekt teilhaben. Als die direkten Akteure werden die in die Projekte eingebundenen Unternehmen, wissenschaftlichen und bildungsbezogenen Einrichtungen aufgefasst; als indirekte Akteure gelten der Projektträger, Programmbeirat und die jeweiligen Förderinstanzen (wie z. B. Ministerien). Es geht um die Bestimmung der (unterschiedlichen) Interessen und Zielorientierungen aller Akteure bzw. Akteursgruppen. Eine Kenntnisnahme ihrer Orientierungen und Interessenlagen ist wichtig, weil sie im Rahmen eines nutzerorientierten Verfahrens die Ergebnisse des Evaluationsprozesses, d. h. die Bewertung von Projekten und die Bewertung des Förderprogramms, mit beeinflussen. Die verschiedenen Akteure nehmen jeweils in unterschiedlicher Weise am Programm teil. Die Projektakteure sind

---

31 ZAHM-Projekt, BSAG-Projekt oder HIZ-Projekt: Aufbau und Betrieb eines Schulungs- und Beratungszentrums für humane Medinzintechnik (ZAHM); Sozialverträgliche Gestaltung eines EDV-gestützten Schichtplanmodells bei der Bremer Straßenbahn (BSAG); Einrichtung eines Handwerker-Innovations-Zentrums (HIZ) im bremischen Handwerk (siehe auch zur Detaillierung Rauner u. a. 1995, Anhang V).

sicherlich stärker an der Situation ihres Projektes interessiert als an den Effekten des Programms. Dagegen sieht der Programmbeirat die verschiedenen Projekte als Mittel zum Zweck, weil er erwartet, dass das „Gesamtgebilde Programm" auch die in seinen Zielen unterlegten Wirkungseffekte erzeugt.

Es lassen sich fünf Akteursgruppen spezifizieren: Zunächst einmal ist das *Bilanzierungsteam* selbst zu nennen, also die Evaluatoren, wobei der Verfasser dieser Arbeit intensiv mitgewirkt hat; dann die *Projektnehmer oder Projektakteure*, die direkt am Gelingen des Projektes mitwirken; ferner die Instanzen der Programmmanagementebene – wobei der *Projektträger* als vermittelnde Instanz zwischen Projektnehmern und den Instanzen, zwischen *Programmbeirat* und *Senatsressorts* fungiert.

(1) Das Bilanzierungsteam beim Projektträger

Für die erste Bilanzierung wurde die Bildung eines so genannten Bilanzierungsteams[32] vorgenommen. Diese Form eines organisatorisch beim Projektträger angelagerten Evaluationsteams wurde gewählt, um eine gewisse Unabhängigkeit gegenüber den Eigeninteressen des Projektträgers zu gewährleisten. Ein weiteres Argument war insbesondere die Gewährleistung eines direkten und damit vereinfachten Zugangs zu allen für die Evaluation notwendigen Projektinformationen (zu Zwischenberichten, Förderbescheiden, Adressen usw.). Schließlich werden mit der hier durchgeführten umfassenden und systematischen Evaluation eines Programms immer auch die Dienstleistungen des Projektträgers auf den Prüfstand gestellt. Damit wurde eine Entscheidung von Seiten der beauftragenden Senatsbehörde getroffen, die eine Vermischung der Interessenlagen verhinderte und Gewähr für eine „objektivere" Evaluation bot.

Kromrey weist völlig zu Recht auf das Spannungsverhältnis zwischen interner und externer Evaluation hin: „Probleme bestehen zum einen in der Gefahr mangelnder Professionalität und zum anderen im Hinblick auf die ‚Objektivität' der Resultate. Evaluationsberichte, die ihre Adressaten in vorgesetzten Stellen oder gar in der Öffentlichkeit haben, tendieren dazu, nicht distanziert zu beurteilen, sondern gezielt ‚Erfolge' herauszustreichen und Fehlschläge zu verschweigen oder zumindestens herunterzuspielen" (Kromrey 1995, 319).

---

32 Das Bilanzierungsteam für die erste Bilanzierungsphase des Bremer Landesprogramms bestand aus der Leitung und einem Mitarbeiter (Prof. Dr. Felix Rauner und Ludger Deitmer) des Programmträgers, einem Mitarbeiter des Instituts Technik und Bildung der Universität Bremen (Dr. Klaus Ruth) sowie zwei Unternehmensberatern (Dr. Egon Endres und Heide Klingenberg) und einem Sozialwissenschaftler (Dr. Dietrich Milles). Das Bilanzierungsteam nahm seine Arbeit im Frühjahr 1995 auf und beendete diese mit der Vorlage eines umfassenden Evaluationsberichtes (Rauner u. a. 1995). In der zweiten Evaluationsphase waren Marion Riedel, Egon Endres, Fred Manske und Ludger Deitmer bei verschiedenen Projekt- und Porgrammevaluationen in der Zeit von Ende 1996 bis Ende 1997 aktiv (Deitmer u. a. 1997).

Mit einer Mischung aus externer und interner Evaluationskompetenz konnte derartigen Gefahren in ausreichender Weise begegnet werden. Das Bilanzierungsteam hatte die Aufgabe, sowohl für die Politik- als auch für dieProjektebene eine systematisch angeleitete und nutzerorientierte Evaluation durchzuführen. Das Hauptaugenmerk war neben der umfassenden Darstellung des Programmprofils und der Programmdaten auch auf die Analyse der regionalbezogenen Wirkungen gerichtet. Einmünden sollten die Untersuchungen in die Entwicklung von Empfehlungen zur Fortführung des Programms insbesondere hinsichtlich der Programmbeteiligten, den Innovationsthemen und der Organisation von Innovationsprozessen.

Die zweite Bilanzierung wurde von einem vierköpfigen Team[33] beim ehemaligen Projektträger des Bremer Landesprogramms in der zweiten Jahreshälfte 1996 durchgeführt. Aufgabenstellung des Bilanzierungsteams war es, das bisherige Bilanzierungsverfahren aus dem Jahre 1995 zu überarbeiten bzw. zu ergänzen und für eine erneute Programmbilanz zu nutzen. Dies wurde im Wesentlichen im Rahmen von vier exemplarischen Projektevaluierungen geleistet; daneben wurden die Projektendberichte und der erste Bilanzierungsbericht ausgewertet. Zur Durchführung der vier Projektevaluierungen wurden neue Instrumente vorbereitet und mit den alten Instrumenten in einem dreistufigen Evaluationsverfahren zusammengeführt.

Das Bilanzierungsteam möchte mit den ausgewählten Projektevaluationen in erster Linie Aufschluss über den aktuellen Projektstand erhalten und diese Ergebnisse für eine Programmbilanzierung nutzen. Das zentrale Ziel der Bilanzierenden liegt – auftragsgemäß – allerdings darin, die Instrumente einem erneuten Test in Bezug auf Aussagekraft und Handhabarkeit zu unterziehen, so dass diese für die zweite Programmphase des Regionalprogramms (ab 1997) nutzbar sind.

Ein weiteres Interesse der Evaluatoren entwickelte sich darüber hinaus an der Frage der Verallgemeinerung und Übertragbarkeit der Instrumente und Evaluationsverfahren auf andere Programme (z. B. europäische Programme wie ADAPT und LEONARDO oder nationale BLK-Programme wie z. B. Modellversuche zur Lernortkooperation). Das Bilanzierungsteam entwickelte daher auch Instrumentarien und Methoden zur kontinuierlichen Projekt- und Programmevaluation. Die Instrumente sollten extern zur Projektsteuerung und intern, d. h. in den Projektverbünden, zum Selbstmanagement der Projekte nutzbar sein.[34]

---

33   Neben dem Vertreter des Projektträgers (Ludger Deitmer) waren dies ein Ökonom bzw. Industriesoziologe (Fred Manske), eine Sozialwissenschaftlerin (Marion Riedel) und ein Unternehmensberater (Egon Endres).

34   Mittlerweile wird das Instrumentarium in leicht modifizierter Form für die Programmevaluation im Rahmen des BLK-Programms „Neue Lernkonzepte in der dualen Berufsausbildung" eingesetzt.

(2) Die Projektnehmer

Die Projekte des Bremer Landesprogramms sind in der Regel durch komplexe betriebs- und institutionenübergreifende Netzwerke und Verbundstrukturen zwischen Personen aus Unternehmen, von Aus- und Weiterbildungsträgern und wissenschaftlichen Einrichtungen gekennzeichnet. Diese Netzwerke beinhalten folgende Akteursgruppen: regionale Betriebe, wissenschaftliche Institute/ Verbände sowie Aus- und Weiterbildungseinrichtungen. Im Bremer Landesprogramm wurden mehr als hundert verschiedene Institutionen zusammengeführt. Wenn man bedenkt, dass die Institutionen häufig durch mehrere Personen repräsentiert waren, so ergibt sich insgesamt eine Anzahl von mehreren hundert Personen, die aktiv am Programm teilnahmen. Drei Akteursgruppen lassen sich für die Zeit zwischen 1995 bis 1997 quantifizieren:
- mehr als siebzig kleine und mittlere Unternehmen, vornehmlich aus dem Lande Bremen;
- mehr als dreißig Institute der Universität und der Hochschulen des Landes Bremen sowie regionale Aus- und Weiterbildungseinrichtungen;
- außerdem Transfereinrichtungen und Multiplikatoren aus Kreishandwerkerschaften, Kammern, Industrieverbänden sowie Gewerkschaften verschiedener Industriebranchen.

Die Projektnetzwerke des Regionalprogramms bestehen in der Regel aus Partnerschaften zwischen betrieblichen und wissenschaftlichen Vertretern, darüber hinaus sind in einigen Projekten noch Vertreter aus Verbänden (wie z. B. dem Arbeitgeberverband) oder Gewerkschaften aktiv, um eine frühzeitige Breitenwirkung zu erzielen. Darüber hinaus wurden die betrieblichen Außenbeziehungen zum Teil umfassend berücksichtigt, so dass auch vor- und nachgelagerte Abnehmer und Lieferanten der eigenen Wertschöpfungskette mit einbezogen wurden: private und öffentliche Kunden, industrielle Abnehmer, Vorlieferanten, regionale Dienstleister und Hersteller von Technologiesystemen und -apparaturen. Beabsichtigt war neben der Verbesserung der Breitenwirksamkeit auch die frühzeitige Beseitigung möglicher Hemmschuhe im Innovationsprozess. Durch Beteiligung und Berücksichtigung dieser vor- und nachgelagerten Instanzen sollte es besser gelingen, geeignete Lösungsansätze zu finden. Alle Partner sind in der Regel am inhaltlichen Projektverlauf aktiv beteiligt, womit das Konzept der klassischen wissenschaftlichen Begleitforschung verlassen wird. Damit wurde eine Fülle von Personen unterschiedlicher organisationeller und institutioneller Herkunft angesprochen bzw. in konkrete Veränderungsmaßnahmen eingebunden.

Gerade angesichts der Größe dieser Projektnetzwerke, der Komplexität der Aufgabenstellungen und der Interessenvielfalt der Akteure besteht immer die Gefahr bzw. Problemstellung, dass die Projekte ‚aus dem Ruder laufen' und die angestrebten Ziele nur teilweise erreicht werden. Insofern haben die Projektnehmer selbst ein Interesse daran, über effektivere Instrumente der Projektsteuerung und Evaluation zur Unterstützung ihrer Projektmanagementaufgaben zu verfügen. Die zweifache Bilanzierung der Projekte hat dies auf Seiten des Bilanzierungsteams bestätigt: In den Projekten besteht eine große

Nachfrage nach Unterstützung in allen Phasen des Projektablaufs, insbesondere in der Projektumsetzung, um die selbst gesetzten Ziele besser realisieren zu können.

Gleichwohl muss an dieser Stelle auf eine gewissermaßen natürliche Distanz der Projekte gegenüber jedem externen Evaluationsteam hingewiesen werden. Das von dem Bilanzierungsteam durchgeführte und für weitere Projekt- und Programmevaluationen und -steuerungen empfohlene Verfahren bezieht sich auf die qualitative Seite eines Projektzustandes und dabei insbesondere auf die unterschiedlichen Sichtweisen der Projektbeteiligten. Dadurch wird in der Tendenz die Binnensituation des Projektes bloßgelegt, die man jedoch häufig nicht nach außen dringen lassen möchte. Aus der aktuellen Anwendung des Verfahrens ist bekannt, dass die Projekte bei der Offenlegung von Projektschwächen ein gespaltenes Verhältnis zu den externen Bilanziers entwickeln. Zum einen waren die Projektnehmer in allen Fällen dankbar für Hinweise zur Verbesserung ihres Projekt-Status-quos, zum anderen wurde die Befürchtung offenkundig, dass Bilanzierungsergebnisse zu unmittelbaren Konsequenzen bzw. Sanktionen durch die fördernden Programminstanzen führen könnten. Die Bilanziers haben bei den aktuellen Evaluationsverfahren in allen Projekten so reagiert, dass sie es – ausgehend vom dialogischen Programmansatz – den Projekten bzw. ihren Akteuren überließen, ihre besonderen Standpunkte bzw. Sichtweisen durch mündliche oder schriftliche Erläuterungen während der Projektevaluation darzulegen oder eben auch nicht. Ergebnis war eine große Offenheit, vermutlich dadurch gefördert, dass man sich in dem dreistufigen Verfahren mehrfach traf und dass das Bilanzierungsteam seine Perzeption des Projektstandes offenlegte, indem es den Projektstand (aus seiner Sicht) möglichst klar formulierte und zur Diskussion stellte. Dadurch wurde es für die Projektakteure möglich, ihrerseits die Perzeption des Bilanzierungsteams in Frage und gegebenenfalls richtig zu stellen.

Die Unterscheidung zwischen klassischer wissenschaftlicher Begleitforschung und aktiver Teilnahme an einer Entwicklung soll hervorgehoben werden, weil daran recht gut unterschiedliche Orientierungen und Interessen von Akteuren verdeutlicht werden können. Die unterschiedlichen Interessenlagen können zur Folge haben, dass die Partner ihre Eigeninteressen stärker in den Vordergrund stellen als die Projektinteressen – zum Beispiel die Wissenschafter ihre wissenschaftlichen Karriereinteressen (das spezifische Bezugssystem, in dem sie gleichsam immer auch rechenschaftspflichtig sind, weil an ihm ihr Status als Wissenschafter gemessen wird, ist eben die Wissenschaft) oder die Betriebe ihre einzelbetrieblichen Interessen. Es stellt sich somit die Frage, wie eine ausgewogene Balance zwischen den Eigeninteressen der Projektnehmer und den übergeordneten Zielen des Projektverbundes hergestellt werden kann. Ein aktives Projektmonitoring könnte durch begleitende qualitative Bewertungsschritte helfen, die Defizite aufzuzeigen und die vermeintlichen Sachzwänge der einzelnen Projektpartner zu thematisieren. Die vorgeschlagenen Evaluationsprozesse sollen daher auch eine erhöhte Lern- und Veränderungsbereitschaft in der Netzwerkzusammenarbeit bewirken (Rauner u. a. 1995, 55 ff.; Deitmer u. a. 1997).

Die sog. Programmmanagementebene besteht aus drei Institutionen: dem Projektträger, dem Programmbeirat und senatorischen Behörden. Die Organisation des Bremer

Landesprogramms obliegt in erster Linie dem Projektträger. Seine Steuerungsaufgabe erstreckt sich in die Projekte, vor allem in ihre sorgfältige Vorbereitung und Durchführung, aber auch auf die Entfaltung des Diskurses zwischen den Akteuren und relevanten Problemstellungen. Die Arbeit des Projektträgers wird wiederum durch einen Beirat begutachtet und gefördert.

(3) *Der Projektträger*
Dem Projektträger kommt bei der Initiierung, aktiven Begleitung (active monitoring) und bei der Fortführung von Projektnetzwerken über den Zeitraum der Projektabwicklung hinaus eine Schlüsselrolle zu. Er leistet des Weiteren den wesentlichen Beitrag beim Aufbau von Kooperations- und Kommunikationsbeziehungen zwischen den regionalen Innovationsträgern. Insgesamt ist er damit die zentrale Steuerungsinstanz des Programms.

Die Aufgaben des Projektträgers im Überblick:
- Initiierung und Erschließung von regionalen Projektverbünden durch Hilfstellungen bei der Bildung von Verbundvorhaben mit innovativen Themenstellungen;
- Projektbegleitung und Auswertung;
- Fortentwicklung des Programms durch begleitende Evaluation und die Berücksichtigung überregionaler Erfahrungen und Erkenntnisse;
- Vermittlung der Projektergebnisse durch Veröffentlichungen und Präsentationsveranstaltungen;
- Organisation öffentlicher Foren bzw. Tagungen/ Konferenzen zu spezifischen Fachthemen (z. B. Handwerkstagung usw.).

Dem Projektträger zum Bremer Landesprogramm obliegt dabei die anspruchsvolle Aufgabe, nicht nur Partialinteressen (z. B. solchen eines Unternehmens oder einer wissenschaftlichen Einrichtung an einer Förderung) gerecht zu werden, sondern weiteres Interesse auf Seiten anderer Betriebe bzw. geeigneter weiterer Innovationsträger zu wecken und diese einzubinden. Der gemeinsam getragene Verbundgedanke bei der Initiierung und Etablierung von Verbundnetzwerken ist daher von zentraler Bedeutung für die Herstellung von Arbeitsfähigkeit im Projektverlauf. Darüber hinaus spielt die Beteiligung der Belegschaften und ihrer Interessenvertretungen sowie geeigneter Transferinstitutionen und Multiplikatoren z. B. bei den Arbeitnehmer- und Arbeitgeberverbänden als auch den Kammern und Innungen sowie Fachinstitutionen eine wichtige Rolle.

Dem Projektträger kommt daher eine dialog- und konsensstiftende Moderations- und Initiierungsfunktion zu. Das bedeutet, dass ggf. miteinander konkurrierende betriebliche bzw. wissenschaftliche Insitutionen zu einer Kooperation geführt werden müssen. Um solchen Aufgaben gerecht zu werden, wurde das Team des Bremer Projektträgers aus ingenieurwissenschaftlichen und sozialwissenschaftlich geschulten Mitarbeitern zusammengesetzt. Dabei kam es darauf an, neben organisatorischen und dialogischen Fähigkeiten auch die fachlichen Verankerungen auszubilden. Die eigene Kompetenzerweiterung gehörte damit ebenfalls zu den Aufgaben des Projektträgers.

Der Projektträger muss großes Interesse an den ‚Früchten' seiner Arbeit entwickeln. Er muss wissen, wie die von ihm unterstützten Netzwerke sich entwickeln. Er muss an funktionierenden Projektnetzwerken interessiert sein, nicht nur am Output der Projekte. Er muss sich auch über Zwischenevaluationen ein Bild vom aktuellen Projektverlauf (Stichwort: Prozessmonitoring) machen können. Dies impliziert ein Interesse daran, dass die Projektnehmer sich aktiv mit den Konsequenzen ihrer Forschungs- und Entwicklungsaktivitäten auseinander setzen und ein kontinuierliches Feedback über die Projektentwicklungen erhalten.

Die oben dargestellte Arbeitsfunktion des Projektträgers ist insofern verallgemeinerungsfähig, als sie aus der mehrjährigen Mitarbeit des Autors an ein und derselben Einrichtung stammt. Obwohl der Projektträger in dieser Form nicht mehr existiert, beschreibt er doch typische Funktionen eines auf Intervention ausgerichteten Handlungsprogramms. Die Akteursrollen sind demzufolge auch in der Gegenwartsform verfasst und sollen auch künftigen Trägern Orientierung bieten (vgl. Rauner u. a. 1995, 80–83).

(4) Der Programmbeirat des Bremer Landesprogramms „Arbeit und Technik"

Der Beirat hat die Aufgabe, zu den Projektanträgen fachgutachterliche Empfehlungen auszusprechen bzw. ggf. Auflagen zu formulieren. Darüber hinaus trägt er wesentlich zur Fortentwicklung der Ziele und Aufgaben des Landesprogramms bei. Auf Grund dessen waren regelmäßige Zwischenpräsentationen der laufenden Projekte vorgesehen.

Das Interesse des Beirats ist es, mit Hilfe der Evaluation über die Programm- und Projekteffekte informiert zu werden. Mit Hilfe der Evaluation kann er sich über die Stärken und Schwächen bestimmter Programmschwerpunkte informieren; sie ist Voraussetzung dafür, zu strukturwirksameren Lösungsansätzen zu gelangen. Folgende Ziele lassen sich durch eine breitere Information über die Programm- und Projektwirkungen erreichen:
- Förderung defizitärer Problemstellungen in den regionalen Betrieben nach Maßgabe der Programmevaluation;
- realistischer Praxisbezug bei der Bewertung neuer Anträge und bei der Förderung der regionalen Innovationsfähigkeit durch strukturwirksamere Lösungsansätze.

Der Beirat zum Bremer Landesprogramm setzte sich aus Sachverständigen aus den Bereichen Wirtschaft, Universität/ Hochschulen und Vertretern von Kammern bzw. Verbänden und Gewerkschaften zusammen. Ihm gehörten neben regionalen Vertretern auch Vertreter anderer wichtiger überregionaler Institute und Programme an. Bei der Beiratszusammensetzung war man im Übrigen auch darum bemüht, nicht nur wissenschaftliche Vertreter technischer Disziplinen zu beteiligen, sondern auch Vertreter der Humanwissenschaften. In die Beiratstätigkeit wurden die Vertreter der beteiligten Ressorts direkt als nicht stimmberechtigte Mitglieder aufgenommen.

Während der zehn Beiratssitzungen, die an verschiedenen Orten in der Region stattfanden, beschäftigte sich der Beirat zuallererst mit den Förderanträgen. Weiterhin wurden Zwischenpräsentationen laufender Projekte vorgenommen und anschließend beraten. Nur ein geringer Teil der Zeit konnte für die Diskussion von Empfehlungen zur Programmentwicklung genutzt werden. Trotz der zum Teil kontroversen Diskussionen über die Förderfähigkeit der Projekte ist es stets gelungen, eine einvernehmliche Entscheidung über die Projektanträge herbeizuführen. Insofern ist dies als gelungener Ausdruck der angestrebten neuen Programmqualität zu werten, nämlich Arbeit und Technik als Einheit anzusehen, Innovationen nicht nur an ihren Ergebnissen, sondern auch an ihrer kooperationsbezogenen Prozessqualität sowie dem Grad der Grenzüberschreitung über Betriebs- und Abteilungsgrenzen hinweg zu messen und zu bewerten. Die durchgeführten Beiratsberatungen lieferten dem Projektträger und darüber hinaus allen weiteren Programmbeteiligten wichtige Orientierungen. Durch eine aktive Auseinandersetzung mit konkreten Projekten konnten tragfähige und daher wegweisende Projektauswahlkriterien entstehen.

Eine im Rahmen der ersten Bilanzierungsphase durchgeführte Befragung ergab, dass alle Beiratsmitglieder die Chance betonten, durch die Präsentationen der Projekte, ihrer Absichten und Ergebnisse auch selber zu neuen Einsichten hinsichtlich der Förderung regionaler Innovationsprozesse zu gelangen (vgl. Rauner u. a. 1995, 84–86).

(5) Beteiligte Senatsressorts

Am Bremer Landesprogramm „Arbeit und Technik" sind die Senatoren für „Arbeit und Frauen" (federführend), „Bildung und Wissenschaft" sowie „Wirtschaft, Mittelstand und Technologie" beteiligt. Sie üben eine zentrale Funktion bei der Beauftragung des Projektträgers aus und haben das Startsignal zur Entwicklung des Programms gegeben. Letztlich nehmen sie die Rolle des Auftraggebers für die Implementierung und Umsetzung des Programms wahr. Wesentliche Erwartung war es von ihrer Seite, eine Verbesserung der Zusammenarbeit zwischen den drei innovationspolitischen Säulen der Region – Wirtschaft, Wissenschaft und Bildung – zu erreichen und dem integrierten „Arbeit und Technik"-Ansatz in der Region zum Durchbruch zu verhelfen. Die Senatsressorts haben zur Finanzierung der Arbeit und Verbundvorhaben durch die Nutzung entsprechender Investitionsfonds (Europäischer Sozialfond und Eurpäische Fonds zur Strukturentwicklung) wesentliche finanzielle Beiträge geleistet. Die ressortübergreifende Finanzierung von regionalen Innovationsvorhaben, vor allem durch Nutzung der Etats von Wirtschaft und Arbeit, konnte erfolgreich realisiert werden. Dafür war in jeden Fall eine enge Ressortabstimmung nötig, was auch in fast allen Fällen gelang. Die Förderinstanzen des Bremer Landesprogramms, hier die Senatsressorts für Arbeit, Bildung und Wirtschaft, haben auch die Evaluationen zum Programm in Auftrag gegeben, mit dem Ziel, Aufschluss über die Programmfortentwicklung bzw. ggf. seine Modifikation zu erhalten. Natürlich möchten die Ressorts auch wissen, ob die einzelnen Projektmaßnahmen ihr Geld Wert waren und ob sie insbesondere auch der Region den versprochenen Gewinn gebracht haben.

Demzufolge ist die Projekt- und Programmevaluation bzw. das Programmmanagement für die senatorischen Behörden eine wesentliche Informationsquelle, die genutzt werden sollte, um den Erfolg der Förderung zu messen und um das Programm fortzuentwickeln. Gerade in Zeiten chronischer Finanz- und Arbeitsmarktprobleme wird von der Politik verstärkt der ökonomische Ertrag des Programms „Arbeit und Technik" – aber auch der anderen Förderprogramme – eingefordert. Daraus ergibt sich die – in der Zukunft stärker zu beachtende – Fragestellung der Integration betrieblicher Rentabilitätskriterien in die Projekte. Hier dürfte sich das Problem der Operationalisierbarkeit stellen.

5.3.3 Projektverlaufsphasen und Dimensionen des Innovationsprozesses: ein Modellschema

Im Rahmen der Bilanzierung des Bremer Landesprogramms wurde ein Modellschema zur strukturierten Analyse der Phasen und Dimensionen der Innovationsprozesse entwickelt. Das Modellschema soll es erlauben, die Komplexität von vernetzten Innovationsprozessen zu erfassen. Dies geschieht, indem z. B. auch die akteursbezogene Beziehungsebene im Kontext verschiedener Innovationssituationen befragt bzw. beschrieben wird. Insbesondere werden dadurch die Fallstudien (siehe dazu auch die vier Fallstudien in Abschnitt 6.5) strukturiert, indem alle Veränderungen auf der Ebene der Innovationsgegenstände und -akteure unter verschiedenen Aspekten systematisch erfasst werden. Der theoretischen Entfaltung über Innovationsprozesse in den Kapiteln 2 und 3 und dem im Rahmen dieser Analyse verfolgten systemischen Innovationsverständnis entsprechend wird daher von zeitlich abgrenzbaren Phasen im Verlauf eines Verbundvorhabens ausgegangen. Der Lebenszyklus eines Vorhabens wird in Phasen eingeteilt. Im Rahmen der ersten Bilanzierung des Programms war noch von fünf Phasen ausgegangen worden (Rauner u. a. 1995, 35). Die Verläufe im Fortgang des Projektes wurden differenziert nach ihrem Anstoß (1) für das Projekt (Initiierung), nach der Erschließung der regionalen Partnerschaft (2) (Etablierung des Verbundes) nach der Festlegung des Vorgehens (3) (Ziel- und Strategiedefinition), nach der Projektdurchführung und -umsetzung (4) sowie ggf. einer Folge- bzw. Verstetigungsphase (5), in der die längerfristigen Wirkungen der Projekte aufgehoben sind. Zur Vereinfachung des Phasenmodells hat das Bilanzierungsteam im weiteren Verlauf der Programmevaluation die Phasen dann auf drei reduziert (Deitmer u. a. 1997, 54):
- Initiierungsphase (hier werden die Phasen 1 bis 3 zusammengefasst),
- Durchführungsphase (Phase 4) und
- Verstetigungsprozess (Phase5).

Die folgende tabellarische Zusammenstellung (Abb. 5/ 2) liefert einen Gesamtüberblick über die Verlaufsphasen der Vorhaben. Dabei werden auch die verschiedenen Instrumente zur Projektevaluation und -steuerung als sowie zur Programmevaluation angeführt.

Das neue Konzept der Programmevaluation

Drei Verlaufsphasen in Verbundvorhaben	Die Dimensionen des Innovationsprozesses					Instrumente zur Programmevaluation und Organisation des Innovationsprozesses und die Instrumente/ Methoden zur Programmevaluation
	Die Situation im Innovationsprozess	Der Innovationsgegenstand	Die Akteure	und ihre Kompetenzen und Orientierungen sowie ihre Kooperationsbeziehungen	
I. Initiierungsphase: • Projektanstoß • Netzwerkbildung • Zieldefinition • Arbeitsplan	Die veränderte Situation im Projektverlauf	Einzelaspekte: Arbeit Technik Qualifizierung	Akteurskonstellation	Die Lernprozesse unter den Akteuren und die Veränderung der Kooperationsbeziehungen zwischen den Akteuren	• Leitlinien zur Entwicklung von Projektverbünden • Auswahl der Vorhaben • Prospektive Evaluation • Checkliste für Evaluatoren
II. Umsetzungsphase: • Innovationsprozesse • Netzwerkentwicklung • Ergebnissentwicklung und -diffusion		Entfaltung des Zusammenwirkens und projekt- und regional- bezogene Effekte	Wer sind die Akteure und durch wen werden sie aktiv?	Welche inneren Orientierungen und Leitbilder bilden sich heraus? Welche spezifischen Fach-, Methoden- und Sozialkompetenzen bilden sich heraus?	• Prozessevaluation und -steuerung • Nutzwertanalyse • Akteurs- Soziogramme • Projektbewertungsinstrumente „Innovations-spinnen" • PM-Reports
III. Verstetigungsphase: • Ergebnissicherung • Projektpers-pektiven • Verstetigungsformen		Innovative projekt- und regional bezogene Effekte		Welche neue Qualität wurde bei den Kooperations-beziehungen erreicht?	Projektabschlussprüfung Summative Evaluation
Phasen des Projektentwicklungsprozesses					

Abb. 5/2: Einsatz verschiedener Begleitinstrumente in der Projektgenese in den drei Projektphasen eines Projektlebenszyklus

In *Phase I* (Initiierungsphase) erfolgt der Anstoß für das jeweilige Projektvorhaben, die Erschließung der regionalen Partner (Netzwerkbildung) sowie die Festlegung des Vorgehens (Zieldefinition und Bestimmung des Arbeitsrahmens). Abgeschlossen wird diese Phase in der Regel durch eine programm- und projektbezogene Evaluation, die von einem Kreis von Evaluatoren (z. B. dem Programmbeirat) durchgeführt wird. Hierbei wird geprüft und entschieden, ob die vorliegende Projektkonzeption den Zielkriterien des gegebenen Programmrahmens – hier dem Bremer Landesprogramm – entspricht und ob die Projektakteure und ihr Arbeitsrahmen die Gewähr dafür bieten, das Projekt erfolgreich durchzuführen. Die Evaluatoren führen daher in diesem frühen Stadium der Projektgenese eine prospektive oder auch Ex-ante-Evaluation durch. Die Evaluation zu diesem frühen Zeitpunkt dient der Abschätzung zukünftiger Projektaktivitäten mit dem Ziel, schon vor dem eigentlichen Beginn die Chancen und Risiken des Projektes realistisch abschätzen und entscheiden zu können. Den Projektnehmern sollen gegebenenfalls Auflagen zur Verbesserung des Antrages (beispielsweise die Projektkonzeption zu modifizieren) mit an die Hand gegeben werden.

In *Phase II* (Umsetzungsphase) wird der Umsetzungsprozess eines positiv begutachteten Projektes durch Fremd- und Selbstevaluation beobachtet und gestaltet. Diese Art formativer Evaluation ist als begleitende Evaluation durch ein Bilanzierungsteam gedacht. Inhaltlich entwickelt sich in diesem Zeitraum die Zusammenarbeit der Projektpartner zu einem tragfähigen Netzwerk. Durch die Projektarbeit der Projektbeteiligten entstehen Ergebnisse, die bei erfolgreicher Erfüllung der Zielerwartungen breiter transferiert werden. Die Evaluationsarbeiten in dieser Phase sind daher prozessorientiert anzulegen. Auf der Basis der Evaluationsergebnisse können neue Vereinbarungen über das weitere Vorgehen getroffen und damit der weitere Projektverlauf verändert werden.

In der abschließenden *Phase III* (Verstetigungsphase) erfolgen Aktivitäten, die eine Sicherung der Projektergebnisse bezwecken und in die Bestimmung weiterführender Projektperspektiven einmünden. Das generelle Ziel dieser Phase ist es, einen weiteren Transfer der Projektergebnisse anzustreben und das Projekt auf seine Erfolgsaussichten hinzu prüfen. Künftige Verstetigungsformen sind (wie z. B. die Gründung eines Unternehmens) dementsprechend zu entwickeln. Die in diesem Zusammenhang stattfindende summative oder auch Ex-post-Projektevaluation überprüft den bisherigen Verlauf und die Tragfähigkeit des Projektes, insbesondere die bisher eingetretenen messbaren Effekte. Der Erfolg oder der Misserfolg des bisherigen Verlaufes des Projektvorhabens wird einer genauen Prüfung unterzogen.

Die Projektphasen werden den einzelnen Dimensionen des Innovationsprozesses gegenübergestellt (siehe Abb. 5/2). Die Innovationsdimensionen werden unter folgenden Aspekten erfasst: nach den Situationen im Innovationsprozess, nach der Entwicklung der Innovationsgegenstände, nach den Akteuren, ihren Kompetenzen als auch der Entfaltung der Kooperationsbeziehungen und nach der Organisation des Innovationsprozesses (siehe auch Rauner u. a. 1995, 36). In der Abbildung 5/2 werden die Dimensionen und Phasen des Innovationsprozesses gegenübergestellt. Die mikroanalytisch angeleitete Untersuchungsabsicht wird deutlich, indem z. B. auch die Kompetenzen und Kooperationsbeziehungen der Projektakteure und die Lernprozesse wahrgenommen werden. Diese subjektiven Einschätzungen sind aber nicht statisch zu sehen, sie wandeln sich gleichermaßen im Fortgang des Innovationsprozesses. In den verschiedenen Situationsfeldern lassen sich die Prozesse in ihrer veränderten Situation beschreiben und dokumentieren. Im Rahmen von Fallstudien können die Veränderungen im Projektverlauf genauer beschrieben werden, und letztlich kann, durch wen auch immer, eine Beurteilung über den guten bzw. weniger guten Verlauf bzw. das Ergebnis des Projektverbundes vorgenommen werden. Mit dieser differenzierten Betrachtung können die Spill-over-Effekte[35] eines Projektvorhabens beschrieben werden.

Nachfolgend wird das für die Umsetzungsphase (Phase II) konzipierte Vorgehen bei der akteurszentrierten Programmevaluation, wie es bei der Bilanzierung des Bremer Landesprogramms zur Anwendung kam, näher beschrieben.

5.3.4 Das dreistufige Verfahren der Programmevaluation

In diesem Abschnitt wird das Procedere der Evaluation, d. h. ihr zeitlich-inhaltlicher Ablauf, im Überblick dargestellt. Die einzelnen Evaluationsinstrumente werden im Anschluss daran genauer erläutert. Das Bilanzierungsteam hat sie in der zweiten Jahreshälfte 1996 bei der Evaluation von vier laufenden „Arbeit und Technik"-Verbundvorhaben (weiter-)entwickelt. Die Ergebnisse der Evaluationsverfahren und der aktuelle Entwicklungsstand in den Vorhaben werden in Form von Projektmanagementberichten (PM-Reports) dargestellt. Sie stellen die offizielle, schriftliche Berichterstattung über das Evaluationsergebnis dar. Die PM-Reports erfüllen daher einen doppelten Zweck: Sie geben zum einen den Förderern Aufschluss über die innere Befindlichkeit des Projektes, und sie dienen zum anderen den Projektakteuren als wichtige Orientierungshilfe für die weitere Arbeit.

---

35 Dies sind im Förderzeitraum eingetretene Zusatzeffekte; gemeint sind zusätzliche monetäre Leistungen Dritter, z. B. der in den Projektverbünden beteiligten Hersteller, die durch Schenkungen oder Preisnachlässe bei Geräteinvestitionen die Projektdurchführung stützten, aber auch Einnahmen aus Dienstleistungen (z. B. Kursgebühren, Beratungshonorare, Entwicklungseinnahmen) (Rauner u. a. 1995, 47–50). Ein günstiges Verhältnis der Förderzuschüsse zum Gesamtvolumen (Projektkosten insgesamt plus erzielte Umsätze, d. h. erzielte Einnahmen) nach Projektende könnte ein wesentliches Argument für die Verstetigung der Verbundaktivitäten sein.

I. Evaluationssitzung mit allen Projektakteuren im Rahmen eines Workshops

Ziel:
- Projektzwischenbilanzierung durch die Projektakteure

Verfahrensschritte:
- kurzer Projektzustandsbericht von Seiten der Projektakteure
- Bearbeitung eines Kriterienbaums (Tischvorlage)
- Gewichtung und Bewertung der bisherigen Maßnahmen aus Sicht der einzelnen Projektakteure
- Diskussion der Ergebnisse und Konsensbildung

II. Auswertung durch den Projektträger

Ziel:
- Analyse aller Informationen (Projektunterlagen, Projektergebnisse, Protokoll des Diskussionsverlaufes, Beobachtungsprotokoll usw.)
- Vorbereitung der Perspektivensitzung

Verfahrensschritte:
- Visualisierung der Ergebnisse (Gewichtungen, Bewertungen)
- Stärken-Schwächen-Einschätzung durch den Projektträger bzw. das Bilanzierungsteam
- Verortung des Projektes im Programm
- Bestimmung der Innovationsspinne
- Fragen an das Projekt

III. Perspektivensitzung mit den Projektakteuren

Ziel:
- Konsens über Zwischenbilanz herstellen
- Projektperspektiven
- Projekttoptimierung

Verfahrensschritte:
- Innovationsspinne diskutieren
- Stärken/Schwächen - Diskussion
- Abschluss durch Evaluationsbericht (PM-Report)
- Empfehlungen durch den Projektträger

Abb. 5/3:   Dreistufiges diskursives und konsensorientiertes Bilanzierungsverfahren

An den Evaluationssitzungen haben die am Projekt beteiligten Unternehmensvertreter, Wissenschaftler und sonstige Akteure (z. B. in die Projekte involvierte Gewerkschafts- und Arbeitgeberverbandsvertreter sowie Projektbeteiligte aus dem Aus- und Weiterbildungsbereich) teilgenommen. Ziel der Sitzungen war es, den aktuellen Projektstatus zu bestimmen und auf der Basis der Evaluationsergebnisse gemeinsame Schritte für das künftige Vorgehen im Projekt festzulegen. Nach den Evaluationssitzungen haben dazu Nachbesprechungen zwischen Vertretern des Projektes und dem Bilanzierungsteam stattgefunden. Das Verfahren wurde in der vorherigen Abbildung zusammengefasst dargestellt.

Das Verfahren der Programmevaluation vollzieht sich in drei Schritten. Der erste Schritt besteht in der Vorbereitung und Durchführung einer Evaluationssitzung beim Projektnehmer. Hierbei kommt es darauf an, die Akteure zu einer selbstkritischen Reflexion zum Stand ihres Vorhabens zu bewegen. Der zweite Schritt stellt eine Zwischenetappe dar; das Evaluationsteam oder auch Bilanzierungsteam wertet die Ergebnisse der Sitzung mit dem Ziel aus, Stärken und Schwächen des Innovationsnetzwerkes zu bestimmen. Ziel ist es, Hinweise zur Optimierung des Vorhabens zu formulieren. Die Auswertung stellt den Input für die letzte und dritte Phase des Evaluationsprozesses dar, indem das Evaluationsteam seine Interpretation der ersten Evaluationssitzung präsentiert, sich aber dabei – und das ist der Clou des Verfahrens – auf die Bewertungen bzw. Begründungen und Argumente der Akteure des Netzwerkes stützt.

Erster Schritt des dreistufigen diskursiven Verfahrens ist die sog. Evaluationssitzung, die in der Regel gut einen halben Tag dauert. Die Projektteilnehmer werden in einem Schreiben, das Ziele und Ablauf des Evaluationsverfahrens ausführlich erläutert, zur Sitzung eingeladen. Nach Möglichkeit sollten alle Projektpartner, maximal ca. 15 Personen (Vertreter aus den beteiligten Unternehmen, aber vor allem auch die Wissenschaftler und weitere Kooperationspartner) beteiligt sein.

Als Einstieg in die Sitzung dient ein schriftlicher Bericht des Projektteams über den gegenwärtigen Projektzustand, der zusammen mit eventuell bereits vorher verfassten Zwischenberichten und dem Projektantrag vom Evaluationsteam zur (ersten) Einführung in die Evaluationssitzung genutzt wird. Die zentrale Aufgabe dieser Sitzung besteht in der Bearbeitung eines durch Haupt- und Nebenkriterien gegliederten Fragebogens (siehe Tabelle 5/4). Die Hauptkriterien werden im Rahmen der Vorbereitung auf die Evaluationssitzung vom Bilanzierungsteam aufbereitet. Sie werden unter Bezugnahme auf die dem Programm zugrunde liegenden Prämissen, Ziele und Maßnahmenfelder bestimmt. Dazu werden sowohl die Programmbeschreibungen als auch die Vorstellungen der Auftraggeber der Programme herangezogen. Gleiches gilt für die Nebenkriterien, die die Hauptkriterien untersetzen und ausdifferenzieren.[36]

---

36 In der gegenwärtigen Praxis der Anwendung des Verfahrens werden die Unterkriterien von den Projekten selber bestimmt, d. h., sie werden mit Bezug auf die spezifischen Zielstellun-
Fortsetzung der Fußnote auf der nächsten Seite

Die Kriterien werden entsprechend ihrer Wirksamkeit mit Prozentgewichten versehen, so dass die Summe der relativen Gewichte aller Kriterien immer 100 % ergibt. Neben die Gewichtung tritt nun die Bewertung als ein wesentliches Element hinzu, sie wird wie bei Schulnoten (mit 1 als bester Note und 5 als schlechtester Note) vorgenommen. Auf der Sitzung haben nun die versammelten Projektteilnehmer die Aufgabe, den Fragebogen unter Anleitung eines Moderators zu gewichten und zu bewerten. Die Teilnehmer werden zuerst aufgefordert, eine individuelle Gewichtung und Bewertung der Haupt- und Nebenkriterien vorzunehmen. Maßstab ist der Grad der Zielerreichung zum gegenwärtigen Zeitpunkt, und zwar immer bezogen auf den Zustand, der am Ende der Projektlaufzeit erreicht werden soll, nicht hingegen bezogen auf Teilziele bestimmter Projektphasen. Jeder der Teilnehmer eines arbeitsteilig angelegten und vernetzten Projektvorhabens hat vermutlich immer ganz individuelle Einschätzungen von dem bisherigen Projekterfolg.

Anschließend leitet der Moderator in eine so genannte Konsensdiskussion über, deren Ziel es ist, einen dialogisch-kommunikativ herbeigeführten Konsens unter den Teilnehmern über die Kriteriengewichtungen und -bewertungen zu erzielen. Mit der nachfolgenden Diskussion, in deren Verlauf die Teilnehmer ihre Argumente und Begründungen für die Punktevergabe erläutern, ergibt sich der Effekt, dass die Teilnehmer zu einer mehr oder weniger selbstkritischen und offenen Einschätzung hinsichtlich der Wirksamkeit bzw. des Zielbezugs ihres Vorhabens angeregt werden. Sowohl die nahe beieinander als auch weiter auseinander liegenden Punkte bewegen die Teilnehmer zur Auseinandersetzung und Verhandlung über den gegenwärtigen Projektzustand. Die Projektbeteiligten werden angeleitet, sich untereinander und unter Anwesenheit des Bilanzierungsteams über ihre jeweilige Sicht auf das Projekt zu verständigen; die Betonung liegt auf „verständigen", weil das Ziel des Verfahrens ein verbindlicher Konsens ist. Die Strukturierung der Fragebögen wird aus der Anwendung der Nutzwertanalyse entwickelt. (Siehe im Folgenden auch Abschnitt 5.2.5 sowie Abschnitt 5.3.5.) Dabei geht es nicht notwendigerweise um die Ermittlung von Mittelwerten aus den individuellen Bewertungen. Vielmehr steht die Frage im Mittelpunkt, ob die Teilnehmer sich im Lichte der Diskussion auf eine gemeinsame Bewertung einigen können, d. h. ob im Lauf der Diskussion

---

gen des Projektes von den Projektnehmern vor Beginn der Evaluationssitzung festgelegt und mit dem Bilanzierungsteam abgestimmt. Damit soll der spezifische Bezug der Evaluationskriterien auf die Projekte erhöht werden. An diesem Prozess werden nach Möglichkeit alle Teilnehmer eines Projektes beteiligt, um eine abgestimmte Definition zu erreichen. Bevor es zur eigentlichen Bewertung im Rahmen des Evaluationsworkshops kommt, soll damit begünstigt werden, dass alle Projektteilnehmer unter den Kriterien möglichst auch dasselbe verstehen. So soll späteren Missverständnissen und Ungenauigkeiten vorgebeugt werden, die die Evaluation erschweren könnten (siehe auch das Manual zur Programmevaluation des Programmträgers zum BLK-Programm „Neue Lernkonzept in der dualen Berufsausbildung", Programmträger 2000b sowie den Zwischenbericht, in dem Erfahrungen mit dem Instrument beschrieben werden, Programmträger 2000a).

einzelne Teilnehmer neue Einschätzungen gewinnen können und die Projektgruppe insgesamt ihre Erfahrungen verallgemeinern kann. Diese erste Evaluationssitzung kann somit als angeleitete Selbstreflexion der Teilnehmer verstanden werden. Die Evaluationsfragebögen dienen dabei als Leitfaden für den Diskussionsprozess. Im Zentrum steht also eine diskursive Verständigung über das bisher im Projekt Erreichte, wobei die Teilnehmer dazu angeleitet werden, eine systemische Gesamtbetrachtung ihres Projektes vorzunehmen.

In einem zweiten Schritt nimmt das Bilanzierungsteam eine Auswertung der Evaluationssitzung und aller vorhandenen Materialien und Daten vor. Dazu verfertigt es beim Projekt bzw. beim Programmträger einen vorläufigen Evaluationsbericht, der an das Projekt mit der Bitte um Stellungnahme zurückversandt wird. Nachdem die Änderungen aufgenommen wurden, werden auf dieser Bais Fragen an das Projekt formuliert, die aus Sicht der Programmzielsetzungen und des Diskussionsverlaufes klärungsbedürftig geblieben sind. Diese Auswertung dient der sog. Perspektivensitzung als dem dritten Verfahrensschritt. Die Auswertung muss schnell erfolgen, weil der Abstand zwischen Evaluations- und Perspektivensitzung möglichst gering sein soll, um die Spannung zu erhalten bzw. den diskursiven Prozess nicht abreißen zu lassen. Wir haben die Perspektivensitzungen etwa zwei Wochen nach den Evaluationssitzungen durchgeführt. Resultate der Auswertung sind die Visualisierung der Nutzwertanalyseresultate, die zusammengefasst und dokumentiert werden; diese Visualisierung des Projektzustandes geschieht mittels einer „Innovationsspinne" (siehe auch Abschnitt 5.3.5). Ein weiteres Instrument zur Projektbewertung ist die „Stärken-Schwächen-Analyse". Beides dient zusammen mit dem Evaluationsbericht als Diskussionsgrundlage für die Perspektivensitzung.

Im Verlauf einer ca. zweistündigen Nachbesprechung bzw. Perspektivensitzung werden die Ergebnisse des Evaluationsworkshops mit den Projektnehmern bzw. deren Repräsentanten beraten. Damit schließt die erste Bilanzierung des Vorhabens ab. Die von dem Bilanzierungsteam verdichteten Resultate der Projektbewertung sollen die Projektteilnehmer auf der Perspektivensitzung in die Lage versetzen, ihr Projekt realistisch zu sehen und Konsequenzen aus der Evaluierung zu ziehen. Durch diese Fremdevaluation von Seiten des Bilanzierungsteams wird die Selbstevaluation der Projektteilnehmer angeregt bzw. auf eine weitere diskursive Basis gestellt. Nicht nur die Binnenperspektive des Projektes steht im Mittelpunkt, sondern auch Vergleichsmaßstäbe mit weiteren Projekten. So können sich Anregungen für eine Zusammenarbeit mit Dritten ergeben. Im Gespräch mit den Projektnehmern wird eine Bestimmung des weiteren Projektvorgehens vorgenommen, mit dem zentralen Anliegen, Verbesserungsmöglichkeiten in der Projektbearbeitung aufzudecken und durch die Bestimmung von Gegenmaßnahmen Schwächen entgegenzuwirken. Hiermit können sich durchaus Abweichungen vom geplanten Arbeitskonzept des Projektes ergeben.

Auf der Basis der Analyseergebnisse des Evaluationsverfahrens und der vorhandenen schriftlichen Projektunterlagen, wie zum Beispiel der schriftlichen Zwischenberichte und der im Projektantrag niedergelegten Ziele und Arbeitspläne, wurden vom Bilanzierungsteam die sog. abschließenden Projektmanagement-Reports erstellt (Beispiele für abgeschlossene Projektmanagement-Reports stellen die vier Fallstudien in Kapitel 6 dar). Wie bereits ausgeführt, handelt es sich dabei um verbindliche Dokumentationen des Projektstands, die i. d. R. auch Vereinbarungen über das künftige Projektvorgehen zwischen Projektträger und Projektnehmern enthalten. Wegen ihrer verbindlichen Qualität werden die Reports mit den Projektteams abgestimmt. Sie dienen als schriftliche Zielvereinbarung und Orientierungshife für den Projektfortgang.

Es erweist sich als notwendig, auch danach den Diskussionsfaden zwischen Programmträger bzw. Bilanzierungsteam und dem Projektverbund nicht abreißen zu lassen: Die erwogenen Konsequenzen sollten von allen Beteiligten mitgetragen und möglichst verbindlich gefasst werden. Die Zielvereinbarungen sollten für die Projektteilnehmer im weiteren noch ausstehenden Projektverlauf realisierbar sein. Der Prozess der begleitenden Programmevaluation endet also keineswegs nach der dritten Verfahrensstufe.

5.3.5 Die Adaption der Nutzwertanalyse

Die vorangegangene theoretische Fundierung des Verfahrens der Programmevaluation hat zu dem Ergebnis geführt, dass die Nutzwertanalyse (Abschnitt 5.2.5) ein geeignetes Instrument zur Evaluation von Arbeit-und-Technik-Projekten darstellt. Insbesondere erlaubt sie die Erfassung von nicht-monetären und komplexen Sachverhalten, wie die Durchführung von projektförmigen und vernetzten Innovationsprozessen z. B. im Rahmen des Bremer Landesprogramms, hinsichtlich ihres Nutzens, und sie ermöglicht die Gewichtung und Bewertung von Nutzenkriterien (wie die Innovationsziele des Programms). Wie nun gezeigt werden soll, wurde dieses Instrument in der Weise verwandt, dass die Projektakteure ihr Projekt in einem angeleiteten Verfahren letztlich in großem Maße selbst bewerten. Das Nutzwertverfahren ist somit auch ein Verfahren, welches sich zur Selbsteinschätzung der Projektakteure in Bezug auf ihr Vorhaben eignet.

Die Projektakteure werden für die „Eigenevaluation" ihres Projektes mit einem Fragebogen ausgestattet, der eine Kriterienhierarchie bzw. einen Kriterienbaum enthält. Er enthält also in ausgeprägter Form Haupt- und Unterkriterien. Ihnen ensprechen ausdifferenzierte Zieldimensionen, die die Ziele des Bremer Landesprogramms in einer Weise operationalisieren oder präzisieren, dass es möglich wird, den so genannten Zielerreichungsgrad einzelner Projekte zu bestimmen. Zu diesen Haupt- und Unterkriterien werden Gewichtung und Bewertung von den Befragten eingefordert. Mit einer einfachen Arithmetik (Gewichtung mal Bewertung) können die in Form von Noten vergebenen Bewertungen zu einem Gesamtnutzwert errechnet werden. Im Endeffekt wird die Gesamtbeurteilung eines Projektes in Form einer Nutzwertziffer möglich (z. B. hat das Projekt XY – zu einem bestimmten Zeitpunkt – den Nutzwert von 3,28).

Abbildung 5/4 weiter unten zeigt die im Rahmen der Evaluationsworkshops eingesetzten Tischvorlagen. Der erste Teil der Tischvorlage dient der Erhebung der projektbezogenen Wirkungen, der zweite Teil den regionalbezogenen Wirkungen. Bei den Wirkungen werden mit den Haupt- und Unterkriterien zwei Dimensionen unterschieden. Es ist Aufgabe der Teilnehmer der Evaluationssitzung, die einzelnen Dimensionen zu gewichten und zu bewerten. Die Hauptkriterien werden entsprechend der Bedeutung, die ihnen von den Projektakteuren in ihrem Projekt zugemessen wird, mit Prozentgewichten versehen dergestalt, dass die Summe der relativen Gewichte aller Hauptkriterien 100 % ergibt. Gleiches gilt für die jeweiligen Unterkriterien. Die Bewertung erfolgt dann mit den Noten 1–5; bewertet wird damit, wie gut oder wie schlecht ein bestimmtes Kriterium (Ziel) bis zum Zeitpunkt der Bewertung erreicht worden ist. Durch Gewichtung und Bewertung ergibt sich der Nutzen eines Projektes aus der Sicht der Beteiligten (unter Einschluss der Moderatoren).

Die Evaluation wird vom Bilanzierungsteam initiiert und moderiert. Die Nutzwertanalyse ist in einen Workshop eingebettet, in dessen Verlauf die versammelten Projektteilnehmer unter Anleitung des Moderators in eine Diskussion einsteigen. An dieser Stelle sei darauf hingewiesen, dass das hier vorgelegte Evaluationsverfahren nicht darauf angelegt ist, eine abschließende Nutzwertbestimmung im Sinne einer zahlenmäßigen Erfassung und Bewertung des Projektzwischen- und -endresultates vorzunehmen. Es kommt vielmehr darauf an, einen Lernprozess in den zu evaluierenden Projekten in Gang zu setzen. Das Verfahren stellt also eine formative Evaluation dar, bei der die wichtigste Rolle den Projektteilnehmern zufällt. Das Ziel des Workshops liegt in einem dialogisch-kommunikativ herbeigeführten Konsens über Kriteriengewichte und -bewertungen. Im Rahmen einer Gruppendiskussion wird sowohl die prozentuale Gewichtung als auch die notenmäßige Bewertung der vom Bilanzierungsteam eingebrachten Haupt- und Unterkriterien gemeinsam festgelegt. Die im dreistufigen Evaluationsverfahren gewonnenen Analyseergebnisse werden mit den Projektnehmern im Hinblick auf den weiteren Projektverlauf diskutiert. Daraus kann sich auch eine Kurskorrektur über den künftigen Weg des Projektes ergeben.

Die Projektbeteiligten bewerten, dies sei noch einmal betont, unter Anleitung der Moderatoren ihre eigene Arbeit bzw. die (Zwischen-)Ergebnisse ihres Projektes. Sie sollen sich gemeinsam vergegenwärtigen, wie es um ihr Projekt steht und worauf die Projektaktivitäten künftig zu konzentrieren sind. Sie leisten letztlich eine Art von Selbstkontrolle. Die Aufgabe der Moderatoren besteht darin, den Prozess so zu steuern, dass möglichst alle Teilnehmer an der Ergebnisfindung beteiligt sind. Aufgrund ihrer Kenntnisse des Projektstandes sollen sie ggf. aktiv eingreifen, wenn ihnen Einschätzungen der Projektakteure zweifelhaft erscheinen.

Angesichts komplexer Arbeitspläne in weitgefassten Projektnetzwerken erscheint die Vergewisserung über den eigenen Stand im Projektprozess notwendig, um den künftigen Kurs im Projektverbund besser abstecken zu können. In diesem Sinne wird der bisherige Prozessverlauf selbst zum eigentlichen Untersuchungsgegenstand und nicht die Ermittlung eines bestimmten Nutzwertes. Wesentliches Ziel ist es, das im Projekt Erreichte hinsichtlich des Zielerreichungsgrades zu überprüfen und gemeinsam zu bewerten. Intendiert wird damit eine nachvollziehbare und konsensuale Entscheidung aller Projektbeteiligten über die bisherige Projektentwicklung. Das Ziel der Evaluationsworkshops lag in einem dialogisch-kommunikativ herbeigeführten Konsens über Kriteriengewichte und -bewertungen. Von großem Interesse war dabei die Dokumentation der in der Diskussion dargelegten Argumente ebenso wie der Verlauf des Workshops. So ist es durchaus möglich, dass die einzelnen Teilnehmer in ihren individuellen Bewertungen relativ weit auseinander liegen können, da sie ja unterschiedlichen betrieblichen oder institutionellen Kontexten angehören, womit jeweils spezifische Interessen und Arbeitsschwerpunkte zusammenhängen. Damit bietet das Verfahren, weit vor jeder Nutzwertarithmetik, die Chance, einen Einblick in die Art und Weise der projektinternen Kommunikations- und Dialogstrukturen eines Projektverbundes zu erhalten. Deshalb kam es dem Bilanzierungsteam nicht darauf an, einen Gesamt-Nutzwert zu errechnen, der in Form einer Note (z. B. Schulnoten von 1 bis 5 aber auch Punkte von 1–10 sind denkbar, derzeit wird das Verfahren in letzterer Weise gehandhabt) für Vergleiche zwischen den Projekten vorliegt (der Hinweis auf die Subjektivität und Kontextabhängigkeit von Noten mag hier genügen). Vielmehr sollte erreicht werden, dass sich aus den Gewichtungen und Bewertungen der Projektteilnehmer ein Projektprofil entwickelt, dem die Wirkungsschwerpunkte der Projekte zu entnehmen sind und das durch die Bewertung der Unterkriterien die projektimmanenten Stärken und Schwächen hervortreten lässt.

Der Vorteil des hier dargelegten Verfahrens liegt vor allem darin, dass
- die Prozesse für alle Beteiligten illustriert werden;
- ggf. Schwächen bzw. Stärken des Projektes kommunizierbar werden und hier frühzeitiger als üblich gegengesteuert werden kann;
- das Benchmarking die Projekte auf seine Fortschritte hin darstellt;
- durch die konsens- und beteiligungsorientierte Vorgehensweise die Akteure neu motiviert werden;
- durch die summarische Betrachtung aller Projektspinnen die Verankerung der einzelnen Zieldimensionen im Programm besser möglich wird;
- frühzeitiger zentrale Programmdefizite deutlich werden;
- gezielte Maßnahmen eingeleitet werden können;
- Ansporn und Bestätigung zugleich gegeben wird.

Die Offenheit des Evaluationsverfahrens zeigte sich in den bisher durchgeführten Bilanzierungssitzungen darin, dass die Projektteilnehmer während des Evaluationsprozesses die Bewertungskriterien sowohl konsensuell als auch voneinander abweichend bestimmen konnten. Damit war eine hinreichend gute Basis für eine selbstgesteuerte Evaluation geschaffen. Deutlich wird in vielen Fällen, dass die Projektteilnehmer je unterschiedlichen institutionellen Kontexten entstammen und damit jeweils spezifische Interessen und Akteurskonstellationen und Arbeitsinteressen widerspiegeln. Die umfassende Dokumentation der in der Regel lebhaften Diskussionen lieferte den außenstehenden Bilanzierungsteam vielfältige Hinweise und Begründungen zur Projektsituation, was sich sonst nicht ohne weiteres erschließen würden.

Kriterienbaum zu den projektspezifischen Wirkungen
(Stand des Projektes zum Zeitpunkt XY)

%	Hauptkriterium	Unterkriterium	%	Note 1–5
	Organisatorische Innovation			
		Interne/ Externe Kooperation (Zusammenarbeit, Kommunikation und Informationsaustausch)		
		Organisatorische Anpassungsfähigkeit an veränderte Bedingungen (Organisationsgestaltung)		
			Σ100 %	
	Technische Innovation			
			Σ100 %	
	Qualifikatorische Innovation			
		Sozialkompetenz		
		Fachkompetenz		
			Σ100 %	
	Gesundheitsorientierte Innovation			
		Arbeitsbelastung (psychische und physische Wirkungen)		
		Arbeitsplatzgestaltung (Ergonomie)		
			Σ100 %	
	Ökologische Innovation			
			Σ100 %	
	Marktinnovation			
Σ100 %		Neue Produkte/ Dienste		
		Externe Kooperation		
		Imageverbesserung		
			Σ100 %	

**Kriterienbaum zu den regionalspezifischen Wirkungen
(Stand des Projektes zum Zeitpunkt XY)**

%	Hauptkriterium	Unterkriterium	%	Note 1 - 5
	Kooperationsverbünde			
		Kooperation Betrieb-Betrieb		
		Kooperation Betrieb-Institute		
		Regionaler Innovationsdialog		
			Σ100 %	
	FuE-Potentiale			
		Erweiterung des Angebotsspektrums		
		Nutzbarmachung		
			Σ100 %	
	Arbeitsmarkt-Innovation			
		Erhöhung der Arbeitsplatzqualität		
		Qualität der Arbeitsplätze		
			Σ100 %	
	Ökologische Innovation			
			Σ100 %	
	Marktinnovation			
Σ100 %		Sicherung/ Schaffung regionaler Märkte		
		Imageverbesserung der Region		
			Σ100 %	

Tab. 5/4: Die Tischvorlage bzw. die Fragebögen zum Evaluationsverfahren mit Haupt- und Unterkriterien (Kriterienbäume)

Der Kriterienbaum (siehe Abb. 5/4) wurde gegenüber der ersten Bilanzierungsrunde etwas vereinfacht (vgl. Rauner u. a. 1995, 38). Dies erschien notwendig, da die Trennschärfe der Kriterien im Einzelnen nicht immer gegeben war (so wurden z. B. die Hauptkriterien Technologische Innovation und Arbeitsmarktinnovation überarbeitet). Damit sollte der Selbsterklärungswert der einzelnen Kriterien für die Teilnehmer erhöht werden.

5.3.6 Das Projektbewertungsinstrument Innovationsspinne

In alle Vorhaben wird ein Projektbewertungsinstrument in Form einer Innovationsspinne eingeführt. Sie fasst die Situation der einzelnen „Arbeit und Technik"-Projektmaßnahmen wie in einem „Brennglas" zusammen. Bei mehrfacher Durchführung des Verfahrens zur Evaluation können hiermit die Entwicklungsfortschritte der einzelnen Projekt-Maßnahmen aufgezeigt und analysiert werden. Darüber hinaus können auch die verschiedenen Projekte einer übergreifenden Analyse der Innovationsdimensionen unterzogen werden, um sie für eine übergreifende Evaluation der Wirkungen und Effekte im Programmrahmen nutzbar zu machen (siehe dazu auch die Erläuterungen zu den Vergleichsmöglichkeiten am Ende dieses Kapitels).

Die Innovationsspinne bündelt sechs zentrale Dimensionen des Bremer Landesprogramms „Arbeit und Technik". Sie können nun auf einer dreistufigen Skala gemessen werden. Die Spinne besteht aus sechs sternförmig angeordneten Halbachsen, von denen jede Innovationsdimension als mehrstufige Skala abgebildet wird, mit den Ausprägungen niedrig, mittel und hoch (vgl. Abb. 5/5). Je stärker demnach die einzelnen Dimensionen ausgeprägt sind, umso größer wird die abgedeckte Fläche des Spinnennetzes, wenn man die auf den einzelnen Achsen abgetragenen Punkte miteinander verbindet.

Die sechs Innovationsdimensionen (vgl. Abb. 5/5) erschließen zentrale programmtragende Förderkriterien:
- *Arbeit und Technik als Einheit,*
- *Prozessorientierung,*
- *strukturinnovative regionale Effekte,*
- *dialogisch-partizipative Innovation,*
- *Qualifikation für Innovationsprozesse,*
- *Transferorientierung in die Region.*

Der Status-quo der Projekte kann visualisiert werden und als Grundlage für weitere Evaluationen dienen. Je stärker die einzelnen Dimensionen ausgeprägt sind, umso erfolgreicher hat das evaluierte Projekt das Kriterium zum Messzeitpunkt erfüllt. Die Bewertungsdimensionen werden nunmehr im Einzelnen erläutert (siehe auch Rauner u. a. 1995).

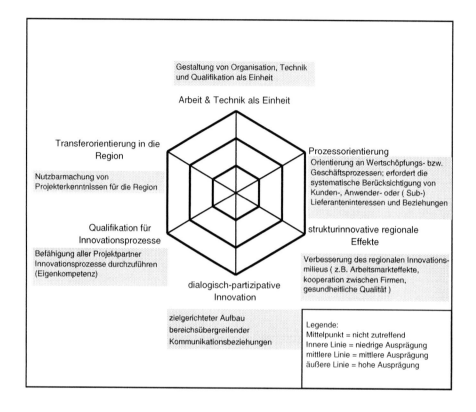

Abb. 5/5: Innovationsspinne mit sechs Innovationsdimensionen

Arbeit und Technik als Einheit: Hiermit ist die Integration von Entwicklungen auf den Ebenen der Technikentwicklung, der Qualifikationsentwicklung und der betrieblichen Qualifizierung (v. a. Fort- und Weiterbildung) sowie die Entwicklung der Arbeitsorganisation und Arbeitsinhalte gemeint. Diese Entwicklungsprozesse werden als aufeinander bezogne und nicht als getrennt zu bearbeitende Innovationselemente verstanden. Die Projekte werden also in ihrem ganzheitlichen Herangehen an den Innovationsinhalten gemessen, wobei nicht ausgeschlossen wird, dass auch die angegebenen Aspekte zum Teil in sequentieller Form entwickelt werden können. Wichtig aber ist ihr beabsichtigter Austausch bzw. ihr inneres Bezugsverhältnis. Die Innovationsdimension Arbeit und Technik als Einheit ist besonders bedeutsam für ein „Arbeit und Technik"-Programm, stellen sie doch das Fundament der Zielannahmen des Programms dar.

Prozessorientierung: Hierunter ist die Berücksichtigung von vor- und nachgelagerten Bereichen entlang der Wertschöpfungskette bzw. entlang von Geschäftsprozessen zu verstehen. Damit werden die Kunden-, Anwender- und Lieferantenbeziehungen sowohl im eigentlichen, zwischenbetrieblichen Sinne als auch dem übertragenen innerbetrieblichen Verständnis nach berücksichtigt. Die Prozessorientierung ist deswegen bedeutsam, weil Innovationsprozesse die Tendenz haben, nicht mehr nur auf einen betrieblichen oder forschungsbezogenen Bereich beschränkt zu sein, sondern sich arbeitsteilig aufzufächern und verschiedene Akteure aus unterschiedlichen Bereichen zu umschließen.

Die Achse *strukturinnovativer regionaler Effekte* korreliert eng mit den zentralen Aufgabenstellungen des Bremer Landesprogramms, indem die geförderten „Arbeit und Technik"-Projekte mittel- und langfristig die Innovationsfähigkeit der Region stärken sollen. Dabei wird von einem Begriff des regionalen Innovationsmilieus ausgegangen, der explizit auf die Kooperation zwischen den regionalen Innovationsakteuren aus Betrieben, Forschungs- und Bildungseinrichtungen angelegt ist. Wenn es also in einem Projekt gelingt, eine Kooperation zwischen vorher isolierten potentiellen Innovationsakteuren oder -institutionen zu stiften, sind wichtige Verbesserungen des regionalen Innovationsmilieus eingeleitet. Das schließt auch die Verbesserung der regionalen Innovationsinfrastruktur sowie verbesserte Leistungsangebote und Arbeitsmarkteffekte mit ein.

Die Kriterienachse *dialogisch-partizipativer Innovation* misst die Fähigkeit der Projektpartner, solche Kommunikations- und Kooperationsbeziehungen aufzubauen, welche „grenzüberschreitend" den Eigennutz überwinden und ein tieferes wechselseitiges Verständnis zwischen den Projektpartnern evozieren helfen. Der Gedanke der Partizipation ist im Hinblick auf Innovationsprozesse von herausragender Bedeutung, denn nur durch Dialog können traditionell ausgeklammerte Akteure in den Innovationsprozess integriert werden. Dialogisch-partizipative Innovationsfähigkeit hängt demnach eng mit den ausgebildeten Sozialkompetenzen der Projektbeteiligten zusammen.

Mit der Dimensionenachse *Qualifikation für Innovationsprozesse* ist die Fähigkeit bzw. im Prozessverlauf erworbene Befähigung gemeint, Innovationsprozesse zukünftig selbständig (ohne Fremdinitiierung oder externe Moderation) durchzuführen. Die mit diesem Bewertungskriterium verbundene Erwartung kann als Steigerung der innovationsprozessuralen Eigenkompetenz der Beteiligten verstanden werden. Derartige Kompetenzen schließen neben der notwendigen Veränderungsbereitschaft auch die Fähigkeit zur reflexiven Bewertung der eigenen Veränderungsprozesse mit ein.

Das Kriterium *Transferorientierung in die Region* bezieht sich auf die Nutzbarmachung von Projektergebnissen für die Region, d. h. darauf, inwieweit die Projekte bemüht sind, ihre Projektfortschritte und -ergebnisse in das regionale Umfeld zu transferieren. Geeignete Maßnahmen wären z. B. die Durchführung von Workshops und Informationsveranstaltungen im Projektverlauf, um Projektzwischenergebnisse zu präsentieren oder weitere kooperationswillige Innovationsakteure anzusprechen und zu integrieren. Das gilt auch für Tagungen mit überregionalem Charakter (oder Messen, Konferenzen usw.), die das Engagement der Projekte demonstrieren, zur Verbreiterung der Projektergebnisse beitragen und damit überregionale Wirkungen entfachen.

Wie im Bilanzierungsbericht (Rauner u. a. 1995) dargelegt, dient das Projektbewertungsinstrument Innovationsspinne weniger dem Benchmarking zwischen den Projekten; es stellt vielmehr ein Instrument zur Bewertung des Verlaufs einzelner Projekte dar, die zu unterschiedlichen Zeitpunkten nach einem spezifischen Raster beurteilt werden. Jedes Projekt soll und kann damit immanent auf seine konkreten Projektfortschritte hin dargestellt werden. Die Innovationsspinne ist in erster Linie als ein Element der Zeitreihenbewertung anzusehen, also dafür geeignet, die Projekte zu unterschiedlichen Zeitpunkten nach diesem Raster zu bewerten und dann in einer Longitudinal-Evaluation jedes Projekt immanent auf seine Fortschritte hin zu analysieren.

Darüber hinaus kann aus der summarischen Betrachtung aller Projektspinnen die Verankerung der einzelnen Innovationsdimensionen im Bremer Landesprogramm besser abgeschätzt werden. Sind z. B. bestimmte Innovationsdimensionen über alle Projekte hinweg schwach ausgeprägt, kann der Programmträger gezielter reagieren. Er kann etwaigen Schwächen durch gezielte, inhaltliche Maßnahmen, z. B. durch Verbesserung des Informationsflusses oder durch Nutzung verbesserter Methoden, entgegenwirken. Dazu werden die Kriterien (niedrig, mittel und hoch) in ein Punktesystem überführt; anschließend wird die Gesamtpunktzahl aller Projekte zu jedem einzelnen Kriterium ermittelt, woraus sich eine Rangfolge unter den Innovationskriterien ergibt, aus der man wiederum den Grad der Verankerung einzelner Innovationskriterien im Programm herauslesen kann.

Die Innovationsspinne wurde bereits im Bilanzierungsbericht aus dem Jahre 1995 (Rauner u. a. 1995) verwendet, um auf einen Blick kenntlich zu machen, in welchem Maße die einzelnen Projekte des Bremer Landesprogramms zum jeweiligen Bewertungszeitpunkt die sechs zentralen Bewertungsdimensionen erreicht haben oder nicht.

5.3.7 Die *Stärken-Schwächen-Analyse*

Die Bewertung des bisherigen Geschehens im Projektverbund mit Hilfe einer Stärken-Schwächen-Bestimmung kann als ein bedeutsamer Analyseschritt im Projektbewertungsprozess angesehen werden (vgl. zur Anwendung der Stärken-Schwächen-Analyse zur Programmevaluation auch BAW 1996). Die spezifischen Stärken und Schwächen des Projektes werden auf der Basis der Evaluationssitzungsergebnisse durch das Bilanzierungsteam bestimmt und durch geeignete Kernbegriffe charakterisiert (z. B. fehlende Bedarfsanalyse, Vermarktungsstrategie defizitär usw.).

Die Darstellung erfolgt mittels eines Flipcharts oder einer Overhead-Folie. Mit einem solchen Vorgehen konnten die in der Perspektivensitzung anzusprechenden Projektstärken bzw. -schwächen schnell auf den Punkt gebracht werden. Soetwas zieht in der Regel eine intensive Diskussion nach sich. Ein weiteres Plus liegt in der schnelleren Entwicklung von künftigen Aktionsschritten mit den Projektnehmern. Es können gezielte Maßnahmen zur Überwindung der aufgezeigten Schwächen ergriffen werden. Erfahrungen aus den aktuellen Bilanzierungsrunden zeigen, dass die Projektbeteiligten während der Nachbesprechung schneller bereit waren, einen Aktionsplan für das weitere Vorgehen zu diskutieren bzw. festzulegen.

Im Folgenden wird entlang eines Projektbeispiels die Stärken-Schwächen-Bestimmung diskutiert und ihre Aussagefähigkeit vorgestellt. Basierend auf den Ergebnissen der Evaluationssitzung in einem Gruppenarbeitsprojekt wurden vom Bilanzierungsteam die nachfolgend aufgeführten Stärken und Schwächen bestimmt und für die Diskussion mit den Projektbeteiligten aufbereitet.

Stärken	Schwächen
• sehr gute Zusammenarbeit der Partner des Projektverbundes • Bereitschaft, unter den Tarifparteien ein gemeinsames Projekt durchzuführen • Öffentlichkeitsarbeit • Kooperation zwischen Betrieben und wissenschaftlichen Instituten der Region • hohes Engagement der Projektbeteiligten	• bislang kaum Kooperation unter den beteiligten Betrieben • bislang keine Einbeziehung von Betrieben mit ökonomisch und betriebspolitisch günstigen Rahmenbedingungen (was in der Region nur schwer einzulösen ist)

Tab. 5/6: Stärken-und-Schwächen-Darstellung an einem Auswertungsbeispiel

Die Stärken-Schwächen-Analyse verdeutlichte den Beteiligten der Nachbesprechung, dass das Thema des Projekts – die Einführung von Gruppenarbeit – aufgrund der guten Kooperation zwischen den Projektpartnern erfolgreich gestartet werden konnte. Damit wurde die engagierte Bereitschaft zur Zusammenarbeit der vielen Projektpartner – insbesondere auch über die Grenzen der Tarifparteien hinweg – positiv gewürdigt. Auch konnte eine kontinuierliche Unterstützung der betrieblichen Partner bei der Einführung von Gruppenarbeit erreicht werden. Entlang der Diskussionsverläufe wurde jedoch deutlich, dass der Austausch zwischen den verschiedenen betrieblichen Partnern noch verbessert werden kann. Die Wirkungen der Dialogforen im Projektverbund werden zum Evaluationszeitpunkt als die besondere Stärke des Projekts hervorgehoben. So konnten weitere Betriebe in den Erfahrungsaustausch einbezogen werden. In diesem Zusammenhang ist die Öffentlichkeitsarbeit des Verbundvorhabens positiv hervorzuheben (regelmäßige Bulletins und Informationen an die betrieblichen Partner und weitere Interessierte in der Region).

Zum Zeitpunkt der Bilanzierung wurde der mangelhafte Austausch zwischen den Firmen, z. B. zu Fragen der Umsetzung von neuen Arbeitsmodellen, als Schwäche identifiziert. Von Seiten des Bilanzierungsteams wurden daher flankierende Maßnahmen zur Verstärkung und Verdichtung der Netzwerkbildung angeregt. Auch die Konzentration auf Krisenbetriebe wurde problematisiert, und es wurde angeregt, das Netzwerk um solche Betriebe zu erweitern, die bereits positive Erfahrungen mit der Gruppenarbeit gemacht bzw. schon ein gutes Stück des Weges zurückgelegt haben (so kann von den Erfahrungen anderer Unternehmen gelernt werden).

5.3.8 Projektintensivfallstudien und Projektmanagement-Reports

Die Bilanzierung des Bremer Landesprogramms beinhaltete auch Überlegungen dahingehend, in welcher Weise die insgesamt 14 Fallstudien zu dokumentieren sind. Hierbei wurde im Fortgang der Bilanzierung die Darstellung der Projektintensivfallstudie, wie sie noch im Rahmen der ersten Bilanzierungsrunde (Rauner u. a. 1995) verwandt wurde, zu einer stärker gebündelten Berichterstattung in Form von Projektmanagement-Reports (PM-Reports) (Deitmer u. a. 1997) fortentwickelt. Die Projektintensivfallstudie ist umfassend auf die Dimensionen eines Innovationsprozesses angelegt und thematisiert die Entwicklungsfortschritte eines Projektes hinsichtlich der Innovationsgegenstände, der Akteure und der Schlussfolgerungen für die Organisation von Innovationsprozessen. Im Einzelnen nimmt die Darstellung der Projektevaluationen in Form von Intensivfallstudien Bezug auf die folgenden Aspekte: Projektinhalte und -ziele; Innovationsgegenstand und -leitbilder; die Akteure des Innovationsprozesses und ihre Kooperationsbeziehungen; die Akteure des Innovationsprozesses und ihre Lernprozesse; projektbezogene und regionale Wirkungen sowie Schlussfolgerungen und Perspektiven. Abgeschlossen wird die einzelne Studie durch eine Innovationsspinne. Der Vorteil der Intensivfallstudie ist ihre sehr umfängliche Darstellung der spezifischen Besonderheiten eines einzelnen Projektes; für das alltägliche Programmmanagementgeschäft ist sie weniger geeignet, nicht zuletzt wegen des damit verbundenen Aufwandes.

Der PM-Report ist wesentlich kürzer gefasst und konzentriert sich auf das Wesentliche, vor allem hinsichtlich der Umsetzung der Vorschläge in neue Handlungen in den Projekten. Die von uns verfassten PM-Reports erläutern folgende Aspekte: Projektziele; Projektlaufzeit, Projektbeteiligte bzw. deren Institutionen; kurze Skizzierung der bisherigen Projektarbeiten, Stärken-Schwächen-Bewertung des Projektes auf der Basis der Evaluationen; Kommentar inkl. Innovationsspinne sowie Empfehlungen des Bilanzierungsteams hinsichtlich des weiteren Vorgehens im Projekt. Die im Anhang befindlichen vier Beispiele zeigen, dass solch ein Bericht sehr kurz sein kann (ca. 4–5 Seiten) und trotzdem aussagekräftig. Er muss auf diejenigen Informationen verdichtet werden, die für alle Adressaten ausreichend sind, um ihrem jeweiligen Informationsbedarf zu genügen.

5.3.9 Die Akteurs-Soziogramme

Die Ausarbeitung der Projektintensivfallstudien kann auch schriftliche Befragungen in den Projekten bzw. auf Seiten der Projektakteure notwendig machen, vor allem dann, wenn es darum geht, eine umfänglichere mikroanalytische Untersuchung der Kooperation und Kommunikation in den Vorhaben vorzunehmen und gezielt bestimmte Dimensionen im Innovationsprozess zu untersuchen (siehe Abb. 5/2). Mit den schriftlichen Befragungen wird somit das Evaluationsverfahren um weitere Informationen zum Verlauf des Innovationsprozesses ergänzt: zum Entwicklungsverlauf der Vorhaben, zum Akteursverhalten, zu den Kooperationsbeziehungen zwischen den Akteuren etc. Das Instrument, mit dem die Befragten ihre Akteursbeziehungen darstellen und beschreiben können, stellt das Akteurssoziogramm dar. Das Erhebungsinstrument Akteurs-

Soziogrammen dient der Abbbildung der Interaktionsprozesse zwischen den relevanten Akteuren eines Innovationsvorhabens. Wie Abbildung 5/2 zeigt, liegt das Besondere darin, die Interaktionen in unterschiedlichen Zeitabschnitten im Nachgang zum Vorhaben durch eine Befragung der Projektakteure nachzuzeichnen. Dies geschieht so, dass die Projektakteure gebeten werden, mit Hilfe des Soziogramms darzustellen, von wem der Impuls für ihr Vorhaben ausging und wie das Projektnetzwerk im weiteren Verlauf erschlossen wurde. In besonders intensiver Weise wird so die Initiierungsphase, d. h. die Prozessschritte: Projektanstoß, Netzwerkbildung, Zieldefinition hin zur Umsetzungsphase, untersucht. Im Rahmen der Befragung bezieht sich das zu erstellende Soziogramm auf definierte Zeitabschnitte des „Projektlebenszyklus". Die relevanten Zeitabschnitte werden, der Logik von Abb. 5/7 folgend, definiert in:

1. Zeitabschnitt: Ursache und Anstoß für das Projektvorhaben,
2. Zeitabschnitt: Erschließung der regionalen Innovationsträger,
3. Zeitabschnitt: Definition von Strategie und Zielen in den Vorhaben,
4. Zeitabschnitt: das Verbundvorhaben nimmt seinen weiteren Verlauf.

Das Akteurs-Soziogramm gibt in jeder Phase „Standard-Akteure" (wie etwa Projektträger, Wissenschaftler, Unternehmer usw.) vor. Auf Seiten der Befragten bzw. der Akteure in den Verbundvorhaben kann nunmehr mit Hilfe des Konstellationsfeldes nachgezeichnet werden, von wem die wesentlichen Impulse im Vorhaben ausgingen und welchen Verlauf das Vorhaben nahm.

Die Auswertung der Akteurs-Soziogramme erlaubt Längs- und Querschnittsanalysen bei den Akteurskonstellationen. Mit der Querschnittsanalyse kann festgestellt werden, ob in der Summe aller Projekte bestimmte Akteurstypen nicht beteiligt waren. Es kann überprüft werden, ob sich bestimmte Interaktionsmuster abzeichnen, die für die Programmanalyse von Bedeutung sind. Die Längsschnittanalyse erlaubt die Betrachtung typischer Entwicklungsverläufe in den Interaktionsbeziehungen zwischen den Hauptakteuren eines Projektverbundes. Es kann untersucht werden, welche Akteure in welchen Phasen am wichtigsten sind und ob es Phase gibt, in denen die wissenschaftlichen Akteure dominieren , und ob es andere gibt, in denen die betrieblichen Akteure dominieren. Aus dieser Analyse ließen sich typische Projektrollen für die Akteursgruppen herauskristallieren, was eine kritische Hinterfragung erlaubte, so dass anschließend Ansatzpunkte für die Programmsteuerung abgeleitet werden konnten.

5.3.10 Von der Projektevaluation zur Programmwirkungsanalyse

In diesem Abschnitt wird verdeutlicht, wie sich der Zusammenhang zwischen den einzelnen Projektevaluationen und der Programmwirkungsanalyse darstellt. Zum besseren Verständnis der Zusammenhänge wird kurz auf die Instrumente zum Projektevaluationsverfahren zurückgegriffen, danach wird der Zusammenhang zwischen projektimmanenter und programmbezogener Betrachtung erläutert, bevor zum Kapitel 6, in dem die Programmwirkungsanalyse vorgenommen wird, übergeleitet wird.

Die Grundlage für die Programmevaluation bilden die im Zeitraum zwischen 1995 bis 1997 durchgeführten fünfzehn Projektevaluationsworkshops. Die Workshops wurden in Anlehnung an das in Abschnitt 5.3.3 erläuterte dreistufige Verfahren durchgeführt. Mit über fünfzehn durchgeführten Evaluationsworkshops liegt eine breite empirische Basis vor, die es für die Programmevaluation im nächsten Kapitel zu nutzen gilt.

Die in Kapitel 6 vollzogene projektübergreifende Wirkungsanalyse stellt den Schritt von der Projekt- zur Programmevaluation dar. Hierbei werden die Innovationsspinnen aus den Projektevaluationen zusammengefasst und damit für die kontrastive Analyse auf der Programmebene aufbereitet. Dies lässt die Bewertung der Entwicklungsfortschritte der einzelnen Projektmaßnahmen zu bzw., wenn es zum Schluss der Projekte geschieht, eine abschließende Einschätzung zu den erreichten Wirkungen. Obwohl die Innovationsgegenstände der einzelnen Projektmaßnahmen innerhalb des „Arbeit und Technik"-Programms recht unterschiedlich sind, können sie somit für eine projektübergreifende Wirkungsanalyse verwandt werden.

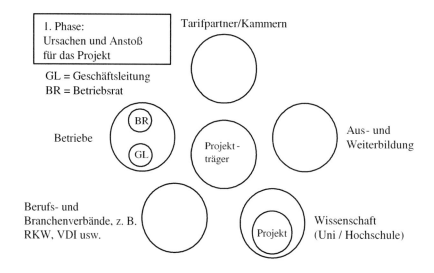

Das neue Konzept der Programmevaluation

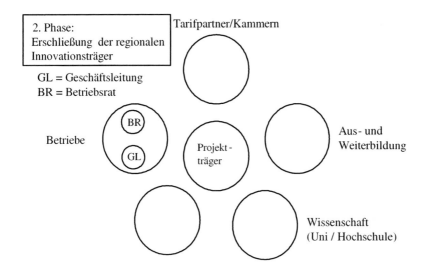

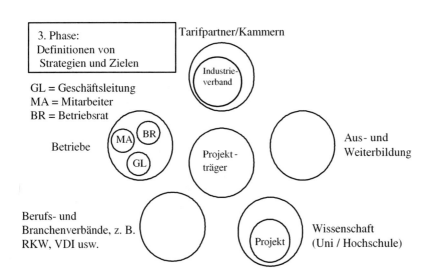

Das neue Konzept der Programmevaluation

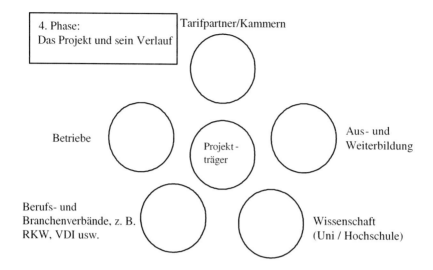

Abb. 5/7: Der soziographische Erhebungsbogen

Abbildung 5/7 verdeutlicht die vertikale und horizontale Betrachtungsebene, die bei der Wirkungsanalyse eingenommen werden kann. Auf der horizontalen Ebene werden die Projekte immanent betrachtet, und zwar zu unterschiedlichen Zeitpunkten (denkbar z. B. nach 1/3 bzw. 2/3 der Projektlaufzeit). Die Bewertung der jeweiligen Projektzustände erfolgt dabei nach dem Raster der Innovationsspinne, die sich im Laufe eines Projektes und seiner erreichten Entwicklungsfortschritte verändert. Das jeweilige Projekt würde damit in einer Longitudinal-Evaluation auf seine Veränderungen hin analysiert, und es können Empfehlungen und Hinweise zur Projektoptimierung im Rahmen einer qualifizierten Projektbegleitung und -coaching gegeben werden. Bei abschließender Betrachtung auf der Projektebene können auch die Projektkontexte, die Projektentstehungsbedingungen und die zurückgelegte Projektlaufzeit berücksichtigt werden. Gerade Letzteres ist wichtig für den Grad der Zielerreichung, da bestimmte Ziele erst in längeren Zeiträumen verwirklicht werden können.

Die vertikale Ebene ermöglicht dagegen eine programmbezogene Bewertung und lässt es zu, aus der summarischen Betrachtung aller Projektspinnen die Verankerung einzelner Innovationsdimensionen oder Dimensionenkomplexe zu analysieren. Da die Dimensionen variabel eingestellt sind, können unterschiedliche Zuwächse hervortreten. Es kann abgeschätzt werden, wie gut die einzelnen Innovationsdimensionen, wie z. B. die Dimension der „Prozessorientierung", im Programm verankert sind. Die unterschiedlichen Ausprägungen der einzelnen Innovationsdimensionen bilden somit die Grundlage für die Analyse. Aus der summarischen Betrachtung aller Projektspinnen kann die Verankerung einzelner Innovationsdimensionen im Programm bewertet werden, indem die Innovationsspinnen gleichsam übereinandergelegt und so die Zielerreichung des Programms bestimmt wird. Damit ergibt sich eine Rangfolge unter den Innovationskriterien, die es erlaubt, den Grad der Verankerung der einzelnen Innovationskriterien bzw. -indikatoren im Programm zu interpretieren.

Durch diese summative und projektübergreifende Betrachtungsperspektive können nun Wirkungsanalysen unter verschiedenen Gesichtspunkten durchgeführt werden. So können begünstigende bzw. hemmende Umfeldbedingungen studiert oder verschiedene Programmschwerpunkte hinsichtlich von Stärken bzw. Schwächen analysiert werden. Auch Hinweise zum Programmmanagement können erhoben werden. Darüber hinaus können Beiträge zu einer vergleichenden Wirkungsforschung regionaler Innovationsprozesse erarbeitet werden, unter der Voraussetzung allerdings, dass in allen Regionen die gleichen Instrumentarien bzw. Verfahren zur Entwicklung der Innovationsspinnen eingesetzt werden.

Die Wirkungsanalyse im nächsten Kapitel operiert vor allem auf der vertikalen Betrachtungsebene, indem die Verankerung einzelner Innovationsdimensionen im Programm untersucht wird. Hiermit sollen die aufgestellten Hypothesen (siehe Abschnitt 4.2) überprüft werden.

Die Programmevaluation kann somit Folgendes ergeben:
- eine projektvergleichende Querschnittsbetrachtung;
- eine Analyse der Projektverläufe mit Bezug auf verschiedene Dimensionen;
- die Identifizierung von Erfolgsfaktoren in den Projektvorhaben;
- die Bestimmung von begünstigenden bzw. hemmenden Faktoren bei den regionalen Umfeldbedingungen;
- Empfehlungen zu Programmstärken und -schwächen und Hinweise zur künftigen Programmgestaltung für die Programmakteure;
- Bestimmung von Leitlinien für das verbesserte Management und die Steuerung von regionalen Verbundprojekten und Programmen.

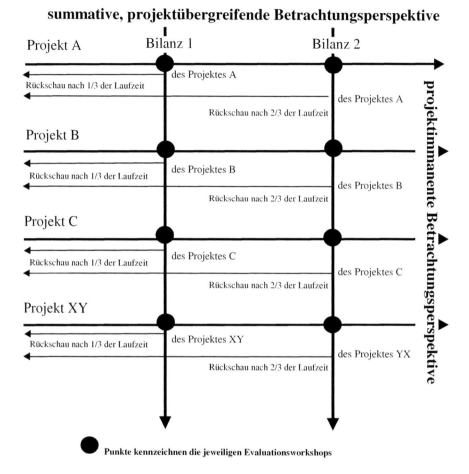

Abb. 5/8: Zusammenhang zwischen Programm- und Projektevaluation

6 Wirkungsanalyse des Programms

Die Ergebnisse von fünfzehn durchgeführten Projektevaluationen (in einem Projekt wurde die Evaluation zweimal durchgeführt) aus vierzehn Verbundvorhaben (siehe Anhang 3) sollen im Hinblick auf ihre Wirkungen auf das Bremer Landesprogramm untersucht werden. Die Datenbasis für solch eine zusammenfassende Wirkungsanalyse stellen zwei Bilanzierungsphasen in den Projekten dar.[37] Die Vorgehensweise folgte dem im vorangegangenen Kapitel 5 ausführlich dargelegten Evaluationsdesign. Die erzielten Wirkungen der Projekte werden mit Hilfe von Innovationsspinnen in einer Weise aggregiert, dass eine projektübergreifende Bewertung auf der Programmebene möglich wird. Die empirische Basis für die Programmanalyse bilden die Evaluationsergebnisse auf der Projektebene, die zu intersubjektiv abgesicherten Einschätzungen der spezifischen Wirkungen eines jeden untersuchten Projekts führten. Mittels einer angeleiteten Selbstevaluation (durch die Bewertung von Haupt- und Nebenkriterien durch die Projektteilnehmer im Rahmen einer Gruppendiskussion) und einer nachfolgenden Fremdevaluation (durch ein vom Projektträger beauftragtes Bilanzierungsteam) konnte im Rahmen eines dreistufigen Verfahrens auf die Kriterien der hier gewählten Evaluationsmethode Bezug genommen werden: Nachhaltigkeit, Reflexivität, Partizipation, Mehrperspektivität und Diskursivität (siehe zur Erläuterung Abschnitt 5.2.6). Die in jedem Projekt sich ergebenden Innovationsspinnen können somit in guter Annäherung die Wirksamkeit der einzelnen Projekte widerspiegeln (siehe Anhang mit allen Innovationsspinnen).

Das übergreifende, für alle Projekte gleichermaßen angewandte Bewertungsinstrument der Innovationsspinne erlaubt es, eine Wirkungsanalyse des Programms vorzunehmen und den Versuch zu unternehmen, die forschungsleitenden Kern- und Teilhypothesen (siehe Abschnitt 4.2) zu untersuchen. Zu betonen ist hierbei, dass es weniger darum geht, die einzelnen Projekte immanent, hinsichtlich ihres spezifischen Erfolgs zu betrachten, als darum, die Verankerung und Wirksamkeit der sechs Innovationsfaktoren bzw. -dimensionen auf der Programmebene zu analysieren. Damit möchte ich die, in den aufgestellten Hypothesen enthaltenen, Annahmen einer Transformation von „weichen" Faktoren im Hinblick auf strukturbildende Effekte untersuchen (siehe dazu die Hypothese in Abschnitt 4.2) und damit das Fundament für eine vertiefte Diskussion der weiteren Teilhypothesen in Kapitel 7 legen.

---

37 Die Evaluationsworkshops wurden im Zeitraum des Frühjahres 1995 bis Frühjahr 1996 durchgeführt. Die einzelnen Projektnehmer (Betriebsvertreter, Wissenschaftler und Sonstige) gewichteten und bewerteten ihre Verbundnetzwerke nach projekt- und regionalbezogenen Kriterien, wobei die Teilnehmerrunden 8 bis 13 Personen umfassten. Die Zeitdauer der Evaluationen belief sich auf einen Zeitraum von ca. 3 bis 4 Stunden. Eine umfassende Dokumentation der Workshopergebnisse wurde in Form von Fallstudien vorgenommen (siehe Rauner u. a. 1995 und Deitmer u. a. 1997).

Die Wirkungsanalyse erfolgt in folgenden Hauptschritten:
- Aggregation der Bewertung der Einzelprojekte (anhand der Innovationsspinnen) in einer die Bedeutung der einzelnen Innovationsdimensionen widerspiegelnden Gesamtspinne und Analyse der Effekte.
- Vergleich von projekt- und regionalbezogenen Effekten.
- Benchmark[38] von zwei „good"- mit zwei „bad practice"-Projekten anhand der verschiedenen Innovationsspinnen mit Hilfe von Bewertungsvariablen.

Die Vorgehensschritte bei der Wirkungsanalyse des Programms werden nun im Einzelnen erläutert:

(1) Programmwirkungsanalyse anhand einer Gesamtspinne

Für diesen Untersuchungsschritt werden alle 15 verfügbaren Projektspinnen (Projekt J) zweifach evaluiert und zusammenfassend in einer Gesamtspinne dargestellt (siehe die Zusammenstellung aller Innovationsspinnen im Anhang 4). Mit der Zusammenführung aller Projektspinnen werden die unterschiedlichen Wirkungen zwischen den sechs Innovationsfaktoren bzw. -dimensionen deutlich. Dazu werden die Innovationsdimensionen in ein Punktesystem überführt; anschließend wird die Gesamtpunktzahl aller Projekte zu jedem einzelnen Kriterium bzw. der jeweiligen Innovationsdimension ermittelt und in Prozentwerten dargestellt. Mit Hilfe der damit entstehenden Rangfolge unter den Innovationskriterien können die Programmeffekte genauer untersucht und entlang der aufgestellten Hypothesen diskutiert werden. Ich erwarte davon Aussagen über die Haupteffekte des Programms und über die Wirksamkeit der Innovationsfaktoren bzw. -dimensionen (siehe dazu auch Abschnitt 6.1).

(2) Wirksamkeit der fünf Innovationsdimensionen und -faktoren im Hinblick auf strukturbildende Effekte

Auf Grund der Kernhypothese wird ein besonderes Maß an Aufmerksamkeit den Einwirkungen der fünf Innovationsfaktoren bzw. -dimensionen auf die strukturinnovativen regionalen Effekte geschenkt. Die Kernhypothese formuliert die These, dass eine Transformation „weicher" Innovationsfaktoren (welche von fünf Innovationsfaktoren bzw. -dimensionen repräsentiert werden) in „harte" Innovationspotentiale und -strukturen (welche durch mehr oder weniger starke strukturinnovative Effekte bestimmt werden) stattfindet (siehe Abschnitt 4.2). Hierbei soll untersucht werden, welche der fünf „weichen" Faktoren der 14 betrachteten Projektfallstudien besonders intensiv auf die Struk-

---

38 Das Benchmarking ist ein Prozess, bei dem Produkte, Prozesse oder auch Projektverläufe bzw. -ergebnisse, wie in meinem Fall, miteinander verglichen werden. Mit dem Benchmark können bei dem Vorhandensein von Vergleichskriterien die wirksameren mit den weniger wirksamen Projekten verglichen werden, um damit die Voraussetzungen oder auch Randbedingungen für wirksame Projekte zu bestimmen.

turdimension einwirkten und zu welchen Effekten dies führte. Mittels einer vergleichenden tabellarischen Betrachtung der einzelnen Ausprägungen auf den Achsen der Innovationsspinne können Projektgruppen geclustert und in der Wirkungsanalyse diskutiert werden. Abgeschlossen wird die Untersuchung mit einem Funktionsgraph, der das Verhältnis der Strukturdimension zu den fünf weiteren Dimensionen darstellt und eine abschließende Diskussion zulässt (siehe dazu auch Abschnitt 6.2).

(3) Wirkungsanalyse hinsichtlich der Verlaufsphasen

Es werden die spezifischen personellen und institutionellen Konstellationen untersucht. Damit soll herausgearbeitet werden, wie die Entwicklung regionaler Innovationen im Prozess ihrer Entwicklung entlang des Phasenmodells beurteilt werden können und welche förderlichen bzw. hemmenden Konstellationen sich in den einzelnen Phasen und Stadien der Projektentwicklung ergeben haben (siehe dazu auch Abschnitt 6.3).

(4) Projekt-Ranking und Projektmikroanalyse von zwei „good"- bzw. zwei „bad practice"-Projekten

Mit Hilfe der gemessenen Effekte der einzelnen Innovationsspinnen werden die Projekte in eine Reihenfolge überführt (gemessen über die bei den einzelnen Innovationsachsen erreichten Ausprägungen: von keiner, niedriger, mittlerer bis zu hoher Ausprägung). Ziel ist es, relativ erfolgreiche von weniger erfolgreichen Projekten (im Folgenden wird deshalb auch von „good"- und „bad practice"-Projekten gesprochen) zu unterscheiden. Mittels spezifischer Kriterien soll eine intensive Betrachtung der Projekte anhand von Fallstudien erfolgen. Untersucht wird mit Hilfe der Projektintensivfallstudien die jeweilige Projektentwicklung unter den Aspekten: die Entfaltung der Innovationsgegenstände, die Akteurskonstellationen und die Qualität von Kommunikation und Kooperation zwischen den Projektakteuren (die wesentlichen Aspekte des Innovationsprozesses werden in Abschnitt 4.4 entfaltet). Diese mikroanalytische Betrachtung ausgewählter Projekte soll hemmende bzw. fördernde Faktoren für eine erfolgreiche Entwicklung aus der Binnenperspektive der Projekte zutage fördern. Davon erwarte ich zusätzlich Aufschluss über die bessere Planung und Durchführung von Verbundvorhaben im Rahmen eines regionalen Entwicklungsprogramms, wie das hier zu untersuchende „Arbeit und Technik"-Programm (siehe dazu auch Abschnitt 6.4 und 6.5).

(5) Benchmark der zwei „good"- bzw. zwei „bad practice"-Projekte

Mit Hilfe der vier Innovationsspinnen werden die beiden Projektgruppen gegenübergestellt und kontrastiv betrachtet. Die Innovationsfaktoren bzw. -dimensionen werden dazu als Bewertungsvariablen herangezogen. Die Gründe für die erfolgreiche bzw. weniger erfolgreiche Bewältigung des jeweiligen Innovationsthemas werden unter Nutzung der vier Fallstudien herausgearbeitet und die wichtigsten Unterscheidungsmerkmale für den Erfolg bzw. Misserfolg der Projektverbünde bestimmt. Dafür werden zunächst solche

Innovationsdimensionen untersucht, in denen alle Projekte bessere Ergebnisse erzielen konnten. Dann werden solche Innovationsfaktoren bzw. -dimensionen untersucht, in denen alle Projekte relativ schwächere Ergebnisse erzielten. Abschließend wird erläutert, warum in beiden Fällen die zwei „good"- vor den zwei „bad practice"-Projekten lagen (siehe auch Abschnitt 6.6.1 und 6.6.2). Damit wird bezweckt, die Bedingungen und Umstände für geglückte bzw. nicht geglückte Innovationsprozesse zwischen kooperierenden Innovationsträgern mikroanalytisch zu untersuchen. Das abschließende Fazit fasst die Ergebnisse der Wirkungsanalyse zusammen und benennt die Erfolgskritierien für Projektverbünde.

6.1 Analyse der Gesamtinnovationsspinne im Hinblick auf die Programmwirkungen

Die Programmeffekte werden in einer Gesamtinnovationsspinne gebündelt, um die Wirkungen auf das Programm und seine davon ausgehenden Effekte zu untersuchen. Dafür werden die Innovationsspinnen der einzelnen Projektevaluationen zusammengefasst, so dass eine gesamtheitliche Innovationsspinne für das Programm entsteht.
In Tabelle 6/1 werden die Punktbewertungen aus den vierzehn Innovationsprojekten aufgelistet und anschließend in der Gesamtinnovationsspinne zusammengefasst (siehe Abb. 6/2). Die Verankerung bzw. Wirksamkeit einzelner Innovationsdimensionen – dialogisch-partizipative Innovation, Transferorientierung in die Region, Arbeit und Technik als Einheit, Qualifikation für Innovationsprozesse, Prozessorientierung und strukturinnovative regionale Effekte (zur Erläuterung der Dimensionen im Einzelnen siehe Abschnitt 5.3.5) – auf das Programm kann nun untersucht bzw. reflektiert werden. Die Gesamtspinne wird mit dem Ziel diskutiert, eine bessere, gesamtheitliche Einschätzung über die erreichten Programmwirkungen zu bekommen.

Tabelle 6/1 zeigt die am stärksten bzw. am schwächsten bewerteten Innovationsdimensionen in ihrer Reihenfolge. Zuerst erfolgt eine Betrachtung der schwächer ausgeprägten Innovationsdimensionen in der Gesamtinnovationsspinne. Die Auswertung ergibt, dass die Dimensionen „Prozessorientierung" und „strukturinnovative regionale Effekte" die geringste Ausprägung finden. Dieses Ergebnis wird im Folgenden mit Rückbezug auf die in der Fragestellung der Arbeit niedergelegten Haupt- und Teilhypothesen diskutiert. Dabei wird auch Bezug auf die aus den einzelnen Projektintensivfallstudien erwachsenen Innovationsspinnen[39] genommen, um die obige Kernaussage differenziert zu untermauern.

---

39 Die Projektinnovationsspinnen sind in einer Übersicht im Anhang (siehe Anhang 4) verfügbar. Sie werden mit Hilfe von Buchstaben anonymisiert. Die einzelnen Projektintensivfallstu-
Fortsetzung der Fußnote auf der nächsten Seite

Wirkungsanalyse des Programms

Die sechs zentralen Innovationsdimensionen im Bremer Landesprogramm „Arbeit und Technik"	Erzielte Punktzahl von maximal erzielbaren 45 Punkten pro Innovationsachse N = 15	Prozentuale Gewichtung und Verteilung der Programmeffekte	Starke (+), mittlere (~) und schwache (-) Effekte im Programm
(1) dialogisch-partizipative Innovation	29	64,44 %	+
(2) Transferorientierung für die Region	28,5	63 %	+
(3) Arbeit und Technik als Einheit	24	53,33 %	~
(4) Qualifikation für Innovationsprozesse	23,5	52 %	~
(5) Prozessorientierung	18	40 %	–
(6) strukturinnovative regionale Effekte	13	28 %	–

Tab. 6/1: Die sechs Innovationsdimensionen im Verhältnis zur erzielten Punktzahl und zu den erreichten Prozentualwerten: starke, mittlere und schwache Effekte der Innovationsdimensionen im Bremer Landesprogramm „Arbeit und Technik"

dien sind in den Bilanzierungsberichten über die Pilotphase des Programms enthalten (Projekte A bis K in: Rauner u. a. 1995, 99 ff. und die Projekte L, M, N sowie die zweite Bilanz zu Projekt J in: Deitmer u. a. 1997, 47 ff.). Aufgrund ihres Umfangs konnten sie hier nicht detailliert dargestellt werden.

Wirkungsanalyse des Programms

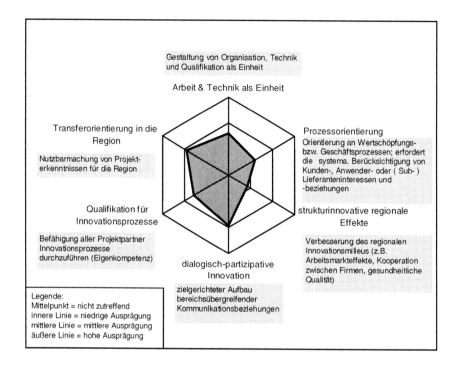

Abb. 6/2:   Die Gesamtspinne, die 14 Innovationsspinnen der Projekte umfasst

Die Dimension „Prozessorientierung" erreicht lediglich 40 % der maximal möglichen Ausprägung dieses Innovationskriteriums. Darunter wird die systematische Ausrichtung der Projektverbünde an Kunden-, Anwender- oder (Sub-)Lieferanteninteressen und -beziehungen verstanden. Offensichtlich wurde dieses Kriterium im Programm nicht zufriedenstellend realisiert bzw. im Verlauf der Entwicklung der Projektverbünde verfolgt. Die Prozessorientierung ist ein wichtiges Erfolgskriterium im Programm, bei dem es sich jeweils um die Geschäftsprozess- bzw. Wertschöpfungsorientierung sowohl bei der Vorbereitung als auch bei der Projektumsetzung handelt. Offensichtlich bereitet es der Mehrzahl der Projekte noch große Schwierigkeiten, eine konsequente Ausrichtung sowohl am Wertschöpfungsprozess als auch an den Geschäftsprozessen bei ihren Innovationsgegenständen vorzunehmen. Zur Interpretation dieses Ergebnisses werden die Ausprägungen des Kriteriums „Prozessorientierung" in den einzelnen Projekten näher betrachtet (siehe auch die zusammenfassende Darstellung der einzelnen Innovationsspinnen der verschiedenen Projekte im Anhang).

Nur in fünf der vierzehn Projekte (den Vorhaben D, G, I, H und N) wird die konsequente und systematische Berücksichtigung von Kunden-, Anwender- oder (Sub-)-Lieferanteninteressen und -beziehungen in zumindestens zufriedenstellender Weise (in mittlerer Ausprägung) praktiziert. In diesen fünf Projekten ist die Zusammenführung verschiedener Partner entlang der Wertschöpfungskette aus vor- und nachgelagerten Bereichen gelungen. Schon bei der Zusammenführung und Auswahl der Projektpartner, d. h. der Entwicklung der Projektverbundstruktur, wurde diesem Aspekt entsprechende Beachtung geschenkt. Das geschah häufig dadurch, dass jeweils auch Repräsentanten der vor- und nachgelagerten Kunden bzw. Abnehmerbereiche in das Projekt eingebunden wurden. Im Laufe der Vorhaben gelang es ferner, durch Kundenbefragungen bzw. durch die systematische Zusammenführung von Zulieferern und Endabnehmern die Prozessorientierung im Projektverlauf abzusichern und zu verstärken. Ein entsprechender Innovationsdialog, der die relevanten Institutionen aus dem Geschäftsprozess einschloss, hat hier zumindestens ansatzweise stattgefunden und zu einer besseren Erfüllung des Kriteriums Prozessorientierung beigetragen. Darüber hinaus wurde durch die Untersuchung der Arbeitsprozessverläufe, d. h. der internen Abläufe in den beteiligten Unternehmen, von Seiten der wissenschaftlichen Partner eine bedarfsgerechte und die spezifischen Randbedingungen berücksichtigende Innovation besser realisiert als in den schwächer bewerteten Projekten.

Dies wurde z. B. bei der gelungenen Koordination zwischen Zulieferern und regionalen Endabnehmern im Projekt D deutlich. Weiterhin bei der handwerksgerechten Einführung von neuen Backtechnologien wie im Projekt G geschehen. Im Projekt N konnte somit die Realisierung neuer Qualitätsmanagementkonzepte in der Lebensmittelwirtschaft gelingen. Die handwerksgerechte und nutzerorientierte Entwicklung eines DV-gestützten CAD-Werkzeuges im Schneiderhandwerk fand im Projekt H statt. Bezogen auf die Projekte, die das Kriterium Prozessorientierung nicht realisierten, zeigt sich die Bedeutung von Koordination, Moderation und Projektleitung sowohl innerhalb als auch außerhalb des Projektrahmens. Bei der Entwicklung solcher Prozesse bedarf es auch von Seiten der regionalen Wirtschaftsförderung bzw. einer integrierten Strukturentwicklungspolitik entsprechender Projektmanagementkompetenzen, welche ein hohes Maß an Fingerspitzengefühl beinhalten und Akzeptanz bei allen angesprochenen Kräften in der Region voraussetzen.

In den anderen Projekten, einschließlich des eher schwachen Projektes K, welches das Kriterium Prozessorientierung nicht realisieren konnte, wurde die Prozessorientierung nur unterdurchschnittlich bzw. schwach realisiert. In vielen Fällen bestand zwar anfänglich die Absicht, das Vorhaben entlang der im Innovationsthema niedergelegten Wertschöpfungskette bzw. den damit verbundenen Geschäftsprozessen zu orientieren, es gelang aber im Laufe des Projektes nicht, diesen Aspekt umzusetzen. Die im Projektantrag dargelegte Prozessorientierung konnte nicht durch absichtsvolles Handeln auf Seiten der Projektteilnehmer untermauert werden, da ihnen eine dialogische Einbeziehung von Kunden-, Anwender- oder (Sub-)Lieferantenvertretern misslang. Einige Gründe für diesen Schwachpunkt sind: unzureichende Projektmanagementkompetenzen, fehlende Bereitschaft bei den Vertretern der angesprochenen vor- und nachgelagerten Institutionen, über entsprechende Absichtserklärungen hinaus den Veränderungsansatz des Vorhabens aktiv zu stützen.

Das Wirkungskriterium „strukturinnovative regionale Effekte" ist im Durchschnitt mit 13 Punkten bzw. 28 % unter allen Innovationsdimensionen des Programms am schwächsten ausgeprägt. Damit sind die strukturinnovativen regionalen Effekte im Projektdurchschnitt kaum befriedigend erfüllt worden – genauer gesagt, in zufriedenstellender Weise (mittlere Ausprägung oder zu 60 %) nur in einem Fall (Projekt G).

In drei Projektfällen haben sich nach Abschluss der Projekte keine oder nur sehr schwache Struktureffekte ergeben (Projekte A, C und M) – obwohl diese Projekte im Durchschnitt und bezogen auf andere Aspekte durchaus gute Ergebnisse erzielt haben. Die Erreichung dieser Innovationsdimension stellt jedoch eine der komplexesten bzw. anspruchvollsten Ziele des Bremer Landesprogramms „Arbeit und Technik" dar und gehört zu den am schwierigsten zu erreichenden Zieldimensionen. Ein neues regionales Milieu kann nur dann erreicht werden, wenn es von einer entsprechenden Dialogkultur und von neuen institutionellen bzw. infrastrukturellen Arrangements flankiert wird. Den wenigsten Projekten gelingt es allerdings, in ihrem jeweiligen Förderzeitraum (weniger als drei Jahre – inklusive der Vorbereitungszeit) solche neuen Milieus zu schaffen.

Im Fortgang der vorliegenden Arbeit wird entlang der aufgestellten Hypothesen zu untersuchen sein, woran das liegt. Was sind die Gründe dafür, dass zwar viele weiche Effekte als Ergebnis der Bemühungen auftreten, aber kaum strukturelle bzw. harte Effekte? Liegt es an den Akteuren? Ist die Konstruktion des Programms falsch? Oder sind die Umfeldbedingungen nicht so, wie sie sein sollten? Die schwachen Ausprägungen bei den Struktureffekten des Programms stützen meine Hypothesen und verweisen auf eine unzureichend abgestimmte regionale Strukturpolitik. Vor allem scheint es daran zu liegen, dass die Projekte selber und die durchaus auch in Bremen aktiv betriebene Strukturförderungspolitik – vor allem auf Seiten der Wirtschaftspolitik (verstanden als Sammelbegriff für Wirtschaftsförder-, Industrie- und Mittelstandspolitik) – nicht ausreichend mit der Bildungs- und Arbeitsmarktpolitik – zumindestens im Zeitraum der Untersuchung, in der Pilotphase des Programms – abgestimmt waren. Die strukturinnovativen Effekte waren auch deshalb sehr gering, weil sie nicht mit der in anderen Politikfeldern stattfindenden Infrastrukturförderung in ausreichender Weise verknüpft war. Dazu gehört neben der Verzahnung mit anderen Förderprogrammen und -instrumenten auch eine engere Kooperation mit der stärker auf Strukturpolitik ausgerichteten Wirtschaftsförder- und Industriepolitik. Eine engere Verzahnung zwischen Projektverbünden und Strukturförderpolitik hat im Programm im Untersuchungszeitraum nicht stattgefunden.

Nachhaltige, strukturinnovative Effekte der Verbundprojekte kommen offensichtlich nur dann nachhaltig zustande, wenn sie durch eine integrierte regionale Innovationspolitik gestützt werden. Ist das nicht der Fall, wie dies am Beispiel des Bremer Landesprogramms „Arbeit und Technik" deutlich wird, werden auch keine nachhaltigen strukturinnovativen Wirkungen erzeugt. Die Programmwirkungen bestätigen somit Teilhypothese 1 (siehe Abschnitt 4.2). Erfolgreiche regionale Innovationsprogramme, die nachhaltige strukturinnovative Effekte erzeugen können, sind immer auf eine Einbettung bzw. Verankerung in eine integrierte regionale Innovationspolitik angewiesen. Gleiches gilt für mangelnde Prozessorientierung, welche zum einen eine politische Flankierung erfordert und zum anderen ein integriertes Innovationsmanagement sowohl innerhalb der Projektverbünde als auch auf der Ebene des Projektträgers notwendig macht. Eine starke Prozessorientierung verweist auf ein entsprechend umfassendes Innovationsmanagement, das in der Lage ist, systematisch Wertschöpfungs- bzw. Geschäftsprozesse und die Berücksichtigung von Kunden- und Anwenderinteressen und -beziehungen herbeizuführen.

Nun zu den positiven Programmeffekten. Ausgeprägt positiv, mit jeweils über sechzig Prozent, sind die Aspekte dialogisch-partizipative Innovation (64,4 %) und Transferorientierung (63 %) in die Region vertreten.

Das erste Kriterium, die dialogisch-partizipative Innovation (siehe Abbildung 5/1 sowie die Zusammenstellung aller Projektspinnen im Anhang) betreffend, erzielten vier der vierzehn Projekte (die Projekte H, G, D und C) hier eine starke Ausprägung und Höchstwerte (d. h. auf der Achse mit 100 % den maximalen Höchstbewertungspunkt). Darüber hinaus wird dieses Kriterium, welches den Aufbau von bereichsübergreifenden Kommunikationsbeziehungen im betreffenden Branchenbereich zum Ausdruck bringt, in fast allen Projektnetzwerken zumindest in mittlerer Ausprägung erreicht (Projekte A, B, E, I, L und M).

Das Kriterium dialogisch-partizipative Innovation hebt somit die eigentliche Stärke und das besondere Markenzeichen des Programms hervor. Das Programmziel korrespondiert mit der besonders starken kommunikativen Ausrichtung der Projekte. Darin wird zum Ausdruck gebracht, dass bei den Programm- und Projektaktiven die offensichtliche Bereitschaft vorhanden ist, sich dialogisch auf die Innovation einzulassen. Die angestrebte Ausrichtung des Programms auf institutionenübergreifende Projektverbünde, die sich durch eine arbeitsteilige bzw. komplementär ausgerichtete Kooperation zwischen Forschungseinrichtungen und Betrieben der Region auszeichnen, zeigt hier positive Effekte und wurde offensichtlich mit Konsequenz betrieben. In vier Projekten ergeben sich allerdings nur schwache Ausprägungen bei den jeweiligen Innovationsspinnen (dies sind die Projekte F, J, K und N). In diesen Projektinitiativen gelingt es offensichtlich nicht, alle Projektpartner aktiv am Innovationsprozess zu beteiligen. Interessanterweise zeichnen sich diese Projekte (bis auf Projekt N) auch durch eine schwache Prozessorientierung aus. Die Projekte mit einer schwachen Prozessorientierung bestätigen insofern auch die Teilhypothese 3 (siehe Abschnitt 4.2), wonach festgestellt werden kann, dass in diesen Fällen die Initiative lediglich von einer Person bzw. Institution ausgeht. Das hat zur Folge, dass wir es mit einer von außen beeinflussten Strategie und Zielsetzung zu tun haben. Offensichtlich arbeiten solche Projekte in zum Teil gestörten oder zumindestens nur teilweise genutzten Verbünden. Geringe Prozessorientierung und wenig ausgeprägte dialogisch orientierte Partizipation stehen somit in enger Beziehung zueinander.

Es zeigt sich, dass die unzureichende Berücksichtigung der Interessen und Beziehungen vor- und nachgelagerter Bereiche entlang der Wertschöpfungskette offensichtlich auf eine wenig dialogische Vorgehensweise innerhalb des jeweiligen Projektes verweist. Die dialogisch-partizipative Vorgehensweise wird somit durch die Binnensituation im Projekt beeinflusst. Es verlangt von den Projektmanagern bzw. -koordinatoren oder auch Projektleitungsgremien die Bereitschaft zu wechselseitigem Dialog. Sie müssen in der Lage sein, die jeweils andere Sichtweise des Projektpartners aufzunehmen und durch geeignete Beiträge zu erwidern. Eine partizipative Orientierung im Projektverlauf setzt auch funktionierende Kooperations- und Kommunikationsformen mit guten informellen Beziehungen zwischen den Projektakteuren voraus. Wie schon weiter oben gesagt wurde, war dies in der Regel in der Mehrzahl der Projekte der Fall. Bei den Projekten, wo sich unter diesem Kriterium Schwachpunkte zeigen, liegt dies zumeist daran, dass es sich um von außen initiierte Kooperationen handelt.

Die Innovationsdimension „Transferorientierung für die Region" ist angesichts der Fülle von Angeboten, die in den Projekten formuliert und unterbreitet werden, im Programmrahmen effektvoll realisiert worden. In zwei der vierzehn Projekte (G und H) werden hier Bestwerte erreicht. In acht von vierzehn Projekten (A, B, D, F, G, J, K und N) wurden zumindestens überdurchschnittliche Werte erreicht. In vier Projekten dagegen (nämlich den Projekten C, I, L und M) wird dieses wichtige Programmkriterium nur suboptimal mit schwacher Ausprägung ausgefüllt. Die Nutzbarmachung von Projektergebnissen war damit in fast allen regionalen Verbundvorhaben nicht nur explizites Ziel, sie konnte auch im Projektverlauf überdurchschnittlich gut erreicht werden. Fast alle Projekte haben offensichtlich versucht, ihre Projektfortschritte und -ergebnisse in das regionale Umfeld zu verbreiten. Die vier schwachen Projekte zeigen aber auf, dass es auch Konstellationen in den Projekten gibt, die einen ausreichenden Transfer in das regionale Umfeld eher verhindern. In solchen Fällen lag das daran, dass die Projekte zu stark auf sich selber konzentriert waren, statt dem externen Transfer von Anfang an ausreichend Beachtung zu schenken. Dies hätte durch eine Nutzbarmachung von Teilergebnissen aus den Projekten, aber auch durch einen frühzeitigen Dialog mit dem Projektumfeld wenigstens ansatzweise erreicht werden können. Doch selbst solch kleine Schritte wurden vom Projektmanagement nicht konsequent verfolgt. Ausgehend von dieser Transformationshypothese kann hier festgestellt werden, dass ein hoher Grad an Transferorientierung in die Region nicht automatisch zu nachhaltigen strukturinnovativen Effekten führt und zu einer Verbesserung des regionalen Innovationsmilieus beiträgt.

Bei zwei Innovationsdimensionen konnte die Programmevaluation zumindestens mittlere (~) Effekte erzielen: Arbeit und Technik als Einheit (52 %) und Qualifikation für Innovationsprozesse (53,3 %). In neun (A, B, C, D, F, J, I, K, N) der vierzehn Projekte wurden hier überdurchschnittliche Ergebnisse (mittlerer Ausprägung) erzielt. Offensichtlich gelang es in der Mehrzahl der Projekte, nicht nur die betrieblichen, sondern auch die wissenschaftlichen Projektpartner durch parallel laufende, interne Qualifizierungsmaßnahmen zur eigenständigen Durchführung von Innovationsprozessen zu befähigen. Durch die partizipativ-dialogische Vorgehensweise wurden die Voraussetzungen für wechselseitiges Lernen im Innovationsprozess geschaffen. Eine Vielzahl von internen Projekttreffen in unterschiedlichen Zusammensetzungen trug dazu bei, nicht nur das fachlich-technische Wissen, sondern auch das prozessurale Wissen zur eigenständigen Durchführung von Innovationsprozessen bei den beteiligten Projektakteuren auszubauen und durch viele Qualifizierungsmaßnahmen systematisch zu stützen. Allerdings konnte in keinem der Projekte das Kriterium Qualifikation für Innovationsprozesse mit 100 % erreicht werden; das zeigt, dass die in der Regel dreijährigen Projektlaufzeiten nicht ausreichen, um hier zu optimalen Ergebnissen zu kommen.

Leicht schwächer als das vorangegangene wird das Kriterium Arbeit und Technik als Einheit in den Vorhaben erreicht. Dieses explizite Programmziel war in der Regel schon in der Projektanlage vorbereitet, jedoch nicht in allen Projektfällen konsequent durchgehalten worden. So kommt es, dass keines der Projekte hier den Maximalwert erreicht. Allerdings haben neun der vierzehn Projekte zumindestens überdurchschnittliche Ergebnisse (mittlerer Ausprägung) erreicht (nämlich die Projekte J, N, L, I, A, B, C, G, F). In fünf Projektfällen (M, D, E, H und K) wurden dagegen zum Messzeitpunkt lediglich unterdurchschnittliche Werte erzielt. In keinem der durchgeführten Projektevaluationen wurde allerdings eine maximale Position, mit hundertprozentiger Ausprägung, erzielt. Im Folgenden wird versucht, die prinzipiellen Schwierigkeiten zu benennen, die bei der Umsetzung dieses Kriteriums aufgetreten sind.

Sicherlich ist eine umfassende Bearbeitung dieses Kriteriums abhängig vom Faktor Wissenschaft und Forschung. Gemeint ist die Frage, inwieweit die regionale wissenschaftliche Forschung überhaupt auf die Bearbeitung komplexer anwendungsbezogener Problemstellungen vorbereitet ist. Häufig sind Wissenschaft und Forschung darauf nicht hinreichend orientiert, zumal dann nicht, wenn disziplinäre Fragestellungen gefragt sind. Gründe hierfür liegen in den Reproduktionsgebräuchen der eigenen Disziplin, die sehr stark von der Binnensituation der Disziplin bestimmt werden. Wissenschaft und Forschung lassen sich nur dann effektiv in das Beziehungsgeflecht der Einheit von Arbeit und Technik integrieren, wenn das Thema regionale Innovation auch als fächerübergreifendes Thema in den regionalen Wissenschafts- und Forschungsstrukturen der Region verankert ist. Damit ist die interdisziplinäre Bearbeitung von Innovationsgegenständen gemeint, worunter eine multiperspektivische Beteiligung unterschiedlicher Disziplinen verstanden wird. Im Fall des regionalen Bremer Landesprogramms „Arbeit und Technik" waren die Voraussetzungen dafür noch nicht optimal gegeben. Disziplinäre Orientierungen der einzelnen technischen, arbeitswissenschaftlichen oder auch bildungswissenschaftlichen Fächer begünstigten nicht die Bearbeitung der Innovationsgegenstände als eine Einheit. So konnte immer nur aus einem bestimmten disziplinären Blickwinkel heraus mit der Bearbeitung des Innovationsgegenstandes begonnen werden. Eine wenig eingeübte transdisziplinäre Praxis zwischen den Wissenschaftsdisziplinen verhinderte die multiperspektivische Bearbeitung der Themen. Der Aufwand für die Entwicklung einer disziplinübergreifenden Zusammenarbeit war und ist sehr groß. Die engen finanziellen Rahmenbedingungen erschwerten die Einrichtung von umfassenden Konsortien, in denen mehrere Disziplinen vertreten sind. Projekte, die hier bessere Werte erzielen konnten, zeichneten sich dagegen in der Regel durch wissenschaftliche Brückenschläge aus. Das heißt, dass in der Regel auch immer zwei verschiedene wissenschaftliche Vertreter beteiligt waren. Im Einzelnen waren dies die Projekte A: Produktionswissenschaft und Bildungswissenschaft, B: Informatik und Produktionsplanung, C: Fabrikplanung bzw. Arbeitswissenschaft und Personalwirtschaft bzw. -qualifizierung, F: Klebtechnologien und Arbeitswissenschaftler bzw. Gesundheitswissenschaftler, G: Lebensmitteltechnologen, Berufspädagogen, Arbeitswissenschaftler, I: Arbeitswissenschaftler und Informatiker, L: Ingenieurwissenschaftler und Berufsbildungswissenschaftler, J: Informatiker und Sozialwissenschaftler sowie N: Arbeitswissenschaftler und Lebensmitteltechnologen.

Die Zusammenarbeit zwischen den verschiedenen Wissenschaftsdisziplinen erklärt sich auch aus den spezifischen Projektzielen, die in diesen Projekten entweder schwerpunktmäßig auf Organisations-, Qualifikations- oder auf Technikentwicklung hin konzentriert waren. In den Technikentwicklungsprojekten gelang es in der Projektlaufzeit nicht vollständig, Aspekte von Arbeit und Technik als Einheit zu organisieren, was sich in einigen Fällen der Laufzeit verdankte, in anderen Fällen hingegen auf interne Transformationsprobleme oder Wissensdefizite in den Projekten zurückzuführen war. Hinzu kommt in jedem Fall ein Ressoucenproblem, da für eine umfassende transdisziplinäre Vorgehensweise nicht genügend personelle und materielle Ressourcen bereitstanden. Ich bin der Meinung, dass eine gleichgewichtige, alle Facetten von Arbeit und Technik umgreifende integrierte Vorgehensweise bei den Projekten nicht automatisch zum Erfolg führt. Man behandelt dann, kurz gesprochen, alle Themen gleichzeitig, aber nichts richtig. Eine Arbeit und Technik als Einheit verstehende Projektentwicklung stellt auch an das Projektmanagement erhöhte Anforderungen – es muss zumindestens integriert ausgerichtet sein. Die eher durchschnittliche Erreichung dieses Kriteriums verdeutlicht auch einen Schwachpunkt innerhalb des Gesamtprogramms, nämlich den für das Programm unzureichenden Austausch und die unzureichende Vernetzung zwischen den Projekten. Das Projektträgermanagement hätte konsequenter auf einen Innovationsdialog zwischen den Projekten dringen müssen. Dann hätte ein verstärkter Austausch von spezifischen Innovationsbeiträgen erreicht werden können. Es gibt Projekte, die Organisationsentwicklung gut beherrschen (wie z. B. Projekt C und D); sie hätten programmintern einen Innovationstransfer in Projekte (wie z. B. K, H und E) vornehmen können, wo soetwas nicht so gut gelingt. Die Innovationsspinne gibt hier auf jeden Fall hervorragend Aufschluss über das übergreifende Programmmanagement.

Minimum-Maximum-Betrachtung

Folgender Vergleich untersucht die Extremwerte bei den Innovationsdimensionen im Sinne einer Minimum-Maximum-Betrachtung. Das heißt, wieviel niedrige bzw. wieviel maximale Ausprägungen sind bei den sechs Innovationsdimensionen zu finden?

Die sechs zentralen Innovationsdimensionen/ Kriterien im Bremer Landesprogramm „Arbeit und Technik"	Häufigkeit **niedriger** Ausprägungen bei den Innovationsachsen	Häufigkeit **mittlerer** Ausprägungen bei den Innovationsachsen	Häufigkeit **hoher** Ausprägungen bei den Innovationsachsen
(1) dialogisch-partizipative Innovation	5	6	4
(2) Transferorientierung für die Region	4	9	2
(3) Arbeit und Technik als Einheit	6	9	–
(4) Qualifikation für Innovationsprozesse	4	10	–
(5) Prozessorientierung	10	4	–
(6) strukturinnovative regionale Effekte	11	1	–
Gesamtanzahl	**40**	**39**	**6**

Tab. 6/3:   *Verteilung der Häufigkeit der Nennung von niedriger, mittlerer und hoher Ausprägung auf den sechs Innovationsachsen bzw. -dimensionen des Programms*

Danach sind vor allem niedrige und mittlere Ausprägungen auf den Innovationsachsen der Innovationsspinne (der Messpunkt stößt nur bis an die erste bzw. zweite Linie der Spinne an) wesentlich häufiger vertreten als hohe Ausprägungen (der Messpunkt reicht bis zur äußeren Linie). In Prozentwerten ausgedrückt erreichen 90 % der Nennungen niedrige bzw. mittlere Ausprägungen, während die Höchstwerte im Mittel nur mit etwas mehr als 6 % erreicht werden. Das Hauptgewicht der Innovationswirkungen liegt also deutlich bei den niedrigen Ausprägungen (40); danach folgen die mittleren Ausprägungen (39). Keine Effekte wurden bei den Kriterien „Prozessorientierung" und „strukturinnovative Effekte" gemessen.

Die Gesamteffekte des Programms sind also von niedriger und mittlerer Ausprägung. In der Gesamtbetrachtung sind daher die Programmwirkungen der Pilotphase (1990–1996) als weit unterdurchschnittlich anzusehen (in Noten ausgedrückt rangieren sie zwischen drei minus und vier plus). Es ist selten der Fall, dass die Innovationsachse ganz ausgefüllt wird. Dies ist nur bei den ersten beiden Kriterien (1 und 2) der Fall. Diese beiden Kriterien sind sicherlich als die positiven Effekte des Programms anzusehen. Sie repräsentieren die weichen Kriterien des Programms; wohingegen das letzte Kriterium als das harte Kriterium anzusehen ist. Schaut man sich Punkt 6 an, so gehen die Effekte deutlich gegen Null bzw. sind von niedriger Ausprägung. Die letzten vier Kriterien der Tabelle (also 3 bis 6) sind nur durchschnittlich bzw. unterdurchschnittlich vertreten. Die Projekte und das Programm sind also eher dort stark, wo es um „weiche" Innovationsfaktoren geht (wie etwa um dialogisch-partizipative Innovation oder um Transferorientierung in die Region). Das ist zwar ein beachtliches Ergebnis, aber es ist noch nicht hinreichend, so dass strukturbildende Effekte erzielt werden konnten. Strukturbildende Gestaltungsansätze, z. B. neue institutionelle Arrangements durch die Einrichtung von Zentren oder Existenzneugründungen, waren erst konkret in einem Fall, dem Projekt G, vorhanden. Strukturbildende Effekte sind also zum Zeitpunkt der Evaluationen insgesamt kaum erzielt worden.

Hiermit wird die Annahme von weichen Effekten im Programm bestätigt, wonach sich zumindestens in der Hälfte der Projekte die Befähigung aller Projektpartner, nunmehr eigenständig Innovationsprozesse durchzuführen, deutlich verbessert hat. Die Notwendigkeit einer integrierten Bearbeitung von Veränderungsprozessen, sprich die ganzheitliche Dimension, die auf die Einheit von Arbeit und Technik zielt, wurde von der Hälfte der vierzehn Projekte zumindestens befriedigend (d. h. mit mittlerer Ausprägung) vollzogen. Die Interpretation der Innovationsspinnen macht deutlich, dass die Stärken des Programms im Gestaltungsansatz, also bei der integrierten und dialogisch geprägten Bearbeitung von Innovationsprozessen zwischen industriellen und akademischen Akteuren, liegen. Alle Projekte zeichnen sich durch eine gewisse Transferorientierung und regionale Effekte bei der kooperationsorientierten Vernetzung zwischen den regionalen Innovationsträgern aus. Damit sind die intensiven Bemühungen in fast allen Projektnetzwerken zur Nutzbarmachung von Projekterkenntnissen für die Region deutlich erkennbar. Allerdings stellt sich die Frage, ob derartige Bemühungen auch langfristige strukturbildende Effekte auszulösen vermögen. Denkbar wären Langfristwirkungen, die durch die Schaffung eines regionalen Innovationsmilieus zustande kommen, indem z. B. regionale Innovationszentren für die Gestaltung von Arbeit-und-Technik-Problemstellungen dauerhaft eingerichtet werden. Weitere Langfristwirkungen wären ein dauerhafter Innovationsdialog mit erweiterten Kommunikations- und Kooperationsbezügen zu zentralen Innovationsthemen oder neue Dienstleistungsfunktionen, die sich durch die Gründung von Unternehmen (z. B. neuen Dienstleistern, Softwarehäusern usw.) ergeben. Die Herausbildung von solch neuen strukturinnovativen Infrastrukturen und Dienstleistungsfunktionen bereitet, weil sie zugleich auch die größten Herausforderungen repräsentieren, offensichtlich noch größere Schwierigkeiten – nicht nur für die Projekte im Einzelnen, sondern auch für das Programm im Ganzen. Meines Erachtens wird deutlich, dass viele Programmziele nicht erreicht wurden. Die Annahme eines Transformationsprozesses von „weichen" Innovationsfaktoren zu „harten" Innovationseffekten, hervorgerufen durch die fünf Innovationsfaktoren (siehe die fünf Faktoren in der Kernhypothese in Abschnitt 4.2 und ihre Erläuterung in Abschnitt 5.3.5), war im Fall des Bremer Landesprogramms nur sehr eingeschränkt gültig. Gleichwohl wurden in einigen Projekten beachtliche Effekte erzielt. Allerdings hätten unter besseren Randbedingungen möglicherweise wesentlich größere Effekte erzielt werden können. Ein wesentlicher Schwachpunkt ist offensichtlich, dass das „Monitoring" erst sehr spät einsetzte. So wurden zentrale Defizite bzw. Verbesserungsmöglichkeiten nicht frühzeitig genug offenkundig. Die durchgeführten intensiven Evaluationsmaßnahmen setzten erst im letzten Drittel des seit 1990 laufenden Projektentwicklungsprozesses ein. Die aufgestellten Teilhypothesen liefern Annahmen dafür, woran das liegen könnte. Es wird in Kapitel 7 genauer zu ergründen sein, woran das liegt. Dort wird untersucht, ob die in Abschnitt 4.2 aufgestellten Hypothesen stimmen und ob es, kurz gesagt, mehr an externen Faktoren (wie z. B. an einer integrierten regionalen Innovationspolitik) oder mehr an internen Faktoren (wie z. B. an der Zusammensetzung der Projektverbünde und u. a. der Prozessorientierung) liegt, dass die erwünschen Struktureffekte nicht erreicht wurden.

Folgende Haupteinflussfaktoren können für das Gelingen eines Programms festgehalten werden: Die Zusammenstellung geeigneter, sich komplementär ergänzender Partner aus Wissenschaft und Industrie ist als Erstes zu nennen; eine weitere Einflussgröße ist die regionale Innovationspolitik, die in ihrer Entscheidungsfindung entweder integrierend und konzertiert angelegt ist oder nicht (wie im Bremer Fall des Regionalprogramms als eines unter vielen bzw. als Ausdruck eines Segmentes regionaler Entwicklungspolitik); ferner wurde als Haupteinflussgröße ermittelt, dass alles mit einem effektvoll und professionell angelegten Innovationsmanagement in den Projekten steht und fällt. Ungeachtet aller schwer vorhersagbarer Einflussgrößen – wie z. B. der, dass die Interessen der Projektpartner am Projekt nachlassen oder dass der Partner nicht die Kompetenzen mitbringt, wie das die Ankündigungen aus der Projektplanungsphase erwarten ließen u. a. m. – gibt es konkret belegbare Hinweise, die auf das Gelingen bzw. die nicht optimale Entwicklung von Programmen hinweisen.

Die nachfolgende konstrastierende Analyse von weichen bzw. harten Innovationsfaktoren bzw. -effekten soll nachzeichnen, warum strukturinnovative Effekte kaum erzielt werden konnten. Es wird deutlich, dass das Programm, was die erwarteten strukturbildenden Effekte angeht, sowohl in Bezug auf seine Zielstellung als auch in Bezug auf die Förderkonstellationen deutlich überfordert war. Das Ziel der Erreichung strukturinnovativer Effekte war unrealistischerweise an das Programm gestellt worden, ohne ausreichend zu berücksichtigen, ob die Projekte dies auch erreichen können. Es mangelte an einer auf dieses Ziel hin abgestimmten Strukturförderpolitik sowohl auf Seiten der senatorischen Behörden als auch auf Seiten anderer regionaler Innovationsträger: vor allem der in der Region befindlichen Betriebe. Die der in der Region befindlichen Betriebe. Die Eigenleistungen der Betriebe hätten deutlich verstärkt werden müssen, um zu einer effektvollen Stabilisierung der weichen Innovationsprozesse zu gelangen. Für die Sphäre der Politik bedeutet das eine bessere Verzahnung mit anderen Förderinstrumenten, insbesondere mit solchen, die auf Infrastrukturförderung ausgerichtet sind.

6.2 Die Effekte der weichen Innovationsdimensionen im Hinblick auf die harten Innovationspotentiale und -strukturen

Im Folgenden wird die Beziehung zwischen den weichen Innovationsfaktoren und -dimensionen im Hinblick auf die strukturinnovativen Effekte genauer untersucht. Dies geschieht mit Hilfe von fünf Gegenüberstellungen bezogen auf die fünf Innovationsfaktoren und die Innovationsdimension „strukturinnovative regionale Effekte" (siehe auch die Innovationsdimensionen der Innovationsspinne in Abschnitt 5.3.5). Die Erörterung beginnt mit jenen Innovationsdimensionen, welche am stärksten auf die strukturinnovative Strukturdimension einwirken.

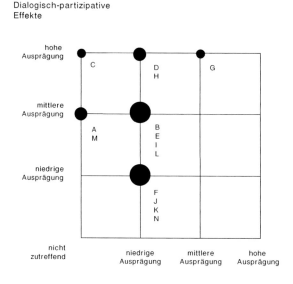

Abb. 6/4: *Zum Verhältnis der Innovationsdimensionen „dialogisch-partizipative Innovation" und „strukturinnovative regionale Effekte"*

Bei den in Beziehung zueinander stehenden Innovationsdimensionen sind drei Gruppen zu unterscheiden. Zu der ersten Gruppe gehören nur drei Projekte (D, H und vor allem G), die sich durch eine hohe dialogisch-partizipative Innovationspraxis auszeichnen. Nur das Projekt G, eines der „best practice"-Projekte schafft es, mittlere strukturinnovative Effekte nach sich zu ziehen. Projekt C löst trotz hoher Werte bei der dialogisch-partizipativen Innovation keine strukturinnovativen Effekte aus. Es ist dem Projekt nicht gelungen, nach außen hin erfolgreich zu wirken, obwohl der projektinterne Transfer intensiv zum Tragen kommt. In der zweiten Gruppe, im Mittelfeld der Tabelle, landen sechs Projekte, von denen die Projekte B, E, I und L in der Lage sind, Struktureffekte mit niedriger Ausprägung zu erreichen. Die Projekte A und M erreichen zwar mittlere Werte bei der Dialog- und Beteiligungsorientierung, aber es kommt nicht zu Effekten für die regionale Innovationsstruktur. Die dritte Gruppe von Projekten bildet das Schlusslicht im Programm (dies betrifft die Projekte F, J, K und N). Deutlich bestätigen sich hier die bereits ausgewiesenen drei Netzwerktypen: funktionierende, eingeschränkt wirksame und gestörte Netzwerke.

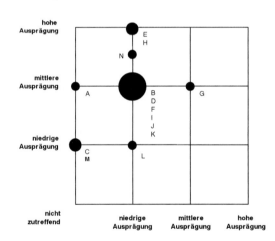

Abb. 6/5:   *Zum Verhältnis zwischen den Innovationsdimensionen „Transferorientierung in die Region" und „strukturinnovative regionale Effekte"*

Die Zusammenstellung der Innovationsdimensionen ergibt drei Gruppen von Projektclustern. Die Spitzengruppe (zu der die Projekte E und H sowie eingeschränkt Projekt N gehören) gelangt trotz hoher Transferorientierung in die Region nur zu schwachen Struktureffekten. Weiterhin zeigen sich in der zweiten Gruppe 8 Projekte im Mittelfeld, wobei wiederum das Spitzenprojekt G hervorsticht. Die dritte Gruppe weist niedrige Struktureffekte bei mittlerer Transferorientierung auf. Projekt A bildet eine Ausnahme, weil hier keine Transferorientierung auf die Region gelang. Das Schlusslicht bilden drei Projekte, wobei die Projekte C und M im Wesentlichen auf den Kreis der Projektbeteiligten konzentriert waren, ohne dass es zu nennenswerten Struktureffekten kam. Obwohl eine z. T. überdurchschnittliche Transferorientierung auf die Region vorlag, hat dies zu keinen strukturbildenden Effekten geführt.

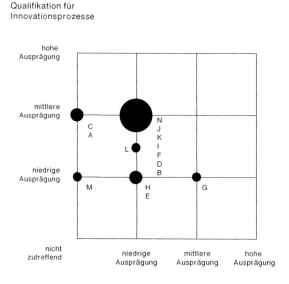

Abb. 6/6: *Zum Verhältnis der Innovationsdimensionen „Qualifikation für Innovationsprozesse" und „strukturinnovative regionale Effekte"*

Die Tabelle zeigt einen sieben Projekte umfassenden Mittelblock, dem es immerhin gelang, die Eigenkompetenz der Projektakteure deutlich anzuheben (mittlere Annäherung) – allerdings auch hier mit nur niedrigen Effekten auf die Strukturinnovation. Offensichtlich ist in der Mehrzahl der Projekte (den Projekten N, J, K I, F, D und B sowie dem im Umfeld liegenden Projekt L) die Qualifikation der Beteiligten für die eigenständige Durchführung von Innovationsprozessen gewachsen, ohne dass es gelang, damit signifikante Struktureffekte zu erzielen. Die neue Kompetenz, zu innovieren, war, wenn überhaupt, nur innerhalb der Grenzen des Projektes feststellbar. Die letzte Gruppe bilden die Projekte G, H, E und M, wobei das letztgenannte Projekt das Schlusslicht im Rahmen dieser Betrachtung darstellt. Resümierend muss auch hier festgestellt werden, dass die neu verfügbaren Kompetenzen die Struktureffekte kaum beeinflusst haben.

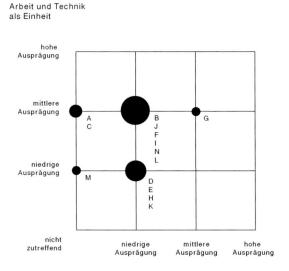

Abb. 6/7: *Zum Verhältnis der Innovationsdimensionen „Arbeit und Technik als Einheit" und „strukturinnovative regionale Effekte"*

Im Verhältnis der beiden Dimensionen Arbeit und Technik als Einheit und strukturinnovative regionale Effekte zeigen sich wiederum zwei Cluster von Projekttypen. Zum einen sechs Projekte (die stärkste Gruppe bilden die Projekte B, F, J, L, N, I; wenn wir die in der Nähe liegenden A, C und G dazuzählen, sind es 9 Projekte und damit gut die Hälfte der 14 Projekte), die relativ gut abschneiden und denen es offensichtlich gelingt, die spezifische Innovationsthematik ihres Projektes aus dem organisatorischen, dem technischen und dem qualifikationsbezogenen Blickwinkel integriert zu bearbeiten. Dem folgt zum andern eine Gruppe von vier Projekten mit einer weit weniger erfolgreichen Praxis (Projekte D, E, H und K). Das Schlusslicht bildet Projekt M.

Wirkungsanalyse des Programms

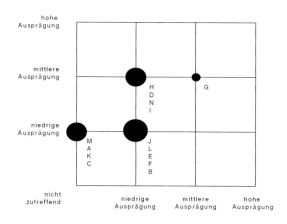

Abb. 6/8: Zum Verhältnis der Innovationsdimensionen „Prozessorientierung" und „strukturinnovative regionale Effekte"

Im Verhältnis der beiden Innovationsdimensionen Prozessorientierung und strukturinnovative regionale Effekte zeigen sich die schwächsten Ergebnisse im Vergleich zu den vorangegangenen Untersuchungen. Es ergeben sich drei Gruppen von Projekten:
  Erstens eine Gruppe von vier Projekten mit mittlerer Prozessorientierung, aber niedrigen Struktureffekten (Projekte H, D, N und I). Zu dieser Gruppe möchte ich auch noch das Spitzenprojekt G hinzuzählen, welches als einziges Projekt in der Lage war, mittlere strukturbildende Effekte zu erzielen. Es sind also insgesamt fünf Projekte, die in dieser Gruppe vorne liegen. Interessanterweise alles Projekte, die aus funktionierenden Netzwerken stammen. Zweitens eine im Mittelbereich angesiedelte Gruppe von fünf Projekten mit niedriger Prozessorientierung und niedrigen Struktureffekten (Projekte J, E, F, B und L). Drittens eine im Unterbereich der Annäherungen angesiedelte Gruppe mit niedriger Prozessorientierung und keinen Struktureffekten (Projekte M, A, K und C). Diese Gruppe von Projekten versammelt z. T. solche Netzwerktypen, die ich als gestört bezeichne.

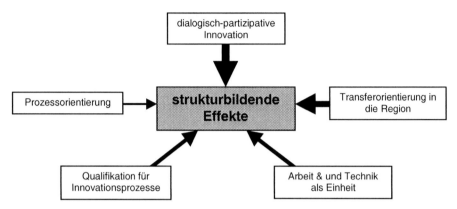

Abb. 6/9: Zusammenfassender Funktionsgraph: die Stärke der Wirkungseffekte der fünf Innovationsdimensionen bzw. -faktoren bzw. -variablen auf die strukturbildenden Effekte

Die oben stehende Abbildung fasst die Ergebnisse in einem Funktionsgraphen zusammen und visualisiert die Wirkungsintensität der fünf Innovationsdimensionen auf die Strukturentwicklung als sechste Innovationsdimension. Der Funktionsgraph zeigt uns, dass die stärkste Wirkungsintensität von der dialogisch-partizipativen Innovationsdimension auf die Strukturinnovation ausgeht. Als zweites folgt die Transferorientierung, gefolgt von der Dimension Qualifikation für Innovationsprozesse an dritter und dem Kriterium Arbeit und Technik als Einheit an vierter Stelle. Das Schlusslicht bildet die Innovationsdimension Prozessorientierung, welche die schwächste Wirkungsintensität auf die Struktureffekte ausübt.

Die Darstellung verdeutlicht die Bedeutung der Prozessorientierung für die Erreichung von strukturinnovativen regionalen Effekten. Ist die Prozessorientierung schwach ausgeprägt, wie in der Mehrzahl der Projekte (ca. 9 von 14 Projekten und damit über 60 % der Projekte), so wirkt sich dieser Tatbestand sehr hinderlich für die Entwicklung strukturinnovativer Effekte aus. Damit findet meine Kernhypothese Bestätigung (siehe Abschnitt 4.2), wonach von einem Transformationsprozess von „weichen" Innovationsprozessen in „harte" strukturrelevante Innovationsfaktoren und -potentiale auszugehen ist. Allerdings zeigen die 14 untersuchten Projekte, dass die weichen Faktoren mit unterschiedlicher Intensität einwirkten. Die schwachen Ergebnisse bei den harten Faktoren resultieren aus der insgesamt in der Mehrzahl der Projekte gegebenen schwachen Prozessorientierung. Das kommt im Wesentlichen in Teilhypothese 2 zum Ausdruck. Die Ausrichtung der Innovationsnetzwerke entlang der Wertschöpfungskette ist offensichtlich weit weniger gelungen als angenommen. Das Zusammenführen geeigneter Projektpartner begünstigt den Verlauf des Transformationsprozesses. Bei den starken Netzwerken war die Prozessorientierung zumindestens in mittlerer Ausprägung vorhanden. Dies belegt noch einmal Teilhypothese 2 (siehe Abschnitt 4.2).

6.3 Analyse der Projektprozesse entlang typischer Verlaufsphasen

In diesem Kapitel werden die Projektprozesse entlang typischer Verlaufsstadien und -phasen untersucht (siehe auch Abschnitt 5.3.3, welches allgemein typische Phasen beschreibt) und hinsichtlich der Kategorien Prozessorientierung und dialogisch-partizipativer Innovation überprüft. Mit Hilfe der zentralen Innovationskriterien kann weiterhin die besondere Bedeutung der Akteure bzw. der mit ihnen in Verbindung stehenden spezifischen personellen und institutionellen Konstellationen herausgearbeitet werden. Die vorangegangenen Kapitel und Abschnitte sollten deutlich machen, wie wichtig die spezifische Akteurskonstellation für das Gelingen eines Projektes und der von ihm ausgehenden Wirkungen für die Region ist. Es sollte deutlich geworden sein, dass regionale Innovationen ein prozessurales Verständnis benötigen, welches in hohem Maße von den Akteurskonstellationen beeinflusst wird. Die Akteurskonstellationen oder auch die „Figuration" der Projektverbünde und -konsortien stellen eine wichtige Aktionsgröße hinsichtlich der Beeinflussung struktureller Effekte dar. Die Grundlage der in diesem Abschnitt vorgenommenen Untersuchung bilden die für alle Projekte angefertigten Akteurs-Soziogramme (Rauner u. a. 1995), die im Rahmen der ersten und zweiten Bilanzierungsphase durch Interviews mit den Projektbeteiligten ergänzt wurden.

Bei der Phasenanalyse möchte ich mich auf drei zentrale Stadien stützen, die jeweils differenzierte Reifezustände in der Entwicklung eines Projektes beschreiben. Die Hauptstadien eines Projektes sind demnach: das Stadium der Initiierung (I), der Umsetzung (II) und der Verstetigung (III) eines Projektes (siehe auch Abb. 5/2 und die Erläuterungen in Abschnitt 5.3.3).

Stadium I: Projektinitiierung: Ursache und Anstoß; Erschließung der regionalen Innovationsträger und Definition von Strategie und Ziel

Die Entstehungsphase eines Projektverbundes ist eine der wichtigsten Startsituationen für den mehr oder weniger erfolgreichen Verlauf eines Projektes. Mit ihr werden entweder gewisse Geburtsfehler eines Projektes gar nicht erst gemacht bzw. rasch bereinigt oder sie werden in das Projektdesign mit aufgenommen, so dass sie später sehr hinderlich sein können. Dem Stadium der Initiierung eines Projektes wird daher besondere Aufmerksamkeit bei der Untersuchung der drei Teilphasen zuteil, um Aufschluss über begünstigende oder eher hinderliche Faktoren bei den Akteurskonstellationen zu erhalten. Die Untersuchung in diesem Abschnitt bezieht sich auf die personellen und institutionellen Konstellationen der Akteure im Programm: Beiratsmitglieder, Projektträger sowie Projektakteure aus Betrieben, Bildungseinrichtungen, Forschungsinstituten usw. spielen für den Innovationsprozess eine zentrale Rolle. Mit Hilfe der Akteurssoziogramme (siehe Abschnitt 5.3.9) können die Konstellationen untersucht und typische Muster der Entstehung von Projekten bestimmt werden.

Phase 1: Ursache und Anstoß für das Projekt

Es können zwei grundsätzlich unterschiedliche Akteursmuster unterschieden werden:
1. Der Anstoß für das Vorhaben geht von bereits bestehenden Akteursbeziehungen aus. So arbeiten beispielsweise betriebsnahe Institutionen schon seit längerem in Kooperation mit einem wissenschaftlichen Institut oder einem Bildungsträger zusammen. Verbände stehen mit ihren Mitgliedern in engem Austausch und entdecken ein Thema, welches im Rahmen der gegenwärtigen Arbeitspraxis nicht bearbeitet werden kann. Gleiches gilt für Unternehmensberater, die mit mehreren Betrieben oder betriebsnahen Institutionen im Austausch stehen und auf ein in ihren Augen bedeutsames Innovationsthema stoßen. Insgesamt gilt, der Projektträger wird erst dann aktiv, wenn bereits aktive und funktionierende arbeitsteilige Arbeitsbeziehungen bestehen. Es sind also immer mindestens zwei oder auch mehrere Partner gegeben, die schon grundsätzlich die Notwendigkeit der Innovation im Themenfeld erkannt haben. Aus den untersuchten 14 Projekten können 5 Projekte diesem Akteursmuster zugeordnet werden.
2. Der Anstoß geht vor allem von einem Initiator aus. Das Vorhaben wird aus Vorläuferprojekten über Berater, wissenschaftliche Institute oder von Beratern oder Bildungsinstitutionen direkt an den Projektträger herangetragen. 9 Projekte mit diesem Akteursmuster wurden an den Projektträger herangetragen. Darüber hinaus ist in der Startphase des Programms 1 weiteres Projekt nach diesem Akteursmuster entstanden, wobei der Projektträger als Initiator den Anstoß zu dem Projekt gab.

Von drei Ausnahmen abgesehen, erfolgte der Anstoß für ein Projekt durch keinen Betrieb oder bestehende Kooperationen von Betrieben mit regionalen wissenschaftlichen Institutionen. In allen 14 Fällen zeigte sich allerdings, dass in der Projektanstoßphase immer Agenten erforderlich sind: Zum einen besitzen sie die Fähigkeit, die Fördermöglichkeiten zu erschließen, und zum anderen können sie die Bearbeitung eines Problems inhaltlich begründen sowie entsprechende Netzwerke aufbauen. Tritt nun das Phänomen auf, dass die Agenten auch zu den aktiven Initiatoren der Projekte werden, so kann daraus eine echte Leadership-Funktion resultieren. Von den Leadern hängt es nun in starkem Maße ab, ob eine dialogische Bearbeitung bzw. die komplementäre Entwicklung des Netzwerkes zustande kommt. Verfolgen die Leader jedoch in erster Linie eigene Ziele, die lediglich auf die Weiterentwicklung des eigenen Anliegens gerichtet sind, besteht die Gefahr, dass das übergreifende Projektanliegen darunter leidet bzw. dahinter zurücktritt. Das gilt in übertragenem Sinne auch für solche Projekte, die aus Vorläuferprojekten entstanden sind (im Programm war die große Mehrheit der Projekte, genauer gesagt 11 Projekte, aus Vorgängerprojekten entstanden). Vorläuferprojekte ermöglichen einerseits das Erkennen und Definieren von Problem und Lösungsansätzen – der Zugang zu Betrieben wird erleichtert, weil häufig schon bestehende Kooperationsbeziehungen und -erfahrungen bestehen. Andererseits bergen sie die Gefahr, nicht tragende, marktferne Kooperationen fortzuführen. Eine genaue Evaluation der Vorgängerprojekte kann soetwas verhindern.

Zusammenfassend kann gesagt werden, dass Projekte, die durch bestehende Kooperationsbeziehungen angestoßen wurden, weit weniger als andere für die genannten Gefahren anfällig sind. Der Projektträger nimmt also bereits bestehende Akteursbeziehungen auf und hilft bei der Verbundbildung.

Phase 2: Erschließung der regionalen Innovationsträger – z. B. die Bildung des Projektverbundes

Die Akteurs-Soziogramme lassen erkennen, dass betriebliche Partner häufig durch betriebsnahe Institutionen, Partner aus Aus- und Weiterbildung und Wissenschaft sowie oft auch durch den Projektträger selbst erschlossen werden. In dieser frühen Phase wurden zum Teil weitere regionale Innovationsträger (wie Kammern, Innungen und Verbände usw.) um Mithilfe bei der Erschließung der regionalen Innovationsfelder gebeten. Damit wurde auch der Zweck verfolgt, eine frühzeitige Akzeptanz des Vorhabens im entsprechenden Kreis regionaler Lobbyisten zu erreichen. Dies führte zwar nicht unmittelbar zu projektbezogenen Wirkungen, kann aber positive Effekte in Hinsicht auf die Projektentscheidung und für die Verbreitung der erwarteten Effekte in die Region haben. Es wird weiter hinten genauer zu untersuchen sein, ob die regionalen Innovationsträger eher hinderlich waren oder ob sie die gewünschte Absicherung erzielt haben. Es lassen sich drei unterschiedliche Erschließungsmuster beschreiben:
1. Der Projektträger wird aktiv und erschließt die Kooperationen (dies war bei 3 Projekten der Fall).
2. Berater (Institute, Dienstleister) und/oder wissenschaftliche Institute werden in Zusammenarbeit mit dem Projektträger aktiv und initiieren Kooperationen (dies war bei 6 Projekten der Fall).
3. Es bestehen bereits regionale Netze, die weiter ausgebaut werden bzw. sich einer neuen Problemstellung zuwenden (dies war bei 3 Projekten der Fall).

Im ersten Muster besteht die Gefahr, dass der Projektträger die Initiative zu sehr an sich zieht und dass vor allem aus übergeordneten Gesichtspunkten Projekte von oben nach unten entwickelt werden. Das andere Extrem liegt in der Fortentwicklung bestehender Netzwerke, die sich losgelöst von den programmatischen Vorgaben entwickeln. Das mittlere Muster stellt einen guten Kompromiss zwischen Marktnähe und übergeordnetem Regionalinteresse dar, wobei alle Akteure in einer koordinierten Entwicklungsstrategie schon von Beginn an aktiv werden. Dieses Muster war am häufigsten vertreten und birgt die geringste Gefahr von marktfernen Konzeptionen oder aus rein politischen Gründen einseitig präferierten Regionalentwicklungsstrategien.

Phase 3: Definition von Strategie und Ziel

Die Phase der präziseren Fassung der Projektziele und der Formulierung einer Projektstrategie, welche auch die eigentliche Beantragungsphase des Projektes einschließt, wird maßgeblich von Wissenschaftlern bzw. Beratern und den Projektträgern geprägt. Dabei sind zwei grundsätzliche Akteursmuster erkennbar:
1. Der Projektträger trägt in besonderem Maße inhaltlich zur Zieldefiniton und zur Ausarbeitung des Projektantrages bei. Er übernimmt im Wesentlichen die Leadership-Funktion bei der programmatischen Ausrichtung des Vorhabens. Die Projektakteure sind beteiligt, bleiben aber eher passiv.
2. Die Projektziele werden in dauerhafter Kommunikation mit allen weiteren Projektpartnern erarbeitet und schließlich von einem Projektpartner formuliert. Dieser nimmt i. d. R. eine Leadership-Funktion im Projekt wahr. Der Projektträger ist eher beratend tätig und unterstützt durch seine Beratung die Evaluation des Vorhabens.

Bei etlichen Projekten hatte der Projektträger in Phase 3 zeitweise eine Leadership-Funktion inne, die jedoch später aus grundsätzlichen und kapazitiven Gründen wieder entfallen musste. Dadurch entstand die Gefahr, dass die erforderlichen Qualifikationen und Fähigkeiten von den Projektpartnern nicht in ausreichendem Maße aufgebaut und entwickelt werden konnten. Es zeigte sich bald, dass die Projekte in der späteren Durchführungsphase Schwierigkeiten mit der Selbststeuerung bekamen und der „Ruf nach dem Projektträger" als Ausweg laut wurde. Alle Projekte mit dieser Einstellung zeigten dann später beim Kriterium „Qualifikation für Innovationsprozesse" eher schlechte Werte. Die Kompetenz, Innovationsprozesse eigenständig durchzuführen, wurde nicht hinreichend entwickelt und ein wesenliches Programmziel damit geschwächt. Es sollte überlegt werden, ob die formal-inhaltlichen Anforderungen an einen Projektantrag nicht so beschaffen sein können, dass ein betrieblicher Partner zu ihrer Ausformulierung in der Lage ist. Damit könnte implizit auch die Übernahme der Leadership-Funktion durch die betrieblichen Partner erreicht werden. In den Projekten, die nach dem Akteursmuster 2 entstanden, war es grundsätzlich so, dass der Projektantrag von einem Partner aus Wissenschaft oder Beratung formuliert wurde. Dieser übernahm dann die Leadership-Funktion. Gezielte Beratungen von potentiellen Antragstellern als auch Schulungen im integrierten und beteiligungsorientierten Projektmanagement wären dann weitere sinnvolle Maßnahmen zur Entwicklung von Projekten aus den Problemlagen vor Ort heraus.

Stadium II: Projektumsetzung – das Projekt und sein Verlauf

Das für die Phase der Definition von Strategie und Ziel Gesagte gilt auch für die Phase der Projektumsetzung bzw. -durchführung. So kam es, dass im Projektverlauf die betrieblichen Partner nicht zu den wirklichen Bewegern des Projektes gehörten und eine Leadership-Funktion übernahmen. Besonders den im Programm stark vertretenen kleinen und mittleren Unternehmen aus Handwerk und Industrie bereitete es beim Auftreten aktueller personeller Engpässe große Schwierigkeiten, ihre eher passive Rolle zu verlassen. Das scheint ein grundsätzliches Problem in der Entwicklung arbeitsteiliger Innovationsprozesse zu sein, da für Betriebe mit starker Beraterorientierung immer auch die Gefahr besteht, dass die Entwicklung von Eigeninitiative und Unternehmergeist im Innovationsprozess nicht frühzeitig vonstatten geht. In einigen Projekten bestand die Situation, dass keiner der Partner sich verpflichtet fühlte, eine inhaltlich engagierte Leadership-Funktion wahrzunehmen. In Projekten, in denen es Konkurrenz um diese Rolle gab, lagen Projektnetzwerke teilweise brach oder sie waren sogar gestört. Das hatte massive Auswirkungen auf das Projektergebnis. Es sind drei Typen von Netzwerken im Hinblick auf die Akteurskonstellation erkennbar:

Funktionierende Netzwerke (5 Projekte)

In diesen Netzwerken ist durchweg eine dialogisch-partizipative Vorgehensweise erkennbar. Die Beziehungen zwischen den internen und externen Partnern werden in vorbildlicher Weise durch ein integriertes Projektmanagement koordiniert. Es gelingt, grenzüberschreitend tätig zu werden und ein wechselseitiges Verständnis unter den Projektpartnern zu evozieren. Projekte solchen Typs weisen in den Soziogrammen eine starke Interaktionsintensität zwischen den Projektpartnern als auch in ihrem externen Umfeld auf. Ihre Spinnenwerte bei der „dialogisch-partizipativen Innovation" und der „Prozessorientierung" sind eher überdurchschnittlich ausgeprägt (dies betrifft die Projekte G, D, H, N und I).

Eingeschränkte Netzwerknutzung (6 Projekte)

Bei einem Projekt (E) sind Hersteller-Firma und Betriebe nicht im Projektleitungsgremium vertreten, bei einem zweiten (A) die Innungsbetriebe nur schwach eingebunden. Bei einem dritten Projekt (M) kann die Kooperation zwischen Wissenschaft und Beratung nur durch Moderation des Projektträgers aufrechterhalten werden. In einem vierten Projekt (L) findet bisher kaum Kooperation unter den beteiligten Betrieben statt. In einem fünften (J) ist die Einbindung der Software-Nutzer unklar, und es findet ein eher einseitiger Wissenstransfer aus der Wissenschaft zu betrieblichen Partnern statt. Es mangelt an kontinuierlicher Kooperation. Im sechsten Projekt (B) sind die Dialogstrukturen nicht optimal entwickelt, obwohl mit einer Firma intensiv kooperiert wird. Es fehlen umfassende Kenntnisse der Bedarfe in der Region.

Gestörte Netzwerke (3 Projekte)

Bei einem Projekt (F) findet keine Kooperation zwischen zwei Partnern aus der Wissenschaft statt. Bei einem zweiten Projekt (C) wird das ursprünglich initiierte Netzwerk nicht genutzt; alle Aktivitäten werden von einem Partner ausgehend dargestellt; Interaktionen zwischen den anderen Partnern kommen im Soziogramm nicht vor. In einem dritten Projekt (K) war es nicht möglich, dass die wenigen Projektpartner integriert arbeiten. Es wird ausschließlich arbeitspaket-orientiert vorgegangen.

Stadium III: Verstetigung des Projektes

Mit Hilfe sowohl der Innovationsspinnen, die als Ergebnis der vierzehn Intensivfallstudien der verschiedenen Projekte resultieren, als auch der Akteurssoziogramme können die längerfristigen Projektfolgen betrachtet werden.

Im Folgenden wird das Verhältnis zwischen Projektanstoß und der Definition von Strategie und Ziel in der unten stehenden Tabelle wiedergegeben. Auf Grundlage der Akteurssoziogramme (siehe Abschnitt 5.3.9) wurden die Projekte daraufhin befragt, ob sie von bestehenden Akteursbeziehungen ausgingen, d. h. ob der Impuls für das Projekt von bereits funktionierenden Beziehungen zwischen Betrieben und einer externen wissenschaftlichen Einrichtung ausging oder nicht, ob die Definition von Strategie und Ziel entweder von außen gesteuert erfolgte oder bestehende Netzwerke genutzt und ausgebaut wurden – etwa unter Hinzuziehung des Projektträgers. Ich gehe davon aus, dass Projekte besonders dann tragfähig sind, wenn sie von bestehenden Akteursbeziehungen angestoßen werden und die Definition von Strategie und Ziel in dauerhafter Kommunikation erarbeitet und von einem Leader getragen wird (dem Sinne nach in Teilhypothese 3 aufgenommen, siehe Abschnitt 4.2). Im Folgenden werden solche Netzwerke als funktionierend bezeichnet. Bei gestörten oder auch funktionsbeeinträchtigten Netzwerken ist nicht das ganze Netzwerk zu gleichen Teilen aktiv, sondern es sind nur wenige Akteure im Netzwerk aktiv.

Definition von Strategie und Ziel	von außen beeinflusst	durch bestehende Akteursbeziehungen
Projektanstoß durch bestehende Akteursbeziehungen	nur zum Teil funktionierende Netzwerke: Projekte B, E, M	voll funktionierende Netzwerke: Projekte D, G, H, N, I
Projektanstoß durch einen Initiator	z. T. nicht genutzte und/oder gestörte Netzwerke: Projekte F, C, K	nur zum Teil funktionierende Netzwerke: Projekte J, L, A

Tab. 6/10: *Darstellung des Zusammenhangs zwischen dem Projekt und der Definition von Strategie und Ziel*

Tabelle 6/10 untermauert die vorangegangenen Aussagen. Eine Beeinträchtigung der Funktionsfähigkeit von Netzwerken ist häufig dann gegeben, wenn das Projekt lediglich von einem Initiator mit starken Eigeninteressen angestoßen wird und diese Konstellation in der nachfolgenden Definitionsphase anhält. Voll funktionierende Netzwerke (wie in den Projekten D, G, H, N und I) haben ihren Impuls für eine Netzwerkinitiative von mehreren Akteuren bekommen. Die Definition von Strategie und Ziel geschah in solchen Projektfällen weniger durch eine starke Beeinflussung eines Akteurs oder durch Einflussnahme von außen. Vielmehr gelang es darin, quasi aus den Akteursbeziehungen heraus, durch problemaufschließende Workshops einen breiteren Interessentenkreis für die Innovation zu gewinnen. Eine für das spätere Funktionieren eines Netzwerkes günstige Akteurskonstellation liegt dann vor, wenn bestehende Akteursbeziehungen bei der Strategiebildung zum Tragen kommen und die Projektziele aktiv mitgestalten. Schon in einem frühen Stadium der Projekte wird damit erkennbar, ob gute Voraussetzungen für das spätere Funktionieren eines Netzwerkes gegeben sind oder nicht. Am besten ist es, wenn die Definition von Strategie und Ziel als Diskurs zwischen programmatischen Vorgaben und bestehenden Akteursbeziehungen stattfindet.

Im Weiteren wird auf die zwei miteinander korrelierenden Dimensionen der Gesamt-Innovationsspinne (siehe Abb. 6/11) Bezug genommen – auf das Ausmaß an Prozessorientierung und das Ausmaß an dialogischer Partizipation. Diese beiden Kriterien weisen einen eindeutigeren Bezug zu den in den Soziogrammen enthaltenen Beziehungen zwischen den Akteuren auf als die anderen, die inhaltlich stärker durch fachbezogene Handlungen und Aktivitäten einzelner Projektpartner beeinflusst sein dürften.

Im Schaubild sind zwei typische Konstellationen ersichtlich. Das erste Cluster bilden Projekte, die in funktionierenden Netzwerken arbeiten: Dies sind die Projekte D, G, und H. Sie erreichen hohe bzw. mittlere Ausprägungen auf den Achsen. Sie können auch als „good practice"-Projekte im Programm bezeichnet werden. Dieses Cluster stellt im Gesamtsample des Programms eine Minderheit dar (d. h. ca. 20 % der Projekte). Mit Abschwächungen gilt das auch für zwei Projekte, die noch als befriedigend einzustufen sind. Es sind die Projekte N und I, deren Werte nicht ganz an das der Spitzengruppe (D, G und H) heranreichen.

Das zweite große Cluster bilden fünf Projekte, die eher mittelmäßig bzw. unterdurchschnittlich die Prozessorientierung im Programm realisieren können. Diese Gruppe erreicht zwar eine gute Beteiligung der Projektpartner in dialogischer Hinsicht, es hapert aber erheblich bei der Orientierung an Geschäftsprozessen. Offensichtlich ist der Zugang zu weiteren regionalen Interessentengruppen nicht geglückt.

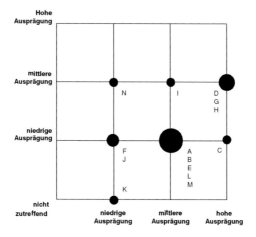

Abb. 6/11: *Verhältnis zwischen den Innovationsdimensionen „Prozessorientierung" und „dialogisch-partizipative Innovation"*

Nun zu den Ausreißern: Das Projekt C weicht ab. Es wurde zwar von einem Akteurskonsortium initiiert, die Antragsformulierung erfolgte dann aber durch den Projektträger. Ein konzeptioneller Leader hat sich nicht herausbilden können. Die Projekte F, J und K arbeiten zum Teil in nicht genutzten und gestörten Netzwerken. Besonders Projekt K bildet das Schlusslicht. Das Projekt, das von einem Initiator mit hohem Eigeninteresse ausging, dessen Definition von Strategie sehr stark von außen beeinflusst wurde und das in einem gestörten Netzwerk arbeitet, ließ zum Bilanzierungszeitpunkt keine Prozessorientierung oder dialogisch-partizipative Innovationsstrategie erkennen.

Nach dem gleichen Prinzip ist in der nächsten Abbildung das Verhältnis zwischen den Innovationsdimensionen Prozessorientierung und Qualifikation für Innovationsprozesse dargestellt.

Deutlich erkennbar treten zwei Cluster hervor. Das erste, größte Cluster (ca. 35 % der Projekte aus dem Sample) ist mit fünf Projekten (J, F, C, B, A) gleicher Konstellation belegt. Sie lassen folgende Gemeinsamkeit erkennen: Die Qualifikationen zur Durchführung von Innovationsprozessen sind im Mittel überdurchschnittlich entwickelt – allerdings zu Lasten der Prozessorientierung, die deutliche Schwächen zeigt (niedrige Ausprägung). Hier treten wieder die mittelstarken Projekte hervor, die offensichtlich deutliche Fortschritte machten – allerdings nicht bei der Prozessorientierung. Die Projektfälle M, E und K sind dagegen im Verhältnis zwischen Prozessorientierung und Qualifikation für Innovationsprozesse sehr schwach vertreten. Sie bestätigen sich als Projekte mit eingeschränkten bzw. gestörten Netzwerken, wobei Projekt K wiederholt als Schlusslicht auftaucht. Die Projekte N, I und D erzielten bei beiden Kriterien überdurchschnittliche Ergebnisse. Zusammenfassend gilt für alle Projekte, dass in ihnen zwar Lernprozesse auf allen Seiten, bei allen Projektbeteiligten stattgefunden haben, aber nicht konsequent und systematisch entlang der Wertschöpfungskette bzw. den Geschäftsprozessen.

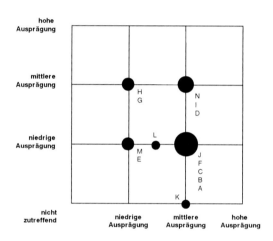

Abb. 6/12: *Das Verhältnis zwischen den Innovationsdimensionen „Prozessorientierung" und „Qualifikation für Innovationsprozesse"*

Mit diesem Kapitel kann abschließend meine Teilhypothese 3 (siehe Abschnitt 4.2) untermauert werden: Projekte, die von bestehenden Akteursbeziehungen angestoßen werden, in denen bestehende Kooperationen systematisch erweitert werden, deren Definition von Strategie und Zielen in dauerhafter Kommunikation zwischen Projektträger und Projektakteuren erarbeitet und von einem Leader (oder Leitungsgremium) getragen werden, arbeiten im Projektverlauf in funktionierenden Netzwerken mit einer hohen, zielgerichteten, dialogisch-partizipativen Innovationsstrategie, mit der höchsten vorkommenden Prozessorientierung.

6.4 Bestimmung von „good"- bzw. „bad practice"-Projekten entlang der einzelnen Innovationsspinnen

Tabelle 6/16 stellt die Bewertungsergebnisse der Nutzwertanalyse aus den 14 Projekten zusammen, mit dem Ziel, „good"- bzw. „bad practice"-Projekte zu ermitteln.

Die oben stehenden Punktbewertungen wurden aus den Innovationsspinnen und der Summe der Werte der sechs zentralen Bewertungsdimensionen des Bremer Landesprogramms gewonnen. Sie spiegeln zum jeweiligen Messzeitpunkt die Position des Projektes wider. Hohe Ausprägung steht für maximale Punktzahl (drei Punkte bis zur äußeren Linie); keine oder schwache Ausprägung steht für keinen oder einen Punkt; die mittlere Ausprägung steht für die Punktwerte zwei bzw. drei Punkte. Aus diesem Gesamtsample werden nunmehr im Rahmen der kontrastiven Analyse zwei zum Bewertungszeitpunkt im Rahmen der Projektbilanzierung als eher stark eingeschätzte Projekte – „good practice"-Projekte G und D – mit eher schwach eingeschätzten Projekten – „bad practice"-Projekte K und M aus der **oben stehenden** Tabelle – verglichen.

Es werden also zwei Gruppen von Projekten (die in der Tabelle oben stehenden zwei Projekte mit den zwei unten stehenden Projekten) auf der Basis von Projektintensivfallstudien einem direkten Vergleich unterzogen. Das geschieht nicht, um die Projekte im Einzelnen zu bewerten, sondern um durch den Vergleich der Fallstudien begünstigende bzw. hinderliche Konstellationen bei den Akteuren und ihrem Umfeld zu diskutieren. Zwei zum Bilanzierungszeitpunkt (im letzten Drittel der Laufzeit) eher günstig bewertete Projekte werden dazu mit zwei deutlich schwächer bewerteten Projekten verglichen. Wie schon seinerzeit im ersten Bilanzierungsbericht muss darauf hingewiesen werden, dass das Instrument der Innovationsspinne mit Sorgfalt und Vorsicht zu verwenden ist und sich nur bedingt für eine Beurteilung der Tauglichkeit von Projekten eignet (Rauner u. a. 1995). Zu verschieden sind nämlich die Projektkontexte, die Projektentstehungsbedingungen und die zurückgelegte Projektlaufzeit. Gerade Letzteres ist sehr wichtig für den Grad der Zielerreichung, da bestimmte Ziele oder Bewertungskriterien nicht schon in der ersten Hälfte der Projektlaufzeit erreicht werden können.

Die in den zwei Bilanzierungsrunden evaluierten 14 Projekte	Erzielte Ausprägung (max. 3 Punkte pro Achse bei hoher Ausprägung) bei den zentralen Bewertungsdimensionen im Programm	Zeitpunkt der Nutzwertanalyse in den Projekten: Frühphase, Halbzeit sowie Projekte, die sich im letzten Drittel befinden (Endphase) oder solche, die zum Bilanzierungszeitpunkt abgeschlossen waren
1. Projekt G	*12*	*Endphase (im letzten Drittel)*
2. Projekt D	*11*	*Endphase (im letzten Drittel)*
3. Projekt H	11	Frühphase (im ersten Drittel)
4. Projekt N	10,5	Frühphase (im ersten Drittel)
5. Projekt I	10	Frühphase (im ersten Drittel)
6. Projekt J	7/9	Früh- und Endphase
7. Projekt E	9	zum Bilanzierungszeitpunkt bereits abgeschlossen
8. Projekt F	9	Endphase (im letzten Drittel)
9. Projekt C	9	Endphase (im letzten Drittel)
10. Projekt A	9	Frühphase (im ersten Drittel)
11. Projekt B	9	zum Bilanzierungszeitpunkt bereits abgeschlossen
12. Projekt L	*8,5*	*Endphase (im letzten Drittel)*
13. Projekt K	*7*	*Halbzeit des Projektes*
14. Projekt M	6	Frühphase (im ersten Drittel)

Tab. 6/16: *Ranking der Projekte im Bremer Landesprogramm „Arbeit und Technik" (die zwei Projektgruppen, die miteinander verglichen werden, sind fett und kursiv gesetzt)*

Es wird dafür plädiert, die Spinne als ein Instrument zur Langzeitanalyse anzusehen. „Das Bilanzteam plädiert dafür, die Innovationsspinne, in erster Linie, als ein Element einer Zeitreihenbewertung anzusehen, also die Projekte zu unterschiedlichen Zeitpunkten nach diesem Raster zu bewerten und dann in einer Longitudinal-Evaluation jedes Projekt immanent auf seine Fortschritte hin zu untersuchen" (Rauner u. a. 1995). Die Innovationsspinnen werden dennoch zur vergleichenden Projektbewertung herangezogen. Die Verankerung der einzelnen Innovationsdimensionen in den einzelnen Projekten, insbesondere aus dem Vergleich zwischen stärker und schwächer bewerteten Projekten, sollen allgemeine Erfolgskriterien für das Gelingen von regionalen Innovationsverbünden zu Tage treten lassen. Insbesondere die weiter vorne aufgestellten Hypothesen sollen dabei untersucht werden. Bei der vergleichenden Interpretation geht es um eine situative Bewertung der einzelnen Projekte, indem die die Projektentstehung und -entwicklungen begünstigenden regionalen Umfeldbedingungen zu bestimmen sind. Es geht um die Frage, welche Entstehungsbedingungen und Standortfaktoren die Projektentfaltung begünstigen und welche Faktoren auf die Projektentwicklung eher hemmend wirken. Es wird also nicht alleine nach immanenten, sondern auch nach außerhalb der Projekte liegenden allgemeinen Umfeldfaktoren gefragt. Um die Projekte ungefähr nach den gleichen Zeitpunkten auszuwählen, werden aus den sechs Projekten aus den Positionen 1 bis 3, also aus dem oberen Korridor kommend, die Projekte G und D zur vergleichenden Analyse herangezogen. Diese beiden Projekte lassen ein bessere Gesamtabschätzung zu, da sie sehr weit fortgeschritten sind und eher ein abschließendes Urteil erlauben. Gleiches gilt für die am Ende der Ranking-Skala stehenden drei Projekte. Auch hier werden zwei Projekte ausgewählt, und zwar die Projekte K und L, auf Platz 12 und 13 der Liste (siehe Tabelle 6/16). Diese beiden Projekte werden gewählt, weil sie zum Ende ihrer Laufzeit bewertet wurden und daher eine bessere Interpretation ermöglichen als das auf dem letzten Platz stehende Projekt (dieses Projekt wurde erst zum Zeitpunkt des ersten Drittels seiner Laufzeit bewertet).

6.5 Darstellung von vier Projektintensivfallstudien: der Projekte G und D (im Sinne von „good practice") sowie der zwei Projektfälle K und L (im Sinne von „bad practice") [40]

6.5.1 Projekt G: soziale und technische Modernisierung im regionalen Backhandwerk

Hauptantragsteller:	Kreishandwerkerschaft der Innung
Verbundpartner:	Innungen des Bäckereihandwerkes
	Lebensmitteltechnologisches Institut
	Innungsverband der Region
	Weiterbildungseinrichtungen des Backhandwerkes
	Regionale Bäckereigenossenschaften
	Gewerkschaft im Branchenfeld
Förderzeitraum:	1. Oktober 1992 bis 31. März 1995

1. Projektinhalte und -ziele

Das Bäckerhandwerk in Deutschland konnte bisher gegenüber der Brot- und Backwarenindustrie seinen Marktanteil von etwa dreiviertel des Marktvolumens im Frischebereich behaupten. Der Standortvorteil – Frische und Variantenvielfalt – kann jedoch immer weniger vom einzelnen selbständigen Betrieb organisatorisch, technisch und sozial bewältigt oder sogar zum Ausbau genutzt werden. Die Entwicklung zeigt einen signifikanten Strukturwandel: starker Rückgang der Zahl selbständiger Handwerksbetriebe auf der einen, starke Zunahme der Filialbetriebe auf der anderen Seite (in Bremen und Bremerhaven halbierte sich die Betriebsanzahl im Zeitraum von 1967 bis 1991). Begleitet wird dieser Konzentrationsprozess von einer deutlichen Ausweitung des Gesamtumsatzes bei gleichzeitiger Stagnation (oder sogar Abnahme, wie in Bremen und Bremerhaven) der Beschäftigtenzahlen und rückläufiger Zahl der Auszubildenden. Die schwindende Attraktivität des Berufs, die sich durch die Abwanderung in die Lebensmittelindustrie und durch zunehmende Nachwuchsprobleme manifestiert, resultiert nicht zuletzt aus den ungünstigen Arbeitszeiten sowie den täglich auftretenden Belastungen durch verfahrens- und ablaufbedingte Arbeitsspitzen. Der Mangel an geeignetem Fachpersonal sowie die Abwanderung von qualifiziertem Personal zu Betrieben der Backindustrie war deshalb ein Hauptauslöser für das Projekt sowie das Interesse und Engagement, mit dem das Handwerk das Projekt begleitete. Ziel des Projekts war die Stärkung der mittelständischen, handwerklichen Bäckerei:

---

[40] In den Projektfällen G, D und K wurde ein älterer Fragebogen genutzt, der im Anhang 5 zu finden ist. Im Projektfall L wurde der Fragebogen von den Seiten 151/152 angewandt.

- Erhöhung der Attraktivität des Bäckerberufs (Abbau von ungünstigen Arbeitszeiten und von Arbeitsbelastungen in den frühen Morgenstunden) sowie Stärkung der eigenverantwortlichen Arbeit.
- Zugang zu neuen, handwerksgerechten Verfahrenstechniken/ Rezepturen.
- Aufbau von Beratungskapazität in backtechnischen, organisatorischen und sozialen Fragen.

Den weit unter dem bundesdeutschen Umsatzdurchschnitt liegenden Bäckereien des Landes Bremen sollte damit eine Verbesserung ihrer Marktposition eröffnet und es sollte den Konzentrationstendenzen entgegengewirkt werden.

Nach einer Projektvoranfrage, diversen Abstimmungsgesprächen zwischen den potentiellen Projektpartnern sowie dem Projektträger wurde ein Projektantrag erarbeitet. Bereits zu diesem frühen Zeitpunkt war ein Projektleitungsgremium ins Leben gerufen worden, das über den gesamten Projektverlauf hinweg etwa einmal im Monat tagte. Dem Projektleitungsgremium gehörte mindestens ein Vertreter jedes Projektpartners an. Das Projekt begann 1992 mit der Einrichtung einer Versuchsbackstube, in der alle wesentlichen Untersuchungen durchgeführt wurden. Erst ab Herbst 1994 standen die Auswirkungen auf einzelne Bäckereien im Vordergrund der Tätigkeiten. Die überregionale Verbreitung der Ergebnisse erfolgte während des Projekts. Zu erwähnen sind hier besonders die Kommunikationsforen (Workshops) sowie die Präsentationen auch auf internationalen Messen des Backhandwerkes, auf denen das Projekt mit einem eigenen Stand vertreten war. Außerdem wurden auch überregionale Kontakte zu Backstuben geknüpft; diverse Workshops, Seminare, Veröffentlichungen und Vorträge begleiteten das Projekt. Ca. 50 Kooperationspartner im Zulieferbereich Maschinen/Apparate und Rohstoffe/Convenienceprodukte konnten gewonnen werden. Das Projekt entwickelte sich während seiner Laufzeit nachgerade zu einem „Magnet" für Herstellerinvestitionen.

Während der Projektlaufzeit wurde eine Fülle von Rezepturen, neuen Produktangeboten, Backverfahren, Backtechniken und technischen Ausrüstungen für Bäckereien erprobt und optimiert. Anbieterneutrale Entscheidungshilfen für den Kauf derartiger Anlagen wurden entwickelt. Die Ergebnisse im Einzelnen aufzuführen, sprengt den Rahmen einer zusammenfassenden Betrachtung und überfordert das Verständnis eines backtechnischen Laien. Vom Projekt wurde eine Versuchsbackstube im regionalen Institut eingerichtet, in der die umfangreichen Untersuchungen durchgeführt wurden.

Zur Anwendung neuer Verfahrenstechniken in der Backstube sind aber nicht nur Geräte und entsprechende Einweisungen erforderlich. Im Projektverlauf zeigte sich die Notwendigkeit, diverse Veränderungen in Produktionsabläufen, bei Rezepturen und bei der innerbetrieblichen Organisation vorzunehmen. Diverse Aspekte von Bäckerallergien, über die Verringerung von Staubemissionen bis hin zur Behandlung der Abluft und Abgase wurden bearbeitet. Durch Arbeiten zur Verbesserung der innerbetrieblichen Logistik sind darüber hinaus Anregungen zu Kooperationen und zur besseren Ausnutzung der Fuhrparke der einzelnen Betriebe geschaffen worden.

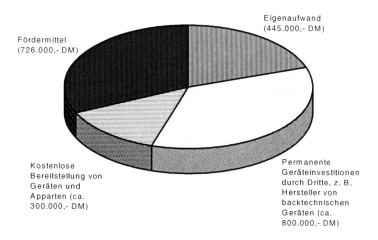

Abb. 6/17: Kosten-Nutzen-Betrachtung

Späterer Arbeitsbeginn, gleichmäßigere Auslastung der Maschinen, weniger gesundheitsgefährdende Arbeitsplätze und eine verbesserte – innovationsorientiertere – Ausbildung sind Ergebnisse des Projekts, die zu einer höheren Attraktivität des Bäckerberufs führen und strukturinnovative Impulse – regional und überregional – erzeugen können.

2. Innovationsgegenstand und -leitbilder

Der Schwerpunkt der Arbeiten lag von Beginn an darin, die Auswirkungen neuer Technik, insbesondere der Tiefkühltechnik, auf die Betriebsabläufe in handwerklichen Bäckereien zu untersuchen. Im Projekt wurde jedoch keineswegs eine technozentrische Innovationsstrategie verfolgt, wie dieser Ansatz vielleicht auf den ersten Blick vermuten ließe. Dies zeigt sich auch in den Gewichtungen der Nutzwertanalyse.

Bei klarer Dominanz der technischen Innovation (hier besonders der Verfahren) werden alle übrigen projektbezogenen Kriterien als nahezu gleichgewichtig betrachtet. Auch bei den regionale Wirkungen beschreibenden Kriterien ist ein identisches Muster der Konsensgewichte zu beobachten.

Diese Konsensgewichtung, die in einem ausführlichen und sehr harmonisch verlaufenen Workshop im Rahmen einer Sitzung des Projektleitungsgremiums von den Projektpartnern erarbeitet wurde, zeigt auch den Grad der inhaltlichen Übereinstimmung und

Zusammenarbeit. Das Leitbild, gemeinsam an einer dialogisch-partizipativen Innovation zu arbeiten, manifestierte sich, auch wenn es im Projektverlauf sicherlich nicht zu jedem Zeitpunkt verwirklicht werden konnte.

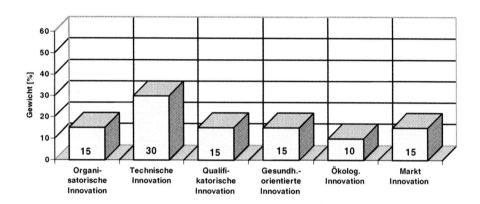

Abb. 6/18: Gewichtung der projektbezogenen Wirkungen anhand der Hauptkriterien

Inhaltlich zeigen die Gewichtungen, dass der eigentliche Innovationsgegenstand – Technik/ Verfahren – in eine ganzheitliche Innovationsstrategie eingebettet wird, die die übrigen, projektbezogenen wie regionalen, Wirkungsdimensionen nahezu gleichgewichtig in den Ansatz integriert.

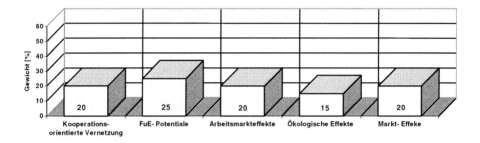

Abb. 6/19: Gewichtung der regionalen Wirkungen anhand der Hauptkriterien

3. Die Akteure des Innovationsprozesses und ihre Kooperationsbeziehungen

Das Projekt wurde durch das lokale Handwerk (Vorstand der Bäckerinnung), die lokale Hochschule und das lebensmittel-technologische Institut initiiert. Ausführendes Organ war das Institut, wesentliches inhaltsbestimmendes Gremium die Projektleitungsgruppe. Im Projektleitungsgremium gingen, nach einer Berichtsaussage, die Initiativen überwiegend von der Hochschule und vom Institut aus, keine von der regionalen Berufsgenossenschaft, der kommunalen Gewerbeaufsicht und der regionalen Gewerkschaftsvertretung aus dem Wirtschaftszweig. Der Projektträger, der ebenfalls Mitglied des Gremiums war und mit diversen Anregungen als Katalysator gewirkt hat, stand in ständigem Dialog mit der Hochschule/ dem Institut und wurde initiativ in Richtung auf das Bäckerhandwerk, die Innungen und die lokale Bäckereigenossenschaft. Die frühe Installation eines Projektleitungsgremiums erwies sich als vorteilhaft für den gesamten Projektverlauf. Die Problemfelder der beteiligten Organisationen konnten für die Projektpartner transparenter und damit verständlicher gemacht werden, Verbesserungen in Kooperation und Zusammenarbeit waren die Folge. Das Projektleitungsgremium dürfte damit auch Träger und Lokalisation des unter den Projektpartnern dialogisch-partizipativen Projektverlaufs gewesen sein.

4. Die Akteure des Innovationsprozesses und ihre Lernprozesse

Aus den Zwischenberichten des Projektes können zwei wesentliche Lernprozesse entnommen werden: Dort wird angemerkt, dass Projektpartner ausreichend Zeit für die aktive Teilnahme am Projekt mitbringen oder eher aus dem Konsortium ausscheiden sollten, wenn sich dies als unmöglich erweist. Der wichtigste Punkt scheint jedoch die Erkenntnis zu sein, dass man bereits im Vorfeld mehr über die Verbreitung der zu erwartenden Innovation nachdenken muss als über die Innovation an sich. Für Umsetzung und

Verbreitung wird gefordert, dass alle Projektpartner in ihrem Einflussfeld aktiver auf die Ergebnisse hinweisen und Beratung bei der Einführung der Neuerungen anbieten sollten.

5. Projektbezogene und regionale Wirkungen

Die Teilnehmer am Workshop zur Nutzwertanalyse bewerten die Zielerreichung ihres Projektes insgesamt gut, aber keineswegs euphorisch. Wenn man die Bewertungen der Betriebe und Institute getrennt betrachtet, fällt auf, dass sie in Verlauf und Höhe sehr ähnlich sind – eine Bestärkung des Eindrucks vom hohen Konsens in der Gruppe. Die einzige nennenswerte Differenz tritt bei der Bewertung „Neue Produkte/ Dienste" auf. Hier wird die Zielerreichung durch die Institute deutlich besser benotet.

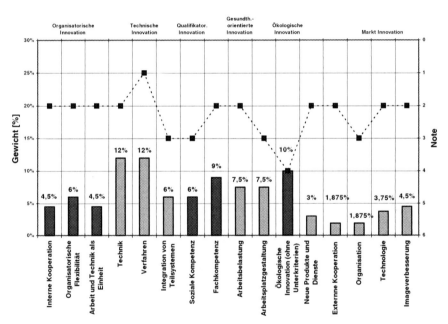

Abb. 6/20: Gewichtung und Bewertung der projektbezogenen Wirkungen anhand der Unterkriterien

Innerhalb der projektbezogenen Wirkungen findet sich beim Unterkriterium „Verfahren" die einzige Bewertung mit „sehr gut", was bei den auf diesem Gebiet erreichten Ergebnissen zwar durchaus verständlich erscheint, aber auch durch die Workshop-Moderation herausgefordert wurde. Einige Projektpartner urteilten hier zuerst etwas selbstkritischer und sahen durchaus noch weiteres Verbesserungspotential.

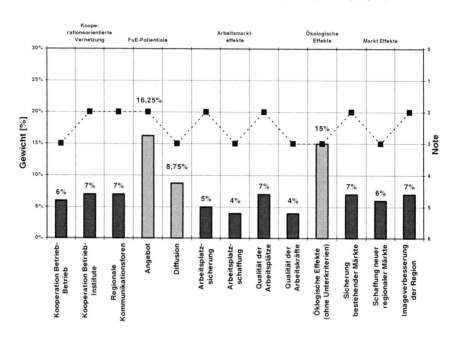

Abb. 6/21: Gewichtung und Bewertung der regionalen Wirkungen anhand der Unterkriterien

Die Zielerreichung bei der Schaffung von sozialer Kompetenz innerhalb der Qualifikatorischen Innovation wird nur befriedigend bewertet. Es gibt hier erheblichen Nachholbedarf in Bezug auf kommunikative Kompetenzen und Handlungskompetenzen. Auch die Qualifikation für Innovationsprozesse ist sicherlich bei den Bäckereien noch nicht als hoch zu bewerten, da die Umsetzung der Projektergebnisse ins Feld erst begonnen hat. Gleiches gilt für die gesundheitsorientierte Innovation beim Unterkriterium „Arbeitsplatzgestaltung". Während das Projekt erhebliche Verbesserungen bei der Arbeitsbelastung erzielen konnte, besteht bei der ergonomischen Gestaltung noch Handlungsbedarf. Dies dürfte mit der Einschätzung der „Integration von Teilsystemen" korrespondieren. Bei der Bewertung der regionalen Wirkungen zeichnen die Projektpartner ein deutliches Bild ihrer Einschätzung, dass eine erheblich stärkere Nutzbarmachung der Erkenntnisse in Bezug auf das Projekt möglich ist:

Während die Kooperation zwischen Betrieben und Instituten, die Zielerreichung bei der Bekanntmachung der Ergebnisse auf Foren und Messen, das erarbeitete FuE-

Angebot bereits „gut" ist, wird aufgrund des erst beginnenden Transfers in die Region und in Betriebe die Kooperation zwischen Betrieben, die FuE-Diffusion als verbesserungswürdig angesehen. Gleiches gilt auch für die ökologische Innovation (projektbezogene Wirkungen) und für die ökologischen Effekte: Die Innovation ist da, die Umsetzung (der Effekt) noch nicht. Die geschilderte inhaltliche Richtung der Aussagen bestätigt sich bei der Arbeitsplatzsicherung, der Sicherung bestehender regionaler Märkte und der Qualität der nunmehr möglichen Arbeitsplätze im Gegensatz zu den noch zu erschließenden Potentialen bei der Arbeitsplatzschaffung, der Schaffung neuer regionaler Märkte und der Qualität der Arbeitskräfte.

6. Schlussfolgerungen und Perspektiven

Das Projektkonsortium vereinigte in sich durchführende Partner (Hochschule/ Institut), das Bäckerhandwerk sowie Institutionen, die den Erfolg einer Bäckerei mitbestimmen (Innungen, Landesfachschulen, Bäckereigenossenschaft, Berufsgenossenschaft, Gewerbeaufsicht, Gewerkschaft). Hierdurch sowie durch die Kooperation mit externen Partnern aus dem Zulieferbereich (Maschinen/ Apparate und Rohstoffe/ Convenienceprodukte) wurde ein weiter Teil der Prozesskette ganzheitlich in das Projekt einbezogen. Vergleicht man dies mit anderen Projekten, zeigt das Projekt ein ziemlich hohes Ausmaß an Prozessorientierung, auch wenn die Kette bei den Mitarbeitern und den Kunden leider abbricht.

Durch die aktive und tragende Rolle zweier Projektpartner (Hochschule, Institut) sowie durch die Versuchsbackstube und die an ihr mitwirkenden externen Kooperationspartner hat das Projekt eine hohe, auch überregionale Außenwirkung erreicht. Mit der Fortführung des Erreichten in einem „Landesleistungszentrum für Bäckereien" werden strukturinnovative regionale Effekte sowie imageverbessernde Wirkungen für die Region möglich. Da die Backstube auch als Demozentrum Workshop-Teilnehmern, Berufsschulen, Bäckerfachschulen, jungen Bäckern, Erfa-Gruppen, Unternehmen der Backmittelwirtschaft und des Maschinenbaus offensteht, ergibt sich darüber hinaus eine potentiell hohe qualifikatorische Breitenwirkung und damit Potential für Arbeitsplatzsicherung und für die Schaffung neuer Arbeitsplätze, auch in der Region.

Eine höhere Transferorientierung in die Region und aus dem Labor heraus ins Feld (Bäckereien) bereits während der Projektlaufzeit hätte die Chance eröffnet,
– arbeitsorganisatorische Problemfelder beteiligungsorientierter anzugehen,
– damit eine Ausweitung der Prozesskette auf Mitarbeiter und Kunden zu erreichen,
– die soziale Kompetenz von Beschäftigten zu erhöhen,
– die Qualifikation für Innovationsprozesse in Bäckereien zu stärken
– und frühere Ansätze für strukturinnovative regionale Effekte zu erzielen.

Zusammenfassend betrachtet beinhalten die zum Bilanzierungszeitpunkt erarbeiteten Innovationen und die sich aus ihnen ergebenden Wirkungen bei einer Verstetigung des Projekts ein erhebliches Potential an Steigerung für die Attraktivität des Bäckerberufes, für eine Imageverbesserung der Region sowie für strukturinnovative regionale Effekte.

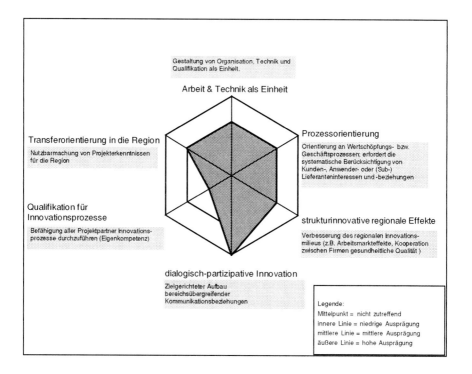

Abb. 6/22:   Zusammenfassende Bewertung (Stand nach 30 Monaten Projektlaufzeit)

Positive Auswirkungen des Projekts zeigen sich bereits für drei neu eingerichtete bzw. renovierte Bäckereien. An einer stärkeren Verbreitung der Ergebnisse in die Region wird gearbeitet:
– Verstetigung des Projekts hin zu einem „Landesleistungszentrum für Bäckereien";
– Erarbeitung eines neuen Berufskonzepts – ein für die Bedürfnisse des Kleinbetriebs geschulter, anwendungsorientierter Lebensmittelingenieur mit sowohl technologischem wie management-orientiertem Know-how – und seine Etablierung in handwerklichen Bäckereien durch das regionale Institut in Zusammenarbeit mit Verbänden und den regionalen Innungen;
– Das große überregionale Interesse einiger europäischer Forschungs- und Entwicklungsinstitute an dem Projekt hat im Herbst 1995 zum Start eines Projekts „Bakery

2000" im Rahmen des europäischen CRAFT-Programms geführt, dessen Aufbau mit Unterstützung des Bremer Projekts erfolgte und an dem holländische, irische, portugiesische und griechische Handwerksbetriebe sowie Transferträger wie die Bäckereigenossenschaft beteiligt sind. Ziel ist ein europäisches Konzept für die handwerkliche, kleinbetriebliche Bäckerei.

Der erfolgreiche Verlauf des hier bilanzierten Projekts motivierte alle Beteiligten zu neuen „Arbeit und Technik"-Vorhaben, die sich mit Qualitätsmanagement in der Lebensmittelindustrie sowie mit ergonomischen Problemen in der handwerklichen Schlachterei auseinandersetzen wollen. Mittlerweile wurde ein europäisches Institut für Backtechnologie gegründet.

6.5.2 Projekt D: das regionale Kooperationsgefüge zwischen Endherstellern der Automobilindustrie und Zulieferbetrieben

Hauptantragsteller: Arbeitswissenschaftliches Institut einer technischen Universität in Norddeutschland
Projektpartner: regionales Werk eines internationalen Automobilherstellers (Endherstellers) sowie zwei mittelständische Unternehmen der Zulieferindustrie aus der Region
Laufzeit: Sept. 1992 bis Sept. 1995

1. Projektinhalte und -ziele

Der sich gerade im Automobilbau immer deutlicher abzeichnende Wandel in den Beziehungen zwischen Zulieferern und Endfertigern steht sehr deutlich unter den Zeichen steigenden Kostendrucks und zunehmender Flexibilitätsanforderungen. Für die Automobilendfertiger schlagen sich diese Tendenzen in einer erhöhten Variantenvielfalt, kleineren Auftragsgrößen und schließlich schnelleren Modellwechseln nieder. Zur Lösung des Kosten- und Flexibilitätsdilemmas beginnen die Endfertiger zunehmend auf Just-in-time-Basis sich mit regionalen Zuliefererkränzen zu umgeben, die i. d. R. aus mittelständischen Lieferanten von Komponenten, Baugruppen oder Systemen bestehen. Damit wachsen nicht nur die logistischen Probleme, sondern auch die Anforderungen an eine Synchronisation der jeweiligen innerbetrieblichen Organisationsabläufe, was wiederum als Herausforderung an die Kooperations- und Kommunikationsfähigkeiten der beteiligten Akteure begriffen werden muss. Vor diesem Hintergrund versucht das Projekt mittels Störfallanalysen, zwischenbetrieblichen Hospitationen und sog. Grenzgängern Möglichkeiten neuer kooperativer Formen der zwischenbetrieblichen Zusammenarbeit von Zulieferern und Endfertigern zu entwickeln. Damit geht das Projekt über die wissenschaftliche Erforschung dieser Sachverhalte hinaus und legt auch einen Schwerpunkt auf die Gestaltung.

Die Projektziele sind sowohl im engeren Sinne betriebsbezogen/ zwischenbetrieblich als auch regional ausgerichtet. Die Ziele in betrieblich/ zwischenbetrieblicher Hinsicht liegen darin, das Kooperations- und Kommunikationsnetzwerk zwischen dem Automobilhersteller/ Bremen und einigen seiner regionalen Zulieferer wissenschaftlich zu untersuchen und zu verbessern oder doch zumindest Entwicklungspotentiale aufzuzeigen und sie für eine Nutzung zu erschließen. Dabei gelten die Lieferbeziehungen nicht nur als logistisches Problem, sondern auch in hohem Maße als ein Problem der strukturellen Kopplung von Fertigungs- und Arbeitsorganisation in und zwischen Betrieben. Die gestalterischen Eingriffe müssen deshalb über die kommunikativ-kooperative Ebene hinaus auch Qualifizierung, Organisation und Personalmanagement einschließen, um eine Stärkung der betrieblichen und zwischenbetrieblichen Innovationsfähigkeit zu bewirken.

In regionaler Perspektive zielt das Projekt auf die Aufdeckung von Besonderheiten des örtlichen Zuliefer-/ Produktionsgeflechts. Die Ermöglichung eines Erfahrungsaustausches zwischen regionalen Zulieferern und der Errichtung geeigneter Foren, in denen neben Endherstellern und Zulieferern auch regionale Qualifizierungsträger und Akteure der Organisations- und Personalforschung vertreten sind, soll zu einer Verbesserung des regionalen Innovationsmilieus beitragen.

2. Innovationsgegenstand und -leitbilder

Entsprechend den oben formulierten Projektinhalten und -zielen zielt der Innovationsgegenstand auf die organisatorische und qualifikatorische Bewältigung neuer, durch erhöhte Flexibilitätsanforderungen gekennzeichnete Zulieferer-Endhersteller-Beziehungen. Für die beteiligten betrieblichen Projektpartner stehen deshalb organisatorische und qualifikatorische Innovationen im Vordergrund. Allerdings darf nicht die sehr klare Marktorientierung übersehen werden (vgl. Abb. 6/23), die sich zweifellos erst im Projektverlauf als zunehmend bedeutsam herausgestellt hat.

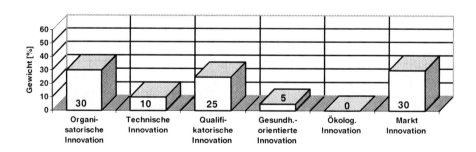

Abb. 6/23: Gewichtung der projektbezogenen Wirkungen anhand der Hauptkriterien

Die Leitidee einer integrativen Verknüpfung von Arbeitsorganisation, Technik und Qualifizierung ist, wegen der deutlichen Unterbewertung der Technik, nur unvollständig ausgeprägt. Dies kann allerdings dem Projekt nur bedingt zum Vorwurf gemacht werden, da im Projektansatz Technikentwicklung und -gestaltung nicht explizit enthalten war; allerdings liegen durchaus Gestaltungsmöglichkeiten vor, wenn, wie im analysierten Projekt der Fall, der Systemgedanke von Arbeit und Technik zumindest ansatzweise verankert ist und über die Einflussnahme auf Organisation und Qualifizierung das gesamte Arbeit-und-Technik-System gestaltet werden kann. Damit wird zwar Technik als vorgegeben akzeptiert, durch die aktive Gestaltung von Arbeitsorganisation und Qualifikation wird das Arbeit-und-Technik-System aber als gestaltungsfähig erfahren. Im Projekt schlägt sich der Gestaltungsansatz in einer partizipativ-kooperativen Grundorientierung nieder. Grundlage dafür ist ein im Wesentlichen durch die im Projekt beteiligten Wissenschaftler getragener dialogisch-partizipativer Innovationsansatz, der auf die Kooperationsfähigkeit der beteiligten klein- und mittelbetrieblichen Zulieferer ebenso setzt wie auf die des Endherstellers der regionalen Automobilindustrie. In ihrer Selbsteinschätzung drücken die Projektbeteiligten sehr deutlich ihre projektbezogenen Innovationspräferenzen aus und bestätigen damit die Ausführungen weiter oben: Interne Kooperation und die Entwicklung von Sozialkompetenz sind die bedeutendsten Arbeitsfelder des Projekts (vgl. Abb. 6/25) – und dies, obwohl gerade im Bereich Kfz-Hersteller/ -Zulieferer in der Regel sehr deutliche Konfliktlinien vorliegen (bzw. vorlagen). Dass weder Sozialkompetenz, worunter die Vermittlung kommunikativer Fähigkeiten fällt, noch die Verbesserung interner Kooperation leere Worthülsen darstellen, zeigte in überzeugender Weise der Nutzwert-Workshop.

Zu Beginn des Workshops traten sehr deutliche Gegensätze zwischen den Zulieferern einerseits und Mercedes Benz zutage, die zunächst das Ziel durchkreuzten, unter den Projektpartnern einen Konsens über die Gewichtung bestimmter projekt- und regionalbezogener Wirkungen herbeizuführen. Ein auf Verständigung zielender Dialog zwischen den Beteiligten führte sehr rasch zur allseitigen Bereitschaft, den Versuch zu unternehmen, einen Konsens zu erzielen. Zwar ist nicht nachvollziehbar, wie stark die dialogisch-kommunikativen Kompetenzen der Beteiligten zu Beginn des Projektes ausgeprägt waren, für den Analysezeitpunkt kann aber das obige Beispiel als überzeugender Beleg für die tatsächlich vorhandenen dialogischen Kommunikationsstrukturen sowie die Entwicklung von Sozialkompetenz angesehen werden. Inwiefern Kommunikation in Kooperation überführt werden konnte, analysiert der folgende Abschnitt.

Wirkungsanalyse des Programms

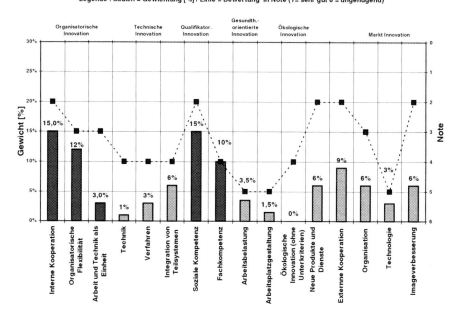

Abb. 6/24: *Gewichtung und Bewertung der projektbezogenen Wirkungen anhand der Unterkriterien*

3. Die Akteure des Innovationsprozesses und ihre Kooperationsbeziehungen

Über die verschiedenen Projektphasen hinweg wurde eine Vielzahl von Akteuren in das Pro-jektgeschehen eingeschaltet: Neben den Impulsen der direkt projektbeteiligten Wissenschaftler und der Unternehmensvertreter der Unternehmen bedurfte es insbesondere des Anstoßes durch die regionale Industriegewerkschaft, ein auf die Region Bremen bezogenes Projekt mit Schwerpunkt auf Kommunikation und Kooperation als neues Gestaltungsmoment in den Zulieferbeziehungen zu initiieren. In dieser frühen Projektentstehungsphase wandten sich die Wissenschaftler an den Projektträger „Arbeit und Technik", der insbesondere deshalb Interesse bekundete, weil er sich „spin-offs" auf andere regionale Zulieferer bzw Hersteller-Zulieferer-Netzwerke erhoffte. Der Anstoß für das Projekt scheint aus einer Verständigung und wechselseitigen Bestärkung zwischen Akteuren aus den Bereichen Wissenschaft und Tarifparteien zustande gekommen zu sein – eine durchaus auch für andere „Arbeit und Technik"-Projekte typische Entstehungskonstellation. Dass bereits in einer sehr frühen Vorbereitungs-/ Konzeptionalisierungsphase neben dem Projektträger auch alle im späteren Projekt beteiligten Unternehmen einbezogen wurden, verdankt sich den aktiven Bemühungen der Wissenschaftler – und nicht zuletzt ihrem bereits bestehenden guten Verhältnis zum Automobilunternehmen. Trotz anfänglicher Vorbehalte bei allen Unternehmen, ob es sich bei dem Projekt nicht doch um ein „Trojanisches Pferd" des „großen Projektpartners" handeln könnte, wurde das Projekt installiert. Nicht zuletzt wegen der doch allseits als drängendes Problem der Zulieferbeziehungen angesehenen Kooperationsdefizite konnte diese Hürde überwunden werden.

Wichtig ist weiterhin der Hinweis, dass auch dem partizipativen Gedanken Rechnung getragen wurde, und zwar durch eine frühe Beteiligung der Betriebsräte (sowohl bei den Endherstellern der Automobilindustrie als auch bei den Zulieferunternehmen). Nicht deutlich wird allerdings der Grad der Partizipation der Betriebsräte und das Ausmaß ihrer Eingriffsmöglichkeiten in die operativen Projektaufgaben. Als wesentliche Instrumente der zwischenbetrieblichen Kooperation hat das Projekt zwischen-betriebliche Hospitationen und das sog. Grenzgängerkonzept entwickelt. Mit beiden Instrumenten hat das Projekt gewissermaßen Pionierarbeit geleistet, die aber noch ausbaufähig ist. So wären etwa die Hospitationen im Sinne einer systematischeren Vor- und Nachbereitung und einer verstärkten Zielorientierung zu optimieren.

4. Akteure des Innovationsprozesses und ihre Lernprozesse

Die auffallendste Entwicklung in den Einstellungen der Projektbeteiligten ist die allgemein positive Haltung zum Projekt. Anfängliche Skepsis bei fast allen Beteiligten wich einer bisweilen geradezu euphorisch anmutenden Zustimmung und Identifikation mit dem Projekt. Dies ist sicherlich wesentlich dem guten Projektmanagement durch die beteiligten Wissenschaftler zuzuschreiben; zugleich ist es noch einmal eine Bestätigung dahingehend, dass in dem Projekt keine Scheinprobleme bearbeitet werden, sondern wirklich aktuelle Probleme. Dennoch darf die starke Identifikation nicht über bestehende Widersprüche hinwegtäuschen: Die Lernprozesse der Beteiligten aus dem regionalen Automobilunternehmen haben bislang keinen nennenswerten Niederschlag in der Zulieferkonzeption der Konzernzentrale gefunden. Wenn sich das Zulieferverhältnis von einem logistisch/ materialwirtschaftlich geprägten Markt- und Machtverhältnis zur Zuliefererkooperation entwickelt, so sind das wichtige Lernprozesse, die allerdings – über die individuell/ subjektive Seite hinaus – noch einer institutionalisierten Verankerung bedürfen.

Ein Lerneffekt bei allen betrieblichen Beteiligten liegt sicher darin, die gerade im Kontext von Störfallanalysen verdeutlichte Relevanz von Rückmeldungen und Gesprächen für die Eröffnung von Eingriffs- und Gestaltungsspielräumen zu erkennen. Insbesondere beim Automobilhersteller setzte ein Lerneffekt mit möglicherweise weitreichenden Folgen ein: Die Just-in-time-Lieferanten werden zunehmend als die besten Organisationsberater des Endherstellers angesehen. Insbesondere der hohe Status, den der „Grenzgänger" des Zulieferunternehmens beim Endabnehmer genießt, spricht für die Bedeutung dieses Aspektes. Hinsichtlich ihres Verhältnisses zur Wissenschaft bzw. zu den Wissenschaftlern haben alle Projektbeteiligten aus den Unternehmen ihre anfängliche Skepsis aufgegeben und ihre Haltung in eine stabile und vertrauensvolle Kommunikation und Kooperation überführt.

Zur Organisation des Projektziels, zwischenbetriebliche Organisationsentwicklung zu betreiben, wurden auf der direkten Prozessebene drei Instrumente eingesetzt: Störfallanalysen, zwischenbetriebliche Hospitationen und sog. Grenzgänger. Zweifelsohne weisen alle genannten Instrumente eine hohe kommunikative Qualität auf, so dass der in dem Projekt entwickelte Innovationstyp mit Recht als dialogisch-partizipativ charakterisiert werden kann. Dies umso mehr, wenn man die Tatsache berücksichtigt, dass die o. g. Maßnahmen stets in zwischenbetriebliche Gruppendiskussionen und Workshops eingebunden wurden. Die im Projektverlauf zwischen den Zulieferern und Endherstellern aufgebaute und intensivierte Kooperation basiert wesentlich auf der Verbesserung dialogisch-kommunikativer Fähigkeiten der Beteiligten und auf der Entwicklung von förderlichen Strukturen. In ihrer inhaltlichen Ausrichtung zielte die Kooperation sehr stark auf die Vermittlung vorhandenen Erfahrungswissens von Betroffenen in prozessrelevanten Bereichen. Beide Kooperationsdimensionen verdanken ihre positive Ausprägung der vorbildlich intensiven und kompetenten Moderation durch die wissenschaftlichen Begleiter. Sie haben wesentlichen Anteil daran, dass sich die Kooperationsbeziehungen in diesem Projekt aufs Deutlichste von stärker formalisierten Kooperationsbeziehungen abheben. Nicht vergessen werden sollte auch, dass gerade die kommunikativ-inhaltlich getragene Kooperation die beste Gewähr dafür bietet, auch nach dem offiziellen Projektende fortzubestehen. Zusammenfassend lässt sich festhalten, dass durch dieses Projekt die Sozial- und Methodenkompetenz für Innovationsprozesse bei den Beteiligten deutlich gesteigert wurde.

Eine wichtige Rolle für die Organisation der Innovation in regionaler Hinsicht spielen Workshops, zu denen andere Unternehmen der Region eingeladen wurden. Diese Veranstaltungen haben stark diskursiven Charakter und tragen zur regionalen Verbreitung von Projektergebnissen bei, allerdings folgt das Konzept bisher noch eher traditionellen Transferkonzepten. Im Rahmen eines solchen Workshops gelang es Bremer Firmen sogar, Auftragsabschlüsse mit weiteren Firmen der Automobilindustrie und anderen Zulieferbetrieben zu realisieren. Das Beispiel zeigt die Potentiale, die solchen Workshops innewohnen, wenn sie durch kooperativ-vernetzte Strukturen zwischen regionalen Unternehmen – Lieferanten und Endherstellern – getragen werden.

5. Projektbezogene und regionale Wirkungen

In der Selbsteinschätzung anlässlich der Nutzwertanalyse wurde das Verhältnis von projektbezogenen zu regionalen Wirkungen auf 70:30 gesetzt. Unwidersprochen blieb dabei die Aussage, während des Projekts sei wenig bis gar nicht an die Region gedacht worden. Der Schwerpunkt auf den projektbezogenen Wirkungen entspricht dem Projekttypus, dem die Mehrheit der Projekte des Bremer Landesprogramms folgt. Es kann also nicht darum gehen, die Untergewichtung regionaler Aspekte in einen Vorwurf umzumünzen – allerdings muss sehr genau geprüft werden, ob die Selbsteinschätzung realistisch ist.

Bei genauerer Betrachtung der Ergebnisse der Nutzwertanalyse – und insbesondere der Teilergebnisse „Regionalwirkungen" – zeigt sich ein deutlicher Schwerpunkt auf der kooperationsorientierten Vernetzung (vgl. Abb. 6/24 und 6/25). Kooperationsorientierte Vernetzung wird als eigentlicher Schwerpunkt begriffen und auch positiv beurteilt. Es ist allerdings unklar, inwieweit gerade die Kooperation zwischen Betrieben untereinander und zwischen Betrieben und Instituten nicht doch unter projektbezogene Wirkungen zu subsumieren wäre, weil sie im Projektrahmen verbleiben.

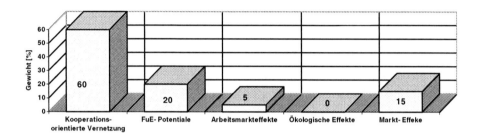

Abb. 6/25: Gewichtung der regionalen Wirkungen anhand der Hauptkriterien

Eindeutig den regionalen Wirkungen zuzurechnen sind die regionalen Kommunikationsforen; diese insbesondere in Form regionaler Workshops durchgeführten Veranstaltungen wirkten sicherlich in das regionale Milieu hinein. Allerdings scheint die Erwartung des Projektträgers nicht erfüllt worden zu sein, einen regionalen Anwenderkreis zu etablieren, der in sehr engem Kontakt mit dem Projekt steht und der über geeignete Partizipationsmechanismen zur Verbreitung des neuen Zuliefererkooperationskonzeptes in der Region beitragen könnte. Zweifellos liegen deutlich positive Effekte für die projektbeteiligten Unternehmen vor, die ja auch regionale Akteure sind. Da aber die Ergebnisse des Projekts weder vom gesamten Automobilkonzern übernommen wurden (was realistischerweise kurzfristig nicht zu erwarten war) noch zu einer deutlichen Strukturveränderung des regionalen Innovationsmilieus beigetragen haben, ist das Projekt im Rahmen einer dreistufigen Skala von strukturkonservativ über struktursuchend bis hin zu strukturinnovativ als struktursuchend zu klassifizieren, d. h., von dem Projekt gehen Strukturimpulse in die Region aus, die aber nicht breitenwirksam genug und bislang noch diffus sind.

Wirkungsanalyse des Programms

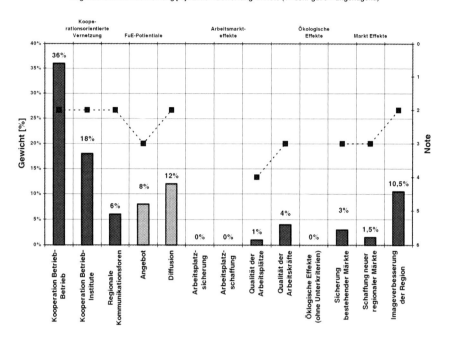

Abb. 6/26: Gewichtung und Bewertung der regionalen Wirkungen anhand der Unterkriterien

In beachtlichem Ausmaß hat das Projekt die F&E-Potentiale z. B. in Form von Diplomarbeiten, Artikeln und Workshops gestärkt und besonders zur Diffusion von Erkenntnissen beigetragen – leider waren insbesondere die Diplomarbeiten nicht in der regionalen F&E-Landschaft verankert.

6. *Schlussfolgerungen und Perspektiven*

Das analysierte Projekt zeichnet sich durch ein Höchstmaß an Dialogbereitschaft und -fähigkeit zwischen den Projektpartnern aus, was zweifelsohne als Ergebnis eines allseitigen Lernprozesses verstanden werden muss. Für das initiierte wechselseitige Lernen der Beteiligten voneinander und miteinander haben sie sich selbst qualifiziert, so dass sie künftig Innovationsprozesse relativ selbständig durchführen können. Die erworbene Befähigung zur Durchführung verteilter, zwischenbetrieblicher Innovationsprozesse wird sich als langfristiger Gewinn für die Beteiligten erweisen, wenn es gelingt, diese „Qualifikation" dauerhaft zu verankern und sie auch innerbetrieblich zu verbreiten.

Das Systemverständnis von Arbeit und Technik als Einheit schlägt sich (leider) nur sehr schwach in der Projektarbeit nieder, was damit zusammenhängt, dass technische Aspekte bei der Projektdefinition weitgehend ausgeblendet wurden. Allerdings ist die Prozessorientierung per Projektdefinition gut ausgeprägt. Wünschenswert wäre die Einbeziehung der sog. zweiten und dritten Ebene von (Sub-)Zulieferern sowie im Sinne eines unternehmensinternen Kunden-Lieferanten-Konzeptes die Berücksichtigung weiterer Abteilungen des Endherstellers (entlang der Wertschöpfungskette). Wegen der Vielzahl durchgeführter regionaler Workshops konnte eine gute Transferwirkung in das regionale Milieu erzielt werden, was aber wegen der enttäuschten Erwartung des Projektträgers, einen regionalen Anwenderkreis zu etablieren, nur mit einer mittleren Ausprägung versehen wird (vgl. Abb. 6/27). Das Projekt hat nur geringe strukturinnovative Effekte in der Region hervorgerufen; allerdings muss die Analyse über längere Zeiträume hinweg angelegt werden, damit sich die seitens des Projektträgers hochgesteckte Erwartung doch noch in größerem Umfang erfüllen kann.

Die Perspektiven des Projektes gehen über die Restförderlaufzeit hinaus und scheinen zu einer nachhaltigen Verstetigung des Projektgedankens zu führen. Erste, kurz- und mittelfristig anstehende Schritte und Maßnahmen sind die Organisierung eines Erfahrungsaustausches und Workshops zwischen Meistern von Endabnehmer und Lieferanten, was zur Evaluation bisheriger Aktivitäten beitragen und weitere Hospitationen vorbereiten soll. Weiterhin soll eine Workshopreihe zwischen mehreren Automobilunternehmen der Region (große Endabnehmer) und etwa 20 regionalen Kfz-Lieferanten in der Automobilregion Weser-Ems initiiert, die Zusammenarbeit mit regionalen Verbänden, der zuständigen Industriegewerkschaft und der Wirtschaftsfördergesellschaft intensiviert sowie insgesamt ein Wechsel von (zwischen-) betrieblichen Intensivfallstudien und Workshops hin zu Querschnittsthemen vollzogen werden.

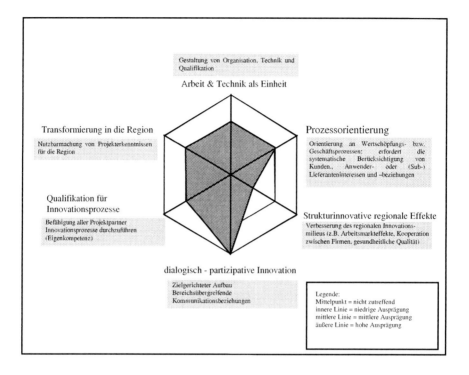

Abb. 6/27: Zusammenfassende Bewertung (Stand nach 32 Monaten Projektlaufzeit)

Zur Dissemination der Projektergebnisse und auch zur Erzielung überregionaler Aufmerksamkeit wurde ein Buch publiziert, das die wichtigsten Befunde, das Kooperationskonzept und das methodische Verständnis der Störfallanalysen dokumentiert (Endres/ Wehner 1996a, 1996b).

6.5.3 Projekt L: anwenderorientierte Modernisierung von Werkzeugmaschinen

Hauptantragsteller:	ein auf berufliche Aus- und Weiterbildung spezialisiertes Forschungsinstitut; ein im Bereich der Arbeitswissenschaft und Technikentwicklung tätiges Forschungsinstitut; ein Unternehmen aus dem Bereich Automatisierungstechnik; eine Berufsschule (alle aus der Region)
Projektpartner:	zwei Industrieunternehmen der Region, die Maschinenmodernisierungen im Projektverbund durchführen
Laufzeit:	Januar 1993 bis Ende 1997

1. Projektinhalte und -ziele

Das Thema des Projekts ist die „anwenderorientierte Modernisierung von Werkzeugmaschinen". Seine zentrale Idee besteht darin, insbesondere kleine und mittlere Betriebe zu befähigen, als Alternative zur Neuinvestition in Werkzeugmaschinen, Maschinen des vorhandenen Maschinenparks zu modernisieren bzw. umzurüsten. Diese Modernisierung bedeutet i. d. R. die Ergänzung langlebiger Maschinenkomponenten um moderne mikroelektronische Bauelemente bzw. Steuerungen. Damit kann zweierlei erreicht werden: Zum einen können die Betriebe ihren Maschinenpark mit geringerem ökonomischem Aufwand erneuern, als wenn sie Neumaschinen anschaffen – dies müsste gerade für kleinere und mittlere Unternehmen ein großer Vorteil sein; zum anderen kann die Modernisierung zur Höherqualifizierung von Arbeitskräften genutzt werden, indem Facharbeiter und auch Meister Teil des Modernisierungsteams werden – damit wird die Modernisierung Bestandteil betrieblicher Weiterbildung bzw. der Entwicklung des „Humankapitals". Außerdem kann damit die in der deutschen Industrie traditionell recht enge Kooperation zwischen Ingenieuren und qualifizierten Facharbeitern weiter verstetigt werden – dies ist gegenüber anderen Industrieländern ein ganz wesentlicher „Standortvorteil" der deutschen Industrie.

Das Projekt passt mit seinen Zielsetzungen und Perspektiven hervorragend in das Programm „Arbeit und Technik": Es hat einen ausgeprägten Bezug zu Klein- und Mittelbetrieben, damit auch zur Region Bremen, wo dieses Segment von Betrieben unterrepräsentiert und schon deshalb (und weil man davon ausgeht, dass diese Betriebe für die Arbeitsmarktentwicklung besonders wichtig sind) zu fördern ist. Des Weiteren enthält das Projekt als integralen Bestandteil die Entwicklung von Arbeit und Arbeitsorganisation. Der von der politischen Ebene eingeforderte „dreidimensionale" Zusammenhang von Arbeit, Technik und Ökonomie ist hier also gegeben. Mit der Entscheidung des Programmbeirates für dieses Projekt wurde erwartet, dass bei erfolgreichem Projektverlauf eine Verstetigung erreicht wird, d. h. ein regionales Potential von Anbietern einer Maschinenmodernisierung sich erfolgreich am Markt etabliert. In diesem Zusammenhang ist auf die neue EU-Maschinenrichtlinie hinzuweisen, was der Modernisierung von Maschinen einen weiteren Schub geben könnte.

Die Ziele des Projektes im Einzelnen:

- Bedarfsgerechte Modernisierung von in Anwenderbetrieben vorhandenen Werkzeugmaschinen;
- Qualifizierung als ein integraler Bestandteil der Modernisierung, z. B. Weiterbildung von (Fach-)Arbeitern in Programmierung, Handhabung und Wartung;
- Einbindung von aus der Modernisierung folgenden Arbeitsorganisationsformen in die Betriebsorganisation.

2. Zur Entwicklung des Innovationsgegenstandes

Zur Abschätzung des Modernisierungsbedarfs bzw. der Modernisierungsvorstellungen von Betrieben in der Bremer Region wurden – vor dem Hintergrund statistischer Auswertungen – ausgewählte Betriebe angeschrieben, die sich für die Modernisierung von WZM interessieren; daraus resultierten Besuchstermine. Insgesamt wurden durch dieses Verfahren sechs mögliche neue Modernisierungsfälle näher bestimmt; bisher ist es aber in diesen Fällen noch nicht zu konkreten Maßnahmen gekommen.

Zwei Klein- und Mittelbetriebe aus Bremen bzw. Bremerhaven sind zum gegenwärtigen Projektstand die beiden Anwenderbetriebe des Projektverbundes. Eine der beiden Firmen ist bei dem Modernisierungsprojekt weit vorangekommen. Das Projektteam besteht dort aus sechs Mitarbeitern, die Maschine wird – mit Unterstützung der Institute und des Automatisierungstechnikanbieters – von Facharbeitern und Meistern modernisiert. Beim anderen Unternehmen ist ein vergleichbarer Projektstand insbesondere wegen der akuten Werftenkrise noch nicht erreicht worden.

In der Projektlaufzeit fanden Workshops zur EU-Maschinenrichtlinie statt. Die EU-Maschinenrichtlinie bedeutet im Prinzip, dass vorhandene Maschinen durch Nachrüstung an die neuen Anforderungen angepasst werden müssen. Die realen Auswirkungen dieser Richtlinie sind unklar; sie induziert allerdings aus der Sicht des Projektverbundes einen neuen Beratungsbedarf gerade von KMU. Die Automatisierungstechnikanbieter verfügen über die zur Modernisierung von WZM notwendigen Kompetenzen im Automatisierungsbereich. Mit der Einbeziehung einer weiteren Firma, die über entsprechende Kompetenzen im Bereich Mechanik verfügt, wird der Projektverbund zurzeit gestärkt.

3. Die Akteure des Innovationsprozesses und ihre Lernprozesse

Aus den vorliegenden Berichten und der Evaluationssitzung werden die folgenden Lernprozesse deutlich. Zum einen lernten die Projektpartner in dem einen recht erfolgreichen Modernisierungsfall, wie sich eine intensive Kooperation zwischen Instituten und Unternehmen zu vollziehen hat: nämlich in einem intensiven Interaktionsprozess zwischen den unterschiedlichen Kompetenzfeldern der beiden Entwicklungsbereiche Industrie und Forschung. Zum anderen wurde den Projektakteuren deutlich, dass bereits im Innovationsprozess mehr über die Verbreitung der zu erwartenden Innovation nachgedacht werden sollte. Unter Einschluss aller Projektpartner, insbesondere der Modernisierungsanbieter, der F&E Institute und der Anwenderbetreiber, sollte eine Marketingstrategie der Innovation entwickelt werden. Für die Verbreitung haben die Akteure außerdem gefordert, dass alle Projektpartner in ihrem Einflussfeld aktiver auf die Chancen und Potentiale der Innovation hinweisen. Eine systematisch angelegte Bedarfserhebung kann dazu wichtige Informationen liefern.

4. Projektbezogene und regionale Wirkungen

Für die Wirkungsanalyse wird in dieser Fallstudie von zwei Instrumenten zur Bewertung der projekt- und regionalbezogenen Wirkungen Gebrauch gemacht. Zum einen wird wie in den anderen Fällen auch das Instrument der Nutzwertanalyse mit Hilfe unseres Verfahrens zur Anwendung gebracht, erweitert wird dies zum anderen durch eine Stärken-Schwächen-Analyse, die die neuralgischen Punkte dieses Vorhabens herausstellt.

Es stellt sich die Frage, weshalb das Projekt nach ca. zwei Jahren Laufzeit in der Umsetzung des Modernisierungsansatzes noch nicht sehr erfolgreich ist – obwohl dieser Ansatz große regionale Effekte verspricht. In den Evaluationssitzungen wurde dieses Problem sehr offensiv und konstruktiv zwischen Bilanzierungsteam und den Projektnehmern anhand der Kriterienbäume diskutiert. Im Folgenden wird die „Stärken-Schwächen-Bilanz" als Ergebnis des Evaluationsprozesses diskutiert.

5. Stärken-Schwächen-Bewertung des Projektes auf der Basis des Evaluationsworkshops und der vorgelegten Unterlagen

Zu den Stärken wird das gelungene Modernisierungsbeispiel gezählt. Positive Wirkungen konnten durch einen erfolgreichen Umrüstungsfall unter Beteiligung betrieblicher Fachkräfte erreicht werden. Wenngleich der Innovationsbeitrag des beteiligten Anwenderbetriebes hoch ist, konnte die wissenschaftliche Begleitung daraus keinen „Nektar" für den Transfer des Ansatzes in die Region saugen. So stellt sich die Situation leider so dar, dass diese „innovative Insel" nicht durch weitere Beispiele guter Innovationspraxis auf Seiten anderer Anwenderunternehmen ergänzt werden konnte. Die Schwachpunkte machen deutlich, warum dies nicht gelingen konnte: Es fehlten wirkungsvolle Instrumente im Innovationstransfer, die die Umsetzung in weiteren Betrieben hätten unterstützen können. Die internen Projektstrukturen waren ebenfalls nicht in dem Maße entwickelt, als dass sie die Modernisierung in anderen Betrieben hätten vorantreiben können. Fehlendes Controlling in der Projektsteuerung, unklare Leitungsstrukturen und eine fehlende systematische Bedarfsanalyse führten insgesamt zu internen Projektschwächen, die sich hinderlich auswirkten. So ist es auch nicht verwunderlich, dass eine Vermarktungsstrategie (evtl. in Anlehnung an erfolgreiche US-amerikanische Modernisierungsansätze, die im Übrigen von einem der wissenschaftlichen Projektbearbeiter auch durch einen Besuch recherchiert wurden, ohne dass sie in das Projekt einflossen) erst gar nicht zustande kam. Die mangelnden projektbezogenen Wirkungen machten sich auch im Hinblick auf die Region geltend. Die Evaluation hat all diese Schwachpunkte allen Beteiligten deutlich gemacht und in eine Zielvereinbarung mit dem Projekt hinsichtlich von

Verbesserungsvorschlägen geführt. Im Zusammenhang damit wird – wie erwähnt – eine weitere Firma in den Projektverbund integriert.

Stärken	Schwächen
• Beispielhafter Modernisierungsansatz, insbesondere für KMU • Beteiligung der betrieblichen Ebene (Arbeiter, Meister) • Förderung der Sozialkompetenz durch die Projektarbeit (und damit der betrieblichen Innovationsfähigkeit) • Vertrauensklima unter den Projektbeteiligten • Allmählicher Aufbau einer integrierten Kompetenz im Automatisierungs- und Mechanikbereich (freilich noch nicht stabil)	• Umsetzung des Konzepts insgesamt noch ausbaufähig • Fehlende umfassende Bedarfsanalyse (systematische Erhebung von Betrieben fehlt) • Instrumente zur Unterstützung des Modernisierungsansatzes noch zu wenig entwickelt • Vermarktungsstrategie des Projektes noch nicht erkennbar • Kein Projektcontrolling • Unklare Projektleitungsfunktion • Mangelnde Öffentlichkeitsarbeit • Kein Aufbau von (regionalen) Dialogstrukturen

Tab. 6/28: Stärken-Schwächen-Bewertung

Der im Projektverbund anvisierte Modernisierungsansatz entspricht von der Sache her voll und ganz den Kriterien des Bremer „Arbeit und Technik"-Programms. Im Prinzip müßte der Modernisierungsansatz gerade in KMU – aber auch in großen Betrieben – auf eine gewisse Resonanz stoßen. Denn er ermöglicht gleichzeitig ein kostengünstiges Updating des vorhandenen Sach- und eine Aufwertung des Humankapitals. Aus dem Projektverbund werden Gründe genannt, die darauf schließen lassen, dass diese Einschätzung prinzipiell richtig ist.

Die erfolgreichen Anwendungsfälle sind für den weiteren Projektverlauf von großem Wert, da sie zu Lernprozessen führen, an denen angesetzt werden kann. Es hat sich u. a. gezeigt, dass die Betriebe realistisch einschätzen (können) müssen, was sie selber leisten können, soll ein Projekt zügig abgewickelt werden (– was nicht zügig, mit „Erfolgserlebnissen gesättigt", verläuft, ist vom Scheitern bedroht). Dies erfordert erstens eine gute Beratung und zweitens die Unterstützung der Betriebe in den Dimensionen Automatisierung und Mechanik.

Es hat sich auch gezeigt, dass Betriebsprojekte vom Top-Management abgesichert werden müssen. Dies ist ein Hinweis auf sorgfältiges Planen und Begleiten von Betriebsprojekten seitens der Institute und/oder der beiden Unternehmen, die Automatisierungs- und Mechanikwissen bereitstellen.

An den laufenden Vorhaben und an der Tatsache, dass bislang nur wenige Betriebe in das Projekt eingebunden sind, werden Erfordernisse deutlich, die für den Projekterfolg wichtig sind.

6. Schlussfolgerungen und Empfehlungen

Resultat der konstruktiven Gespräche waren konkrete Vereinbarungen zwischen dem Projektträger und dem Projektverbund. Vereinbart wurde zunächst die Einrichtung einer Steuerungsgruppe, in der das Automatisierungsunternehmen verantwortlich ist bzw. zumindest eine stärkere Rolle einnimmt. Dem liegt die Überlegung zu Grunde, dass die „Umsetzer" des Projekts im Endeffekt idealiter Unternehmen sein können, die die Modernisierung in der Region (aber auch darüber hinaus) auf eigene Rechnung betreiben. Der „Staffelstab" der Projektleitung sollte demnach noch während der Projektlaufzeit an die sog. „Modernisierer" weitergereicht werden. Falls es gelingen würde, die beiden genannten Automatisierungs- bzw. Mechanikspezialisten, eventuell weiter unterstützt durch die Institute, als eigenständige Modernisierungsagentur in der Region zu etablieren, wäre dies ein hervorragendes Projektergebnis.

Die Übergabe von mehr Verantwortung an die Firma, die die Automatisierungstechnik bereitstellt, soll durch eine Mittelumschichtung hin zu diesem Unternehmen unterstützt werden. Des Weiteren ist daran gedacht, ein Modernisierungszentrum im Forschungsinstitut, das im Bereich von Technik und angewandter Arbeitswissenschaft tätig ist, einzurichten, welches „Anschauungsmaterial" für Modernisierungsinteressenten bereitstellt. Auch hierfür sind eventuell Mittel vorzusehen. Vorgesehen sind zudem Beratungsrunden für interessierte Betriebe (verantwortlich: das Automatisierungsunternehmen) frühestens ab 3/97 sowie ein Workshop mit der Firma, die bei der Modernisierung sehr weit ist, etwa 2/97. Das auf Technik und angewandte Arbeitswissenschaften spezialisierte Institut wird die Qualifizierungsbausteine dokumentieren (bis 12/96) und die weiteren Verlaufsschritte festlegen.

7. Zusatz

Die weitergehende Projektbearbeitung hat zwischenzeitlich u. a. zu folgenden Resultaten geführt:
– Es konnte eine dritte Firma als Anwenderbetrieb gewonnen werden.
– In der Firma, die im Verzug war, ist das Modernisierungsvorhaben fortgesetzt worden.
– Eine regionale Präsentation des Projektes hat bei weiteren Firmen in der Region stattgefunden.

Gerade die zuletzt genannten Zusätze sollen noch einmal verdeutlichen, dass die Evaluationssitzung bzw. das Bilanzierungsverfahren nicht als ein einmaliger Vorgang zu verstehen ist. Es soll vielmehr Teil eines kontinuierlichen Monitoringprozesses sein.

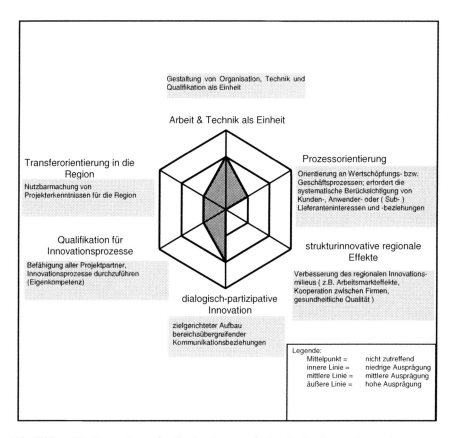

Abb. 6/29: *Die Darstellung der Evaluationsergebnisse in der Innovationsspinne*

6.5.4 Projekt K: Entwicklung eines regionalen Zentrums für Automatisierungssysteme

Hauptantragsteller: Industrieverband
Verbundpartner: Regionales Berufsbildungszentrum
Transferinstitut des Industrieverbandes
Ingenieurwissenschaftliches Institut für Automatisierungstechnik
Berufsbildungswissenschaftliches Institut der örtlichen Universität
Betriebliche Partner: zwei mittelständische Betriebe der Zulieferindustrie
Förderzeitraum: Januar 1994–Dezember 1995

1. Zur Entstehung der Projektinhalte und -ziele

Durch die Einrichtung eines Regionallabors Automatisierungssysteme im regionalen Berufsbildungszentrum sollte das in der Region vorhandene Know-how zur Herstellung und Anwendung innovativer Automatisierungssysteme aufgenommen und erweitert werden. Das Projekt knüpft an Vorgängerprojekte zum Thema „Berufliche Weiterbildung im Kooperationsverbund Schule-Betrieb" an. Ortsansässige Unternehmen der Zulieferindustrie (Hersteller von automationstechnischen Anlagen und Betriebssystemen) wollten die an der Berufsschule vorhandene Technik und das pädagogische Know-how erschließen, um Aus- und Fortbildungsinhalte umzusetzen, die in den Betrieben ansonsten nicht aufgegriffen würden, aber für die bessere Bewältigung der Aufgaben hilfreich wären. Im Rahmen dieses Modellversuchs von Berufsschullehrern und betrieblichen Ausbildern wurde am betreffenden Schulzentrum ein flexibles Montagesystem geplant und in Betrieb genommen. In diesem Zusammenhang wurden Kooperationen zwischen Schule und Betrieb etabliert, um den vielfältigen Herausforderungen in Folge der Neuordnung der Metall- und Elektroberufe zu begegnen. Im Rahmen dieses Modellversuchs wurde deutlich, dass im Bereich der beruflichen Bildung ein derartiges System nicht nur für die Erstausbildung, sondern insbesondere auch für die Fort- und Weiterbildung der Mitarbeiter durch die regionalen Unternehmen genutzt werden könnte. Allerdings fallen derartige Aufgaben nicht unter den Bildungsauftrag der Berufsschulen.

An einem ersten Round-Table-Gespräch waren Vertreter aus Unternehmen, Verbänden, Behörden, Schule und Universität beteiligt, sie unterstützen nachdrücklich die Initiative für ein Regionallabor für Automatisierungssysteme.

Das zentrale Ziel von Aus- und Weiterbildungslabors ist es, die arbeitsorientierte Gestaltung bei der Planung, Einführung und beim Betrieb von Automatisierungssystemen zu unterstützen. Im Mittelpunkt steht die Entwicklung integrierter Qualifizierungs-, Beratungs- und Informationsmodule. Durch ein bedarfsorientiertes Angebot betriebsspezifischer Qualifizierung, Beratung und Information sollen regionale Unternehmen bei technologischen, organisatorischen und personalbezogenen Veränderungen unterstützt werden. Die Projektziele sind bewusst offengehalten, damit sie eng an die in der Region bestehenden Bedarfe der Betriebe orientiert werden können. Eine zentrale Voraussetzung des Projektes war daher in einem ersten Schritt die Ermittlung der spezifischen Bedarfe.

2. *Zur Entwicklung des Innovationsgegenstandes*

Das Projekt zielt auf die technische, qualifikatorische und organisatorische Bewältigung der Flexiblitätsanforderungen des Marktes. Vor diesem Hintergrund wurde im Rahmen eines Bilanzierungsworkshops das Kriterium Marktinnovation am stärksten gewichtet. Technische, qualifikatorische und organisatorische Wirkungen des Projektes wurden jeweils gleichgewichtet. Die innovativen Effekte des Regionallabors beruhen auf einer Bündelung von Dienstleistungen. Erstens geht es um eine bedarfsgerechte Mitarbeiterqualifizierung der beteiligten Betriebe. Zweitens geht es um die betriebsspezifische Beratung in den Fragen der Arbeits- und Technikgestaltung und der Personal- und Organisationsentwicklung. Drittens geht es um die Bereitstellung eines anwendungsbezogenen Experimentierfeldes für die Erpobung technischer Prinzipien und Abläufe. Und viertens geht es darum, ein Forum für Informationsveranstaltungen und Workshops zu schaffen, um Themen zu Fragen der Gestaltung von Arbeit und Technik (beispielsweise neue Planungsinstrumente, neue Hard- und Software) diskutieren zu können.

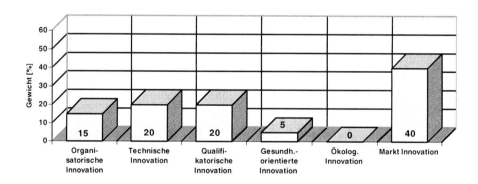

Abb. 6/30: Gewichtung der projektbezogenen Wirkungen anhand der Hauptkriterien

Die Vertreter des Berufsschulzentrums gewichteten im Rahmen der Nutzwertanalyse die qualifikatorische Innovation am stärksten, ließen sich aber von dem Argument überzeugen, dass Qualifikation ein wichtiger Unterbereich von Marktinnovation sei. Im Hinblick auf qualifikatorische Innovation wurde bemerkenswerterweise der Fachkompetenz ein stärkeres Gewicht als der Sozialkompetenz eingeräumt, da die Projektbeteiligten den Kernauftrag des Labors in der Vermittlung fachlichen Wissens sehen.

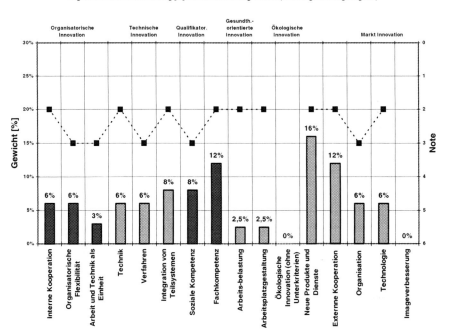

Abb. 6/31: Gewichtung und Bewertung der projektbezogenen Wirkungen anhand der Unterkriterien

3. Zur Entwicklung der Akteursbeziehungen

Das Verbundprojekt basiert auf der interdisziplinären Zusammenarbeit unterschiedlicher Fachwissenschaftler und Unternehmensvertreter. Bei den Akteuren ergibt sich bereits dadurch ein gegenseitiger Lerneffekt, indem der Problemhorizont der jeweiligen Disziplinen erweitert wird. Das Projekt sollte als Scharnier zwischen Anwender- und Herstellerbetrieben, Ausrüstungsunternehmen sowie Schule, Universität und Weiterbildungseinrichtungen fungieren. Allerdings sind in das Projekt keine betrieblichen Interessenvertreter involviert.

Die Projektkoordination liegt in den Händen eines Berufsschullehrers, der über umfangreiche Projekterfahrungen durch seine frühere Mitarbeit an dem universitären Institut verfügte. Er ist allerdings nur zu 50 % von seiner Unterrichtstätigkeit freigestellt. Darin besteht ein deutlicher Mangel, denn wie im Rahmen der Nutzwertanalyse festgestellt wurde, macht das interdisziplinäre Projekt eine umfangreiche Koordinationsarbeit erforderlich. Insbesondere wäre es notwendig, dass sich Projektvertreter zur Ermittlung betrieblicher Qualifizierungs- und Beratungsbedarfe intensiver in den beteiligten Unternehmen aufhalten. So kam im Rahmen des Bilanzierungsworkshops eine verhältnismäßig starke Aufgaben- und Kompetenzenverteilung und ein Mangel an Prozesswissen unter den Projektbeteiligten zum Ausdruck. Dies gilt insbesondere für die am Projekt beteiligten Wissenschaftler.

Angesichts der unterschiedlichen Wissensbestände und Erfahrungen der beteiligten Ingenieure, Pädagogen und Sozialwissenschaftler war es zunächst erforderlich, eine einheitliche Begrifflichkeit durch projektinterne Diskussionen herzustellen. Kontinuierliche Kooperationsbeziehungen haben sich insbesondere zwischen den Vertretern des Instituts für Wissenschaftstransfer und Personalentwicklung auf der einen Seite und den Lehrern des Berufsschulzentrums auf der anderen Seite entwickelt. Die Kooperation mit den anderen Projektbeteiligten wird je nach Bedarf aktiviert. Darüber hinaus hatten die beteiligten Lehrer zunächst Probleme, ihre Aufgaben und Kompetenzen innerhalb des eigenen Schulzentrums transparent zu machen. Die Akzeptanzbildung innerhalb des Schulzentrums war in der ersten Phase ein ernstzunehmendes Problem. Die bereits angesprochene zeitliche Beschränkung des Einsatzes der Berufsschullehrer und die auf zwei Jahre beschränkte Laufzeit des Projektes erschweren die umfassende und systematische Organisation des Innovationsprozesses. Insbesondere mangelt es an einer intensiven Moderation der Projektbeteiligten.

4. Die Akteure des Innovationsprozesses und ihre Lernprozesse

Zur Ermittlung der Qualifikationsbedarfe wurde im Rahmen des Projektes ein Instrument entwickelt, mit dem sich eine Defizitanalyse von Qualifikationen durchführen lässt. Es gibt den Befragten Raum, um ihre Wünsche und Vorstellungen in Bezug auf die Gestaltung ihrer Arbeit mitzuteilen. Neben dieser empirisch-pragmatischen Ermittlung des Qualifikationsbedarfs wurden Expertengespräche geführt und das Ergebnis der Erhebung allen Beteiligten vorgestellt und rekommentiert. Im Rahmen dieses Verfahrens reflektierten die Beschäftigten ihre eigene Arbeitssituation, was z. T. zur Reflexion über andere Arbeitsinhalte und Möglichkeiten der Arbeitsorganisation führte. Insbesondere wurden durch die Interviews Diskussionen mit Kolleginnen aus Nachbarabteilungen über technische Probleme und die Arbeit an sich initiiert. Darüber hinaus konnten für die an der Erhebung beteiligten Berufsschullehrer und Wissenschaftler intensive Kontakte zu Produktionsbeschäftigten hergestellt werden. Die ermittelten Qualifizierungs- und Beratungsbedarfe wurden gebündelt und zu Fortbildungskursen verdichtet. Allerdings wurden die angebotenen Kurse bislang nur zögerlich in Anspruch genommen, da sich aus der Wiederbelebung der Konjunktur Personalprobleme ergaben.

Im Rahmen des bisherigen Projektzeitraumes gewann neben den bedarfsorientierten Qualifizierungsmodulen eine so genannte Schaufensterfunktion an Gewicht. Durch die Einbeziehung eines Industrieausrüsters kam der Wunsch auf, für Kunden (beispielsweise Handwerksmeister aus Kleinbetrieben) die Möglichkeit zu eröffnen, die infrage kommende Technik kennenlernen und begutachten zu können. In dieser Hinsicht bietet das Automatisierungslabor quasi das Forum eines Schaufensters. Darüber hinaus wird das Automatisierungslabor dazu benutzt, Verfahren, Prozesse und Prinzipien zu erproben, die später in Produktionsanlagen zur Anwendung kommen sollen. Die Unternehmen können hierzu im Labor außerhalb der betrieblichen Produktionszwänge Erprobungen durchführen. Somit ist das Projekt von der ursprünglich ausschließlich angebotsorientierten Präsentation von Qualifizierungskompetenzen abgerückt und hat zunehmend die Aufgabenfelder „Schaufensterfunktion" und „anwenderorientierte Erprobung und Demonstration" aufgenommen.

5. Bisher erzielte projektbezogene und regionale Wirkungen

Im Rahmen der Nutzwertanalyse wurde der regionale Anteil an den Wirkungen dieses Verbundvorhabens höher als der Anteil der projektbezogenen Wirkungen gewichtet. Auch bei den regionalen Wirkungen erfuhren die Markteffekte die höchste Gewichtung. An zweiter Stelle wurden die Arbeitsmarkteffekte und die kooperationsorientierte Vernetzung (gleichgewichtig) priorisiert. Durch die Projektbeteiligten wurde besonders die Bedeutung der Kooperation zwischen den regionalen Betrieben und Instituten und die Bedeutung regionaler Kommunikationsforen hervorgehoben.

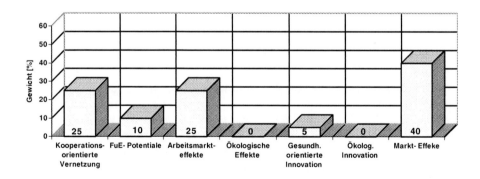

Abb. 6/32: Gewichtung der regionalen Wirkungen anhand der Hauptkriterien

Wirkungsanalyse des Programms

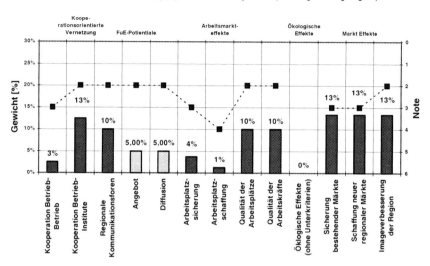

Abb. 6/33: Gewichtung und Bewertung der regionalen Wirkungen anhand der Unterkriterien

6. Schlussfolgerungen und Perspektiven

Nach 14 Monaten Laufzeit gingen vom Projekt bereits einige Impulse in die Region aus, die aber noch nicht systematisch fortgeführt wurden. Das Projekt K hat bislang v. a. Qualifikationen für Innovationsprozesse im Bereich der Automatisierungstechnik befördert. Dies geschah und geschieht v. a. auf der Grundlage einer relativ ausgeprägten Transferorientierung. Die notwendigen dialogisch partizipativen Anteile waren im Projekt noch nicht nachhaltig genug verwirklicht. Dies dürfte auch die Voraussetzung für eine (stärkere) Prozessorientierung des Projektes sein. Das Schwergewicht der weiteren Projekt-Aktivitäten liegt im Aufbau regionaler Qualifizierungsnetze. Im Nachgang zur Evaluation wurden verschiedene Maßnahmen getroffen, um weitere betriebliche Partner und weitere Weiterbildungseinrichtungen anzusprechen und einzubinden. Hierbei sollte das Projekt seine spezifischen Kompetenzen einbringen. Insbesondere ist an solche Ausbildungsanteile gedacht, die sich mit Automatisierung, Steuerungs- und Robotertechnik befassen. Maßnahmen im zweiten und ersten „offenen" Markt für Weiterbildungsqualifikationen sollten darauf Bezug nehmen. Insbesondere sollten fachpraktische Anteile eingebracht werden, die die Einrichtung neuer Weiterbildungsberufe stützen.

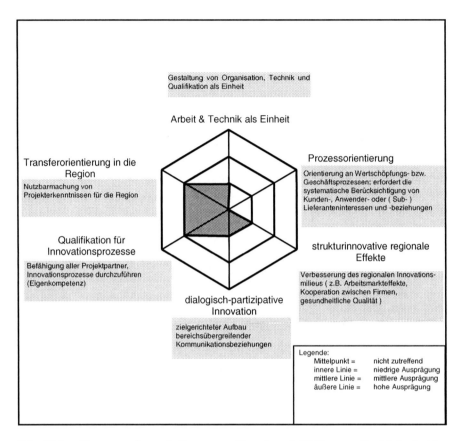

Abb. 6/34: Zusammenfassende Bewertung (Stand nach 20 Monaten Projektlaufzeit)

Dazu wurden Gespräche mit Firmenvertretern geführt, mit dem Ziel, Weiterbildungsanteile aus dem Bereich der Automatisierungstechnik, die bislang hausintern durchgeführt wurden, nun aber zunehmend an Dritte ausgelagert werden, im Projekt anzusiedeln. Im Falle eines großen regionalen Unternehmens gab es Überlegungen, bestimmte Ausbildungsanteile der Erstausbildung von Prozessleittechnikern im Projekt stattfinden zu lassen. Ferner wird das Projekt dabei als Erprobungs- und Experimentierfeld genutzt werden.

Es gab und gibt mehrere Anfragen von mehreren kleinen, regionalen Unternehmen (Ausrüstern bzw. Herstellern von Steuerungseinrichtungen), die die Einrichtungen von AutoLab zur anwendungsbezogenen Erprobung nutzen möchten. In vielen Fällen handelt es sich dabei auch um die Lösung bestimmter Zuführ- und Montageprobleme sowie um die Möglichkeit, bestimmte Pneumatikkomponenten und -steuerungen zu erproben. Dies erstreckte sich auf die didaktische Unterstützung bei der Gestaltung von Teachware.

Darüber hinaus verfolgte das Projekt weiterhin einen gewissen Beratungsanspruch: Durch die vielfältigen Transferaktivitäten in die Region hatte das Projektkonzept auch in Hochschul- und Berufsschulkreisen für Aufmerksamkeit gesorgt. Es konnten weitere Berufsschulen aus der Region beraten werden, die sich mit dem Gedanken tragen, ein ähnliches Transfermodell aufzubauen.

6.6   Benchmark der vier Projektintensivfallstudien

Mit Hilfe der Innovationsspinnen werden die vier Projekte einem Vergleich zwischen den zentralen Innovationsfaktoren und -dimensionen für die Entwicklung guter Innovationspraxis unterzogen. Der jeweilige Erreichungsgrad bei den einzelnen Innovationsdimensionen, die in den zwei „good practice"- bzw. „bad practice"-Fällen in ihren Ausprägung identifiziert wurden, wird dazu einem Vergleich unterzogen und diskutiert. Zwei zum Bewertungszeitpunkt eher positiv bewertete Projekte – Projekt (G) und Projekt (D) – werden mit zwei zum Bewertungszeitpunkt schwächer bewerteten Projekten verglichen – Projekt L und K.

Die folgende Tabelle vermittelt einen Überblick zur Verteilung der Ausprägungen (hoch, mittel und niedrig) im Verhältnis zu den sechs Innovationsdimensionen beim Benchmark der vier Projekte G, D, K und L.

sechs Innovationsdimensionen	hohe Ausprägung	mittlere Ausprägung	niedrige Ausprägung
(1) dialogisch-partizipative Innovation	G/D	L	K
(2) Qualifikation für Innovationsprozesse		D/K	G/L
(3) Transferorientierung in die Region		G/D/K	L
(4) Arbeit und Technik als Einheit		G/L	D/K
(5) Prozessorientierung		G/D	L
(6) strukturinnovative regionale Effekte		G	D/K[41]

Tab. 6/35: Vergleich der Ausprägungen (hoch/mittel/niedrig) der sechs Innovationsdimensionen zu den „good"- (G und D) und „bad practice"(K und L)-Projektfällen

Die Tabelle zeigt, dass unsere beiden „good practice"-Projektfälle in der Regel mit ihren Ausprägungen aus den Spinnenachsen vor den beiden weniger guten Projekten liegen. Lediglich in den Innovationsdimensionen 2 und 4 zeigt sich ein uneinheitlicheres Bild. In den Innovationsdimensionen 1, 3 und 5 verzeichnen auch die schwächeren Projekte L und K bessere Ergebnisse. In diesen Innovationsdimensionen scheinen die Projekte gewisse positive Besonderheiten aufzuweisen, die es im Folgenden zu diskutieren gilt. Die weiteren Dimensionen zeigen ein eher uneinheitliches Bild; hier ist die Positionierung der Projekte eher uneinheitlich, jedoch mit den deutlich besseren Positionen der Projekte G und D.

6.6.1 Diskussion von drei Innovationsdimensionen, in denen die Projekte bessere Wirkungen erzielten

Im Folgenden werden die beiden „good practice"-Projekte G und D den weniger gut entwickelten Projekten K und L gegenübergestellt und im Rahmen einer kontrastiven Analyse diskutiert. Die Gründe für die weniger günstige Entwicklung werden bestimmt und in der Zusammenfassung gebündelt. Die deutlich besser liegenden Annäherungen der Projekte an die Innovationsdimensionen „dialogisch-partizipative Innovation",

---

41 Das Projekt L erzielte in dieser Innovationsdimension keine Effekte.

"Transferorientierung in die Region" und "Prozessorientierung" werden für die Analyse genutzt.

Die Innovationsdimension „dialogisch-partizipative Innovation"

Die Dimension der dialogisch-partizipativen Innovation wurde in den beiden „good practice"-Projektfällen G und D mit deutlich sichtbarer hoher Ausprägung erreicht. Beiden Projekten gelang es, in guter Weise die Problemlagen der betroffenen industriellen Branchen (regionales Backhandwerk und regionale Zulieferbetriebe der Automobilindustrie) in ihr Vorgehen aufzunehmen und zu bearbeiten. Die entscheidende Impulse bzw. Beweggründe für diese beiden Projekte kamen in beiden Fällen aus den Betrieben bzw. aus der Wirtschaft selbst und wurden sodann zusammen mit den Wissenschaftlern weiter entwickelt. Begünstigt haben diese Entwicklungen gute informelle Kontakte zwischen den Wissenschaftlern und Industriemanagern bzw. Bäckermeistern. Auf beiden Seiten war ein hinreichendes Vertrauensklima vorhanden, dass es ermöglichte, betriebliche Problemstellungen in die regionalen, wissenschaftlichen Einrichtungen zu tragen. Die bestehenden Kontakte zwischen den beiden Gruppen gründeten sich auf positiven Vorerfahrungen aus vorangegangenen Projektbeziehungen. Dies hat sich auf das Zustandekommen des Projektes positiv ausgewirkt. Die dialogische und symmetrische Konstellation in den bereichsübergreifenden Beziehungen zwischen den betrieblichen Vertretern auf der einen Seite und den wissenschaftlichen Vertretern auf der anderen Seite hat auch die Bereitschaft zu frühzeitiger Öffnung der Projekte für weitere Betriebe geweckt. Im Fall des Projektes G führten die Gespräche nach einem bilateralen Beginn zwischen den verantwortlichen Institutsvertretern bzw. dem Professor und dem Vorsitzenden der Innungsbranche alsbald dazu, dass die Projekte nicht auf einer bilateralen Ebene stehen blieben (z. B. nach dem Prinzip: ein Professor bzw. ein Wissenschaftler, ein Problem und ein Partnerbetrieb aus der Wirtschaft), sondern über die Vereinigung der Bäckereibetriebe, hier die regionale Innung, konnte das Thema des Vorhabens für weitere Betriebe geöffnet werden. Damit war es möglich, das Vorhaben als Verbundnetzwerk zu entwickeln und die vielleicht eher singuläre Problemstellung zu einer regionalen bzw. lokalen Problemstellung zu verallgemeinern.

Ähnlich im Fall D, wo nach ersten Gesprächen zwischen regionalen Zulieferern und einem örtlichen Automobilunternehmen eine Verallgemeinerung der Problemstellung erreicht werden konnte. Wichtig war dabei die Moderation der Problemstellung durch das arbeitswissenschaftliche Institut und die damit verbundene Zusammenführung der lokalen Kräfte. Die möglichst frühzeitige Öffnung der Kreise ist wichtig und legt das Fundament für ein gut zusammengesetztes Projektnetzwerk mit Partnern, die sich in ihren jeweiligen Kompetenzen ergänzen. Geschieht dies nicht sorgfältig genug, kann es zum Projektstart zu Defiziten kommen, die sich auch im weiteren Fortlauf nur schwer beheben lassen. In beiden Projektfällen wurde auch jeweils mit den relevanten Entscheidungsträgern im Unternehmen gesprochen. Dies gilt auch für die Arbeitnehmervertretung, die von Anfang an in die Projektvorbereitung einbezogen war. So konnte es gelingen, von beiden Seiten eine wohlwollende und intensive Unterstützung durch die Verantwortlichen zu erhalten. Folglich konnte es im Fortgang des Projektes G gelingen, dass die Bäckereibetriebe des örtlichen Handwerks eine enge Arbeitsbeziehung mit dem in räumlicher Nähe gelegenen Lebensmitteltechnologie-Forschungszentrum aufnahmen. Im Projekt D sind es die örtlichen Zulieferer, die in eine enge Kooperation mit dem Automobilwerk treten. Dazu können beide Projekte über Hospitationen und regelmäßige Koordinationssitzungen ihre bereichsübergreifenden Beziehungen zwischen Wissenschaftlern und Wirtschaftsvertretern vertiefen, so dass sich bei den beiden Projekten die Innovationsprozesse dialogisch und beteiligungsorientiert entfalten. In den zwei Projekten gelingt es, dauerhafte bereichsübergreifende Kommunikationsbeziehungen aufzubauen. Ein wechselseitiges Verständnis für die Projektproblemstellung kann zwischen den betrieblichen Handwerkern bzw. Handwerkerinnen, Geschäftsführern und Mitarbeitern von Zulieferern bzw. Automobilgroßunternehmen auf der einen Seite und externen Fachwissenschaftlern, Fachinformatikern, Lebensmitteltechnologen, Berufspädagogen und Arbeitswissenschaftlern auf der anderen Seite geschaffen werden. Die Entwicklung von dialogisch-partizipativer Innovationsfähigkeit ist eine personale Qualifikation und setzt bei allen Beteiligten ein hohes Maß an gut ausgebildeten Sozialkompetenzen voraus. Damit sind Fähigkeiten wie z. B. Offenheit, Dialogbereitschaft und das Vermögen, sich in die Probleme des anderen hineinzuversetzen, gemeint. Kurzum, es geht um Lernbereitschaft und damit um die Bereitschaft, von anderen zu lernen bzw. entsprechende Praxisimpulse aufzunehmen. Etabliert sich eine derartige Vertrauensbasis zwischen Wissenschaftlern und Betrieben, so ist eine wesentliche Voraussetzung für die Arbeitsfähigkeit im Innovationsprozess geschaffen. Eine hinreichende Bedingung für den Erfolg einer Innovations-Maßnahme ist dies jedoch noch nicht.

In den Evaluationsworkshops konnte daher ein konstruktives und offenes Gesprächsklima wahrgenommen werden, welches durch eine hohe Bereitschaft zum Konsens hinsichtlich des Projektzustandes gekennzeichnet war. Die Offenheit, über Stärken und Schwächen zu reden, war erkennbar. Alle in den Projektkonsortien G und D vertretenen Unternehmen waren sehr daran interessiert, am Projektgeschehen bzw. am Projekt mitzuwirken und fühlten sich von dem Angebot der wissenschaftlichen Einrichtungen angesprochen, was an den in den Studien aufgezeigten Gewichtungen und Bewertungen erkennbar wird (siehe dazu auch den jeweiligen Abschnitt 5 bei den Fallstudien der Projekte G und D und den Graphen mit den regionalen und projektbezogenen Wirkungen). Hier wird ein hohes Maß an Interaktivität und Reziprozität zwischen den Vertretern der Betriebe auf der einen Seite und den wissenschaftlichen Projektpartnern auf der anderen Seite mit befriedigenden bis guten Noten und entsprechend hohen Gewichtungen deutlich.

In den Projekten L und K entwickelt sich im Projektverlauf nur zum Teil stabile Kooperationsbeziehungen, jedoch kann eine dialogisch-partizipative Bearbeitung der Innovationsgegenstände nur in Projekt L in zwei Fällen konstatiert werden. Im Projekt K verbleibt die Beziehung auf der Ebene der Absichtserklärungen und Potentialeinschätzungen. Obwohl die wirtschaftlichen und schulischen Projektpartner von ihren verfügbaren Ressourcen und unter den Bedingungen räumlicher Nähe und Erreichbarkeit operieren und damit über vergleichsweise günstige Rahmenbedinungen verfügen, gelingt es im Projektverlauf nicht, einen intensiveren Innovationsdialog zwischen den beteiligten Unternehmen mit dem Berufsbildungszentrum anzustoßen. Die bereichsübergreifenden Kooperationsbeziehungen entfalten sich nicht so wirkungsvoll, dass die umfangreichen Möglichkeiten und Potentiale des Schullabors hinreichend genutzt werden. In dieser Projektintensivfallstudie (siehe Abschnitt 6.5.4) wird festgestellt, dass sich die Projektvertreter intensiver in den beteiligten Unternehmen hätten aufhalten sollen. Stattdessen wurde eine zu starke Aufgaben- und Kompetenzteilung zwischen den Bildungsinstituten und den Wirtschaftsunternehmen festgestellt, so dass sich keine wechselseitige Einsichtnahme und damit ein integrierter Lernprozess an betrieblichen Problemstellungen zwischen den regionalen Partnern entfalten konnte. Dieser kooperative Lernprozess scheitert an der unzureichenden Bereitschaft der Wirtschaftsbetriebe, sich dem Bildungszentrum als auch der Schule zu öffnen; hinderlich wirkt sich auch aus, dass es an einem koordinierenden „Leader" in diesem Projekt mangelt. Die unzureichenden Zeitbudgets der kooperierenden Berufsschullehrer verhindern, dass sich auf ihrer Seite solch eine Leaderfigur herausbilden kann. Insgesamt kann ein Mangel an Prozessorientierung bei der Anwendung innovativer Automatisierungssysteme konstatiert werden. Von Hospitationen und wechselseitigen Treffen wird nur unzureichend Gebrauch gemacht bzw. die mangelnde Öffnung und Beteiligung behindert das Entstehen solcher bereichsübergreifender Prozesse. Nicht zuletzt muss auch eine durch den Projektträger zu verantwortende unzureichende Moderation dieser Kooperationsprozesse bemängelt werden.

Besser stellt sich die Situation in Projekt L dar, wo eine intensive Beteiligung der direkten Ebene (Meister und Facharbeiter) mit einem Wirtschaftsunternehmen gut gelingt. Hier kommt ein vertrauensvolles Kooperationsklima zwischen den Projektbeteiligten zustande, so dass sich neue Kompetenzen auf Seiten der Facharbeiter und Meister beim Umbau von Werkzeugmaschinen im Automatisierungs- und Mechanikbereich entfalten können. Leider wird dies von Seiten der beiden wissenschaftliche Institute nicht ausreichend intensiv genutzt, dergestalt dass durch eine intensive Begleitung entscheidende methodische Schritte und Randbedingungen für eine erfolgreiche Praxis herausgearbeitet werden können. Es entstehen keine methodischen Leitlinien und Regelprinzipien, die für die Verallgemeinerung der Erfahrungen bei diesen Prozessen hätte genutzt werden können. Insgesamt bleibt die Erreichung dieser Innovationsdimension hinter den Erwartungen zurück (siehe Intensivfallstudie). Gründe sind: unklare Projektleitungsfunktionen, fehlende Instrumente auf Seiten der Wissenschaftler zur Unterstützung des Umbaukonzeptes und kein frühzeitig einsetzendes Projektcontrolling. Eine fehlende Bedarfsanalyse in der Region verhinderte, dass die Entstehung einer gezielten Transfer- und Vermarktungsstrategie gefördert wurde. Dabei hätten die beiden Fälle „guter" Praxis und damit der gelungenen Förderung der Sozialkompetenz (und damit der betrieblichen Innovationsfähigkeit) durch die betrieblichen Projekte eine Pilot- bzw. Vorbildfunktion wahrnehmen können. Angesichts der Tatsache, dass der im Projektverbund anvisierte Modernisierungsansatz von der nisierungsansatz von der Sache her voll und ganz den Kriterien des Bremer Landesprogramms „Arbeit und Technik" entspricht, hätten die vorhandenen Stärken effektiver genutzt werden müssen. Der weitere Ausbau der Verbundstruktur in Hinsicht auf mehr umbauwillige Betriebe hätte offensiver verfolgt werden müssen.

Zur Innovationsdimension „Transferorientierung in der Region" im Vergleich zwischen den vier Projekten

In den Projekten G und D, den beiden „good practice"-Fällen, werden die Projekterkenntnisse für die Region nutzbar gemacht. In beiden Fällen gelingt es, die im lokalen Umfeld relevanten Betriebe anzusprechen und sie aktiv in die Projektpartnerschaft einzubinden. Ebenso gibt es im Projekt K vielfältige Bemühungen, nicht nur die beim Projektstart vorhandenen zwei Wirtschaftsunternehmen einzubinden, sondern im Verlauf des Projektes systematisch weitere Betriebe anzusprechen. Hierbei muss allerdings festgestellt werden, dass die Bereitschaft zu kooperieren, auf Seiten der Unternehmen zur Herstellung von Automatisierungssystemen und -komponenten weit stärker ausgeprägt ist als bei den regionalen Anwenderunternehmen. So gewinnt im Projektzeitraum auch die Nutzung des Labors in Form einer Schaufensterfunktion zur Erprobung von Verfahrens- und Prozesslösungen nicht an Bedeutung. In Projekt L ist dieses Innovationskriterium nur schwach ausgeprägt, wobei eine umfassende Bedarfsanalyse in der Region nicht systematisch durchgeführt wurde. Eine offensive Vermarktungsstrategie des Projektes war in der Evaluation nicht erkennbar, so dass es bei den zwei praktizierten Innovationsfällen, die aber als geglückt betrachtet werden müssen, im Projektverlauf blieb. Gerade damit hätte sich ein Anknüpfungspunkt für eine erfolgreichere Vermarktung des Projektes ergeben können.

Zur Innovationsdimension „Prozessorientierung" im Vergleich zwischen den vier Projekten

Die Prozessorientierung wird in drei der vier Projektfälle nur mit mittlerer Ausprägung erreicht. Dies stellt im Vergleich zu den anderen Projekten des Programms ein relativ gutes Ergebnis dar. In allen drei Fällen sind deutliche Ansätze dazu erkennbar, die Innovationsbemühungen entlang der Arbeits- und Geschäftsprozesse der beteiligten Unternehmen zu orientieren. Für das Projekt D ist es die erfolgreiche Einbindung aller am Standort vertretenen Zuliefererbetriebe einschließlich des Endabnehmerunternehmens, bei den Bäckern die genossenschaftlichen Rohstofflieferanten (regionale Bäckereigenossenschaft), Lieferanten von Backmaschinen und -technik sowie anderer für die Prozesskette nützlicher Partner. Gleichwohl sind solche Bemühungen, schon wegen des damit verbundenen Koordinierungsaufwandes, nicht ausreichend. Eine hohe Ausprägung hätte sicherlich die Einbeziehung der Kunden bzw. Endabnehmer (im Projekt G die Lebensmittelkonsumenten der Backprodukte, unterstützt ggf. durch Verbraucherverbände, im Projekt D weitere lokale Sub-Lieferanten entlang der Wertschöpfungskette) in die Prozesskette erwarten lassen und verstärkt Vertreter und Mitarbeiter aus den obigen Akteursgruppen einbezogen. Gleichwohl gelingt es in Projekt D, gestützt durch eine gutes Projektmanagement, systematisch bereichsübergreifende Lernprozesse zu initiieren, so dass es zu einer zwischenbetrieblichen Organisationsentwicklung kommt. Dazu wurden drei Instrumente eingesetzt: Störfallanalysen, zwischenbetriebliche Hospitationen und die Installierung bzw. Etablierung so genannter Grenzgänger. Die Prozessorientierung ist durch die Anlage und Definition des Projektes gut ausgeprägt und trägt mit zum Erfolg dieses Projektes bei; das Projekt gehört daher auch zu denjenigen, welche am ehesten in der Lage waren, strukturinnovative Effekte zu erzeugen (Bäcker: Entstehung eines Zentrums für handwerkliche Backtechnologie, neue Ausbildungsgänge wie „Diplom-Bäcker"; beim Zulieferer: regionales Forum, Institutionalisierung sog. runder Tische). Eine Verstetigung des Projektgedankens gelingt in diesem Projekt auch deshalb, weil ein systematisch moderierter Erfahrungsaustausch über eine Reihe von Workshops zwischen dem Automobilhersteller, einem weiteren Automobilwerk und etwa zwanzig weiteren Automobillieferanten in der Automobilregion Weser-Ems initiiert werden kann.

Im Projekt G konnte ebenfalls eine systematische Berücksichtigung der Wertschöpfungskette in diesem Geschäftsfeld erreicht werden, wobei neben dem Bäckerhandwerk bzw. ihres Unternehmensverbandes und dem lebensmitteltechnologischen Institut weitere Institutionen eingebunden wurden, die als Dienstleister auf den Erfolg einer Bäckerei positiv Einfluss nehmen können (Landesfachschulen, die regionale Bäckereigenossenschaft, Berufsschule, Gewerbeaufsicht und Gewerkschaften). Hinzu kommen externe Partner aus dem Zulieferbereich (Maschinen/ Apparate und Rohstoffe), die zusammengenommen fast die ganze Prozesskette abbilden. Für den relativen Projekterfolg war daher dieser hohe Grad an Prozessorientierung mit maßgeblich, auch wenn die Kette leider bei den Bäckereimitarbeitern und den Kunden der Backprodukte abbricht. Ein weiterer Garant für die Verstetigung dieses Projektes ist die aktive und tragende Leadershipfunktion von Seiten des einschlägigen Institutes, welches als ein Transferinstitut angelegt und eng mit der lokalen Hochschule verbunden ist. Damit konnte Forschung an die Lehre angebunden werden, was erfolgreich zu vielen Diplomarbeiten in diesem Innovationsfeld führte. Dies wird beantwortet durch eine große Bereitschaft der regionalen Bäckereibetriebe als auch der verantwortlichen Bäckereigenossenschaft, die Projektziele zu stützen und an dem im Projekt entstandenen Backzentrum aktiv mitzuwirken. Nicht zuletzt kann das Projekt durch eine theoretisch-analytische und praktische Kompetenz des Berufsfeldes eine experimentelle Verschränkung durch gemischte Innovationszirkel, bestehend aus Bäckermeistern und Lebensmitteltechnologen, erreichen. So konnten die Ergebnisse dieses Projektes maßgeblich für die Modernisierung von regionalen Bäckereien genutzt werden. Der erfolgreiche Verlauf dieses Projektes gründet sich daher auf eine gelungene Einbeziehung weiter Teile der Prozesskette Bäckerhandwerk. Die Bedeutung des Kriteriums „Prozessorientierung" tritt deutlich hervor und scheint offensichtlich ein Katalysator zu sein, um die Entwicklung in Richtung auf ein clusterorientiertes, regionales Innovationsmilieu zu befördern. Mit dem im Projekt entstandenen Backzentrum als Demonstrations-, Kompetenz- und Entwicklungszentrum werden sodann alle an der Wertschöpfungskette involvierten Akteure und Institutionen angesprochen: angehende junge

Lebensmitteltechnologen, deren Ausbildung noch praxisnaher und nutzbringender gestaltet werden kann; junge angehende Bäcker, die sich in Backtechnologien weiterbilden wollen; Bäckereiinhaber, die eine Modernisierung ihrer Bäckereien anstreben; entsprechende Dienstleister der Backmittelwirtschaft bzw. Hersteller backtechnologischer Anlagen, die einen Absatzmarkt auch lokal verstärken wollen sowie die örtliche Berufsschule, in der die Auszubildenden frühzeitig mit Fragen der Innovation in diesem Feld konfrontiert werden können.

In dieser Innovationsdimension fallen die schwächeren Projekte deutlich zurück, lediglich Projekt L ist beispielhaft in der Lage, eine engere Kooperationsbeziehung zwischen dem Institut für Berufsbildungsforschung und einem Partnerbetrieb zu entwickeln. Dieser Partnerbetrieb ist im Modernisierungsprojekt weit vorangekommen, wobei ein innerbetriebliches Projektteam die Werkzeugmaschine mit Unterstützung der Institute und des Automatisierungstechnikanbieters erfolgreich modernisiert. Allerdings ist dies mehr oder weniger ein Einzelfall und wirft die Frage auf, warum das Projekt in der Umsetzung des Modernisierungsansatzes nicht auch in anderen Fällen erfolgreich sein konnte. Als Schwachpunkt wird eine fehlende umfassende Bedarfsanalyse auf der Basis einer systematischen Erhebung der betrieblichen Situation identifiziert, so dass die erfolgreichen Beispiele Anknüpfungspunkte bieten, an denen weiter angesetzt werden könnte. Offensichtlich fehlte es an einer guten Beratung der Betriebe, ob und unter welchen Voraussetzungen der Umbau von Werkzeugmaschinen als lohnend zu betrachten ist. Insgesamt ist die Prozesskette nur in Ansätzen entwickelt, da es nicht gelingt, den Modernisierungsansatz auf breitere Resonanz auf Seiten weiterer regionaler Betriebe stoßen zu lassen.

Sehr schlecht schneidet Projekt K bei dieser Dimension ab, denn die Prozessorientierung ist völlig unzureichend entwickelt. Die dafür notwendigen dialogisch-partizipativen Projektanteile konnten nicht nachhaltig entwickelt werden, da sich keine intensive Kooperation mit den Industrieunternehmen abzeichnete. Unklar bleibt, ob dies nach über der Hälfte des verfügbaren Förderzeitraumes auch gelang. Es mangelte noch an einer verstärkten Bearbeitung von Industrieproblemstellungen. Durch eine stärkere Berücksichtigung von Kunden- und Anwenderinteressen hätte es vermutlich gelingen können, die Orientierung an Wertschöpfungs- bzw. Geschäftsprozessen zu verstärken. Der Fall zeigt, dass es sehr wichtig ist, dass konkrete Praxisfälle bearbeitet werden. Eine mangelnde Leadershipfunktion als auch ein durch die Schulorganisation begrenztes Zeitbudget der koordinierenden Lehrer im Berufsschulzentrum führen dazu, dass leider die Probleme der Automatisierungsanlagenhersteller und -anwender trotz vorgehaltener Lern- und Demonstrationsinfrastruktur nicht ausreichend aufgegriffen wurden. Trotz relativ ausgeprägter Transferorientierung in die Region gelingt es dem Regionallabor auf Seiten des Berufsschulzentrums nicht, mit den Betrieben zu einer kooperativen Form der Zusammenarbeit zu finden. Kooperationserfolge zeichnen sich im Wesentlichen im funktionierenden Verbund mit den Instituten des Wissenschaftstransfers und der Automatisierungstechnik ab. Obwohl das Projekt aus seiner Selbsteinschätzung heraus vor allem Markteffekte erreichen möchte, stellen sich viele Fragen, warum die Zurückhaltung der Betriebe nicht abgebaut werden kann. Die oben schon angesprochenen zeitlichen Einschränkungen auf Seiten der Berufsschullehrer und die auf zwei Jahre beschränkte Laufzeit des Projektes erschweren eine kontinuierliche Entwicklung des Innovationsprozesses. Beide Parteien, zum einen die anbietende Schule und zum anderen die Betriebe, finden in diesem Projekt leider nicht zusammen. Eine Moderation und Intervention von Seiten des Projektträgers hätte vielleicht die Mängel frühzeitiger thematisieren und eine Veränderung erreichen können. Die wichtigsten Merkmale für den Erfolg von Projektverbünden werden im Folgenden in einer Tabelle zusammengefasst:

Wichtige Qualitätskriterien sind:	Erläuterung:
Figuration des Netzwerkes entlang der Wertschöpfungskette z. B. vom Endabnehmer bzw. -verbraucher bis hin zu den Produzenten und weiteren Lieferanten bzw. Dienstleistern	Die Zusammensetzung des Projektnetzwerkes sollte sich an Wertschöpfungs- bzw. Geschäftsprozessen orientieren: Lieferanten/ Abnehmer; Hersteller/ Anwender; Produzenten/ Konsumenten/ Endabnehmer; Dienstleister/ Produzent.
Problemstellungen und Impulse kommen aus der gesellschaftlichen Praxis bzw. reagieren auf Bedarfe und Motive	Der Impuls für das Veränderungsvorhaben sollte aus der Praxis selber kommen und an gesellschaftlichen oder wirtschaftlich-sozialen und technischen Problemstellungen direkt anknüpfen; die Wissenschaftler helfen bei der Mediatisierung der Problemstellung, damit regionale und verallgemeinerungsfähige Interessen von Branchen und Sektoren zum Tragen kommen.
Praxisrelevante Methoden und Instrumente	Es sollten praxisrelevante Methoden angewandt werden, die eine dialogische Bearbeitung des Innovationsgegenstandes erfordern: Hospitationen, Störfallanalysen; Bedarfsanalysen usw.
Hauptverantwortliche einbeziehen	Das Vorhaben sollte sich der Zustimmung durch das TOP-Management und der Arbeitnehmervertretung versichern; ggf. sollte das Projektvorgehen durch entsprechende Projektbeiräte abgesichert werden.

Leadershipfunktion	In den Vorhaben ist eine Leadershipfunktion sicherzustellen; ggf. durch ein starkes Projektleitungsgremium absichern; der Leader kann sowohl aus der Wirtschaft als auch aus der Wissenschaft kommen. Der Leader muss ein starkes Interesse am Zustandekommen der Innovation haben und sollte auch über die Fähigkeit verfügen, weitere Kräfte im Sinne einer Kooperationskompetenz einsetzen zu können.
Klare Entwicklungsstrategie zwischen den Partnern sollte vorhanden sein	Die Betriebe müssen realistisch einschätzen, was sie im Verbund leisten wollen; ist dies sehr „dünn", ist von einem Projekt abzuraten; ein Projekt sollte zügig abgewickelt werden, weshalb eine gute Beratung der Betriebe vor Projektbeginn dringend anzuraten ist. Es gilt die Regel, was nicht zügig angegangen wird und mit entsprechenden Erfolgserlebnissen belegt werden kann, lässt keine Spill-over-Effekte zu und droht zu scheitern.
Diffusionsstrategie	Das Vorhaben sollte eine Vermarktungsstrategie in die Region besitzen (Diffusionsstrategie).

Tab. 6/36: Erfolgskriterien bei Projektverbünden

6.6.2 Untersuchung der drei Innovationsdimensionen, in denen die Projekte eher unzureichende Ergebnisse erzielten

Im Folgenden werden die vier Projekte entlang der drei weiteren Innovationsdimensionen miteinander verglichen, mit dem Ziel, hemmende bzw. förderliche Faktoren und Gründe für die Entfaltung erfolgreicher Projektverbünde zu finden. Die Dimensionen zeigen auch bei den „good practice"-Projekten ein eher uneinheitliches Bild. Es wird im Folgenden zu untersuchen sein, woran das liegt und warum diese Kriterien mal besser, mal schlechter bewältigt wurden (siehe Tabelle 6/34).

Arbeit und Technik als Einheit

Hier zeigen sich Ergebnisse mit mittlerer (Projekt D/K) bzw. niedriger Ausprägung (Projekt G/L). Alle Projekte betrachten von ihrer Zielorientierung her Arbeit und Technik zwar als Einheit und begreifen die Gestaltung von Organisation, Technik und Qualifikation als Herausforderung. Aber sie handeln nicht unbedingt demgemäß – dies gilt auch für die beiden „good practice"-Projekte, die hier noch Schwächen zeigen. Bei der Umsetzung dieser anspruchsvollen Zielstellung liegen häufig pragmatische Hindernisse im Wege, weshalb es den Projekten nicht gelingt, mit je spezifischen Innovationsgegenständen wenigstens zu beginnen und dann zum richtigen Zeitpunkt auch solche Felder aufzugreifen, wo sie vermeintlich noch keine Kompetenzen besitzen. Jedes Projekt setzt auf Grund der begrenzten wissenschaftlichen Ressourcen seinen Akzent auf technische, organisatorische bzw. qualifikatorische Innovationsprozesse. Während im Projekt D im Mittelpunkt der Innovationsbemühungen die bessere innerorganisatorische und bereichsübergreifende Koordiniertheit der Zuliefererprozesse steht, führt dies im Projekt G dazu, dass neue Tiefkühltechnologien und Rezepturen in die handwerkliche Bäckerei eingepasst wurden. Mit dieser Technologie sollen Arbeitsprozesse teilweise vereinfacht und automatisiert werden, um eine flexiblere Arbeitsorganisation zu ermöglichen. Insofern liegt im Projekt G eine gewisse Fixierung auf Technikinnovationen vor, so dass neue Verfahrenstechniken in der Backpraxis implementiert werden, während im Projekt D die Organisationsabläufe zwischen Zulieferern und Automobilwerk im Zentrum stehen und technische Fragen der Unterstützung von Kommunikationsprozessen nicht thematisiert werden. Beide Projekte hätten hier mehr erreichen können. Im Bäckerprojekt dann, wenn frühzeitiger auch arbeitsorganisatorische Problemfelder beteiligungsorientiert angegangen wären und z. B. die Erweiterung der Prozesskette damit auch auf die Kunden der Backwaren und die Mitarbeiter in den Bäckereien ausgedehnt worden wäre. Leider hat man diese Schritte nicht unternommen, weil man nicht in der Lage war, z. B. mit der Gewerbeschule in eine aktive Kooperation einzutreten oder über ein Parallelprojekt arbeitswissenschaftliche Kompetenzen aus der Region einzubinden (die im Übrigen in der Region reichhaltig vorhanden sind) oder über Verbraucher- und Konsumentenverbände eine direkte Kundeneinbindung zu erreichen. Die Potentiale dieses Projektes hätten also noch früher genutzt werden können, um die sozialen Kompetenzen der Beschäftigten zu erhöhen und die Qualifikationen für Innovationsprozesse zu stärken.

Auch im *Automobil-/ Zuliefererprojekt D* hätte durch strategische Allianzen und Kooperation mit örtlichen Kompetenzträgern ein sicherlich vorhandenes ganzheitliches Systemverständnis von Arbeit und Technik besser realisiert werden können. Die technischen Aspekte der Verbesserung der Kooperation wurden weitgehend ausgeblendet.

Im *Projekt K*, welches auf die Modernisierung von Werkzeugmaschinen zielte, konnten unterschiedliche Wissensbestände und Erfahrungen der beteiligten Ingenieure, Pädagogen und Sozialwissenschaftler zusammengeführt werden. Eine dem systemischen Verständnis von Arbeit und Technik transdisziplinäre Projektkompetenz war zwar vorhanden, sie wurde aber deutlich zu wenig von den beteiligten Anwenderbetrieben abgerufen bzw. nachgefragt. Unklare Koordination, mangelnde Kooperationsbereitschaft auf Seiten der Betriebe verhinderten die Umsetzung von Prozessüberlegungen. Ähnliche methodische Mängel verhinderten in Projekt L, dem „Schlusslicht" im Ranking, dass es ihm gelang, die Partnerbetriebe gezielt zu unterstützen. Der in diesem Verbund avisierte Modernisierungsansatz entspricht von der Sache her voll und ganz dem systemischen Innovationsverständnis von Arbeit und Technik als Einheit bzw. als eines zu gestaltenden Zusammenhanges. Doch stieß er leider auf keine allzu große Resonanz bei den KMU der Region. Die hier durchgeführte Stärken-Schwächen-Analyse belegt prägnant, woran das liegt. Fehlende qualifizierte Beratung, ausreichende Unterstützung der Betriebe und mangelnde Marktpräsenz verhinderten, dass der Neuansatz greifen konnte. Die Frage ist nun, ob nicht von vornherein durch eine breitere Beteiligung korrespondierender Fachwissenschaftler in den noch ungelösten Problemfeldern der Gestaltungsansatz hätte verbreitert werden können. Die Sache ist nämlich zweischneidig: Eine frühzeitigere Erweiterung der Netzwerke für andere Innovationsträger bietet zwar die Chance, schneller zu einer umfassenden Lösung zu kommen, indem z. B. im Projekt D Informatiker sich um die Belange einer technischen Vernetzung hätten kümmern können (entsprechende neue Projektangebote wurden in der Laufzeit des Projektes vorgelegt). Gleichwohl birgt die Erweiterung des Netzwerkteilnehmerkreises die Gefahr der Überfrachtung der Netzwerke. Damit steigt der Kooperationsaufwand gefährlich an, da zu viele Netzwerkpartner miteinander kooperieren müssen. Dies gilt sicherlich für den Beginn der Projekte, wo es darum geht, überhaupt erst zu einer bereichsübergreifenden Zusammenarbeit zu finden.

Qualifikation für Innovationsprozesse

Mit diesem Kriterium wird ein anspruchsvoller Programmakzent gesetzt, indem geprüft wird, ob die Befähigung aller Projektmitarbeiter, selbständig Innovationsprozesse durchzuführen, im Projektverlauf deutlich erkennbar angestiegen ist. Die in allen Projekten erkennbaren Lernprozesse sollen sowohl bei den Wissenschaftlern bzw. Instituten oder Schulen bzw. Pädagogen als auch bei den Betriebsmitarbeitern neue Kompetenzen zur eigenständigen Implementierung von Innovationsprozessen (Eigenkompetenz) hervorbringen. War am Anfang eines Projektes das Unternehmen noch deutlich auf Hilfe von außen durch die Wissenschaftler oder Berater angewiesen, so sollte gegen Ende des Projektes eine zunehmende Verselbständigung bei der Initiierung und Bewältigung von Innovationsprozessen erkennbar werden.

Die *Projekte D und K* schneiden bei diesem Kriterium am besten ab. In Projekt D führte die gute Dialogbereitschaft und -fähigkeit zwischen den betrieblichen Projektpartnern – Zulieferern und Endabnehmern – als auch zwischen Wissenschaftlern – Arbeitspsychologen und betrieblichen Mitarbeitern – zu einem Zustand, wo wechselseitiges Lernen maßgeblich wurde. Dies führte in der Konsequenz dazu, dass die Beteiligten nun selbständig in der Lage waren, Innovationsprozesse durchzuführen. Dadurch hat sich in diesem „good case" die erworbene Befähigung zur Durchführung verteilter und arbeitsteiliger Innovationsprozesse als langfristiger Gewinn erwiesen. Es ist gelungen, diese „Qualifikation" langfristig zu sichern und auch in den Zuliefererbetrieben innerbetrieblich zu verankern. Die Just-in-time-Lieferanten werden zunehmend vom endabnehmenden Automobilwerk als deren Organisationsberater gesehen. Dieses positive Ergebnis verdankt das Projekt der intensiven und kompetenten Moderation der wissenschaftlichen Begleiter. Deutlich heben sich die Kooperationsbeziehungen von formalisierten Beziehungen ab, so dass nach Projektende die Sozial- und Methodenkompetenz gestiegen ist – sowohl bei den Wissenschaftlern als auch bei den Betriebsmitarbeitern. Als deutliche Stärke ist daher in diesem Projekt der Einsatz und die sichere Beherrschung geeigneter Methoden festzuhalten. Neben der klassischen Analyse der Lieferantenbeziehungen und -geflechte wurden qualitative Methoden der Personalentwicklung zum Einsatz gebracht. Im Wesentlichen sind dies drei Instrumente: die Störfallanalyse, das Arrangement von zwischenbetrieblichen Hospitationen und die Nominierung und Unterstützung bzw. Begleitung von sog. Grenzgängern. Letztere überprüfen durch wechselnde betriebliche Einsichtnahme das betriebsübergreifende Kooperationsverhalten bzw. gewisse Konstellationen und liefern damit ein kontinuierliches Projektcontrolling und Hinweise für eine Verbesserung der Beziehungen.

Projekt K erreicht ebenso gute Ergebnisse, allerdings hat sich dies nicht im Gesamtergebnis des Projektes positiv niedergeschlagen. Zwar haben sich insbesondere zwischen den Instituts- und Schulvertretern kontinuierliche Kooperationen entwickelt, aber nicht hinsichtlich der Zusammenarbeit mit den regionalen Unternehmen aus dem Bau von Automatisierungsanlagen. Hier konnten leider nur wenige Impulse entstehen, vor allem auf Grund der mangelnden Nachfrage von Seiten der Unternehmen. Zwar wurden Kurse für Arbeitslose in Anspruch genommen, aber es gelang kaum, betriebliche Problemstellungen in das gut ausgerüstete Zentrum zu holen. Alles wurde intensiv versucht, doch leider ohne heute noch feststellbare Wirkungen. Insgesamt wird hier deutlich, dass schulorganisatorische Mängel, aber auch fehlende Beratungskompetenzen auf Seiten des Regionallabors im Umgang mit den Firmen es nicht ermöglichten, die Eigenkompetenzen bei allen Beteiligten nachhaltig im Sinne der Fähigkeit zu neuen Vorhaben zu fördern.

In den *Projekten G und L* werden stärkere Schwachpunkte deutlich. Im Projekt G die Tatsache, dass zu monodisziplinär gearbeitet wird, und in Projekt L, dass es an Instrumenten zum Umbau von Werkzeugmaschinen fehlt. Hier mangelt es noch an ausreichend entwickelten Instrumenten zur Unterstützung des Modernisierungsansatzes.

Ein Haupthindernis für fachübergreifende Innovationsprozesse sind neben den begrenzten Ressourcen für solcherlei Entwicklungsarbeiten die Barrieren und Blockaden, die sich aus der jeweiligen disziplinären Orientierung der beteiligten Fachwissenschaftler ergeben. Die Fachwissenschaftler sind auf ihr Fach hin orientiert und werden an den wissenschaftlichen Leistungen in den Grenzen ihres Faches beurteilt. Fachübergreifende Innovationslösungen mit hoher praktischer Relevanz werden geringer bewertet. Hier hätte eine wesentlich höhere Bereitschaft bestehen müssen, zu einem integrierten Vorgehen zu kommen. Ein Beleg für diese Probleme sind Projekte, die unter einer zweifachen fachwissenschaftlichen Besetzung anfingen, aber letztlich erhebliche Schwierigkeiten dahingehend hatten, ein integriertes Vorgehen gegenüber den Fachbetrieben zu praktizieren (siehe Projekt F).

Zusammenfassend lässt sich sagen, dass eine integrierte Gestaltung von Arbeit und Technik als Einheit in erfolgreichen Projekte wenigstens in Ansätzen erkennbar sein sollte. Schließlich ist diese Bewertungsdimension die tragende Säule des Programms. Gleichwohl gibt es erhebliche Schwierigkeiten, zu einem die technische, organisatorische und qualifikatorische Ebene integrierenden Veränderungsansatz zu kommen. Barrieren sind, neben den knappen Ressourcen (z. B. das Geld reicht nur für einen Fachwissenschaftler, nicht für zwei), ein geringes betriebliches Interesse an integrierten Prozessen. Die Betriebe möchten erst einmal „eine Lösung" und nicht drei Lösungen, die womöglich alle nicht funktionieren. Letztendlich hat die Fächerorientierung der Disziplinen verhindert, dass das methodische Instrumentarium auch fächerübergreifend angelegt ist. Das Verständnis für ein ganzheitliches Herangehen an die Innovationsinhalte war zwar in allen Projekten vorhanden, es wurde aber nur in Teilen praktiziert. In allen Fällen gingen aber Qualifizierungs- und Bildungsprozesse der Erarbeitung technischer Lösungen voraus. Der Bezug auf die Arbeitsorganisation und die Arbeitsinhalte erfolgte dagegen nicht immer konsequent.

Strukturinnovative regionale Effekte

Diese Innovationsdimension korreliert eng mit der zentralen Aufgabe des Bremer Landesprogramms. Die geförderten „Arbeit und Technik"-Projekte sollen mittel- und langfristig die Innovationsfähigkeit in dem vom jeweiligen Projekt berührten regionalen Innovationsfeld stärken. Eine Verbesserung des regionalen Innovationsmilieus sollte dazu in Bremen spürbar sein. So sollten

– Arbeitsmarkteffekte (im Sinne von Arbeitsplatzsicherung und -schaffung als auch erkennbarer Verbesserung der Qualität der Arbeitsplätze und der Arbeitsplatzinhaber) sichtbar sein,
– eine neue Kooperationskultur zwischen den regionalen Betrieben oder zwischen Betrieben und Instituten oder Bildungsträgern sichtbar werden oder
– die Einrichtung von stabilen regionalen Kommunikationsforen verzeichnet werden können. Als denkbarer struktureller Effekte könnte auch
– die Verbesserung des regionalen FuE-Potentials als auch seine erfolgreiche Diffusion in die Region messbar sein.
– Mit dieser Dimension sollten also Markteffekte wahrnehmbar sein, die sich in der Sicherung oder Schaffung bestehender oder neuer Märkte niederschlagen.
– Kumulativ sollte auch eine Verbesserung hinsichtlich des regionalen Images spürbar sein. Kurzgesagt, es ging darum, nicht nur eine Problemregion zu sein, sondern in bestimmten Innovationsfeldern in der Lage zu sein, einen der europäischen oder sogar internationalen Spitzenplätze hinsichtlich der regionalen Innovativität belegen zu können.

Der dargelegte Milieubegriff wurde somit von den Programmverantwortlichen (vor allem dem Bilanzierungsteam des Programmträgers) sehr breit angelegt, um alle nur denkbaren Effekte erfassen zu können. Damit sollte der Gefahr begegnet werden, bestimmte indirekte und nur schwer fassbare Effekte zu vernachlässigen (neue Kompetenzen, neues Wissen, neue Fähigkeiten usw.). Die Sensibilität für qualitative und quantitative Prozesse und Produktergebnisse sollte gleichermaßen vorhanden sein – ohne dass Effekte, die für Nachhaltigkeit wichtig sind (wie z. B. personale Kompetenzen und Verhaltensformen), ausgeblendet werden.

Zu verdeutlichen ist, dass das Kriterium als Wirkungsergebnis des Programms nicht in jedem Fall erfüllt werden kann. Dazu sind die Standards an eine neue Strukturqualität zu anspruchsvoll und die Projekte lediglich ein neuer Akzent in einer eher eingefahrenen und veränderungsresistenten Produktionspraxis. Gleichwohl liegen die beiden starken Projekte G und D bei den strukturinnovativen Effekten deutlich vorn.

Projekt G – dem Bäckerprojekt – gelingt es, nachhaltige Struktureffekte für die Region hervorzurufen. Da ist zum einen der deutliche Zugewinn beim FuE-Potential, so dass mit dem weiterhin nachgefragten Innovationszentrum „Backstube 2000" noch weit nach Beendigung der Projektförderung auch überregional Interesse geweckt werden kann. Zunehmend wird das Zentrum von Handwerk und Industrie bei verschiedenen Fragestellungen angerufen. Schon in der Aufbauphase des Zentrums kann eine „Magnetfunktion" bei den Herstellerinvestitionen hinsichtlich der Geräteausstattung erzeugt werden (siehe auch Projektintensivfallstudie G in Abschnitt 6.5.1). Die kooperationsorientierte Vernetzung zwischen Betrieben und dem Institut stellt ein weiteres Plus dar. So hat sich nunmehr ein neues Innovationsverhalten auf Seiten der Backbetriebe eingestellt, was dazu führt, dass bei Veränderungen von Produktionsstrukturen bzw. Modernisierungen zuallererst das Institut zwecks Beratung, Qualifizierung oder ggf. experimenteller Unterstützung und Folgenabschätzung eingeschaltet wird. Mit dem Backlabor im Kern konnte ein neuer Katalysator für viele größere und kleinere Innovationsprozesse geschaffen werden. Das Labor bildet somit die Plattform, von der aus ein regionaler Innovationsdialog zur technischen und sozialen Modernisierung in den regionalen Bäckereien angestoßen wurde. Eine hohe Resonanz der Teilnehmer ist Beleg dafür. Gleichwohl gibt es noch viel zu tun: Zwar wurde das beste Ergebnis unter allen Projektintensivfallstudien erzielt, dies aber nur mit mittlerer Ausprägung.

Weiterer Entwicklungsbedarf ergibt sich in folgenden Hinsichten:
- bei der Kooperation zwischen den Betrieben (z. B. mehrere Bäckereien unter einem Dach oder Produktionsgemeinschaften),
- bei der Diffusion der Projektergebnisse in andere Backbetriebe (z. B. in das niedersächsische Umland und nach Bremen hin),
- bei der erkennbaren Schaffung neuer Arbeitsplätze und vor allem
- bei der Verbesserung der Arbeitsplätze selber (wenngleich im Kern eine erhebliche Verbesserung der Arbeitsbelastung erzielt wurde, gleichwohl besteht bei der ergonomischen Gestaltung doch noch Handlungsbedarf).
- Noch defizitär ist auch die Schaffung regionaler Märkte, z. B. im Bereich des Catering, der Produktion von Convenience-Produkten als auch der Ausbildung neuer Lebensmitteltechnologen – der so genannte „Diplom-Bäcker", der über eine Mischqualifizierung sowohl als Bäckermeister als auch als Lebensmittelingenieur verfügen soll.

Das *Projekt D* kann nachhaltige Wirkungen bei der organisatorischen und qualifikatorischen Innovation verzeichnen, indem vor allem die bereichsübergreifende und intraorganisatorische Kooperation zwischen den Zulieferern und dem Endabnehmer deutlich verbessert wird. Dabei kann die soziale Kompetenz der Akteure, einen auf Verständigung zielenden Dialog zu führen, nunmehr als ein wesentlicher Effekt des Projektes verzeichnet werden. Traten zu Beginn des Projektes noch deutliche Gegensätze zwischen den Zulieferern einerseits und dem Automobilwerk andererseits zutage, so konnten später die Kommunikationsstrukturen deutlich dialogischer gestaltet werden. Eine bessere strukturelle Kopplung von Fertigungs- und Arbeitsorganisation in und zwischen den Betrieben wurde erreicht, auch konnte eine Stärkung der betrieblichen und zwischenbetrieblichen Innovationsfähigkeit, mit einer sehr klaren Marktorientierung für beide Seiten, bewirkt werden. Mit der Errichtung so genannter „runder Tische" konnte ein geeignetes regionales Innovationsforum geschaffen werden, bei denen neben Endherstellern und Zulieferern auch regionale Qualifizierungsträger und Akteure der Organisations- und Personalforschung vertreten sind. Wichtig ist ferner die Tatsache, dass auch dem partizipativen Gedanken durch eine frühe Beteiligung der Betriebsräte Rechnung getragen wurde. Der Haupteffekt des Projektes liegt in einer nunmehr besseren Kooperationspraxis zwischen den Betrieben – also in den Zulieferer-Endabnehmer-Beziehungen (mit einer großen Gewichtung von 36 %), gefolgt von einer guten Kooperation zwischen Betrieben und Instituten (mit einer Gewichtung von 18 %). Mit den praxisgerechten und gut angenommenen Instrumenten zwischenbetrieblicher Hospitationen sowie Grenzgängerkonzepten hat das arbeitswissenschaftliche Institut Pionierarbeit geleistet. Das Grenzgängerkonzept hat übrigens auch überregional für Interesse und Aufmerksamkeit gesorgt. Da aber das Projekt noch zu keiner deutlichen Strukturänderung des regionalen Innovationsmilieus beigetragen hat, wird es nach den strukturinnovativen Effekten mit eher niedriger Annäherung beurteilt. Gleichwohl gehen vom Projekt strukturinnovative Impulse in die Region in vielfältiger Hinsicht aus:

- bei der kooperationsorientierten Vernetzung zwischen Betrieben,
- bei der Entwicklung regionaler Kommunikationsforen,
- bei der verstärkten Entwicklung und Nutzung von regionalen FuE-Potentialen sowie
- Markteffekten im Hinblick auf eine Sicherung regionaler Märkte und Imageverbesserung, hier vor allem des Automobilwerkes, in der Region.

Dennoch bleiben gewisse Schwachpunkte bzw. Verbesserungsmöglichkeiten bei einer Betrachtung aus struktureller Perspektive; sie betreffen:

- die noch breitere Nutzung des regionalen FuE-Angebotes insbesondere bei der Technikentwicklung und -gestaltung;
- ein deutlicheres Hervortreten bei den Arbeitsmarkteffekten insbesondere der Arbeitsplatzschaffung, der Qualität der Arbeitsplätze (z. B. gesundheitsorientierte Innovationen auch in den Zuliefererwerken) sowie eine weitere Steigerung der Arbeitskräftekompetenzen (z. B. hinsichtlich organisatorisch technischer Flexibilität zur Sicherung von Effizienz und Qualität);

- Innovationen im Bereich ökologischer Verbesserungen (z. B. ressourcenschonende Logistikkonzepte);
- die Ansiedlung weiterer Zulieferunternehmen in der Region Bremen, vor allem um durch räumliche Nähe eine bessere Koordiniertheit zu erreichen.

Dabei gehen die Perspektiven des Projektes über seinen Förderzeitraum hinaus und haben zu einer nachhaltigen Verstetigung des Projektgedankens geführt. Eine Workshopreihe wurde von der Wirtschaftsfördergesellschaft und der IG Metall in der Weser-Ems Region zwischen ca. 20 Zulieferern und zwei regional bedeutsamen Automobilwerken initiiert, mit dem Ziel, die positiven Projekterfahrungen in relevante Querschnittsthemen zu transformieren. Zur Dissemination der Projektergebnisse und zur Erzielung überregionaler Aufmerksamkeit wurden die Projektergebnisse publiziert. Sie dokumentieren die wichtigsten Befunde, das Kooperationskonzept und das methodische Verständnis der Störfallanalysen (Endres/ Wehner 1996a, 1996b).

Projekt K verzeichnet kaum nachhaltige strukturelle Effekte; die strukturinnovativen Impulse verbleiben im Wesenlichen auf der Ebene der Institute und Bildungsträger. Im Bereich der Automatisierungstechnik sollten kleine und mittlere Industriebetriebe aus dem Betriebsmittelbau durch spezifische Beratungs-, Demonstrations- und Qualifizierungsdienstleistungen von Seiten berufsschulischer und wissenschaftlicher Partner gestützt und durch die Entwicklung eines Regionallabors für Automatisierungstechnik in der örtlichen Berufsschule flankiert werden.

Dem besonderen Gewicht der qualifikatorischen Innovation im Projekt entsprechend wurden hier innerhalb der Projektgrenzen bedeutsame Veränderungen initiiert, die im Wesentlichen in die Bildungsinstitutionen hineinwirkten und neue fachliche Kompetenzen der Lehrer und Schüler entwickelten. Auf Grund sich gut ergänzender Komplementärbeiträge der drei Partnerinstitute konnte ein integriertes Know-how-Angebot zur Herstellung und Anwendung innovativer Automatisierungssysteme bereitgestellt werden. Im Regionallabor, innerhalb des Bildungsträgers gelegen, wurde ein flexibles Montagesystem zwecks Demonstration solcher Systeme erfolgreich aufgebaut. Damit sollte
- eine bedarfsgerechte Mitarbeiterqualifizierung,
- eine betriebsspezifische Beratung in Fragen der Arbeit- und Technikgestaltung,
- ein anwenderbezogenes Experimentierfeld für die Erprobung technischer Prinzipien und Abläufe sowie ein
- Forum für Informationsveranstaltungen und Workshops

bereitgestellt werden. In allen Punkten wurden zwar umfängliche und präzise Angebote formuliert, es gelang aber nicht, eine nachhaltige Inanspuchnahme von Seiten der Anwenderbetriebe in allen Punkten zu erreichen. Obwohl diese Angebote noch durch eine anwenderorientierte Erprobung bei konkreten betrieblichen Problemstellungen erweitert wurde, ist es nicht gelungen, über den Förderzeitraum hinaus diese in das Labor zu holen.

Insofern waren die Effekte bei der

- Diffusion des neuen Angebotes in die Betriebe eher schwach (nur mit 5 % gewichtet),
- keine Arbeitsmarkteffekte zu verzeichnen und auch die
- Marktinnovationen (die zwar von den Projektbeteiligten mit 40 % als ein sehr bedeutsames Potential eingestuft wurden) nicht als befriedigend zu bezeichnen.
- Hemmende Faktoren bei der Innovation waren
- die mangelhafte Orientierung an den betrieblichen Problemstellungen der im Projekt beteiligten KMU,
- ein zu starker Akzent auf technischer Kompetenzvermittlung,
- eine Fixierung auf automatisierungstechnische Sachverhalte und
- dass die Chance, arbeitsorganisatorische Aspekte anzusprechen, zu wenig thematisiert wurde und daher kaum
- nachhaltige und zielgerichtete Kommunikationsbeziehungen mit den Anwenderunternehmen aufgebaut werden konnten.

Projekt L hatte keine strukturrelevanten Ergebnisse zu verzeichnen. Das Potential regionaler Anbieter zur Maschinenmodernisierung konnte nicht nachhaltig gestärkt werden. Ihnen gelang es nicht, sich genauso erfolgreich wie im süddeutschen Raum auch auf dem norddeutschen Markt zu etablieren. Die zentrale Idee des Projektes bestand in der Befähigung kleiner und mittlerer Betriebe, als Alternative zur Neuinvestition in Werkzeugmaschinen, Maschinen des vorhandenen Maschinenparks zu modernisieren bzw. umzurüsten. Obwohl im Projekt zwei erfolgreiche Umrüstungen in Betrieben geleistet werden konnten, gelang es nicht, weitere Firmen in der Region anzusprechen. Es fehlten wirkungsvolle Konzepte im Innovationstransfer, die die Umsetzung in weitere Betriebe hätten unterstützen können. Die internen Projektstrukturen waren nicht effektvoll entwickelt, u. a. was die Nachfrage anderer Betriebe an einer Umrüstung betraf. Ein unzureichendes Controlling in der Projektsteuerung, unklare Leitungsstrukturen und eine nicht vorhandene systematische Bedarfsanalyse unter weiteren potentiellen Betrieben wirkten sich hinderlich für die Projektentfaltung aus. So konnte im Projektförderzeitraum keine Vermarktungsstrategie zustande kommen, obwohl in Anlehnung an bereits recherchierte US-amerikanische Modernisierungsansätze entsprechende Informationen und Hinweise vorlagen. Mit solchen internen Projektschwächen lassen sich z. T. die fehlenden Auswirkungen des Projektes auf die Region erklären.[42] Das schwache Interesse unter den regionalen Anwendern

---

42 Die Evaluation hat eklatante Schwächen hervortreten lassen. Sie wurden auch allen Beteiligten deutlich gemacht und in einer einvernehmlichen Zielvereinbarung mit dem Projekt mit entsprechenden Verbesserungsvorschlägen formuliert. Im Rahmen der Umsetzung von Verbesserungen konnten auch weitere Firmen für den Modernisierungsansatz gewonnen werden. Gleichwohl konnten keine nachhaltigen strukturellen Effekte von Seiten des Projektes verzeichnet werden. Es soll aber verdeutlicht werden, dass die Evaluationssitzung nicht als ein einmaliger Vorgang verstanden werden sollte, vielmehr sollte ein kontinuierlicher Monitoringprozess frühzeitig eingeleitet werden.

gionalen Anwendern zeigt, dass eine gute Beratung über die Vor- und Nachteile des Ansatzes hätte am Anfang stehen müssen, unterstützt von einer klaren positiven Entscheidung durch das Top-Management. Eine sorgfältige Planung und Begleitung der Betriebsprojekte von Seiten der Institute und/oder der beiden Unternehmen, die Automatisierungskomponenten und Umrüstungswissen bereitstellen, ist notwendig. Ist solches Wissen, welches im Projektfall sicherlich vorhanden war, unzureichend aufbereitet bzw. gebündelt, so kann es zu unnötigen Verzögerungen in der immer noch knappen Projektlaufzeit kommen. Angesichts der komplexen Aufgaben, die bei der Modernisierung zu leisten sind, zeigte sich in diesem Projektfall, dass eine gut koordinierte Beratung eingebettet sein sollte in eine klare Projektführungsstruktur, die helfen kann, Mängel und Engpässe frühzeitiger zu erkennen und zu beheben. Der Fall macht deutlich, dass Projektverläufe, die nicht schnell von Erfolgserlebnissen gesättigt sind, häufig vom Scheitern bedroht sind. In diesem Projektfall wäre es sehr viel günstiger gewesen, den Staffelstab der Projektleitung frühzeitiger an die privaten Automatisierungsanbieter weiterzugeben. Entsprechend richteten sich die Empfehlungen des Bilanzierungsteams auf eine marktnähere Projektkoordination. Leider wurde so ein Projektergebnis, bei dem die beiden Automatisierungsanbieter die Projektleitung übernehmen, im Förderzeitraum nicht mehr erreicht. Dabei hätten die Automatisierungsanbieter sich, unterstützt durch die Institute, zu einer Modernisierungsagentur in der Region entwickeln können.

Fazit: Zum Schluss dieses Kapitels möchte die Gründe für ein Scheitern von Verbundvorhaben noch einmal pointiert herausstellen.

Schwachpunkte als Ergebnis der Analyse der letzten drei Innovationsdimensionen	Erläuterungen
Unklare Projektstrukturen	Die Verantwortlichkeiten unter den Projektpartnern sind nicht deutlich vereinbart. Ihre Rollen und Aufgaben sind nicht hinreichend präzise festgelegt. Es fehlen tragfähige Vereinbarungsstrukturen bzw. Regelungen. Dies kann zur Folge haben, dass den Projektbeteiligten ihr gemeinsames Projektanliegen nicht hinreichend deutlich ist, da der Projektverlauf eher von Einzelinteressen bestimmt wird. Damit bleiben auch die Projektziele für die Beteiligten eher diffus und allgemein. Es mangelt an einer die Einzelinteressen überwindenden Gesamtstrategie.

Unklare Leitungsstrukturen	Das Projektleitungsgremium (PLG) wird nicht durch alle Projektpartner aktiv unterstützt. Wichtige Projektpartner, z. B. die im Verbund versammelten Betriebe, nehmen unzureichend an den Projektleitungsaufgaben teil. Bestimmte Akteure dominieren einseitig das Geschehen. Es gilt somit, dass jedes erfolgreiche Projekt einen starken Promotorenkreis (bestehend aus Betrieben und wissenschaftlicher Einrichtung) benötigt. Fehlt ein Lobbykreis für das Vorhaben, so kann es gerade in großen Verbundnetzwerken zu ineffizienten Akteurskonstellationen kommen, wodurch suboptimale Projektergebnisse hervorgerufen werden.
Mangelnde Projektsteuerungs- und Projektmanagementkompetenzen	Die aktive Projektsteuerung ist defizitär. Die kontinuierliche Überprüfung der Leistungen und Handlungsmaßnahmen bei den einzelnen Projektpartnern findet kaum oder nur sehr selten statt. Somit kann eine mangelnde Projektsteuerung, die über geeignete Controllinginstrumente verfügen sollte, zu ineffizienten Projektverläufen führen. Dieser Schwachpunkt hebt auch die Notwendigkeit hinreichender Kompetenzen beim Projektmanagement hervor.
Mangelnde Disseminationsstrategie und fehlendes Projektmarketing	Es mangelt an einer klaren Konzeption für die Dissemination der Projektergebnisse. So liegen z. B. Defizite in der Außendarstellung der Projekte vor (wie etwa fehlende Projektflyer, fehlende Homepage), oder es fehlt ein konkreter Maßnahmenplan zur Erschließung des externen Transfers der Projekt(zwischen-)Ergebnisse vor. Entsprechende Maßnahmen wären: Messen, Tagungen und Konferenzen und die Durchführung von Präsentationsveranstaltungen.
Unzureichende Projektberatung durch die Projektbegleiter oder unzureichende methodische Hilfen	Die aktive Unterstützung durch das Begleitpersonal (z. B. fachliche oder prozessbezogene Experten aus Wissenschaft und Beratung) ist nicht gegeben. Der Innovationsprozess im Vorhaben wird nicht durch methodische Instrumente unterstützt.
Mangel an gesicherten wissenschaftlichen Erkenntnis- und Transferbausteinen	Die wissenschaftlichen Konzepte bzw. Prinzipien, die im Vorhaben zur Anwendung kommen sollen, sind noch wenig erprobt bzw. den Konzepten mangelt es noch an einer anwendungsbezogenen Umsetzung. Dies hat zur Konsequenz, dass die Maßnahmenschritte noch diffus bzw. wenig operationalisiert sind.

Wirkungsanalyse des Programms

Mangelhafter Aufbau regionaler Dialogstrukturen	Das Projektvorhaben wird nicht durch ein dialogisches Konzept unterstützt. Dadurch wäre die breitere Absicherung der Projektbefunde jedoch möglich. Das thematische Anliegen des Vorhabens könnte mit einem weiteren Kreis potentieller regionaler Akteure besprochen werden.
Fehlende Unterstützung aus der Region, d. h. mangelhafte Abstimmung der Fördermaßnahme mit anderen regionalen Maßnahmen	Das Projektvorhaben kann das thematische Anliegen nicht in der Region umsetzen. Die einzelnen Maßnahmen des Projektes sind nicht mit ggf. parallel laufenden weiteren Maßnahmen abgestimmt. Dies vermindert die nachhaltige Wirksamkeit des Projektes, mit dem Effekt, in eine gewisse Konkurrenzlage zu anderen Projekten zu geraten. Die gesamte Förderkulisse einer Region bedarf daher einer guten Koordiniertheit, so dass Fördermaßnahmen zueinander komplementär wirken können.
Fehlende Orientierung des Projektes an der Wertschöpfungskette bzw. mangelnde Geschäftsprozessorientierung	Hierzu sind die Geschäftsprozesse, in denen die Neuerungen einzubetten wären, nicht hinreichend sorgfältig untersucht worden. Dies führt beispielsweise dazu, dass bei der Innovation die betrieblichen Problemstellungen keine Berücksichtigung finden. Der Innovationsprozess kann dann kaum einen marktorientierten Verlauf nehmen, so dass zwar interessante, aber wenig konkurrenzfähige Projektergebnisse zustande kommen. Weiterhin zeigen sich Defizite in der Zusammenstellung des Projektpartnerkreises, womit die ausreichende Beteiligung von vor- und nachgelagerten Bereichen entlang der Wertschöpfungskette gemeint ist. Dieser Aspekt ist deswegen bedeutsam, weil Innovationsprozesse die Tendenz haben, nicht mehr auf nur einen betrieblichen oder wissenschaftlichen Anwendungsbereich beschränkt zu bleiben, sondern sich aufzufächern und viele vor- und nachgelagerte Bereiche im Innovationsprozess zu tangieren. Erfolgreiche Projekte bedürfen also der Berücksichtigung von Kunden-, Anwender- und Lieferantenbeziehungen sowohl im eigentlichen zwischenbetrieblichen Sinne als auch im übertragenen innerbetrieblichen Verständnis.

Mangelnde Figuration des Teilnehmerkreises im Projekt	Ist das Projekt nicht durch sich gut ergänzende Partner zusammengesetzt (Komplementarität), besteht schon mit Beginn des Projektes die Gefahr eines späteren Scheiterns, und es kann kaum zu den erhofften Synergieeffekten kommen. Diese Mängel werden auch dann deutlich, wenn die Projektverbünde lediglich aus innovationsschwachen und krisenbehafteten Betrieben bestehen. Es kommt daher auf die richtige Zusammenstellung des betrieblichen Partnerkreises an, der daher auch innovationsstarke Unternehmen umfassen sollte. Innovationsunerfahrene Betriebe könnten dadurch von innovationserfahreneren Betrieben lernen.

Tab. 6/37: Schwachpunkte, die für das Scheitern von Verbundvorhaben maßgeblich sind

6.7 Ein Zwischenfazit zur Wirkungsanalyse

In den spezifisch aufgebauten Verbundprojekten des Bremer Landesprogramms „Arbeit und Technik" gelang es den Vertretern aus Wissenschaft, Verbänden und Ausbildungs-/Weiterbildungsträgern nur zum Teil, die Innovationsbemühungen aus unterschiedlichen Problembearbeitungsperspektiven erfolgreich zu bündeln. Insofern hatte das Programm „Laborcharakter", da die Kooperation zwischen den Innovationsträgern durch eine gewisse Offenheit und Durchlässigkeit in der innovationsbezogenen Ausgestaltung geprägt war. Verstärktes Denken und Handeln in netzwerkartigen Kooperationsstrukturen konnte eingeübt werden und kann als eine der positiven Wirkungen des Landesprogramms angesehen werden. Die Nachhaltigkeit solcher Prozesse im Sinne von wachsender Eigeninitiative (v. a. auf Seiten der Betriebe) und wachsender Kompetenzen bei allen betrieblichen und wissenschaftlichen Projektbeteiligten muss zurückhaltend beurteilt werden. Alle nachhaltigen Effekte sind weit weniger stark eingetreten als erwartet (siehe auch zu den Anforderungen Abschnitt 1.1 und 1.2). Trotzdem liefert die vorliegende Arbeit wichtige Erkenntnisse über die größten Barrieren und Hemmnisse bei der Implementierung und Verstetigung von bereichsübergreifenden Innovationsnetzwerken in der Region. Im letzten Kapitel (siehe Kapitel 8 und Anhang) werden daher auch Leitlinien und Hinweise für die Entwicklung nachhaltiger Projektprozesse vorgeschlagen.

Es kann festgestellt werden, dass das Bremer Landesprogramm von einem breiten Spektrum regionaler Akteure sowohl auf Seiten der Wissenschaft, der Bildungsträger, als auch auf Seiten der regionalen Wirtschaft – dort auch von solchen Unternehmen, die sich normalerweise nicht an solchen Vorhaben beteiligen – mitgetragen wurde. Die Zahl der beteiligten Unternehmen (in aller Regel kleine und mittlere Unternehmen mit weniger als hundert Beschäftigten) aus Handwerk und Industrie konnte von ca. acht zu Beginn des

Programms auf über siebzig mitwirkende Unternehmen anwachsen. Ebenso konnte bei den Instituten und Bildungsträgern die Zahl der aktiv Mitwirkenden von vormals fünf auf über dreißig verschiedene Institutionen gesteigert werden. Zwar ist dies bezogen auf die Gesamtzahl von Betrieben in absoluten Zahlen der Wirtschaftsregion[43] immer noch eine verschwindend geringe Zahl, gleichwohl wurde eine deutliche Belebung der regionalen Innovationspraxis in Bremen erreicht.

In allen untersuchten Projekten wird der praxisorientierte Veränderungsansatz des Bremer Landesprogramms erkennbar, in dem die einzelnen Vorhaben zum Teil weitreichende, intendierte, aber auch nicht-intendierte Wirkungen erzielen konnten. In den 14 Intensivfallstudien werden diese Wirkungen aus der Perspektive der Projektakteure und aus der Sicht des Bilanzierungsteams reflektiert. Damit war es möglich, eine multiperspektivische Betrachtung der Projekte zu leisten (Rauner u. a. 1995, 99 ff.; Deitmer u. a. 1997, 47–52 und 69 ff.). Die projekt- und regionalbezogenen Wirkungen des querschnittsorientierten Programmansatzes konnten in einer Gesamtinnovationsspinne gebündelt werden. Die in diesem Kapitel geleistete Programmanalyse hat wichtige Stärken und Schwächen bei den zentralen Innovationskriterien (organisatorische, technische, qualifikatorische, gesundheitsorientierte, ökologische und marktwirtschaftliche Innovation als Hauptkriterien) sowie bei der kooperationsorientierten Vernetzung zwischen Betrieben und Instituten als auch zwischen den Betrieben, den FuE-Potentialen sowie weitere regionale Effekte (Arbeitsmarkt, Ökologie und allgemeine Markteffekte) zutage gefördert.[44]

Insgesamt wurde eine *mehr* (vor allem entlang der „good practice"-Projektfälle) oder *weniger starke* (vor allem entlang der „bad practice"-Projekte) Dissemination der Projektergebnisse festgestellt. Durch kontrastive Betrachtung zwischen den Fällen konnten wichtige personelle, institutionelle und politische Konstellationen und Qualitätskriterien für erfolgreiche Projekte herausgearbeitet werden (siehe die Tabellen 6/35 und 6/36). Als ein wesentlicher Katalysator für eine erhöhte Projektwirksamkeit stellte sich das Kriterium *Prozessorientierung* und damit die Bearbeitung der Innovationsgegenstände entlang der Wertschöpfungskette sowie die Berücksichtigung der Geschäfts- und Arbeitsprozesse in den Betrieben heraus. Damit erwies sich die Berücksichtigung der Beziehungskonstellationen zwischen Kunden-, Anwender- und Lieferantenbeziehungen – sowohl im

---

[43] Nach der Kammerberichterstattung umfasst das Bremer Handwerk ca. 4.500 Betriebe mit ca. 45.000 sozialpflichtig Beschäftigten. Die Zahl der in der bremischen Handelskammer organisierten Industrie-, Einzelhandels- und Dienstleistungsunternehmen beläuft sich auf 10.704 (1996), von insgesamt 27.683 in der Wirtschaftsregion Bremen befindlichen Betrieben.

[44] Die oben genannten Innovationskriterien haben in die Kriterienbäume der Nutzwertanalyse Eingang gefunden und wurden von allen am Prozess beteiligten Akteuren bearbeitet. Damit haben an den Evaluationen knapp 200 Personen aus Wissenschaft, Wirtschaft und Bildung teilgenommen. Die Workshops bzw. Evaluationssitzungen haben in der Regel in den Projekten vor Ort unter Einbezug der Personen aus den wissenschaftlichen Einrichtungen stattgefunden (siehe auch die Liste der Evaluationssitzungen im Anhang zu Rauner u. a. 1995).

zwischenbetrieblichen als auch im übertragenen innerbetrieblichen Verständnis – neben der Qualifikation für Innovations-Prozesse und dem *dialogisch-partizipativen Vorgehen* als die wichtigsten Indikatoren für erfolgreiche interne, aber auch externe Transfers (siehe auch die Darstellung im Funktionsgraph in Abb. 6/9). Die *strukturbildenden Effekte* blieben jedoch sehr stark hinter den gesetzten Erwartungen – zurück eine Tatsache, die den unausgeschöpften regionalpolitischen Potentialen und damit begrenzten zeitlichen, sachlichen und personellen Ressourcen im Verhältnis zu den weitgesteckten Programm- und Projektzielen geschuldet ist. Dies wird auch in einer vergleichenden Analyse skandinavischer Programme (dem schwedischen LOM und dem norwegischen SBA-Programm) deutlich, die mit z. T. ähnlichen Ansätzen hinsichtlich der Strukturbeiträge ebenso suboptimal blieben. Naschold stellt fest:

> „Es kann a priori deshalb von externen und mit eher soften Instrumenten ansetzenden Entwicklungsstrategien kaum ein anderes Ergebnis erwartet werden, dann, wenn die nationalen (v. a. industrie- und regionalpolitischen) Potentiale des Programms nicht ausgeschöpft werden können und die zeitlichen, sachlichen und personellen Ressourcen im Verhältnis zu den Programmzielen bei weitem unterkritisch sind" (Naschold 1994, 117).

Es sei noch angemerkt, dass die skandinavischen Programme ebenso wie das Bremer Landesprogramm eine zentrales Anliegen in der Zusammenführung industrieller Produktionssysteme mit den öffentlichen Einrichtungen aus Forschung, Bildung und Wissenschaft gesehen hatten und einen systemischen Entwicklungsansatz mit den Teilsystemen Arbeit, Technik, Organisation und Qualifikation verfolgten.

Zusammenfassend zeigte sich, dass alle Projekte mehr oder weniger praktische Erfolge durch Erreichung von Teilzielen und Zwischenergebnissen aufweisen konnten. Nur einigen wenigen Projekten (den identifizierten „good practice"-Fällen) gelingt es, als Katalysatoren im Prozess regionaler Innovation zu wirken. Diese Projekte strahlten aber nicht aus, sondern verblieben innerhalb der jeweiligen Clusters (so z. B. in der Automobilindustrie oder auch in der Nahrungsmittelwirtschaft).

Mit Frieder Naschold (Naschold 1994, 116) bin ich der Meinung, dass eine wesentliche Aufgabe von „nationalen und regionalen Programmen in der Bündelung sektoraler Kräfte traditioneller Industriebereiche, in der Inkorperierung neuer Bereiche [z. B. produktionsorientierte Dienstleistungen und Sublieferanten, aber auch institutionell repräsentierte Kunden- und Anwenderinteressen, z. B. Verbraucherberatung, L. D.] und Berufskategorien [Berater, Experten oder Wissenschaftler, L. D.] jenseits der klassischen Industrien und im Zusammenführen von privatem und öffentlichem Sektor" zu sehen ist. Es geht also um die Verschränkung von horizontalen und vertikal strukturierten Akteurssystemen.

Weitere Einschränkungen waren insofern hinzunehmen, als auch in Bremen immer nur regionale Ausschnitte des jeweiligen Clusters (z. B. leicht verdeutlicht an der Wertschöpfungskette Automobilindustrie oder Raumfahrtindustrie, wo die jeweiligen Bremer Standorte nicht die Konzernzentralen beherbergen, sondern produktive Teile eines großen Ganzen bzw. ein Teilelement der komplexen und regionsübergreifenden Wertschöpfungskette darstellen) vorhanden und die für die Bearbeitung einer Problemstellung notwendigen Innovationsträger zum Teil nur eingeschränkt verfügbar sind. Gleichwohl gelang es in der Pilotphase des Programms, durch vernetzte Formen der Zusammenarbeit zwischen bislang eher nebeneinander agierenden, regionalen Institutionen innerhalb der angesprochenen Cluster eine neue Dialogkultur zu praktizieren und eine Aktivierung von Wissenschaftlern und betrieblichen Vertretern zu vollziehen. Eine clusterübergreifende Betrachtung gelang dagegen kaum – am ehesten auf der Basis regionaler Kommunikationsforen, wie sie ausschnittweise durch Zusammenführung der regionalen „Arbeit und Technik"-Handwerksprojekte mit weiteren Projekten aus weiteren Regionen in der Handwerkstagung vorgenommen wurde (siehe die Dokumentation der Tagung in Deitmer/ Rauner 1995).

Im folgenden Kapitel werden die Ergebnisse der Wirkungsanalyse zum Hypothesenmodell der Arbeit in Beziehung gesetzt. Dazu werden die einzelnen Teilhypothesen (siehe Abschnitt 4.2) sowohl aus der Perspektive dieser Falluntersuchung als auch aus der allgemeinen Diskussion über regionale Innovationsprozesse auf ihre Tragfähigkeit hin betrachtet.

7 Der Beitrag von „Arbeit und Technik"-Projekten zur Region- Problemfelder im Innovationstransfer

In allen untersuchten Projekten ist eine mittlere bis starke Transferorientierung im Hinblick auf eine Nutzbarmachung von Projekterkenntnissen für die Wirtschaftsregion Bremen feststellbar, dies wird aber nur an relativ geringen strukturellen Verbesserungen deutlich. Obwohl ein relativ weites Spektrum regionaler Akteure das Programm aktiv mitgestaltet hat, kann eine wirksame Ausstrahlung in das externe Umfeld nur mit Einschränkungen und die Impulse für die Strukturentwicklung bis auf unsere Ausnahmeprojekte kaum festgestellt werden. Im Sinne einer Aktivierung weiterer Innovationsakteure bzw. -institutionen außerhalb der Projektkerne wurden nur wenige Fortschritte erzielt. Wichtige Kernbereiche der regionalen Wirtschaft Bremens wurden nicht erreicht; so waren Branchen mit großer regionaler Präsenz und Bedeutung (z. B. solche der Logistik, Telematik, Hafenwirtschaft oder der Nahrungsmittelindustrie) kaum oder gar nicht beteiligt. Die für regionale Entwicklung bedeutsamen Dienstleistungsunternehmen waren genausowenig wie der Typus des jungen Unternehmens in den Projekten des Programms vertreten.

Weiterhin muss festgestellt werden, dass die mehr als siebzig kleineren und mittleren Unternehmen im Programm nur einen sehr geringen Prozentsatz im Verhältnis zur Gesamtzahl bremischer Unternehmen darstellen. Zum Beispiel werden von den über 4500 Bremer Handwerksunternehmen lediglich ca. 50 Handwerksbetriebe in den verschiedenen Verbundprojekten direkt beteiligt. Ähnliche Relationen ergeben sich im industriellen Bereich, wo zwar auch eine Reihe regional bedeutsamer Betriebe im Rahmen der hier untersuchten fünf bis sechsjährigen Pilotphase (von anfänglich wenigen Betrieben auf immerhin ca. 20 Industriebetrieben am Ende der Pilotphase) an den Projekten direkt partizipierten, gleichwohl war im Verhältnis zur Gesamtzahl der bremischen Betriebe nur eine schwache Beteiligung der insgesamt in der Region vorhandenen Industriebetriebe gegeben. Insgesamt muss also festgestellt werden, dass die mehr oder weniger starken Veränderungseffekte der Projekte eher eine Minderheit von Betrieben (ca. 1 %) berührten. Für das untersuchte Programm muss daher festgestellt werden, dass die angenommenen innovativen Effekte kaum „in die Fläche", also in das regionale Umfeld der Projekte (z. B. in Nachbarbetriebe der Branche oder weitere Institute) hineinwirken bzw. ausstrahlen konnten.

Betrachten wir mit Hilfe der Gesamtinnovationsspinne das Kriterium *Transferorientierung in die Region* im Verhältnis zu den *geringen strukturellen Effekten*, bestätigt sich die Wirkungsschwäche des Programms (siehe Abb. 6.2 und Abschnitt 6.1). Obwohl massive externe Transferbemühungen[45] aller Projekte zu verzeichnen waren, gelingt es bis auf Ausnahmen, eine breite Nutzbarmachung der Projektergebnisse bzw. einen intensivierten Innovationstransfer aus den Projekten heraus zu entwickeln. Somit muss zwischen den anspruchsvollen, seinerzeit dargelegten Projektzielen (Deitmer u. a. 1991) und dem, was an praktischen Problemlösungen und Projektergebnissen im Bilanzierungszeitraum tatsächlich erreicht wurde, eine relativ große Lücke konstatiert werden. Dies hat damit zu tun, dass die Projekte eine optimale Gestaltbarkeit sozio-technischer Systeme voraussetzten und die Projektziele insoweit auch weitreichende Strukturentwicklungseffekte einschließen sollten. Damit hat das Programm auch bedeutsame Erkenntnisse in Bezug auf Widerstände und Barrieren deutlich gemacht.

Es wird in diesem Kapitel differenzierter zu untersuchen sein, unter welchen Umständen und Randbedingungen der Kernhypothese einer Transformation von „weichen" zu „harten" Effekten gefolgt werden kann. Dazu werden die im Hypothesenmodell dargelegten vier Teilhypothesen (siehe Abschnitt 4.2) in den folgenden Abschnitten im Einzelnen untersucht. In diesem Kapitel soll auch der Frage nachgehen werden, ob nachhaltige, regionale Effekte von den auf Strukturentwicklung angelegten Verbundvorhaben des Bremer Landesprogramms ausgingen. Es wird die zentrale Fragestellung untersucht, unter welchen Randbedingungen und Voraussetzungen „weiche" Innovationsprozesse in strukturrelevante Innovationseffekte (z. B. neue Denk- und Kommunikationskultur, neue Beziehungskultur) einmünden. Die dabei auftretenden Probleme im Transformationsprozess können auf folgenden Ebenen betrachtet werden:

Transferprobleme auf der ressortpolitischen Ebene: Integrierte Innovationsstrategien wie das Bremer Landesprogramm tangieren die spezifischen Zuschnitte der politischen Ressorts. So kann es passieren, dass ressortübergreifende Innovationsverbundprojekte in die Zuständigkeit mehrerer Ressorts fallen. Dies stößt auf erhebliche Ablehnung innerhalb der Ressorts, vor allem wenn mehrere Politikfelder wie z. B. die Wissenschafts-, Bildungs-, Arbeitsmarkt- und Wirtschaftspolitik angesprochen sind. Die Arbeitsteilung und Abgrenzung zwischen den Ressorts bis hin zu entsprechenden Zuständigkeitskonkurrenzen ist so eingeübt, dass es schwerfällt, neue Kooperationsmuster zu entwickeln. Folglich kann von einer Reproduktion arbeitsteiliger Handlungs- und Verhaltensweisen gesprochen werden, die von „institutionellem Strukturkonservatismus" getragen wird und nur schwer zu überwinden ist (Eichener 1994; Oehlke 1994a, 1994b, 1996). Dies gilt für regionale, nationale und europäische Administrationen gleichermaßen, doch paradoxerweise muss auf Grund der gewonnenen Erfahrungen in der AuT-Projektträgerschaft festgestellt werden, dass diese Hemmnisse auch für räumlich kleinteilige bzw. lokale Politikfelder gelten. Langfristig gewachsene personelle Verflechtungen bzw. Standpunkte einzelner Personen in entscheidenden Positionen verhindern, dass

---

[45] Als Transferbemühungen werden hier etwa Projektzwischenpräsentationen oder regionale Veranstaltungen mit weiteren potentiell Interessierten u. a. m. verstanden (siehe auch Abb. 10 in Rauner u. a. 1995, 57).

bestehende Vorurteile abgebaut werden und dass transparentere Willensbildungs- und Entscheidungsprozesse entstehen (Kommission Bremen 2000, 1993).

Transferprobleme auf der inner- und zwischenbetrieblichen Ebene: Bei durch die Innovationen angestoßenen organisatorischen Veränderungen mit verstärkten Kooperationsanforderungen begegnen wir unterschiedlichen Interessenlagen der beteiligten Akteure auf der betrieblichen Ebene: Bei Teilen des mittleren Managements geht die Einführung von neuen Produktions- und Dienstleistungskonzepten häufig einher mit einem Status-, Funktions- oder gar Arbeitsplatzverlust. Ihre aktive Beteiligung an Veränderungsprozessen ist eingeschränkt. Sie betätigen sich bei solchen Prozessen mehr oder weniger als „Verhinderer" und „Bremser" (siehe auch Deitmer/ Grützmann 1995; Deitmer/ Köster 1997[46], aber auch weitere europäische Fallbeispiele in Docherty/ Nyhan 1997). Ferner müssen Betriebsräte bei der Einführung teilautonomer und sich selbst regulierender Arbeitsgruppen um schwindenden Einfluss fürchten (Oehlke 1996). Beides zusammen kann zu Hemmnissen im Ablauf der Projekte führen. So sehen sich kleinere Unternehmen häufig nicht in der Lage, die internen personellen (etwa in Form von internen Entwicklungsteams) und finanziellen (in Form von Eigenanteilen) Ressourcen für eine Veränderung bereitzustellen. Gleichzeitig ist das Interesse, trotz erfolgreichen Projektverlaufs, sich anderen, branchenfremden Unternehmen zu öffnen, sehr eingeschränkt (Belzer 1991). Eine partnerschaftliche Kooperation zwischen einem Institut und einem Unternehmen gelingt dagegen einfacher (was auch an der hohen Anzahl der über 600 Fördervorhaben in Bremen mit vornehmlich dieser Konstellation deutlich wird; siehe Schäffer 1995); eine Öffnung gegenüber Dritten findet nur eingeschränkt statt und wird wegen des geringen Nutzens für das eigene Unternehmen meist als überflüssig angesehen (Rauner u. a. 1995, 154 ff.). Obwohl fest vereinbart und als Förderbedingung formuliert, musste der Erfahrungstransfer in andere Betriebe den beteiligten wissenschaftlichen Einrichtungen am Programm überlassen werden.

Transferprobleme auf der forschungs- und wissenschaftlichen Ebene: Im wissenschaftlichen Akteurssystem haben sich hoch-arbeitsteilige und z. T. fragmentierte Strukturen entwickelt, die eine integrierte Bearbeitung bzw. Amalgamierung unterschiedlicher wissenschaftlicher Ansätze erheblich erschweren bzw. verunmöglichen. Obwohl zunehmend integrierte Ansätze praktiziert werden, finden sie nur beschränkt Eingang in den eigentlichen Wissenschaftsbetrieb (z. B. die anwendungsbezogene Informatik im Verhältnis zur Kerninformatik, Bremer Sachverständigenkommission AuT 1986b) und sind

---

46 Die Fallstudie von Deitmer/ Köster beschreibt die Blockaden auf Seiten des mittleren Managements im Rahmen eines nationalen AuT-Programmvorhabens: „Inselbildung in Fertigung und Verwaltung" eines mittelständischen Industrieunternehmens in der norddeutschen Küstenregion (Deitmer/ Köster 1997). Dieses Vorhaben hat u. a. den Impuls für die Initiierung eines ähnlichen Vorhabens im Rahmen des Bremer Landesprogramms gegeben (Projekt C: Fertigungs- und arbeitsorganisatorische Innovation eines mittelständischen Fertigungsbetriebes durch einen Prozess der integrierten Technikgestaltung, Organisationsentwicklung, Personalentwicklung) (Rauner u. a. 1995, 154 ff.).

damit immer noch weitgehend auf die Erzeugung parzellierten Detailwissens ausgelegt. Dies liegt daran, dass sich die interdisziplinäre Zusammenarbeit der projektbegleitenden ingenieur-, arbeits- und sozialwissenschaftlichen Disziplinen häufig an nicht zu vereinbarenden Forschungstraditionen, Methoden und Theorieansätzen bricht. Angesichts der geringen Reputation konkreter bedarfs- und praxisbezogener Forschung in der ‚Scientific Community' versuchen viele Wissenschaftler, interdisziplinäre Zusammenarbeit und betriebsbezogene Verpflichtungen zu vermeiden (Oehlke 1996, 243). Obwohl in Bremen die Bereitschaft, sich sozialen und gesellschaftlichen Problemen zu öffnen, weit stärker entwickelt ist als an anderen Orten (Bremer Sachverständigenkommission „Arbeit und Technik" 1986b und 1988 sowie Senator für Bildung, Wissenschaft und Kunst 1985; Symposien Arbeit und Technik 1983, 1987; Rauner 1988a, 1988b), tun sich auch hier konkrete Schwierigkeiten bzw. Interessenblockaden in der transdisziplinären Zusammenarbeit auf. Dieser Aspekt soll weiter unten noch einmal (siehe Abschnitt 7.5) aufgegriffen werden.

Die auf den drei Ebenen skizzierten Funktionszuschreibungen, Handlungsroutinen und Verhaltensdispositionen können als grundsätzliche Probleme im Innovationstransfer der „Arbeit und Technik"-Verbundprojekte beschrieben werden. Ihr zeitaufwendiges Zustandekommen, ihre nicht konfliktfreie Durchführung und eher langfristig wirkende Ertragsperspektiven gehen einher mit einem erheblichen Ressourcenverschleiss und hohem Moderations- und Steuerungsbedarf durch Projektträger, Innovationsagenturen oder Transfereinrichtungen. Hinzu kommen unterschiedliche Zeithorizonte, Handlungsspielräume und Entscheidungsmöglichkeiten der einzelnen Verbundpartner beim Zustandekommen und bei dem Ablauf solcher Verbundinitiativen (Latniak, zitiert nach Oehlke 1996, 240). Es existiert also ein Dilemma zwischen der praktischen Notwendigkeit für integrale Innovationsansätze auf Grund des markt- und produktionsbedingten Zwangs zu Veränderungen und einer gewissen „Reserve" gegenüber dem Ansinnen des Projektträgers, entsprechende Verbundkooperationen im Rahmen eines regionalen Innovationsprogramms zu initiieren.

Im folgenden Abschnitt werden kurz die Besonderheiten des bremischen Innovationsmilieus skizziert.

7.1 Zu den Besonderheiten des bremischen Innovationsmilieus

Für das Land Bremen, eines der drei deutschen Stadtstaaten, liegt insofern ein Sonderfall vor, als politische Grenzen mit der Lokalität einer mittleren Großstadt, allerdings ohne Hinterland, zusammenfallen. Regionen werden normalerweise als größere Einheiten mit mehreren Gebietskörperschaften angesehen (Hellmer u. a. 1999). In Bezug auf Bremen kann daher nicht von einer Normalregion gesprochen werden (bei Hellmer u. a. 1999, 101, wird unterschieden zwischen Normalregion, Ausnahmeregionen, ökonomischen Zentren und ökonomisch peripherisierten Regionen). In Anlehnung an Hellmers Kategorisierung ist das Land Bremen bzw. der Stadtstaat (Stadt Bremen und Bremerhaven)

m. E. als Ausnahmeregion einzustufen, die durch ein ökonomisches Oberzentrum in den politisch eng gefassten Grenzen eines Stadtstaates ohne Hinterland geprägt wird. In diesem Fall geht es um ein besonderen Entwicklungen unterworfenes, städtisches Territorium, welches ein traditioneller Standort für das verarbeitende Gewerbe war – allerdings durchaus mit besonderen Entwicklungsmerkmalen (wie etwa hoher industrieller Verdichtung auf relativ kleinem Raum, was die Kooperationsbildung zwischen verschiedenen Bereichen eher begünstigt, oder eine durch räumliche Nähe hervorgerufene Verflechtung von Politik und Wirtschaft. Ein positives Entwicklungsmerkmal ist der gelungene Umbau der Universität in einen sich beachtlich entwickelnden Technologiepark; dieser wird nach Berlin als zweitgrößte Einrichtung in der Bundesrepublik eingestuft (Senat der Freien Hansestadt Bremen 1992; Kommission Bremen 2000, 1993; Willms 1996, 7; Willms 2000a+b)).

Ausnahmeregionen, so die Definition, zeichnen sich durch die Feststellbarkeit von besonderem wirtschaftlichen Erfolg oder Misserfolg aus, wobei für Bremen als eine der ehemals reichsten Städte der Republik Misserfolg besonders auf die achtziger und neunziger Jahre bezogen eingetreten ist. Einher geht dies häufig mit einer hochgradigen Spezialisierung, insbesondere im Zusammenhang mit Branchenkonzentrationen, und einem hohen Maß an ökonomisch-politischer Verflechtung (wie in Bremen), was sich im Krisenfall als sklerotisch und im Fall prosperierender Entwicklung als flexibel und innovativ (wegen der losen Kopplung) erweisen kann.

Zur genauen Charakterisierung siehe auch den Bilanzbericht und hierin die kurze Skizzierung des regionalen Innovationsmilieus in Bremen (Rauner u. a. 1995, 27 ff.). Als einige Besonderheiten Bremens können auf Grundlage einer Expertenbefragung und von Sekundäranalysen (Rauner, ebenda) beschrieben werden: Übergewicht an sog. Problembranchen (z. B. Schiffbau); hohe Außensteuerung durch die Präsenz von Großbetrieben, die z. T. im Wesentlichen als „verlängerte Werkbänke" fungieren (die damit vor allem zentrale Forschungs- und Entwicklungsfunktionen mit einem geringer ausgeprägten Zulieferkranz vermissen lassen – im Gegensatz zum Südwesten der Republik); eine gewisse Konzentration auf Branchen mit geringer Arbeitsintensität (z. B. auf Seiten der verfahrenstechnisch geprägten Nahrungsmittelindustrie); gering ausgeprägter Besatz an kleinen und mittleren Unternehmen im Vergleich zum Bundesdurchschnitt; F&E-Institutionen, die noch zu wenig in der Region arbeiten, sowie ein Bildungssystem (insbesondere Berufsschulen), welches als modernisierungsbedürftig eingeschätzt wird.

Die Hansestadt hinkt auch bei der Vergabe von Patenten im Bundesvergleich hinterher (im Ländervergleich auf dem fünftletzten Rang; Statistisches Landesamt Niedersachsen, 2000), was mit der schwachen Oberzentralität der industriellen Forschung als auch der eher traditionellen Orientierung bei mittelständischen Industrie (wenig eigene R&D) erklärt werden muss. Zwar ist die Zahl der Patente 1991 mit 145 Patenten auf 166 Patente in 1999 gestiegen, aber Baden-Württemberg liegt mit 11.728 und Bayern mit 12.873 Patenten deutlich vorn. Erst in den vergangenen 15 Jahren haben sich auch in Bremen verstärkt Dienstleistungs- und Forschungseinrichtungen angesiedelt, so dass langfristig eine Veränderung dieser Situation eintreten wird. Erklärbar wird diese Schwäche u. a.

auch dadurch, dass die Patente in der Regel bei den Unternehmenssitzen der Großunternehmen wie z. B. DASA und Daimler in München oder Stuttgart gemeldet wird. Bremen geht dann häufig leer aus, obwohl hier die Forschungsarbeit geleistet wird. Zur Umkehrung dieses Trends ist die Gründung einer bremischen Verwertungsgesellschaft zwischen Wissenschaft und Wirtschaft (Weser Report vom 5.11.2000) geplant.

Es gibt aber auch gewisse Stärken: Die Intensität der Beziehungsgeflechte gestatten das schnellere Entstehen von politischen und ökonomischen Initiativen, es gibt relativ flexibel und pro-aktiv agierende Verwaltungsstrukturen als auch nicht zu verkennenden „Ideenreichtum" bei beginnenden Kooperationen mit produktionsorientierten Dienstleistern (einschließlich der Fachhochschule und der Universität bzw. Instituten in deren Umfeld) sowie die aktive Wahrnehmung von Programmangeboten – u. a. der EU – zur Strukturentwicklung (eine der wesentlichen Finanzquellen für das Bremer AuT-Programm). Ein weiteres Milieuspezifikum ist darin zu sehen, dass viele der wissenschaftlichen Forschungs- und Entwicklungsangebote sich einem arbeitsorientierten Innovationsansatz verpflichtet fühlen (relativ viele AuT-Projekte als auch Humanisierungsprojekte wurden in Bremen durchgeführt). Damit verbunden ist auch eine stark vertretene „Aktionsforscher-Gemeinde". So sollen nach Hellmer u. a. (1999) Ausnahmeregionen durch ausgeprägte Netzwerke, gleichgültig ob innovativ oder strukturkonservativ, gekennzeichnet sein, was auch für Bremen zutrifft. Dies hat sicherlich die Bereitschaft zur Bildung von Verbundkooperationen in den bremischen Fachprogrammen (Programme: PFAU, FuE-Verbund, Landesprogramm AuT) positiv beeinflusst (Schäffer 1995).

Im Folgenden werden vier zentrale Problemfelder im regionalen Innovationstransfer auf den genannten Ebenen diskutiert. Dazu werden auch die empirischen Befunde aus der Programmwirkungsanalyse (siehe Kapitel 6) nochmals herangezogen, und es wird ein selektiver Rückbezug auf die Debatte um regionale Innovationssysteme und Strategien regionaler Stabilisierung vorgenommen (vgl. u. a. schwerpunktmäßig Kneißle/ Zündorf 1994; Nicholls-Nixon 1995; Endres/ Wehner 1996a, 1996b; Bullmann/ Heinze 1997; Braczyk/ Cooke/ Heidenreich 1998; Kujath 1998; Hellmer u. a. 1999; Lundvall/ Borrás 1997). Das Hypothesenmodell wird (siehe Kapitel 4) mit dem Ziel untersucht, Schlussfolgerungen zum Management und zur Steuerung regionaler Verbundkooperationen im Entwicklungsfeld von Arbeit, Technik und Qualifikation zu erhalten.

7.2 Erstes Transferproblem: gestaltungsorientierte Innovationsvorhaben sowie integrierte, regionale Innovationspolitik und regionales Innovationsmanagement

Das erste Transferproblem nimmt Bezug auf die erste Teilhypothese, welche sich mit den regionalpolitischen Voraussetzungen für gestaltungsorientierte Innovationsvorhaben auseinander setzt. Regionale Innovationsprogramme, wie das Bremer Landesprogramm, können nur dann nachhaltig wirksam werden, wenn sie durch eine integrierte, regionale

Innovationspolitik und ein entsprechendes Innovationsmanagement gestützt werden (siehe Abschnitt 4.2 und Abb. 4.1).

Eine „Gestaltungsorientierung" der Arbeit-und-Technik-Projekte (gemeint ist die Gestaltung von Organisation, Technik und Qualifikation im Zusammenhang, kurz das Innovationskriterium „Arbeit und Technik als Einheit") im Bremer Landesprogramm impliziert, dass bereichsspezifische Grenzen überwunden werden und die „Arbeit und Technik"-Problemstellungen im Rahmen von Projekten in ihrer Komplexität, ihren unterschiedlichen Facetten und in einem integrierenden Zusammenhang bearbeitet werden können. Viele der im Programm zusammengeführten Projekte haben darauf hingewirkt, bislang getrennte Formen der fachlichen Bearbeitung zusammenzuführen und konkurrierende Formen der Zusammenarbeit durch kooperative Innovationsverbünde zu überwinden (Rauner u. a. 1995). Damit wachsen die analytischen und gestalterischen Anforderungen an die Projekte selber, indem neue methodische Zugänge und darauf abgestimmte Instrumente benötigt werden. Die Wirkungsanalyse zeigt allerdings, dass nur ein geringer Teil der Projekte „Gestaltungsorientierung" erfolgreich umsetzen konnte. Der Gestaltungsansatz stößt auf erhebliche Beschränkungen, die sowohl durch interne Projektbedingungen (u. a. Projektteilnehmer-Zusammensetzung, Berücksichtigung der Kundennachfrage, Produzenteninteressen, großen Problemlösungsdruck) als auch durch Entwicklungen von außen (regionale Innovationsmilieus, Infrastrukturbedingungen, globale Einflüsse auf die Region) beeinflusst werden. Es soll untersucht werden, unter welchen äußeren Bedingungen, vor allem also unter welchem industrie- und regionalpolitischen Primat eine nachhaltige Verankerung des gestaltungsorientierten Entwicklungsansatzes besser greifen kann. Meine These lautet, dass dies eine besser integrierte regionale Innovationspolitik und ein entsprechendes Innovationsmanagement erfordert. Nur so kann es gelingen, ein gestaltungsorientiertes Konzept von Arbeit und Technik dauerhaft und nachhaltig zu etablieren.

Der integrierte Innovationsansatz ist häufig, so auch in Bremen, mit einer fragmentierten regionalen Innovationsstruktur in der Region konfrontiert (z. B. unterschiedlichen Förderbedingungen, bestimmten vorherrschenden und nicht komplementär aufeinander ausgerichteten Orientierungen auf Seiten der Wissenschaft, Qualifizierungseinrichtungen, Behörden und Betriebe). Eines der Hindernisse im Arbeit-und-Technik-Programm waren die Förderbedingungen, die sich insgesamt als zu kompliziert und zu aufwendig darstellten. Zeitaufwendige Entscheidungsprozesse innerhalb des Fördersystems führen dazu, dass die katalytische Innovationsfunktion des Projektträgers bei der Implementierung von erfolgversprechenden Verbundprojekten, in denen Alternativen gleichsam von „unten" entwickelt werden sollen (damit ist gemeint, dass mehrere Betriebe ein ähnlich gelagertes Veränderungsinteresse formulieren können), erheblich eingeschränkt wird. Die ohnehin vorhandenen strukturkonservativen Widerstände auf Seiten der Wirtschaft, der Politik oder der Verbände werden damit noch durch ein defizitäres Förderverfahren und eine wenig aufeinander abgestimmte ressortübergreifende Innovationspolitik verstärkt.

Insbesondere die politischen Einzelfallentscheidungen bei Projektbewilligungen (jeder Antrag geht durch den zuständigen Parlamentsausschuss bzw. wird gemäß bremischer Verfassung von der zuständigen Deputation behandelt) führten in ihrer Gesamtheit zu zeitaufwendigen und inflexiblen Entscheidungsstrukturen. Gerade solche Bedingungen sind in hohem Maße hinderlich für die reaktionsschnelle Entwicklung von regionalen Innovationsprojekten bzw. -programmen. Ein innovatives Milieu kann in hohem Maße von der aktiven Moderation des Staates (z. B. regionaler Instanzen) und deren Organen (regionaler Projektträgerschaften oder Fördereinrichtungen) beeinflusst werden. Die Entwicklung einer prozessorientierten und dynamischeren Innovationsförderpolitik bedarf eines neuen Verständnisses auf Seiten der staatlichen Verwaltung, indem sie

„schnell entstehende Chancen aufgreift und Risiken bekämpft [...] und sich damit an sich wandelnde Erfordernisse anpasst. [... Daher, L. D.] ist es notwendig, systematisch neue ökonomische und technologische Entwicklungstrends zu beobachten und auf ihre Relevanz für die betreffende Region zu analysieren. Dies macht eine laufende Einschätzung von Branchen- und Clusterentwicklungen notwendig" (Heinze u. a. 1997, 262).

So ist es wenig sinnvoll, wie in der Pilotphase des Programms häufig vor allem in seinen Anfängen geschehen, bei bereits umfangreich entwickelten Projektverbünden feststellen zu müssen, dass eine Projektförderung schließlich doch nicht möglich ist. Dies vor allem dann, wenn Ressortabgrenzungen eine übergreifende Finanzierung verhindern. Projektentwicklungen[47], die vom Programmbeirat als förderwürdig anerkannt worden waren und bereits umfassende Entwicklungs- und Beratungsvorleistungen enthalten, sollten schließlich auch auf den Weg gebracht werden. Zwar sollte ein „starker" Projektträger in der Lage sein, eine frühzeitige und schnelle Prüfung der generellen Förderwürdigkeit von Initiativen vorzunehmen und die notwendigen Schritte (z. B. Bedarfsanalysen, Gutachten, Expertisen oder Feasability-Studien) zur weiteren Entwicklung einzuleiten. Aber die praktizierten Entscheidungsprozeduren im Rahmen des Bremer Landesprogramms erlaubten es kaum, eine strategisch ausgerichtete Förderung thematisch komplementärer Projekte vorzunehmen. Eine ressortübergreifende, regionale Innovationspolitik und ein

---

47 Als ein negatives Beispiel ressortpolitischer Sachzwänge und Zuständigkeitsgrenzen sei hier für das Bremer Landesprogramm der Aufbau eines Schulungs- und Beratungszentrums für humane Medizintechnik (AuT-Verbundprojekt ZAHM) angeführt. Mit dem ZAHM-Projekt sollte eine integrierte Kompetenz- und Demonstrationseinrichtung geschaffen werden, mit dem Ziel, die Aus- und Weiterbildung des Krankenhausfachpersonals (Ärzte und Krankenschwestern) im Bereich der Anwendung medizintechnischer Systeme in ihrer organisatorischen Einbettung durch gezielte Schulungsmaßnahmen zu verbessern. In einem beteiligungsorientierten Prozess mit Ärzten und Pflegepersonal und der Krankenhausleitung konnte ein einvernehmliches, sozusagen von „unten" kommendes, vielversprechendes Antragskonzept entwickelt werden. Das Gesundheitsressort war dann schließlich nicht in der Lage, eine notwendige Ko-Finanzierung bereitzustellen (Rauner u. a. 1995 sowie Anhang 3).

darauf abgestimmtes Innovationsmanagement konnten nur in Ansätzen greifen, so dass es nicht zu dem oben angedeuteten optimalen Fit kam. Eine beteiligungs- und innovationsorientierte Regionalentwicklung, die den Strukturwandel durch betriebliche Innovationen hin zu neuen Märkten befördern will, kann so kaum entstehen (Heinze u. a. 1997). Insgesamt weist dies auf die Notwendigkeit hin, zu einer kohärenten, regionalen Förderstrategie zu gelangen und darauf aufbauende Förderkonzepte zu entwickeln.

Es zeigt sich, dass das Fortbestehen traditioneller, arbeitsteiliger Strukturen in Wirtschaft, Wissenschaft und Politik sich als problematisch und innovationsfeindlich erweisen kann.

Eine ressortübergreifende Abstimmung und Integration zwischen unterschiedlichen Ressortfeldern, wie z. B. der Wirtschaftsförderpolitik, aber auch der Industriepolitik, der Arbeitsmarktpolitik, der Bildungspolitik und der Wissenschaftspolitik, erscheint zwar sinnvoll, ist aber auf Grund bestehender Egoismen, Ressortabgrenzungen bzw. Ressortzwänge nur schwer zu erreichen. Das Problem ist zum Teil durch die Innovationspolitik erkannt worden, so dass nun versucht wird, durch die Einrichtung ressortübergreifender Programmsteuergruppen nach dem in der europäischen Verwaltung praktizierten „taskforce"-Konzept dem entgegenzuwirken. Ansatzweise wurde dies mit dem Programmbeirat zum Bremer Landesprogramm, der mit Vertretern verschiedener Ressorts besetzt war, praktiziert (Rauner u. a. 1995). Dies scheint der richtige Weg zu sein, um eine Gegensteuerung angesichts strukturkonservativer Beharrung durch politisch-administrative Akteure einzuleiten. Ob mit der Installierung solcher Beiräte und „task forces" oder Innovationsträger das Beharrungsvermögen der Ressorts überwunden werden kann, ist offen.

Michael Keating (Keating 1997) weist allerdings auch auf Gefahren hin, die mit der Delegation von politischer Verantwortung an Agenturen, Entwicklungsgesellschaften oder Projektträger verbunden sind:

„Die regionale Entwicklung solchen Einrichtungen zu überlassen, kann im zweifachen Sinn zu einer erneuten Entpolitisierung von Entwicklungsfunktionen in der Region führen. Zum einen werden hier politische Einflußnahme und klientelistische Praktiken dadurch zurückgedrängt, daß maßgebliche Entscheidungen in den Händen technischer Experten und Agenten liegen. Die Entpolitisierung in einem zweiten Sinn kommt dadurch zustande, daß Fragen der ökonomischen Entwicklung von sozialen Belangen separiert werden, wobei sich privatwirtschaftlich organisierte Agenturen üblicherweise einseitig dem ersten Ziel verschreiben. Dies verengt die sozialen Kosten der Veränderung anderer Institutionen und Einrichtungen" (Keating 1997, 100).

Dieser Gefahr hatte sich auch das Bremer Landesprogramm zu stellen, in dem durch die Installierung eines Programmbeirates versucht wurde, eine einseitige klientelistische Förderpraxis zu unterbinden. Dazu waren im Programmbeirat nicht nur Personen aus der Region, sondern auch überregionale Fachpersonen zusammengebracht worden. Es wurde darauf geachtet, sowohl technische als auch sozialwissenschaftliche Expertisen bei der Beurteilung der Förderfähigkeit der Vorhaben einzuholen. Durch diese Art der Zusammensetzung des Beirates ist es in vielen Projektentscheidungen gelungen, eine konstruktive bzw. an den gemeinsam getragenen Programmkriterien geführte konzentrierte Diskussion der Projektanträge zu führen (Rauner u. a. 1995, 85). Der Beirat konnte daher wesentlichen Anteil an der Etablierung und Stabilisierung des Programms nehmen. Gleichwohl können Empfehlungen zur Verbesserung der Beiratsarbeit formuliert werden. Diese beziehen sich auf die Einbeziehung von Fachgutachten, eine intensivere Diskussion über die Programmstrategie und die Intensivierung der Erfolgskontrolle. Ebenso hätte durch die Einführung eines aus den Programmzielen abgeleiteten Bewertungsbogen, der die maßgeblichen Projektauswahlkriterien enthält, eine zielorientiertere Auswahldiskussion geführt werden können. Damit hätte sichergestellt werden können, dass die Anträge den Programmkriterien entsprechen und die dargelegten personellen und inhaltlich-methodischen Maßnahmen eine erfolgreiche Durchführung erwarten lassen.

Batt (1997) unterbreitet verschiedene Vorschläge, wie durch die Vereinbarung von Handlungszielen zwischen Politik und den damit beauftragten Projektträgern oder Innovationsagenturen die regionale Analyse konkreter Bedarfe eine Verbesserung einleiten kann. Er schlägt vor, dass sich die öffentliche Hand die Kontrolle und den Einfluss über solche Programmmodelle und Regime im Sinne einer Gemeinwohlwahrung sichern und durch prozessurale Regeln und Richtlinien die Steuerung der Programme flankieren sollte. Insgesamt plädiert Batt für einen kooperativen Staat (bzw. eine solche Regionalregierung), der sich mehr als „Makler" und „Dienstleister" versteht und die regionalen Strukturdefizite gemeinsam mit privaten Partnern und Investoren löst und der weniger als hierarchisch handelnde Behörde mit Ge- und Verboten das Verhalten des privaten Sektors in der Region steuert (Batt 1997, 182).

Zur Verbesserung des Innovationsmanagements

Zur Verbesserung der Entscheidungs- und Beratungsprozesse für eine prozessorientierte Innovationspolitik ist eine bessere Integration unterschiedlicher Förderinstrumente vorzusehen. So hätte im Fall des Bremer Landesprogramms eine bessere Abstimmung und Kooperation mit den Förderinstrumenten der Wirtschaftsförderer bzw. der Industriepolitik gut getan. Durch eine gute Koordination mit den Landesentwicklungsgesellschaften und den Wirtschaftsfördergesellschaften kann die strukturinnovative Qualität der Verbundprojekte und der damit verbundenen Innovationsfelder weiter gesteigert werden kann.[48]

---

48 Mittlerweile sind regional-politische Entwicklungsfunktionen durch die Gründung einer Bremischen Investitionsgesellschaft (BIG) scheinbar wesentlich besser integriert und aufeinander abgestimmt als vorher, wobei auch das Bremer Landesprogramm in seiner vierten Ausschreibung durch die Projektträgerschaft der Bremer Innovationsagentur (BIA) fortgeführt wird. In der BIG sind die verschiedenen wirtschaftsbezogenen Dienstleistungen in einer Entwicklungsgesellschaft gebündelt. Die BIA, als jetziger Träger des Bremer Landesprogramms, ist in das Gesamtsystem eng eingebunden.

Problemfelder im Innovationstransfer

Die Projektintensivfallstudien im vorangegangenen Kapitel haben deutlich gemacht, dass alle Projekte zur Stabilisierung ihrer Innovationsprozesse einer besseren Verzahnung mit anderen Förderinstrumenten bedürfen, insbesondere mit den auf „harte" Infrastrukturförderung ausgerichteten Aktivitäten. Eine Verknüpfung von Innovationsfragen mit ausbildungs- und strukturpolitischen Aspekten, wie im Beispiel des SHK-CAD[49]-Projektes (Projekt A), macht es notwendig, dass auch das Bauressort in die Innovationsstrategie des Projektes integriert sein sollte. So hätte das Schneiderprojekt[50] (Projekt H) sich nicht nur auf Softwareentwicklung bzw. technische und qualifikationsbezogene Innovationen konzentrieren sollen, sondern es hätte auch Marketingförderung bzw. betriebsnahe Wirtschaftsförderung der kleinen Handwerksbetriebe in Anspruch nehmen müssen.

Die Wirkungsanalyse der verschiedenen Fallstudien zeigt, dass alle Projekte zuerst einen überschaubaren, inhaltlichen Fokus zum Zweck der Komplexitätsreduktion und der gezielten Bearbeitung der innovatorischen Aufgabenstellung benötigten. Im weiteren Fortgang der Projekte ist es ratsam, durch projektinterne Programm- und Projektevaluationen die Potentiale, die sich bei der Bearbeitung des Projektes ergeben, zu dechiffrieren und ans Tageslicht treten zu lassen bzw. weiter zu befördern. Damit bieten sich Hinweise und Anlässe, über eine weitere Verstetigung nachzudenken bzw. andere Förderinstrumente, wie die oben beschriebenen, zum Zweck der möglichen Strukturentwicklung wirksam werden zu lassen. Der Entwicklungsverlauf des Verbundprojektes zeigt dann, ob es auch strukturpolitische Potentiale in sich trägt, die eine weitere Investition rechtfertigen.

Ich gehe davon aus, dass mit einer solchen Vorgehensweise der zentrale Schwachpunkt des Programms, nämlich die mangelnde Strukturwirksamkeit, hätte verbessert werden können. Nun reift die Erkenntnis, dass durch eine ressortübergreifende Querschnittsqualität der Programme den ressortspezifischen Verengungen in Förderprogrammen und -instrumenten entgegengewirkt werden kann. Dies bestätigen auch die Erfahrungen in weiteren regionalen Innovationsförderprogrammen (Friedrich-Ebert-Stiftung 1989; Deitmer 1992; Fricke 1994; Rauner u. a. 1995; Bullmann/ Heinze 1997; Oehlke 1990, 1994a, 1994b, 1994c, 1996), einschließlich der darin vorgenommenen Analysen, die zeigen, dass es auf dieser Grundlage möglich wird, gestaltungsorientierte Programme vom Zuschnitt des „Arbeit und Technik"-Programms zu entwickeln. Die im vorangegangenen Kapitel 6 untersuchten Beispiele guter Projektpraxis belegen dies. Ihnen könnten im Rahmen einer integrierten regionalen Entwicklungsstrategie die beiden folgenden Funktionen zukommen: (1) betriebliche Innovationsdialoge anzustoßen und damit auch

---

49 SHK-CAD-Projekt: CAD im Sanitär-, Heizungs- und Klimahandwerk. Entwicklung, Qualifikation und Organisationsentwicklung. Aufbau eines Handwerksinnovationszentrums (HIZ). Siehe auch Anhang 3.

50 Schneider-Projekt: Entwicklung einer integrierten, arbeitsorientierten DV-Lösung für die Aufgaben des Schneiderhandwerks (CAD im Schneiderhandwerk). Siehe auch Anhang 3.

unter innovationsschwachen Betrieben entsprechende Prozesse anzuregen; (2) die Angebote bestehender Innovationsträger durch die Kooperation mit der regionalen Wirtschaft zu profilieren bzw. im Sinne einer Erweiterung des Angebotes zu stärken. Zusammengenommen könnte dies in regionalen Bedarfsfeldern zur Herausbildung regionaler Innovationszentren führen.

Aus der Programmentwicklung angestoßene regionale Innovationszentren: die Errichtung eines Landesleistungszentrums Backstube 2000 zwischen Back-Handwerk, Hochschule und weiteren Akteuren. Weitere Zentren, die jeweils aus den spezifischen Projekten konzipiert wurden: Zentrum für arbeitsorientierte Automatisierungssysteme, Integriertes Dienstleistungszentrum Bauhandwerk, Software-Ergonomie Zentrum, Handwerk-Innovationszentrum und Zentrum für Energie- und Gebäudemanagement. Nur zum Teil sind diese Zentren tatsächlich neu errichtet worden, oft gibt es sie innerhalb bereits bestehender institutioneller Settings. Häufig sind die Impulse auch in anderen Programmen oder Investitionssonderprogrammen, etwa aus Mitteln des für Bremen als Ziel-2-Zone zur Verfügung stehenden EFRE-Infrastrukturfonds realisiert bzw. weiter vorangetrieben worden. Im Bilanzbericht werden sie wie folgt definiert:

„Die Innovationszentren sind branchen- und themenorientiert ausgerichtet und sollen das bremische, innovatorische Milieu durch Demonstration, Information, Beratung, Qualifizierung und Hersteller/ Anwenderdialog verbessern bzw. Voraussetzungen für weitere Forschungskooperationen schaffen. Sie übernehmen dabei auch eine Marketingfunktion, um Marktinnovationen vor allem auf Seiten kleiner und mittlerer Unternehmen zu befördern" (Rauner u. a. 1995, 74).

In der Regel sollte das jeweilige Zentrum mit einem Labor bzw. Experimentierfeld ausgestattet sein. Als Lehrmittel werden verschiedene Herstellersysteme eingesetzt, so dass unterschiedliche Innovationsprinzipien miteinander verglichen und erlernt werden können. Eine besondere Funktion kommt dem Hersteller-Anwender-Dialog zu. Erfahrungen und Anforderungen der Systembenutzer an die funktionale Ausgestaltung von technischen Geräten, Apparaturen und Systemen bzw. Arbeitplatzsystem und Betriebsarrangments sollen unter anderem an die Hersteller zurückvermittelt werden.

Zur Bedeutung von Clustern für eine strategische Ausrichtung regionaler Innovationspolitik

Mit Hilfe von strategischen, auf die Bedarfe von Clustern angelegten Programmen könnte die Bewältigung neuer Marktanforderungen durch kooperative Lernprozesse und Innovationen stimuliert werden. Regional bedeutsame Branchen würden darin bestärkt, die zentrale Funktion für die Entwicklung, Herstellung und Verbreitung ihrer Produkte unter verstärkter Nutzung des regionalen Umfeldes anzugehen und die Herausbildung von regionalen Produktionsclustern zu unterstützen. Damit erhalten produktionsnahe Dienstleister wie Ingenieurbüros, Software-Häuser, Infrastrukturdienstleister, Logistikdienstleister, aber auch wissenschaftliche Forschungseinrichtungen sowie berufsbezogene Aus- und Weiterbildungseinrichtungen zentrales Gewicht, um die regionalen Innovationspotentiale zu erschließen. Dieser von Freeman und Porter (Freeman 1993; Porter 1991) und von Braczyk u. a. (Braczyk/ Cooke/ Heidenreich 1998) dargelegte Ansatz postuliert die Entwicklung eines regionalen Innovationssystems, das die privaten Unternehmen, die einem wachsenden Trend in Richtung auf branchen- und produktspezifische Spezialisierungen und Flexibilisierungen unterliegen, durch eine komplementäre öffentliche Dienstleistungsinfrastruktur ergänzt. Somit kann, wie Braczyk u. a. (1998) es formulieren, ein interaktiver Lernprozess stattfinden, indem die staatliche Regionalpolitik in einer „decentralised, transparent and consultative governance" praktiziert, damit es gelingt, einen Lernprozess zwischen den Institutionen zu initiieren.

„Institutional learning is a crucial part of an associative approach. [...] it assumes the process of economic development and especially innovation are interactive ones in which actors on the user-side (e. g. customers) may be as important as producers (e. g. scientists, engineers, workers) of the innovation in question" (Braczyk/ Cooke/ Heidenreich 1998, 11).

Die genannten Regionalforscher verdeutlichen damit, dass in einem Cluster eingebettete Netzwerke insbesondere von ihrer Informalität (weak ties), ihrem Ad-hoc-Charakter (adhocracy) und ihrer dynamischen Offenheit und Flexibilität leben. In diese Art von Netzwerken sollten unsere Verbundprojekte eingebettet sein; indem sie sich mit einem kreativen Umfeld umgeben, schaffen sie die Basis für einen fruchtbaren Innovationsdialog. Das Verhältnis der Partner ist dabei aus einem Mix von Kooperation und Konkurrenz gekennzeichnet. Dieses Verständnis geht zurück auf Michael Enright (1995), einen Forscherkollegen Porters, der dies wie folgt darlegt:

„He asserts that, on the one hand, collaboration means more opportunity for firms to share in bulk purchasing, joint marketing and basic training(!), but on the other, when it comes to innovation, firms will need to be competitive, because they will have both foreign and possibly local competitor firms to meet in the market. He concludes by suggesting the way through this is to identify the optimal mix of collaboration and competition for a given industry cluster. This means identifying those acitivites best conducted collaboratively and those not. [...] The optimal mix optimises the trade offs for the region" (zitiert nach Bracyk/ Cooke/ Heidenreich 1998, 5).

Meine hier vorgenommene Programmanalyse bestätigt, dass kooperativ angelegte und richtig konzipierte Innovationsprozesse mit Hilfe von Verbundprojekten – exemplarisch in den „good practice"-Projekten sowohl konzeptionell als auch von der Umsetzung her dargelegt –, die auch die Nutzer und Anwender frühzeitig mit einbeziehen, besonders nachhaltig sind.

Derartige Cluster können sich somit entlang der gesamten Wertschöpfungskette bilden und sind durch räumliche Aggregationen mehrerer miteinander verwobener Branchen gekennzeichnet. Ihre Zusammensetzung ist unterschiedlich und begrenzt sich auf die jeweils relevanten Akteure. So können Unternehmen vertikal miteinander verknüpft sein, wie innerhalb von Zulieferbeziehungen z. B. in der Zusammenarbeit von Automobilzulieferern und Automobilherstellern – eines unserer „good practice"-Projekte entstammt diesem Feld (siehe Abschnitt 6.5.2). Die Branchen eines Clusters können auch wechselseitig nutzbare Externalitäten, beispielsweise durch Ausbildungseinrichtungen oder durch Forschung und Entwicklung, erzeugen. Für die Innovationsfähigkeit einer Region ist besonders die wirtschaftliche Dynamik ausschlaggebend, die solche Cluster bergen. Die Förderansätze, wie sie hier diskutiert werden, versuchen, sich solchen Clusterstrukturen zu stellen; allerdings konnte dies nur zum Teil gelingen. Die Strukturen machen deutlich, dass einzelbetriebliche oder auch sektorale Förderansätze zu kurz greifen, wenn sie an den Mechanismen von weiter gefassten Clustern vorbeilaufen. „The key conclusion was that, as economic coordination becomes increasingly globalised, the key interactions among firms in specific industry clusters becomes regionalized" (Bracyk/ Cooke/ Heidenreich 1998, 5). Diese Einsicht zeigt auf, dass die wettbewerbsfördernden und kooperationsunterstützenden Aktivitiäten regionaler Regierungen von zentraler Bedeutung sind.

Ressourceneinsatz und Spill-Over-Effekte

Die bisher vorliegende Analyse hat deutlich gemacht, dass strukturpolitische Veränderungen von Innovationsvorhaben angestoßen werden und, wenn überhaupt, in einem zeitlichen Nachlauf und somit erst nach einiger Zeit greifen können. Allerdings kann schon im Projektverlauf durch das Aufzeigen erster Innovationsergebnisse die Bereitschaft von dritter Seite wachsen, in die Projekte zu investieren (was in den „good practice"-Projekten auch zu guten Teilen gelang). Gemeint sind vermehrte eigene Leistungen der in den Projektverbünden kooperierenden Unternehmen z. B. durch die kostenneutrale Ausrüstung von Dienstleistungszentren. Wenn die Projekte sich als tragfähig erweisen, können Spill-Over-Effekte deutlich werden. Solche Effekte sind auch im Rahmen des hier zu betrachtenden Programms aufgetreten. Sie haben dazu beigetragen, dass die relative Förderquote im Projektfortgang zuletzt bei 30 % lag. So konnte auch in den beiden „guten" Projekten erreicht werden, dass der Förderzuschuss von 62 % auf unter 10 % im ersten Projekt und von 50.6 % auf unter 43 % im zweiten „good practice"-Projekt sinken konnte. Hier wird deutlich, dass die Spill-Over-Effekte des Bremer Landesprogramms besondere Beachtung verdienen und die Unterschiede zwischen den Projekten deutlich machen (Rauner u. a. 1995, 49 ff.).

Die Fördermittel waren auf wenige Unternehmen und Institute konzentriert. Die relativ hohen Fördervolumina (durchschnittlicher Zuschuss 808.000,- DM im Vergleich zu den anderen sieben Förderprogrammen des Wirtschaftssenators und dessen durchschnittlicher Zuschusshöhe von 140.000,- DM) verteilen sich damit überproportional auf eine relativ kleine Gruppe von Unternehmen und wissenschaftlichen Einrichtungen. Der hohen Zahl von über 500 geförderten Projekten in den sieben Fachprogrammen des Wirtschafts- und Umweltsenators (Zeitraum 1984 bis 1994) steht eine relativ geringe Zahl

(14 Verbundprojekte) von „Arbeit und Technik"-Verbundprojekten im Zeitraum zwischen 1990 und 1995 gegenüber. Die vorgenommenen Vergleiche sind rein quantitativer Natur, ihre Aussagekraft ist eingeschränkt. So können die mehrjährigen Projekte des Bremer Landesprogramms, die letztlich mehrere Teilprojekte (z. B. Qualifizierungs-, Organsiations- und Technikentwicklungsmaßnahmen) umfassen, nicht ohne weiteres mit den wesentlich kürzer dimensionierten Aufgabenstellungen in den Fachprogrammen verglichen werden. Die Projekte der verschiedenen Fachprogramme sind von ihrem Zuschnitt eher Einzelvorhaben, wobei ein einzelbetriebliches Problem durch Kooperation mit externen Kräften gelöst wird. Die treffende Beschreibung eines Referenten zur Betreuung der Fachprogramme lautet: ein betriebliches Problem, ein Wissenschaftler, ein Projekt. Ich ziehe jedoch die Daten der Studie von Schäffer heran, um die relative Bedeutung jeglicher Projekt- und Modellförderung im Vergleich zu den Gesamtgrößenzahlen der beteiligten Akteure im Wissenschafts- und Wirtschaftssystem in Bremen herauszustellen (Schäffer 1995).

Die Mittelverteilung im Bremer Landesprogramm war somit weit stärker punktuell ausgerichtet gegenüber den Förderprogrammen des Wirtschaftssenators. Davon haben die Bremer Forschungs- und Bildungseinrichtungen (insgesamt wurden ca. 32 FuE-Institute der Universität, Hochschulen und Einrichtungen der beruflichen Aus- und Weiterbildung beteiligt) weit stärker als die Betriebe profitiert (u. a. durch Infrastrukturinvestitionen, Mitarbeiterfinanzierung usw.). Auf Grund der guten Projektergebnisse war in einigen „guten" Praxisprojekten dieser Mitteleinsatz auch voll gerechtfertigt, sei es dass die Einrichtungen nachfolgende Investitionen Dritter nach sich zogen, sei es dass die Ergebnisse nachhaltige Wirkungen zeigten. Damit konnten die anfänglich hohen Förderquoten (z. T. mehr als 60 %) zurückgenommen werden. Insgesamt kann für künftige Programmmaßnahmen ein degressiv fallendes Förderprinzip als sinnvoll angesehen werden. Der Mitteleinsatz für Transfermaßnahmen während der Projektlaufzeit sollte durchaus noch großzügiger angesetzt werden, denn nur so können auch andere Betriebe von den gemachten Erfahrungen und Ergebnissen frühzeitig profitieren. Komplexe Verbundvorhaben erzielen durchweg eine eher verhaltene Nachfrage, was durch gezieltes Beziehungsmanagement des Projektträgers kompensiert werden kann.

Einer geringeren Nachfrage bei FuE-Verbundkooperationen könnte durch einen moderierten, regionalen Innovationsdialog begegnet werden. Die klassischen Wirtschaftsförderprogramme[51] erfreuten sich in Bremen im Untersuchungszeitraum eines deutlich

---

51 Die im Zeitraum zwischen 1984 und 1994 aktuellen Programme waren FuE-Förderprogramme, eins zur Verbundkooperation undein weiteres zur Projektförderung): das Programm zur Förderung der Anwendung von Umweltschutztechnologien (PFAU), das Designförderprogramm, das Konversionsprogramm und das Multimediaprogramm. Die Bewilligungssumme aller Programme betrug im Zeitraum von 1984 bis 1994 201.4 Mio. DM, wobei Landeszuschüsse in Höhe von 83.8 Mio. DM flossen. Das entspricht einer Förderquote von 41,6 %. Die Projekte wurden bei einem Gesamtvolumen von 337.000 DM mit durchschnittlich 140.000 DM gefördert.

zahlreicheren Projektzuspruchs. Im Umweltprogramm PFAU wurden durchschnittlich 2 bis 3 Projekte pro Monat bewilligt, in den anderen Programmen ca. ein Projekt pro Monat. Im gleichen Zeitraum waren dies im Bremer Landesprogramm sehr viel weniger Projekte. Der auf ganzheitliche Innovationsprozesse (Programmziel: Integration von Arbeit und Technik als Einheit, siehe Abschnitt 1.1) angelegte Ansatz des Programms findet, so die vorsichtige Schlussfolgerung, noch keine angemessene Nachfrage bei der eigentlichen Zielgruppe des Programms: den Unternehmen der Bremer Wirtschaftsregion. Dies konnte auch nicht durch den hohen personellen Aufwand, den der Projektträger bei der Initiierung der Projekte unternahm, ausgeglichen werden.[52] Sollen neue Ansätze regional etabliert werden, so bedarf dies eines entsprechenden Innovationsmarketingkonzeptes, welches im Fall des Bremer Landesprogramms fehlte.

Die Erfahrung zeigt, dass es sinnvoll ist, besondere Transfermaßnahmen in der Programmplanung vorzusehen, um einen besseren Transfer zwischen dem geförderten (der häufig schon aus kapazitiven Gründen klein sein muss) und dem ungeförderten Umfeld herbeizuführen. Dem in den Projekten zum Teil mit Nachdruck praktizierten Innovationsdialog,[53] wo über Erfahrungen, Erkenntnisse und Ergebnisse der jeweiligen Innovationsprozesse in Form von projektaufschließenden Workshops, Tagungen oder ähnlichen Veranstaltungen (z. B. regionaler oder überregionaler Teilnahme an Fachmessen und -ausstellungen) kommuniziert wird, kommt große Bedeutung zu (Rauner u. a. 1995, 57).

7.3 Zweites Transferproblem: zur Figuration der Projektverbünde

Eine weitere wichtige Bedingung für die erfolgreiche Wirksamkeit von Projektverbünden ist in der Figurationshypothese niedergelegt (Abschnitt 4.2). Diese Hypothese bezieht sich auf die Zusammenführung geeigneter Projektpartner. Die Zusammensetzung der Verbundpartnerschaft stellt für den Verlauf und das Ergebnis den Entwicklungsprozess hemmende bzw. begünstigende Rahmenbedingungen bereit. Die These wird mit Rückbezug auf den Stand der kooperationsorientierten Vernetzung im Bremer Landesprogramm und der aktuellen Diskussion untersucht.

Das Bremer Landesprogramm „Arbeit und Technik" ist mit seinem institutionenübergreifenden „public-private"-Ansatz im gegenwärtigen Trend der stärker kooperativen bzw. arbeitsteiligen Forschung zwischen Wissenschaft, Hochschulen bzw. Bildungsträgern auf der einen Seite und Wirtschaftsunternehmen auf der anderen Seite verankert. Eine Kooperation kann sich zwar um so besser entfalten, je mehr Dialogbereitschaft und Vertrauen im Sinne eines wechselseitigen „Gebens" und „Nehmens" („tit for tat"-

---

52 Schäffer hatte für die einzelnen Projekte Projektträgerkosten in Höhe von ca. 100.000,- DM in der Pilotphase des Programms errechnet (Schäffer 1995, 43).

53 Die Programmbilanz konnte immerhin in den 14 Projekten mehr als 180 Veranstaltungen verzeichnen (Rauner u. a. 1995, 57).

Mechanismen) existiert. Wichtig ist aber auch, welche Partner im Verbundvorhaben zusammengeführt worden sind und dass die Projektverbünde richtig zusammengestellt werden, d. h. solche Akteure und Institutionen aus Betrieben und Wissenschaft bzw. Bildung zusammengeführt werden, die für die Bearbeitung der besonderen regionalen Problemstellung notwendig sind.

Zum erreichten Kooperationsstatus zwischen Wirtschafts- und Wissenschaftssystem

Betrachtet man nun das Kooperationsverhalten der regionalen Projektpartner in der Übersicht der 14 Fallstudien, so ergibt sich das folgende differenzierte Bild (siehe Tabelle 7/1): Die Verbundprojekte gewichten und bewerten die Kooperation (siehe Spalte 5) zwischen den Instituten (FuE, berufliche Aus- und Weiterbildung usw.) und den Betrieben durchweg positiv. Dies drückt sich in einer höheren prozentualen Gewichtung (zwischen 20 und 60 %) und einer besseren Benotung (fast immer Noten zwischen eins und zwei) aus. Die Kooperation zwischen den Betrieben (gemessen am Kriterium: Betrieb/Betrieb, siehe Spalte 4) wird dagegen wesentlich schwächer gemessen.

Gleiches gilt hinsichtlich der Einschätzung durch die Projekte für die regionalen Kommunikationsforen (siehe letzte Spalte 6), die zwar besser als die zwischenbetriebliche Kooperation abschneiden, aber noch deutlich gegenüber den Werten der Kooperation zwischen Instituten und Betrieben zurückliegen. Die folgende Tabelle[54] fasst die Ergebnisse der Evaluation der untersuchten Projekte zusammen.

Im Durchschnitt wird die Kooperation zwischen den Instituten und den Betrieben mindestens mit „gut", in zwei Projektfällen sogar mit „sehr gut" bewertet. Somit kann festgestellt werden, dass die Kooperation zwischen den beiden Partnern vor allem von Seiten der betrieblichen Vertreter mit Abschluss der Projekte sehr positiv bewertet wur-

---

54 Die Tabelle stellt einen Ausschnitt aus den zwei Nutzwertanalyse-Fragebögen dar und fasst die Wertungen der Projektpartner hinsichtlich des Hauptkriteriums „Kooperationsorientierte Vernetzung" tabellarisch zusammen. Wie schon in Kapitel 4 und 5 ausführlich dargestellt, hatten alle 14 Projektverbünde in ihrem Verlauf an einem oder zwei Evaluationsworkshops teilgenommen. Hierbei hatten sie in einer Gruppendiskussion mit Hilfe eines zweiteiligen Fragebogens neben den projektbezogenen Wirkungen auch die regionalen Wirkungen ihres Projektes einer Gewichtung und Bewertung unterzogen. Im zweiten Fragebogen „Regionale Wirkungen" wurden neben dem Hauptkriterium „kooperationsorientierte Vernetzung" die Kritierien „FuE-Potentiale", „Arbeitsmarkteffekte", „Ökologische Effekte" als auch „Markteffekte" aus der Sicht aller Projektbeteiligten individuell und unter konsensueller Fragestellung (Können wir uns auf eine gemeinsame Bewertung dieses Kriteriums verständigen?) bewertet. Die Prozentwerte (100 % standen jeweils zur Verfügung) und Notenwerte (wobei Noten von 1 bis 6 vergeben werden konnten) entstammen damit den Selbsteinschätzungen/ -bewertungen der Projekte und liefern einen guten Einblick zum Stand der Kooperationsfähigkeiten in den Projektverbünden (siehe zum Konzept der Evaluation Kapitel 4). Die 14 Projektintensivfallstudien liefern dafür die Daten (Rauner u. a. 1995, 99 ff.; Deitmer u. a. 1997 mit weiteren vier Fallstudien). Tabelle 7/1 ist aus der Zusammenführung der Daten entstanden.

de. Die intensiven Bemühungen der Institute, die Betriebe im Innovationsprozess zu unterstützen, wurde offensichtlich mit guten Noten honoriert. Demgegenüber wird die Kooperation zwischen den Betrieben eher zurückhaltend mit „befriedigend" bewertet, wobei auffällt, dass es in einigen Projektfällen sogar vorkommt, dass die Kooperation lediglich mit „ausreichend" oder „mangelhaft" benotet wurde. Dies verweist meines Erachtens auf deutliche Defizite bei diesem Kriterium. Es betrifft vor allem solche Projekte, die in teilweise „gestörten" oder „nicht-funktionierenden" Netzwerken agieren (zur Vertiefung dieses Aspektes siehe auch Abschnitt 5.3). Die Teilhypothese der Arbeit, wie sie in Abschnitt 1.6 dargelegt ist, kann weiter untermauert werden. Der nicht-marktlichen Kooperation mit anderen Betrieben wird eine geringere Bedeutung im Innovationstransfer beigemessen. Die betrieblichen Partner in den untersuchten Projekten sehen (noch) nicht, dass sie etwas von den Betrieben in ihrer Nachbarschaft lernen können – die Institute ausgenommen. Alle Betriebe haben vornehmlich ihre innerbetrieblichen Defizite, Verbesserungsnotwendigkeiten bzw. Innovationswünsche im Blick. Diesbezüglich erwarten sie durch die Kooperation mit den Instituten einen nutzenbringenden Innovationstransfer (z. B. die Einführung spezifischer CAD-Technologie im Bauhandwerk oder die Einführung neuer Fügetechniken im Nutzfahrzeugbau). Die Kommunikationsforen (mit unterschiedlicher Bewertung zwischen 1 und 5) werden demgegenüber durchweg schwächer gewichtet und benotet. Die Entwicklung von multilateralen und netzförmigen Kommunikationsforen im Sinne eines „Learning by interaction" ist erst in Ansätzen in einigen Projekten (vor allem den „gute Praxis"-Projekten) gegeben. An dieser Stelle sei angemerkt, dass die beiden „gute Praxis"-Projekte (Projekt D und G) in allen drei Punkten gute Werte erzielen. Die „gute Praxis"-Projekte nehmen die Kooperation mit den jeweils externen Partnern sehr ernst und messen demgemäß der kooperationsorientierten Vernetzung bei den regionalen Wirkungskriterien die erste Rangposition zu. Dieser empirische Befund bestätigt eine der Kernaussagen dieser Arbeit, nämlich die Bedeutung, in welcher Art und Weise regionale Netzwerke wie zusammengesetzt bzw. „figuriert" sind. Die Wirksamkeit eines Projektes kann im Rahmen von Innovationsclustern eher gesteigert werden. Gute Werte in diesem Kriterium treten auch bei denjenigen Projekten zu Tage, die neben potenten Problemlösungsanbietern auch durch Verbände und Vereinigungen (z. B. Innungen oder Gewerkschaften) zumindest flankiert werden. „Insulare Einzelvorhaben" tun sich dagegen sehr schwer mit der Vernetzung und liefern hinsichtlich dieses Kriteriums deutlich schwächere Werte. Ihnen fehlt offensichtlich ein weiter gefasstes, netzwerkartiges Umfeld, um aus „guten" projektbezogenen Wirkungen auch „gute" regionalbezogene Wirkungen entstehen zu lassen (beispielhaft hervorgehoben am Projekt C, welches sich durch eine „insulare" Struktur auszeichnete). Die durch eine „weniger gute Praxis" charakterisierten Projekte (Projekte K und L) messen der kooperationsorientierten Vernetzung eine eher untergeordnete Bedeutung zu (Rangposition 3). Sie zeichnen sich zwar durch zum Teil gut funktionierende bilaterale Beziehungen zwischen den Instituten und dem einzelnen Betrieb aus, ihnen gelingt es aber kaum, im Sinne regionaler Effekte wirksam zu werden und ein regionales Kommunikationsforum aufzubauen. In Kapitel 5 wird durch Projektvergleiche dargelegt, woran es den Projekten

Problemfelder im Innovationstransfer

im Einzelnen mangelte und welches die Gründe für die Defizite bei der kooperationsorientierten Vernetzung sind.

Projekt Nr.	Gewichtung der kooperationsorientierten Vernetzung unter den regional-bezogenen Wirkungen	Rangposition der kooperationsorientierten Vernetzung unter fünf Hauptkriterien[55]	Unterkriterium Kooperation Betrieb/Betrieb in XY% von 100% und in Noten (1-6)		Unterkriterium Kooperation Institute/Betriebe in XY% von 100% und in Noten (1-6)		Unterkriterium Regionale Kommunikationsforen in XY% von 100% und in Noten (1-6)	
B	15%	4.	15%	3	25%	1	25%	1
E	-	-	-	-	-	-	-	-
A	35 %	1.	20%	2	20%	1	25 %	1
F	35 %	1.	20%	2	25%	1	15 %	3
G	20 %	2.	15%	3	20%	2	20 %	2
C	25 %	3.	5%	5	20%	2	5%	5
D	60 %	1.	27%	2	27%	2	25 %	2
I	50 %	1.	15%	3	20%	2	15 %	3
K	25 %	3.	15%	3	20%	2	20 %	2
H	18 %	3.	27%	2	26%	2	19 %	2
M	35 %	1.	0%	-	60%	2	40 %	3
L	20 %	3.	-	-	-	-	-	-
N	35 %	1.	18%	4	60%	2	22 %	4
Σ	≈ 30 %	6x1; 1x2; 4x3; 1x4	≈ 16 %	≈ 2.6	≈ 30 %	≈ 1.7	≈ 21 %	≈ 2.6

Tab. 7/1: Zur Gewichtung und Bewertung der kooperationsorientierten Vernetzung zwischen Betrieben untereinander und zwischen Instituten und Betrieben aus der Sicht der Projektbeteiligten

---

55 Weitere Kriterien die gemessen wurden: Arbeitsmarkteffekte, ökologische Effekte und Markteffekte (siehe Abb. 4/4).

Die Entstehung guter Face-to-Face-Kontakte zwischen Wissenschaftlern und den Vertretern der Wirtschaft kann somit im Großen und Ganzen auch für das Bremer Landesprogramm reklamiert werden, was auch mit den insgesamt guten Werten für die dialogisch-partizipative Innovationsdimension (siehe auch Abb. 5/1) belegt werden kann. Eine Ausnahme bildeten allerdings die „schwachen" Projekte, bei denen sich in den Beziehungen zwischen Wissenschaftlern und Wirtschaftsvertretern keine langfristige und vertrauensvolle Basis entwickelt hat. Dies lag vor allem daran, dass Anfangserfolge in den Projektentwicklungen nur sporadisch oder gar nicht anfielen und den Betrieben damit nicht deutlich gemacht werden konnte, inwiefern ihnen ein kooperativer Entwicklungsprozess etwas nützt. Besonders eklatant traten die Schwächen jeweils bei der Prozessorientierung zutage (Projekt K verzeichnet hierin keine Wirkungen und Projekt L nur schwache Wirkungseffekte), was eine geringe Geschäfts- und Arbeitsprozessorientierung ergab. In diesem Punkt liegt offensichtlich der Schlüssel, um zu guten Projektergebnissen zu gelangen. Eine von wechselseitiger Anerkennung und Vertrauen gekennzeichnete Kommunikationsbeziehung zwischen Forschern und betrieblichen Entscheidungsträgern konnte zumindest in den „good practice"-Projekten entwickelt werden.

Programmerfahrungen mit einer eher abwartend skeptischen Beziehungskonstellation zwischen Wirtschaft und Wissenschaft können mit der regionalen Untersuchung von Kneißle und Zündorf (Kneißle/ Zündorf 1994) bestätigt werden. In ihrer Studie wurde das Problembewältigungsverhalten mittelständischer Unternehmen in ausgewählten nordwestdeutschen Regionen (Kammerbezirke: Lüneburg-Wolfsburg, Lübeck und Stade) untersucht. Besonders interessierte die Forscher dabei die Frage, wen die Unternehmen bei der kooperativen Lösung von gravierenden Problemstellungen, z. B. bei Produkt- und Prozessinnovationen, präferieren. In der Studie wurden dazu drei Gruppen aus den Sub-Systemen „Wirtschaft", „Wissenschaft" und „politisch-administratives System"[56] in den Blick genommen. Demnach wählen 64 % der vor allem mittelständischen Betriebe Kooperationspartner aus dem Wirtschaftssystem selber. Non-Profit Organisationen wie Verbände, Kammern oder universitäre Forschungseinrichtungen (Fachhochschulen, Universitäten, Institute) spielen in der Rangfolge der bevorzugten externen

---

56 Zum *Wirtschaftssystem* gehören Industriebetriebe (industrielle Zulieferer und Abnehmer), Dienstleistungsbetriebe (kommerzielle Beratungsfirmen, Ingenieurbüros, Markt- und Meinungsforschungsinstitute), Kreditinstitute (Banken und Sparkassen) und Wirtschaftsverbände (Industrie-, Arbeitgeber- und Berufsverbände sowie Gewerkschaften bzw. Gewerkschaftsverbände). Zum *Wissenschaftssystem* gehören universitäre und außeruniversitäre Forschungseinrichtungen (soweit sie an der „unabhängigen" Produktion und Verbreitung wissenschaftlichen Wissens ohne primär eigene Verwertungsinteressen beteiligt sind). Zum *politisch-administrativen System* gehören Ministerien, Behörden und Ämter auf Bundes-, Landes- und Gemeindeebene sowie Industrie- und Handelskammern als öffentlich-rechtliche Körperschaften mit Regulierungs- und Dienstleistungsfunktionen (Kneißle/ Zündorf 1994, 334). Zunehmende Bedeutung erhält sicherlich auch noch die europäische Ebene, vertreten durch die Europäische Kommission bzw. deren Generaldirektionen.

Problemlösungspartner bei den mittelständischen Unternehmen eine nachgeordnete Rolle (Kneißle/ Zündorf 1994, 334). Die Bevorzugung von Kooperationspartnern wie kommerziellen Beratungsfirmen (Unternehmensberatern) sowie von Geschäftspartnern (Zuliefer- und Abnehmerfirmen) oder Ingenieurbüros verdeutlicht, dass Mittelständler nicht nur nach einem Kosten-Nutzen-Kalkül auswählen, sondern auch hinsichtlich nichtmonetärer Faktoren. Die Suche nach geeigneten Partnern wird offensichtlich sehr stark durch Vertrauensmechanismen gesteuert, und zwar auf der Grundlage bestehender persönlicher oder geschäftlicher Verbindungen und Kontakte. Das belegt, dass die Zugehörigkeit zum gleichen Subsystem (Wirtschaft) von großer Bedeutung ist. Mit Verweis auf Luhmann (Luhmann, zitiert nach Kneißle/ Zündorf 1994, 337) werden von Kneißle und Zündorf folgende Mechanismen als entscheidend für die Präferenz eines Beziehungsaufbaus mit den Akteuren aus dem gleichen Subsystem (Wirtschaft) angeführt: übereinstimmende Rationalitätskriterien; strukturelle Ähnlichkeiten; gemeinsam generalisierte Werte und Verhaltensstandards; gemeinsame Kommunikationsmedien und Medien-Codes.

Bei allen Bemühungen einer Zusammenarbeit bei Problemlösungen zwischen Wissenschaft und Wirtschaft müssen diese Präferenzen m. E. berücksichtigt werden; der „gute Wille" allein reicht bei den Transferbemühungen zwischen wissenschaftlichen und wirtschaftlichen Akteuren nicht aus. Es kommt darauf an, die anzubahnenden oder zu verstetigenden Forschungskooperationen, wie im „Arbeit und Technik"-Programm, durch weitere informelle Kommunikationskanäle als ein „System kommunizierender Röhren" (Oehlke 1994b, 95) vielfältig zu erschließen. Dies gilt vor allem für Beiträge zur Lösung betrieblicher Problemstellungen, sei es nun durch Ideen und Anregungen, durch ausgearbeitete Lösungskonzepte, technische Teillösungen oder auch prozessorientierte Begleitangebote. Das regionale Umfeld im Sinne eines Produktionsclusters (van Hippel 1988; Porter 1991; Shaw 1996) erscheint als „Ressourcenpool", dessen sich mittelständische Betriebe bedienen können, um interne Probleme betriebsübergreifend zu lösen. Die universitären Forschungseinrichtungen kommen eher nachgelagert als Problemlöser in Frage. Wollen Universitäten und Forschungseinrichtungen derartige Kontakte erschließen, müssen sie sich in bestehende Beziehungsketten des Mittelständlers mit seinen Geschäftspartnern „einflechten", wobei neben den subjektiv-informellen Beziehungen zwischen Forscher und Wirtschaftsvertreter Faktoren wie Kompetenzprofil und nicht zuletzt regionale Foren eine wichtige Rolle spielen.

Auch Belzer bestätigt, ähnlich wie Kneißle/ Zündorf, eine gewisse Kooperationsunwilligkeit bei kleineren und mittleren Unternehmen. Neben psychologischen, sozialen und sprachlichen Barrieren zwischen Wissenschaftlern und Wirtschaftsvertretern wird von ihm die unternehmerische Eigenständigkeit, gerade in Eigentümer-Unternehmen, als ein Hindernis für die Entfaltung erfolgreicher FuE-Kooperationen zwischen Unternehmen und wissenschaftlichen Einrichtungen angeführt. Solche Unternehmen hätten die Tendenz, nichts preiszugeben – was die Bildung vertrauensvoller Beziehungen erschwert (Belzer 1991, 20).

Belzer schlägt vor, erst einmal in anderen, weniger sensiblen Bereichen, wie z. B. in der Ausbildung oder der Produktion, mit der Kooperation zu beginnen. Dadurch könnte langsam gegenseitiges Vertrauen geschaffen werden, um damit für die risikoreichen und „sensiblen" FuE-Kooperationen notwendige Voraussetzungen zu schaffen (Belzer 1991, 21).

Ähnliches wird auch von van Hippel beschrieben. Der Innovationsprozess wird demnach durch den Kunden, Abnehmer oder Nutzer entlang der betriebszogenen Wertschöpfungskette wesentlich vorangetrieben.

„Van Hippel focused attention on the role of the user in the innovations process in part to determine how an innovating firm goes about acquiring an accurate understanding of user need. [...] In the manufacturer-dominated paradigm the users role is a simple expression of need and the manufacturer conceives a responsive solution and them builds, tests, manufactures and markets the innovation. Van Hippel studied several firms in which these firms work closely with lead customers. They learn from customer needs and innovations, and rapidly modify designs and entry strategies based on this innovation" (van Hippel, zitiert nach Shaw 1996, 275).

Die Region stellt das zentrale Umfeld dar, in dessen räumlicher Konstellation sich Kooperation entfalten kann. Die These, dass nicht unbedingt die fachliche Expertise alleine den Ausschlag gibt, um von Seiten der Betriebe mit der Hochschule/ Universität in eine Kooperation einzutreten, findet auch im „Arbeit und Technik"-Programm seine Bestätigung. Die Betriebe möchten eine enge, vertrauensvolle Beziehung in räumlicher Nähe zu den Wissenschaftlern ihrer Region. Das Vertrauen zwischen Forschern und Unternehmen der Region rangiert dabei vor der Frage nach der „Hochrangigkeit" des wissenschaftlichen Kooperationspartners.

Figuration, Prozessorientierung und Komplementarität

Als ein wichtiger Grund für die Entstehung des Transferproblems bei der Entfaltung und Entwicklung von Kooperation zwischen Betrieben und zwischen Wirtschaftsunternehmen und Wissenschaft im Rahmen der Untersuchung des Bremer Landesprogramms stellt die unzureichende Einbeziehung und Zusammenführung der regionalen Kräfte entlang der Wertschöpfungskette dar (dies wird durch das auf der rechten Spinnenachse abgetragene Kriterium der „Prozessorientierung" markiert, siehe Abb. 6/2) dar. Die Perspektive der Kunden und Produzenten wurde offensichtlich in der Mehrzahl der Projekte sowohl im internen Projektmanagement als auch von Seiten des Programmträgers nicht konsequent verfolgt. Die Projektpartner sollen sich gut ergänzen. Es wird also danach gefragt ob der Verbund auch die Gewähr bietet, die zu erforschende und zu untersuchende innovative Fragestellung adäquat zu bearbeiten.

Die Analyse der verschiedenen Projektfälle zeigt nunmehr, dass diesem Kriterium eine katalytische Funktion beim Zusammenkommen bzw. der Figuration zukunftsträchtiger und damit nachhaltig wirksamer Verbundvorhaben zukommt (siehe dazu auch den zusammenfassenden Funktionsgraphen in Abb. 6/9). Der Funktionsgraph verdeutlicht die schwache Ausprägung der Prozessorientierung für die Erreichung strukturinnovativer regionaler Effekte als Ausfluss der Innovationsvorhaben. Beim Zustandekommen der Verbünde, der Figuration der Projektpartnerschaften, konnte es somit nur eingeschränkt gelingen, die „richtigen" Partner zusammenzuführen. Der Prozessorientierung kommt also im Hinblick auf das Bremer Landesprogramm eine katalytische Funktion zu.

Eine unzureichende „Institutionalisierung" der Projektverbünde entlang der Geschäftsprozessbeziehungen bzw. eine Transferorientierung hinsichtlich der in dem Wertschöpfungsprozess relevanten Kräfte wirkte auch in den Projekten nach, wobei die für eine marktorientierte Innovationsstrategie notwendige Ausrichtung der Innovationsmaßnahmen nur sehr sporadisch aufgenommen wurde. Anzumerken sei an dieser Stelle, dass auch von Seiten des Projektträgers die bessere und erfolgreiche Figuration durch regionale Bedarfserhebungen und darauf aufbauende gezielte Moderation im Rahmen der Projektinitiierung hätte verstärkt werden können.

Ausgehend von den erfolgreichen Innovationsbeispielen („good practice"-Projekten) des Programms kann festgestellt werden, dass die systematische Berücksichtigung von Kunden-Anwender-Beziehungen wesentliche Impulse für einen erfolgreichen Innovationsprozess liefert. Diese Beziehungskonstellation – häufig ausgelöst durch Dialoge und Begegnungen zwischen den Gruppen im Kontext informeller Gespräche – nimmt eine Schlüsselrolle bei der Organisation von arbeitsteiligen Innovationsprozessen ein. Studien und umfassende Untersuchungen können dies belegen. Shaw stellt in Anlehnung an van Hippel daher folgerichtig fest:

> „The links between users and suppliers are of vital importance for the effective management of innovation processes in regional context. This linkages are the crucial element in an innovation system which sees the actors as a network of institutions and individuals in both the public and private sector [...] This system encompasses a learning process consisting of learning by doing, learning by using, learning by interaction and learning by diffusion. The sharing of rich and intense information between users, suppliers and other actors is developed through creating linkages within and between organizations, with the knowledge embedded in society and with research" (Shaw 1996, 275).

Sabel formuliert einen Gedanken, der für den Transferprozess bedeutsam ist, wenn er den Begriff des „Learning by monitoring" (Sabel, zitiert nach Heinze u. a. 1997, 261, aber auch Sabel 1993) in die Debatte einführt. Das „Learning by monitoring" setzt bei der Reflexion über bisherige Handlungen der privaten und öffentlichen Akteure an und versucht, die Hemmnisse institutionalisierter Grenzen und persönlicher Interessen durch ein gemeinsames „Ringen" in einen innovationsstrategischen Konsens zu überführen:

> „Catch yourself in a conversation with a friend agreeing on where you disagree, agreeing on how you might resolve the disagreement, and anticipating how you might eventually amend your standard for evaluating resolutions. Then recall that in

the world of production people such as you are making something, and something new of all that" (Sabel, zitiert nach Heinze u. a. 1997, 261).

Diese Erkenntnis gilt auch für das Bremer Landesprogramm. Häufig wurden Lösungen präsentiert, die für die Adaption an anderen Orten ungeeignet waren bzw. die die außerhalb des Programms befindlichen potentiellen Kooperationspartner nicht aktivieren können.

Soziales Lernen kann als ein systematischer und anspruchsvoller Diskursprozess verstanden werden, der nicht nur ein Engagement über Bereichsgrenzen und Individualinteressen hinweg herausfordert, sondern der bei allen Gemeinsamkeiten es jedem einzelnen Unternehmen oder anderen Organisationen selbst überlässt, aus diesem Diskurs für das eigene Handeln im Innovationsprozess die entsprechenden Schlussfolgerungen zu ziehen.

Dreh- und Angelpunkt der Debatte ist das Spannungsverhältnis zwischen Konkurrenz und Kooperation. Netzwerke als ein Steuerungsmittel können die Balance zwischen Konkurrenz und Kooperation bzw. zwischen Markt und Hierarchie darstellen. Allerdings bedürfen sie häufig, so die Erfahrungen mit der Initiierung der Vorhaben im Bremer Landesprogramm, einer externen Instanz: öffentlicher Programm- oder Projektträger, aber auch Investitionsgesellschaften und privater Agenturen, vor allem wenn bestimmte regionalpolitische Interessen verfolgt werden sollen.[57] Man könnte auch von einem Beziehungsmanagement zwischen verschiedenen Bereichen – Wissenschaft und Industrie – sprechen. In gewisser Weise kann dies auch als „Grenzgängerrolle" angesehen werden. Dies wird auch von Naschold angesichts einer Analyse skandinavischer Programmerfahrungen bestätigt:

„Regionale interorganisatorische Netzwerke bedürfen einer – im Unterschied zu Netzwerk-Produktionsketten (z. B. rein ökonomische Netzwerke wie des Silicon Valley Typs) – öffentlichen Moderation und Impulssetzung. Eine Kontinuisierung von Netzwerken findet ohne externe Unterstützung nicht statt" (Naschold 1994, 12).

7.4 Drittes Transferproblem: zum Impuls für Innovationsvorhaben und zur Aufnahmefähigkeit regionaler Unternehmen für Innovationen

Die dritte Transferhypothese stellt die Frage nach dem Impuls bzw. dem Anlass und Ursprung für das Innovationsvorhaben in den Mittelpunkt der Betrachtung. Die Hypothese unterstellt, dass immer dann, wenn der Impuls für die Innovation aus der betrieblichen bzw. gesellschaftlichen Praxis erfolgt, die Innovationseffekte umso nachhaltiger wirken.

---

57 Siehe auch Endres/ Wehner zum Konzept des Grenzgängers (Endres/ Wehner 1996, 105–121). Die dort gemachten Vorschläge zu situativen Lernprozessen bei Hospitationen an unterschiedlichen Lernorten lassen sich auch auf die Rolle des Projektträgers übertragen.

Demgemäß arbeiten solche Verbundprojekte, die von bestehenden Akteursbeziehungen angestoßen werden, in denen bestehende Kooperationen systematisch erweitert werden, deren thematischer Impuls aus der Praxis kommt und in dessen Folge die Definition von Strategie und Zielen in dauerhafter Kommunikation zwischen Wissenschaft und Praxis erarbeitet und von einem Leader getragen werden, im Projektverlauf eher in funktionierenden Projektverbünden als andere. Diese Projekte verfolgen eine hohe, zielgerichtete, dialogisch-partizipative Innovationsstrategie und eine starke Prozessorientierung. Projekte mit nur einem Initiator, mit hauptsächlich initiierten Kooperationen, mit von außen wesentlich beeinflusster Strategie und Zielsetzung, in denen der Impuls für das Vorhaben nicht aus der Praxis kommt, arbeiten im Projektverlauf in zum Teil nicht genutzten oder sogar gestörten Verbünden, mit einer geringer ausgeprägten dialogischen Partizipation sowie mit einer geringeren Prozessorientierung. Die Aufnahmefähigkeit der Unternehmen für die Innovation, gepaart mit dem Impuls für das Vorhaben, stellt somit einen wichtigen Schlüssel für die nachhaltige Wirksamkeit und den Erfolg kooperativer Innovationspraxis dar.

Bei der Untersuchung des Verhaltens von Unternehmen im Innovationsprozess und der damit verbundenen Bewältigung von außergewöhnlichen Problemstellungen des technologischen Wandels[58] durch Kooperation mit regionalen Innovationsträgern stellt der Begriff der „absorptive capacity" (Cohen/ Levinthal, zitiert nach Nicholls-Nixon 1995) ein hilfreiches Konstrukt dar. Genauer gesagt geht es hier um die „technology sourcing practices, how the company has to absorb and the technologies needed to make the transition to the new technological paradigm" (Nicholls-Nixon 1995, 4). Im Mittelpunkt steht dabei das Verhältnis der Unternehmen zu internen und externen Wissensquellen und möglicher Reaktionsformen bei technologischen Herausforderungen, z. B. ausgelöst durch einen Paradigmenwechsel von analogen zu digitalen Technikanwendungen. Mit einer mangelnden absorptiven Kapazität kann erklärt werden, warum ein bestimmtes regionales Unternehmen nicht in der Lage ist, die betriebsinternen, personalen und sächlichen Ressourcen und die in seinem Umfeld zur Verfügung stehenden externen Angebote für die Initiierung von Innovationsprozessen zu nutzen (Nicholls-Nixon 1995, 4).

Demgemäß sollten Firmen spezifisches Wissen zur Organisation von Innovationsprozessen bereits besitzen, damit sie entscheiden können, ob sie die Probleme „in-house", sozusagen in eigener Innovationskompetenz, bewältigen können oder ob Kooperationen mit weiteren Akteuren des regionalen Umfeldes nützlich sind. Ein spezifisches internes technologisches und produktionsbezogenes Wissen, gepaart mit Erfahrungen, wie neue Herausforderungen erlernt werden können (Prozesswissen im Sinne von Wissen, wie Transformationsprozesse zu bewältigen sind, z. B. die Reaktion auf neue Kundenanfor-

---

58 Einführung neuer technischer Regime wie z. B. grundlegend in der Bio-Technologie oder der IuK-Technik, aber auch in neuen hybriden Anwendungsformen wie z. B. in der Gebäudeautomationstechnologie.

derungen oder globale Herausforderungen auf den Weltmärkten), ist auf Seiten der Betriebe notwendig, damit sie Nutzen aus den externen Wissensressourcen ihres Umfeldes ziehen können. Nicholls-Nixon untersucht dabei drei zentrale Mechanismen, die auf die strategische Entscheidung des Technologiemanagements der Firmen einwirken:

„Environmental Factors influencing the development of absorptive capacity are encompassing three components: the prevailing technological regime, institutional conditions and market structure. They play a significant role in setting the parameters of strategic choice that are available to the firms, in terms of how it assesses technology from the public domain. The implication is that although absorptive capacity is jointly determined by internal R&D and external sourcing linkages" (Nicholls-Nixon 1995, 9).

Diese Erschließungsbedingungen beim Kooperationsaufbau bestimmen, ob die Firmen in der Lage sein werden, sich den technologischen Herausforderungen, die durch eine hohes Maß an Unsicherheit und Risiko gekennzeichnet sind, zu stellen. Grabher verweist in diesem Zusammenhang auch auf die Notwendigkeit eher redundanter Akteurs- und Beziehungsstrukturen, um über ausreichende Wahlmöglichkeiten beim Beziehungsaufbau zwischen den potentiellen Akteuren im Innovationsprozess zu verfügen (Grabher 1993). Im Folgenden werden die Einflussfaktoren im Einzelnen beleuchtet und in ihrer Bedeutung für das strategische Unternehmensmanagement mit Bezug auf das Bremer Landesprogramm untersucht. Dabei wird auch auf die Bedeutung von Vertrauen in kooperativen Innovationsprozessen eingegangen. Meines Erachtens sind Projektkooperationen nicht per se entwicklungsfördernd, sondern nur dann, wenn sie die Fähigkeit zum Lernen und zur Anpassung an neue Herausforderungen ermöglichen. Wenn also durch neue Paradigmen entsprechende einzelbetriebliche bzw. institutionenspezifische Wissensengpässe entstehen, bedarf es absorptiver Kapazitäten auf der Unternehmensebene, um diese Engpässe zu überwinden und produktive Innovationsprozesse in den Unternehmen entstehen zu lassen (Koschatzky/ Zenker 1999, 4/5).

Zur Bedeutung technologischer Regime

In den gegenwärtigen technologischen Regimes (z. B. bestimmten Produktions- und/ oder Kommunikationstechnologien) werden die vorherrschenden Paradigmen und damit verbundenen technischen Entwicklungspfade vorgezeichnet. Sie prägen die von den Firmen zu unternehmenden Entwicklungs- und Anpassungsprozesse auch hinsichtlich der Veränderungsrichtung. Investive Entscheidungsprozesse wie organisatorische Veränderungsschritte, technische Modernisierungen oder Qualifizierungsmaßnahmen sind somit dem jeweiligen technologischen Regime ausgesetzt. Die technologischen Paradigmen geben dem Unternehmensmanagement die unternehmerischen Fragen auf, denen sie sich stellen müssen. Eine Reaktion auf entsprechende strategische Entscheidungen wäre die Bereitstellung entsprechender materieller und personeller Ressourcen. Die Natur des jeweiligen technologischen Paradigmas sagt uns aber auch, wie leicht oder wie schwer es gelingen kann, ein neues Paradigma zu bewältigen.

„More specifically, the inherent uncertainty associated with technological progress coupled with firm-level expectations about the rate and direction of that progress, interact to determine the firms decisions about timing of entry with technological change, in terms of the types of technologies that will be developed and the method of technology sourcing (internal versus external) that will be used to facilitate development" (Rosenberg, zitiert nach Morgan/ Nauwelaers 1998, 6).

Demnach können neue Technologien auch kompetenzzerstörend wirken, indem bestehende Routinen, Kompetenzen und Problemlösungsmuster auf Seiten des Unternehmenspersonals entwertet werden. So ergibt sich beispielsweise derzeit für Heizungsbaubetriebe aus dem Baunebengewerbe die Notwendigkeit, sich mit neueren, elektronischen Steuerungssystemen im Rahmen von Gebäudemanagementsystemen auseinander zu setzen. Geschieht dies nicht, besteht die Gefahr der Entwertung angestammter Kompetenzen (Deitmer 1992, 1993; Projektträger Arbeit und Technik 1994; Deitmer 1995; Dittrich/ Deitmer 2000; Deitmer/ Ritzenhoff/ Sproten 1998).

Interessant ist hierbei die Feststellung, dass die Nähe oder Ferne der Firmen in Bezug auf Forschungsressourcen ihre Aufnahmekapazität für technologische Innovationen in erheblichem Maße beeinflusst. Nach Koschatzky und Zenker stellt die Region einen wichtigen Rahmen für diese Art von strategischen Kooperationen dar. Insbesondere dann, wenn durch räumliche Nähe zwischen Personen Informations-, Kosten- und Wettbewerbsvorteile eintreten. Dies allein ist zwar nicht hinreichend, aber sicherlich ein kooperationsförderliches Element. „Wichtig ist, dass Akteure zusammentreffen, deren gegenseitige Interessen in Einklang gebracht werden können, die sich für die Bedürfnisse der anderen öffnen und die den Eindruck gewinnen, daß die Vorteile der Kooperation im Projektverbund zur Überwindung von institutionellen Wissensengpässen beitragen" (Koschatzky/ Zenker 1999, 5). Fritsch u. a. unterstreichen ebenfalls die Bedeutung der Region: „Diese stark in der Region verankerten Unternehmen agieren, insbesondere wenn es sich um kleinere Unternehmen handelt, gleichwohl unter zunehmendem Einfluß ihres Unternehmensumfeldes, das ihnen existenznotwendige Innovationen erst ermöglicht" (Porter, zitiert nach Fritsch u. a. 1998, 244).

Zur Beeinflussung betrieblicher Innovationsprozesse durch regionale Strukturen

Unter diesem Aspekt werden die infrastrukturellen Voraussetzungen im Betrieb als auch das außerbetriebliche Ressourcenumfeld genauer betrachtet. Sie gelten als Grundlage für erfolgreich ausgerichtete technologiebezogene Lernprozesse im Unternehmen.

„The institutional environment influences the incentives for internal and external R&D by determining the extent to which technological improvements or innovations are protected as rent earning assets (through patent laws and other forms of protective legislation). The institutional environment also impacts firm-level technology sourcing practices by establishing the infrastructure that determines the opportunities for collaborative research and by influencing the role that linkages with public research institutions will play in the firm's strategy for developing its technological capabilities" (Nicholls-Nixon 1995, 10/11).

Damit werden all jene inner- und außerbetrieblichen Umfeldbedingungen bedeutsam (Dichte an Innovationsagenturen, Universitäten, FuE-Einrichtungen, aber auch Einrichtungen der beruflichen Aus- und Weiterbildung), die nicht allein durch Markt- oder Hierarchiebeziehungen erklärbar sind und durch regionale und nationale Politiken in hohem Maße beeinflusst und (mit)gestaltet werden.

Die absorptive Kapazität der Unternehmen entscheidet darüber, ob sie sich in der Lage sehen, einen unternehmerischen Nutzen aus den externen (regionalen) Umfeldressourcen zu ziehen. Kleine und mittlere Unternehmen, u. a. auch solche in der Region Bremen und z. B. aus dem Handwerk, haben häufig das Problem, dass sie über keine eigenen Forschungs- und Entwicklungskapazitäten verfügen. Ihr Innovationsvermögen ist auf ein „learning by doing" eingeschränkt. Sie bedürfen eines Personaltransfers von Seiten der Hochschulen (z. B. durch die Bereitstellung entsprechender Innovationsassistenten aus dem Hochschulbereich).

Die Betriebe umgebenden Marktstrukturen sind ein weiteres dynamisches Konstrukt, welches das Innovationsverhalten von Betrieben durch folgende drei Mechanismen beeinflusst: (i) die Nachfrage nach Produkt- und Prozessinnovationen mediatisiert durch den Markt, (ii) die Gelegenheiten für einen technologischen Wandel, die im Rahmen des gegenwärtigen technologischen Paradigmas eröffnet werden, (iii) der potentielle Gewinn, der durch eine technologische Innovation ausgelöst wird. Während also der Markt zwischen konkurrierenden technologischen Entwicklungspfaden entscheidet, beeinflusst die technologische Strategie eines Unternehmens die Innovationsbereitschaft.

Zu den Markteffekten in den Verbundprojekten des Bremer Landesprogramms

Im „Arbeit und Technik"-Programm stellte die Marktinnovation eine noch eher untergeordnete Einflussgröße dar. Zu wenig konkret waren die absehbaren Folgen aus den Entwicklungsbemühungen der Projekte, als dass sie eine wie auch immer geartete Relevanz für das Marktgeschehen der mehr als siebzig Unternehmen im Programm hatten. Die Markteffekte waren von den Projektakteuren unter drei Gesichtspunkten hinsichtlich ihrer Effekte beurteilt worden:[59] *Sicherung bestehender regionaler Märkte, Schaffung neuer regionaler Märkte und die Imageverbesserung für die Region.* Die folgende Tabelle fasst Ergebnisse zusammen, die anschließend diskutiert werden.

---

59 In den Kriterienbäumen war das Marktkriterium sowohl beim Innovationskriterium projektbezogene Wirkungen als auch bei den regionalen Wirkungen als eines der Hauptkriterien aufgenommen worden (siehe Abb. 5/4).

Problemfelder im Innovationstransfer

Projekt Nr.	Gewichtung des Hauptkriteriums **Markteffekte**	Rangposition der **Markteffekte** unter allen fünf Hauptkriterien bei den regionalen Wirkungen	Unterkriterium: **Sicherung bestehender** Märkte in % und Noten (1–6)	Unterkriterium: **Schaffung neuer regionaler** Märkte in % und Noten (1–6)	Unterkriterium: **Imageverbesserung der Region** in % / Noten (1–6)
B	15 %	3.	–	15 % 3	25 % 1
E	–	–	–	–	–
A	20 %	3.	20 % 2	15 % 3	20 % 2
F	10 %	4.	20 % 2	25 % 2	20 % 2
G	20 %	2.	20 % 2	15 % 3	20 % 2
C	25 %	2.	–	–	15 % 3
D	15 %	3.	20 % 3	20 % 3	28 % 2
I	10 %	3.	–	–	–
J	30 %	2.	25 % 1	25 % 1	20 % 2
K	40 %	1.	15 % 3	15 % 3	20 % 2
H	36 %	1.	24 % 2	22 % 2	22 % 2
M [60]	10 %	4.	30 % 4		70 % 3
L	35 %	1.	70 % 3		30 % 3–4
N	10 %	4.	60 % 4		40 % 4
Σ	≈ 21 %	3x1; 3x2; 4x3; 3x4	≈ 30 % ≈ 2	≈19 %	≈ 28 %
Σ [61]	≈ 30 %	6x1; 1x2; 4x3; 1x4	≈16 % ≈2.6	≈30 ≈1.7	≈21 % ≈2.6

Tab. 7/3: Zur Gewichtung und Bewertung der Markteffekte in den untersuchten 14 Verbundprojekten aus der Sicht der Projektbeteiligten

---

60 Die letzten drei Projekte wurden in der zweiten Bilanzierungsrunde mittels eines leicht überarbeiteten Fragebogens bewertet. Hierbei waren die Unterkriterien „Sicherung bestehender und Schaffung neuer Märkte" zu dem Kriterium „Sicherung/ Schaffung regionaler Märkte" zusammengefasst worden und somit von den Projekten zusammen gewichtet und bewertet worden.

61 Diese Zeile gibt kontrastiv die detaillierten Ergebnisse aus Tabelle 7/1 zum Kriterium „kooperationsbezogene Vernetzung" wieder. Zwecks besserer Übersichtlichkeit wird sie den Ergebnissen der Tabelle 7/3 gegenübergestellt. Es wird deutlich, dass die kooperationsbezogene Vernetzung der AuT-Projekte stärker gewichtet (≈ 30 %) und positiver bewertet (6x1; 1x2; 4x3; 1x4) wird.

Die Markteffekte und -innovationen wurden insgesamt und in der Mehrzahl der Projekte noch sehr zurückhaltend eingeschätzt (durchschnittliche Gewichtung von 21 %). Sie wurden zwar in allen Projekten als langfristig bedeutsam eingestuft, unter der Rangfolge der Kriterien finden sie sich aber nur dreimal auf den ersten Plätzen wieder. Hervorstechend ist die Gesamteinschätzung beim Unterkriterium „Imageverbesserung der Region". Dieses unter den Markteffekten eher weiche Kriterium erhält die größte Gewichtung; das Schlusslicht stellt das Kriterium „Schaffung neuer Märkte" dar. Dieses Ergebnis geht einher mit der Gesamteinschätzung zum Programm: Bei den weichen Effekten werden die meisten Zugewinne festgestellt, im Gegensatz zu den schwachen Ergebnissen bei den harten Effekten.

Drei Projekte (die Projekte K, H und L) haben den Markteffekten eine Bedeutung ersten Ranges zugemessen. Die obige Tabelle verdeutlicht dies, da das Kriterium jeweils mit mindestens 30 %[62] und mehr gewichtet wird. In drei anderen Projekten (den Projekten G, C und I) erfahren die Markteffekte dagegen eine zweitrangige Bedeutung (Gewichtung von nicht mehr als 20 %). In den weiteren sieben Projekten spielen Markteffekte nur eine untergeordnete (dritt- und viertrangige) Bedeutung. In der tabellarischen Zusammenstellung fällt auf, dass die „schlechte Praxis"-Projekte (Projekte L und K) die zu erzielenden Markteffekte als sehr bedeutsam gewichten (mindestens 36 bzw. 40 %) und damit diesem Kriterium offensichtlich große Bedeutung zumessen. Dies überrascht allerdings, da diese Projekte den erreichten Markteffekten schon befriedigende bzw. gute Noten geben. Bekanntlich sind in diesen Projekten die Markteffekte auf keinen Fall bzw. kaum eingetreten, so dass diese Fehleinschätzung der Projektbeteiligten auf eine gewisse Selbstüberschätzung zurückzuführen ist. Der Wille des Projektverbundes zur Erzielung von Markteffekten reicht allein nicht aus; es sind auch die internen Voraussetzungen bzw. Fähigkeiten auf Seiten aller Projektakteure gefragt, um einen wirkungsvollen Transfer der Projektergebnisse in den Markt zu erzielen.

Die Fähigkeit in den einzelnen Projekten, Marktinnovationen effektvoll zu betreiben, ist somit differenziert zu betrachten. Nur in einer Minderheit der untersuchten Projekte wird sie überhaupt als bedeutsam eingeschätzt. Es zeigt sich somit, dass viele Projekte die Marktdiffusion zwar im Blick hatten, aber kaum Markteffekte erzielen konnten. Die internen und externen institutionellen Bedingungen waren in diesen Projektfällen einfach nicht ausreichend, um schon zu marktlichen Effekten zu gelangen. Insbesondere bei den Vorhaben, die ihren Schwerpunkt bei den technischen Innovationen hatten, wird sie häufig noch als nachrangig eingestuft bzw. als eine Angelegenheit genommen, über die sich zum Zeitpunkt der vorgenommenen Bewertung noch keine Aussage machen lässt. Die vornehmlich auf technische Innovation (mit einer Gewichtung von mehr als 30 %) sich konzentrierenden Projekte B, A, F, I stuften die erzielten Markteffekte daher auch als

---

62 Die Gewichtung erfolgt im Verhältnis zu den vier weiteren Hauptkriterien unter den regionalen Wirkungen. Im Einzelnen: Kooperationsorientierte Vernetzung, FuE-Potentiale, Arbeitsmarkteffekte, Ökologische Effekte.

drittrangig ein. Bei diesen Projekten war die Kooperation mit den regionalen Innovationsträgern (vornehmlich mit den Instituten) als der wesentliche Effekt eingestuft worden. Das einzelne Projekt befindet sich, so meine Erklärung, noch im Experimentierstadium; die Frage, ob mit der angestrebten technischen Innovation auch Markteffekte hervorgerufen werden können, kann offensichtlich zum Zeitpunkt der Evaluation noch nicht beantwortet werden.

Damit sind die Markteffekte des Programms eher schwach und die Lerneffekte im Sinne neuer personaler Kompetenzerweiterungen – d. h. die weichen Effekte – deutlich stärker einzuschätzen. Das Programm konnte kooperative Lernprozesse sowohl auf Seiten der Wissenschaftler als auch auf Seiten der regionalen Betriebe hervorbringen. Die ersteren, indem sie ihre Erkenntnisse, Methoden und Modelle im betrieblichen Alltag auf ihre Praxisrelevanz überprüften. Umgekehrt wuchs bei den Betrieben die Einsicht, für außergewöhnliche und komplexe Problemstellungen die verfügbaren Innovationsressourcen auch hinsichtlich der regionalen Wissenschaft und Ausbildung zu erweitern und zu nutzen. Die Bilanzierung hat somit gezeigt, dass der konstatierten „Anwenderlücke" zwischen Wissenschaft/ Ausbildung auf der einen Seite und der betrieblichen Handlungspraxis auf der anderen Seite durch einen „erweiterten und intensivierten Transfer" entgegengewirkt werden konnte. Erkennbar wird dies auch durch die insgesamt positiven Bewertungen der Betriebe bei den Kooperationsverbünden bzw. den erreichten Vernetzungen zwischen Betrieben und Instituten.

Gleichwohl muss angesichts geringer marktlicher Effekte abschließend festgestellt werden, dass das Programm auf Grund seines vorwettbewerblichen Charakters kein unmittelbares Disseminationsprogramm für neue Märkte darstellte. Im Wesentlichen sollte es auf der institutionellen Ebene durch die Verknüpfung verschiedener regionaler Innovationsträger die Bedingungen für neue und bestehende Märkte verbessern. Somit ist die Gesamtaktivität des Programms und seiner Vorhaben durch indirekte Effekte und nicht schon durch direkte Markteffekte im Sinne der Schaffung neuer Märkte gekennzeichnet gewesen. Vielmehr sind bei den Markteffekten eher „weiche" Effekte eingetreten, was am relativ hohen Wert beim Kriterium „Imagegewinn für die Region" ablesbar ist.

Als weitere Erklärung sei hier die Tatsache herangezogen, dass die für eine Marktdurchdringung notwendigen FuE-bezogenen Eigenleistungen der betrieblichen Partner im Programm deutlich zu schwach ausgeprägt waren. Zwar konnte ein zunehmender Spill-over-Effekt bei den Drittleistungen im Verlauf der Projekte festgestellt werden (siehe auch Rauner u. a. 1995), aber dieser allein reichte nicht aus, um den „zarten, innovativen Pflänzchen der Verbundprojekte schon ein kräftiges Wachstum angedeihen" zu lassen. Sie sind eher als eine Bestätigung des eingeschlagenen Weges im jeweiligen Projektentwicklungspfad anzusehen. Die regionalen Besonderheiten und strukturellen Defizite Bremens (u. a. Mittelstandsschwäche und große Abhängigkeit von Großbetrieben mit geringer Oberzentralität im Sinne regionaler FuE-Ressourcen) können außerdem als Erklärung dafür herangezogen werden, warum das Engagement vieler Betriebe in Forschung und Entwicklung zum Zeitpunkt Mitte der neunziger Jahre noch unter dem

Durchschnitt vergleichbarer Regionen lag. Das Programm selber war nicht in der Lage, diese strukturellen Defizite der Region Bremen auszugleichen.

Mangelt es in den Betrieben an einer hausinternen Forschung und Entwicklung bzw. entsprechenden Fähigkeiten, bei den Mitarbeitern selbständig Innovationsvorhaben (auch als Eigenkompetenz für die Bewältigung von Innovationsvorhaben zu messen) auszuführen, so führt dies zu generellen Problemen, die durch das Programm allein nicht ausgeglichen werden können. Die „absorptiven Kräfte" sind in den Betrieben einfach zu schwach, als dass diese die angebotenen Innovationschancen auch nutzen können. Mannigfaltig sind die Beispiele aus dem Programm, die hier angeführt werden könnten.

Es muss aber betont werden, dass es zumindest ansatzweise gelungen ist, auch KMU (vor allem die aus dem Handwerk), die sich bekanntlicherweise durch eine große FuE-Ferne (keine in-house FuE-Kapazitäten)[63] auszeichnen, an die regionalen FuE-Angebote heranzuführen und an der Innovationsenwicklung zu beteiligen. Es verweist aber auf personelle Defizite in den kleinen Unternehmen, da kein entsprechendes, auf Neue Technologien hin ausgebildetes Personal vorhanden ist.

Die in diesem Kapitel zur Interpretation der empirischen Befunde herangezogene Innovationsliteratur hat deutlich gemacht, dass ohne gewisse interne Kapazitäten kaum regionale Markteffekte hinsichtlich nachhaltiger, innovativer Prozesse möglich sein werden. Mit dem Konzept der absorptiven Kapazität, die im Kontext dieser Untersuchung auf Seiten der am Programm beteiligten Unternehmen noch gering ausgeprägt war, lässt sich meines Erachtens zeigen, warum auch die „Arbeit und Technik"-Projekte nicht zu starken strukturellen Effekten führten. Das Kapitel hat verdeutlicht, dass das regionale Umfeld zwar bedeutende Anreizstrukturen und innovative Rahmungen für die regionalen Unternehmen schafft, aber die Bereitschaft der Unternehmen innovieren zu wollen, zum entscheidenden Faktor wird.

---

63 In einem der begleitenden Interviews während der ersten Bilanzierungsphase (siehe auch die Liste der verschiedenen Interviews mit Programmverantwortlichen, Rauner u. a. 1995, 223), welches mit einem im Beirat vertretenen Verbandsfunktionär aus dem regionalen Arbeitgeberverband (der Kreishandwerkerschaft als Arbeitgeberverband verschiedener gewerblichtechnischer Innungen) geführt wurde, ist spezifische Kritik an den Fördermodalitäten geäußert worden. So wurde kritisiert, dass die aus Programmmitteln finanzierten wissenschaftlichen Mitarbeiter der FuE-Institute kaum zu einer Stärkung der FuE-Kapazitäten in den Handwerksbetrieben hätten beitragen können. Die Theorie-Praxis-Verschränkung hätte seiner Ansicht nach weit besser funktioniert, wenn die Präsenz der Wissenschaftler in den Betrieben hätte gesteigert werden können. Die Praxisimpulse aus den Handwerksbetrieben hätten somit, so die m. E. beachtenswerte Aussage, zu wenig Eingang in die wissenschaftlichen Arbeiten der Institute gefunden. Dieses Beispiel unterstreicht die Bedeutung absorptiver Kapazität. Für die Kooperation mit FuE-Institutionen bedarf es auch der Voraussetzung, dass die Betriebe eigene Leistungen aktiv einbringen können.

Zur Positionierung der Projekte in einem Stufenkonzept institutionellen Lernens

Eine weitere Erklärungsstruktur ergibt sich mit dem Konzept des „regional innovation system"-Ansatzes von Braczyk, Cooke und Heidenreich. In Anlehnung an Lundvall (Lundvall 1994), einem Vertreter der evolutionären oder auch lernenden Ökonomie, wird zwischen folgenden Stufen des Lernens aus institutioneller Sicht unterschieden: Learning by doing (1), Learning by using (2) und Learning by interaction (3). Mit Ersterem wird eine eher klassische Verhaltensform hinsichtlich des Lern- und Innovationsverhaltens von Betrieben beschrieben. Hierbei wird Lernen in Organisationen als ein praktischer Handlungsprozess beschrieben: „At a preliminary stage, learning is perceivable as the repitition and improvement, through practise, of a task – ‚learning by doing' as it may referred to" (Braczyk/ Cooke/ Heidenreich 1998, 12). Mit der zweiten Lernform werden innovative Prozesse und Produkte imitiert. Noch einmal Braczyk u. a.: „This assumes practises are, to some extent, borrowed or copied from elsewhere, implemented and adjusted in the process of use". Die dritte Lernform meint „learning by interaction":

„to signify a closer approximation to a well-developed learning culture. Successful companies increasingly structure their project developments around teams composed of different but equally valued technical skills; for example, researchers, production engineers, marketing personnel and representatives of suppliers and even user companies. Lastly, when such cooperative networks have become established, having accommodated to change over a period of years, they are in the happy position of being capable of both strategic monitoring and continuos improvement" (Braczyk/ Cooke/ Heidenreich 1998, 13).

Mit diesem Stufenkonzept institutionellen Lernens lässt sich das Verhalten der Betriebe im Umfeld des Programms erklären. Die Mehrzahl der Betriebe bewegt sich mit ihrer Verhaltensdisposition noch auf der Stufe 1, also einem eher inkrementalen Innovations- und Lernverhalten. Die Betriebe können die meisten Probleme innerbetrieblich lösen, haben sich in ihrer Marktnische eingerichtet und kooperieren wenig oder gar nicht mit öffentlichen Partnern. Sie sind eher abwartend reaktiv eingestellt und beobachten aufmerksam, was sich innerhalb und außerhalb ihres Marktfeldes tut. Ihre Position ist aber auch durch Verhaltensunsicherheit (sie sind unsicher, ob sie Kooperationen mit non-profit-Organisationen eingehen sollen, weil ihnen der unmittelbare Nutzen unklar ist und sie keine Vertrauensvorschüsse in derlei Angebote erbringen wollen) und Informationsdefizite gekennzeichnet (so haben die Betriebe meistens kaum genauere Kenntnis von den Angeboten und Möglichkeiten regionaler Förderinstanzen). In der zweiten Kategorie institutionellen Lernens finden sich solche Betriebe wieder, die neue Konzepte kopieren und übernehmen möchten. Viele der im Landesprogramm versammelten Betriebe waren durch eine solche Denkweise geprägt. Sie zahlen Steuern und erwarten vom Staat bzw. von einem öffentlichen Programm einen Lösungsbeitrag für ihre innerbetrieblichen Probleme. Die Betriebe sind bereit, u. a. auch mit öffentlichen Einrichtungen, z. B. aus dem Wissenschafts- und Bildungssystem, für eine begrenzte Zeit zu kooperieren – allerdings sind sie noch sehr stark von dem Gedanken inspiriert, Lösungen von außerhalb zu bekommen und sie an die eigene Situation anzupassen. Die Einführungsstrategie ist also schrittweise und portioniert angelegt und immer noch von wenig Vertrauen in die eigenen Kräfte gekennzeichnet.

Im Folgenden werden einige markante Beispiele aus dem Bremer Landesprogramm beschrieben, die meines Erachtens in den Zustandsmerkmalen einer lernenden Organisation zwischen (1) und (2) anzusiedeln sind. Hier sei z. B. Projekt E angeführt, welches die Bereitstellung und Entwicklung eines Gebäudeleittechniklabors im bremischen Handwerk, und zwar als Verbundkooperation zwischen Handwerk, Universität und Berufsschule, unternimmt. Anfänglich wirkten dort zwei starke regionale Gewerke aktiv mit. Die Bereitschaft, sich zu öffnen und innerbetriebliche Veränderungsprozesse im Hinblick auf diese Innovation im Baugewerbe zu beschreiben, war dann aber sehr verhalten, „da das Handwerk nicht vorausschauend in die Qualifizierung der Mitarbeiter investieren kann, sondern erst auf konkrete Marktimpulse von seiten der Kunden und Auftraggeber reagiert [...] Das Handwerk selbst hat seit 1992 die verschiedenen Weiterbildungsmaßnahmen (ca. 150 Handwerker und Gesellen) noch zurückhaltend angenommen" (Rauner u. a. 1995, 113). Das Verhalten der Betriebe schwankt also zwischen vorsichtiger Kooperationsöffnung und -zurückhaltung.

Ähnliches gilt für das Projekt K: Dies betrifft den Aufbau und die Entwicklung eines Regionallabors, welches technik- und arbeitsbezogene Innovationsprozesse bei der Anwendung von Automatisierungstechniken für Systemhersteller und Anwender dieser Systeme verbessern soll. Hier wurden die angebotenen Kurse nur sehr zurückhaltend angenommen, und im späteren Verlauf war sogar eine Kooperationsverweigerung von Seiten der anfänglich kooperationsbereiten Betriebe zu verzeichnen. Im Projekt C war der Zustand beim betrieblichen Projektpartner durch den Typus 2 gekennzeichnet, mit dem relativ erfolgreichen Projektverlauf konnte es jedoch gelingen, zu fortgeschritteneren Kooperationsformen zu gelangen: „Die anfängliche Beraterorientierung mit der Erwartungshaltung, fertige, leicht übertragbare Lösungen von Externen erhalten zu können, ließ nach, kreative Potentiale kamen in der eigenen Belegschaft zur Entfaltung und die Mitarbeiterbeteiligung am Innovationsprozeß nahm zu" (Rauner u. a. 1995, 157).

Hiermit zeigt sich in den AuT-Projekten insgesamt eine eher zurückhaltende Tendenz bei den Betrieben, die allerdings unter bestimmten Bedingungen und richtiger Projektkonstellation in Richtung Öffnung gehen kann. In den wenigen, in Kapitel 6 ausführlich analysierten „gute-Praxis-Fällen" gelingt es immerhin, eine interaktive Lernkultur zwischen internen und externen Kräften innerhalb der regionalen Projektverbünde zu entfalten (Projekte G und D). Es kann festgehalten werden, dass eine unter (3) charakterisierte Lernkultur vonnöten ist, um das Transferproblem der Kooperationszurückhaltung zu überwinden. Es kommt also darauf an, in der Kooperationskultur zwischen den Partnern des „Wissenschafts- und Bildungssystems" letztlich zum Status einer auf beiden Seiten lernenden Orientierung in den institutionellen Organisationen zu gelangen.

Zur Bedeutung und Entwicklung von Vertrauen

Die Entwicklung von Vertrauen ist im Rahmen der Entwicklung von Kooperationen in Innovationsprojekten zwischen Wissenschaft und Wirtschaft durch verschiedene soziale Schlüsselkonstellationen gekennzeichnet (Lundvall/ Borras 1997; Koschatzky/ Zenker 1999): (i) Vertrauen zwischen Akteuren insbesondere in die Integrität des jeweilig anderen Partners; (ii) Glaube an die Reputation des Partners; (iii) Bereitschaft, von anderen zu lernen und sich ihnen zu öffnen; (iiii) gemeinsam getragene Regeln zur Problemlösung und Konfliktbewältigung; (iiiii) Bereitschaft, sich auf eine mittel- bis längerfristige Kooperation einzulassen; (iiiiii) Fehlen von Hierarchiebeziehungen, für beide Seiten muss eine Nutzendimension (so genannte „win-win"-Situation) eintreten können (zum einen auf Seiten der Wissenschaft durch z. B. praxisnahe Erkenntnisse im Forschungsbereich, öffentliche Reputation durch Engagement auch in der Region, Erschließung räumlich naher Erprobungsfelder, zum anderen auf Seiten der Wirtschaft durch z. B. Bearbeitung anstehender Probleme, die die eigenen innerbetrieblichen Ressourcen überschreiten, Entfaltung einer regionalen Kooperationsbeziehung, aber auch kurz- bzw. mittelfristige Kostenersparnisse[64]). Diese besondere Sichtweise auf die „weichen", kommunikativ-verstehenden Prozesse in Kooperationsverbünden wird von Storper als „untraded dependencies of regional economic actors as common patterns of interpretation that grow out of involvement in a common everyday reality" charakterisiert (zitiert nach Braczyk/ Cooke/ Heidenreich 1998, 435); sie reicht über Bereichs- und Organisationsgrenzen hinaus, verlangt nach umfassenden sozialen Kompetenzen auf Seiten der wirtschaftlichen und wissenschaftlichen Akteure. Dies wird auch in der Arbeit von Albert Hirschmann betont:

> „At this point it is useful to invoke Albert Hirschmanns perspective, but sadly neglected, analysis of economic development strategies. In contrast to theories which stressed the scarcity of conventional factors: like capital, education and entrepreneurship for example he points the importance of social capital. Hirschmann argues that these ‚scarce' factors could be reduced to a more fundamental scarcity, merely the ‚basic deficiency in organisations'. In particular he identified a shortage of ‚the co-operative component of entrepreneurship', which involved among other things the art of agreement reaching, conflict resolution and co-operation enlisting activities" (Hirschmann, zitiert nach Morgan/ Nauwelaers 1998, 7).

Hirschmanns Argumentation verdeutlicht die Bedeutung sozialer Kompetenzen bei der Innovationsentwicklung, indem er den Innovationsdialog als einen Schlüsselfaktor in das Zentrum seiner entwicklungstheoretischen Überlegungen stellt. Ohne ein entsprechendes

---

64 In der Transaktionskostentheorie wird von Anbahnungs-, Verhandlungs- und Durchführungskosten ausgegangen, die für eine Unternehmung entstehen, wenn es im Rahmen seiner Kooperationen mit anderen Unternehmen in eine neue Kooperation tritt.

soziales Kapital, welches durch Reziprozität und Vertrauensmechanismen der Akteure gekennzeichnet ist („high levels of social capital and valid norms of trust and reciprocity" (ebenda, 8)), wird eine dynamische Entwicklung der regionalen Innovationspotentialen eher verhindert. Funktionale Qualifikationen bei den Akteuren, entsprechende infrastrukturelle und monetäre Ressourcen bedürfen, so Hirschmann, immer auch einer bestimmten Qualität und Güte der sozialen Beziehungen zwischen den Innovationsakteuren aus beiden „Lagern": den Akteuren aus Wissenschaft, Forschung und Bildung auf der einen Seite und der Wirtschaftsakteure auf der anderen Seite. In seinem obigen Zitat deutet er bereits an, welcher Akteur für die Entfaltung solcher sozialen Normen und Kompetenzen durch entsprechende politische Rahmensetzungen zu sorgen hat: der Staat.

Es stellt sich nun die Frage, wie durch welche vertrauensbildenden Maßnahmen und Prozesse soziales Kapital entwickelt werden kann. Denn die Loslösung von eher kurzfristig angelegten und auf Einzelunternehmen zielende Förderkonzeptionen, wie sie auch in den anderen angesprochenen Förderprogrammen des Landes zutage traten, bereitete Schwierigkeiten bzw. führte zu Kooperationszurückhaltung vor allem auf Seiten der Unternehmen. Vor allem dann, wenn weitgehend vernachlässigte Innovationsfelder/ -akteure (z. B. das in Bremen historisch als vernachlässigt geltende Handwerk) angegangen werden sollen. Es bedarf interaktiver, vertrauensbildender Maßnahmen (z. B. durch Zukunftsworkshops, regionale Konferenzen oder Präsentationsveranstaltungen, die Anlässe für Kontakte und Dialoge schaffen), um den Verhaltensunsicherheiten durch vertrauensbildende Maßnahmen zu begegnen. Darüber hinaus können stärker interaktiv ausgerichtete FuE-Kooperationen dazu beitragen, Unsicherheiten abzubauen. Es ist daher sinnvoll, mit weniger komplexen und risikobehafteten Aufgabenstellungen zwischen den betrieblichen und wissenschaftlichen Partnern des FuE-Prozesses zu beginnen, so dass ein gewisses Maß an Vertrauen, vor allem zwischen den Partnern, langsam aufgebaut werden kann (Belzer 1991).

Viele der praktischen Problemstellungen, die Betriebe an das Bremer Landesprogramm herantrugen, waren kurzfristiger Natur und reagierten auf innerbetriebliche Engpässe und krisenhafte Zuspitzungen. Für das Programmmanagement auf Seiten des Projektträgers ergab sich damit die Schwierigkeit, sowohl Lösungsbeiträge für kurzfristige Problemstellungen beizusteuern als auch auf langfristige Problemstellungen zu reagieren. Um eine Förderfähigkeit im jeweiligen Projektfall zu erreichen, erscheint eine Transformation von kurzfristigen Problemstellungen in anspruchsvollere Themen notwendig, um damit auch wissenschaftlichen Innovationsansprüchen zu genügen. Es bedarf also einer Vermittlungsbasis zwischen objektiven Innovationsansprüchen (Innovation im engeren Sinne bis hin zur Invention) und subjektiven Innovationsbedürfnissen bzw. -interessen der regionalen Akteure (die gewissermaßen auch als Imitation von bereits erforschten Sachverhalten verstanden werden können). Notwendigerweise kann solch ein Transformationsprozess auch Kooperationszurückhaltung bzw. -verweigerung – vor allem bei den Betrieben – auslösen, weil die betriebliche Interessenssphäre (Suche nach betrieblichem Nutzen bzw. Verbesserung der Ertragslage in einem relativ kurzfristigen Zeithorizont) mit der der Wissenschaftler (Suche nach wissenschaftlichem Fortschritt und Erkenntnisgewinn in einem mittel- und längerfristigen Zeithorizont) nicht in Einklang zu bringen ist.

Ein innovative Programme initiierender Projektträger sollte sich bei der Entscheidung für oder gegen ein Innovationsvorhaben diesen Zusammenhang bewusst machen und durch dialogische und interaktive Prozesse und Vorgehensweisen (z. B. Vorprojekte, in denen Zukunftswerkstätten praktiziert werden) angehen. Genau zu schauen ist dabei auch, ob das einzelne Problem wirklich ein allgemeines Problem darstellt oder ob bereits marktgängige Lösungsansätze vorhanden sind. Dieser „Spagat" ist im Bremer Landesprogramm eher selten gelungen. Hier fehlte im wissenschaftlich eher stark besetzten Beirat zum Landesprogramm häufig auch das Verständnis dafür, zwischen Pragmatismus und wissenschaftlich-theoretischen Grundsätzen die Balance zu halten. Es kann festgestellt werden, dass – gemessen an den tatsächlich erreichten Ergebnissen – die Projekte immer dann am erfolgreichsten waren, so die Ergebnisse der Programmbilanzierung (in Kapitel 6), wenn die Projektimpulse von „unten" kamen und von dort ihre inhaltliche Ausrichtung erhielten. Günstig war es, wenn bei der inhaltlichen Ausgestaltung des Vorhabens und der Entwicklung der spezifischen Aufgabenstellung ein konstruktiver Dialog zwischen wissenschaftlichen und betrieblichen Akteuren praktiziert werden konnte. Damit kann insbesondere der vierten Teilhypothese (siehe Abschnitt 4.2) entsprochen werden. Dies war besonders dann der Fall, wenn beide Partner ein gewisses Vorverständnis für die jeweils andere Seite mitbrachten – sei es, dass die Wissenschaftler über betriebliche Erfahrungen verfügten, sei es, dass die Unternehmen der Problemstellung ein gewisses Reflexionsbewusstsein entgegenbrachten. So konnte z. B. im Projekt G, wo es um die Einführung neuer backtechnischer Verfahren in einem handwerklichen Umfeld ging, auf die Kompetenz eines vormals im Backhandwerk (als Meister/ Geselle) tätigen und mit allen Problemen der handwerklichen Bäckerei gut vertrauten Lebensmitteltechnologen aufgebaut werden. Mit diesem Vertrauensvorschuss konnte eine gute Zusammenarbeit zwischen den regionalen Handwerksbetrieben und dem Institut erreicht werden. Es zeigt sich, dass arbeitsteilige Innovationsprozesse immer auch soziale Prozesse darstellen. Zeitliche und materielle Ressoucen allein reichen nicht aus, besonders wichtig sind die messbaren, auf Vertrauensvorschüssen basierenden Beziehungen zwischen den Personen, die nach Möglichkeit den gleichen kulturellen Hintergrund und das gleiche Problemverständnis haben. Wenn viele solcher Kontakte in der Region vorhanden sind, kann es zu bereichsübergreifenden Lernprozessen im Sinne einer „lernenden Region" kommen. In den grundlegenden Arbeiten zu einem „regional innovation system" von Braczyk u. a. wird dieser Zusammenhang auch als institutioneller Lernprozess beschrieben:

„Given todays global economies conditions, the institutionalization of learning is what counts the most, and thus also the elevating of the ‚collective' level of reflection. [...] In our context, regionally rooted technological competence plays an exceptional role. Here regional development ‚assets', which may be embedded in densely wooven networks of interactive and exchange relationship, must be comprehended as a key to understanding regional problems and regional capacity for taking action as they are central preconditions for regional capacity for action. In addition, information concerning, or insights into, interregional conditions and relationships must be aviable" (Braczyk/ Cooke/ Heidenreich 1998, 416).

Die „gute Praxis"-Projekte, neben dem Bäckerprojekt auch das Zulieferer-Projekt in der Automobilindustrie (Projekt D), waren in Lernnetzwerke eingebettet und konnten daher zum Gelingen der Innovation beisteuern.

7.5 Viertes Transferproblem: zur transdisziplinären Bearbeitung integrierter Themenstellungen durch Wissenschaft und Forschung

Das vierte wesentliche Transferproblem thematisiert die vierte Teilhypothese (Abschnitt 4.2) und wendet sich vor allem dem Faktor „Wissenschaft und Forschung" zu. Dieser institutionelle Faktor, so die Hypothese, lässt sich nur dann nachhaltig in den Transformationsprozess von „weichen" in „harte" Innovationseffekte integrieren, wenn das Thema der regionalen Arbeit-und-Technik-Forschung als ein fächerübergreifendes Thema in den Wissenschafts- und Forschungsstrukturen einer Region verankert ist. Gleichwohl tun sich bei der erfolgreichen Implementation und nachhaltigen Bearbeitung integrierter, arbeitsorientierter Innovationsansätze institutionelle Hemmnisse und Barrieren auf, die im Wissenschaftssystem selber angesiedelt sind. Der Anspruch, Probleme betrieblicher Praxis im Zusammenhang zu bearbeiten, macht ein neues Binnenverhältnis zwischen den wissenschaftlichen Disziplinen notwendig. Dies gilt auch für die im Programm „Arbeit und Technik" bearbeiteten Problemstellungen, die eine fächerübergreifende Forschung erforderten. Dazu wurde im Programm ein Verständnis gestaltungsorientierter Forschung umzusetzen versucht, dass es ermöglicht sei, durch die Hinzuziehung verschiedener technischer und sozialwissenschaftlicher Disziplinen und ein interaktives Zusammenwirken die Gestaltung von Arbeit und Technik als Einheit (Gestaltungsansatz) zu unterstützen. Beim Gestaltungsansatz wird von einer klaren, gesellschaftlichen Zweckorientierung ausgegangen, wonach, so Rauner, „technische Mittel und Wege zu finden [sind], um inhumane und asoziale Technik zu verhindern und entgegengesetzte Alternativen zu entwickeln" (Rauner 1988b, 9). Damit wird eine erweiterte Technikentwicklung (die sich als die Bearbeitung von Arbeit und Technik als Einheit versteht und die Verknüpfung von technischen und sozialen Maßnahmen avisiert) als eine Dimension der Gestaltung sozialer Zukunft verstanden.

Meistens war solch eine transdisziplinäre Forschungspraxis für viele der Wissenschaftler echtes Neuland, da sie es gewohnt sind, eher in den Grenzen ihrer angestammten Disziplin zu arbeiten, sei es als Ingenieur, Sozialwissenschaftler, Arbeitsmediziner, Arbeits- und Betriebspädagoge oder Ökonom. Zumindestens ist eine solche Art von transdisziplinärer Forschungspraxis, die sich gleichermaßen den technischen und sozialen Herausforderungen betrieblicher Praxis zuwendet, nicht eingeübt. Das disziplinäre System bzw. deren methodisches Gerüst liefert entsprechende disziplinäre Sichtweisen und Bearbeitungsformen, die häufig nicht miteinander kompatibel sind. Im Rahmen der wissenschaftlichen Begleitpraxis des Bremer Landesprogramms gelang es daher nur in ersten, kleinen Ansätzen, die beiden disziplinären Lager (sozial-und technikwissenschaftliche Disziplinen) in einem integrierten Vorgehen zusammenwirken zu lassen oder auch nur zu einem wechselseitig aufeinander bezogenen kohärenteren Vorgehen zu kommen. Dieses Vorgehen ist dann gegeben, wenn Ingenieure oder Produktionswissenschaftler technische bzw. folgerichtig soziale Realität konstruieren und Industriesoziologen sich auf die Betrachtung der Folgen dieser immer komplexer werdenden Systeme mit ihren sozialen Auswirkungen und Wechselverhältnissen konzentrierten. Die Entfaltung und Initiierung einer transdisziplinären „Arbeit und Technik"-Forschung stellt somit eine große Herausforderung dar, gerade auch in den hier betrachteten AuT-Verbundvorhaben. So standen die beiden Wissenschaftlergruppen, Arbeitsmediziner und Ingenieure bzw. Naturwissenschaftler, im Programm vor zum Teil ungelösten methodologischen Problemen, insbesondere dann, wenn es darum ging, sequentielle Vorgehensweisen zu überwinden und ein integriertes Vorgehen zu erreichen. Die Betonung des Gestaltungsaspektes erfordert vor allem ein erweitertes Technikverständnis, nach dem Technik als Einheit des technisch Möglichen und sozial Wünschbaren begriffen wird.

Rauner sieht es daher, in Anlehnung an die Arbeit der Kommission „Arbeit und Technik" (siehe auch Kommissionsberichte der Bremer Sachverständigenkommission[65] Arbeit und Technik 1986, 1988), als eine der Schlüsselfragen der „Arbeit und Technik"-Forschung an, wie die Transformation von sozialen Zielen und darin zum Ausdruck gebrachten Zwecken und Orientierungen in eine danach ausgestaltete Technik erreicht werden kann. Durch eine Ausweitung diskursiver Momente in einem die Grenzen der Wissenschaften und andere Praxisbereiche zusammenfassenden Entwicklungsprozess liegt die Chance einer besseren Nutzung vorhandener Potentiale (Rauner 1988b, 38).

Damit überschreiten Ingenieur- und Sozialwissenschaftler ihre je angestammten disziplinären Felder. Durch die aktive Mitwirkung von Nutzern bzw. Kunden am Gestaltungsprozess besteht nunmehr die Möglichkeit, dem „sozial Wünschbaren" ein stärkeres Gewicht zu verschaffen und mit dem technisch Möglichen gestalterisch zu verbinden. Den Gebrauchseigenschaften oder auch dem Nutzwert von technischen Problemlösungen kann durch diese Art von Praktiker-Wissenschaftler-Arrangements besser begegnet werden. Die Frage der Zweckmäßigkeit bei der Ausgestaltung technischer Systeme kann

---

65 Die vom Bremer Wissenschafts- und Bildungssenator in den achtziger Jahren berufene, interdisziplinär zusammengesetzte Kommission Arbeit und Technik hatte die Aufgabe, Voraussetzungen und Chancen einer transdisziplinären Arbeit-und-Technik-Forschung in einem internen und externen Dialogprozess zu untersuchen. Dabei ging es nicht um die Entwicklung einer „Einheitswissenschaft", sondern vor allem um einen Dialog zwischen den Disziplinen der Technik- und Humanwissenschaft. Die vierjährige Kommissionsarbeit, erweitert durch Workshops mit den Fachrichtungen der Human- und Technikwissenschaften, lieferte vielfältige institutionelle (z. B. die Einrichtung des Bremer Forschungszentrums artec) als auch programmatische Impulse (Vorbereitung des Bremer Landesprogramms „Arbeit und Technik") (Bremer Sachverständigenkommission „Arbeit und Technik" 1988).

somit nicht allein aus dem Wissenschaftssystem heraus beantwortet werden. Im Anforderungsprofil (Pflichtenheft) müssen soziale Zwecksetzungen und technische Machbarkeit zusammengeführt und vermittelt werden. Solch ein Entwicklungsprozess ist nicht bloß definitorisch, indem aus unterschiedlichen Perspektiven entsprechende Zielkriterien in der Entstehung des Pflichtenheftes erhoben und niedergelegt werden. Vielmehr bedeutet er einen fortgesetzten Gestaltungs- und Dialogprozess, wobei die Erprobung neuer Pfade erst noch erfolgen muss (Bremer Sachverständigenkommission 1986b, 1988; Deitmer 1988; Corbett/ Rasmussen/ Rauner 1991).

Die Praxis einer sozialverträglichen Technikgestaltung steht in der universitären Forschung eher am Anfang. Zwar ist mit der zunehmenden offenen Zweckstruktur technischer Systeme und Innovationen das Moment der Technikgestaltung gewachsen (vor allem bei der Softwareentwicklung und der damit korrespondierenden Informatik). Angeleitet wird die Entwicklung solcher Systeme aber eher traditionell, indem die Technikwissenschaften einem „engen" Technikverständnis folgen. Eine Reflexion der Konstruktionslehre im Kommissionsbericht zeigt, dass die Methodik des Entwickelns und Konstruierens eher Wirtschafts-, Sicherheits- bzw. Funktionskriterien folgt.[66] Eine erweiterte Konstruktionslehre, in der auch gebrauchswertbezogene, qualitative Kriterien in technologisch handhabbare Anforderungstechnik gemeinsam mit den zukünftigen Techniknutzern übersetzt werden, findet bisher kaum statt.

„Sozialverträgliche Technikgestaltung heißt in diesem Zusammenhang die Formulierung und Begründung von Gestaltungskriterien durch eine umfassende Beteiligung der Betroffenen. Die beteiligten Wissenschaften repräsentieren dabei nur einen Praxisbereich. Dies gilt in gleicher Weise für Ingenieure und Sozialwissenschaftler" (Bremer Sachverständigenkommission 1988, 138).

Viele Folgen aus der Entwicklung technischer Systeme werden erst nach fortgesetzter Erprobung und Anwendung durch die Praxis deutlich, so dass eine kontinuierliche Reflexion und Rückkoppelung eine große Chance dafür böte, der stärker vermittelten, eher randständigen Praxis von „Arbeit und Technik"-Forschung zu einer breiteren Basis zu verhelfen. Mit einer stärkeren Mitwirkung der Technik-Nutzer an der Gestaltung kann ein Korrektiv gefunden bzw. eine wichtige Informationsquelle für die Entwicklungsrichtung und Gestaltung der Innovation erschlossen werden. Die Mitwirkung der Technik-Nutzer stellt aber an die Disziplinen bzw. ihre wissenschaftlichen Vertreter neue Anforderungen, was die Dialogfähigkeit und die Erweiterung des methodischen Instrumentariums angeht.

---

66 Siehe dazu auch die Ausführungen des Produktionstechnikers und Kommissionsmitgliedes Günter Seliger vom Berliner Fraunhofer Institut für Produktions- und Konstruktionstechnik (Bremer Sachverständigenkommission Arbeit und Technik 1988, 127).

Zu den Problemen der Zusammenarbeit zwischen technischen und sozialwissenschaftlichen Disziplinen

Eine Bestandsaufnahme aus den 90er Jahren machte deutlich, dass sowohl bei den Natur- und Ingenieurwissenschaften als auch bei den Sozial- und Geisteswissenschaften zum Teil historisch verfestigte Barrieren vorhanden sind. Sie beziehen sich vornehmlich auf die transdisziplinäre Kooperation. Dies erschwert die Entwicklung einer fachübergreifenden „Arbeit und Technik"-Forschung in erheblichem Maße auch heute noch (Bremer Sachverständigenkommission 1988, 168). Eine fachübergreifende Forschung erhält nur dann eine neue Praxisqualität, wenn Fragen und methodische Herangehensweisen nicht nur aus der Perspektive *eines* Faches erörtert werden, zumal dann, wenn das jeweils andere Fach als bloße Hilfswissenschaft angesehen wird. Seit den 70er Jahren gibt es immerhin verstärkte Bemühungen um fachübergreifende Kooperationen zwischen Natur-, Technik- und Human- bzw. Sozialwissenschaften.[67] So konnte dieser Ansatz gegenüber den etablierten, disziplinären Herangehensweisen durchaus eine gewisse Verbreiterung erfahren. Doch wo genau liegen nun die Probleme und Barrieren? Der britische Technikwissenschaftler Mike Cooley hat dies so formuliert: „demnach verwenden Sozialwissenschaftler offenbar ihre Lust auf die genaue Analyse der Probleme [...], während die Ingenieure und Techniker (aber auch die Naturwissenschaftler) ihr Herz an die konstruktive Lösung von Problemen hängen" (Bremer Sachverständigenkommission 1988, 177).

Damit kommt die oben angesprochene Arbeitsteilung prägnant zum Ausdruck, derzufolge die Ingenieure mit vorgegebenen Problemdefinitionen und daraus entwickelten Aufgabenstellungen zu tun haben, während Sozialwissenschaftler in einer übergreifenden Analyse die Problemdefinitionen und Zielsetzungen selber untersuchen bzw. zum Teil in Frage stellen. So ergibt sich eine unglückliche Arbeitsteilung, die es beiden Wissenschaftsbereichen erheblich erschwert, zu praktikablen und sozial verträglicheren Lösungen bzw. zu einer neuen Gestaltungspraxis zu gelangen. Bei den Ingenieuren sind Problemdefinitionen durch die Dominanz technischer Sichtweisen geprägt, was eine Be-

---

67 Solche Zusammenarbeit ist insbesondere auch durch das BMFT-Forschungsprogramm „Humanisierung des Arbeitslebens" und später „Arbeit und Technik" eingefordert worden. In verschiedenen technischen Programmen bzw. Projekten kamen ebenfalls verstärkt Sozial- bzw. Humanwissenschaftler zum Einsatz. Weiterhin haben in den 80er Jahren auch Projekte wie UTOPIA oder Human Centered CIM (ESPRIT Projekt 1217) von sich reden gemacht. UTOPIA steht für „Arbeitnehmerorientierte Ausbildung, Technologie- und Produktentwicklung" und wurde mit Unterstützung des schwedischen Forschungs- und Technologieministeriums durchgeführt. Das Forschungsteam aus Informatikern, Ingenieuren, Arbeitswissenschaftlern, Soziologen und Psychologen setzte sich zum Ziel, durch die direkte Beteiligung von Druckern deren Wertvorstellungen in die hardware- und softwaremäßige Gestaltung eines elektronischen Satzsystems zu übersetzen. Ähnlich im Projekt „Human Centered CIM", wo CIM-Systeme durch interdisziplinäre Zusammenarbeit zwischen Ingenieuren, Arbeitswissenschaftlern und Berufspädagogen entstehen sollten (Corbett/ Rasmussen/ Rauner 1991).

schäftigung mit gebrauchswertbezogenen oder organisationsbezogenen Fragestellungen verhindert. Sie bürden sich eine große Last auf, werden aber durch die wissenschaftlichen Beiträge der Sozialwissenschaftler in unzureichender Weise unterstützt. „Mit einem gewissen Recht wird die Vorstellung vertreten, dass ungeachtet der übergreifenden Problemanalyse der Sozialwissenschaft eigentlich die Ingenieurwissenschaft an den allgemeinen gesellschaftliche Problemen arbeitet" (Bremer Sachverständigenkommission 1988, 177).

Doch die Ingenieurwissenschaftler tun dies mit einem gewissen Pragmatismus, indem sie sich jenseits komplexer, arbeitsbezogener Problemstellungen auf produkt- und verfahrensspezifische (oder fertigungsspezifische) Entwicklungsfragen verengen. Dies halten ihnen Sozialwissenschaftler als Interessenartikulation innerhalb vorgegebener Markt- und Konkurrenzverhältnisse vor, weshalb es ihnen nicht gelänge, einen breiteren Blickwinkel zu praktizieren. So konzentriert sich ingenieurwissenschaftliches Arbeiten auf die Gestaltungsmaximen Wirtschaftlichkeit, Sicherheit, Funktionstüchtigkeit und neuerdings verstärkt auf Umwelt bzw. Ressourcenschonung. Solche Maximen lassen sich sogar zum Teil mit den Wertvorstellungen einer sich kritisch verstehenden Sozialwissenschaft in Einklang bringen. Gleichwohl gelingt es vielen Sozialwissenschaftlern kaum, von einer umfassenden Problemanalyse zu funktionalen Spezifikationen zu kommen. Die Antwort wäre letztlich die Entwicklung einer integrierten Vorgehensweise im Sinne eines „social engineering", welches eher fallweise praktiziert werden kann.

Als grundlegende Verständigungsfelder sind für eine fachübergreifende Kooperation in interdisziplinären Projekten zu beachten:
- das Selbstverständnis des Faches,
- fachspezifische Methoden und Herangehensweisen als auch
- fachspezifische Bewertungskriterien und Evaluationsverfahren.

Zu Ansätzen und Wegen einer transdisziplinären Kooperation

Im Folgenden werden Ansätze und Wege aufgezeigt, wie durch Forschungskooperation trotz alledem eine konstruktive Zusammenarbeit zwischen den beiden disziplinären Lagern praktiziert werden kann und welche konkreten Probleme und Ergebnisse sich dabei dem hier vorgestellten Programm stellten.

Die vielfältigen Unterschiede zwischen Natur-, Ingenieur-, Sozial- und Geisteswissenschaftlern verweisen auf die Schwierigkeiten einer fachübergreifenden Zusammenarbeit im Rahmen der „Arbeit und Technik"-Forschung. Sicherlich bedarf es der lebendigen und praktizierten Kooperation zwischen Wissenschaftlerinnen und Wissenschaftlern der verschiedenen Fachrichtungen, soll eine neue Praxis fachübergreifender Arbeit- und Technikforschung entwickelt werden.

In der Vergangenheit hat es vielfältige Versuche namhafter Ingenieur- und Sozialwissenschaftler gegeben, neue Brücken mit Hilfe universeller Kategorien und Theorien zwischen den disziplinären Lagern zu schaffen. Zu erinnern sei an den Mitbegründer der Kybernetik, Norbert Wiener, der seine Konzeptionen mit Geisteswissenschaftlern intensiv zu diskutieren pflegte. Die Methoden und Theorien der Mathematik sollten auf real beschreibbare Prozesse erweitert und damit der technischen Realisierung neue Felder geöffnet werden. Zu erinnern sei auch an den Berliner Hochschullehrer für Regelungstechnik, H. Schmidt, der in seiner Denkschrift zur Einrichtung eines Lehrstuhls für Regelungstechnik vorschlug, die Kategorien der Natur- und Geisteswissenschaft zusammenzuführen und die Einheit der Wissenschaft wieder herzustellen. Ansätze zur fachübergreifenden Forschung in der Ingenieurwissenschaft gehen interessanterweise gerade von Wissenschaften im Umfeld der Regelungstechnik, Kybernetik und Informatik aus. Dies mag daran liegen, dass die Informationstechnik nicht aus Instrumenten zum Bewirken sinnlich wahrnehmbarer Vorgänge besteht, „sondern in der Anregung, Vermittlung und Bearbeitung von Sinn- und Bedeutungszusammenhängen, die ihrerseits in das Beziehungsfeld zwischen Technik, Mensch und Gesellschaft eingreifen" (Bremer Sachverständigenkommission 1988, 174). Der Ausweg, den die Ingenieurwissenschaftler hier vorschlagen, nämlich mit Hilfe der Systemanalyse und -theorie einen geeigneten Grundcode zu entwickeln und zu nutzen, der eine wechselseitige Zuarbeit und Kooperation zwischen beiden Lagern erlaube, wird von den eher auf Deutung, Interpretation und Wertung der sozialen Welt sich verpflichtet fühlenden Sozialwissenschaftlern zurückhaltend aufgenommen. Ihre Kritik am Systemkonzept lautet, dass sich lebensweltliche Strukturen in der Systemanalyse nicht streng definieren ließen. „Während in den Human- und Sozialwissenschaften das Problem der exakten Messung hoch umstritten ist und die Frage der subjektiven Befindlichkeit des Menschen in der Arbeit und der sonstigen Lebenswelt als wichtig angesehen wird, stellt die Vagheit und auch die Diffusheit subjektiver Äußerungen für Technikwissenschaftler ein ernstes Hindernis für Konstruktionsvorgaben dar" (Bremer Sachverständigenkommission 1988, 179). Das zeigte auch die Diskussion mit über 300 Wissenschaftlern im Rahmen von Themenworkshops als Teil der Arbeit der Bremer Sachverständigenkommission. Von ingenieur- und naturwissenschaftlicher Seite wurden Grenzwerte oder technische Richtkonzentrationen als „Dämme gegen die Flut" angesehen, während die Sozialwissenschaftler sich aus ethischen und rechtlichen Gründen gegen bestimmte Richtkonzentrationen wandten, nämlich die, in denen irreversible Folgen nicht ausgeschlossen werden können.

Mit dem Gestaltungsansatz werden theoretische und praktische Wege einer funktionierenden Kooperation aufgezeigt. Allerdings kann dies nicht durch bloße Willensbekundungen geschehen, sondern es bedarf auf beiden Seiten – bei Technik- und Humanwissenschaftlern – einer Erweiterung und Modifizierung gängiger Methoden und Vorgehensweisen (Bremer Sachverständigenkommission 1988, 173). Dabei geht es weniger um eine „Arbeit und Technik"-Einheitswissenschaft als um den Aufbau und die Festigung der Zusammenarbeit zwischen den beiden wissenschaftlichen Arbeitsfeldern, sozusagen als Gegengewicht zu den hochgradig ausdifferenzierten Einzelwissenschaften. Richtigerweise verweist der Kommissionsbericht an dieser Stelle auf den Bildungssoziologen Bernstein, wonach der problemorientierte integrative Code im Bildungs- und Wissenschaftssystem, der sich die Verflüssigung erstarrter Wissensstrukturen zum Ziel gesetzt hat, eher der Ausdruck einer kulturellen Krise als ein Vorbote eines langfristig stabilen Forschungsstadiums ist. Die Komplexität der Untersuchungsfelder Arbeit und Technik kann nur erfasst werden, wenn auch die Widersprüchlichkeit der Problemlösungen dargestellt und der Reflexion zugänglich gemacht wird. Ganzheit wird im Zusammenhang mit der fachübergreifenden Zusammenarbeit eher als ein heuristisches denn als nomothetisches Prinzip verstanden, unter dessen Anleitung der Verselbständigung der wissenschaftlichen Teildisziplinen entgegengewirkt werden soll (Bremer Sachverständigenkommission 1988, 169).

Es käme also darauf an, die Methodik des Entwickelns und Konstruierens zu überdenken und weiterzuführen. Neben konventionellen Methoden sind auch alternative Methoden, wie sie zum Teil im Rahmen der Projekte[68] des „Arbeit und Technik"-Programms praktiziert wurden, zu berücksichtigen. Dazu ist das Pflichtenheft in seiner bzw. allgemeiner die Aufgabenstellung in ihrer Funktion zu erweitern, indem neben technischen und funktionsbezogenen Anforderungen, die sich aus der Logik des Technischen ergeben, auch gebrauchswertbezogene bzw. nutzerbezogene Kriterien in technologisch handhabbare Anforderungen zu übersetzen sind. Eine sozialverträgliche Forschungspraxis wäre dann gegeben, wenn bei der Formulierung und Begründung von Gestaltungskriterien auch eine umfassende Beteiligung der Betroffenen oder, weiter gefasst, der Techniknutzer ermöglicht wird. Die beteiligten Wissenschaftler (z. B. Sozialwissenschaftler und Ingenieure) repräsentieren dabei nur einen Praxisbereich neben dem weiterer Praxisgruppen, die aus betrieblichen oder sonstigen Institutionen kommen. Technik wird demnach nicht als isoliertes, aggregratmäßiges oder maschinelles Artefakt, sondern als ein sozio-technisches Gesamtsystem verstanden, welches die von Praxisgruppen definierten Zwecke unter Nutzung naturwissenschaftlicher Potentiale repräsentiert (Bremer Sachverständigenkommission 1988). Die Handhabung der auftretenden Komplexität setzt die Implementation von Beteiligungsverfahren und darauf abgestellter flexibler Planungsmodelle voraus. Die Evaluation und Bewertung wird formativ anzulegen sein und kontinuierlich entlang des Entwicklungsprozesses vonstatten gehen müssen.

Die Bewertungsdimension Arbeit und Technik als Einheit (welche eine der sechs Bewertungsdimensionen der Innvationsspinne darstellt) meint die übergreifende Integration von Technik, Qualifikation und Arbeit. Technische Entwicklung, qualifikatorische Maßnahmen sowie Entwicklung der Arbeitsorganisation sollen damit als aufeinander bezogene, nicht getrennt zu bearbeitende Innovationselemente verstanden werden. Die Pro-

---

68 Von den 14 Projekten waren die informationstechnischen Projekte am stärksten interdisziplinär angelegt: z. B. das Gruppenarbeitsprojekt, das TUBI-Projekt, das SHK-CAD-Projekt, das Kleben im KMU-Projekt, das aqua-signal-Projekt, das TQM-Projekt. Gut die Hälfte der untersuchten Projekte zeichnete sich daher durch das Zusammenwirken zwischen Vertretern informationstechnischer oder ingenieurwissenschaftlicher Disziplinen (Produktionstechnik bzw. Maschinenbau) und humanwissenschaftlichen Fachwissenschaften (Pädagogik, Arbeitswissenschaft und -psychologie) aus.

jekte werden also an ihrer ganzheitlichen Herangehensweise gemessen, indem sie nachweisen müssen, ob sie ein integriertes Arbeit-und-Technik-Verständnis praktizieren können. Die Integration verweist auf das oben dargelegte fachlich-integrierte Vorgehen. Damit wird eine fachübergreifende Arbeit-und-Technik-Forschung herausgefordert, der es gelingt, die Dinge im Zusammenhang zu sehen (siehe Abschnitt 5.3.6).

Den allermeisten Projekten gelingt es, den Ansatz einer integrierten Vorgehensweise in ihrem Verlauf zu praktizieren. Dies geschieht, indem mindestens zwei disziplinäre Vertreter zusammenwirken (womit transdisziplinär angelegte Kooperationen praktiziert werden).

Als disziplinäre Kombinationen in den hier untersuchten „Arbeit und Technik"-Projekten treten auf: Ingenieur- und Arbeitswissenschaftler, Produktionstechniker und Informatiker, Ingenieurwissenschaftler und Berufspädagogen, Naturwissenschaftler, Ingenieurwissenschaftler und Arbeitsmediziner, Lebensmitteltechnologen und Pädagogen, Automationsingenieure und Berufspädagogen, Arbeitspsychologen und Informatiker, Lebensmitteltechnologen und Arbeitswissenschaftler (siehe auch Abschnitt 6.1).

Zu den Schwierigkeiten transdisziplinärer Zusammenarbeit im Bremer Landesprogramm „Arbeit und Technik"

Alle durch fachübergreifende Kooperationen zwischen den Human- und Technikwissenschaften gekennzeichneten „Arbeit und Technik"-Projekte benötigen eine Einarbeitungszeit, wenn es darum geht, eine einheitliche Begrifflichkeit bzw. gemeinsame Kommunikationsbasis herzustellen. So wird in einer der Projektintensivfallstudien (Abschnitt 6.5.4) zum Projekt K (Rauner u. a. 1995, 192) festgestellt: „Angesichts der unterschiedlichen Wissensbestände und Erfahrungen der beteiligten Ingenieure, Pädagogen und Sozialwissenschaftler war es zunächst erforderlich, eine einheitliche Begrifflichkeit durch projektinterne Diskussion sicherzustellen".

Da die Projekte durch zeitliche Beschränkungen gekennzeichnet waren, erschwerte dies die disziplinübergreifende und systematische Organisation der Innovationsprozesse. Zur Überwindung dieser Barrieren stellte sich in den betroffenen Projekten eine Moderation zwischen den Projektbeteiligten als notwendig heraus. Diese sollte systematisch die impliziten disziplinären Denkweisen und methodischen Verständnisse klären helfen. Die Entwicklung und Diskussion gemeinsamer Leitbilder zur gemeinsamen Problemverständigung erwies sich in allen Fällen als ein hilfreicher Schritt zur Entwicklung von tragfähigen und auch fruchtbaren transdisziplinären Kooperationen. Es hat sich als günstig erwiesen, diese Leitbilder im Rahmen von Zukunftsworkshops oder entsprechenden Workshops zu bestimmen, um die Komplexität gesellschaftlicher Problemstellungen für die verschiedenen Sprachen in den unterschiedlichen Disziplinen zugänglich zu machen. So konnten die Teilbeiträge besser geplant und unter einem gemeinsamen Leitbild verknüpft werden. Jeder wissenschaftlichen Disziplin wurde bewusst, dass sie nur Teilbeiträge leistet, die jedoch durch Verknüpfungen für eine größere Bandbreite bei den Problemlösungen genutzt werden können. Darin wird ein wichtiger strategischer Ansatzpunkt zu einer schrittweisen Erweiterung der Forschungspraxis gesehen. In den technischen Forschungs- und Entwicklungsprojekten des Programms hat sich als relevant herausgestellt, dass der Formulierung der Pflichtenhefte große Beachtung zu schenken ist. Es ist dem Zusammenhang zwischen dem technisch Möglichen und dem sozial Wünschbaren durch verstärkte Anwendung diskursiver und partizipativer Prozesse unter Beteiligung derjenigen, die von Technik betroffen sind, Rechnung zu tragen (Bremer Sachverständigenkommission 1988, 139).

In einigen der „Arbeit und Technik"-Projekte wurde ein solches Vorgehen praktiziert, zum Teil mit gutem Erfolg. Als Quintessenz kann formuliert werden, dass die Implementationsstrategien verschiedener Beteiligungsverfahren[69] bekannt sein sollten. Ihre Vor- und Nachteile sind von den Wissenschaftlern herauszuarbeiten, um die für die jeweilige Anwendungssituation angemessene Entwicklungsmethode herauszufinden. Dies gilt auch für die Strukturierung von Qualifikationskonzepten oder beteiligungsorientierten Reorganisationsverfahren aus der Sicht der Arbeitnehmer, Lernadressaten oder Ausbilder bzw. Berufspädagogen.

Ein weiteres Beispiel für die großen Herausforderungen, die sich durch transdisziplinäre Projekte stellen, ist das Projekt F (siehe auch Anhang 3). Es hatte die Aufgabe, die Implementation neuer Fügetechniken in KMU über technische, organisatorische und soziale Problemlösungsbausteine anzugehen. Das Innovationsleitbild in diesem „Arbeit und Technik"-Vorhaben war es, die betriebspraktischen Probleme der regionalen KMU bei der Umsetzung neuer Fügetechniken zum Ausgangspunkt zu nehmen, und dies sowohl unter technologischen, arbeitsplatzbezogenen, qualifikatorischen als auch arbeitsmedizinischen Gesichtspunkten, um damit ein integriertes Handlungs- und Entscheidungskonzept zu erarbeiten. Diese anspruchsvolle interdisziplinäre Aufgabenstellung stellte an die Qualifikation der wissenschaftlichen Partner hohe Ansprüche. Die Kombination von zwei wissenschaftlichen Partnern erwies sich daher auch im Projektverlauf als problematisch: Unterschiedliche Sprach- bzw. Denkebenen und Interessen – hier ein technikzentriertes Assessment, dort ein risikozentriertes Assessment – führten zu Missverständnissen und Blockaden. Beides beeinträchtigte in der Projekteinstiegsphase die Entwicklung des Projektes erheblich. Ein daraus resultierendes sequentielles Vorgehen der wissenschaftlichen Partner führte zu Zeitverzögerungen bei der Bearbeitung der betrieblichen Problemstellungen, weshalb man zu keinen praxisgerechten Problemlösungen gelangte.

Die Schlussfolgerung daraus ist, dass ein auf wechselseitige Kooperation angelegtes „simultaneous engineering" erst noch zu entwickeln ist. Erst durch die externe Kooperation eines industrienahen Betriebsberaters eines Industrieverbandes konnten schließlich die Probleme nach und nach überwunden werden. Hier zeigt sich, dass das thematisierte

---

69 Gedacht ist vor allem an Verfahren der partizipativen Systementwicklung, Szenariotechnik, der Entwicklung über Pflichtenhefte und des zyklischen Phasenmodells (Bremer Sachverständigenkommission Arbeit und Technik 1988, 139).

Transferproblem generell zu den Problemlagen gehört, die in fachübergreifenden sowie theorie- wie praxisorientierten Verbundvorhaben anstehen. Es zeigt sich ferner, dass ein sequentielles Vorgehen bei anspruchsvollen Problemstellungen an seine Grenzen stößt, ausgelöst durch die problembehaftete Zusammenarbeit von Human- und Technikwissenschaft. Es zeigt sich auch, dass eine Verständigung über die Reichweite der fachlichen Beiträge der jeweiligen Wissenschaft notwendig ist, und zwar in der Weise, wie es im Bericht der Sachverständigenkommission dargelegt wurde: Da sich die Technik- und Humanwissenschaften verschiedenen Rationalitätsmustern und Wissenschaftssprachen verpflichtet sehen, bedarf es einer Reflexion der Prämissen, die in eine fachimmanente Auffassung von „Arbeit und Technik" einzugehen haben. Nur so kann eine tragfähige Basis wissenschaftlicher Verständigung aufgebaut werden (Bremer Sachverständigenkommission 1988, 169).

Dabei geht es nicht um den Versuch, einen einheitlichen Forschungsansatz zu entwickeln, wie er in einer fachübergreifenden „Arbeit und Technik"-Forschung angedacht sein könnte, sondern darum, auf eine Vielfalt von Forschungsperspektiven und einen Pluralismus von Wissenschaftsperspektiven zu setzen. Es geht also nicht darum, als Ausfluss der vorangehend diskutierten Praxiserfahrungen die Forschungsansätze zu vereinheitlichen, sondern es geht um die Entwicklung von Dialog und Kooperation zwischen den Wissenschaften als auch um deren Verhältnis zu gesellschaftlichen Praxisfeldern, wie z. B. zur betrieblichen Praxis. Dabei kann man verschiedene Typen des theoretischen, empirischen und des praktischen Wissens voneinander unterscheiden. Zwischen diesen Wissenstypen bzw. Erfahrungsfeldern gilt es, einen gestaltungsorientierten Diskurs zu entfalten, mit dem Ziel, zu neuen Verständigungsformen zu gelangen.

In diesem Transferfeld sollte deutlich gemacht werden, dass nicht nur verschiedene Wissenstypen existieren, sondern die Technik- und Humanwissenschaften, die als wesentliche disziplinäre Gruppen des Programms miteinander in Kooperation traten, immer auch vor dem Problem einer Verständigung angesichts unterschiedlicher Wissenschaftssprachen stehen. Es hat sich mittlerweile eine ganze Reihe von Expertensprachen herausgebildet, die ihre eigenen Regeln hinsichtlich der Begriffsbestimmungen, Hypothesenbildung, Strategien der Forschungsplanung und Darstellung sowie Präsentation von Erkenntnissen und Ergebnissen haben. Damit ist das Problem verbunden, dass sich Wissenschaftler aus verschiedenen disziplinären Bereichen häufig missverstehen. Mit diesem Problem hatten auch die durch transdisziplinäre Kooperation gekennzeichneten Projekte zu kämpfen. Allerdings waren die Probleme grundsätzlich trotz unterschiedlicher Erkenntniswege in allen Fällen mehr oder weniger lösbar. Vor allem dann, wenn eine Übersetzung zwischen den verschiedenen Wissenschaftssprachen geleistet wurde. Es wurde schon darauf hingewiesen, dass dies neben der eigentlichen inhaltlichen Arbeit als ein eigener Reflexionsschritt zu werten ist. In diesem Schritt ging es darum, sich die Reichweite der eigenen Ansätze bewusst zu machen, wobei im Mittelpunkt die Verständigung über die Prämissen und Annahmen der jeweiligen Disziplinen steht. In eine derartige Untersuchungsperspektive gehen wissenschaftstheoretische, technik- und arbeitswissenschaftliche sowie sozialwissenschaftliche Ansätze ein, um Gestaltungsspielräume zu nutzen. Dabei sind zu nutzen. Dabei sind Methoden zu entwickeln, die die fachübergreifende Verständigung aller am Projekt Beteiligter verbessern können, die die Kriterienfindung einer Arbeit-und-Technik-Forschung fördern und eine intersubjektive Überprüfbarkeit der angestrebten Lösungen auf Grundlage der entwickelten Kriterien unterstützen. Solche grundlagenorientierten Forschungsuntersuchungen sollen keine Metawissenschaften begründen, sondern sehr konkret zur Verbesserung der Forschungskooperation beitragen. Damit soll die Verwirklichung des Gestaltungsanspruchs einer transdisziplinär angelegten „Arbeit und Technik"-Forschung verbessert werden. Die in den traditionellen Wissenschaftspraktiken auseinander fallenden Untersuchungslinien sollen in eine gemeinsame Untersuchungsperspektive überführt werden. Mit einer solchen fachübergreifenden Arbeit-und-Technik-Forschung kann das Zusammenwirken der vielfältigen wissenschaftsspezifischen Momente in der Forschungskooperation untersucht werden (Bremer Sachverständigenkommission Arbeit und Technik 1988, 181).

Lineare Technologie- und Transferkonzepte, denen ein lineares Kaskaden- oder Staffettenmodell zugrunde liegt, führen zu nicht betriebsspezifisch angepassten Transferangeboten, deren regionalpolitische Wirkungen folglich hinter den Erwartungen zurückbleiben (Oehlke 1996, 233).

Als entscheidend haben die Analyse im Programm und seinen Projekten ergeben, dass transdisziplinäre Zusammenarbeitsformen zwischen Betrieb und Instituten als auch zwischen den Instituten nach erweiterten Projektentwicklungsphilosophien verlangen. Demnach waren auch die Projektentwicklungspläne des hier zu untersuchenden Programms noch zu stark einer „one best way"-Projektphilosophie verhaftet, die zukünftig durch zielgerichtete dialogische Partizipation, d. h. durch systematisch organisierte Lernprozesse zwischen den wissenschaftlichen und praktischen Akteuren, abzulösen sind. Es stellt sich in der Evaluation der 14 Intensivfallstudien (Rauner u. a. 1995a, 92) heraus, dass ein sequentielles Vorgehen im Projektablauf für interdisziplinäre Projekte eher ein Hindernis darstellt. Dabei sollten unterschiedliche methodische Vorgehensweisen und Zugänge möglich sein. Mit dieser Art von Methodenmix wird eine große Lernbereitschaft auch auf Seiten der wissenschaftlichen Partner vorausgesetzt. Da die eigene Profession oder Fachdisziplin selten rasche Lösungen bietet, ist ein Zusammenwachsen zwischen Institutionen bzw. traditionell unterschiedlich verankerten Sichtweisen vonnöten. Solch ein zeit- und arbeitsaufwendiger Lernprozess ist in die Konzeptionierung der Forschungsprozesse zukünftig mit einzubeziehen.

Zum Spannungsverhältnis zwischen wissenschaftlicher und praktischer Zielorientierung

Die Kooperationszurückhaltung derjenigen, die sich nicht am Programm in seiner Pilotphase beteiligten, erklärt sich darüber hinaus aus einem Missverhältnis zwischen wissenschaftlicher und praktischer Zielorientierung. So sollte das Bremer Landesprogramm mit seinen Projekten zum einen an der „Spitze des wissenschaftlichen Fortschritts" stehen und zum anderen durch seine Umsetzungsorientierung eine Übertragbarkeit auf vor-, neben- und nachgelagerte Arbeitsplätze auch anderer Betriebe und Branchen der Region erreichen und somit zu nachhaltigen strukturellen Effekten im Sinne einer Verbesserung des regionalen bremischen Innovationsmilieus beitragen (siehe zur Zielstellung des Programms auch Rauner u. a. 1995, 13). Damit kam eine gewisse inhaltliche Überfrachtung der Projektziele zustande, was bei der Zielerreichung zu weit geringeren strukturellen Effekten geführt hat. Diese Zielkonstellation überforderte offensichtlich das Durchhaltevermögen der wissenschaftlichen als auch der betrieblichen Akteure. Es ist quasi ein Konflikt zwischen objektiver und subjektiver Innovation entstanden. Der aktuellen Innovationsdebatte folgend ist, wenn es um Innovativität eines Vorhabens geht, grundsätzlich der Betrachtungsmaßstab deutlich zu machen. So kann eine Produkt- oder Prozessinnovation etwas einmalig Neues darstellen. Ihre Gültigkeit muss nicht global sein, sondern kann auf ein Land, eine Region, eine Gruppe von Menschen oder auf ein einzelnes Unternehmen beschränkt sein – mit den Worten von Koschatzky und Zenker: „Je nachdem, wo die Innovation wirksam wird, sollte der Maßstab für die Neuigkeitsbewertung unterschiedlich gewählt werden. Mit Blick auf die regionale Betrachtungsebene wird unter neu verstanden, was neu für eine Region und die darin lebende Bevölkerung ist und zu regionalen Wohlfahrtsgewinnen führt" (Koschatzky/ Zenker 1992, 2). Bezogen auf das Programm war es nunmehr notwendig, zwischen subjektiven und objektiven Neuerungen durch die Beteiligung wissenschaftlicher Akteure (die mehr oder weniger an der Spitze der wissenschaftlichen Entwicklung und des Fortschritts stehen) eine „Brücke" zu bilden. Eine Überfrachtung der Ziele eines Projektes sollte daher durch ein langsames Anwachsen der Aufgabenkomplexität verhindert werden. So kann es durchaus sinnvoll sein, mit einfacheren und weniger risikobehafteten subjektiv geprägten Aufgabenstellungen zu beginnen. Im weiteren Verlauf des Projektes können dann die schwierigeren Aufgaben angegangen werden.

7.6 Zur Transformation „weicher" Innovationsfaktoren in „harte" Innovationseffekte – ein Resümee

Die vergleichende Untersuchung der Fallstudien hat ergeben, dass ein gestaltungsorientiertes Konzept regionaler Innovationsprozesse sich als ein nachhaltiges – und damit strukturinnovatives – Innovationskonzept nur dann erfolgreich implementieren lässt, wenn es neben anderen Randbedingungen durch eine integrierte, regionale Innovationspolitik verschiedener regionaler Teilpolitiken gestützt wird. Gemeint ist vor allem die Zusammenarbeit zwischen Wirtschafts-, Arbeitsmarkt- und Wissenschafts- bzw. Bildungspolitik.

Abschließend wird die Kernhypothese der Arbeit noch einmal aufgegriffen, und es werden wesentliche Konstellationen für eine erfolgreiche Transformation von „weichen" in „harte" Innovationsfaktoren bzw. -effekte zusammengefasst (siehe Abschnitt 4.2).

Die *Bedarfssituation regionaler Unternehmen* stellt den Ausgangspunkt zur Auswahl von Projekten dar. Regionale Innovationsprogramme sind umso erfolgreicher, je mehr es ihnen gelingt, nicht nur auf einzelbetriebliche Bedarfsfelder und -lagen abzustellen, sondern auch Anknüpfungspunkte für zwischenbetriebliche bzw. regionale Problemlagen zu sein. Die bessere Bestimmung der Bedarfslage macht begleitende Bedarfsuntersuchungen und Studien notwendig.

Nur selten wurde in den Verbundprojekten des Bremer Programms mittels entsprechender Studien die Bedarfssituation auch bei anderen regionalen Unternehmen, z. B. mit Hilfe einer Befragung, geprüft. Dies lag insbesondere daran, dass den Programmverantwortlichen keine Mittel für Voruntersuchungen, Expertisen oder Studien zur Verfügung standen. Häufig stellte sich daher das Problem, dass kaum verfügbare Erkenntnisse über die Realisierbarkeit des Innovationsthemas vorlagen. Mit Bedarfsuntersuchungen sind Aussagen zur Machbarkeit der Innovationsförderung und ihrer Marktchancen besser möglich. Mit einem insgesamt flexibleren Förderverfahren, in dem auch kleine Pilotprojekte zur Auslotung der Realisierungschancen gestartet werden, können Risiken für die nachfolgende Umsetzung besser eingeschätzt werden. „Gleichwohl sollte bei zu geringen Entwicklungschancen immer auch die Möglichkeit des Projektabbruches erwogen werden. Viele Probleme in der Projektumsetzung sind nicht vorhersehbar. [...] Eine bessere Steuerung wäre durch den Projektträger möglich, um zu entscheiden, ob der eingeschlagene Weg der richtige ist bzw. ob alternative Pfade zu verfolgen sind" (Rauner u. a. 1995, 97).

Projekte, die in praktischen Innovationsbedarfen der Betriebe ihren eigentlichen Ursprung haben und bei der fortlaufenden Definition von Strategie und Ziel mit wissenschaftlichen Akteuren aus Forschung und Ausbildung/ Bildung eng zusammenarbeiten, führen schließlich auch zu nachhaltigeren Wirkungen. Die Bilanzierung hat gezeigt, dass in den erfolgreicheren Projektverbünden (den „good practice"-Fällen) der erste Anstoß für die Innovationsmaßnahme von der betrieblichen Praxis ausging. Daneben kommt der Etablierung eines längerfristig wirkenden, das Projekt umrahmenden Innovationsdialoges große Bedeutung zu (Rauner u. a. 1995, 62). Entsprechende Zukunftskonferenzen und -workshops können bewirken, dass sowohl neue Projektergebnisse und -erfahrungen in einem breiteren Kreis regionaler Interessenten diskutiert werden als auch neue Impulse für die Regionalentwicklung entstehen.

Eine weitere, langfristig wirkende strukturbildende Maßnahme stellt die *Entwicklung regionaler Innovationszentren* für die Gestaltung von „Arbeit und Technik"-Problemstellungen dar. Viele der Projektverbünde im Bremer Landesprogramm (Rauner u. a. 1995, 75) waren von vornherein auf diese Verstetigungsperspektive (Labore/ Zentren für: Softwareergonomie, Energie- und Gebäudeleittechnik, Bauhandwerk, arbeitsorientierte Automatisierungssysteme, innovative Backtechnologie) ausgerichtet – allerdings mit höchst unterschiedlichem Erfolg. Auf Grund der gesammelten Erfahrungen, nicht zuletzt mit Blick auf die sich schlecht entwickelnden Zentren, kann als Ergebnis festgehalten werden, dass von vornherein die Bedarfslage genauer zu prüfen ist, um nicht zu viel Energie in eine verfehlte Institutionalisierung zu stecken. So führte beispielsweise die fragmentierte und wenig integrierte Förderstruktur in Bremen dazu, dass zwei Zentren für Automatisierungssysteme gefördert wurden, die sich auch noch gegenseitig Konkurrenz machten.

Innovationprozesse sind besonders dann erfolgreich, wenn auch die beteiligten Wirtschaftsunternehmen über *eigene bzw. interne innovatorische Kapazitäten* verfügen. Die Firmen benötigen daher entsprechende interne personelle und organisationale Kapazitäten, um einen erfolgreichen internen und externen[70] Innovationstransfer durchzuführen. Die Untersuchung hat verdeutlicht, dass viele Betriebe in der Pilotphase des Programms noch nicht reif genug für eine Kooperation außerhalb ihres unternehmerischen Beziehungsfeldes waren. Dies hat zu suboptimalen Wirkungseffekten beigetragen. „Dabei hängt die Beteiligung von Unternehmen an innovativen Projekten in starkem Maß von deren absorptiver Kapazität ab, die prinzipiell dann steigt, wenn die Unternehmen auf dem betreffenden Gebiet selber innovativ sind bzw. über Erfahungen bei der Produktion bestimmter Güter verfügen" (Fritsch u. a. 1998, 246). Gleichwohl muss dieser Zusammenhang durch eine entsprechende Weiterbildungspolitik flankiert werden. Als Beispiel für ein übergreifendes und integriertes bildungsreformerisches Maßnahmenkonzept sei auf das von Rauner u. a. für die Region Bremen entwickelte 12-Punkte-Programm zur Reform der beruflichen Bildung verwiesen. Hier sind bildungspolitische Vorschläge unterbreitet worden, die auf verschiedene bildungspolitische, wissenschaftspolitische, hochschulpolitische, industriepolitische und arbeitsmarktpolitische Aspekte eingehen und diese zu integrieren versuchen (Senator für Bildung, Wissenschaft, Kunst und Sport 1999).

Die Einbettung der Projektverbünde in *regionale Produktionscluster bzw. -netzwerke* stellt ein weiteres Erfolgskriterium für arbeitsteilige Innovationsprozesse dar. Meine Untersuchungsüberlegungen in den vorangegangenen Kapiteln haben versucht, dies an den „gute Praxis"-Fällen zu demonstrieren. Solche Verbünde, die die Konstellation zwischen Kunden-, Anwender- und Lieferantenbeziehungen in den Mittelpunkt der Innovationsbemühungen stellen konnten, waren letztlich die erfolgreicheren Projekte. Dieser Weg vollzieht sich in der Weise, dass einerseits Betriebe mit ähnlichen Problemstellungen identifiziert werden müssen und andererseits die Bereitschaft für übergreifende Innovationsprozesse und eine kooperative-interaktive Problembearbeitung geweckt wird. Es zeigte sich, dass dies besonders dann erfolgreich war, wenn es entlang der regionalen Bedarfssituation erfolgte. Die Projekte eröffnen sich dann noch bessere Möglichkeiten bei einer „Einbettung" in Produktionscluster bzw. -netzwerke. Als Beispiel sei hierfür das „gute Praxis"-Projekt im Bäckerhandwerk angeführt, das auf Grund seiner Plazierung im regionalen starken Produktionscluster „regionale Nahrungsmittelwirtschaft" (Bremen ist hier gemäß seinem landesbezogenen Bruttosozialprodukt mehr als doppelt so stark ($\approx$ 17 %) vertreten wie der Bundesdurchschnitt ($\approx$ 7 %)) gute Entwicklungschancen hat. Gleiches gilt für die Automobilbranche (das zweite „gute Praxis"-Projekt war dort plaziert). Gleichwohl besteht natürlich die Gefahr, dass mittels dieser Strategie

---

70 Mit internem Transfer ist ein erfolgreicher Beitrag zur internen Organisationsentwicklung gemeint, der externe Transfer ermöglicht die Nutzbarmachung der Projektergebnisse für Dritte.

solche Branchen möglicherweise stark vernächlässigt werden, die sich am Rande befinden und kaum vertreten sind (wie etwa das insgesamt sehr erfolgreiche Schneiderprojekt). Auf Grund guter und enger Kommunikationsbeziehungen in diesem Cluster konnten die größenspezifischen Nachteile durch den großen überregionalen Erfolg dieses Projektes mehr als ausgeglichen werden (Deitmer/ Wenzel 2001). Überregionale Kooperationen wären von vornherein mitzudenken. Für Camagni ist die Verknüpfung regionaler mit globalen Netzwerken zwingend (Camagni 1991). Für kleinere Unternehmen kann somit über die Teilnahme in regionalen Netzwerken eine bessere Verknüpfung mit anderen, globalen Netzwerken erreicht werden. Wesentliche Katalysatorfunktionen für das Gelingen von Transformationsprozessen löst daher die Figuration der Projektverbünde entlang der Wertschöpfungskette aus.

Mit der Diskussion über Innovationsnetzwerke ist deutlich geworden, dass der Impuls für innovative Maßnahmen häufig von den Kunden und Nutzern innerhalb des eigenen Clusters ausgeht (van Hippel 1988; Shaw 1996; Porter 1991). Diese Strategie ist auch hier aufzugreifen und bei der Zusammenstellung von Projektverbünden künftig stärker mit ins Kalkül zu ziehen, und zwar sowohl auf der Ebene der Projekte selber als auch auf Seiten der programmtragenden Entscheider und Akteure (Beiräte, Projektträger, Innovationsagenturen und Ressortadministrationen). Verbünde wären so anzulegen, dass es ihnen gelingt, die eher kurzfristigen Anpassungsbedarfe der Betriebe mit zukunftsorientierten Querschnittsthemen – die m. E. stärker von Seiten der Forschung bzw. der Wissenschaft auf Grund ihrer überregionalen Einbindung angeregt werden – zu verknüpfen. Es geht also um eine horizontale und vertikale Zusammensetzung verschiedener Institutionen.

Ein wesentlicher Schwachpunkt für die geringe Nachhaltigkeit des Bremer Landesprogramms war seine *mangelnde Prozessorientierung* in der Mehrzahl der Projektvorhaben. Allerdings steht auch fest, dass wenn die Innovationsgegenstände oder auch die Kooperationsbeziehungen innerhalb der Verbünde sich an den gegebenen Wertschöpfungs- bzw. Geschäftsprozessen orientierten, dann auch die nachhaltige Wirksamkeit der Innovationsvorhaben deutlich erhöht werden konnte. Um der Gefahr einer Überfrachtung der Verbünde zu begegnen, ist die Zahl der Projektkooperanden zu begrenzen; sie sollten in ein projektübergreifendes Informations- oder Wissensnetzwerk (siehe auch Abschnitt 2.3), das den jeweiligen Projektverbund umrahmt, eingebettet sein. Ein Erfahrungsgrundsatz aus dem Bremer Landesprogramm war die Bildung eines vertraglich gebundenen Kernteams von Hauptprojektakteuren (neben dem Hauptantragsteller in der Regel Akteure aus den Feldern Wissenschaft, Industrie/ Handwerk und Wirtschaft), welches nicht mehr als fünf bis sechs verschiedene Hauptakteure umfassen sollte – sonst steigt der Koordinationsaufwand erheblich, was z. T. zu Lasten der Qualität der Ergebnisse geht. So kann es besser gelingen, handhabbare Projekte zu schaffen, die an die Problemlagen einer Reihe von Betrieben anknüpfen, ohne diese durch zu weit gefasste Verbünde zu überfordern, und eine gute Balance zwischen Machbarkeit und Zukunftsoptionen zu finden.

Im Umfeld der Projekte können darüber hinaus durch die Initiierung projektübergreifender Arbeitsgruppen spezifische Probleme bearbeitet werden (z. B. Projektleiterqualifizierung und Projektmanagementqualifizierung hin bis zu spezifischen Qualifizierungen bei technisch-wissenschaftlichen und betriebs- und personalwirtschaftlichen Problemstellungen). Eine Grenzziehung zwischen den Projekten, auch im Sinne einer Komplexitätsreduktion, ist damit durch offenere, projektübergreifende Vernetzungen zu ergänzen.

In Netzwerken wird m. E. vor allem der Austausch und die Praxis interaktiven reflexiven Lernens gepflegt. Im Rahmen von Netzwerken findet hingegen kaum eine direkte Innovation statt, da viele Problemfelder die Wirksamkeit einschränken. Dies wird auch in den von Hellmer u. a. (Hellmer 1999) sowie von Messner (Messner 1994) hervorgehobenen Einschränkungen hinsichtlich der Wirksamkeit von Netzwerken bestätigt. Hellmer definiert in Anlehnung an Messner sechs Problemfelder, die verhindern, dass es zu unmittelbar wirksamen Lösungsbeiträgen für außergewöhnliche Problemstellungen kommt. Der individuelle und von hohen Risiken und Unwägbarkeiten behaftete Innovationsprozess scheint mir nicht zuletzt wegen seines Privatgutcharakters eher im Rahmen von klar definierten und von der Teilnehmerzahl deutlich eingeschränkten Kooperationsverbünden möglich zu sein als in weit gefassten, prinzipiell offen gestalteten Lern- und Innovationsnetzwerken. Gleichwohl sind Netzwerke durch ihre Komplexität und Redundanz eine gute Quelle für vielfältige Kooperationsimpulse unter den regionalen Akteuren.

Die Diskussion zwischen den Projekten ist entlang inhaltlicher Schwerpunktfelder durch einen systematischen Austausch von Ergebnissen innerhalb der Innovationsnetzwerke zu befördern. Im Programmverlauf wurde die systematische Vernetzung der Projektverbünde allerdings deutlich vernachlässigt und die Chance interaktiven Lernens zwischen den Projekten nicht systematisch genutzt. Eine Ausnahme stellt die Durchführung der Handwerkstagung „Zukunft Handwerk" im Januar 1995 (gemeinsam mit der Handwerkskammer organisiert) dar. Hier wurde von Seiten des Projektträgers der Versuch unternommen, einen systematischen Austausch zwischen den Handwerksprojekten einzuleiten und die Ergebnisse, Vorgehensweisen und Perspektiven handwerksbezogener Innovation in verschiedenen Innovationsschwerpunkten zu beleuchten (Deitmer/ Rauner 1995).

Mit *integrierter Innovationspolitik und ressortübergreifendem Innovationsmanagement* wird die nachhaltige Wirksamkeit der Verbundprojekte erhöht. Die Einbettung eines „Arbeit und Technik"-Programms in das Geflecht industriepolitischer Maßnahmen erfordert ein neues Verständnis regionaler Innovationspolitik und darauf abgestimmten Innovationshandelns der politischen und administrativen Akteure. Mit einem höheren Maß an Abstimmung zwischen den anzubahnenden und durchzuführenden Projektinitiativen und weiteren Fördermaßnahmen anderer politischer Sektoren und Ressorts ist es nicht getan. Die Förderpolitik hat sich angesichts knapper Ressourcen an Prioritäten auszurichten. Kernentscheidungen sind notwendig, weil Fördermittel in der Regel nur sehr eingeschränkt vorhanden sind und ein sparsames, aber effektives Investment in Fördermaßnahmen vonnöten ist. Eine Streuung der Fördermittel nach dem Gießkannenprinzip ist zu vermeiden.

Ein integrierter Innovationsansatz, der „Arbeit und Technik"-Programmphilosophie entsprechend, ist in der Regel mit einer fragmentierten regionalen Innovationsstruktur konfrontiert. Unterschiedliche Ressortpolitiken, wie z. B. die Bau-, Gesundheits- oder Sozialpolitik, welche auf ihre Weise Einfluss auf regionale Innovationen ausüben, sind nicht in die Ressortpolitiken der Wirtschafts- und Bidungspolitik integriert; unterschiedliche und nicht untereinander abgestimmte Förderprogramme und -verfahren, offene politische Kontroversen über die Ausrichtung der Innovationspolitik sowie unterschiedliche Interessenschwerpunkte bei Institutionen der Wissenschaft, Ausbildungseinrichtungen, Qualifizierungsstellen, aber auch die unterschiedlichen Interessenlagen von kleinen, mittleren und größeren Betrieben der Region sowie die der Vertretungen auf Arbeitgeber- und Arbeitnehmerseite ergeben ein äußerst heterogenes und vielfach diversifiziertes komplexes Gebilde, welches kaum harmonisierbar ist bzw. konsensual abstimmungsfähige Gesamtcluster darstellt.

Jede programmatische Maßnahme oder Initiative muss sich im Geflecht der Interessen, Wünsche und Maßnahmen erst positionieren. Im Prinzip haben wir es mit der Suche nach konsensueller Abstimmung zu tun, was aber gewöhnlich nicht konfliktfrei abläuft. Mögliche Instrumente zur Entwicklung integrierter Strategien sehen die Einrichtung ressortübergreifender Arbeitsgruppen (Task-Force-Konzept) oder entsprechender öffentlicher Foren (zu denken wäre dabei z. B. an das Konzept der Dialogkonferenzen, Deitmer/ Hüster 2000) sowie von Zukunftswerkstätten vor (Rauner u. a. 1995, 91–98 sowie Deitmer u. a. 1997, 57).

Bezogen auf das Bremer Landesprogramm ergab sich daraus die Empfehlung (Rauner u. a. 1995, 98), die Abstimmung zwischen Projektträger, Senatsressort (Wirtschaft, Bildung, Wissenschaft und Arbeit) und den zuständigen parlamentarischen Gremien (in Bremen die Deputationen) ebenso zu verbessern wie die Zusammenarbeit mit den Landesentwicklungsgesellschaften (Wirtschaftsförderungsgesellschaft, Investitionsbank, Innovationsagentur) und anderen benachbarten Programmen. Aufgrund der umfassenden Koordinationsaufgaben erscheint es sinnvoll, einen entsprechenden Koordinationskreis zu bilden. Solch ein Koordinationskreis hätte weniger direkte Entscheidungen zu fällen, vielmehr hätte er die in den politischen Gremien (Parlamentsausschuss bzw. Programmbeirat) zu treffenden grundlegenden Entscheidungen (wozu die Beantwortung der zentralen Frage gehört: Welche Projekte sollen unter welchen Auflagen gefördert werden?) vor- und nachzubereiten – also konkretes Innovationsmanagement zu betreiben. Hiermit würde die „Informationsbroker-Funktion" des Projektträgers gestärkt, und komplexe Entwicklungsprozesse würden trotz ressortegoistischer Partikularinteressen im Hinblick auf Problemlösungsbeiträge handhabbarer gemacht.

Weitere Politiksteuerungsinstrumente, wie Zukunftswerkstätten oder Dialogkonferenzen, dienen der Entwicklung gemeinsamer Visionen und Handlungsperspektiven unter den regionalen Akteuren. Zukunftswerkstätten sind stärker auf der Ebene der Entwicklung von Projektverbünden angesiedelt. Mit den Dialogkonferenzen ist vor allem die programmübergreifende Ebene angesprochen. Hier kann es durch ein dialogisches Design ggf. besser gelingen, vielfältige, eher miteinander konkurrierende als kooperierende Akteure und deren Institutionen zu einer gemeinsamen Verständigung unter Zuhilfenahme professioneller Moderatoren (z. B. durch geeignete Personen aus Wissenschaft, Wirtschaft oder Beraterkreisen) zu führen, mit dem Ziel, den Rahmen für gemeinsame Visionen und Konzepte abzustecken.

Im Rahmen der ersten Bremer Berufsbildungskonferenz im Jahre 1998 wurde ausgehend von der Idee einer kooperativen und dialogischen Gestaltung des Bremer Berufsbildungssystems durch die Lernortpartner (Wirtschaftsbetriebe, Berufsschule und Weiterbildungsträger) das Konzept der Zukunftswerkstätten erfolgreich angewandt. Die Kooperation zwischen den Lernorten (Wirtschaft und Schule) sollte sich in einer adäquaten Konferenzform niederschlagen. Sie war daher weniger durch Vorträge bzw. Expertenempfehlungen geprägt, dafür wurde sie mehr durch Personen – Lehrer, Ausbilder und Berufsbildungsinstitutionen – mitgestaltet. In vorbereiteten Tischrunden wurde eine differenzierte Probleminventur geleistet, damit darauf aufbauend Vorschläge zur Verbesserung der Zusammenarbeit entwickelt werden können. Der produktive Verlauf und die Ergebnisse mündeten ein in die Entwicklung eines 12-Punkte-Programms zur Reform der beruflicher Bildung. Mittlerweile wurde ein Bremer Landesprogramm „Ausbildungspartnerschaften" von Seiten des Senators für Bildung und Wissenschaft gestartet (Rauner 1998; Deitmer/ Hüster 1999; Rauner 1999c; Deitmer/ Hüster 2000; Senator für Bildung, Wissenschaft, Kunst und Sport 1999).

Das bisher Gesagte mündet in die Bilanz, dass eine begriffliche Abgrenzung zwischen unmittelbaren Projektkooperationen in vertraglich geregelten *Verbundvorhaben bzw. -projekten* (z. B. die AuT-Projekte im Bremer Landesprogramm) und von *Netzwerken* notwendig ist.

Hier sei daher ein Hinweis auf die Arbeit von Hellmer u. a. (1999) gestattet, der im Nachgang zu einer theoretisch-begrifflichen als auch empirischen Untersuchung in zwei niedersächsischen Regionen eine differenzierte Verwendung der Begriffe Projektkooperationen bzw. Verbundvorhaben und Netzwerke vorschlägt. Nicht zuletzt ausgelöst durch die sehr euphorische Debatte hinsichtlich eines neuen Netzwerkparadigmas zwischen Markt und Hierarchie, forciert v. a. durch Cooke, Camagni und viele andere (Braczyk/ Cooke/ Heidenreich 1998; Camagni 1991), können zwar Kooperationen festgestellt werden, den Netzwerken wird aber keine eigenständige Bedeutung zugesprochen; sie kommen offensichtlich, nicht zuletzt auf Grund ihres großen Koordinationsaufwandes und hoher Transaktionskosten, nicht wie angenommen zunehmend häufig zustande.

„Ernüchternd ist das Gesamtresultat der Untersuchung in quantitativer Hinsicht [...] In den untersuchten niedersächsischen Regionen (Süd-Ost Niedersachsen, Oldenburg, Stade) waren noch weniger Kooperationen vorfindbar, als wir es jenseits der Netzwerkeuphorie [...] angenommen hatten [...] Dies gilt insbesondere für ökonomische Netzwerke, so daß man hier durchaus vom ‚Mythos Netzwerk' sprechen kann.

[...] Dennoch ist der hohe Anspruch des ‚networking' nur in den seltensten Fällen umgesetzt worden [...] dies beruht auf der Unterschätzung der Bedeutung und Funktionalität nicht-kooperativer, (also vor allem marktvermittelter) Akteursstrukturen. [...] eine eindeutige Bindung derart, daß nur Innovationen, die die Organisationsform ‚Netzwerk' aufweisen, auch ‚Erfolge' zeitigen können, ist nicht erkennbar" (Hellmer u. a. 1999, 245 ff.).

Im Gegensatz dazu finden die Kooperationen in Verbundprojekten zwischen einer begrenzten Anzahl von Akteuren statt, sie zeichnen sich durch einen komplexen Interaktionsmodus aus und weisen eine größere formale Geschlossenheit nach außen, einen höheren Formalisierungsgrad hinsichtlich von Regelungen als auch des gemeinsamen Innovationsplanes auf. Netzwerke bezeichnen sich demgegenüber als lose gekoppelte Beziehungen zwischen einer größeren Anzahl relativ autonomer Akteure. Dies gewährleistet eine gewisse Autonomie der Akteure und verhindert eine Abschottung nach außen, so dass ein Ressourcenaustausch und interaktive reflexive Lernprozesse zwischen den Akteuren begünstigt werden. Die Diskussion hat gezeigt, dass ein Netzwerk ein theoretisch wie empirisch schwer zu erfassendes, kompliziertes Gebilde darstellt (Hellmer u. a. 1999, 75).

In der Nachfolge der Netzwerkdebatte erscheint es mir notwendig, vor allem angesichts der nur eingeschränkt erfolgreichen empirischen Ergebnisse des Bremer Landesprogramms, einen nüchternen Blick jenseits jedweder „Vernetzungseuphorie" auf das regionale Innovationssystem zu werfen. Dabei muss festgehalten werden, dass die Nebeneinanderstellung von Kooperation und Konkurrenz nicht an der Wirklichkeit vorbeiführen darf. Schließlich befinden wir uns in einer kapitalistisch verfassten, z. T. durch staatliches Handeln mit beeinflussten Marktwirtschaft, in der „Konkurrenz" weiterhin das Denken dominiert, und zwar sowohl im ökonomischen als auch im politischen Feld. Ich bin daher bemüht, eine vorschnelle Schlussfolgerung aus sehr partiellen Entwicklungen in verschiedenen Regionen Europas hinsichtlich eines neuen Netzwerk-Paradigmas zu vermeiden.

Die Fallstricke und Grenzen von Netzwerken vor allem bei ihrer Steuerung sind deshalb zu bedenken: Das Problem der großen Zahl besagt, dass die Koordinationsprobleme bei der Aushandlung mit der Zahl der Akteure zunimmt. Dies gilt auch für die notwendige Einigung auf bestimmte Regeln und Standards sowie für die Notwendigkeit einer sequentiellen Interdependenz der Akteure untereinander. Dies macht kontinuierliche Abstimmungsprozesse erforderlich, mit der Gefahr, beträchtliche Veto- und somit Blockadepotentiale auszulösen, was auf eine strukturkonservative Tendenz von Netzwerken verweist. Eine unter Innovationsgesichtspunkten notwendige Umverteilung von Ressourcen gestaltet sich als schwierig, da keine Entscheidung zuungunsten eines Akteurs oder mehrerer strategisch wichtiger Akteure getroffen werden soll. Dies führt auch dazu, dass in Netzwerken sinnvolle Entscheidungen für das gemeinsame Dritte (den spezifischen Innovationsgegenstand oder -prozess) nicht gefällt werden, weil sie ggf. nicht gleichzeitig für jeden Netzwerkakteur eine Verbesserung gegenüber dem Status-quo implizieren.

Ein weiteres Dilemma (Messner spricht von insgesamt sechs Problemdimensionen: *dem Problem der großen Zahl; der Zeitdimension bei der Entscheidungsfindung; der institutionellen Konsolidierung von Netzwerken; dem Koordinationsproblem; dem Verhandlungsdilemma bei der Einigung von Nutzen und Nachteilen und der Macht in Netzwerkbeziehungen*) stellt die Frage der Verteilung des Nutzens, aber auch von Nachteilen dar, was kooperative Verhandlungsstile notwendig macht. Nicht zuletzt ist die Machtfrage in Netzwerkbeziehungen nicht zu unterschätzen, vor allem dann nicht, wenn sich unterschiedlich starke Netzwerkakteure zusammenfinden und ein starker Netzwerkpartner den Entscheidungsprozess dominieren kann. Messner bemerkt dazu: „Die Funktionsfähigkeit von Netzwerken ist demnach stark von den Handlungsorientierungen der Akteure, der Fähigkeit der Definition von eigenen, konfliktiven und gemeinsamen Interessen und der Fähigkeit zum Kompromiss abhängig. Nur so können die skizzierten Verhandlungsblockaden aufgebrochen werden" (Messner, zitiert nach Hellmer u. a. 1999, 79). Hinzu kommt auch die Gefahr, dass eng definierte Netzwerkbeziehungen die Netzwerkpartner in eine neue Abhängigkeit bringen. Dies könnte Anstrengungen individueller Netzwerkpartner zur Verbesserung der Eigenkompetenzen im Innovationsprozess verhindern bzw. wenig interessant erscheinen lassen (Lundvall/ Borräs 1997).

Als Ergebnis der Diskussion könnte die *Wirksamkeit von Innovationsnetzwerken* wie folgt eingeschätzt werden:

1. Netzwerke erwachsen aus funktionierender Projektkooperation im Rahmen von Projektverbünden. Die Projektverbünde stellen somit Netzwerkbausteine dar. Eine Verknüpfung der Netzwerkbausteine müsste durch informelle und lose gekoppelte Informationsmöglichkeiten im Netz interaktives Lernen befördern helfen. Naschold bestätigt dies: „Interorganisatorische Netzwerkbildungen sind nur dann erfolgreich und langfristig stabil, wenn sie von entsprechenden Entwicklungsarbeiten innerhalb der Organisationen (z. B. internen Innovationsteams und/oder Zirkeln) selbst begleitet sind. Dazu ist die nachhaltige und explizite Unterstützung durch das Top-Management und die Gewerkschaften vonnöten" (Naschold 1994, 127).

2. Es sollte angestrebt werden, eine horizontale und vertikale „Schnittmengenbildung" zwischen den Wertschöpfungsketten bei Kunden, Lieferanten und Abnehmerbeziehungen auf der einen Seite (also dem ökonomischen Netzwerk) sowie hinsichtlich privater und öffentlicher regionaler Akteurstrukturen auf der anderen Seite (also dem politischen Netzwerk) durch einen externen Moderator (Programme oder Ähnliches) zu befördern.

3. Ein Netzwerk wird sich aber kaum nur auf eine Region beschränken können, gleichwohl bieten Regionen wichtige Anknüpfungspunkte und bilden eine gute Plattform, um die lose Koppelung und den informellen Charakter von Netzwerken zu befördern.

4. Die Projektkooperationen sind so anzulegen, dass sie den Austausch und den Dialog auf Seiten öffentlicher Kommunikationsforen stützen. Diese Foren könnten einen

„Markt von Innovationsbeiträgen" entstehen lassen. Es käme also darauf an, die richtige Balance zwischen loser Koppelung in Form von Netzwerken und einer engeren Koppelung in Form der Projektkooperationen zu finden. Die Stärke loser Koppelungen bzw. schwacher, informeller Bedingungen innerhalb von Netzwerken ist zu nutzen, um das Programm besser nach außen zu tragen und einem breiteren Nutzerkreis zugänglich zu machen.

5. Das Netzwerk stellt also in meinem Verständnis das Scharnier zwischen internem Transfer innerhalb der Projektverbünde und dem auf externen, an Dritte gerichteten Transfer dar. Es liefert damit Bezüge für neue interaktive Lernprozesse durch neue Informationen und Diskussionsbeiträge. Hinsichtlich des Netzwerkes im Programmkontext politischer Netzwerke möchte ich daher stärker von einer Lern- und Informationsfunktion als von einer unmittelbaren Innovationsfunktion des Netzwerkes sprechen. Letztere möchte ich stärker den wirklich durch verbindliche Kooperationen gekennzeichneten Projektverbundprojekten überlassen.

Komplexe Projektverbünde bedürfen einer *„Leadership-Funktion"*. Funktionierende Verbünde sind dadurch gekennzeichnet, dass sie von einem Leader (oder von einem Kernteam) getragen werden. Die Bilanzierung hat dies m. E. belegt, indem Projektverbünde, die mit einer eindeutigen Leaderstruktur ausgestattet waren, die besseren Ergebnisse zeitigten. Besonders positiv ist es, wenn die Realisierung von Projektverbünden von Leadern aus der Wirtschaft oder von Wissenschaftlern wahrgenommen werden, die über entsprechende Doppelqualifikationen verfügen. Ideal wäre es, was in der Praxis häufig aber nicht gegeben ist, wenn diese Leader über gute Managementkompetenzen verfügten und die Veränderungsmaßnahmen als integrierten Prozess im Zusammenhang von Arbeit, Technik und Qualifizierung verstehen. Außer durch technologische und unternehmerische Kompetenzen sollten sie durch ein großes Maß an Dialogbereitschaft und der Fähigkeit zu interaktivem Lernen gekennzeichnet sein. Die unternehmerische Kompetenz nutzt die technologischen Kompetenzen des Projektleaders, und die Lernbereitschaft erlaubt die Absorption neuen Wissens. Neben diesen drei Kompetenzen tritt als viertes notwendiges Element die Fähigkeit zur Kooperation und Vernetzung hinzu. Damit wird die Fähigkeit eines Projektleaders beschrieben, den Innovationsprozess als einen sozialen Prozess zu denken und so zu unterstützen, dass es nicht allein bei der Bereitstellung von technischen und materiellen Ressourcen bleibt.

Dem *Projektträger kommt eine moderierende Rolle im Prozess regionaler Innovation* zu. Bei der Beförderung der dargestellten regionalen Innovationsprozesse nimmt der Projektträger eine wichtige katalytische Funktion ein, indem er die kooperative Zusammenführung der regionalen Innovationsträger unterstützt. Oehlke sieht den Projektträger in dem Spannungsfeld, einerseits von bürokratischen Vorgaben und politischen Interessen abhängig zu sein und andererseits gegenüber den potentiellen Projektnehmern unbürokratisch aufzutreten. „Dabei steht er vor der Notwendigkeit, sich in dem konfliktreichen Tagesgeschäft allgemeine, fachliche und administrative Grundqualifikationen anzueignen, um eine kooperationsstiftende, problemlösende und strukturinnovative Prozeßmoderation auf steigendem Niveau leisten zu können" (Oehlke zeßmoderation auf steigendem Niveau leisten zu können" (Oehlke 1996). Gleichwohl ist zu betonen, dass er immer in der Gefahr steht, durch eine zu starke Initiierungsfunktion die Aktivierung der Eigenanstrengungen auf Seiten der betrieblichen und wissenschaftlichen Innovationsakteure zu vernachlässigen. Ich habe herausgefunden, wie wichtig es ist, darauf zu achten, dass die Impulse für die regionalen Innovationsverbünde unmittelbar aus den Problemstellungen der betrieblichen Praxis kommen. Dabei bieten solche Problemstellungen, die in Kunden-Lieferanten-Abnehmerbeziehungen ihren Ausgang nehmen, also unmittelbar aus den Produktionsclustern kommen, die vielversprechendsten Entwicklungsimpulse. Im Sinne der „gute Praxis"-Fälle werden von dort aus entsprechende und mit anderen Innovationsträgern fortzuentwickelnde Initiativen gestartet.

Wie die Programmanalyse in Kapitel 6 zeigt, waren relativ erfolgreiche Projekte dadurch gekennzeichnet, dass die Problemstellungen eine außergewöhnliche Herausforderung darstellen und im Sinne einer einzelbetrieblichen Logik nicht zu lösen sind. Deshalb ist darauf zu achten, dass der Projektträger zwar Moderator und aktiver Begleiter dieser Prozesse sein sollte, aber nicht Initiator der regionalen Projektverbünde. Dies gilt auch dann, wenn die Impulse für eine Projektinitiative aus der Wissenschaftssphäre kommen und der Projektträger, wie hier geschehen, zu unkritisch die Voraussetzungen und Bedingungen der Umsetzbarkeit von Ideen überprüft. Dies war im Projekt zur regionalen Modernisierung von Werkzeugsystemen oder bei der regionalen Entwicklung eines Zentrums für arbeitsorientierte Automatisierungssysteme, beispielhaft angeführt als die „schwachen" Projekte L und K, der Fall. Die Eigenanstrengungen auf Seiten der Projektnehmer sollten nicht von vornherein durch eine „Hebammenfunktion" kompensiert werden. Es ist also notwendig, dass der Projektträger durch entsprechende Expertisen und kleinere Vorprojekte die Machbarkeit der Veränderungsprozesse überprüft, um damit die Richtung des einzuschlagenden Weges im Rahmen seiner Projektmaßnahmen besser abschätzen zu können.

Die im Bremer Landesprogramm, aber auch in anderen vergleichbaren Programmen gesammelten Erfahrungen zeigen, dass sich ein *interaktives Projektmanagement* erst in längeren Projektverläufen und stabilen Programmkontexten unter Einschluss professioneller Projektentwicklungsinstrumente einstellen kann.

Frieder Naschold kommt in seiner Untersuchung des schwedischen LOM-Programms (Leitung, Organisation und Mitbestimmung) im Vergleich zu äquivalenten Programmen und industriellen Entwicklungsprozessen in Deutschland, Japan und den USA zu ähnlichen Ergebnissen. Seine Studie liefert kurzgefasst die folgenden zentralen Erkenntnisse: Die Bedeutung eines regionalen bzw. lokalen Innovationsdialogs über regionale Konferenzen und Workshops bedarf der Ergänzung durch entsprechende Designelemente (Wissensbausteine und -produkte im Sinne von Ergebnisfixierungen); Verbünde brauchen sehr viel mehr Zeit, als dies in kurzen Zeitläufen (von etwa zwei Jahren) und mit relativ geringer Ressourcenausstattung geschehen kann; eine „Unterinstrumentierung" des Projektträgers und der Projekte führte dazu, dass viele der euphorisch gestarteten Projektinitiativen eine nachhaltige Konsolidierung letztlich vermissen ließen. Es fehlte auch an angemessenen anwendungsbezogenen wissenschaftlichen Infrastrukturvoraussetzungen, so dass die Veränderungsprozesse nicht ausreichend kategorial vermittelt, analytisch strukturiert und praxisorientiert aufgearbeitet werden konnten (Naschold 1992; Oehlke 1994a, 1996). Somit kommt dem Projektträger in der Anbahnung und Verstetigung von Verbünden eine problemaufschließende Stützungs- und Brückenfunktion zu, was ihn aber nicht dazu verleiten sollte (wie in der frühen Entstehungsphase des Bremer Landesprogramms z. T. durch den Projektträger praktiziert), den Projektakteuren die wesentlichen Eigenanstrengungen abzunehmen.

Verbundprojekte und Programme sind auf *systemische Evaluation* angewiesen. Das angewandte Programmevaluationsverfahren hat deutlich gemacht, dass eine systematische Reflexion ein wichtiger Schritt sein kann, um zu einer besseren Steuerung der Programmbeiträge, hier der Projekte, zu gelangen. Mit dem Wechselschritt von der systemisch angeleiteten Selbst- zur Fremdevaluation, eingebunden in ein partizipatives und dialogisches sowie mehrperspektivisches Evaluationsdesign, kann der situativ gegenwärtige Beitrag des Projektes, seine spezifische Entwicklungskonstellation einschließlich des bisher Erreichten oder auch der Stärken eines Projektes bzw. der noch vorhandenen Verbesserungsmöglichkeiten und des damit noch zu Erreichenden allen Beteiligten verdeutlicht werden. Es wurde gezeigt, dass ein doppelter Nutzen entsteht: sowohl auf der Ebene der Projekte unmittelbar wirksame Verbesserungsvorschläge zu entwickeln als auch auf der Ebene einer projektübergreifenden Programmanalyse Hinweise für die politische Feinsteuerung durch den Programmbeirat, Projektträger oder Innovationsagenturen zu liefern.

7.7 Stärken und Schwächen des Bremer Landesprogramms „Arbeit und Technik"

Im Folgenden werden zunächst die Schwachpunkte benannt und kurz erläutert:
- *Fehlende industriepolitische Verankerung.* Strukturrelevante, „harte" Effekte waren im Programm nicht zu verzeichnen, obwohl einige wenige Projekte in Richtung strukturinnovativer Ansätze hingewirkt haben. Die strukturinnovativen Impulse dieser Ansätze bzw. Konzepte wurden von der regionalen Strukturpolitik nicht aufgegriffen. Es wird deutlich, dass innovative Programmansätze allein nicht ausreichen, wenn die entsprechende industriepolitische Verankerung fehlt. Dem Programmansatz fehlte sowtas wie ein abgestimmter Zielkatalog einer regionalen Entwicklungsstrategie, so dass auch keine nachhaltigen Wirkungen im Sinne der Institutionalisierung neuer Struktursettings erreicht werden konnte.
- *Fehlende Rückwirkungen auf das Bildungs- und Wissenschaftssystem.* Neue Beziehungen zwischen den Akteurssystemen Wissenschaft und Industrie konnten mit dem Beteiligungsansatz des Programms und hohen dialogisch-partizipativen Wirkungsformen angestrebt und pilothaft erreicht werden. Ein Wissenstransfer von Seiten der Wissenschaft in die Industrie hat stattgefunden, allerdings ohne die gedachten Rückwirkungen auf das Wissenschaftssystem. Obwohl Lernprozesse auch auf

Seiten der wissenschaftlichen Begleiter in den Verbünden gemessen wurden, hat dies zu keinen Restrukturierungen im Bildungs- und Wissenschaftssystem geführt. Die fehlenden Rückwirkungen sind nicht verwunderlich, entsprechen sie doch den bisherigen Erfahrungen.

- *Fehlende strukturelle Effekte.* Das Programm konnte, trotz seiner outputorientierten Mischung aus kommunikativen und design-orientierten Zielelementen, mangels nur sehr begrenzter zeitlicher, sächlicher und personeller Ressoucen nicht zu strukturellen Effekten führen. Die fehlende politische Priorisierung der Förderpolitik (Harmonisierung der prozessbezogenen und investiven Förderansätze) ermöglichte es nicht, über die weichen Effekte zu harten Effekten zu gelangen. Mit „weichen" Instrumenten können zwar Voraussetzungen geschaffen werden, sie sind aber auf flankierende infrastrukturelle Maßnahmen angwiesen.

- *Fehlende Implementierung weiterer Netzwerke.* Über die Bereichsgrenzen der netzwerkartig angelegten Projektkooperationen hinaus konnten auf Grund fehlender Initiativen keine weiteren strategischen Netzwerkbildungen angeregt werden. In vielen Projekten ergab sich damit eine „stand-alone"-Positionierung, der nicht durch Vernetzungsstrategien der mikroökonomischen Akteure von Seiten des Projektträgers offensiv entgegengewirkt wurde. Diese punktuell wirksame Positionierung einzelner Verbünde (eine Minderheit der 14 untersuchten Fälle) konnte demgemäß nicht zu einem sektorübergreifenden Lernansatz im Sinne einer „lernenden Region" zur Stimulierung entsprechender Innovationsmilieus ausgebaut werden. Der Projektträger war in dieser Hinsicht unterinstrumentalisiert und hat zu wenig Anstrengungen zur Netzwerkbildung zwischen den Projekten (networking the networks) unternommen. Ein entsprechend auf Strukturbildung orientiertes Innovationsmanagement hat weitgehend gefehlt.

- *Die Entwicklung von Netzwerken macht besondere Fähigkeiten, sog. „networking skills", notwendig.* Insofern konnten keine Effekte im Sinne einer „lernenden Region" erzeugt werden; dies impliziert auch, dass durch kooperative Netzwerke Lernen durch Interaktion und Reflexion stattfindet. Ein strategisches Monitoring und ein kontinuierliches Lernen und Verbessern kann die Voraussetzungen für solche langfristig wirksamen Netzwerke bilden. Es wird deutlich, dass im Wesentlichen die Managementkompetenzen in den verschiedenen Akteurssystemen gleichermaßen entwickelt sein sollten, um interaktive Lernprozesse zu unterstüzen.

- *Fehlende Bezüge zu vergleichbaren Initiativen.* Damit verstärkt sich die Bedeutung programmbezogener kontinuierlicher Evaluationsbemühungen, um zu einer die Akteurssysteme übergreifenden Bewusstseinsbildung bzw. Reflexionskultur zu gelangen. Eine diese Prozesse begleitende regionale Innovationsforschung ist unerlässlich, um zu wissenschaftlich abgesicherten Ergebnissen innerhalb der Implementationsforschung zu kommen. Vielmehr ergaben sich mit den Bilanzierungsbemühungen des Bremer Landesprogramms viele mikroökonomische Veränderungsansätze und -beispiele mit durchaus beachtlichen Ergebnissen, denen es aber an produktiven Lernansätzen, ausgelöst durch eine Orientierung auf überregionale Standards („good

practice"-Modelle regionaler Entwicklungsstrategien), fehlte. Insofern hat auch eine international oder nur überregional vergleichende Orientierung hinsichtlich herausragender FuE-Standards auf Programm- und Projektebene kaum stattgefunden.
- *Fehlende regionale Innovationskultur*. Eine die Projekte überstrahlende Vision von Arbeit und Technik konnte zumindestens für das Bremer Programm nur in ersten Ansätzen (z. B. hinsichtlich der Innovation im regionalen Handwerk (siehe auch die vielen positiven Ansätze in Deitmer/ Rauner 1995) oder in Hinsicht auf die transdisziplinäre Kooperation zwischen Ingenieur- und Sozialwissenschaften (Endres/ Wehner 1996a, 1996b)) entwickelt werden. Allerdings war der Zielansatz des Programms in Bezug auf die erwarteten Strukturentwicklungsbeiträge deutlich überzogen. Hier hätte eine frühzeitige Diskussion mit anderen regionalpolitischen Ansätzen im Programmrahmen erfolgen und ggf. Korrekturen hervorbringen können. Die diesbezüglich bereitgestellten Kommunikationsforen des Projektträgers, aber auch des Forschungsverbundes „Arbeit und Technik", waren zu schwach, als dass sie zu einer breiten Diskussion, geschweige denn Zieldiskussion mit weiteren gesellschaftlichen Akteursgruppen vor allem aus Wirtschaft und Industrie oder Handwerk hätten führen können. Lediglich die Arbeit der Bremer Sachverständigenkommission aus den achtziger Jahren, welche als wesentlicher Impulsgeber für das Programm wirkte, hat bewiesen, dass solch ein diskursiver Prozess über Disziplingrenzen hinweg tatsächlich durchführbar ist (Bremer Sachverständigenkommission „Arbeit und Technik" 1988). Er hat vielfältige positive Impulse im regionalen Wissenschaftssystem zur Folge gehabt.

Soweit zu den Schwächen, die sich als Ergebnis des Veränderungsprozesses ergaben; im Folgenden geht es um *die positiven Impulse*:
- *Verknüpfung von Wissensdomänen aus dem Wissenschafts- und Wirtschaftssystem*. Insgesamt wirkte sich positiv aus, dass das Programm zur Bereicherung der Wissenspotentiale in der Region einen erheblichen Beitrag leistete. Das Wissen aus der Region konnte somit kumulieren und zur Entwicklung vielfältiger Kompetenzprofile sowohl innerhalb des Akteurssystems Wirtschaft als auch des Akteurssystems Wissenschaft beitragen.
- *Wissenszuwächse auf Seiten der Wissenschaft und abgeschwächt auf Seiten der Betriebe sind feststellbar*. Insgesamt gilt, dass durch die weichen Effekte, hervorgerufen durch das Programm und seine Projekte, zur Erweiterung der personellen Kompetenzen vor allem auf Seiten der Wissenschaftler wesentlich beigetragen wurde. Indem die Wissenschaftler lernten, sich mit den praktischen Problemen der Betriebe auseinander zu setzen, konnten bessere Voraussetzungen dafür geschaffen werden, sie an die Region bzw. an regionale Problemstellungen zu binden. Das in den Projekten eingebundene wissenschaftliche Personal hat sich über die Projekte nachhaltig qualifizieren können, was innovationspolitische Effekte dergestalt zeitigte, dass diese Personen nun auch neue Kompetenzen für die Region bereitstellen konnten. Der Nutzen für die Region bzw. die Industrie ist nicht unerheblich, trug dies doch

zur Verstärkung der betriebseigenen FuE-Kapazitäten bei. Allerdings sind hier erhebliche Einschränkungen vorzunehmen, da die diagnostizierte regionale FuE-Schwäche gerade bei den kleinen und mittleren Unternehmen nicht grundsätzlich behoben werden konnte. Hier gilt nach wie vor die Feststellung des Bilanzberichtes: „Das Engagement vieler Bremer Betriebe im Bereich von Forschung und Entwicklung ist noch nicht stark ausgeprägt. Die Brückenfunktion des Programms ist noch stärker auszubilden und die Marktorientierung des Programms zu betonen" (Rauner u. a. 1995, 211). Gleichwohl ist nunmehr bei einer Reihe von Betrieben eine bessere Kenntnis und Einschätzung der regionalen Universität bzw. der Forschungs-Arena vorhanden.

- *Transdisziplinäre Entwicklungsansätze werden favorisiert.* Nicht zuletzt trug die z. T. gelungene Integration der Entwicklungsansätze von „design"- bis hin zu stärker „prozessorientierten" Ansätzen dazu bei, dass sich eine transdisziplinäre Struktur auf Seiten der externen wissenschaftlichen Partner im Rahmen der mehrjährigen Verbünde etablieren konnte. Nicht nur sozial- und arbeitswissenschaftliche Ansätze, sondern auch ingenieur- und naturwissenschaftliche Verfahren und Modelle konnten in das Programm bzw. seine anwendungsbezogenen Projekte eingebunden werden. Dies hat zur Akkumulation von Wissen beigetragen – Lernprozesse vor allen Dingen für die Wissenschaftler, da sie die Orientierung auf komplexe betriebliche Problemstellungen verstärkt haben. Damit konnten solche regionalen Forschungs- und Bildungseinrichtungen, die als Kristallisationspunkte für die Vernetzung und Verknüpfung verschiedener Wissenschaften wirken, gestärkt werden.

- *Die Gestaltungsorientierung konnte in beachtlichen Ansätzen erreicht werden.* Eine Gestaltungorientierung, d. h. die Bearbeitung einer innovativen Problemstellung in ihren sozialen und technischen Dimensionen, konnte in beachtlichem Umfang erreicht werden. So gelang es vor allem in den „guten" Projekten, das regionale politische und soziale Umfeld mit in die Innovationsstrategie einzubeziehen. Ein unzureichendes regionales Innovationsmanagement bewirkte allerdings, dass entsprechende Impulse nicht immer aufgegriffen bzw. zu spät thematisiert wurden.

- *Die Eigenkompetenz, Innovationsprozesse durchzuführen, ist deutlich gestiegen.* Bei allen beteiligten Akteuren ist die Eigenkompetenz, Projekte durchzuführen, deutlich gewachsen, ein professionelles Agieren im Innovationsprozess wurde verstärkt. Die Nachhaltigkeit aus den 14 evaluierten Projekten liegt daher im Wesentlichen bei der personellen Qualifizierung, also bei den weichen Effekten, sowohl bei den beteiligten Wissenschaftlern als auch bei den betrieblichen Partnern. Allerdings ist es nur in einer geringen Anzahl von Fällen zu einer engen und integrierten Teambildung zwischen Wissenschaft und betrieblicher Praxis gekommen. Insgesamt wurde deutlich, dass Wissenschaft hinsichtlich betrieblicher Problemstellungen häufig nur Teilbeiträge erbringen kann, die Hauptbemühungen für Innovation müssen aus den Betrieben selbst kommen.

Im folgenden Abschnitt möchte ich versuchen, ein Fazit in Bezug auf die Transformationshypothese zu formulieren.

7.8 Fazit: der Beitrag von „Arbeit und Technik"-Projekten zur lernenden Region

Die Annahme der programmtragenden Ressorts als auch der Instanzen des Programmmanagements, des Beirats und Projektträgers, bereits mit der ersten Phase des Programms (1990 bis 1997) weitreichende regionale Strukturveränderungen zu erzielen, erwies sich als falsch. Dies mag auch an der späten Bilanzierung des Programms gelegen haben, die als Steuerungsinformation für die Projekte nicht mehr wirksam werden konnte. Die regionalen Struktureffekte sind noch viel zu schwach ausgeprägt und bestenfalls als „zarte Pflänzchen" in relativ erfolgreich verlaufenden „good practice"-Projekten erkennbar. Strukturrelevante Veränderungen brauchen sehr viel mehr Zeit als angenommen, so dass die zwei- bis dreijährigen Projektlaufzeiten zwar ein Zwischenresümee, aber noch keine abschließenden Wertungen erlauben. Die sub-optimalen Ergebnisse des Programms verdanken sich also internen und externen Schwächen: *der Projektmanagementstruktur, dem wenig abgestimmten, industriepolitischen regionalen Umfeld und einer noch unzureichenden Bereitschaft der Betriebe, sich der Kooperation mit der Wissenschaft entsprechend konsequent zu öffnen.* Alles in allem zeigt sich, dass es ziemlich schwierig ist, von Projekten zu nachhaltigen strukturrelevanten Wirkungen zu gelangen. Es ist ein entsprechender „Fit" verschiedener Lösungsbeiträge und vorlaufender industriepolitischer „Kernentscheidungen" vonnöten, so die vorläufige Einschätzung, um entsprechend der Kernhypothese eine Wirksamkeit von „weichen" Projekteffekten zu „harten" strukturverändernden Effekten für die Region zu erzielen.

Die angemahnten regionalen Strukturveränderungen bedürfen als Ausdruck eines Transformationsprozesses der Impulssetzung durch neue Denk- und Verhaltensweisen und des Engagements auf Seiten wichtiger Akteurssysteme. Das zentrale Ergebnis der Analyse ist daher weder ein „strategy-follows-structure" noch ein „structure-follows-strategy"-Transfomationsprinzip, sondern eher in der Quintessenz ein „without an integrated strategy any structural development is useless". Die von den Programmakteuren zum Ausdruck gebrachten Denk- und Verhaltensweisen und ihre Dialogbereitschaft sind prägend für den Verlauf des Programms. Die Gegenüberstellung in dem Prinzip Strategie versus Struktur sollte nicht im Sinne eines Polpaares verstanden werden, sondern sollte als *parallele Entwicklungspfade mit wechselseitigen Berührungspunkten* gedacht werden. Damit wird die Transformationshypothese, die anfangs noch als durch Gegensätze gekennzeichnet gedacht worden war, als wechselseitige Kontingenz fortzuentwickeln sein. Entscheidender Motor für die regionale Entwicklung sind die Strategien, die jeweils zur Absicherung bestimmter institutioneller Arrangements gebraucht werden. Strukturen sind lediglich Rahmungen („frames"), aber noch keine Bedingungen, eher Pfade bzw. Wege im Sinne von „Systemen kommunizierender Röhren", innerhalb deren gedacht und gehandelt wird.

gehandelt wird. Der Innovationsdialog und vor allem die Programmevaluation ermöglicht es, solche „frames" im Sinne eines „re-framing von Akteursperspektiven" (Schön/ Reich, zitiert bei Kuhlmann 1998, 111) in Frage zu stellen. Strategien sind Ausdruck einer bestimmten Zielorientierung, die durch entsprechende Begriffe und Zeichen für eine Verständigung auf den Punkt gebracht werden. Insofern gilt die Neufassung der Transformationshypothese wie folgt: *Die Entwicklung eines regionalen Innovationsmilieus und der regionalen Potentiale mittels integrierter Innovationsprogramme besteht aus einem Dialogprozess zwischen weichen und harten Innovationsprozessen. Die weichen Prozesse können die harten strukturrelevanten Faktoren und Stukturen in Frage stellen und zu einem re-framing von Akteursperspektiven als einem Interaktionsprozess zwischen aktiven und reflexiven Phasen beitragen. Sie können der Richtung und Ausgestaltung strukturrelevanter Prozesse wesentliche neue Impulse verleihen. Von einer Transformation von weichen zu harten Prozessen kann in integrierten Innovationsprogrammen nicht die Rede sein; vielmehr leisten die Projekte Impulse, die außerhalb des Programmrahmens aufgegriffen werden müssen.*

Programme, gleich welcher Art, sind temporäre und politisch motivierte „Veranstaltungen", die konkrete Problemlösungen aufgreifen müssen; sie liefern aber auch wichtige Hinweise und Impulse für notwendige Strukturveränderungen. Sie können auch einen Beitrag zur regionalen Strukturentwicklung leisten; zur Neubestimmung und Umformung von Strukturen leisten sie eher einen indirekten Beitrag. Die regionale Strukturdebatte und strukurinnovativen Beschlüsse auf Seiten der poltischen Organe können sie jedoch nicht ersetzen.

Im Zusammenwirken zwischen den privaten und öffentlichen Akteuren sollten die politischen Ressorts, aber auch die Kammern, Innungen, Fachvereinigungen bzw. weitere wirtschaftsnahe, verbandliche Einrichtungen selbst innovationsstützende Funktionen übernehmen, z. B. durch die Bereitstellung von Infrastrukturdienstleistungen. Im Anschluss an öffentliche Investitionen (z. B. auch in der Form öffentlicher Programme) sollten private Investitionen bzw. Investoren aktiv werden (z. B. bei der Existenzgründung von jungen Unternehmen, um nur ein Beispiel zu nennen). Das Bremer Beispiel hat gezeigt, dass die ressortübergreifende, strukturpolitisch ausgerichtete Flankierung und moderierende Stützung der Verbundthemen nur in rudimentären Ansätzen zum Tragen kam.

8 Zum Management und zur Steuerung regionaler Programme im Entwicklungsfeld von Arbeit, Technik und Qualifikation

Im Folgenden werden Schlussfolgerungen in Form von Leitlinien zum Management und zur Steuerung von Verbundprojekten im Entwicklungsfeld von Arbeit, Technik und Qualifikation präsentiert (siehe dazu auch Anhang 1 und 2, wo die Leitlinien ausführlich erläutert werden). Die Hinweise orientieren sich am Verlaufszyklus eines Verbundprojektes, auf Grund dessen von drei Phasen ausgegangen werden kann: (1) der Initiierungs-, (2) der Durchführungs- und (3) der Verstetigungsphase (– einen Gesamtüberblick liefert Abb. 5/2). Dem Projektablaufzyklus gemäß können verschiedene Projektmanagementinstrumente zur Anwendung gebracht werden. Die Instrumente zur kontinuierlichen Projektauswahl und -evaluation werden in ihrem Anwendungszusammenhang und von ihren Erfahrungen her erläutert. Nachfolgend werden die institutionellen und personellen Entwicklungsbedingungen und -faktoren bei der Initiierung und Durchführung von regionalen Verbundprojekten aufgestellt. Sie sind als Grundsätze für eine „gute" Innovationspraxis in der Region aufzufassen und ergeben sich aus den in Kapitel 6 und 7 dargelegten Untersuchungsergebnissen.

8.1 Entwicklungsfaktoren regionaler Verbundprojekte

Ein gestaltungsorientiertes Konzept von regionalen Innovationsprozessen, wie es sich z. B. in der integrierten und aufeinander abgestimmten Bearbeitung von Geschäfts- und Bildungsprozessen vollzieht, kann als nachhaltiges, regionales Entwicklungskonzept nur dann erfolgreich implementiert werden, wenn es mit einer integrierten Regionalpolitik und einem übergreifenden Innovationsmanagement einhergeht. Eine integrierte Innovationspolitik, auch als Dezentralisierung der staatlichen Wirtschafts-, Technologie- und Wissenschaftsförderung zu verstehen, basiert auf einem abgestimmten Konzept relevanter kommunaler und regionaler Politikfelder, gemeint sind Wirtschafts-, Arbeitsmarkt-, Wissenschafts- und Bildungspolitik, um nur einige Kernfelder regionaler Innovationsförderung zu nennen. Das heißt, dass die Einzelziele der verschiedenen Politikfelder komplementär zueinander stehen, sich also gut ergänzen sollten und in ihren Einzelmaßnahmen aufeinander aufbauend geplant werden.

Die Mobilisierung der endogenen Potentiale durch die regionalen Akteure ist allerdings kein Selbstläufer. In vielen Regionen können die vorhandenen personellen und materiellen Ressourcen nicht mobilisiert werden, da sie durch Konfliktbeziehungen blockiert werden. Eine integrativ zu nennende Kooperation der regionalen Innovationsträger kommt dann nicht zustande (Eichener 1994; Bullmann/ Heinze 1997). Soll dagegen eine endogen orientierte, regionale Innovationspolitik entstehen, erfordert dies externe Steuerungsleistungen, um die Widerstände für eine Kooperation regionaler Innovationsträger zu überwinden. Koschatzky pointiert das Gesagte treffend: „Nicht das Netzwerk [oder das Verbundprojekt, L. D.] als solches, sondern das kompetente Management von Netzwerkbeziehungen schafft die notwendige Voraussetzung für den Innovationserfolg" (Koschatzky/ Zenker 1999, 3). Die folgenden Aspekte haben sich aus der Analyse der verschiedenen Fallstudien ergeben (sie sind in Form von Erfolgskriterien bzw. Schwachpunkten in Tabelle 6/36 und 6/37 zusammenfassend dargestellt) und scheinen mir wesentlich zu sein, um den oben angesprochenen Widerständen entgegenzuwirken.

– *Die Figuration von Verbünden:* Eine wesentliche Katalysatorfunktion für das Gelingen derartiger Prozesse übernimmt die Figuration der Verbünde auf der Projektebene. Damit ist die Zusammenführung sich komplementär ergänzender Projektpartner gemeint. Der Begriff der Figuration ist konkreter als der des Netzwerkes gefasst, führt er doch zu konkreten Partnerschaften oder Kooperationen zwischen Partnern aus unterschiedlichen Wissensdomänen, wie z. B. Wissensvertretern wissenschaftlicher und betrieblicher Einrichtungen. Der Begriff Figuration verweist somit auf die Zusammensetzung von Kooperationsverbünden: Wie ein Kooperationsverbund figuriert ist, entscheidet wesentlich über seinen Erfolg. Ein zentraler Schwachpunkt vieler Verbundprojekte, so das Ergebnis der Untersuchungen der Projektfälle in Kapitel 6, liegt in ihrer mangelnden Prozessorientierung, womit eine konsequente Orientierung der Projektpartner-Figuration an Wertschöpfungs- bzw. Geschäftsprozessen gemeint ist. Kunden-, Anwender- oder (Sub-)Lieferanteninteressen sind systematischer zu berücksichtigen bzw. zu analysieren. Die Modellierung der Projekte unter einer querschnittsorientierten Perspektive, in der die Grenzen bzw. Domänen von Disziplinen und Organisationen überschritten werden, stellt die wesentliche Orientierungsmaxime einer künftigen innovationsorientierten Regionalentwicklung bzw. -förderung dar. Allerdings, das muss an dieser Stelle betont werden, darf dies nicht zu einer Überfrachtung bzw. Überforderung der Projektverbünde führen. Die Lern- und Veränderungsbereitschaft der Beteiligten darf nicht überfordert werden, sie sollte vielmehr in dosierten Schritten erfolgen. Deshalb ist ein abgestuftes und nachvollziehbares Handeln für die Projektakteure einzuplanen, sonst besteht die Gefahr des Scheiterns durch „überfrachtete" Projekte. „Die Innovationsgegenstände sind daher vom Projektträger und dem Programmbeirat so auszuwählen bzw. sorgfältig zu entwickeln, dass sie realistische Grenzüberschreitungen zulassen bzw. fördern" (Rauner u. a. 1995b, 88). So einfach die Idee einer Mobilisierung endogener Entwicklungspotentiale durch Kooperation erscheint, so schwierig ist häufig ihre Umsetzung in der innovationspolitischen Praxis. Typisch ist eher, dass wichtige Akteure die Kooperation verweigern, häufig sogar regelrecht blockieren (Eichener 1994, 359). Die Verhinderung möglicher Blockaden auf Seiten der Akteure macht daher ein „Management von Figurationen" (Scharpf 1986) durch handlungsfähige institutionelle Strukturen vonnöten. „Management von Figurationen bedeutet, die Verflechtungen, die die Akteure aneinander binden und die für die Eigendynamik und die Trägheit von Figurationen verantwortlich sind, selbst zum Gegenstand von Politik zu machen und so zu verändern, dass die

Figuration die gewünschte Entwicklungsrichtung – in unserem Fall: Kooperation – annehmen kann. Die klassische, instrumentenorientierte Politik, z. B. die Förderung von Transferzentren, ist durch eine figurationsorientierte Meta-Politik zu ergänzen" (Eichener 1994, 365). So sind im Rahmen einer solchen Politik z. B. die persönlichen Koalitions- und Klientelverflechtungen der Akteure zu berücksichtigen oder punktuelle Analysen zu vermeiden, außerdem ist die Entwicklung von Gesamtstrategien, basierend auf einem regionalen Innovationsdialog (Rauner 1998, 1999c), vorzusehen.

- Die *Komplementarität in Verbünden:* Im Rahmen eines Verbundvorhabens sollten sich die Partner eines Projektkonsortiums gut ergänzen. Komplementarität zwischen den Partnern verweist auf einen weiteren wichtigen Sachverhalt in erfolgreichen Kooperationen: den der Differenz. Ich gehe davon aus, dass betriebliche bzw. wissenschaftliche Innovationsträger je über ein eigenes Verständnis von dem neu zu Schaffenden verfügen, dass also letztlich individuelle Sichtweisen von der Welt vorhanden sind. Diese Anerkennung von Vielfalt, die durch Individuen erst möglich wird, gilt es synergistisch zu erschließen. „Denn wirklich sind allein die Individuen, in denen sich das Universum zusammenzieht" (Gerhard 2000). Die Entstehung von Neuerungen wäre ohne Individuen, also ohne Differenz, kaum denkbar, denn das Neue kann nur durch Individuen erkannt und bewertet werden. Das klingt zwar banal, ist aber im Innovationsprozess umso wichtiger. Nur durch die wechselseitige und dialogische Durchdringung des Innovationsgegenstandes aus den Blickwinkeln verschiedener Betroffener, z. B. aus den Betrieben, der Wissenschaft, der Aus- und Weiterbildung, kommen differente Betrachtungsweisen zustande. Man könnte auch sagen, je differenter die Sichtweisen sind, umso mehr Chancen bestehen, dass sich Komplementarität zwischen den Partnern im Innovationsprozess entwickeln kann. Innovationen entstehen daher durch das Zustandekommen komplementären Wissens z. B. von wissenschaftlich angeleitetem oder produktionsbezogen angeleitetem Wissen, d. h. durch die Integration von Wissen. In dem Prozess des Innovationsdialoges können explizites und implizites Wissen aufeinander wirken, was durch Kommunikation zwischen den Innovationsträgern hervorgebracht wird.

- Die *Bedeutung räumlicher Nähe:* Erfolgreiche Innovationsprozesse können durch räumliche Nähe und institutionenübergreifende Arrangements in ihrem Verlauf wesentlich gestützt werden. In der Regel geht es dabei nicht um ökonomische Transaktionen, sondern um komplexe soziale und institutionelle Prozesse, bei denen das fruchtbare Zusammenspiel der Innovationsakteure von entscheidender Bedeutung ist. So kann in solchen Arrangements durch Probieren und Experimentieren etwas Neues zum Vorschein gebracht werden, was durch dialogische Verständigung gesichert und durch Realisierungen für eine weitere Verwendung und Bearbeitung verfügbar gemacht wird. Die innovativen Projekte (unsere „good practice"-Fälle, siehe Kapitel 6) haben diese Rahmenbedingungen in ihrem je spezifischen Innovationsprozess vorgefunden, nämlich wechselseitige Offenheit und die Bereitschaft, sich auf den jeweils anderen Partner einzulassen. Es gilt also, dass Lernprozesse in arbeitsteiligen Verbundkooperationen besonders dann erfolgreich sind, wenn die Beziehungen zwischen den Netzwerkpartnern durch Vertrauen und Ambiguität geprägt sind. Räumliche Nähe kann solche Prozesse wirkungsvoll stützen, indem Kontextbezüge stimulierend auf Lernprozesse wirken. Räumliche Nähe ist aber als kooperationsförderndes Element allein nicht ausreichend, sondern eher als nützliche Flankierung und organisatorische Unterstützung für kollektive Innovationsprozesse anzusehen. Vielmehr kommt es für kollektive Lernprozesse darauf an, dass sich zwischen den Innovationsträgern ein ähnliches Problemverständnis und vergleichbare Problemlösungskompetenzen ergeben (Nonaka/ Takeuchi 1995; Koschatzky/ Zenker 1999). Damit wird eine Grundvoraussetzung für erfolgreiche Transformationsprozesse erfüllt (siehe Abschnitt 7.5, dort wird die Bedeutung von „absorptiver Kapazität" erläutert, und es werden die Voraussetzungen genannt, die v. a. die betrieblichen Kooperanden im Innovationsprozess mitbringen sollten). Die Wirkungen von Verbundkooperationen erschließen sich dann am besten, wenn alle Innovationsteilnehmer – vor allem auch die betrieblichen – bereit sind, selbst Wissen und Informationen in den Kooperationsprozess einzubringen. In den „good practice"-Fällen hat sich zwischen den Projektakteuren aus den beiden Hauptlagern – der betrieblichen und der wissenschaftlichen Welt – diese Verständigung auf einen neuen Sachverhalt eingestellt. Die Region oder Lokalität stellt den geeigneten räumlichen Rahmen bereit, damit sich diese Art von Kooperationsbeziehungen herstellen lässt.

- Die *Bedeutung impliziten Wissens im Innovationsprozess:* Mit Verbundprojekten – wenn sie einem entsprechenden Innovationsmanagement unterliegen – kann Unsicherheiten und Risiken in Innovationsprozessen begegnet werden. Wichtig ist aber, dass es zu einem wirklichen Austausch von Informationen und Wissen zwischen den oben angesprochenen Lagern kommt. In komplexen Innovationsprozessen spielt implizites Wissen (tacid knowledge) eine bedeutende Rolle, welches in nichtkodifizierter Form vorliegt und nur durch persönliche Kontakte und Dialoge (face-to-face) transformiert werden kann. Das genannte Innovationsmanagement hat daher diese Zusammenhänge bei der Organisation von Innovationsprozessen durch Aufbau von Dialogstrukturen zwischen Projekten, Bildung von projektübergreifenden Arbeitsgruppen, Bildung projektübergreifender Netzwerke und Schaffung klarer Leitungsstrukturen zu befördern (siehe als Anregung auch Rauner u. a. 1995, 87 ff.). Verbundprojekte, die räumliche Vorteile nutzen, haben somit große Chancen, diesen angesprochenen Unsicherheiten im Innovationsprozess erfolgreich zu begegnen.

- Die *Findung relevanter Themen:* Neben der Figuration stellt die Auswahl der relevanten Themen für eine regionale Innovationsförderung ein großes Problem dar. Die Untersuchung des Bremer Programms ergibt, dass solche Projekte, die ihre Impulse aus der Praxis nahmen, besonders erfolgreich waren. Umfassende Bedarfsanalysen, die den notwendigen Informationsbedarf für die innovationsorientierte Regionalpolitik befriedigen, sind dabei ein Baustein neben der dialogischen Zusammenführung relevanter regionaler Innovationsträger in Dialogkonferenzen. In gut vorbereiteten Tischrunden kann es gelingen, eine differenzierte Probleminventur zu leisten und darauf aufbauend möglichst konkrete Maßnahmenimpulse von Seiten der betrieblichen Vertreter zu erhalten. Diese sollten dann in kurz- bzw. mittelfristig umsetzbare Innovationsprojekte einmünden können. Die Erfahrung zeigt, dass man schon mit einem eng umgrenzten Zeitrahmen zu konkreten Ergebnissen kommen kann (Deitmer/ Hüster 2000). Verbundprojekte, die von bestehenden Akteursbeziehungen angestoßen werden, in denen bestehende Kooperationen durch neue Kooperationen erweitert werden, deren Definition von Strategien und Zielen in dauerhafter Kommunikation bzw. Reflexion erarbeitet und von einem Leader bzw. von einer Gruppe von Leadern getragen wird, arbeiten im Projektverlauf in funktionierenden Projektverbünden mit einer hohen zielgerichteten, dialogisch-partizipativen Innovationsstrategie und mit einer starken Prozessorientierung. Projekte mit nur einem Initiator, mit hauptsächlich initiierten Kooperationen, mit von außen wesentlich beeinflusster Strategie und Zielsetzung, arbeiten im Projektverlauf in zum Teil nicht genutzten oder sogar gestörten Verbünden, mit einer geringer ausgeprägten dialogischen Partizipation sowie mit einer geringeren Prozessorientierung. Eine systematische Bilanzierung von Programmen, z. B. mit Hilfe des in Abschnitt 5.3 vorgestellten integrierten und beteiligungsorientierten Verfahrens zur Projekt- und Programmevaluation, liefert ebenfalls weiterführende Erkenntnisse, um zu nachgefragten bzw. empirisch fundierten Förderstrategien zu gelangen (siehe beispielhaft die 22 Thesen zur künftigen Programmentwicklung in Rauner u. a. 1995b sowie die Empfehlungen in Deitmer u. a. 1997).

- *Die Schlüsselfunktion von Wissenschafts- und Bildungseinrichtungen in kooperativen Innovationsprozessen:* Der Faktor „Wissenschaft und Forschung" lässt sich nur dann nachhaltig in erfolgreiche Transformationsprozesse integrieren, wenn das Thema der regionalen Innovation als ein fächerübergreifendes Thema in den Wissenschafts- und Forschungsstrukturen der Region verankert wird (zur Vertiefung dieser These siehe auch Abschnitt 7.4). Für das regionale, universitäre Umfeld der in Bremen durchgeführten Fallstudien muss allerdings im Vergleich mit anderen Universitätsstandorten eine vergleichsweise starke fächerübergreifende Verankerung von fachübergreifenden Themenstellungen, wie z. B. die der „Arbeit und Technik"-Forschung,[71] bei vielen universitären und außeruniversitären Einrichtun-

---

71 Hervorzuheben sind hierbei, ohne dies an dieser Stelle weiter vertiefen zu können, u. a. auch die Anregungen der Bremer Sachverständigenkommissionen (Bremer Sachverständigenkommission 1986b, 1988) und weiterer Ausschüsse wie der Kommission Bremen 2000 (Kommission Bremen 2000/ 1993), Forschungsschwerpunkte in anwendungsorientierten Forschungsfeldern (z. B. Sozialpolitik, Arbeit-und-Technik-Forschung, arbeitsorientierter Berufsbildungsforschung, Gesundheitsforschung oder Produktionstechnik, um nur einige zu nennen) sowie innovative Unternehmensneugründungen aus dem universitären Umfeld heraus und Institutsgründungen innerhalb (z. B. Technologiezentrum Informatik, TZI) als auch außerhalb des universitären Umfeldes (gemeint sind vor allem die bisher fast zwanzig An-Institute, die
Fortsetzung der Fußnote auf der nächsten Seite

gen konstatiert werden. Somit nehmen Forschungseinrichtungen, d. h. Hochschulen und außeruniversitäre Forschungseinrichtungen, eine Schlüsselfunktion in regionalen Innovationsprozessen ein. Allerdings sind gerade Universitäten häufig in nicht ausreichendem Maße mit ihrem regionalen Umfeld verflochten, bei ihnen überwiegen neben Lehraufgaben tendenziell stärker dominierende interregionale und internationale Kooperationsbeziehungen – obwohl ich denke, dass Bremen deutlich andere Fallbeispiele gelungener Kooperationsbeziehungen gesetzt hat (Koschatzky/ Zenker 1999). Mit dem Bremer Landesprogramm war es daher auch im Bremer Raum gelungen, das Beziehungsfeld der Universität im Hinblick auf die Region zu erweitern. Die Analyse der Fallbeispiele zeigt aber auch, dass die Universität in ihrer Rolle als technisch-wissenschaftlicher Partner von den Unternehmen in ihrem regionalen Umfeld häufig überschätzt wird (siehe auch die differenzierte Betrachtung dieser Frage in Abschnitt 7.4; die Diskussion bestätigt, dass Universitäten mit ihrer Forschung häufig an den Betrieben vorbeilaufen). Die Hochschulangehörigen, Professoren und wissenschaftlichen Mitarbeiter leisten auf Grund ihrer sozialkulturellen Verankerung eine organisatorische Unterstützung (z. B. in Form von Moderationsaufgaben) und Flankierung bei regionalen Innovationsprozessen. Sie erfüllen eine wichtige Antennenfunktion für die regionale Wirtschaft und stellen im Sinne eines Brückenkopfes die Verbindung zu internationalen und weiteren regionalen Wissenschafts- und Technologienetzwerken her. Allerdings ergibt meine Analyse auch, dass bereits viele gute Beispiele vorzufinden sind. Insofern kann eine Beteiligung der Universitäten in regionalen Innovationsprozessen durchaus weiter bejaht werden, nicht zuletzt wegen des damit verbundenen Praxisbezuges für die in der Ausbildung stehenden Universitätsstudenten und -mitarbeiter. Insbesondere kann so der Anwendungsbezug vieler Diplom- und Doktorarbeiten verstärkt werden. Eine besonders starke Brückenfunktion leisten in diesem Zusammenhang Fachhochschulen, die mit entsprechenden Transfereinrichtungen und Laboren ausgestattet sind. Das liegt daran, dass in der Fachhochschulausbildung betriebliche Aspekte eine noch größere Rolle spielen als im Universitätsstudium. Die Kontaktbarrieren zwischen örtlichen Fachhochschulen und Betrieben sind daher in der Regel niedriger als bei Universitäten. In einem unserer „good practice"-Fälle war die Beziehungsstruktur für den Erfolg des Projektes G im lokalen Backhandwerk maßgeblich. Weitere wichtige Akteure in Innovationsprojekten kommen aus Bildungseinrichtungen der beruflichen Aus- und Weiterbildung. Vor allem durch berufsvor-

---

durch den Verein zur Förderung der wissenschaftlichen Forschung im Lande Bremen gemeinsam vom Wissenschafts- und Wirtschaftsressort unternommen wurden). Hierbei nimmt der Technologiepark Bremen eine herausragende Brückenfunktion zwischen universitärer und anwendungsbezogener betrieblicher Forschung wahr (vgl. auch Schröder 1989; Senat der Freien Hansestadt Bremen 1992; Kommission Bremen 2000, 1993; BAW 1996; Willms 2000a, 2000b).

bereitende und berufsbegleitende Weiterbildungsangebote können regionale Innovationspotentiale erschlossen werden, womit „lebenslanges Lernen und permanente Ausbildung [zu] eine[r] wichtige[n] Voraussetzung für die Erhöhung der Lern- und Anpassungsfähigkeit des Humankapitals in der Region" (Koschatzky/ Zenker 1999, 6) wird. Bildungseinrichtungen kommt hiermit auch in der Region eine katalytische Funktion zu. Allerdings, so eine Erkenntnis meiner Untersuchung, macht dies zuerst die strukturelle Fortentwicklung der Bildungseinrichtungen notwendig (Rauner 1995, 1999b, 1999c). Die mit Beteiligung von Bildungseinrichtungen durchgeführten „Arbeit und Technik"-Verbundprojekte haben eher sub-optimale Ergebnisse geliefert (insbesondere eines der „bad practice"-Projekte, hier Projekt K). Somit könnten sich die Bildungseinrichtungen zu regionalen Kompetenz- und Demonstrationszentren fortentwickeln, denen nicht nur Qualifikationskompetenz, sondern auch Beratungskompetenz in innovativen Lernortverbünden und Projekten zur Schulung von Kooperationskompetenz zugemessen werden kann.

8.2 Management regionaler Verbundprojekte

Die im letzten Abschnitt als bedeutsam herausgestellten Grundsätze zum integrierten regionalen Innovationsmanagement können nunmehr in Leitlinien zur Entwicklung von regionalen Innovationsverbünden transformiert werden. Dazu werden im Weiteren auch die empirischen Befunde der Untersuchung der 14 Fallbeispiele (insbesondere aus Kapitel 5 und 6) sowie die Empfehlungen aus den vorausgegangenen Bilanzierungen (Rauner u. a. 1995; Deitmer u. a. 1997) genutzt. Die im Folgenden vorgestellten Empfehlungen richten sich sowohl an etwaige Projektträger bzw. Innovationsagenturen als auch an potentielle Projektnehmer. Ich möchte betonen, dass es sich z. T. um recht spezifische Leitlinien und Empfehlungen handelt, deren Bedeutung sich dem Leser vermutlich erst dann vollständig erschließt, wenn er selbst in das Management und die Steuerung komplexer regionaler Innovationsprogramme involviert ist.

Der Projektträger oder die Verantwortlichen einer Innovations- und Transferagentur nehmen in der Phase der Antrags- und Konzeptentwicklung, also der Initiierungsphase, eine bedeutende Rolle ein. Dazu stellt Oehlke (1996, 244) Folgendes fest: „Von der Problemdefinition über ein integriertes Projektdesign bis zur kooperativen Problembearbeitung und langfristigen Problemlösung nehmen insbesondere die Projektträger eine unverzichtbare Hebammenfunktion wahr". Rauner als auch der Programmbeirat zum Bremer Landesprogramm „Arbeit und Technik" stellen fest, dass Programm- und Projektträger einen günstigen Ort darstellen, um die Träger- und Managementfunktion mit Forschungsaufgaben zur regionalen Innovationsforschung zu verknüpfen: „Diese Aufgaben [die Projektträgeraufgaben, L. D.] müssen – im Sinne einer stetigen Qualitätskontrolle und -verbesserung und einer Weiterentwicklung der Instrumente – verbunden werden mit Aufgaben der regionalen Innovationsforschung. Diese zielt auf die Begleitung des Landesprogramms hinaus auf alle einschlägigen Bremer Innovationsprogramme" (Rauner u. a. 1995, 231).

Um Projektinitiativen und -anträge fördern zu können, sollte der Projektträger kontinuierlich in einem intensiven Dialog mit einigen ausgewählten Betrieben stehen. Dialogkonferenzen können solche Dialoge gezielt unterstützen. Der Zweck solcher Dialoge ist die Ermittlung *spezifischer strategischer und prozessualer Problemfelder und Bedarfe („regional problem-fishing")*. Generell sollte darauf geachtet werden, dass der Impuls für das Vorhaben aus der betrieblichen Praxis kommt bzw. seine Definition von bestehenden Akteursbeziehungen angestoßen werden. Die wichtige katalytische Funktion des Projektträgers besteht in der Zusammenführung der relevanten und entscheidenden regionalen Akteure, was im weitesten Sinne als Moderationsprozess zu verstehen ist. In den Ideenfindungs- und -formulierungsprozess sind alle relevanten Akteure von Anfang an durch kooperative Strukturen einzubinden. Bei der Figuration der Verbünde ist darauf zu achten, dass die Kooperationskomplexität und gleichzeitig die Konkurrenzpotentiale begrenzt werden. Größenmäßig könnten sich sonst überdimensionierte Verbundprojekte in ihrem Ablauf blockieren.

Kluger erklärt dies mit Bezug auf nordrhein-westfälische Erfahrungen mit regionalen Innovationsnetzwerken so:

> „Bei der Initiierung von Kooperationen ist es oftmals schwierig, manchmal aus Wettbewerbsgründen sogar kontraproduktiv, wenn einer der Beteiligten (beispielsweise ein großer Bildungsträger oder ein konkurrierendes Unternehmen) dies initiiert und in eine gewisse Vorleistung eintritt. Bei den Mitbewerbern entsteht leicht – mag es im konkreten Einzelfall berechtigt oder unberechtigt sein – zumindest der Verdacht einer Vorteilnahme durch die jeweils vorpreschende Institution oder Person. Ähnlich gestaltet sich die Situation bei den beschriebenen Beispielen von Unternehmenskooperation. Zu Beginn muss für alle Beteiligten ein zusätzlicher Nutzen erkennbar sein, z. B. Vorteile bei Auftragsakquise, Fertigung oder beim Vertrieb" (Kluger 2001, 115).

Ähnliches stellen Gutschelhofer, Kailer und Scheff (Kailer/ Scheff 1997; Scheff 1998; Scheff/ Gutschelhofer 1998) fest, indem sie die Bedeutung von Prozesssynergien in Verbundkooperationen zwischen regionalen FuE-Einrichtungen und den örtlichen Betrieben bzw. weiteren Institutionen für die Entwicklung verschiedener Wirtschaftsräume, z. B. in der Wirtschaftsregion Graz, umfassend analysieren (Scheff beschreibt die Grazer Fallstudie auch in Nyhan u. a. 1999).

Besonders günstig ist es, dies zeigen die „guten" Projekte, wenn die Projekte von einem innovativen Kristallisationskern, an dem sich jeweils einige Betriebe beteiligen, angestoßen bzw. koordiniert und durch ein Netzwerk begleitet werden. Im weitergefassten Netzwerk kann sich dann ein wesentlich größerer Kreis von Betrieben sowie weiteren Einrichtungen entlang der Wertschöpfungskette beteiligen. Dies wird auch von Kluger mit gestützt:

"Ferner muss ein – personeller, inhaltlicher oder strategischer –,Kristallisationskern' vorhanden sein bzw. entwickelt und bewusst gemacht werden, von dem die für die Etablierung von Kooperationsstrukturen notwendigen Impulse ausgehen und von dem aus die vor allem in der Anfangsphase notwendigen Koordinationsleistungen erbracht werden" (Kluger 2001, 115).

In diesem Zusammenhang kommt es im Unterschied zu einer Vielzahl von nationalen oder grundlagenorientierten FuE-Fach-Programmen in regionalen Innovationsprogrammen u. a. darauf an, auch weniger FuE-erfahrene Betriebe an eine kollektive Innovationspraxis heranzuführen. Dies betrifft vor allem das Antragsprozedere, wobei die grundsätzliche Bereitschaft, Offenheit als auch Fähigkeit sich auf Innovationen einzulassen, unterstellt ist. Erfahrungen in den durchgeführten Untersuchungen zeigen, dass die Unternehmen umso größeren Nutzen aus Kooperationen in FuE-Verbundvorhaben ziehen können, je höher ihre eigenen Anstrengungen zur Wissens- und Know-how-Generierung sind. In Abschnitt 7.5 hatte ich diesen Umstand mit der unternehmensbezogenen Absorptionskapazität herausgestellt. Diese Erkenntnis wird auch von der regionalen Innovationsforschung bestätigt, wonach

"interne FuE-Orientierungen insgesamt als elementarer Beitrag zum Aufbau der eigenen Wissensbasis, als Eintrittskarte in Informationsnetzwerke, als Grundlage zur Beurteilung fremder Forschungsarbeiten und zur Qualifikation und Motivation der Mitarbeiter verstanden werden können. Die Zusammenarbeit mit Forschungseinrichtungen ist damit weniger eine Frage der Unternehmensgröße, sondern hängt von der betrieblichen Innovationsfähigkeit ab" (Koschatzky/ Zenker 1999, 6).

Daher versteht sich der Programm- bzw. Projektträger auch als eine antragsunterstützende und -entwickelnde Institution. Soweit es die Beteiligung von Wissenschaftlern betrifft, kommt es in der Beratung v. a. darauf an, das Konzept einer beteiligungsorientierten und unterstützenden Wissenschaft zu konsolidieren sowie innovationsorientierte Evaluationskonzepte zu fördern. Anders als in der disziplinären Grundlagenforschung sollen in diesem Programm innovatorische Kompetenzen akquiriert werden, die sich in das problem- und innovationsorientierte Programm einfügen. Der Zeitaufwand, der notwendig ist, „Arbeit und Technik"-Projektvorhaben in einer arbeitsteiligen Verbundstruktur zu realisieren, sollte nicht unterschätzt werden. Dies ist eine generelle Erfahrung; das regionale, innovative Programmangebot setzt sich nicht automatisch in eine regionale Nachfrage danach um. Zwar werden die Probleme bei technischen, qualifikatorischen oder organisatorischen Fragen formuliert, die Erfahrungen des Projektträgers zeigen aber, dass es große Probleme bereitet, den potentiellen Bedarf in eine mittelfristige Problemlösungsstrategie zu übersetzen. Gemeint ist damit die breite Problemerfassung nicht nur durch das betriebliche Management, sondern auch durch die Belegschaft, damit die beteiligungsorientierte Formulierung und Definition von Projektzielen, der Aufbau von Kooperationen mit externen Kräften aus regionalen wissenschaftlichen Einrichtungen oder geeigneten beruflichen Bildungsträgern und die Entscheidungsvorbereitung für den Projektstart bzw. die später dann erfolgreiche Projektumsetzung vonstatten gehen kann.

„Diese komplexe Innovationsplanung, -steuerung und -entwicklung weist dem Projektträger eine moderierende und z. T. auch aktivierende Rolle zu, will er erweiterte Innovationsansätze in der Region initiieren und implementieren. Dies gilt sowohl für die Erweiterung der einzelbetrieblichen Problemsichten im Hinblick auf die ganzheitliche Gestaltung von Arbeit und Technik, für die Zusammenführung unterschiedlicher regionaler Akteure bzw. Institutionen als auch für die Verdichtung und den Transfer der Ergebnisse in den ungeförderten Raum" (Rauner u. a. 1995b, 82).

Bei der Unterstützung und Beratung der Antragsteller durch den Programmträger bewahrt dieser zugleich die erforderliche Distanz, die für die Durchführung des Bewertungsverfahrens sowie für die Beratung der übergeordneten Förderinstanzen eine notwendige Voraussetzung darstellt. Dabei kommt es u. a. auch darauf an, eine möglichst große Transparenz über das zu Fördernde herzustellen. Das heißt, die Antragsrichtlinien sind frühzeitig mittels Präsenzveranstaltungen, medialer Präsenz (Internet), aber auch durch Informationsveranstaltungen bei bereits evtl. vorhandenen „good practice"-Projekten zu erstellen.

Der Projektträger oder die Innovationsagentur benötigt dazu einschlägige Erfahrungen im Ausbalancieren zwischen engagierter Projektberatung einerseits und zugleich beteiligungsorientierter und distanzierter Projektevaluation andererseits. Die Projektberatung schließt die verwaltungs-, finanzierungs- und haushaltstechnische Projektgestaltung und -abwicklung ein. Hier bedarf es einer entsprechenden Vermittlung zwischen den Programmerfordernissen, den verfügbaren Ressourcen und den institutionellen Rahmenbedingungen für die technische Projektabwicklung.

Wie schon oben erwähnt, stellt die Komplementarität der Projektpartner ein wichtiges Förderkriterium dar. Die Frage, die sich die Antragsteller stellen müssen, lautet daher: Ergänzen wir uns in unseren Kompetenzen ausreichend gut, so dass wir die Problemstellung des Vorhabens besonders wirkungsvoll bearbeiten können? In diesem Zusammenhang ist auch der Modus der Einbindung der wissenschaftliche Projektpartner von Bedeutung. Welchen Beitrag zur Problemlösung können die wissenschaftlichen Projektpartner erbringen? Den wissenschaftlichen Projektpartnern kommt insbesondere die Aufgabe zu, sicherzustellen, dass bei der Antragstellung der Stand der Entwicklung und Forschung so ausgewiesen wird, dass nachvollzogen werden kann, in welcher Weise ein Projekt über den Stand der Entwicklung hinausgeht („Innovatives Plus").

In der Antragsentwicklungsphase sollte es gelingen, die Risiken der geplanten Innovation auf alle Schultern gleichermaßen zu verteilen. Das ist kein einfaches Unterfangen.

„Die Risikominimierung erfordert von den neuen Partnern, ausreichende Ressourcen, d. h. Zeit, Personal und Projektmittel anteilig zu den öffentlichen Fördermitteln bereitzustellen. Die übernommenen Zielsetzungen, Aufgaben und Arbeitsschritte sind in ihrer finanziellen Ausgestaltung, zeitlichen Erstreckung und methodischen Realisierung festzulegen, ohne erforderlich werdende Änderungen, Korrekturen und sierung festzulegen, ohne erforderlich werdende Änderungen, Korrekturen und Umwege auszuschließen" (Oehlke 1996, 244).

Es macht daher nur Sinn, solche regionalen Innovationsprozesse zu fördern, die auch von den Betrieben entsprechend mitgetragen werden (siehe dazu insbesondere Abschnitt 6.9.2, wo dargelegt ist, dass die insgesamt schwache aktive Beteiligung der Betriebe in den beiden „bad practice"-Projektfällen auf mangelnde Prozessorientierung zurückgeführt werden kann).

Für die Auswahl geeigneter Initiativen bedarf es systematischer Auswahlverfahren, die sich unabhängiger Experten und Gutachter bedienen. Ein operationalisiertes Verfahren, welches die Programmzielkriterien aufnimmt, ist eine entscheidende Hilfe für die Gutachter, um geeignete Projektkonzepte auf ihre Nützlichkeit für die Region hin auswählen zu können. Im Rahmen entsprechend organisierter Auswahlverfahren haben sich Bewertungsbögen für die Hand der Gutachter bewährt. Ziel ist es, eine neue Qualität bei der Programmauswahl herzustellen und das Verfahren für die Projektgruppe bzw. den Lenkungsausschuss und den Programmkoordinator zu objektivieren. Damit soll sichergestellt werden, dass die Anträge den Qualitätskriterien des Programms entsprechen und die dargelegten personellen und inhaltlich-methodischen Maßnahmen eine erfolgreiche Durchführung erwarten lassen. Der Projektträger bereitet das Auswahlverfahren vor und stellt dessen fachgerechte und ordnungsgemäße Durchführung sicher. Unterstützt wird dies durch Handreichungen und Bewertungsbögen für die Gutachter. Diese enthalten Informationen zum Programm und Richtlinien zum Bewertungsverfahren.

Es hat sich als notwendig herausgestellt, dass einzelne Akteure Netzwerke zur Bearbeitung eines Problems und zur Benennung eines Projektverbundes anstoßen, sofern es keine bereits bestehenden Vorläuferprojekte bzw. -netzwerke gibt. Die Leadership- und Führungsfunktion Einzelner ist daher für den Erfolg eines Projektverbundes nicht zu unterschätzen. Deshalb sollten in einer frühen Projektphase durch den Projektträger geeignete Leader bzw. Grenzgänger in den Betrieben aufgespürt und für eine Projektbeteiligung gewonnen werden. Alle Projekte waren immer dann erfolgreich, wenn Personen gewonnen wurden, die über umfassende sachliche Autorität in ihrem Innovationsfeld verfügten (siehe dazu auch den Vergleich zwischen den beiden Projektfallgruppen in Abschnitt 6.6.1 und 6.6.2). Erinnert sei hier an den Initiator eines neuen Backzentrums, der zwar auf seinem Gebiet Wissenschaftler war, aber gleichzeitig einen engen Bezug zu dem Anwendungsfeld aufwies, da er früher einmal selber den Beruf des Bäckers erlernt hatte, die Sprache der Bäcker gut aufnehmen und eine Brücke zu seiner Fachdisziplin, hier der Lebensmitteltechnologie, bilden konnte (siehe Fallstudie von Projekt G, Abschnitt 6.5.1). Ferner muss, dies zeigen auch die Fallstudien, durch den Projektträger allen Beteiligten bewusst gemacht werden, dass erfolgreiche Kooperationsprozesse erhebliche eigene Anstrengungen voraussetzen. Sie schließen für zwischenbetriebliche Entwicklungsprozesse innerbetriebliche organisatorische Öffnungen und Veränderungen mit vorher nicht kalkulierbaren Risiken ein. Solche Anstrengungs- und Konfliktbereitschaft bedarf der Moderation durch einen starken Leader oder eine Leadershipgruppe. Die Lea-

Management und Steuerung regionaler Programme

der müssen in der Lage sein, sich in dem konfliktreichen Tagesgeschäft allgemeine, fachliche und administrative Grundqualifikationen anzueignen, um eine kooperationsstiftende, problemlösende und strukturinnovative Prozessmoderation leisten zu können. Die Verbundkreise benötigen daher quasi eine „organisatorische Spinne im Netz", die im Zentrum des Vorhabens die Kooperationsaktivitäten organisiert.

Die Innovationsgegenstände sollten disziplinübergreifend angelegt sein und auf die Erweiterung bestehender Organisations- und Unternehmensgrenzen zielen. Ein besonderes Augenmerk sollte darauf gelegt werden, inwieweit sich die Beteiligten bereichs- und hierarchieübergreifend zusammensetzen. Vor allem sollte auf eine Balance von Erfahrungs- und Entscheidungsträgern (mit Erfahrungs- und Planungswissen) geachtet werden. Es kommt in regionalen Projekten und Netzwerken darauf an, immer auch die ausführende Ebene in die Prozesse zu integrieren. Wichtig ist, dass Arbeit und Technik als Einheit verstanden wird und nicht als ein partialisiertes Aktivitätenmodell, in dem die Partner relativ unabhängig voneinander ihre Projektaufgaben abarbeiten. Sonst werden keine Lernprozesse zwischen den Disziplinen und Praxisroutinen entwickelt, und die Entstehung von Synergieeffekten wird eher verhindert. Bei der Durchführung von Verbundvorhaben ist daher künftig darauf zu achten, dass sich die den einzelnen Partnern zugewiesenen Projektaufgabenpakete wenigstens zum Teil überlappen und Kooperationen bzw. Austauschprozesse begünstigt werden. Somit können temporär gemeinsame Erfahrungsfelder bei wichtigen Projektabschnitten eröffnet werden. Die Kommunikation auf den Ebenen Betrieb – Institute, Betrieb – Betrieb als auch Institute – Institute könnte dann intensiviert und die Projektkooperation verbessert werden. Ähnliche Handlungsmaximen könnten auch die Entstehung eines integrierten methodischen Vorgehens fördern.

Die Einbeziehung regionaler Innovationsträger (wie Kammern oder Verbände) führt nicht unmittelbar zu projektbezogenen Wirkungen, sondern hat eher Bedeutung für die erwarteten Verstetigungseffekte in der Region (Stichwort: institutionelle Arrangements im Rahmen von Netzwerken). Im Gegenteil muss mit blockierenden Wirkungen aufgrund von politischen Konkurrenzbeziehungen und ggf. Machtkämpfen gerechnet werden, was eine prozessorientierte Umsetzung von Innovationen zunächst erschweren könnte. Häufig stehen die verschiedenen Institutionen in unmittelbarer Konkurrenz zueinander, so dass sie häufig auch zur Blockade von wünschenswerten und regional nützlichen Veränderungsprozessen beitragen können. Sie stellen letztlich für das Gelingen keine hinreichende Bedingung dar; gleichzeitig können sie aber bei einigen Vorhaben für die Dissemination der Projektzwischenergebnisse sehr nützlich sein.

Für den Projektträger ist es in der Phase der Projektinitiierung wichtig, die Projektpartner bei der Zieldefinition und der Netzwerkbildung zu unterstützen, ohne jedoch eine dauerhafte Leadershipfunktion aufzubauen. Andernfalls besteht die Gefahr, dass notwendige Moderations- und Koordinationskompetenzen nicht oder zu spät durch die Projektbeteiligten entwickelt werden.

Die koordinierende und beratende Rolle des Projektträgers bei der Bildung von Projektverbünden beinhaltet auch, betriebliche Partner auf die für sie ungewöhnlich langen

Vorlaufzeiten hinzuweisen und durch Ausschöpfung der jetzt gegebenen Anschubfinanzierungsmöglichkeiten zur Weiterarbeit zu ermuntern. Solche Vorprojekte können erste Erfahrungs- und Lernprozesse der Beteiligten über projektbezogene Wirkungen und ggf. zu erwartende Blockaden ermöglichen. Auch hier kann es gerade bei Klein- und Mittelbetrieben zu dem Problem kommen, dass bereits aus dem Vorprojekt wesentliche Projektanstöße erwachsen, die auf eine baldige Einlösung und damit den Start des Hauptprojektes drängen. An dieser Stelle ist eine Beschleunigung des Bewilligungsprozederes gefordert.

Der Projektträger sollte in den jeweiligen Projektverbünden Zielvereinbarungsprozesse initiieren. Dies beinhaltet auch, dass bereits in der Projektentwicklungsphase systematisch Erfolgskriterien benannt werden, an die weitere Controlling- und Evaluationsaktivitäten anknüpfen können. Ein für alle Projekte zentrales Erfolgskriterium bezieht sich auf das Ausmaß dessen, wie unterschiedliche Perspektiven und Zielvorstellungen der Beteiligten konsensuell aufeinander bezogen werden können.

In der Projektinitiierungs- und -erschließungsphase haben sich gemeinsame Workshops als sehr hilfreich herausgestellt; sie bedürfen jedoch kompetenter Moderation und systematischer Dokumentation (insbesondere auf der Grundlage von Visualisierungen. An dieser Stelle sollten die Möglichkeiten und Angebote systemischer und lösungsorientierter Beratung in Anspruch genommen werden. Als ein gelungenes Beispiel für einen regionalen Dialogprozess ist die regionale Berufsbildungskonferenz in Bremen anzusehen. Dabei wurde sich des Instrumentes der Zukunftswerkstätten bzw. der Dialogkonferenz bedient, welches explizit die Teilnehmer der Veranstaltung in den Mittelpunkt stellte. In gut vorbereiteten Tischrunden wurde eine Probleminventur geleistet, darauf aufbauend schlossen sich für die Organisation solcher Dialogprozesse möglichst konkrete Maßnahmen und kurz- bzw. mittelfristig umsetzbare Vorschläge zur Reform beruflicher Bildung in der Region an (vgl. Deitmer/ Hüster 1999).

Wichtig bei der Bildung von Projektverbünden ist ferner, dass sich Akteure aus unterschiedlichen Praxis- und Forschungsfeldern zu einem Innovationsdialog zusammenfinden. Es sollten auch solche Betriebe und Akteure für Projektverbünde gewonnen werden, die bislang durch die Förderlandschaft nicht wahrgenommen wurden (z. B. aus dem Non-Profit-Bereich). Zu nennen wären hier betriebliche Vertreter der regionalen Wirtschaft, z. B. Ausbilder und Personalverantwortliche, Fach- und Führungskräfte der Bildungseinrichtungen einer Region, z. B. die berufsbildenden Schulen eines Landes sowie Wissenschaftler unterschiedlicher Disziplinen, wie z. B. aus der Berufsbildungsforschung, Ingenieurwissenschaft, der Arbeitswissenschaft oder anderer – je nach Problemstellung – relevanter Disziplinen. In einem auf einen Begleitkreis des regionalen Projektes angelegten Beirat können aber auch Vertreter der regionalen Administration, Kammern und Verbände neben aus dem Feld stammenden Wissenschaftlern bzw. allen am Thema Interessierten beteiligt werden.

Der Projektträger sollte Hilfen bei Schnittstellen- und Kommunikationsproblemen geben und Konflikte in der Projekterschließungsphase modellhaft mediatisieren helfen. Denn frühzeitig einsetzende Maßnahmen zur Konfliktbewältigung haben nicht unerhebliche Bedeutung für den weiteren Projektverlauf. Typische Phasen von Projekten – auch krisenhafter Art – sollten den verschiedenen Projektnehmern vorgestellt werden. Die Projekt sind deshalb auf kontinuierliche Moderations- und Supervisionsangebote angewiesen. Solche Mittel sind gerade in Entwicklungsvorhaben vorzusehen. Viele Effekte treten in regionalen Verbünden deshalb nicht ein, weil soziale Prozesse suboptimal verlaufen, was Synergien und die Herausbildung erwünschter informeller Dialogstrukturen verhindert.

Projektverbünde sollten prozessorientiert entlang umfassender Problemstellungen angelegt werden. Nicht das Ergebnis bzw. der Output von Projekten sollte zum alleinigen Erfolgskriterium erklärt werden. Die Problemlösungen zielen auf nachhaltig wirksame Innovationen; hierbei stellt die Entwicklung neuer Kompetenzen (Learning to innovate! Learning to learn!) bei den Innovationsträgern in Betrieb und Hochschule ein sehr wichtiges Projektergebnis dar. Die Entwicklung und Bewahrung hoher Innovationsfähigkeit in der Region ist ein erstrebenswertes Ziel und erweitert die endogenen Potentiale. Projekte, die sich durch eine vernetzte und organisationsübergreifende Struktur auszeichnen, sind daher auf die oben bereits genannte kontinuierliche Evaluationsaktivität angewiesen. Solche Reflexionsprozesse sind als Wechselverhältnis von Selbstreflexion und Fremdevaluation (durch ein autorisiertes und qualifiziertes Evaluationsteam) zu konzipieren. Das hier dargestellte Verfahren (siehe Abschnitt 5.3.3) bietet eine derartige Struktur und ist für unterschiedliche regionale Innovationsprozesse geeignet. Aktion und Reflexion sind so anzulegen, dass die Beteiligten nach Möglichkeit lernen, die Veränderungsprozesse in ihren Projekten selber zu erforschen bzw. Handlungsforschung in ihren Innovationsprozessen zu betreiben. Für den Bereich der Schulentwicklung sei hier auf die Konzeption von Kempfert und Rolff hingewiesen, in der beispielsweise Evaluationsprozesse in die allgemein bildenden Schulen einer Region hineingetragen werden (Kempfert/ Rolff 1999).

Es sollte darauf geachtet werden, die Projektverbünde sowohl inhaltlich als auch koordinativ nicht zu überfrachten. Diese Gefahr ist besonders dann gegeben, wenn angesichts eines brandheißen Themas viele Institutionen einen Zugang zum Support bekommen möchten. Dann wäre eine Aufteilung in Kernbetriebe bzw. -beteiligte und Peripheriebetriebe anzustreben. Letztere wären in erster Linie über so genannte Dialogforen einzubinden, die auf einen regionalen Transfer der Projekterkenntnisse zielen. In Betracht zu ziehen ist auch, gut funktionierende Projekte zu öffnen und sie im Sinne eines regionalen „benchmarking" die Spezifika erfolgreicher Projektentwicklungsprozesse herausarbeiten zu lassen. Dies ist aber nicht immer einfach, weil bei Unsicherheiten und Unwägbarkeiten von Innovationsprozessen mittelbar auch immer die Schwächen der Projektbeteiligten offengelegt werden.

Bei der Auswahl von Verbundpartnern sollte auch auf die Fähigkeit geachtet werden, Dialog- und Austauschprozesse zu unterstützen. Dies gilt insbesondere für die Bereitschaft der Verbundpartner, die Grenzen der eigenen Disziplin bzw. des eigenen Unternehmens zu überschreiten und andere Perspektiven und Zugänge zu integrieren. Die Bereitschaft zu Austauschprozessen sollte auch zum Kriterium für den Zugang zu öffentlicher Förderung erklärt werden. Es ist daher wichtig, einen systematischen Austausch zwischen den Projekten zu organisieren. Mit Hilfe von projektübergreifenden Konferenzen und Workshops können die Dialog- und Austauschprozesse zwischen den Projekten intensiviert werden. Dabei könnten thematische Schwerpunktthemen in den Mittelpunkt gestellt werden, die für alle regionalen Projekte von Interesse sind. Ferner können Teams zwischen den Projekten gebildet werden, mit dem Ziel, für eine begrenzte Zeit besonders drängende Problem- und Aufgabenfelder gemeinsam zu bearbeiten. Damit würden die ggf. schon weiter vorangeschrittenen Kompetenzen eines Nachbarprojektes genutzt.

Projektverbünde setzen kontinuierliche Koordinations- und Abstimmungsleistungen voraus, die systematisch organisiert werden müssen. Insofern erwachsen aus Projektverbünden hohe Kooperations- und Führungsansprüche. Sie müssen bei den Projektverantwortlichen häufig erst aufgebaut bzw. verstärkt werden. Hier sind ggf. durch Weiterbildungsangebote flankierende Kompetenzbildungsprozesse zum Projektmanagement einzuflechten und für die Region anzubahnen.

Im Verlauf von Verbundprojekten sollten gezielt Querschnittsthemen ermittelt und zum Gegenstand von Visionsworkshops (unter externer Moderation) gemacht werden. Sie können ggf. die Grundlage für neuerliche Verbundvorhaben sein. Initiativen für Projektverbünde, die in diesem Sinne an frühere Projektergebnisse anknüpfen, sollten vorrangig gefördert werden. Im Folgenden werden sechs zentrale Leitlinien für ein verbessertes Projektmanagement zusammengefasst aufgestellt. Hierzu werden unter anderem die vorangehend diskutierten Schlussfolgerungen aus dem Benchmark zwischen „good practice"- und „bad practice"-Projekten genutzt. Damit können die Ergebnisse der Wirkungsanalyse in ein prozessorientiertes Projektmanagement einfließen (siehe auch Tabelle 6/35 und 6/36 in Kapitel 6). Die Leitlinien können in 6 Punkten skizziert werden:

1. Leitlinie: Die Projekte sind auf *kontinuierliche Moderations- und Supervisionsangebote durch externe Instanzen* angewiesen. Diese Angebote stellen sich sowohl dem Programm- oder Projektträger bzw. entsprechenden Innovationsagenturen als auch ggf. dem professionellen Berater. Träger und ggf. Berater hätten weiterhin sicherzustellen, dass gewisse betriebliche Rahmenbedingungen hinsichtlich des Aufbaus interner Umbaustrukturen vorhanden sind. Häufig sind die infrastrukturellen Potentiale in den beteiligten Organisationen erst noch zu schaffen, was in vielen Fällen in längeren Projektverläufen und stabilen Programmkontexten erlernt werden kann.

2. Leitlinie: *Ein prozessorientiertes Projektmanagement* erhöht die Koordinationsansprüche an den Projektträger bzw. den Projektkoordinator oder das Steuergremium. Letztere sollten in der Lage sein, durch Hinzuziehung von Beratern die regionalen Betriebe im Erlernen von Verbundbildungskompetenz zu unterstützen.

3. Leitlinie: *Lernprozesse zwischen verschiedenen Projekten* sind systematisch zu organisieren. Dies sollte von Seiten des für die Projekte verantwortlichen Programms bzw. Projektträgers geschehen.

4. Leitlinie: *Zukunftswerkstätten bzw. Dialogkonferenzen* helfen, das Zustandekommen von Projektverbünden zu verstärken. Sie bieten auch die Chance, neue Innovationsthemen hervorzubringen. Dabei offerieren sie vor allem die Chance, entsprechende Praxisimpulse aufzugreifen.

5. *Leitlinie*: Prozessorientierte Verbundprojekte sind auf eine *kontinuierliche Evaluation und Steuerung* angewiesen. Dies sollte in einem Wechselverhältnis von Selbst- und Fremdevaluation angelegt sein. Das hier dargelegte dreistufige Evaluationsverfahren bietet dafür eine Struktur, die sich in hohem Maße in nunmehr unterschiedlichen Programmen bestätigt hat.

6. *Leitlinie*: Die *Rolle der Programminstitutionen* (Beirat, Projektträger, Programmträger, regionale Administration) ist im Sinne eines professionellen und effektiven Projektmanagements zu definieren und für alle regionalen Verantwortlichen transparent zu machen (die Leitlinien werden in Anhang 1 detailliert erläutert).

Im Folgenden werden Qualitätskriterien bei der Betreuung von Verbundvorhaben tabellarisch aufgelistet. Diese beziehen sich u. a. auch auf die obigen Leitlinien und können als Merkposten und Erfolgskriterien beim prozessorientierten Management von Verbundvorhaben sowohl aus der Perspektive des Projektträgers als auch der der Projektverantwortlichen verstanden werden. Die Frage nach der effizienten Organisation von Verbundprojekten einschließlich ihres Managements und ihrer Steuerung wird umso dringlicher, je stärker die Praxis der Verbundkooperation um sich greift. Insgesamt überwiegt der Nutzen einer Verbundkooperation gegenüber den evtl. entstehenden Risiken. Dementsprechend dürften geeignete Instrumente zum Management und zur Steuerung von Verbundvorhaben umso mehr nachgefragt werden. Ein für alle Projekte zentrales Erfolgskriterium ist dabei, wie es gelingt, die unterschiedlichen Perspektiven und Zielvorstellungen der Beteiligten aufeinander zu beziehen (Deitmer 2000, 461 ff.).

Leadership- und Führungsfunktion sollte gegeben sein
funktionierende bereichsübergreifende Dialogstrukturen sollten hergestellt werden
Kooperationsziele mit Erfolgskriterien sollten zu Beginn des Vorhabens vereinbart werden
Kompetenz in Projektmanagementtechniken schulen
regelmäßige Projektzwischenpräsentationen mit den Verbundpartnern vorsehen
Qualifizierungsprozesse auf mehreren Ebenen am Anfang bereits einleiten
positives Projektimage durch Projektmarketing auch während der Projektlaufzeit befördern
Projekterschließung durch moderierte Workshops, Zukunftskonferenzen stützen
Balance zwischen Einzelinteressen und Projektinteressen durch eine kontinuierliche Selbst- und Fremdeinschätzung herstellen
Problemlösung über Prototypen, „mock-ups"
Projektfortschritt demonstrieren und visualisieren
nicht Output ist alleiniges Erfolgskriterium, sondern auch nachhaltige Lernprozesse auf Seiten aller beteiligten Akteure
Bereitschaft zur Konfliktlösung durch gezielte Reflexionsprozesse anstreben
gezielte Hilfe bei Schnittstellen- und Kommunikationsproblemen
kontinuierliche Projektevaluation/-steuerung

Abb. 8/1: Kriterien für „good practice"-Verbundvorhaben

Die in Anhang 2 beschriebenen Leitlinien zur Begutachtung und Auswahl von Projektvorschlägen werden in Form einer Checkliste dargestellt und richten sich weniger an den Projektträger oder die Innovationsagentur als an die externen Evaluatoren, die die Förderanträge beurteilen bzw. eine Auswahl treffen sollen. Die Checkliste dient somit für die Gutachter als systematische Entscheidungsgrundlage und liefert hilfreiche Orientierungen bei der Bewertung von Projektvorschlägen. Das Ziel der vorgestellten Leitlinien zur Begutachtung und Auswahl von Projektvorschlägen ist es, eine neue Qualität bei der Programmauswahl herzustellen und das Verfahren für den Programmbeirat bzw. den Gutachterkreis in zunehmendem Maße zu objektivieren. Die im Folgenden dargestellte Checkliste soll dazu dienen, den Evaluationsprozess möglichst von politischer Einflussnahme und gruppendynamischem Druck zu befreien. Die Evaluationen sollen hierdurch für alle nachvollziehbar und über verschiedene Projekte hinweg vergleichbar gemacht werden. Damit sollen sie den Antragstellern Begründungen und Hinweise liefern, die die qualitative Fortentwicklung ihres Projektes befördern helfen. In diese Leitlinien sind die Erfahrungen verschiedener Projektträgerschaften eingeflossen (Deitmer u. a. 1997, 58 ff.; Projektträger 1993, 1994a, 1994b, 1995b; Programmträger 1999b, 15 ff.).

8.3 Die Programmevaluation im Rückblick

Im Folgenden werden einige Erfahrungen der Bilanzierungsteams und der Evaluationsteilnehmer bei den durchgeführten Evaluationsworkshops im Bremer Landesprogramm „Arbeit und Technik" als auch bei dem BLK-Programm wiedergegeben (Programmträger 2000a, 2000b; Rauner u. a. 1995b; Deitmer u. a. 1997).

Das dieser Arbeit zugrunde liegende Evaluationsverfahren folgt den in den USA entwickelten neueren Ansätzen, nach denen Evaluation als ein Mittel zur Unterstützung jener Akteure angesehen wird, die eine Innovation in kooperativen oder lernenden Netzwerken vorantreiben. Dafür werden Begriffe wie „empowerment evaluation", „participatory evaluation" oder „collaborative evaluation" verwendet (vgl. Kuhlmann 1998, 109). Der Vorteil des hier dargelegten Verfahrens (siehe auch Abschnitt 5.3 und Programmträger 2000b) lässt sich in den folgenden Gesichtspunkten zusammenfassen.

- Der Evaluator ist ein *Unterstützer und Moderator des Bewertungsprozesses*; die Betroffenen sind die eigentlichen Entscheider und können als (Mit-)Evaluatoren angesehen werden. Im Mittelpunkt stehen daher die Perspektiven der Betroffenen (z. B. der Projektakteure) und ihre Erfahrungen mit dem Projektverlauf. Der Bewertungsprozess im Evaluationsverfahren vollzieht sich für die Evaluatoren im Sinne eines „Blicks zurück nach vorn" (siehe auch Abb. 5/7, hier die projektimmanente Betrachtungsebene). Der Moderator hilft den Projektakteuren, das bisher im Projekt Erreichte zu erkennen und zu bewerten. Der Evaluationsprozess gehört damit vor allen den Projektakteuren. Sie gestalten zwar nicht das Evaluationsdesign, wenden es aber an und ziehen Schlussfolgerungen.
- Die Bewertungsprozesse werden für alle Beteiligten transparenter und sinnvoller, wenn sie zu einem besseren Verständnis der Evaluationslogik gelangen. Mit Hilfe der *Selbstevaluation erlernen die Beteiligten eine neue Fähigkeit*, nämlich die systematische Bewertung von Daten und Prozessen anhand von Kriterien vorzunehmen.
- Die Schwächen bzw. Stärken eines Projektes werden besser kommunizierbar, wenn *Verbindungen zwischen den Projektprozessen und den Projektresultaten* hergestellt werden. Damit kann eine Einsicht in die Notwendigkeit für ein Umsteuern im Projektablauf bei den Projektakteuren initiiert werden.
- Durch das *beteiligungsorientierte Vorgehen* werden die Akteure motiviert, eine Reflexion ihrer Aktivitäten vorzunehmen. Die Betroffenen bewerten gemeinsam in ihrem Team oder ihrer Gruppe, der Evaluator unterstützt lediglich den Gruppenzusammenhang bzw. die gemeinsame Untersuchung.
- Das *Benchmarking stellt die Projekte auf ihre Fortschritte hin dar* und lässt eine vergleichende Untersuchung zu. Da mit Punktwerten gearbeitet wird, können Innovationsspinnen entstehen. Durch die summarische Bewertung aller Innovationsspinnen kann die Verankerung bzw. Erreichbarkeit der einzelnen Zieldimensionen im Programm überprüft und können Programmdefizite deutlich gemacht werden.

– Das Evaluationsziel ist daher nicht die Bewertung von Sachverhalten aus der Perspektive eines Einzelnen (z. B. der des beauftragten Evaluators), sondern ist entsprechend der *Multiperspektivität von bereichsübergreifenden Vorhaben die Stimulation eines Lernprozesses.* Damit können ggf. verfestigte Akteursperspektiven (sog. „reframing von Akteursperspektiven" (Schön/ Reich, zitiert nach Kuhlmann 1998, 111)) überwunden werden.

Es sollte im Übrigen vorausgesetzt werden, und dies scheint mir besonders erwähnenswert zu sein, dass die Akteure dieser Art von Evaluationsverfahren über die signifikante Fähigkeit und Reflexionsbereitschaft zur Selbstevaluation verfügen sollten. Ihnen sollen die Fähigkeiten und Grenzen ihrer Interessendurchsetzung bewusst werde;, dies „verlangt die Fähigkeit zur Selbstbeobachtung und Selbstbeschreibung und schließlich zum Verstehen auch anderer, auch externer Systeme" (Wilke, zitiert nach Kuhlmann 1998, 83). Im Rahmen der Anwendung des Evaluationsverfahrens werden daher die Bedingungen „entfalteter" Industriegesellschaften unterstellt. Dazu zählt ein hohes Maß an gesellschaftlicher Ausdifferenzierung, an individueller und gesellschaftlicher Organisationsfähigkeit, Interdependenz und intersystematischer Durchdringung, was fortlaufende Kommunikation zur Bestimmung der relativen Standorte beteiligter Akteure erfordert; es erfordert außerdem ein Mindestmaß an Emanzipation im Sinne selbstbestimmter Prozesse und das Bestehen einer gewissen Bereitschaft, die Rationalitätskriterien anderer Akteure anzuerkennen, also letztlich lernbereit zu sein (Kuhlmann 1998, 83).

8.3.1 Erfahrungen aus der Sicht der Bilanzierungsteams

Die Erfahrungen mit der Anwendung des Evaluationsinstrumentes in über 30 Evaluationsfällen und in einem Zeitraum von ca. fünf Jahren sind überwiegend positiv (vgl. dazu auch Rauner u. a. 1995b; Ruth 1996; Deitmer u. a. 1997; Deitmer/ Ruth 1998; Programmträger 2000a; Manske/ Ruth/ Deitmer 2001). In den meisten Evaluationsworkshops konnte es gelingen, die Akteure zu einer kritischen Reflexion ihrer Innovationstätigkeit zu veranlassen. Das heißt, das Verfahren wurde als hilfreich akzeptiert. Als positiv ist dabei zu werten, dass es in den meisten Fällen zu Beginn der (ersten) Evaluationssitzung Debatten über das adäquate Evaluationsinstrument gab. Von den Evaluatoren wurde das Instrument auch als ein Vorschlag zum Verfahren präsentiert und nicht als ein Muss – diese Offenheit ist für die Akzeptanz der Methode wichtig. Erst nach erfolgter Einigung über die Anwendung der Methode wurde dann mit ihr gearbeitet. Die Akteure hatten die Ziele des Programms bzw. ihrer Projekte zu gewichten und mit „Schulnoten" zu bewerten. Das löste intensive Diskussionen aus – man konnte i. d. R. deutlich wahrnehmen, dass den Akteuren die Ziele und der Stand des Vorhabens nach und nach immer klarer wurden, nämlich im diskursiven Prozess. Im Grunde entspricht die Evaluation einer Innovation: *Beides sind Prozesse des kommunikativen Lernens, des Hinterfragens, des Freilegens, Bewusstmachens bzw. Schaffens neuer Erkenntnisse im Dialog. Es wird etwas zur Sprache gebracht, was vorher so nicht existierte.*

Die Moderatoren müssen im Prozess der Moderation eine gewisse Distanz zu den einzelnen Akteuren wahren und auch zu den Inhalten der Projektarbeit: Sie dürfen nicht in die Falle geraten, sich derart mit einem Projekt zu identifizieren, dass sie selbst versuchen, es zu bewerten. Die Bewertung muss von den Akteuren des Netzwerkes kommen, sie darf ihnen nicht suggeriert werden, was aber kritische Nachfragen mit dem Ziel der Präzisierung nicht ausschließt. Der Moderator wird somit zum Facilitator des Lernprozesses, die Betroffenen sind die eigentlichen Entscheider des Evaluationsprozesses. Weitere Schritte des Verfahrens schließen allerdings einen Perspektivwechsel ein, indem die Moderatoren wiederum zu Evaluatoren werden (vor allem in der Auswertung des Prozesses im Zwischenschritt der dreistufigen Evaluation). Es geht also um einen Wechsel von Selbst- und Fremdevaluation.

Eine Rückspiegelung der Ergebnisse und diesbezügliche fruchtbare Diskussion (in der dritten Etappe der Evaluation) wird nur dann möglich, wenn die Akteure erkennen, dass die Moderatoren wirklich nur das rückspiegeln, was als Urteile der Akteure eingebracht worden ist. Deshalb noch einmal: *Distanz des Moderators zu Akteuren und Gegenstand eines Innovationsnetzwerkes ist notwendige Bedingung für eine erfolgreiche Evaluation.*

Alles in allem ist es durchaus gelungen – wenn auch in unterschiedlichem Maße –, die einzelnen Projekte voranzubringen und im Zuge damit ebenfalls das Programm. Hilfreich war das Medium Innovationsspinne: Die Innovationsspinne ist zum einen ein Mittel zur Visualisierung von Stand und Fortschritt einzelner Projekte – indem Innovationsspinnen zu unterschiedlichen Zeitpunkten verglichen werden –, sie ist zum anderen auch Mittel für das gesamte Programm – indem die Innovationsspinnen der einzelnen Projekte zu einer Gesamtspinne aggregiert werden (siehe auch Abb. 5.7 und 6.2). Aus der summarischen Betrachtung aller Projektspinnen kann die Verankerung der einzelnen Innovationsdimensionen eines Programms abgeschätzt werden.

Wichtig ist auch, das dialogische Prinzip der Evaluation durchzuhalten, sonst findet kein „empowerment" statt, und es kommt eher zu einer Form der externen Evaluation. Im Dialog sollen mögliche Ängste und Befürchtungen der Projektnehmer abgebaut werden, wonach Bilanzierungsergebnisse vor allem zu Sanktionen durch die fördernden Programminstanzen führen würden. Insofern ist eine gewisse Überzeugungsarbeit bei den Projekten zu leisten und eine konkrete Zielvereinbarung am Ende des Prozesses zu treffen – was nicht ausschließt, dass massive Veränderungen des Projektvorgehens beschlossen werden. Das Bilanzierungsteam soll daher offen genug sein, alle Einschätzungen von Seiten der Projektnehmer aufzunehmen und zu dokumentieren. Es soll den Projekten ermöglicht werden, entsprechende Voten abzugeben, um ihren Standpunkt bzw. ihre Sichtweise des Projektstandes durch schriftliche Erläuterungen zu ergänzen. In fast allen durchgeführten Fällen der Programmevaluation konnte große Offenheit der Beteiligten gegenüber dem Verfahren festgestellt werden.

Alles in allem ist das skizzierte Instrument angesichts der Erfahrungen gut geeignet, als Mittel zur Selbstevaluation und damit auch zum Management von Innovationsnetzwerken zu dienen. Gleichzeitig kann es sehr gut zur Evaluation und zur Entwicklung von staatlichen Förder- und Entwicklungsprogrammen – sowohl auf der regionalen als auch auf der nationalen Ebene – verwendet werden. Allerdings ist die Entwicklung des Instruments keineswegs ein für alle mal abgeschlossen, was auch an der Entwicklung des Verfahrens von der erstmaligen Anwendung im Bremer Landesprogramm bis hin zum BLK-Programm deutlich geworden sein dürfte. Ein spezifischer Vorteil des Verfahrens besteht gerade darin, dass es durch den Dialog zwischen Moderatoren und Innovationsakteuren gleichsam auf natürliche Weise für Weiterentwicklungen offengehalten werden kann.

8.3.2 Einschätzungen der Teilnehmer

In der Mehrzahl der bisher stattgefundenen Evaluationssitzungen hatten wir die Projekte bzw. alle Beteiligten um ihre Einschätzung in Bezug auf das Verfahren der Programmevaluation gebeten (Deitmer u. a. 1997; Programmträger 2000a, 2000b; Manske/ Ruth/ Deitmer 2001). Obwohl dem Bilanzierungsteam anfänglich ein gewisses Maß an Unbehagen und Unsicherheit von Seiten der Projektbeteiligten entgegengebracht wurde, kann dennoch festgehalten werden, dass die bisherige Reaktion auf das Verfahren insgesamt positiv ist. Die Beteiligten äußern sich positiv über die Zeitdauer, die man der Diskussion einräumt, „um in Ruhe die Dinge zu besprechen, zu denen man sonst nicht kommt". Alle Teilnehmer, ob Wissenschaftler oder Schulvertreter, thematisieren in der Regel relativ ungezwungen alle relevanten Sachverhalte in ihrem Projekt, die ansonsten eher „unter den Tisch fallen würden". Auch die Anwendung eines zweiseitigen Bewertungsbogens als diskursives Bewertungsverfahren mit programm- und projektbezogenen Kriterien wird von den Teilnehmern positiv bewertet. Die Gewichtung und Bewertung der bisherigen Projektaktivitäten nach Prozentwerten bzw. Punktwerten wird durch die Teilnehmer eher begrüßt als kritisiert.

So meinte ein Teilnehmer nach einer Evaluationssitzung: „Ich sehe in der Punktbewertung Vorteile für unsere Diskussionskultur, indem die Diagnose des Projektstandes deutlich auf den Punkt gebracht wird und es besser gelingt, die hinter den Ziffern sich verbergenden Einschätzungen und Interessenlagen der Kollegen zu erfahren."

Die Bilanz der Projekte bestätigt: Es besteht eine große Nachfrage nach Unterstützung in allen Phasen des Projektablaufes, insbesondere in der Projektumsetzung, um die selbstgesetzten Ziele realisieren zu können. Das ist nicht selbstverständlich! Denn meistens muss dabei die Binnensituation des Projektes offengelegt werden; das ist mit Infor,ationen verbunden, die man jedoch häufig nicht gerne nach außen dringen lassen möchte. Das schuf eine widersprüchliche Situation: Zum einen waren die Projektnehmer dankbar, dass die Projektsituation ausführlich beraten wurde; es gab aber auch Fälle, in denen die Befürchtung laut wurde, dass die Bilanzierungsergebnisse zu Sanktionen durch die fördernden Projektinstanzen führen könnten. Wir haben darauf in der Weise reagiert, dass wir es – ausgehend vom dialogischen Programmansatz – den Projekten bzw. ihren Akteuren überließen, ihre besondere Sichtweise bzw. ihren Standpunkt schriftlich oder mündlich darzulegen. Das Ergebnis bisher hat zu einer großen Offenheit geführt. Das Bilanzierungsteam hat auch im Rahmen der Perspektivensitzung seine Perzeption des Projektes durch die Benennung von Stärken und Schwächen deutlich gemacht. Die den Stärken und Schwächen jeweils zugeordneten Fragen haben die Projektbeteiligten veranlasst, Antworten zu geben – schriftlich oder mündlich!

Grundsätzlich war es den Projekten möglich, ihrerseits die Perzeption des Bilanzierungsteams in Frage und gegebenenfalls richtig zu stellen. Damit wird die Evaluation zu dem, was sie sein soll: ein gegenseitiger Lernprozess, der alle Beteiligten aktiviert und nach Möglichkeit Hinweise zur Veränderung von Praxis liefert. Soweit zu den positiven Bewertungen des Verfahrens. Bemängelt wurden insbesondere die unzureichenden Vorabinformationen, die nicht deutlich werden ließen, auf was man sich einzulassen hatte. Die gemeinsame inhaltliche Ziel-Plattform, auf der die Projekte stehen sollten, ist nicht immer allen Projektbeteiligten gleichermaßen deutlich. Vor allem die Erfahrungen mit regionsübergreifenden Projektverbünden lassen noch kein eindeutiges Urteil zu. Der Erfahrungshintergrund ist derart unterschiedlich, dass inhaltsbezogene Konkretisierungen und Einschätzungen kaum möglich sind. Hilfreich ist es hierbei, das Instrument auf der unmittelbaren, schulbezogenen Ebene, also in den einzelnen Projektregionen, anzusetzen.

Schließlich kann ohne konkreten Erfahrungsbezug keine handlungsorientierte Reflexion stattfinden. Hier beziehe ich mich auf Erfahrungen in der Anwendung des Verfahrens im Kontext des BLK-Programms „Neue Lernkonzept in der dualen Berufsausbildung". Das gilt im Wesentlichen für länderübergreifende Projektverbünde als Teil des BLK-Programms, deren überregionale Verbindungen eher einem Informationsaustausch nahekommen, als dass intensiv an einer gemeinsamen Sache gearbeitet wird. Die Erfahrungshintergründe in diesen Projekten erweisen sich als derart unterschiedlich, dass inhaltsbezogene Bewertungen des Projektfortschritts kaum möglich sind (Programmträger 2000a, 2000b; Programmträger 2004,110).

Auch die Aufstellung des Kriterienkataloges im Evaluationsverfahren durch aktive Beteiligung der Projekte wurde als schwierig und aufwendig betrachtet. Hier hätte man sich mehr inhaltliche Hilfestellung durch den Programmträger gewünscht.

8.4 Fazit: Defizite und Handlungsbedarfe

Das letzte Kapitel hat insgesamt deutlich gemacht, dass im Bereich des Managements von Verbundvorhaben bzw. Projektnetzwerken, vor dem Hintergrund der Erfahrungen mit zwei Projektträgerschaften, noch erhebliche Defizite festzustellen sind. Daher sollte die Qualifizierung, die Beratung und der Erfahrungsaustausch von Projektnehmern, Projekt- und Programmträgern noch deutlich intensiviert werden. Gleiches gilt für die ausreichende personelle und finanzielle Ausstattung der Träger.

Das Management von Programmen im Entwicklungsfeld von Arbeit, Technik und Bildung ist besonders auf der regionalen Ebene ein fruchtbares Betätigungsfeld – gleichwohl stellt es eine hochkomplexe und eine die Kompetenzen aller Koordinatoren herausfordernde Aufgabe dar. Insbesondere zeigte sich, dass umfassende und erweiterte Innovationsprozesse im Rahmen regionaler Kooperationsbeziehungen nicht voraussetzungslos erfolgen. Hierfür sind die internen und externen Voraussetzungen auf der institutionellen, politischen und finanziellen Ebene zu bedenken, damit eine querschnittsorientierte Entwicklung über Bereichs- und Sektorgrenzen hinweg ermöglicht wird. Sollen von den Projektträgern bzw. Innovationsagenturen, aber auch von den regionalen Forschungs- und Bildungseinrichtungen derartige Innovationsprozesse gleichsam von „unten" entwickelt werden, so setzt dies eine kooperationsstiftende und problemlösende Prozessmoderation auf steigendem Niveau voraus (Oehlke 1996, 244; Manske u. a. 2002,261). Damit steht der Projektträger vor der Notwendigkeit, sich entsprechende Moderations- und Koordinationskompetenzen anzueignen und eine von allen Akteuren mitgetragene Integrationsstrategie im Rahmen von regionalen Förderprogrammen zu entwickeln, die sich strukturbewahrenden Widerständen und Kooperationsbarrieren entgegenstellt. Eine bessere Vernetzung unterschiedlicher Entwicklungsfelder aus den Bereichen Arbeit, Bildung und Wirtschaft könnte so schrittweise erreicht werden. Damit ist die Chance gegeben, dass regionalspezifische Kooperationsdefizite und eingeschränkte Innovationsfixierungen in einer sozialverträglichen Modernisierungsperspektive überwunden werden.

9 Literaturverzeichnis

Andrews, R. B. (1953). Mechanics of the Urban Economic Base. Historical Development of the Base Concept. In: Land Economics, Madison/ Wis., 161–167.

Arbeiterkammer Bremen (1992). Die regionale Innovations- und Technologiepolitik des Landes Bremen. Bestandsaufnahme und Evaluation. Bremen.

Argyris, Ch. (1997). Wissen in Aktion. Stuttgart: Klett Cotta.

Asdonk, J./ Bredeweg, U./ Kowol, K. (1993). Innovation, Organisation und Facharbeit. Bielefeld.

Barre, R./ Gibbons, M./ Maddox, J./ Martin, B./ Papan, P. (eds.) (1997). Science in Tommorows Europe. Paris (Economic International).

Batt, Helge-Lothar (1997). Regionale und lokale Entwicklungsgesellschaften als Public-Private Partnerships: Kooperative Regime subnationaler Politiksteuerung. In: Udo Bullmann/ Rolf G. Heinze. Regionale Modernisierungspolitik. Nationale und Internationale Perspektiven. Opladen.

BAW – Bremer Ausschuß für Wirtschaftsforschung (Hg.) (1996). Bremer Zeitschrift für Wirtschaftspolitik. Bausteine zum WAP IV (1996–2004).

Belzer, V. (1991). Forschung und Entwicklung in kleinen und mittleren Unternehmen, Arbeitspapiere des Instituts Arbeit und Technik. IAT Z 05. Gelsenkirchen.

Beywl, W. (1988). Zur Weiterentwicklung der Evaluationsmethodologie. Grundlegung, Konzeption und Anwendung eines Modells der responsiven Evaluation. Frankfurt.

Beywl, W. (1991). Entwicklung und Perspektiven praxiszentrierter Evaluation. In: Sozialwissenschaften und Berufspraxis. 14/3, 265–279.

Bocklet, R. (1975). Öffentliche Verantwortung und Kooperation – Kriterien zur Organisation der Weiterbildung. In: Deutscher Bildungsrat (Hg.). Gutachten und Studien der Bildungskommission. Bd. 46: Umrisse und Perspektiven der Weiterbildung. Stuttgart, 109–145.

Böhle, F./ Rose, H. (1992). Technik und Erfahrung. Frankfurt/ New York.

Braczyk, H.-J./ Cooke, P./ Heidenreich, M. (eds.) (1998). Regional Innovation Systems. The role of governances in a globalized world. London.

Bremer Sachverständigenkommission „Arbeit und Technik" (1986a). Perspektiven technischer Bildung. Universität Bremen.

Bremer Sachverständigenkommission „Arbeit und Technik" (1986b). Forschungsperspektiven zum Problemfeld „Arbeit und Technik". Bonn.

Bremer Sachverständigenkommission „Arbeit und Technik" (1988). „Arbeit und Technik" – Ein Forschungs- und Entwicklungsprogramm. Bonn.

Bullmann, Udo/ Heinze, Rolf. G. (1997). Regionale Modernisierungspolitik. Nationale und internationale Perspektiven. Opladen.

Bundesminister für Forschung und Technologie/ Bundesminister für Arbeit und Sozialordnung/ Bundesminister für Bildung und Wissenschaft (Hg.) (1992). Forschungs- und Entwicklungsprogramm „Arbeit und Technik". Bonn.

Buttler, F./ Gerlach, K./ Liepmann, P. (1997). Grundlagen der Regionalökonomie. Reinbek.

Camagni, R. (ed.) (1991). Innovation networks: spatial perspectives. London.

CEC – Commission of the European Communities (1993). Growth, Competitiveness, Employment. Brussels: CEC.

CEC – Commission of the European Communities (1994). The Regional Technology Plan Guidebook. Brussels: CEC.

CEC – Commission of the European Communities (1995). Green Paper on Innovation. Brussels: CEC.

CEC – Commission of the European Communities (1996). Action Plan for Innovation in Europe. Brussels: CEC.

CENTRIM – Centre for Research in Innovation Management (1998). ION project description. (Nicht-veröffentlichter Foliensatz). University of Brighton.

Cooke, P./ Morgan K. (1990). Learning through Networking. RIR Report, No. 5. Cardiff: University of Wales.

Cooke, P./ Morgan, K. (1992). Regional Innovation Centres in Europe. RIR Report, No. 10. Cardiff: University of Wales.

Cooke, P./ Morgan, K. (1993). The network paradigm: new departures in cooperative and regional development. Environment and Planning D. 11, 543–564.

Cooke, P./ Morgan, K. (1994). The Creative Milieu. A Regional Perspective on Innovation. In: M. Dodgson/ R. Rothwell (Hg.). The Handbook of Industrial Innovation. Aldershot.

Corbett, J. M./ Rasmussen, L. B./ Rauner, F. (1991). Crossing the Border – The Social and Engineering Design of Computer Integrated Manufacturing Systems. London.

Crevoisier, O./ Maillat, D. (1991). Milieu, industrial organisation and territorial production system: Towards a new theory of spatial development. In: R. Camagni (ed.). Innovation Networks: spatial perspectives. London: Belhaven Press.

Dehnbostel, P. (1995). Neuorientierungen wissenschaftlicher Begleitforschung – eine kritische Auseinandersetzung mit bestehenden Konzepten und fälligen Fortentwicklungen. In: P. Benteler/ M. Twardy u. a. Modellversuchsforschung als Berufsbildungsforschung. Wirtschafts-, Berufs- und Sozialpädagogische Texte. Sonderband 6. Köln.

Deitmer, L. (1985). Von der Politik der Technologiefolgenabschätzung zur Technikgestaltung – Konzeption, Neuansätze und Erfahrungen. In: Universität Bremen (Hg.). Arbeit und Technik. Problemfelder, Gestaltungsansätze, Akteure. Heft 10. Bremen.

Deitmer, L. (1988). Neue Wege der Technik-Entwicklung und -Gestaltung am Beispiel der Bremer Sachverständigenkommission „Arbeit und Technik". In: Dokumentation der Arbeitstagung des DGB-Landesbezirks Niedersachsen, der Hans-Böckler-Stiftung und der Arbeiterkammer Bremen. DGB-Landesbezirk Niedersachsen.

Deitmer, L. (1992). Integrated Work and Technology Concept in the Craft Trade – Initial Regional Experience During the Establishment of the Bremen programme „work & technology". In: H. Pornschlegel (Hg.). Research and Development in Work and Technology. Heidelberg.

Deitmer, L. (1993). Regionale Innovation im Handwerk – der integrierte Arbeit und Technik-Ansatz im Versorgungshandwerk. In: Projektträger „Arbeit und Technik". (Hg.). Gebäudeleittechnik – ein neuer Markt für das Handwerk. Bremen.

Deitmer, L. (1995). Innovationsprozesse im Handwerk. Bedingungen und Chancen. In: L. Deitmer/ F. Rauner (Hg.). Zukunft Handwerk. Das Handwerk als regionaler Innovationsträger. Projektträger des Landesprogramms Arbeit und Technik. Bremen: Handwerkskammer.

Deitmer, L. (2000). Management und Steuerung von Netzwerken zur Bildungsinnovation. In: J.-P. Pahl/ F. Rauner/ G. Spöttl (Hg.). Berufliches Arbeitsprozesswissen – Ein Forschungsgegenstand der Berufsfeldwissenschaften. Baden-Baden: Nomos.

Deitmer, L. (2001). Integrierte Innovationsprozesse, Regionalentwicklung und Berufliche Bildung – der Beitrag von Innovationsnetzwerken zur „lernenden Region". In: L. Deitmer/ F. Eicker (Hg.). Integrierte Innovationsprozesse, Regionalentwicklung und Berufliche Bildung. Beiträge zur „lernenden Region" und Erfahrungen mit ihrer Ausgestaltung. Bremen: Donat.

Deitmer, L./ Attwell, G. (1999). Partnerships and Networks: A Approach to Learning in Regions. In: B. Nyhan/ G. Attwell/ L. Deitmer. Education and Regional Innovation in the European Union and the United States. Thessaloniki: CEDEFOP.

Deitmer, L./ Eicker, F. (Hg.) (2001). Integrierte Innovationsprozesse, Regionalentwicklung und Berufliche Bildung. Beiträge zur „lernenden Region" und Erfahrungen mit ihrer Ausgestaltung. Bremen: Donat.

Deitmer, L./ Endres, E./ Manske, F./ Riedel, M. (1997). Management und Steuerung von regionalen Verbundprojekten: Verfahren und Instrumente. Bremen: Institut Technik und Bildung der Universität.

Deitmer, L./ Gerds, P. (1999). Wie kann sich die Region zu einer „lernenden" Region entwickeln? In: GEW. „Wir machen die Beruflichen Schulen fit für das nächste Jahrtausend!". Materialband der GEW-Fachtagung. Universität Rostock: Institut für Technische Bildung.

Deitmer, L./ Gerds, P. (2002). Developing a regional dialogue on vocational education and training. In: P. Kämäräinen/ Graham Attwell/ Alan Brown (eds.). Transformation of learning in education and training. European Centre for the Development of Vocational Training. Luxembourg.

Deitmer, L./ Grützmann, A. (1995). Organisationsentwicklungsprojekte in Handwerk und Industrie – Regionale Fallbeispiele aus dem Bäckerhandwerk und der Zulieferindustrie. In: M. Fischer/ J. Uhlig-Schoenian (Hg.). Organisationsentwicklung in Berufsschule und Betrieb – neue Ansätze für die berufliche Bildung. ITB-Arbeitspapier Nr. 12. Bremen: Institut Technik und Bildung der Universität.

Deitmer, L./ Grützmann, A./ Oehlke, P./ Rauner, F. (1991). Das Bremer Programm „Arbeit und Technik". In: W. Fricke. Jahrbuch „Arbeit und Technik". Schwerpunktthema: Technikentwicklung – Technikgestaltung in Technikfeldern. Bonn.

Deitmer, L./ Hüster, W. (1999). Zum Thema der Veranstaltung: Berufsbildung in der Region. In: Senator für Bildung, Wissenschaft, Kunst und Sport. Regionaler Berufsbildungsdialog. Dokumentation der Bremer Berufsbildungskonferenz '98 vom 9.9.1998. Bremen.

Deitmer, L./ Hüster, W. (2000). Zur Organisation der Bremer Berufsbildungskonferenz. Ein Rückblick zum Vorgehen und zum Diskussionsverlauf. In: Schulverwaltung. Zeitschrift für Schul-

Leitung, SchulAufsicht und SchulKultur. Ausgaben Schleswig-Holstein, Hamburg, Bremen. 3. Jg. Februar 2000, Nr. 2, 40–45.

Deitmer, L./ Köster, U. (1997). Many small companies under one roof: The Production Island Principle at Felten & Guilleaume. In: P. Docherty/ B. Nyhan. Human Competence and Business Development. Emerging Patterns in European Companies. London: Springer.

Deitmer, L./ Rauner, F. (Hg.) (1995). Zukunft Handwerk. Das Handwerk als regionaler Innovationsträger. Projektträger des Landesprogramms Arbeit und Technik, Bremen: Handwerkskammer.

Deitmer, L./ Ritzenhoff, P./ Sproten, H.-P. (1998). Neue Systemanforderungen im Handwerk durch Gebäudemanagement, Wärmelieferung und Niedrigenergiehaus. In: D. Patt/ W. Gerwin/ M. Hoppe (Hg.). Kooperieren und qualifizieren im Handwerk – vorgestellt am Beispiel der Versorgungstechnik. Berichte zur beruflichen Bildung. H. 222. Bielefeld: BIBB, 53–72.

Deitmer, L./ Ruth, K. (1998). Establishing Networks between R&D SMEs for Collaboration and Regional Innovation (Bremen, Germany). In: Richard Ennals/ Björn Gustavsen. Work Organisation and Europe as a Development Coalition. Amsterdam: Benjamins.

Deitmer, L./ Wenzel, D. (2001). Neue Lernstrategien für die berufliche Aus- und Weiterbildung im Bekleidungsgewerbe – Welche Folgen hat die CAD-Anwendung bzw. die veränderte Mensch-Maschine Interaktion für die Facharbeit? In: Friedhelm Eicker/ A. Willi Petersen. Mensch-Maschine-Interaktion. Arbeiten und Lernen in rechnergestützen Arbeitssystemen in Industrie, Handwerk und Dienstleistung. Baden-Baden: Nomos.

Dittrich, J./ Deitmer, L. (2000). Bridging the Gap – Experiences and a Concept in Technology Education, Networks and Regional Innovation in the Field of Intelligent Building Technology. In: W. Theuerkauf/ G. Graube. Proceedings of the International Conference on Technology Education. Sept. 24. – 27. 2000. CD. Braunschweig.

DIW – Deutsches Institut für Wirtschaftsforschung (2000). Regionale Verteilung von Innovations- und Technologiepotentialen in Deutschland und Europa. Projektstudie im Auftrag des Bundesministeriums für Bildung und Forschung (BMBF). Zusammen mit ISI, NIW und IfW. Bonn.

Dobischat, R./ Husemann, R. (Hg.) (1997). Berufliche Bildung in der Region. Zur Neubewertung einer bildungspolitischen Gestaltungsdimension. Berlin.

Dodson, M./ Rothwell, R. (eds.) (1994). The Handbook of Industrial Innovation. Cheltenham: Edward Elgar.

Döring, O. (1995). Strukturen der Zusammenarbeit von Betrieben und Weiterbildungsinstitutionen in der beruflichen Weiterbildung. Aachen.

Döring, O./ Jantz, A./ Meßmer, I. (1997). Möglichkeiten und Grenzen der Ressourcenoptimierung durch Kooperationen im Weiterbildungssystem. In: W. Böttcher/ H. Weishaupt/ M. Weiß (Hg.). Wege zu einer neuen Bildungsökonomie: Pädagogik und Ökonomie auf der Suche nach Ressourcen und Finanzierungskonzepten. Weinheim/ München, 377–391.

Dorcherty, P./ Nyhan, B. (1997). Human Competence and Business Development. Emerging Patterns in European Companies. London: Springer.

Dosi, G./ Freeman, C./ Nelson, R./ Silverberg, G./ Soete, L. (eds.) (1988). Technical change and economic theory. New York.

Duesenberry, J. S. (1950). Some Aspects of the Theory of Economic Development. In: Explorations in Entrpreneurial History. Richmond/ Ind 3, 63–102.

Ehrlich, K. (1995). Auf dem Weg zu einem neuen Konzept wissenschaftlicher Begleitung. In: BWP, Berufsbildung in Wissenschaft und Praxis. 24, 1, 32–37.

Eichener, V. (1994). Das „Management von Figurationen" im Bereich regionaler Wirtschafts- und Technikförderung. In: E. Lange. Der Wandel der Wirtschaft – Soziologische Perspektiven. Berlin.

Elias, N. (1970). Was ist Soziologie? München.

Elsner, W. (1997). Bestandsaufnahme und Profil des Bremer Konversionsprogramms-CONVER. Bremen.

Endres, E./ Wehner, T. (1996a). Zwischenbetriebliche Kooperation – Die Gestaltung von Lieferbeziehungen. Weinheim: Beltz-Psychologie Verlags Union.

Endres, E./ Wehner, T. (1996b). Zwischenbetriebliche Kooperation aus prozessuraler Perspektive. In: D. Sauer/ H. Hirsch-Kreinsen (Hg.). Zwischenbetriebliche Arbeitsteilung und Kooperation. Frankfurt.

Ennals, R./ Gustavsen, B. (1998). Work Organisation and Europe as a Development Coalition. Amsterdam.

Enright, M. (1995). Regional clusters and economic development: a research agenda. In: U. Staber/ N. Schaefer/ B. Sharma (eds.). Business networks: prospects for regional development. Berlin: de Gruyter, 190–214.

Ewers, H.-J./ Brenck, A. (1992). Innovationsorientierte Regionalpolitik. Zwischenfazit eines Forschungsprogramms. In: H. Birg/ H.-H. Schalk (Hg.). Regionale und sektorale Strukturpolitik. Münster, 309–341.

Faulstich, P. (1997). Diffusionstendenzen und Kooperationsstrategien zwischen Unternehmen und Erwachsenenbildungsträgern. In: H. Geißler (Hg.). Weiterbildungsmarketing. Neuwied/ Kriftel/ Berlin, 141–150.

Faulstich, P./ Teichler, U./ Bojanowski, A./ Döring, O. (1991). Bestand und Perspektiven der Weiterbildung. Das Beispiel Hessen. Weinheim.

Faulstich, P./ Teichler, U./ Döring, O. (1996). Bestand und Entwicklungsrichtungen der Weiterbildung in Schleswig-Holstein. Weinheim.

Fetterman, D. M./ Kaftarian, S. J./ Wandersmann, A. (eds.) (1996). Empowement Evaluation Knowledge and Tools for Self-Assessment and Accountabilty. Thousands Oaks: Sage

Foders, F. (1998). Regionale Aspekte der Berufsbildungspolitik. Frankfurt.

Freeman, C. (1991). Network of innovators: A synthesis of research issues in Research Policy. 20, 499–514.

Freeman, C. (1992). The Economies of Hope. London/ New York.

Freeman, C. (1994). Critical survey: the economies of technical change. Cambridge. Journal of Economy. 18. 463–512.

Fricke, W. (Hg.) (1994). Arbeit und Technik-Programme in Bund und Ländern 1993. Eine sozialwissenschaftliche Bilanz. Bonn: Forschungsinstitut der Friedrich-Ebert-Stiftung.

Friedrich-Ebert-Stiftung (1989). Forschungen zu Arbeit und Technik. Bonn.

Friedrichsdorfer Büro für Bildungsplanung (Hg.) (1994). Lernende Region. Kooperationen zur Verbindung von Bildung und Beschäftigung in Europa. Salzgitter/ Berlin.

Fritsch, M. (1995). Arbeitsteilige Innovation – Ein Überblick über neuere Forschungsergebnisse. Expertise für das BMBW. (Unveröffentlichtes Manuskript).

Fritsch, M./ Koschatzky, K./ Schätzle, L./ Sternberg, R. (1998). Regionale Innovationspotentiale und innovative Netzwerke. In: RuR 4. Themenheft: Innovative Netzwerke und Raumentwicklung. 243–252.

Gerhard, V. (2000). Individualität – das Element der Welt. Münster.

Gnahs, D. (1994). Regionalisierung in der beruflichen Weiterbildung. Hannover.

Geißler, H. (1997). Annäherungen an eine Bildungstheorie des Weiterbildungsmarktes. In: H. Geißler (Hg.). Weiterbildungsmarketing. Neuwied/ Kriftel/ Berlin, 70–95.

Grabher, G. (1993). The weakness of strong ties: the lock-in of regional development in the Ruhr area In: G. Grabher (ed.). The embedded firm. On the socio-economic effects of industrial networks. London: Routledge, 255–277.

Grenzdörffer, K. (1996). Ökonomie von Kooperation in der Weiterbildung – Wirtschaftstheoretische Überlegungen. Bremen.

Gronwald, D./ Hoppe, M./ Rauner, F. (1997). 10 Jahre ITB: Festveranstaltung und Berufsbildungskonferenz. 21–23.2.1997. Bremen.

Hahne, U. (1985). Regionalentwicklung durch Aktivierung intraregionaler Potentiale. Zu den Chancen „endogener" Entwicklungsstrategien. Schriften des Instituts für Regionalforschung der Universität Kiel, Band 8.

Halfmann, J./ Bechmann, G./ Rammert, W. (1995). Technik und Gesellschaft. Jahrbuch 8: Theoriebausteine der Techniksoziologie. Frankfurt/ New York.

Hanusch, H. (1987). Nutzen-Kosten-Analyse. München.

Heidegger, G./ Laske, G. (1997). Die gestaltungsorientierte Innovation unterstützende, transferorientierte „Transformationsevaluation". In: G. Heidegger/ G. Adolph/ G. Laske. Gestaltungsorientierte Evaluation in der Berufsschule – Begründungen und Erfahrungen. Bremen.

Heidegger, G./ Rauner, F. (1997). Reformbedarf in der beruflichen Bildung. Gutachten für das Land Nordrhein-Westfalen. Düsseldorf.

Heinze, R. G./ Hilbert, J./ Potratz, W./ Scharfenroth, K. (1997). Innovative Standortpolitik auf Länderebene – das Beispiel Nordrhein-Westfalen. In: Udo Bullmann/ Rolf G. Heinze. Regionale Modernisierungspolitik. Nationale und internationale Perspektiven. Opladen.

Heinze, R. G./ Voelzkow, H. (1991). Kommunalpolitik und Verbände. Inszenierter Korporatismus auf lokaler und regionaler Ebene? In: H. Heinelt/ H. Wollmann (Hg.). Brennpunkt Stadt. Basel/ Boston/ Berlin.

Literaturverzeichnis

Hellmer, F./ Friese, Chr./ Kollros, H./ Krumbein, W. (1999). Mythos Netzwerke: Regionale Innovationsprozesse zwischen Kontinuität und Wandel. Berlin: Ed. Sigma.

Hildebrandt, E./ Seltz, R. (1989). Wandel betrieblicher Sozialverfassung durch systemische Kontrolle. Berlin.

Hippel, E. van (1988). The Sources of Innovation. Oxford.

Hirschmann, A. O. (1958). The strategy of economic development. New Haven, Connecticut: Yale University Press (Deutsche Übersetzung: Die Strategie der wirtschaftlichen Entwicklung. Stuttgart 1967).

Hofmaier, B. (1999). Regional Development and Learning: Case Studies in Southern Sweden. In: B. Nyhan/ G. Attwell/ L. Deitmer (eds.). Towards the Learning Region. Education and Regional Innovation in the European Union and the United States. Thessaloniki.

Höpfner, H.-D./ Bremer, R. (1996). Modellversuch Berufsausbildung nach BBiG mit Fachhochschulreife. Gemeinsamer Zwischenbericht. Bremen und Schwarze Pumpe. (2. Auflage).

Holz, H./ Rauner, F./ Walden, G. (Hg.) (1998). Ansätze und Beispiele der Lernortkooperation. In: Berichte zur Beruflichen Bildung des Bundesinstitutes für Berufsbildungsforschung. Heft 226. Bielefeld: BIBB.

Huggins, R. (1997). Competitiveness and the Global Region – The Role of Networking. In: J. M. Simmies. Innovation, Networks and Learning Regions. London.

Institut Technik und Bildung (1997). Modernisierungsprogramm „Integriertes Energie- und Gebäudemanagement in öffentlichen Liegenschaften des Landes Bremen – Energetische Sanierung und Innovation in einem komplexen, regionalen Marktfeld". Programm- und Implementationskonzept, Bremen: Institut Technik und Bildung der Universität Bremen und Bremer Institut für kommunale Energiewirtschaft und -politik an der Universität Bremen.

Kailer, N./ Scheff, J. (1997). Prozeßsynergie als Determinante eines strategischen Kooperationsmanagements. Graz. (Unveröffentlichtes Manuskript).

Keating, M. (1997). Politische Ökonomie des Regionalismus. In: U. Bullmann/ R. G. Heinze. Regionale Modernisierungspolitik. Nationale und internationale Perspektiven. Opladen.

Kempfert, G./ Rolff, H.-G. (1999). Pädagogische Qualitätsentwicklung – Ein Arbeitsbuch für Schule und Unterricht. Weinheim/ Basel: Beltz Verlag.

Kern, H./ Sabel, Ch. (1994). Verblaßte Tugenden. Zur Krise des deutschen Produktionsmodells. In: N. Beckenbach/ W. van Treeck (Hg.). Umbrüche gesellschaftlicher Arbeit. In: Soziale Welt, Sonderband 9. Göttingen 1994. 605–624.

Kistenmacher, H. (1970). Basic-Nonbasic-Konzept. In: Handwörterbuch der Raumforschung und Raumordnung. Bd. 1 (2. Aufl.). Hannover. 149–157.

Kluger, J. (2001). Regionale, branchen- und themenspezifische Innovations- und Kooperationsnetzwerke in Nordrhein-Westfalen. In: L. Deitmer/ F. Eicker (Hg.). Integrierte Innovationsprozesse, Regionalentwicklung und Berufliche Bildung. Beiträge zur „lernenden Region" und Erfahrungen mit ihrer Ausgestaltung. Bremen: Donat.

Kneißle, R. J./ Zündorf, L. (1994). Problembewältigung in mittelständischen Industriebetrieben. In: E. Lange (Hg.). Der Wandel der Wirtschaft – Soziologische Perspektiven. Berlin.

Koch, J. (1994). Die „Lernende Region" als Modell für regionale Entwicklung. In: Friedrichsdorfer Büro für Bildungsplanung (Hg.). Lernende Region. Kooperationen zur Verbindung von Bildung und Beschäftigung in Europa. Salzgitter, 41–50.

Kondratieff, N. D. (1926). Die langen Wellen der Konjunktur. In: Archiv für Sozialwisssenschaft und Sozialpolitik. Bd. 56. 573–609.

Kösel, E. (1991). Arbeitsplatzbezogenes, dezentrales Lernen und neue Lernortkombinationen. Wie können wir Schlüsselkombinationen vermitteln? In: P. Dehnbostel/ S. Peters (Hg.). Dezentrales und erfahrungsorientiertes Lernen im Betrieb. Alsbach.

Kösel, E. (1993). Die Modellierung von Lernwelten. Ein Handbuch zur Subjektiven Didaktik. Elztal-Dollau.

Kommission Bremen 2000 (1993). Umdenken, Überlegungen zur Entwicklung des Landes Bremen und seiner beiden Städte Bremen und Bremerhaven nach der Jahrtausendwende. Kommissionsbericht des Bremer Senats. Bremen.

Kooperationsbereich Universität – Arbeiterkammer – Forschungstransferstelle Bremen (Hg.) (1994). Humane Technikgestaltung, Qualifizierungspolitik und Regionalentwicklung. Eine Tagung zu Handlungsbedarfen und Gestaltungskonzepten aus der Sicht von Wissenschaft, Gewerkschaften und Politik. Bremen.

Koschatzky, K./ Zenker, A. (1999). Innovationen in Ostdeutschland – Merkmale, Defizite, Potentiale. Ausarbeitung für das Bundesministerium für Bildung und Forschung im Rahmen der Vorarbeiten zum Förderprogramm „InnoRegio". Arbeitspapier Regionalforschung Nr. 17. Karlsruhe: Fraunhofer-Institut für Systemtechnik und Innovationsforschung (ISI).

Kromrey, H. (1995). Evaluation. Empirische Konzepte zur Bewertung von Handlungsprogrammen und die Schwierigkeiten ihrer Realisierung. In: Zeitschrift für Sozialisationsforschung und Erziehungssoziologie. 15 Jg.

Kuhlmann, S. (1998). Politikmoderation. Evaluationsverfahren in der Forschungs- und Technologiepolitik. Baden-Baden.

Kuhlmann, S./ Holland, D. (1995). Wandel von Bewertungskonzepten der Technologiepolitik – am Beispiel der Evaluationspraxis von Förderprogrammen. In: R. Martinsen/ G. Simonis (Hg.). Paradigmenwechsel in der Technologiepolitik? Heidelberg, 281–302.

Kujath, H.-J. (Hg.) (1998). Strategien der regionalen Stabilisierung. Wirtschaftliche und politische Antworten auf die Internationalisierung des Raumes. Berlin.

Lange, E. (Hg.) (1994). Der Wandel der Wirtschaft. Berlin.

Läpple, D. (1998). Globalisierung – Regionalisierung: Widerspruch oder Komplementarität. In: H.-J. Kujath (Hg.). Strategien der regionalen Stabilisierung. Wirtschaftliche und politische Antworten auf die Internationalisierung des Raumes. Berlin.

Läpple, D., u. a. (1994). Strukturentwicklung und Zukunftsperspektiven der Hamburger Wirtschaft unter räumlichen Perspektiven. (Unveröffentlichtes Manuskript). Hamburg.

Lipsmeier, A. (1997). Zur wissenschaftlichen Begleitung von CAL-Modellversuchen im allgemeinen und zur Evaluation von „Olli" im besonderen. BWP 26/1. 22 ff.

Lundvall, B. A. (ed.) (1992). National Systems of Innovation: Towards a Theory of Innovation and Interactive Learning. London: Pinter.

Lundvall, B. A. (1994). The Learning Economy: Challenges to Economic Theory and Policy. Paper at the EAEPE Conference. 27.–29. October. Copenhagen.

Lundvall, B.-A./ Borräs, S. (1997). The globalising learning economy: Implications for innovation policy. TSER Report for D. G. Science, Research and Development. EUR 18307. Brussel (second edition 1999).

Manske, F. (1994). Facharbeiter und Ingenieure im „deutschen Produktionsmodell". In: WSI-Mitteilungen. Heft 7.

Manske, F./ Mickler, O./ Wolf, H. (1994). Computerisierung technisch-geistiger Arbeit. Ein Beitrag zur Debatte um Form und Folgen gegenwärtiger Rationalisierung. In: N. Beckenbach/ W. van Treeck (Hg.). Umbrüche gesellschaftlicher Arbeit. Sonderband 9 der Sozialen Welt.

Manske, F./ Moon, Yong-Gap (1996). Technik und Gesellschaft – Anmerkungen zum Stand sozialwissenschaftlicher Technikforschung. In: Soziologische Revue. Heft 3.

Manske, F./ Moon, Y.G./ Ruth, K./ Deitmer, L. (2002). Ein prozess- und akteursorientiertes Evaluationsverfahren als Reflexionsmedium und Selbststeuerungsinstrument für Innovationsprozesse: In: Zeitschrift für Evaluation. Heft 2. Leske+Budrich, Leverkusen, 245-263.

Manske, F./ Ruth, K./ Deitmer, L. (2001). Wie evaluiert man regionale Innovationsprozesse und zu wessen Nutzen? In: L. Deitmer/ F. Eicker (Hg.). Integrierte Innovationsprozesse, Regionalentwicklung und Berufliche Bildung. Beiträge zur „lernenden Region" und Erfahrungen mit ihrer Ausgestaltung. Bremen: Donat.

Mayntz, R. (1992). Erfindungen sind nicht im Gang der Wissenschaft programmiert. In: Technische Rundschau. Heft 28/29.

Messner, D. (1994). Fallstricke und Grenzen der Netzwerksteuerung. In: PROKLA. Zeitschrift für kritische Sozialwissenschaft. Heft 97. 24 Jg. Nr. 4. 563–596.

Meyer-Krahmer, F., u. a. (1984). Erfassung regionaler Innovationsdefizite. Bonn (Schriftenreihe „Raumordnung" des BMBS. Heft 06.054).

Morgan, K. (1997). The Learning Region: Institutions, Innovation and Regional Renewal. In: Regional Studies. Vol. 31.5. 191–503.

Morgan, K./ Nauwelaers, C. (1998). Regional Innovation Strategies – The challenge for Less Favoured Regions. London: Jessica Kingsley.

Naschold, F. (1992). Den Wandel organisieren: Erfahrungen des schwedischen Entwicklungsprogramms „Leitung, Organisation und Mitbestimmung" (LOM) im internationalen Wettbewerb. Berlin.

Naschold, F. (1994). Nationale Programme zur Innovationsentwicklung. Arbeitspolitik im internationalen Vergleich. In: Arbeit, Zeitschrift für Arbeitsforschung, Arbeitsgestaltung und Arbeitspolitik. 3. Jg. Heft 2. Opladen: Westdeutscher Verlag, 103–131.

Nelson, R. R. (ed.) (1993). National Innovation Systems. Oxford: Oxford University Press.

Nelson, R. R. (1996). The sources of economic growth. Cambridge. Harvard University Press.

Nicholls-Nixon, C. L. (1995). Responding to technological change: Why some firms do and others die. The Journal of High Technology Management Research. Vol. 6. Number 1. 1–16.

Nieuwenhuis, L. (2000). The Spidervet model: Learning colleges within regions. In: L. Nieuwenhuis/ E. Figueira/ A. Golamazad/ J. Hughes/ F. Karrer/ K. Kekkonen (eds.). Knowledge Spiders in Europe. Vocational and technical colleges within regional and sectoral innovation networks. Final report to SpiderVet survey and analysis project under Leonardo da Vinci Programme I. Brussel.

Nonaka, I./ Takeuchi, H. (1995). The Knowledge Creating Company. How Japanese companies create the dynamics of innovation. Oxford: Oxford University Press.

North, D. C. (1955). Location Theory and Regional Economic Growth. In: The Journal of Political Economy, Chicago/ Ill. 63, 243–258.

Nyhan, B./ Attwell, G./ Deitmer, L. (1999). Education and Regional Innovation in the European Union and the United States. Thessaloniki: CEDEFOP.

OECD (1993). Territorial development and structural change: a new perspective on adjustment and reform. Paris: OECD.

OECD (1997). National Innovation Systems. Paris.

Oehlke, P. (1990). Kontinuität und Wandel im neuen FuE-Programm „Arbeit und Technik" der Bundesregierung. WSI-Mitteilungen. 43 (10), 629 ff.

Oehlke, P. (1994a). Funktion, Entwicklung und Perspektiven Sozialwissenschaftlicher Grundlagenforschung in den Humanisierungs-/Arbeit und Technik-Programmen. In: W. Fricke (Hg.). Arbeit und Technik-Programme in Bund und Ländern 1993. Eine Sozialwissenschaftliche Bilanz. Bonn, 22–39.

Oehlke, P. (1994b). Arbeitspolitische Gestaltung in der regionalen Strukturpolitik. Das Beispiel des Bremer Landesprogramms „Arbeit und Technik". In: W. Fricke (Hg.). Arbeit und Technik-Programme in Bund und Ländern 1993. Eine Sozialwissenschaftliche Bilanz. Bonn, 83–97.

Oehlke, P. (1994c). Der Beitrag des Landesprogramms Arbeit und Technik zur regionalen Innovationsförderung. In: Kooperation, Humane Technikgestaltung, Qualifizierungspolitik und Regionalentwicklung. Bremen: Arbeiterkammer und Universität.

Oehlke, P. (1996). Regionale Innovation durch arbeitsorientierte Kooperation. In: E. Endres/ T. Wehner. Zwischenbetriebliche Kooperation. Die Gestaltung von Lieferbeziehungen. Weinheim, 229–246.

Pätzold, G. (1999). Berufspädagogisch geleitete Lernortkooperation – eine anspruchsvolle Aufgabe. In: H. Holz/ F. Rauner/ G. Walden. Ansätze und Beispiele der Lernortkooperation. Berichte zur beruflichen Bildung des BIBB. Bielefeld.

Perroux, F. (1964). L`économie du XXème siécle. (2. Aufl.). Paris.

Peschel, K. (1989). Die Wirkungen der Europäischen Integration auf die Regionalentwicklung. In: Informationen zur Raumentwicklung. Heft 8/9.

Pfirrmann, O. (1991). Innovation und regionale Entwicklung: eine empirische Analyse der Forschungs-, Entwicklungs- und Innovationstätigkeit kleiner und mittlerer Unternehmen in den Regionen der Bundesrepublik Deutschland 1978–1984. München.

Piore, J. M./ Sabel, C. F. (1985). Das Ende der Massenproduktion. Studie über die Requalifizierung der Arbeit und die Rückkehr der Ökonomie in die Gesellschaft. Berlin: Wagenbach.

Pollmeyer, B./ Weingarten, R. (1992). „Arbeit und Technik" als regionale strukturpolitische Gestaltungsaufgabe. In: Gewerkschaftliche Bildungspolitik. Heft 4. Düsseldorf.

Porter, M. E. (1991). The Competitive Advantage of Nations. Hundsmille.

Programmträger zum Bund-Länder-Kommissions-Programm „Neue Lernkonzepte in der dualen Berufsausbildung" (1999a). Informationen für Antragsteller (2. Antragsrunde/ Stichtag 01.01.1999). Bremen: Institut Technik und Bildung der Universität.

Programmträger zum Bund-Länder-Kommissions-Programm „Neue Lernkonzepte in der dualen Berufsausbildung" (1999b). Informationen für Gutachter (1. Antragsrunde/ 01.07.98). Bremen: Institut Technik und Bildung der Universität.

Programmträger zum Bund-Länder-Kommissions-Programm „Neue Lernkonzepte in der dualen Berufsausbildung" (1999/2000). Programmbriefe 01 (1999), 02 (1999), 03 (2000), 04 (2000), 05 (2000). Bremen: Institut Technik und Bildung der Universität.

Programmträger zum Bund-Länder-Kommissions-Programm „Neue Lernkonzepte in der dualen Berufsausbildung" (2000a). Zwischenbilanz zum BLK-Programm an den Lenkungsausschuss. Bremen: Institut Technik und Bildung der Universität.

Programmträger zum Bund-Länder-Kommissions-Programm „Neue Lernkonzepte in der dualen Berufsausbildung" (2000b). Die Programmevaluation – Manual. Bremen: Institut Technik und Bildung der Universität.

Programmträger ITB/ ISB (2004): Neue Lernkonzepte in der dualen Berufsausbildung. Bilanz eines Modellversuchsprogramms der Bund-Länder-Kommission. Bielefeld: W. Bertelsmann. 95-112.

Projektträger Arbeit und Technik (1991). Landesprogramm Arbeit und Technik des Bremer Senators für Arbeit und Frauen. Informationen für Antragsteller. Neudruck 1994. Bremen: Institut Technik und Bildung der Universität.

Projektträger Arbeit und Technik (1993). Arbeit und Technik in Bremen – eine Halbzeitbilanz des Landesprogramms. Bremen: Institut Technik und Bildung der Universität.

Projektträger Arbeit und Technik (Hg.) (1994). Gebäudeleittechnik – ein neuer Markt für das Handwerk. Bremen: Institut Technik und Bildung der Universität.

Projektträger Arbeit und Technik (1995a). Bilanzierung des Landesprogramms Arbeit und Technik des Senators für Arbeit und Frauen. Erster Zwischenbericht an den Programmbeirat zum Bremer Landesprogramm zu seiner IX. Sitzung. Bremen: Institut Technik und Bildung der Universität.

Projektträger Arbeit und Technik (1995b). Bilanzierung des Landesprogramms Arbeit und Technik des Senators für Arbeit und Frauen. Zweiter Zwischenbericht für die Arbeitsgruppe Programmentwicklung. Bremen: Institut Technik und Bildung der Universität.

Putnam, R. (1993). The prosperous community. Social capital and public life. American Prospect 13. 35-42.

Rauner, F. (1988a). Arbeit und Technik als Gegenstand von Bildung und Bildungsforschung. In: Sachverständigenkommission Arbeit und Technik. Bonn.

Rauner, F. (Hg.) (1988b). „Gestalten" – Eine neue gesellschaftliche Praxis. Bonn.

Rauner, F. (1995). Gestaltung von Arbeit und Technik. In: R. Arnold/ A. Lipsmeiser (Hg.). Handbuch der Berufsbildung. Opladen, 50–64.

Rauner, F. (1998). Ausbildungspartnerschaft – Das Modell 'GoLo'. In: Berufsbildung. 50.

Rauner, F. (1999a). The competitive advantage of Regions. In: B. Nyhan/ G. Attwell/ L. Deitmer. Towards the Learning Region. Education and Regional Innovation in the European Union and the United States. Thessaloniki: CEDEFOP.

Rauner, F. (1999b). Entwicklungsmöglichkeiten und -grenzen des Berufskollegs zum Dienstleistungszentrum der Region. Vortragsmanuskript anläßlich des Berufskolleg-Kongresses: „Chancen entwickeln, gestalten und nutzen". Verband der Lehrerinnen und Lehrer an Berufskollegs in NRW (VLBs) vom 19.2.1999. Düsseldorf.

Rauner, F. (1999c). Reformbedarf in der beruflichen Bildung. In: Senator für Bildung, Wissenschaft, Kunst und Sport. Regionaler Berufsbildungsdialog. Dokumentation der Bremer Berufsbildungskonferenz '98 vom 9.9.1998. Bremen.

Rauner, F. (2000). Zukunft der Facharbeit. In: J.-P. Pahl/ F. Rauner/ G. Spöttl (Hg.). Berufliches Arbeitsprozesswissen – Ein Forschungsgegenstand der Berufsfeldwissenschaften. Baden-Baden.

Rauner, F./ Riedel, M. (2000). Berufsbildung für den Strukturwandel im Handwerk. Expertise. Arbeitsmarktpolitische Schriftenreihe der Senatsverwaltung für Arbeit, Soziales und Frauen. Band 24. Berlin: BBJ Verlag.

Rauner, F./ Ruth, K./ Deitmer, L./ Endres, E./ Klingenberg, H./ Milles, D. (1995). Bilanz des Bremer Landesprogramms des Senators für Arbeit und Frauen der Freien Hansestadt (1990–1995). Bremen: Institut Technik und Bildung der Universität.

Rossi, P. H./ Freeman, H. E./ Lipsey, M. W. (1973). Program Evaluation: A Systematic Approach. 6th. edition. Thousand Oaks (6. Auflage, 1999).

Ruth, K. (1995). Industriekultur als Determinante der Technikentwicklung: ein Ländervergleich: Japan – Deutschland – USA. Berlin.

Ruth, K. (1996). Regionaler Innovationsdialog. Eine Intensivfallstudie. In: E. Endres/ T. Wehner. Zwischenbetriebliche Kooperation. Die Gestaltung von Lieferbeziehungen. Weinheim.

Sabel, C. (1982). Work politics: The division of labour in industry. Cambridge.

Sabel, C. (1993). Constitutional ordering in historical context. In: F. Scharpf (ed.). Games in hierarchies and networks. Frankfurt: Campus, 65–123.

Saxenian, A. (1995). Regional Advantage. Cultur and Competition in Silicon Valley and Route 128. Cambridge: Harvard University Press.

Scarpelis, C. (1995). Innovation im Handwerk unter Beachtung der Entwicklungen in seinem Umfeld. In: L. Deitmer/ F. Rauner (Hg.). Zukunft Handwerk. Das Handwerk als regionaler Innovationsträger. Projektträger des Landesprogramms Arbeit und Technik. Bremen: Bremer Handwerkskammer.

Schäffer, V. (1995). Das Landesprogramm Arbeit und Technik im Kontext bremischer Förderprogramme. Analyse, Bewertung und Perspektiven. Studie im Auftrag des Senators für Arbeit. Bremen.

Scharpf, F. W. (1986). Grenzen der institutionellen Reform. Wissenschaftszentrum: discussion paper IIM/LMP 86–5. Berlin.

Schätzl, L. (Hg.) (1993). Wirtschaftsgeographie der Europäischen Gemeinschaft. Bd. 1: Theorie. Paderborn.

Schätzl, L. (Hg.) (1994a). Wirtschaftsgeographie der Europäischen Gemeinschaft. Bd. 2: Empirie. Paderborn.

Schätzl, L. (Hg.) (1994b). Wirtschaftsgeographie der Europäischen Gemeinschaft. Bd. 3: Politik. Paderborn.

Scheff, J. (1998). Die Rolle externer Know-how-Träger im Rahmen des Wissensmanagements in KMUs auch eine Frage des Lobbyismus. In: J. Scheff/ Gutschelhofer (Hg.). Das Lobby Management: Chancen und Risiken vernetzter Machtstrukturen im Wirtschaftsgefüge. Wien.

Scheff, J./ Gutschelhofer (Hg.) (1998) Das Lobby Management: Chancen und Risiken vernetzter Machtstrukturen im Wirtschaftsgefüge. Wien.

Schröder, D. (1989). Die Optimierung des Innovationsprozesses in der Freien Hansestadt Bremen. In: Bremer Zeitschrift für Wirtschaftspolitik. Heft 1.

Schumpeter, J. A. (1961). Konjunkturzyklen. Göttingen. (1. Aufl. 1939).

Schumpeter, J. A. (1964). Theorie der wirtschaftlichen Entwicklung. 6. Aufl. Berlin (1. Aufl. 1911).

Senat der Freien Hansestadt Bremen, Presse und Information, Rathaus (Hg.) (1992). „Vryheit do ik ju openbar ...". Das Sanierungsprogramm für die Freie Hansestadt Bremen. Bremen.

Senator für Arbeit und Frauen (1993). Arbeit und Technik in Bremen. Programmbroschüre. Bremen.

Senator für Bildung, Wissenschaft, Kunst und Sport (1999). Regionaler Berufsbildungsdialog. Dokumentation der Bremer Berufsbildungskonferenz '98 vom 9. 9. 1998. Bremen.

Senator für Bildung, Wissenschaft und Kunst der Freien Hansestadt Bremen (Hg.) (1985). In: Arbeit und Technik als politische Gestaltungsaufgabe. Ein Gutachten aus sozialwissenschaftlicher Sicht. Von W. Fricke/ K. Krahn und G. Peter. Bonn.

Shadish, W. R./ Cook, T. D./ Leviton, L. (1991). Foundation of Program Evaluation – Theories of Practise. Newbury Park, London/ New Delhi: Sage.

Shaw, B. (1996). User/ Supplier Links and Innovation. In: M. Dodgson/ R. Rothwell. The Handbook of Industrial Innovation. Cheltenham: Edgar Elgar.

Simmie, J. (1997). Innovation, Networks and Learning Regions? Regional Policy and Development Series 18. London.

Sombart, W. (1907). Der Begriff der Stadt und das Wesen der Städtebildung. Archiv für Sozialwissenschaft und Sozialpolitik. Tübingen.

Spehl, H. (1995). Nachhaltige Regionalentwicklung – ein neuer Ansatz für das Europa der Regionen. In: B. Gahlen/ H. Hesse/ H.-J. Ramser. Standort und Region. Neue Ansätze zur Regionalökonomik. Tübingen.

Stahl, T. (1994a). En route to the learning region. In: Lernende Region. Brussels: Eurotechnet, 196–209.

Stahl, T. (1994b). Auf dem Weg zur Lernenden Region – eine vergleichende Studie ausgewählter europäischer Regionen. In: Friedrichsdorfer Büro für Bildungsplanung (Hg.). Lernende Region. Kooperationen zur Verbindung von Bildung und Beschäftigung in Europa. Salzgitter, 22–35.

Stahl, T. (1999). Stimulating Regional Innovativiness: The Learning Region. In: B. Nyhan/ G. Attwell/ L. Deitmer. Towards the Learning Region. Education and Regional Innovation in the European Union and the United States. Thessaloniki: CEDEFOP.

Stahl, T./ Nyhan, B./ Ajola, P. (1993). Die lernende Organisation – Eine Vision der Entwicklung der Humanressourcen. Brüssel: Kommission der Europäischen Gemeinschaften.

Staudt, E. (1996). Zwischenbetriebliche Kooperationen. In: W. Kern/ H.-H. Schröder/ J. Weber (Hg.). Handwörterbuch der Produktionswirtschaft. Stuttgart.

Storper, M. (1995). The Resurgance of Regional Economies. Ten Years Later: The Region of a Nexus of Untraded Interdependencies. European Urban and Regional Studies. Vol. 2. 191–221.

Sydow, J./ Windeler, A. (Hg.) (1994). Management interorganisationaler Beziehungen. Opladen.

Universität Bremen (Hg.) (1994). Humane Technikgestaltung, Qualifizierungspolitik und Regionalentwicklung. Eine Tagung zu Handlungsbedarfen und Gestaltungskonzepten aus der Sicht von Wissenschaft, Gewerkschaften und Politik. Kooperationsbereich Universität – Arbeiterkammer Bremen.

Universität Bremen (Hg.) (1985). In: diskurs. Bremer Beiträge zu Wissenschaft und Gesellschaft. Problemfelder, Gestaltungsorte, Akteure. Auswertung des Bremer Symposiums Arbeit und Technik 1983. Heft 10. Bremen.

Universität Bremen/ Arbeit und Technik (Hg.) (1983). Analyse von Entwicklung der Technik und Chancen in der Gestaltung von Arbeit. Dokumentationsband zum 1. Symposium Arbeit und Technik. Bremen.

Universität Bremen und Sachverständigenkommission „Arbeit und Technik" (Hg.) (1987). Arbeit und Technik. Dokumentationsband zum 2. Bremer Symposium „Arbeit und Technik". Bremen.

Universität Bremen (Hg.) (1999). Forschungsförderungs-Sonderinfo. 3. Ausschreibung für das Bremer Landesprogramm. Nr. 6/99.

Universität Bremen (2000). Technical Annex zum Projektvorhaben COVOSECO im EU-Programm STRATA: From co-operation between to co-evolution of science and technology. Bremen: Institut Technik und Bildung der Universität.

Volkholz, V. (1991). HdA-Bilanzierung. Dortmund.

Weber, M./ Soete, L. (1999). Globalisation, Digitisation and the Changing European Context: impacts on regional economies. In: IPTS (Institute for Prospective Technological Studies) Report 39. European Commission, 3 ff.

Will, H./ Winteler, A./ Krapp, A. (1987). Von der Erfolgskontrolle zur Evaluation. In: Evaluation in der beruflichen Aus- und Weiterbildung. Heidelberg.

Wiig, H./ Wood, M. (1997). What comprises a regional innovation system – theoretical bases and indicators. In: J. Simmie. Innovation, Networks and Learning Regions? Regional Policy and Development Series 18. London.

Willms, W. (1996). Technologiepark an der Universität Bremen. Ansätze zur Evaluation und zur Erweiterung des Technologiepark-Konzeptes. Bremer Zeitschrift für Wirtschaftspolitik (BZW). Bremen, 7–62.

Willms, W. (2000a). Konzeptionelle Ansätze für einen Technologiestadtteil. Perspektiven einer qualitativen Technologieparkerweiterung. In: Bremer Zeitschrift für Wirtschaftspolitik (BZW). Heft 1 und 2. Bremen.

Willms, W. (2000b). Technologiepark Universität Bremen. Ergebnisse der Unternehmensbefragung 1998/1999. In: Regionalwirtschaftliche Studien des Bremer Instituts für Wirtschaftsforschung. No. 17.

Wolfe, D./ Gertler, M. (1998). The regional Innovation in Ontario, Kanada. In: H.-J. Braczyk/ P. Cooke/ M. Heidenreich (eds.). Regional Innovation Systems. The role of governance in a globalized world. London, 99–135.

Zangemeister, C. (1993). Erweiterte Wirtschaftlichkeitsanalyse (EWA) – Grundlagen und Leitfaden für ein „Stufenverfahren" zur Arbeitssystembewertung. Dortmund.

Anhang

Anhang 1: Leitlinien zum prozessorientierten Projektmanagement

Im Folgenden werden die in Kap. 8.3 aufgestellten Leitlinien für ein verbessertes prozessorientiertes Projektmanagement detailliert beschrieben.

1. Leitlinie: Die Projekte sind auf kontinuierliche Moderations- und Supervisionsangebote angewiesen.

- Soweit Moderations- und Supervisionsangebote nicht durch den Projektträger abgedeckt werden können, sollte er externe Unterstützung in Anspruch nehmen. Die Unterstützung richtet sich vor allem darauf, den Projektbeteiligten im Sinne einer Prozessevaluation (siehe Kap. 5.3) ein Feedback über Stärken und Schwächen im Projektverlauf zu geben.
- Insbesondere geht es dabei um die Frage, inwieweit sich die Organisationsstile der Beteiligten unterscheiden und wodurch sich die Unterschiede erklären lassen.
- Moderations- und Supervisionsangebote zielen auch darauf, die jeweiligen Kompetenzen der Partner zu erkennen und durch intelligente kooperative Formen besser aufeinander zu beziehen. Dazu sollte eine ausgewogene Balance zwischen den Eigeninteressen der Projektnehmer und den Zielen des Verbundprojektes hergestellt werden. Mittels einer verstärkten und wirkungsvolleren Moderation durch den Projektträger oder beauftragte Berater könnte es gelingen, Barrieren und vermeintliche Sachzwänge des einzelnen Projektpartnern zu überwinden.
- Einen besonderen Stellenwert hat dabei die Bewältigung von Konflikten, was die Kooperationskultur im weiteren Verlauf beeinflusst.
- Letztlich geht es darum, unter den Projektpartnern gegenseitiges Verständnis für die unterschiedlichen Hintergründe und Zielperspektiven ihrer Betriebe bzw. Organisationen zu stiften. Diese gelingt gerade in konflikthaften Phasen ohne externe Unterstützung meistens nicht, so ein zentraler Untersuchungsbefund der vorliegenden Arbeit. Es soll verhindert werden, dass die Verantwortlichkeiten unter den Projektpartnern undeutlich vereinbart sind. Ziel der Supervisionsaktivitäten ist es, dass mit Hilfe der Prozessevaluation solche Vereinbarungen getroffen werden, die von allen Projektteilnehmern mit getragen werden. Die Unterstützung von Projektzielen durch alle Projektpartner soll zumindestens verbessert und ihnen allen soll das gemeinsame Anliegen des Vorhabens verdeutlicht werden.

2. Leitlinie: Ein prozessorientiertes Projektmanagement erhöht die Koordinationsansprüche an den Projektträger.

- Prozessorientierung beinhaltet auch, dass die Beteiligten sich ihrer persönlichen Erwartungen an die gemeinsame Arbeit bewusst werden und dass sie diese gegenseitig transparent machen. Das ist besonders dazu wichtig, wenn ein Projekt nur von Einzelinteressen dominiert wird, die immer der Gefahr stehen, miteinander zu konfligieren.
- Sowohl das Antragsverfahren als auch die Projektkonzepte sollten offenere Projektverläufe ermöglichen, wobei der Projektträger herausgefordert ist, all dies in der Antragsberatung und Projektbegleitung umzusetzen. Damit kann eine aktive Prozesssteuerung während des Projektverlaufes durch das Projektleitungsgremium bzw. im Dialog mit den Projektpartnern stattfinden. Ein allzu zu starres Festhalten an einmal verabschiedeten Arbeitsplänen (die häufig im Vorlauf zum eigentlichen Projektbeginn definiert worden sind) sollte vermieden werden. Weil zwischenzeitlich eine Veränderung der Problemsituation im Projektverlauf immer eintreten kann, sollte ein Umsteuern zu einem anderen weiteren Projektvorgehen möglich sein. Solch ein Umsteuern im Projektverlauf stellt erhöhte Ansprüche an alle Projektbeteiligte, insbesondere was Zielvereinbarungen, das Projektmanagement oder die kontinuierliche Prozessevaluation betrifft.
- Prozessorientiertes Projektmanagement erfordert schließlich die Möglichkeiten, situatives Projekthandeln - gerade bei plötzlichen Veränderungen der betrieblichen Bedarfe - zu gewährleisten. Ein sequentielles und phasenorientiertes Vorgehen im Projektablauf stellt für bereichsübergreifende und interdisziplinäre FuE-Verbundvorhaben eher ein Hindernis dar. Es führt zu Zeitverzögerungen und verhindert die Entwicklung eines integrierten, methodischen Vorgehens. Womit nicht gesagt werden soll, dass auch mit unterschiedlichen Methoden das Thema des Vorhabens erschlossen werden sollte. Gleichwohl setzt ein Methodenmix eine gewisse Lernbereitschaft auf Seiten aller Partner voraus.

3. Leitlinie: Zukunftswerkstätten bzw. Dialogkonferenzen helfen den Zusammenhalt von Projektverbünden zu verstärken.

- Zukunftswerkstätten zielen in erster Linie auf die Entwicklung von gemeinsamen Leitbildern und Orientierungen. Damit sollen Gelegenheiten geboten werden, dass die unterschiedlichen Sichtweisen der Projektakteure im Projektzusammenhang zusammenwachsen können, was ohne zeit- und arbeitsaufwendige Lernprozesse kaum möglich ist. Gerade in den „schwachen" Projekten mangelte es an solchen reflexiv orientierten Lernprozessen, weshalb die Kohärenz im Vorgehen des Projektes litt und nur eingeschränkte Arbeitsergebnisse in den Projekten erzielt wurden (siehe Tabelle 6/35).
- Mit den schon zu Beginn der Projekte angesetzten Zusammenkünften in Form von dialog- und zukunftsorientierten Arbeitskonferenzen können Brücken zwischen

kurzfristig umsetzbaren Projektzielen und langfristigen Entwicklungsperspektiven aufgebaut werden. „Es gilt die Regel, was nicht zügig angegangen wird und mit entsprechenden Erfolgserlebnissen belegt werden kann, lässt keine Spill-over-Effekte zu und droht zu scheitern" (Tabelle 6/35 in Kapitel 6).

- Im Sinne eines lösungsorientierten Vorgehens sollen aus den Ergebnissen der Zukunftswerkstätten konkrete Zielvereinbarungen und kleinschrittige Aufgaben für die weitere Zusammenarbeit abgeleitet werden. Insbesondere für Projekte mit einem größeren Teilnehmerkreis kann dadurch eine Beteiligung aller Akteure ermöglicht werden. Konkretes Handeln wird dadurch nicht behindert. Im Gegenteil, mit Hilfe des Dialogprinzips kann den Projekten eine klarere Zielorientierung vermittelt und dezentrales und simultanes Handeln gestützt werden (die Aussage eines Teilnehmers einer Konferenz lautet dies bezüglich: „Allen Beteiligten ist nunmehr deutlicher geworden, welches die konkreten Ziele des Vorhaben sind und wie wir selber individuell handeln müssen bzw. wo und wann ein Abstimmungsbedarf besteht"). Das Subsidiaritätsprinzip sollte in allen arbeitsteilig angelegten Verbundvorhaben greifen.

4. Leitlinie: Lernprozesse zwischen verschiedenen Projekten sind systematisch zu organisieren.

- Der programminterne Dialog und Austausch zwischen den Projekten sollte durch einer jährlich stattfindende Fachtagung und Projektforen mit Marktcharakter gestützt werden. Eine Ausrichtung solcher Fachtagungen nach thematischen Schwerpunkten ist sinnvoll. Ziel sollte es im Programmverlauf sein, einen alle Themenschwerpunkte des Programms umfassenden projektübergreifenden Dialog zu imitieren . Die Fachkonferenzen dienen neben dem programminternen Dialog auch dem Ergebnistransfer, welcher durch Publikationen (z. B. via Internet) weiter verstärkt werden kann.
- Aus dem spezifischen Wirken einzelner Projektpartner lassen sich Lernprogramme und gezielte Formen gegenseitigen Erfahrungstransfers ableiten. Eine Verbesserung der Zusammenarbeit zwischen den Akteuren innerhalb und außerhalb der Projekte benötigt Erfahrungsräume, die systematisch aufeinander bezogen werden und neue Formen der Zusammenarbeit mit innovatorischen Wirkungen begünstigen sollten.
- Für derartige Lernprozesse sollten auch solche regionalen Akteure einbezogen werden, die nicht unmittelbar am Verbundprojekt beteiligt sind (im Netzwerkverständnis sind dies solche Unternehmen und regionalen Träger, die an den Ergebnissen interessiert sind). Zur Unterstützung übergreifender Lernprozesse können Arbeitsgruppen und -foren zwischen den Vorhaben gebildet werden. Vorstellbar sind auch inhaltliche Teams in und zwischen den Projekten, die für eine begrenzte Zeit zwecks Bearbeitung spezifischer Problem- und Aufgabenfelder zusammenarbeiten.

- Gerade für Klein- und Mittelbetriebe bieten sich regionale Benchmark-Prozesse an, deren Organisation allerdings prozessorientierte Kompetenzen und Zugänge des Projektträgers erfordert.
- Es ist auch daran zu denken, solche regionalen Akteure in der Frage der Organisation und des Managements von Netzwerken zu stärken und weiter zu qualifizieren, die spezifische Querschnittsthemen (wie Kooperationsmanagement) bearbeiten. In fast allen Evaluationen waren Wünsche der Teilnehmer laut geworden (Rauner u. a. 1995b, 93), gesicherte Handlungsweisen bzw. –modelle bei der organisatorischen Umsetzung von Veränderungsprozessen erhalten zu wollen. Eine davon ausgehende differenzierte Qualifizierung auf den Gebieten Beteiligungs-, Projektleiter- und Projektmanagement-Qualifizierung[72] sollte angedacht werden.
- Der Projektträger sollte daher Maßnahmen zur Schulung und Qualifizierung der Projektnehmer auch bei bereits laufenden Projekten durch verschiedene Veranstaltungsangebote, die auf die Umsetzungsprobleme in der Projektpraxis abstellen, stützen.

5. Leitlinie: Prozessorientierte Verbundprojekte sind auf eine kontinuierliche Evaluation und Steuerung angewiesen.
- Wie in der Bilanzierung der Projekte deutlich wurde, ist eine Weiterentwicklung bestehender Evaluationsinstrumente in Richtung neuer Formen von Selbstevaluation notwendig (siehe auch Abschnitt 4.3). Das hier vorgestellte Verfahren kann auf Grund seines Selbstevaluationsprinzips in dieser Richtung fortentwickelt werden.[73]

---

[72] Mit Beteiligungsqualifizierung ist eine frühzeitige Information und gezielte Qualifizierung aller der von einer Veränderung berührten Projektteilnehmer gemeint. Hierbei würde Fragen nach der Notwendigkeit von Veränderungen bzw. von möglichen Veränderungspfaden aufgezeigt und zur Sprache gebracht. Ziel sollte es sein, die Kommunikationsfähigkeit aller Akteure im Innovationsprozess zu verbessern und damit die Chancen für qualifizierte und optimierte Beteiligungsprozesse zu erhöhen. Eine Projektleiterqualifizierung soll die Koordinationskompetenz auf Seiten der Projektleiter erhöhen. Dies kann von verbessertem Handlungswissen über verbesserte Handlungsmodelle im Projektmanagement (Moderations- und Gesprächstechniken) bis zur Kenntnis betriebswirtschaftlicher Abrechnungsverfahren reichen. Eine bedarfsorientierte, zum Teil auch projektübergreifende Projektleiterqualifizierung mit dem Ziel, die Projektmanagementkompetenzen in komplexen Innovationsverbünden zu verbessern, wäre Ziel solcher Qualifizierungsmaßnahmen. Für den Projektträger bietet es sich an, weniger auf fachinhaltliche Qualifizierungsangebote abzustellen, denn dies haben in aller Regel die Projekte selber gut im Griff, sondern verstärkt auf Angebote zu achten, die die Sozialkompetenz zur kooperativen Abwicklung von Verbundvorhaben verbessern helfen (Rauner u. a. 1995, 93).

[73] Von Seiten des Autors wurde mittlerweile ein umfangreiches europäisches Projekt am Institut für Technik und Bildung eingeleitet, welches darauf abzielt, das Evaluationsinstrumentarium im Hinblick auf die Selbstevaluation als „empowerment evaluation tool" (soll auch als Softwaretool aufbereitet werden) fortzuentwickeln und in fünf europäischen Ländern zu erproben (siehe Technical Annex zum Projekt COVOSECO, Universität Bremen 2000)

Das Kriteriensystem und sein relativ einfaches Verfahrensprozedere (siehe Tabelle 5/4) bietet sich auch bei selbstorganisierten Evaluationen an.
- Es sollte darauf geachtet werden, projektbezogene Evaluationsverfahren gezielter mit den Projektbeteiligten abzustimmen. Das bedeutet insbesondere, die Evaluationen im Verlauf des Projektes mindestens zwei- bis dreimal durchzuführen. Denkbar wäre jeweils eine Evaluation in der Früh-, Spät- und Schlussphase eines Projektes. Eine optimierte Projektsteuerung soll dadurch ermöglicht werden, dass sich die projektspezifischen Formen der Selbstevaluation auf die jeweiligen Zielvereinbarungsprozesse beziehen. An dieser Stelle sind die Projekte auf die Unterstützung durch den Projektträger angewiesen. Alle Projektakteure sollten frühzeitig über das Evaluationsverfahren informiert werden.
- Die Einzelergebnisse aus den Projektevaluationen sollten von Seiten des Projektträgers für die Programmplanung genutzt werden. Dies betrifft insbesondere die Programmziele, die inhaltliche Ausgestaltung und Ausdifferenzierung der Programminhalte als auch die zu berücksichtigenden methodischen Aspekte und Zusammenhänge. Diese Informationen sollten bei gestaltungsoffenen Programmen ggf. auch in die Modifizierung der Fördermodalitäten einfließen. Die Evaluationstätigkeit liefert auch wichtige Impulse für die regionale Innovationsforschung und trägt zur besseren empirischen Fundierung von Implementationsprozessen und deren Ausgestaltung bei (ähnlich laufenden Hinweise für eine empirisch fundierte Wirkungsforschung, die sich auf konkrete Programme bezieht, finden sich bei Pfirrmann 1991; Ewers/ Brenck 1992; Dehnbostel 1995; Rauner u. a. 1995; Kromrey 1995; Deitmer u. a. 1997; Lipsmeier 1997; Manske u. a. 2001; Kuhlmann 1998).

6. Leitlinie: Die Rolle der Programminstitutionen (Beirat, Projektträger) ist weiter zu klären.
- Der Beirat[74] bzw. entsprechende Programmlenkungsausschüsse sollten in die dialogisch-partizipative Entwicklung von Projektvorschlägen eingebunden werden. Dem Beirat sollte die Möglichkeit gegeben werden, ausgewählte Projektverläufe im Dialog mit den betrieblichen und sonstigen Partnern kennenzulernen.
- Beirat und Projektträger sollten aber auch eigene Zukunftswerkstätten veranstalten, um ihre unterschiedlichen Perspektiven und Zielvorstellungen zur Programmfortentwicklung ebenfalls aufeinander abzustimmen und zu optimieren.

---

74 Eine im Rahmen der ersten Bilanzierung durchgeführte Befragung der Beiratsmitglieder förderte zu Tage, dass diese die Chance, innerhalb der Sitzungen selbst zu neuen wissenschaftlichen Einsichten durch die Präsentationen der Projekte zu kommen, positiv einschätzten. Insgesamt hat sich hier die frühzeitige Beteiligung des Beirates an der Projektträgerarbeit bewährt. Insbesondere zur Verbreiterung der Programmergebnisse ist eine dialogisch orientierte Beiratseinbindung sinnvoll (Rauner u. a. 1995b, 84f).

Anhang 2: Leitlinien zur Auswahl von Projektvorschlägen

Die folgenden Erläuterungen der verschiedenen Kriterien, die bei der Auswahl und Begutachtung von Anträgen zu berücksichtigen sind, können als wesentliche Anhaltspunkte angesehen werden. Neben der Erläuterung der einzelnen Hauptkriterien werden wichtige Nebenkriterien benannt und durch Fragestellungen für die Hand der Gutachter erschlossen.

A. Der Antragstellerkreis

In den Projektanträgen sollte dargelegt werden, über welche personellen und institutionellen Ressourcen die Projektpartner verfügen. Es soll deutlich gemacht werden, dass die Projektpartner die Gewähr für einen größtmöglichen Projekterfolg bieten. Innovative Vorarbeiten bzw. Einzelbeiträge der Antragsteller für regionale Innovationen stellen eine gute Ausgangsbasis für die erfolgreiche Planung eines Projektvorhabens dar. Im Rahmen von Verbundvorhaben sollten sich die Projektpartner eines Projektkonsortiums fragen, ob sich ihre Kompetenzen gut ergänzen. In diesem Zusammenhang ist auch die Art und Weise der Einbindung der wissenschaftlichen Projektpartner von Bedeutung. Den wissenschaftlichen Projektpartnern kommt im Antragsverfahren insbesondere die Aufgabe zu, sicherzustellen, dass bei der Antragstellung der Stand der Entwicklung und Forschung so ausgewiesen wird, dass nachvollzogen werden kann, in welcher Weise ein Projekt über den Stand der Entwicklung hinausgeht.

- **Kompetenz der Projektnehmer**: Worin liegt die spezifische Kompetenz der Projektpartner? Können fachliche Qualifikationen nachgewiesen werden? Wurden bereits Innovationen realisiert?
- **Komplementarität des Verbundvorhabens bzw. Verbundqualität des Vorhabens**: Ergänzen sich die Projektpartner? Deuten sich bereits schwerwiegende Kommunikations- oder Interessenprobleme zwischen den Projektpartnern an? Welche Differenzen bestehen zwischen den verschiedenen Projektnehmern? Welche innovatorischen Prozesse (Synergien) können sich durch den Verbund ergeben?
- **Qualität der wissenschaftlichen Beteiligung bzw. der Partnerschaft**: Welche ausgewiesenen und einschlägigen Ergebnisse/ FuE-Erkenntnisse und Erfahrungen liegen im Hinblick auf die fachlichen Schwerpunkte und Fragestellungen des Projektes vor? Bieten die Referenzen der beteiligten Akteure eine gute Grundlage für die Projektzielerreichung? Wie ist die methodische Qualität einschließlich der angewandten Forschungsmethoden, bei dem Vorhaben zu bewerten? Wie werden die betrieblichen Gestaltungsprozesse begleitet?

B. Das Arbeitsprogramm und die Ressourcen des Vorhabens

Im Hinblick auf dieses Kriterium legen die Antragsteller unter Bezugnahme auf das Programm sowie den Stand der Entwicklung und Forschung die Projektziele ihres regionalen Entwicklungsvorhabens dar. Des Weiteren machen sie deutlich, in welchen (Teil-)Schritten die Projektmaßnahme durchgeführt werden soll. Die Weise des Vorgehens wird wie die dazu eingebrachten Ressourcen detailliert erläutert. Dem Arbeitsplan kommt dabei eine zentrale Bedeutung in der Vorhabensplanung und -organisation zu. Aus ihm geht hervor, in welcher zeitlichen Abfolge die Projektpartner wie tätig werden und zusammenwirken. Der Arbeitsplan liefert außerdem die Basis für die Bestimmung des Arbeitsaufwandes; aus ihm ist ablesbar, welcher Nutzen aus den Maßnahmen zu erwarten sein wird. Das Projektmanagementkonzept legt dar, welche organisatorischen Vorkehrungen zur koordinierten Abwicklung des Vorhabens durch die Antragsteller getroffen werden. Auf dieser Basis soll eine möglichst realistische Einschätzung der Relation von angestrebter Innovation und Aufwand erfolgen.

- **Relevanz des Themas/ der Aufgabenstellung**: Worin liegt das Besondere (Innovationsgehalt) des Projektantrages? Welche Defizite und Lücken schließt die Innovation (regionale Dringlichkeit)? Kommt es zu Überschneidungen mit anderen Projekten? Welchen Stellenwert hat das Thema für das regionale Innovationsprogramm? Welche Bedeutung fällt den Projektzielen im Rahmen des Programms zu?
- **Klarheit der Ziele und des Zeitplanes**: Sind Ziele, Leitfragen und Zeitplan realistisch formuliert? Sind zeitlich abgegrenzte Arbeitspakete ausgewiesen?
- **Kosten-Nutzen-Relation**: Ist das Kosten-Nutzen-Verhältnis des Vorhabens ausgewogen? Welche Bedeutung hat das Vorhaben für die ökonomische Situation der beteiligten Betriebe? Worin und in welchem Umfang bestehen finanzielle Eigenbeteiligungen der Projektantragsteller, insbesondere auf der Ebene der Betriebe?
- **Projektorganisation**: Liegt ein Projektmanagement-Konzept vor? Sind die Arbeitsaufgaben und darauf bezogenen Arbeitspakete inhaltlich und planerisch hinreichend definiert und angemessen den am Projekt Beteiligten zugeordnet? Welche Moderations- und Koordinationskompetenz liegt in den beteiligten Betrieben vor?

C. Transfergehalt des Projektverbundes und erwartete Disseminationswirkungen

Ein weiterer Hauptentscheidungsparameter im Auswahlverfahren kommt der Darlegung der Transferperspektiven des Projektes durch die Antragsteller bzw. sein Konsortium zu. Das Transferkonzept soll im Hinblick auf die Verstetigung der Projektergebnisse und ihre Dissemination nach Ablauf des Förderzeitraums aussagefähig sein. Es ist daher darzustellen, welche Vorkehrungen im Projekt ergriffen werden, die eine Dissemination der Projektergebnisse erwarten lassen (interner und externer Transfer). Der Transfergehalt kann sich dabei sowohl auf Beiträge für eine neue Geschäftspraxis und mehr Professionalität in den regionalen Unternehmen beziehen als auch auf neue Forschungserkenntnisse und -beiträge.

- **Interner Transfer**: Welche Aktivitäten sind im Arbeitsplan zur Sicherstellung des internen Transfers vorgesehen (z. B. durch interne Schulungen und Präsentationen, Aufbau von Kommunikations- und Kooperationsstrukturen)? Sind Maßnahmen zur Organisationsentwicklung innerhalb der beteiligten Betriebe vorgesehen (Dezentralisierung von Entscheidungen und Zuständigkeiten, Budgetierung, Sicherstellung von Transparenz, Schulung der Mitarbeiter, Schaffung von Leistungsanreizen)?
- **Externer Transfer**: Welche Transferperspektiven hat das Projekt? Wie wird die Reichweite der Transferaktivitäten eingeschätzt (lokal, regional, überregional, europäisch) In welcher Form ist die Verbreitung der Ergebnisse des Vorhabens vorgesehen (z. B. durch Workshops, Fachtagungen oder Publikationen)? Bezieht das Projekt regionale Partner mit ein, die einen *Spin-off-Effekt* der Projektergebnisse zu erbringen helfen?
- **Neue Erkenntnisse und ihre wissenschaftliche Relevanz**: Worin liegt die exemplarische Bedeutung des Projektes? Eröffnen sich durch das Vorhaben Zugänge zu wichtigen Forschungsfeldern, die bislang der Region nicht zur Verfügung standen? Sind Synergieeffekte zu erwarten? Welchen Einfluss haben die Projektergebnisse für die Regionalentwicklung? Wie können die Ergebnisse der administrativen und politischen Ebene der Region zugänglich gemacht werden?
- **Neue Innovationspraxis und Professionalität**: Womit wird im Projektkonzept auf eine Verstetigung und Netzwerkbildung nach Ablauf des Förderzeitraumes hingewirkt? Welche Maßnahmen sind vorgesehen, um das innovative Plus des Vorhabens nachhaltig zu verankern? Findet eine fortlaufende Evaluation im Projektverlauf statt? Welcher Beitrag wird zur Professionalisierung des Betriebspersonals geleistet? Schlagen sich die Ergebnisse des Vorhabens auch in einem Imagegewinn für die Projektpartner und möglicherweise für die Region (Imageverbesserung) nieder?

D. Erwartete Ergebnisse mit Bezug auf die Programmziele

In diesem Abschnitt sind die Programmziele des regionalen Entwicklungsprogramms zu spezifizieren bzw. entsprechend einer Zielanalyse zu verdichten. Danach können spezifische Fragen zu den erwarteten Ergebnissen formuliert werden. Sie beziehen sich auf den Stellenwert des Vorhabens, des bearbeiteten Themas und auf den Stellenwert der Projektidee für die Realisierung der Ziele des Programms. Die Zielkriterien des Programms sind inhaltlich gefasst, es ergibt sich die Möglichkeit einer späteren strategischen Analyse des Ist-Zustandes des Programms in Bezug auf die Programmziele.

In Abschätzung der Projektziele und des Arbeitsprogramms stellt sich die Frage, welche Ergebnisse sich in Bezug auf die Programmziele erwarten lassen. Welche Maßnahmen werden ergriffen, um innovative Ergebnisse in Verbundkooperationen zwischen Unternehmen und Dritten entstehen zu lassen? Hierbei kommt es nicht so sehr darauf an, möglichst viele Programmziele schlicht „abzudecken". Relevant ist vielmehr, dass Aussagen dazu gemacht werden, ob und wie Programmziele konkret umgesetzt bzw. ausgestaltet werden können. Zu diesem Zweck ist es hilfreich, wenn Antragsteller erläutern, welche konkreten Aktivitäten im Vorhaben der Einlösung bzw. Ausgestaltung von Programmzielen auf welche Weise dienen.

E. Ergänzende Faktoren
- **Eigeninitiative/ Vorarbeiten der Projektpartner bzw. des Antragstellerkreises.** Hat sich der Antragsteller bereits ohne externe Förderung um die geplante Innovation bemüht und Vorarbeiten dazu eingebracht (z. B. in Form entsprechend dokumentierter Innovationsbeiträge und Vorarbeiten, aber auch bereits eingeleiteter betrieblicher Realisationen sowie weiterer erfolgreicher, öffentlicher Aktivitäten wie Publikationen oder Tagungen)?
- **Beitrag zur Regionalentwicklung.** Kommt dem Projekt eine Bedeutung für die Regionalentwicklung zu? Ist eine Bezugnahme auf regionale wirtschaftliche Entwicklungsschwerpunkte und Wirtschafts- und Arbeitsmarktstrukturen erkennbar?

Die Entscheidungsparameter der Checkliste müssen im weiteren Verlauf in ihrer Bedeutung priorisiert (dies kann durch Koeffizienten oder Prozentwerte geschehen) und in einem zeitlich strukturierten Auswahlprozedere angeordnet werden. Sie sollten in Scaling-Modelle bzw. Bewertungsbögen übersetzt werden. Durch die Vergabe von Punkten und Koeffizienten kann nun den Projekten eine gewisse Punktzahl[75] zugeordnet werden. Somit ergibt sich ein fein skalierter Kriterienbaum, der wiederum in entsprechende Innovationsspinnen übersetzbar ist.

---

75 Denkbar ist eine Punktbewertung von 1 bis 5, wobei 1 als sehr schwach und 5 als sehr stark eingestuft würde. Der Ablauf der Projektbewertung könnte nun im Weiteren so verlaufen: Die Projektanträger werden zu Beginn der Gutachtersitzung und nach Erläuterung des Bewertungsverfahrens an die Evaluatorengruppe verteilt. Dabei wird zuerst jeder Projektantrag von den einzelnen Evaluatoren des Gutachterkreises unabhängig voneinander bewertet. Nach Bearbeitung des Bewertungsbogens durch die einzelnen Gutachter wird jedes Projekt auf der Basis der Einzelbewertungen in seiner Qualität gemeinsam eingeschätzt. Die Gutachter fassen ihre Bewertungsergebnisse in Form eines Mittelwertes zusammen. Weitere Kommentare und Erläuterungen werden in einer kurzen Stellungnahme zusammengefasst. Somit kann nach Abfolge mehrerer Bewertungen eine Rangliste der bewerteten Projekte entstehen (Programmträger 2000b).

Anhang 3: Die vierzehn Projekte der Pilotphase des Bremer Landesprogramms „Arbeit und Technik" (im Zeitraum 1990 bis 1998)

Projekt	Die Inhalte und Ziele von vierzehn Verbundvorhaben[76]	Netzwerkteilnehmer[77]
A	Die Auswahl, Erprobung und Weiterentwicklung handwerksgerechter CAD-Software für das regionale Sanitär-, Heizungs- und Klima-Handwerk stand im Mittelpunkt. Die Erarbeitung und Erprobung von Qualifizierungs- und Beratungskonzepten sollte die Systemanwendung im regionalen Handwerk stützen (Laufzeit 1.9.1992 bis 31.8.1994).	Regionaler Arbeitgeberverband der SHK Branche (HAT[78]), Ingenieur- und Beratungsgesellschaft, Institute der Universität Anwenderkreis von fünf Handwerksbetrieben
B	Mit Hilfe computergestützter Simulationsverfahren sollten die Produktionsabläufe in ausgewählten Unternehmen optimiert werden. Die Kompetenz regionaler Unternehmen in der Fabrikplanung sollte verbessert und durch Qualifizierungsbausteine ergänzt werden (Laufzeit 1.1.1990 bis 31.12.1992).	Institut für Fabrikplanung der Hochschule (HAT), Forschungszentrum der Universität, 5 mittlere und große Unternehmen

---

[76] Quelle: Projektintensivfallstudien und Projektmanagement-Reports aus: Rauner u. a. 1995 und Deitmer u.a. 1997.

[77] Die Verbundprojekte setzten sich aus Hauptantragstellern und Projektpartnern aus Wirtschaftsbetrieben der Region, öffentlichen Forschungseinrichtungen, Lehrstühlen bzw. Fachbereichen der Universität, Berufsbildungseinrichtungen, Weiterbildunginstituten, Verbänden, Gewerkschaften oder auch Einrichtungen der Arbeitswirtschaft zusammen.

[78] HAT= Hauptantragsteller.

C	Ein exemplarischer Beitrag zur ganzheitlichen organisatorisch-technischen Modernisierung eines mittelständischen Spezialleuchtenherstellers sollte in den Aufgabenfelder, Produktionslayout, Aufbau- und Ablauforganisation sowie Personalentwicklung durch die systemische Gestaltung von Technik, Organisation und Qualifikation geleistet werden. Durch den Modellcharakter des Vorhabens sollten weitere Firmen aus der Region angeregt werden, eigene Modernisierungsprozesse einzuleiten (Laufzeit 1.11.1992 bis 31.10.1995).	Mittelständischer Unternehmen (HAT), Institut für Fabrikplanung der Hochschule, Lehrstuhl für Personalentwicklung, Weiterbildungsinstitut, Anwenderkreis von vier Unternehmen
D	Ein Kooperations- und Kommunikationsnetzwerk zwischen einem regionalen Automobilhersteller und seinen Zulieferunternehmen sollte analysiert und verbessert werden. Ziel war es, die Lieferbeziehungen nicht nur als ein logistisches Problem, sondern als einen Prozess der strukturellen Kopplung von Fertigungs- und Arbeitsorganisation in und zwischen den regionalen Betrieben zu verstehen. Die gestalterischen Eingriffe in die Kooperationsstruktur schlossen auch Qualifizierung, Organisation und Personalmanagement ein (Laufzeit 15. 9. 1992 bis 14. 9. 1995).	TU Hamburg (HAT), Unternehmen der Automobilindustrie, Zwei mittelständische regionale Zulieferer
E	Im Zentrum stand der Aufbau und Betrieb eines Qualifikations-, Informations-, Demonstrations- und Beratungszentrums im regionalen Elektro- und SHK-Handwerk. Ziel des Projektes war es, dass regionale Handwerk so zu qualifizieren und zu beraten, das neue Dienste der Inbetriebnahme und Wartung bei Gebäudemanagementsystemen entstehen (Laufzeit 1.11.1990 bis 31.10 1993).	Arbeitgeberverband des Handwerks (Kreishandwerkerschaft) (HAT), Fachberufsschule, Weiterbildungsträger im Handwerk, Berufsbildungsinstitut der Universität

F	Das Vorhaben zielte auf die Einführung der Klebetechnik in industriellen und handwerklichen Klein- und Mittelbetrieben. Die Bildung des betrieblichen Anwenderkreises erfolgte in enger Kooperation zwischen Instituten, Qualifizierungseinrichtungen, Lieferanten und Beratern (Laufzeit 1.7.1992 bis 30. 6.1995).	Fraunhoferinstitut (HAT), Gesundheitsforschungseinrichtung der Universität, Beratungsgesellschaft des Unternehmerverbandes, Betrieblicher Anwenderkreis von 8 Unternehmen
G	Im Mittelpunkt des Vorhabens stand die technische und soziale Modernisierung regionaler Backbetriebe. Die Förderung beinhaltete neue Verfahren in der Lebensmittelproduktion und den Aufbau von Beratungskapazität für backtechnische, organisatorische und organisatorische Fragen. Ein Backzentrum für Musterlösungen ist in diesem Zusammenhang in einem lebensmitteltechnologischen Institut der Region entstanden (Laufzeit 1.10. 1992 bis. 31.3.1995).	Arbeitgebervertretungen des regionalen Backhandwerkes (HAT), Institut für Lebensmitteltechnologie der Hochschule, Bäckereigenossenschaft, Gewerkschaft, Gewerbeaufsicht, Berufsgenossenschaft
H	Im Vorhaben wird eine integrierte, arbeitsorientierte CAD-Lösung für Aufgaben des Schneiderhandwerks unter besonderer Berücksichtigung der Aufgabenfelder Arbeitsorganisation und Qualifizierung entwickelt (Laufzeit 1.7.1995 bis 31.12.1996).	Innungen (HAT), Weiterbildungsträger des Handwerks, Universitäre Forschungseinrichtung, Berufsschule, Anwenderkreis von 10 Firmen aus dem Bekleidungsgewerbe

I	Das wesentliche Projektziel bestand darin, ein erfahrungsbasiertes Diagnose- und Dokumentationssystem zur Unterstützung von Instandhaltungstätigkeiten im produzierenden Gewerbe zu entwickeln. Dafür wurden die Methoden partizipativer Systemgestaltung adaptiert und in ein umfassendes Implementationskonzept eingebettet. Zur Sicherstellung des Transfers war die Bereitstellung eines Beratungsangebotes beabsichtigt (Laufzeit 1.7.1994 bis 30.6.1997)	Mittelständisches Unternehmen (HAT), Anwenderkreis von zwei Unternehmen, Berufsbildungsinstitut der Universität, Institut für Projektmanagement, Beratungsinstitut der Kammer, Institut der Hochschule, Berufsbildungszentrum
J	Das Vorhaben zielte auf mittelständische Softwareunternehmen aus der Region. Diese sollten Know-how zum Thema Software-Ergonomie zur Verfügung gestellt bekommen. Beabsichtigt war eine Verbesserung der Benutzerorientierung der Softwareprodukte. Damit sollte einerseits die Wettbewerbsfähigkeit der regionalen Unternehmen gestärkt und andererseits ein Beitrag zur Humanisierung computergestützter Arbeitsplätze geleistet werden (Laufzeit 15.3.1994 bis 15.3.1997).	Informatikinstitut der Universität (HAT), Anwenderkreis aus 5 Softwareunternehmen, Regionaler Weiterbildungsträger der örtlichen Arbeitnehmerkammer
K	Mit der Einrichtung eines Regionallabors für Automatisierungstechnik soll das in der Region vorhandene Know-how zur Herstellung und Anwendung von Automatisierungssystemen erweitert werden. Die arbeitsorientierte Gestaltung bei der Planung, Einführung und beim Betrieb von Automatisierungssystemen sollte durch Qualifizierungs-, Beratungs- und Informationsmodule gestützt werden (Laufzeit 1.1.1994 bis 31.12.1995).	Arbeitgeberverband der Industrie (HAT), Berufsbildungszentrum, Weiterbildungsträger des Arbeitgeberverbandes, Arbeit und Technik Institut der Universität, Zwei Automatisierungsanlagen-Hersteller, Anwenderkreis

L	Kleinen und mittleren Betrieben der Bremer Metallbranche sollten bei der Einführung moderner und leistungsfähiger CNC-Technik unterstützt werden. Die Projektidee bestand darin, insbesondere kleine und mittlere Betriebe zu befähigen, als Alternative zur Neuinvestition in Werkzeugmaschinen um Maschinen des vorhandenen Maschinenparks zu modernisieren. Diese Modernisierung bedeutet i. d. R. die Ergänzung langlebiger Maschinenkomponenten um mikroelektronische Bauelemente (Laufzeit 1.1.1995 bis 31.12.1997).	Anwenderkreis mittelständischer Maschinenbauunternehmen und Industrieausrüster, Berufsbildungsinstitut der Universität, Arbeitswissenschaftliches An-Institut, Berufsbildungszentrum
M	Der Projektverbund begleitete regionale Betriebe bei der Einführung und Umsetzung von Gruppenarbeitskonzepten. Dies beinhaltete die Beratung und Qualifizierung betrieblicher Entscheidungsträger bei der Auswahl von Einführungsstrategien für Gruppenarbeit. Der innovationspolitische Dialog zwischen Arbeitnehmern und Arbeitgeberverbänden sollte durch einen zwischen- und überbetrieblichen Erfahrungsaustausch in der Region gefördert werden (Laufzeit 1.12.1995 bis 30.11.1998).	Arbeitgeberverband der Metallbranche (HAT), Anwenderkreis bestehend aus sieben mittelständischen Unternehmen der Region, Industriegewerkschaft (HAT), Arbeitswissenschaftliches Institut, Weiterbildungsinstitut des Arbeitgeberverbandes, Institute der Universität
N	In ausgewählten Betrieben der regionalen Lebensmittelbranche soll ein ganzheitliches, mitarbeiterorientiertes Qualitätsverständnis durch neue Wege bei der Einführung qualitätsgerechter Geschäftsprozesse entwickelt und erprobt werden. Das Vorhaben zielte auf die Verbesserung der Kunden-Lieferanten-Beziehungen und auf die Steigerung der betrieblichen Leistungsfähigkeit durch Einsatz von Qualifizierungs- und Beratungsbausteinen bei der Einführung von Qualitätsmanagementsystemen (Laufzeit 1.1.1996 bis 30.6.1998).	Arbeitswissenschaftliches An-Institut der Universität (HAT), 11 Unternehmen der Lebensmittelwirtschaft, Lebensmitteltechnologisches Institut der Hochschule, Weiterbildungsträger der Arbeitnehmerkammer

Anhang 4: Zusammenfassende Darstellung der Ergebnisse von 14 Projektintensivfallstudien im Bremer Landesprogramm „Arbeit und Technik" in Form von Innovationsspinnen (Projekte A bis N)

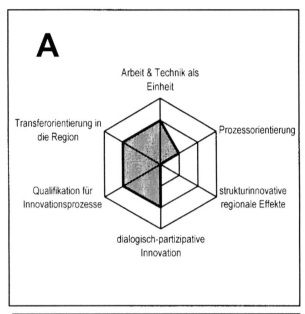

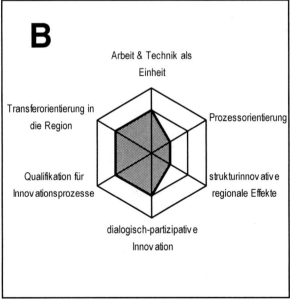

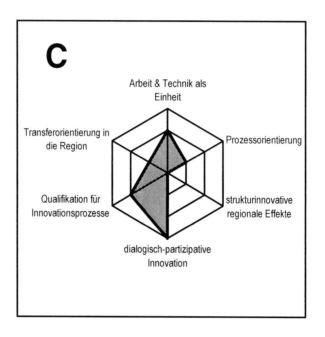

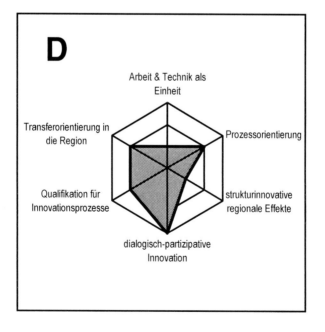

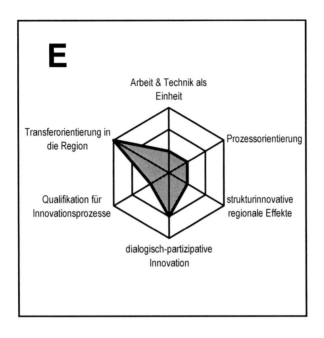

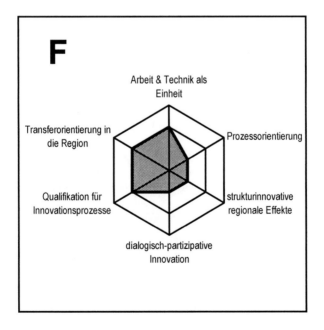

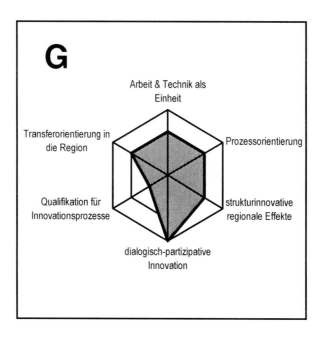

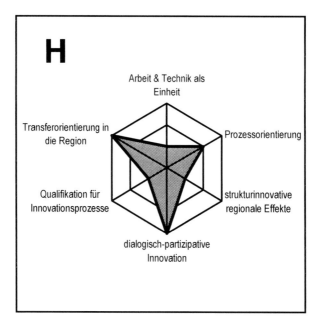

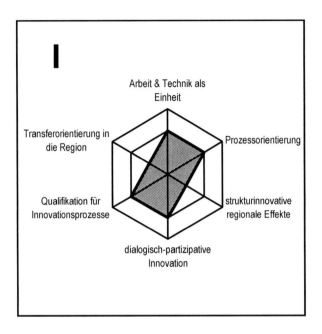

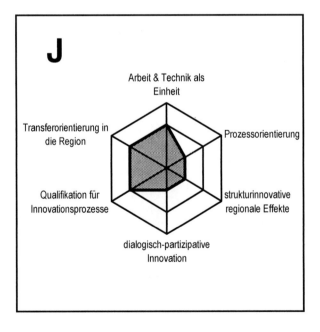

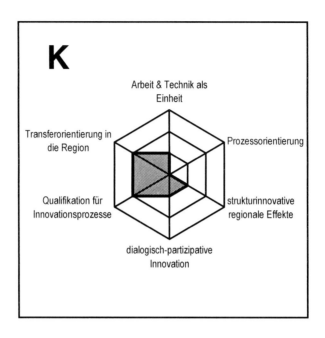

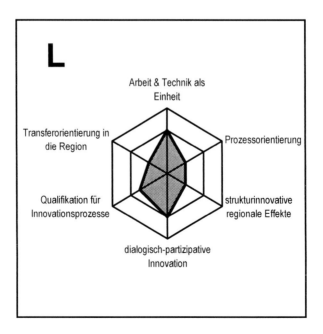

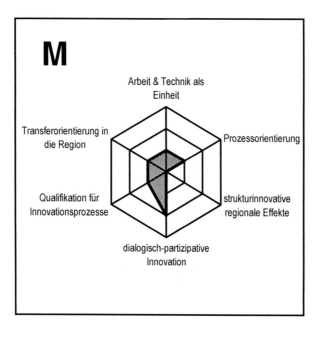

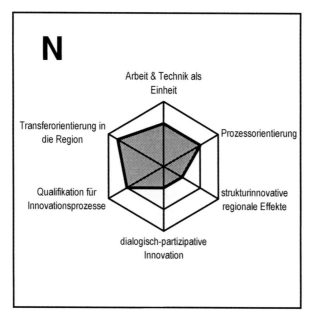

Anhang 5: Der ursprüngliche Fragebogen zum Evaluationsverfahren mit Haupt- und Unterkriterien (Kriterienbäume)

Projektbezogene Wirkung

%	Hauptkriterium	Unterkriterium	%	Note 1–6
	Organisatorische Innovation			
		Interne Kooperation		
		Organisatorische Flexibilität		
		Arbeit und Technik als Einheit		
			Σ100 %	
	Technische Innovation			
		Technik		
		Verfahren		
		Integration von Teilsystemen		
			Σ100 %	
	Qualifikatorische Innovation			
		Sozialkompetenz		
		Fachkompetenz		
			Σ100 %	
	Gesundheitsorientierte Innovation			
		Arbeitsbelastung		
		Arbeitsplatzgestaltung		
			Σ100 %	
	Ökologische Innovation			
			Σ100 %	
	Marktinnovation			
Σ100 %		Neue Produkte/ Dienste		
		Externe Kooperation		
		Organisation		
		Technologie		
		Imageverbesserung	Σ100 %	

Regionale Wirkung

%	Hauptkriterium	Unterkriterium	%	Note 1 - 6
	Kooperationsor. Vernetzung			
		Kooperation Betrieb-Betrieb		
		Kooperation Betrieb-Institute		
		Regionale Kommunikationsforen		
			Σ100 %	
	FuE-Potentiale			
		Angebot		
		Diffusion		
			Σ100 %	
	Arbeitsmarkt-Innovation			
		Arbeitsplatzsicherung		
		Arbeitsplatzschaffung		
		Qualität der Arbeitskräfte		
		Qualität der Arbeitsplätze		
			Σ100 %	
	Ökologische Innovation			
			Σ100 %	
	Marktinnovation			
Σ100 %		Sicherung bestehender Märkte		
		Schaffung neuer regionaler Märkte		
		Imageverbesserung der Region		
			Σ100 %	

Geschäftsführende Herausgeber: Uwe Lauterbach, Deutsches Institut für Internationale Pädagogische Forschung, Frankfurt am Main und Prof. Dr. Felix Rauner, Institut für Technik und Bildung, Universität Bremen

Bildung und Arbeitswelt

Hellmuth Lange/
Fred Manske (Hrsg.)   Band 11
Kultur im Veränderungsprozess
Kultur als analytische Kategorie in der Arbeits- und Organisations-, der Innovations- und der Umweltforschung
2004, 252 S., brosch., 49,– €,
ISBN 3-8329-0640-1

Dietmar Frommberger   Band 10
Kaufmännische Berufsbildung im europäischen Ländervergleich
Zur didaktisch-curricularen Struktur und Funktion wirtschaftsberuflicher Aus- und Weiterbildung in Deutschland, England und den Niederlanden unter Einbezug einer komparativen Lehrplananalyse
2004, XV, 380 S., brosch., 68,– €,
ISBN 3-8329-0155-8

Klaus Jenewein/Peter Knauth/
Peter Röben/Gert Zülch (Hrsg.)   Band 9
Kompetenzentwicklung in Arbeitsprozessen
2004, 418 S., brosch., 69,– €,
ISBN 3-8329-0154-X

Uwe Lauterbach   Band 8
Vergleichende Berufsbildungsforschung
Theorien, Methodologien und Ertrag am Beispiel der Vergleichenden Berufs- und Wirtschaftspädagogik mit Bezug auf die korrespondierende Disziplin Comparative Education / Vergleichende Erziehungswissenschaft
2003, 427 S., brosch., 65,– €,
ISBN 3-7890-8288-0

Franz Stuber   Band 7
Berufliche Informatik
Kompetenzentwicklung zwischen Arbeitsprozess und informatischer Bildung
2002, 211 S., brosch., 42,– €,
ISBN 3-7890-8076-4

Martin Fischer/Felix Rauner (Hrsg.)   Band 6
Lernfeld: Arbeitsprozess
Ein Studienbuch zur Kompetenzentwicklung von Fachkräften in gewerblich-technischen Aufgabenbereichen
2002, 531 S., brosch., 78,– €,
ISBN 3-7890-8044-6

Thomas Deißinger (Hrsg.)   Band 5
Berufliche Bildung zwischen nationaler Tradition und globaler Entwicklung
Beiträge zur vergleichenden Berufsbildungsforschung
2001, 335 S., brosch., 50,– €,
ISBN 3-7890-7644-9

A. Willi Petersen/Felix Rauner/
Franz Stuber (Hrsg.)   Band 4
IT-gestützte Facharbeit – Gestaltungsorientierte Berufsbildung
Ergebnisse der 12. HGTB-Konferenz
2001, 406 S., brosch., 59,– €,
ISBN 3-7890-7552-3

sabine.horn@nomos.de